KB002623

5년 최다  전체 수석  합격자 배출

브랜드만족 1위 박문각

근거자료 후면표기

2025

1차 기본서

임병주 행정법

박문각 행정사연구소 편_임병주

동영상 강의 www.pmg.co.kr

박문각

박문각 행정사

머리말

“ 2025년 기본서 키워드 **‘행정사 객관식 시험에 맞춘 기본서’**(전년 대비 200여 쪽 조절) ”

Ⅰ. 들어가면서

행정사 1차의 객관식 문제로 이루어진 행정법 시험은 행정법의 세부적인 법령이나 전문적 지식을 물어보지 않습니다. 행정법에 대한 ‘기본적인 원리와 기본법령 그리고 중요판례를 이해하고 있는가’를 문제로 출제하고 있다는 점을 기억해야 합니다. 이러한 출제 경향은 행정사 시험이 시작된 2013년의 제1회부터 2024년의 제12회까지 계속되고 있습니다. 공부 방법을 잘못 잡고 준비를 한다면 방대한 분량의 행정법에 너무 많은 시간을 낭비하게 될 것입니다.

이러한 방향성에 맞춰 올해는 기본서에서 대폭 분량 조절을 하였습니다. 시험에 불필요한 내용을 제거하고 판례도 객관식 시험에 맞추어 핵심을 파악할 수 있도록 조절하였습니다. 작년의 교재에서 약 200페이지 분량을 줄였습니다. 다만 행정사 시험을 준비하는 분들을 위해 가장 적합하면서 빠짐없이 내용을 구성하는 것을 목표로 제작하였습니다.

행정법은 1차 합격을 위해서도 중요하지만 2차 주관식 시험의 기초가 된다는 것을 생각하고 준비하시기를 바랍니다.

Ⅱ. 교재의 특징

1. 행정사 시험에 적합한 양으로 행정법총론과 각론을 구성

객관식 수험서로서 출제가 되지 않는 부분과 불필요한 배경부분은 과감하게 삭제하고 시험에 출제되는 부분 중심으로 내용을 구성하였습니다. 중요한 의의와 쟁점에 대한 설명, 관련 판례의 결합, 반드시 정리해야 할 관련 법령이라는 세 가지 구성을 기본 틀로 하고 있습니다.

2. 단원별 O, X 복습문제를 통한 기본확립

단원별로 기본적이고 핵심적인 내용을 파악할 수 있도록 O, X 복습문제를 수록하였습니다.

3. 출제되었던/출제 가능한 판례의 지문식 정리

진도별로 출제되었거나 출제 가능한 관련 판례를 지문식으로 정리하여 결론을 알 수 있도록 구성하였습니다. 이해를 필요로 하는 판례의 경우 판례의 요지와 이유를 함께 볼 수 있도록 하였고, 단순 암기를 필요로 하는 판례는 도표 또는 지문화하여 정리하였습니다.

4. 기출문제로 출제된 영역 표시

기출문제로 출제된 부분은 반복해서 출제될 가능성이 높기 때문에 진도별로 각 회차별 출제된 부분을 표시하여 집중 정리할 수 있도록 하였습니다.

5. 최신 개정법령의 수록

행정사 시험의 특징 중 하나가 개별 법령의 조문을 출제하는 경향이 많다는 것입니다. 본 교재에는 2024년 8월까지 개정된 현행 법령이 수록되어 있습니다. 법령으로 정리해야 할 부분은 관련 법령의 원문을 충실하게 수록하였습니다.

Ⅲ. 학습을 위한 조언

기본서를 반복해서 읽고 자신의 것으로 이해하는 것이 중요합니다. 이해 후 암기입니다. 본 교재에 대한 기본 이론 강좌와 함께 정리하면서 내용을 이해하고 이후 기출문제집과 단원별 예상문제집을 풀면서 암기하면 됩니다. 기본서에 없는 부분의 출제지문은 그만큼 다시 출제될 가능성이 없는 영역이므로 참조하는 수준으로 보면 됩니다.

교재를 출간하면서 조판부터 편집까지 함께 해주신 출판사 관계자분들 모두에게 마음속 깊은 감사를 드립니다.

저자 임병주 올림

행정사 개요

| 국가자격시험 "행정사" |

행정사 자격시험을 통과하면 국민 누구나 행정사 사무소 영업이 가능합니다.

행정사란?

행정사는 행정업무의 원활한 운영과 국민의 권리구제를 목적으로 행정기관에 제출하는 서류의 작성·번역 및 제출 대행, 행정 관계법령 및 행정에 대한 상담 및 자문, 법령으로 위탁받은 사무의 사실조사 및 확인의 업무를 하는 등 대국민행정서비스를 통한 국민의 편의를 도모하기 위한 자격사제도이다. 행정사 자격증은 지난 1961년에 도입되었고, 1995년도 '행정서사'에서 '행정사'로 명칭이 변경되었다. 과거 행정사 자격시험은 퇴직 공무원들이 독점해 왔으나 헌재의 위헌판결로 일반인도 행정사 자격시험을 통해서 행정사 자격증을 취득할 수 있게 되었다.

행정사가 하는 일

행정사는 다른 사람의 위임을 받아 다음 각 호의 업무를 수행한다. 다만, 다른 법률에 따라 제한된 업무는 할 수 없다. 행정사가 아닌 사람은 다른 법률에 따라 허용되는 경우를 제외하고는 다음의 업무를 업(業)으로 하지 못한다.

1. 행정기관에 제출하는 서류의 작성
   ① 진정·건의·질의·청원 및 이의신청에 관한 서류
   ② 출생·혼인·사망 등 가족관계의 발생 및 변동사항에 관한 신고 등의 각종 서류
2. 권리·의무나 사실증명에 관한 서류의 작성
   ① 각종 계약·협약·확약 및 청구 등 거래에 관한 서류
   ② 그 밖에 권리관계에 관한 각종 서류 또는 일정한 사실관계가 존재함을 증명하는 각종 서류
3. 행정기관의 업무에 관련된 서류의 번역
4. 제1호부터 제3호까지의 규정에 따라 작성된 서류의 제출 대행
5. 인가·허가 및 면허 등을 받기 위하여 행정기관에 하는 신청·청구 및 신고 등의 대리
6. 행정 관계 법령 및 행정에 대한 상담 또는 자문에 대한 응답
7. 법령에 따라 위탁받은 사무의 사실 조사 및 확인

행정사의 종류 및 소관업무

종류	의의	업무 영역
일반행정사	민원인의 부탁을 받고 행정기관에 제출하는 서류 작성, 또는 주민의 권리·의무 사실의 증명에 관한 서류 작성 및 대리 제출 등을 업무로 하는 전문자격사	• 행정기관에 제출하는 서류의 작성 및 제출 대행 • 권리·의무나 사실증명에 관한 서류의 작성 및 제출 대행 • 인가·허가 및 면허 등을 받기 위하여 행정기관에 하는 신청·청구 및 신고 등의 대리(代理) • 행정 관계 법령 및 행정에 대한 상담 또는 자문에 대한 응답 • 법령에 따라 위탁받은 사무의 사실 조사 및 확인
해사행정사	일반행정사의 업무뿐 아니라 해운 및 해양안전심판과 관련한 업무를 겸하는 전문자격사	• 일반행정사와 동일한 업무 • 해운 또는 해양안전심판에 관한 업무
외국어 번역행정사	행정기관의 업무에 관련된 서류의 번역 및 제출을 대행하는 전문자격사	• 행정기관의 업무에 관련된 서류의 번역 • 다른 사람의 위임에 따라 행정사가 작성하거나 번역한 서류를 위임자를 대행하여 행정기관에 제출하는 일 • 외국 서류의 번역과 관련된 인·허가 및 면허 등 행정기관에 제출하는 신고, 신청, 청구 등의 대리행위 • 외국의 행정 업무와 관련된 법령 및 행정에 대한 상담 또는 자문

행정사 시험 정보

1. **자격 분류:** 국가 전문 자격증
2. **시험 기관 소관부처:** 행정안전부(주민과)
3. **실시 기관:** 한국산업인력공단
4. **시험 일정:** 매년 1차, 2차 실시

구분	원서 접수	시험 일정	합격자 발표
1차	2024년 4월 22일~4월 26일	2024년 6월 1일	2024년 7월 3일
2차	2024년 7월 29일~8월 2일	2024년 10월 5일	2024년 12월 4일

〈2024년 제12회 행정사 시험 기준〉

5. **응시자격:** 제한 없음. 다만, 행정사법 제5·6조의 결격사유가 있는 자와 행정사법 시행령 제19조에 따라 부정행위자로 처리되어, 그 처분이 있은 날부터 5년이 지나지 않은 자는 시험에 응시할 수 없다.

6. **시험 면제대상**
   - 1차 시험에 합격한 사람에 대하여는 다음 회의 시험에서만 1차 시험을 면제한다(단, 경력서류 제출로 1차 시험이 면제된 자는 행정사법이 개정되지 않는 한 계속 면제).
   - 행정사 자격이 있는 사람으로서 다른 종류의 행정사 자격시험에 응시하는 사람은 1차 시험을 면제한다.
   - 행정사법 제9조 및 동법 부칙 제3조에 따라, 공무원으로 재직하였거나 외국어 전공 학위를 받고 외국어 번역 업무에 종사한 경력이 있는 사람 등은 행정사 자격시험의 전부 또는 일부가 면제된다(1차 시험 면제, 1차 시험 전부와 2차 시험 일부 면제, 1·2차 시험 전부 면제).

7. **시험 과목 및 시간**
   - **1차 시험(공통)**

교시	입실 시간	시험 시간	시험 과목	문항 수	시험 방법
1교시	09:00	09:30~10:45 (75분)	① 민법(총칙) ② 행정법 ③ 행정학개론(지방자치행정 포함)	과목당 25문항	5지택일

● **2차 시험**

교시	입실시간	시험 시간	시험 과목	문항 수	시험 방법
1교시	09:00	09:30~11:10 (100분)	**[공통]** ① 민법(계약) ② 행정절차론(행정절차법 포함)	과목당 4문항 (논술 1문제, 약술 3문제)	논술형 및 약술형 혼합
2교시	11:30	• 일반·해사행정사 11:40~13:20 (100분) • 외국어번역행정사 11:40~12:30 (50분)	**[공통]** ③ 사무관리론 (민원 처리에 관한 법률 및 행정업무의 운영 및 혁신에 관한 규정 포함) **[일반행정사]** ④ 행정사실무법 (행정심판사례, 비송사건절차법) **[해사행정사]** ④ 해사실무법 (선박안전법, 해운법, 해사안전기본법, 해양사고의 조사 및 심판에 관한 법률) **[외국어번역행정사]** ④ 해당 외국어(외국어능력검정시험으로 대체하며 영어, 중국어, 일본어, 프랑스어, 독일어, 스페인어, 러시아어의 7개 언어에 한함)		

8. 합격 기준

- 과목당 100점을 만점으로 하여 모든 과목의 점수가 40점 이상이고, 전 과목의 평균 점수가 60점 이상인 사람(2차 시험의 해당 외국어시험 제외)
- 단, 제2차 시험 합격자가 최소선발인원보다 적은 경우, 최소선발인원이 될 때까지 전 과목의 점수가 40점 이상인 사람 중에서 전 과목 평균 점수가 높은 순으로 합격자를 추가로 결정한다. 동점자로 인해 최소선발인원을 초과하는 경우 동점자 모두를 합격자로 한다.

9. 외국어능력검정시험 성적표 제출(외국어번역행정사)

외국어번역행정사 2차 시험의 '해당 외국어' 과목은 원서접수 마감일부터 거꾸로 계산하여 5년이 되는 날이 속하는 해의 1월 1일 이후에 실시된 외국어능력검정시험에서 취득한 성적으로 대체(행정사법 시행령 제9조 제3항, 별표 2)

● **외국어 과목을 대체하는 외국어능력검정시험 종류 및 기준점수**

시험명	기준점수	시험명	기준점수
TOEFL	쓰기 시험 부문 25점 이상	IELTS	쓰기 시험 부문 6.5점 이상
TOEIC	쓰기 시험 부문 150점 이상	신HSK	6급 또는 5급 쓰기 영역 60점 이상
		DELE	C1 또는 B2 작문 영역 15점 이상
TEPS	쓰기 시험 부문 71점 이상 ※ 청각장애인: 쓰기 시험 부문 64점 이상	DELF/ DALF	• C2 독해와 작문 영역 25점 이상 • C1 또는 B2 작문 영역 12.5점 이상
G-TELP	GWT 작문 시험 3등급 이상	괴테어학	• C2 또는 B2 쓰기 모듈 60점 이상 • C1 쓰기 영역 15점 이상
FLEX	쓰기 시험 부문 200점 이상	TORFL	4단계 또는 3단계 또는 2단계 또는 1단계 쓰기 영역 66% 이상

행정법 1차 시험 총평

1. 전체적 총평

2024년 행정사 1차 행정법의 출제를 한마디로 '행정사 시험다운 좋은 출제'로 정의하고 싶습니다. 기출문제와 개별법령 및 판례를 적절히 배합한 바람직한 출제로 보입니다.

2. 출제영역

행정법총론에서 18문제, 행정법각론에서 7문제가 출제되어 출제 비율은 전년도인 2023년과 비슷하게 출제되었습니다. 행정법총론의 경우 판례에 의하여 답을 찾도록 하는 문제가 비중이 높아졌습니다. 개별법령의 경우 행정기본법, 행정절차법, 정보공개법, 질서위반행위규제법이 출제되었습니다. 또 행정법각론의 경우 개별법률의 세부적인 내용보다 범위별로 의의를 정확히 알고 있는지를 문제로 출제하였습니다. 행정법각론의 범위이지만 총론과 연결하여 출제된 것이 4문제 정도라고 보입니다.

3. 문제출제의 경향

(1) 문제의 내용적 유형

법령	8문제
판례	13문제
이론(의의)	4문제

(2) 문제의 형식적 유형

5지 선다형	19문제
박스형(조합형)	2문제
사례형(괄호넣기 포함)	4문제

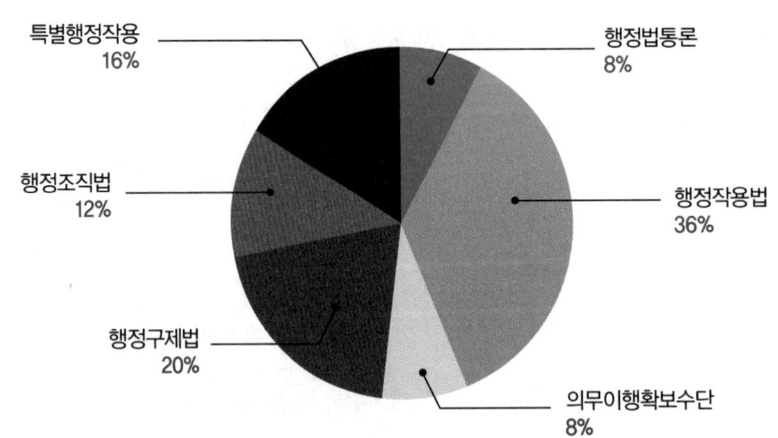

행정법 출제 경향 분석

2013~2024 행정법 출제 경향 분석

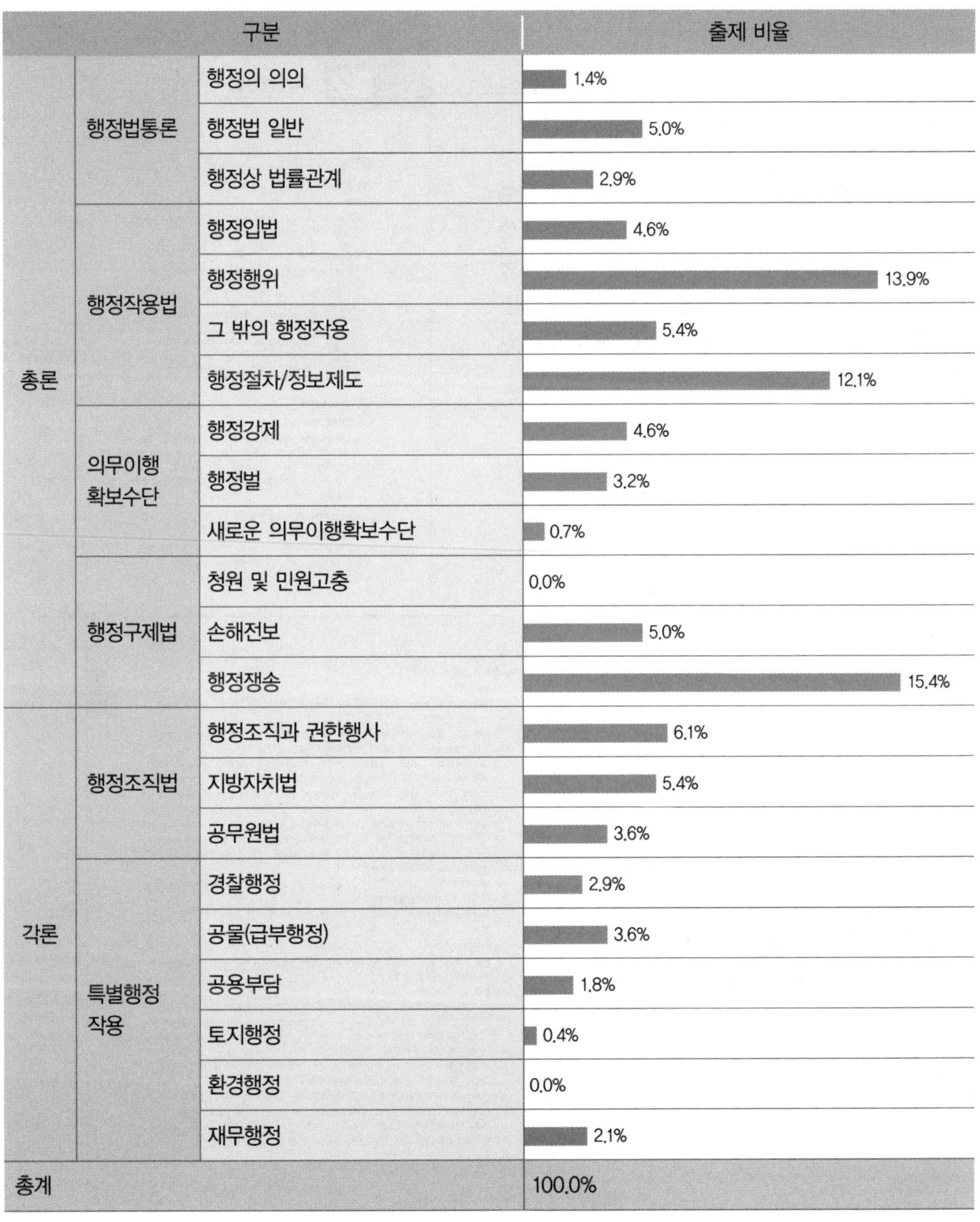

구분			출제 비율
총론	행정법통론	행정의 의의	1.4%
		행정법 일반	5.0%
		행정상 법률관계	2.9%
	행정작용법	행정입법	4.6%
		행정행위	13.9%
		그 밖의 행정작용	5.4%
		행정절차/정보제도	12.1%
	의무이행 확보수단	행정강제	4.6%
		행정벌	3.2%
		새로운 의무이행확보수단	0.7%
	행정구제법	청원 및 민원고충	0.0%
		손해전보	5.0%
		행정쟁송	15.4%
각론	행정조직법	행정조직과 권한행사	6.1%
		지방자치법	5.4%
		공무원법	3.6%
	특별행정 작용	경찰행정	2.9%
		공물(급부행정)	3.6%
		공용부담	1.8%
		토지행정	0.4%
		환경행정	0.0%
		재무행정	2.1%
총계			100.0%

STRUCTURE

구성 및 활용법

1

합격으로 인도하는 탄탄한 교재 구성

방대한 학습내용 중 출제 가능성이 높은 부분을 중심으로 알차고 자세하게 서술하였으며 체계적인 분류와 깔끔한 배치로 가독성을 높여 보다 효과적인 학습이 가능하도록 하였다. 또한 시험에 출제되었던 내용에 기출연도를 표시해 출제 경향을 파악하여 집중적으로 정리할 수 있도록 하였다.

Chapter 02 자치행정법

제1절 자치행정조직

01 공공단체

1. 의의

국가 밑에서 그 자체의 고유한 존립목적을 가지고 법인격이 부여된 단체로서 공행정주체의 지위를 가지는 단체를 공공단체라 한다.

2. 공공단체의 종류 2020 기출

지방자치단체	• 특별시, 광역시, 특별자치시, 특별자치도, 시, 군, 구 • 제주특별자치도에는 지방자치단체인 시와 군을 두지 아니한다.
공공조합	국가로부터 부여된 목적을 수행하기 위한 자치권이 부여된 공법상의 사단법인을 뜻한다(예 농업협동조합, 대한변호사협회, 상공회의소 등).
영조물법인	공행정목적의 계속적 수행을 위한 인적·물적 종합시설인 영조물에 법인격이 부여된 것을 말한다(예 각종 공사, 특수은행, 각종 공단 등).
공법상 재단법인	국가나 지방자치단체가 출연한 재산을 관리하기 위하여 설립된 법인으로 재산의 결합체인 점에서 영조물법인과 구별된다(예 학술진흥재단, 한국과학기술재단 등).

02 지방자치단체

1. 지방자치단체의 법적 지위

① 지방자치단체는 국가와 독립된 법인으로서 권리의무의 주체가 된다.
② 지방자치단체는 소송의 당사자로서 지방자치단체가 처분의 상대방인 경우 항고소송의 원고적격이 인정된다.
③ 기본권의 주체성이 인정되지 않으므로 헌법소원제기권을 인정하지 않는 것이 헌법재판소의 입장이다.

2. 지방자치단체 상호 간의 협력

(1) 사무의 위탁

지방자치단체나 그 장은 소관 사무의 일부를 다른 지방자치단체나 그 장에게 위탁하여 처리하게 할 수 있다(「지방자치법」 제117조 제2항).

Chapter 02 자치행정법 477

2

완벽한 마무리를 돕는 장치들

방대하고 다소 난도 높은 내용으로 인한 혼란을 막기 위해 몇 가지 장치를 마련하였다. 독자들의 효율적인 학습을 위하여 본문 내용과 연계하여 설명할 부분이나 용어들은 따로 각주를 달아 정리하였고, 더욱 효과적인 이해를 돕기 위해 관련 내용에 대한 구체적인 예시들을 함께 기술하였다.

행정사 임병주 행정법

PART 01

3. 대리의 종류

(1) 임의대리

① **의의**: 피대리관청의 대리권부여라는 수권행위에 의해 대리관계가 발생하는 경우를 임의대리라 한다.
② **법적 근거**: 명문의 규정이 없는 경우에도 허용되는지에 대해서는 견해가 나뉜다. 다수설은 권한의 이전이 없다는 것을 근거로 법적 근거를 필요로 하지 않는다고 본다.
③ **대리권의 범위**: 수권행위에 정해진 범위가 대리권의 범위가 된다. 임의대리의 수권에는 ㉠ 권한의 일부에 대해서만 가능하고 권한 전부에 대한 대리는 허용되지 않는다는 점, ㉡ 법령에서 반드시 특정 기관만이 하도록 규정한 행위는 수권의 대상이 되지 않는다는 점 등의 한계가 있다.
④ **대리행위의 효과**: 대리관청의 행위는 피대리관청(행정청)의 행위로 귀속된다. 권한을 넘은 대리행위의 경우 「민법」상 표현대리 규정이 유추적용될 수 있다.
⑤ **대리관청과 피대리관청의 관계**: 대리관청은 피대리관청의 권한을 자기의 책임하에 자기의 이름으로 행사하게 된다. 피대리관청은 대리관청을 지휘·감독하는 권한을 가지며, 대리관청의 행위에 대하여 책임을 부담한다.
⑥ **복대리**: 임의대리는 피대리관청과 대리관청 간의 신뢰관계에 기초하여 성립하는 것이므로 복대리[3]가 원칙적으로 허용되지 않는다.
⑦ **대리권 종료**: 수권행위의 철회, 수권행위에서 정한 기한의 경과, 조건의 성취 등으로 종료한다.

(2) 법정대리

① **의의**: 법령의 규정에 의하여 일정한 사실의 발생에 따라 당연히 또는 일정한 자의 지정에 의해 성립하는 대리를 뜻한다.
② **종류**
㉠ **협의의 법정대리**: 법정사실이 발생하면 당연히 대리관계가 발생하는 대리이다.
㉡ **지정대리**: 법정사실의 발생 시 일정한 자가 대리자를 지정함으로써 대리관계가 발생한다. 지정대리는 피대리관청의 지위에 있는 자가 일시 유고 시에 행해지는 것이 보통이다. 공석인 경우 그 대리자를 지정하는 것을 서리라 한다. 서리를 지정대리로 봄이 일반적이다. 2022 기출
③ **대리권의 범위**: 대리관청의 행위는 당연히 피대리관청의 행위로서 효과가 발생한다. 협의의 법정대리와 지정대리 모두 대리권은 피대리관청의 권한의 전부에 미친다.
④ **지휘·감독**: 대리관청은 피대리관청의 권한을 자기의 책임하에 행사한다. 그러나 피대리관청은 대리관청의 선임·지휘·감독에 책임을 지지 않는다는 점에서 임의대리와 다르다.
⑤ **복대리**: 법정대리에는 복대리가 가능하다고 본다.
⑥ **대리권의 소멸**: 대리권을 발생하게 한 법정사유의 소멸에 의해 소멸한다.

3 권한의 대리를 받은 대리관청이 그 대리권의 행사를 다른 자로 하여금 대리하게 하는 것

Chapter 01 개관 469

3

학습 점검을 위한 OX로 기초다지기

학습 정도를 점검해 볼 수 있는 문제들을 각 Chapter마다 수록하였다. 행정사 행정법 시험에 대비한 OX 문제와 함께 꼼꼼한 해설을 실어 독자들이 기본적이고 핵심적인 내용을 파악할 수 있도록 하였다.

Chapter 02 OX로 기초다지기

01 행정작용은 법률에 위반되어서는 아니 되며, 국민의 권리를 제한하거나 의무를 부과하는 경우와 그 밖에 국민생활에 중요한 영향을 미치는 경우에는 법률에 근거하여야 한다. O X

02 자치법적 사항을 위임하는 경우에는 포괄위임이 허용되지만 국민의 권리의무에 관한 본질적 사항은 반드시 국회가 정해야 한다. O X

03 병의 복무기간에서 제외되는 사항을 육군본부규정으로 정하여 복무기간을 제외한 조치는 내부적으로 정할 본질사항이 아니므로 적법하다는 것이 판례이다. O X

04 텔레비전수신료금액결정은 국회가 법률로 정할 본질사항으로 볼 수 없다. O X

05 법률우위의 대상되는 행정은 모든 행정이지만 법률유보의 대상은 모든 행정이라 볼 수 없다. O X

06 통치행위의 주체는 주로 대통령과 국회이고 통치행위 여부에 대한 판단은 오로지 사법부만에 의한다. O X

01 「행정기본법」 제8조
02 자치법적 사항을 위임하는 경우에는 포괄적 위임입법의 금지는 원칙적으로 적용되지 않지만 본질적 사항은 위임이 금지되고 오로지 국회가 정하여야 한다.
03 병의 복무기간은 본질적 사항으로 위임이 금지되고 법률로 정할 사항이라는 것이 판례이다.
04 텔레비전수신료금액결정은 납세의무자의 범위 등과 마찬가지로 국민의 기본권과 관련된 것으로 국회가 법률로 정할 사항에 해당한다.
05 법을 위반할 수 있는 행정은 인정되지 않으므로 법률우위의 대상되는 행정은 모든 행정이지만 법률유보의 대상되는 행정은 중요사항유보설에 따라 모든 행정이라 볼 수 없다.
06 통치행위는 고도의 정치적 국가작용으로 정치적 기관은 대통령과 국회가 주로 행위주체가 되고 사법심사를 제한할 것인가의 문제이므로 오로지 사법심사권을 가진 사법부만이 판단주체가 된다.

Answer
01 O 02 O 03 X 04 X 05 O 06 O

Chapter 02 행정법의 특질 55

4

행정법 감각을 키우는 관련 판례와 조문 수록

본문 내용과 관련된 판례, 조문 등을 함께 수록해 따로 관련된 판례나 조문을 찾는 시간을 줄여 보다 효율적인 학습이 가능할 수 있도록 하였다. 특히 시험에 나올 만한 판례를 엄선하여 수록해 내용을 좀 더 깊이 있고 정확하게 파악할 수 있도록 하였다. 판례와 조문에 익숙해진다면 실전에서 당황하는 일은 결코 없을 것이다.

행정사 임병주 행정법

(2) 처분의 방식

행정절차법 제24조 【처분의 방식】 ① 행정청이 처분을 할 때에는 다른 법령등에 특별한 규정이 있는 경우를 제외하고는 문서로 하여야 하며, 다음 각 호의 어느 하나에 해당하는 경우에는 전자문서로 할 수 있다.
1. 당사자등의 동의가 있는 경우
2. 당사자가 전자문서로 처분을 신청한 경우
② 제1항에도 불구하고 공공의 안전 또는 복리를 위하여 긴급히 처분을 할 필요가 있거나 사안이 경미한 경우에는 말, 전화, 휴대전화를 이용한 문자 전송, 팩스 또는 전자우편 등 문서가 아닌 방법으로 처분을 할 수 있다. 이 경우 당사자가 요청하면 지체 없이 처분에 관한 문서를 주어야 한다.
③ 처분을 하는 문서에는 그 처분 행정청과 담당자의 소속·성명 및 연락처(전화번호, 팩스번호, 전자우편주소 등을 말한다)를 적어야 한다.

판례

「행정절차법」 제24조의 처분의 형식을 위반한 처분은 원칙적으로 무효이다.
행정절차법 제24조는, 행정청이 처분을 하는 때에는 다른 법령 등에 특별한 규정이 있는 경우를 제외하고는 문서로 하여야 하고 전자문서로 하는 경우에는 당사자 등의 동의가 있어야 하며, 다만 신속을 요하거나 사안이 경미한 경우에는 구술 기타 방법으로 할 수 있다고 규정하고 있는데, 이는 행정의 공정성·투명성 및 신뢰성을 확보하고 국민의 권익을 보호하기 위한 것이므로 위 규정을 위반하여 행하여진 행정청의 처분은 하자가 중대하고 명백하여 원칙적으로 무효이다(대판 2011. 11. 20. 2011도11109).

(3) 처분기준의 설정·공표

행정절차법 제20조 【처분기준의 설정·공표】 ① 행정청은 필요한 처분기준을 해당 처분의 성질에 비추어 되도록 구체적으로 정하여 공표하여야 한다. 처분기준을 변경하는 경우에도 또한 같다.
② 「행정기본법」 제24조에 따른 인허가의제의 경우 관련 인허가 행정청은 관련 인허가의 처분기준을 주된 인허가 행정청에 제출하여야 하고, 주된 인허가 행정청은 제출받은 관련 인허가의 처분기준을 통합하여 공표하여야 한다. 처분기준을 변경하는 경우에도 또한 같다.
③ 제1항에 따른 처분기준을 공표하는 것이 해당 처분의 성질상 현저히 곤란하거나 공공의 안전 또는 복리를 현저히 해치는 것으로 인정될 만한 상당한 이유가 있는 경우에는 처분기준을 공표하지 아니할 수 있다. 2024 기출
④ 당사자등은 공표된 처분기준이 명확하지 아니한 경우 해당 행정청에 그 해석 또는 설명을 요청할 수 있다. 이 경우 해당 행정청은 특별한 사정이 없으면 그 요청에 따라야 한다.

판례

「행정절차법」상의 처분기준 사전공표 의무를 위반하여 미리 공표하지 아니한 기준을 적용하여 처분을 하였다고 하더라도, 그러한 사정만으로 곧바로 해당 처분에 취소사유에 이를 정도의 흠이 존재한다고 볼 수는 없다.
행정청이 행정절차법 제20조 제1항의 처분기준 사전공표 의무를 위반하여 미리 공표하지 아니한 기준을 적용하여 처분을 하였다고 하더라도, 그러한 사정만으로 곧바로 해당 처분에 취소사유에 이를 정도의 흠이 존재한다고 볼 수는 없다. 다만 해당 처분에 적용한 기준이 상위법령의 규정이나 신뢰보호의 원칙 등과 같은 법의 일반원칙을 위반하였거나 객관적으로 합리성이 없다고 볼 수 있는 구체적인 사정이 있다면 해당 처분은 위법하다고 평가할 수 있다(대판 2020. 12. 24. 2018두45633).

Chapter 05 행정절차와 정보제도 243

CONTENTS

차 례

행정법총론

PART 01 행정법 서설

Chapter 01 행정

Chapter 02 행정법의 특질

Chapter 03 행정법상 법률관계

Chapter 04 행정법상 법률관계의 원인

PART 02 일반행정작용법

Chapter 01 행정입법

Chapter 02 행정행위의 의의와 분류

CONTENTS

차 례

행정법각론

PART 01 행정조직법

PART 02 개별행정작용법

행정사

임병주 행정법

행정법 총론

행정사
임병주 행정법

PART

01

행정법 서설

Chapter 01

행정

제1절 행정의 의의

01 행정법 성립의 전제로서 권력분립 2015 기출

행정관념은 권력분립의 원칙을 채택하여 권력을 입법·사법·행정으로 분리하면서 성립하게 되었다. 오늘날의 국가들은 헌법에 의해 국가의 권력을 법을 정립하는 입법권, 법을 집행하는 행정권, 법을 선언하는 사법권으로 분리·분립하여, 권력 간의 견제와 균형을 통하여 정의를 추구해 간다.

02 행정의 의의

행정법은 행정의 조직과 작용 및 구제에 관한 국내 공법으로 정의된다. 즉 행정법은 국가작용 중 행정을 그 대상으로 하는 법을 뜻한다. 행정법의 대상이 되는 행정의 범위를 정하는 기준은 역사적으로 '형식적 의미의 행정관념'에서 '실질적 의미의 행정관념'으로 발전하였다.

1. 형식적 의미의 행정과 실질적 의미의 행정

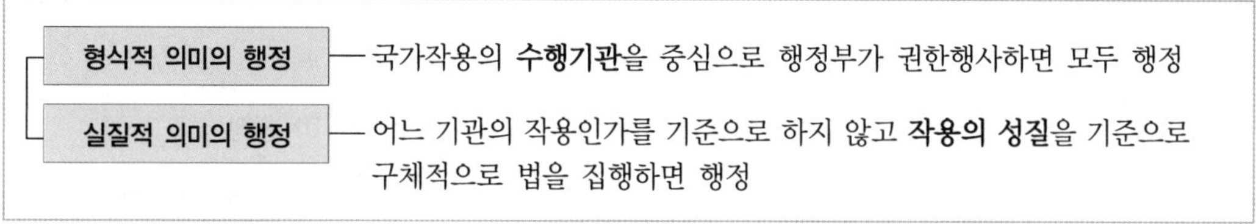

2. 행정의 개념적 징표

① 행정은 공익을 실현하는 작용이다.
② 법 아래에서 법의 규제를 받으면서 행하여지는 법집행작용이다.
③ 행정은 구체적 조치를 그 내용으로 한다.
④ 행정은 일방적으로 법적 의무를 구체화할 수 있는 고권적 지위를 갖는다.
⑤ 행정은 미래지향적이고 적극적인 사회형성작용이다.

3. 실질적 의미의 행정과 입법·사법의 구별

(1) 입법과의 구별

① **입법**: 입법은 일반적[1]·추상적인[2] 법규를 정립하는 작용이다.

---

1 불특정 다수인을 대상으로 효력이 발생하는 것

2 시간적·장소적으로 불특정한 사안에 효력이 발생하는 것

② **행정**: 행정은 일반적 · 추상적 효력인 입법에 의하여 정립된 법규 아래에서 구체적 사안에 대해 법을 집행하는 작용이라는 점에서 입법과 구별된다.

(2) **사법과의 구별**

① **사법**: 사법은 법률상 분쟁에 관해 당사자의 쟁송제기를 전제로 하여 독립한 지위에 있는 심판기관이 무엇이 법인가를 판단 · 선언하고 법을 적용하여 분쟁을 해결하는 작용이다. 사법작용은 쟁송제기가 있어야 한다는 점에서 '소극적'이며 과거에 있었던 분쟁을 해결한다는 점에서 '과거지향적'인 특질을 가진다.

② **행정**: 행정은 법 아래에서 행하여지는 국가목적의 현실적인 실현을 위한 미래지향적 · 공익목적 작용이다. 행정은 당사자의 신청이 없는 경우에도 행정주체가 자율적으로 행할 수 있다는 점에서 '적극적 성격'을 가진다.

제2절 행정의 분류

01 주체에 의한 분류

국가행정	국가가 직접 그 기관을 통하여 행하는 행정을 뜻한다.
자치행정	지방자치단체, 기타 공공단체가 주체가 되어 행하는 행정을 뜻한다.
위임행정	국가나 공공단체가 자기의 사무를 다른 공공단체나 그 기관 또는 사인에게 위임하여 행하는 행정을 뜻한다.

02 내용(임무 · 목적)에 의한 분류

질서행정	공공의 안녕과 질서를 유지하기 위한 행정을 뜻한다(예 **교통정리, 영업규제, 전염병 예방활동 등**).
급부행정	국민 전체에 대한 일반적인 생활배려와 개개의 시민에 대한 급부의 보장을 통해 사회국가원리를 실현하는 행정을 뜻한다(예 **생존배려행정, 사회보장행정, 조성행정 등**).
유도행정	규제 · 지원 등의 조치에 의해 사회 · 경제 · 문화생활 등을 일정한 방향으로 유도하고 개선하기 위한 행정을 뜻한다.
계획행정	일정한 목적을 달성하기 위하여 국가와 사회의 제반 작용을 미리 계획 · 형성하는 행정을 뜻한다.
공과행정	행정주체가 필요한 재원을 마련하기 위해 부과하는 조세 및 기타의 공과금을 징수하고 관리하는 행정을 뜻한다.
조달행정	행정목적의 수행에 필요한 인적 및 물적 수단을 취득하고 관리하는 행정을 뜻한다(예 **공무원의 임용, 토지수용, 국유재산의 관리 및 사무용품의 구입 등**).

03 목적에 의한 분류

국가목적적 행정	국가 자체의 존립과 활동을 직접 목적으로 하는 행정을 뜻한다(예 재무행정, 외무행정, 군사행정, 사법행정 등).
사회목적적 행정	사회의 질서유지와 사회공공의 이익증진을 목적으로 하는 행정을 뜻한다[예 질서행정(경찰행정), 복리행정].

04 수단에 의한 분류

권력적 행정 (고권적 행정)	국가가 우월한 지위에서 개인의 권리·의무에 대하여 일방적으로 강제·구속하는 명령 또는 규율의 형식을 취하는 행정을 뜻한다.
비권력적 행정	행정주체가 명령·강제 등의 수단을 사용하지 않고 상대방의 임의적 협조에 의해 행정 목적을 달성하거나 성질상 명령이나 강제를 사용하지 않는 영역에서 행하는 행정을 뜻한다[예 행정지도, 공법상 계약, 공물의 관리(권력적 수단으로 행하는 경우도 있음) 등].

05 상대방에 대한 효과에 따른 분류(수익적·침익적·복효적 행정)

수익적 행정	금지된 개인의 자유를 회복시켜주거나 개인에게 새로운 권익을 부여하는 등 국민에게 이익을 주는 행정을 뜻한다.
침익적 행정	국민의 자유나 권익을 제한·침해하거나 일정한 의무나 부담을 개인에게 지우는 등 국민에게 불이익을 주는 행정을 뜻한다.
복효적 행정	처분이 동일인에게 이익과 불이익을 주거나 처분의 상대방에게는 이익을 주지만 타방에게 불이익을 주는 행정을 뜻한다.

06 법적 형식에 의한 분류

공법적 행정	공법(公法)에 근거한 행정을 공법적 행정이라 한다. 행정은 원칙적 공법적 행정이다.
사법적 행정	사법(私法)에 근거한 행정을 사법적 행정이라 한다. 국고행정과 행정사법으로 분류된다.

Chapter

01

OX로 기초다지기

01 행정의 관념은 형식적 의미의 행정관념에서 실질적 의미의 행정관념으로 발전하였다. O X

02 행정은 구체적 사안에 대한 법집행작용이라는 점에서 일반적 · 추상적 효력의 입법작용과 구별된다. O X

03 행정은 소극적 · 과거지향적이라는 점에서 적극적 · 미래지향적인 사법(司法)작용과 구별된다. O X

04 행정주체가 필요한 재원을 마련하기 위한 행정을 조달행정이라 한다. O X

05 행정이 동일인에게 이익과 불이익을 주거나 처분의 상대방에게는 이익을 주지만 타방에게 불이익을 주는 경우 복효적 행정이라 한다. O X

01 행정법의 대상이 되는 행정의 범위를 정하는 기준은 역사적으로 형식적 의미의 행정관념에서 실질적 의미의 행정관념으로 발전하였다.

02 입법의 효력은 일반적 · 추상적, 행정의 효력은 구체적 사안에 대한 효력이라는 점에서 구별된다.

03 행정은 적극적 · 미래지향적, 사법은 소극적 · 과거지향적이라는 점에서 구별된다.

04 행정주체가 필요한 재원을 마련하기 위한 행정을 공과행정이라 한다. 조달행정은 행정수행에 필요한 인적, 물적 수단을 취득하고 관리하는 행정을 뜻한다.

05 침익적 효과와 수익적 효과가 복합적으로 발생한다고 하여 복효적 행정으로 부른다.

Answer

01 O 02 O 03 X 04 X 05 O

Chapter 02

행정법의 특질

제1절 행정법의 의의

01 행정법의 개념

행정법은 통일된 단일법전이 존재하지 않고 수많은 개별법들이 모여 하나의 행정법체계를 이루고 있다. 행정법은 이러한 행정에 관한 개별법들의 전체를 특징짓는 공통의 기본원리를 지닌 것들의 집합체로서의 고유성과 독자성이 있는 국내공법을 뜻한다.

02 개념의 분설적 이해

1. '행정'에 관한 법

(1) 헌법과의 구별

행정법은 행정관념을 중심으로 한다는 점에서, 통치권을 중심관념으로 하여 국가의 근본조직과 작용에 관한 근본원칙을 규율하는 헌법과 구별된다. 오늘날 헌법의 예외가 되는 국가작용은 인정되지 않고, 모든 국가작용은 헌법에 종속된다.

(2) 입법법 및 사법법과의 구별

행정법은 행정의 조직·작용 및 구제에 관한 법인 점에서, 입법권의 조직과 작용에 관한 법인 입법법 및 사법권의 조직과 작용에 관한 법인 사법법과 구분된다.

2. 행정에 고유한 '공법'

행정법은 권력행정 및 단순 공행정 작용을 규율대상으로 하는 '공법'이다. 행정주체가 일반 사인과 같이 사적 경제활동의 주체로서 행하는 국고작용은 공법으로서의 행정법이 적용되기보다는 민법과 같은 '사법'이 적용된다.

3. 행정에 관한 '국내' 공법

행정법은 행정에 관한 국내법을 의미한다. 따라서 국제관계에 적용되는 국제법과 구별된다. 다만, 「헌법」 제6조 제1항 규정에 의해 국내법의 효력을 가지는 조약과 국제법규는 국내 행정관계에도 적용된다.

제2절 행정법의 특색(특수성)

01 서설

행정법은 다른 법체계(헌법, 민법 등)와는 달리, 행정법 전체를 특징짓는 특유의 성질이 있다. 다만 이러한 특색들은 절대적인 것이라기보다는 타법체계에 대한 상대적 특색이다.

02 존재 형식상의 특색

성문법주의	① 행정법은 법적 안정성과 예측가능성을 보장하기 위하여 성문법주의를 원칙으로 한다. ② 성문법이 흠결된 영역에서는 불문법원이 보충적 법원(法源)으로서 행정작용을 규율한다.
법형식의 다양성	① 행정법은 단일법전이 존재하지 않고 개별 법령으로 구성되어 있다. ② 법률을 중심으로 법규명령, 행정규칙, 자치법규 등 다양한 형식이 존재한다.

03 규정 성질상의 특색

강행법규성	사적 자치의 원칙에 따라 사법(私法)은 임의규정의 성격이 강하지만, 행정법은 다수의 사람을 그 규율대상으로 하므로 다수에 대한 획일적인 규율과 강행규정을 특색으로 한다.
명령규정성 (단속규정)	① 강행법규 중 행정법은 명령규정이 주를 이루고 사법(私法)은 효력규정이 주를 이룬다. ② 명령규정을 위반하면 위반된 행위의 효력은 유효하나 제재의 대상이 되며, 효력규정을 위반하면 그 위반된 행위의 효력이 부정(무효)됨이 일반적이다.
행위규범성	① 행정법은 국가와 국민 간의 권리·의무를 설정하고 국가최고기관의 활동에 근거를 제공한다는 점에서 재판규범보다는 행위규범의 성격이 강하다. ② 사적 자치를 규율하는 사법(私法)은 행정법에 비해 재판규범성이 상대적으로 강하다.
기술성	① 행정은 공익 달성을 위해 능률적·효율적으로 일정한 결과의 실현을 도모하므로 기술적·수단적 성질을 가진다. ② 헌법에 비하여 상대적으로 정치적 변동에 민감하지 않다.
재량성	행정법은 행정이 변동하는 구체적 법현실에 대응하여 합목적적·탄력적으로 실현할 수 있도록 행정기관에게 재량을 부여하는 경우가 많다.

04 규정 내용상의 특색

공익 우선성	행정주체가 사인(私人)과 동등한 입장에서 법률관계를 형성하는 경우에도, 행정법은 공익 목적의 달성을 위해 사법과는 다른 특별한 규율을 하는 경우가 많다.
행정주체의 우월성	① 행정법은 효과적으로 공익을 실현하기 위하여 행정주체에게 우월한 법적 지위 또는 우월한 지배권을 인정하여 각종 명령권과 의무이행확보수단을 보장하는 경우가 많다. ② 이러한 행정주체의 우월성은 행정주체의 고유한 본질적 성격에서 나오는 것은 아니고, 법률에 근거하여 법적 안정성을 위해 인정되는 것이다.
집단성·평등성	행정법의 내용은 다수인을 동시 또는 단일의 규율대상으로 삼는다는 점에서 집단성·평등성을 특징으로 한다.

제3절 법치행정의 원리

01 법치주의와 법치행정

법치국가는 역사적으로 다양한 변화를 거쳐 발전하여 왔으나, 오늘날에는 실질적 법치국가가 일반화・보편화되어 있다. 법치국가원리는 입법・행정・사법 모두를 지배하는 원리이며 행정에 이를 반영하는 것을 법치행정이라 한다. 실질적 법치국가에서 법치행정의 원리는 "행정은 법률에 근거하고 법률에 적합하도록 행해져야 한다."는 '법률에 근거한 행정의 원리'가 핵심을 이룬다.

02 법치주의의 현대적 내용

1. 법률의 법규창조력의 현대적 의의

(1) 원칙

입법권은 국회에 속한다는 것과 법규명령의 제정에 법률의 수권을 요하는 것 등 법률의 법규창조력은 원칙적으로 인정된다. 법률만이 법규라는 것은 아니고 법률이 법규의 중심이라는 의미이다.

(2) 예외

① **헌법상 예외**: 대통령의 긴급재정・경제명령이나 긴급명령(「헌법」 제76조 제1항・제2항)이 있다. 대통령이 법률의 효력을 가지는 명령을 발한다는 점에서 법률의 법규창조력의 예외에 속한다.

② **행정의 일반원칙 등**: 행정법의 일반원칙이나 관습법의 법원성, 행정규칙의 법규성 인정가능성 등으로 법률의 법규창조력의 예외가 인정된다.

2. 법우위의 원칙의 현대적 의의

(1) 합헌적 법률의 우위

헌법의 이념에 합치된 법에 대해서만 우위성이 인정된다.

(2) 법우위의 대상

법우위의 원칙에 위반된 행정은 위법하여 무효 또는 취소의 대상이 된다. 법우위의 대상이 되는 행정은 예외 없이 모든 행정이 대상이 된다. 법우위의 원칙에서 말하는 법에는 헌법, 법률, 명령, 자치법규, 법의 일반원칙 등 성문법과 불문법을 포함해서 모든 법이 포함된다.

3. 법률유보의 원칙의 현대적 의의

(1) 법률유보에서 법률의 의미

① **법률유보의 의미**: 법률유보의 원칙은 '법률에 근거한 규율'을 뜻한다. 법률에 근거한 규율은 법률에 본질적 사항을 정하고 그 외의 사항은 행정입법으로 위임하여 규율할 수도 있다는 의미이므로 반드시 '법률에 의한 규율'만을 뜻하는 것은 아니다. 2020 기출

② **불문법의 포함 여부**: 법률유보의 법률은 의회가 제정한 법률이 중심이지만, 헌법상 위임입법의 법리에 따른 법률의 수권이 있으면 법규명령도 행정의 근거법이 될 수 있다. 불문법 원리는 여기서 말하는 법률의 의미에 포함되지 않는다.

③ **예산의 포함 여부**: 예산은 법률과 달리 국가기관만을 구속할 뿐 일반국민을 구속하지 않으므로 법률유보의 법률에 예산은 포함되지 않는다.

(2) 법률유보의 적용범위

법률우위의 원칙은 행정의 모든 분야에서 적용되지만 법률유보의 원칙에 있어서는 법률유보의 원칙이 적용되는 행정의 범위가 문제된다. 모든 행정이 반드시 법률의 근거를 요하는 것은 아니다.

행정기본법 제8조【법치행정의 원칙】 행정작용은 법률에 위반되어서는 아니 되며, 국민의 권리를 제한하거나 의무를 부과하는 경우와 그 밖에 국민생활에 중요한 영향을 미치는 경우에는 법률에 근거하여야 한다.

판례

개인택시운송사업자에게 운전면허 취소사유가 있으나 그에 따른 운전면허 취소처분이 이루어지지 않은 경우, 관할관청은 법률의 규정 없이 개인택시운송사업면허를 취소할 수 없다.

구 여객자동차운수사업법 제76조 제1항 제15호, 같은 법 시행령 제29조에는 관할관청은 개인택시운송사업자의 운전면허가 취소된 때에 그의 개인택시운송사업면허를 취소할 수 있도록 규정되어 있을 뿐 그에게 운전면허 취소사유가 있다는 사유만으로 개인택시운송사업면허를 취소할 수 있도록 하는 규정은 없으므로, 관할관청으로서는 비록 개인택시운송사업자에게 운전면허 취소사유가 있다 하더라도 그로 인하여 운전면허 취소처분이 이루어지지 않은 이상 개인택시운송사업면허를 취소할 수는 없다(대판 2008. 5. 15. 2007두26001).

(3) 본질사항유보설에 입각한 판례

판례

위임입법이 인정된다 하더라도 본질적인 사항은 반드시 국회가 정하여야 한다.

우리 헌법 제40조는 "입법권은 국회에 속한다."라고 규정하면서, 아울러 제75조는 "대통령은 법률에서 구체적으로 범위를 정하여 위임받은 사항과 법률을 집행하기 위하여 필요한 사항에 관하여 대통령령을 발할 수 있다.", 제95조는 "국무총리 또는 행정각부의 장은 소관사무에 관하여 법률이나 대통령령의 위임 또는 직권으로 총리령 또는 부령을 발할 수 있다."고 각 규정함으로서 행정기관으로의 위임입법을 인정하고 있는데, 우리 헌법 제40조의 의미는 적어도 국민의 권리와 의무의 형성에 관한 사항을 비롯하여 국가의 통치조직과 작용에 관한 기본적이고 본질적인 사항은 반드시 국회가 정하여야 한다는 것이다(헌재 1998. 5. 28. 96헌가1).

형식적 법률로 스스로 규정하여야 하는 본질사항에 해당하는지의 판단기준 2018 기출

헌법상 법치주의는 법률유보원칙, 즉 행정작용에는 국회가 제정한 형식적 법률의 근거가 요청된다는 원칙을 핵심적 내용으로 한다. 나아가 오늘날의 법률유보원칙은 단순히 행정작용이 법률에 근거를 두기만 하면 충분한 것이 아니라, 국가공동체와 그 구성원에게 기본적이고도 중요한 의미를 갖는 영역, 특히 국민의 기본권 실현에 관련된 영역에 있어서는 행정에 맡길 것이 아니고 국민의 대표자인 입법자 스스로 그 본질적 사항에 대하여 결정하여야 한다는 요구, 즉 의회유보원칙까지 내포하는 것으로 이해되고 있다. 여기서 어떠한 사안이 국회가 형식적 법률로 스스로 규정하여야 하는 본질적 사항에 해당되는지는, 구체적 사례에서 관련된 이익 내지 가치의 중요성, 규제 또는 침해의 정도와 방법 등을 고려하여 개별적으로 결정하여야 하지만, 규율대상이 국민의 기본권과 관련한 중요성을 가질수록 그리고 그에 관한 공개적 토론의 필요성 또는 상충하는 이익 사이의 조정 필요성이 클수록, 그것이 국회의 법률에 의하여 직접 규율될 필요성은 더 중대된다. 따라서 국민의 권리·의무에 관한 기본적이고 본질적인 사항은 국회가 정하여야 하고, 헌법상 보장된 국민의 자유나 권리를 제한할 때에는 적어도 그 제한의 본질적인 사항에 관하여 국회가 법률로써 스스로 규율하여야 한다(대판 2020. 9. 3. 2016두32992).

자치법적 사항을 위임하는 경우 포괄위임이 가능하나, 본질적 사항은 국회가 정하여야 한다. 2020 기출

법률이 공법적 단체 등의 정관에 자치법적 사항을 위임한 경우에는 헌법 제75조가 정하는 포괄적인 위임입법의 금지는 원칙적으로 적용되지 않는다고 봄이 상당하고, 그렇다 하더라도 그 사항이 국민의 권리·의무에 관련되는 것일 경우에는 적어도 국민의 권리·의무에 관한 기본적이고 본질적인 사항은 국회가 정하여야 한다(대판 2007. 10. 12. 2006두14476).

주민의 권리제한 또는 의무부과에 관한 사항이나 벌칙에 해당하는 조례를 제정할 경우에는 그 조례의 성질을 묻지 아니하고 법률의 위임이 있어야 한다.

주민의 권리제한 또는 의무부과에 관한 사항이나 벌칙에 해당하는 조례를 제정할 경우에는 그 조례의 성질을 묻지 아니하고 법률의 위임이 있어야 하고 그러한 위임 없이 제정된 조례는 효력이 없다(대판 2007. 12. 13. 2006추52).

텔레비전방송수신료의 금액결정은 납부의무자의 범위 등과 함께 국회가 스스로 행해야 하는 본질적 사항이다. 2023 기출

텔레비전방송수신료는 대다수 국민의 재산권 보장의 측면이나 한국방송공사에게 보장된 방송자유의 측면에서 국민의 기본권실현에 관련된 영역에 속하고, 수신료금액의 결정은 납부의무자의 범위 등과 함께 수신료에 관한 본질적인 중요한 사항이므로 국회가 스스로 행하여야 하는 사항에 속하는 것임에도 불구하고 한국방송공사법 제36조 제1항에서 국회의 결정이나 관여를 배제한 채 한국방송공사로 하여금 수신료금액을 결정해서 문화관광부장관의 승인을 얻도록 한 것은 법률유보원칙에 위반된다(헌재 2011. 8. 30. 2009헌바128·148).

✦ 본질사항 인정 여부에 대한 판례

구분	내용
본질사항 긍정 (법률로 정할 사항)	① 교육에 관한 기본정책 또는 기본방침(헌재 1991. 2. 11. 90헌가27) ② 「토지초과이득세법」상의 기준시가(헌재 1994. 7. 29. 92헌바49) ③ 취득세의 중과세 대상되는 고급주택과 고급오락장의 범위(헌재 1998. 7. 16. 96헌바52) ④ 납세의무자에게 신고의무까지 부과하는 경우 신고의무 이행에 필요한 기본적인 사항과 신고의무 불이행 시 입게 될 불이익(대판 2015. 8. 20. 2012두23808) ⑤ 교통안전분담금의 분담방법 및 분담비율(헌재 1999. 1. 28. 97헌가8) ⑥ 텔레비전방송수신료 납부의무자의 범위와 수신료금액(헌재 1999. 5. 27. 98헌바70) ⑦ 「법인세법」상 특별부가세의 과세대상의 범위(헌재 2000. 1. 27. 96헌바95) ⑧ 병의 복무기간(대판 1985. 2. 28. 85초13) ⑨ 지방의회의원에 대하여 유급보좌인력을 두는 것(대판 2013. 1. 16. 2012추84) ⑩ 살수차 사용요건이나 기준(헌재 2018. 5. 31. 2015헌마476) ⑪ 도시환경정비사업시행인가 신청 시의 토지 등 소유자의 동의 요건(헌재 2012. 4. 24. 2010헌바1) ⑫ 「공공기관의 운영에 관한 법률」상 입찰참가자격 제한처분의 주체, 사유, 대상, 기간 및 내용(헌재 2017. 8. 31. 2015헌바388)

본질사항 부정	① 교육에 관한 기본정책 또는 기본방침을 제외한 세부적 시행사항(중학교 의무교육실시 시기 등)(헌재 1991. 2. 11. 90헌가27) ② 국가유공자단체의 대의원 선출에 관한 사항(헌재 2006. 3. 30. 2005헌바31) ③ 수신료 징수업무를 한국방송공사가 직접 수행할 것인지 제3자에게 위탁할 것인지(헌재 2008. 2. 8. 2006헌바70) ④ 주택재개발 사업시행인가 신청에 필요한 토지 등 소유자의 동의요건(대판 2007. 10. 12. 2006두14476) ⑤ 「공공기관의 운영에 관한 법률」상 입찰참가자격의 제한기준에 관한 필요한 사항(헌재 2017. 8. 31. 2015헌바388)

제4절 통치행위

01 통치행위의 의의

1. 통치행위의 개념

고도의 정치성 또는 군사적 성격을 가지는 국가기관의 행위로서 사법심사의 대상으로 삼기에 부적합한 행위를 통치행위라 한다. 2024 기출

✦ 학설상 통치행위 인정논의

학설상 논의	• 국회의원의 자격심사·징계·제명처분(「헌법」 제64조 제4항 제소금지) • 대통령의 법률안거부권행사 • 대통령의 임시회 소집요구 • 의회의 자율권에 속하는 사항 • 국무총리·국무위원의 해임건의 • 국무총리 및 국무위원 임명 • 대통령의 국민투표회부권 • 비상계엄선포·긴급명령 • 영전수여권의 행사 • 대통령의 사면·복권행위 • 전쟁선포·강화 등 군사에 관한 사항 • 외국정부의 승인·대사의 임명 등 외교에 관한 사항 등

2. 통치행위의 주체와 판단주체

(1) 통치행위의 주체

통치행위는 대통령과 정부에 의해 이루어지는 것이 일반적이나, 국회에 의해서도 이루어질 수 있다. 사법부는 정치적 기관이 아니므로 사법부에 의한 통치행위는 인정되기 어렵다.

(2) 통치행위 여부의 판단주체

통치행위는 사법부가 사법심사의 대상으로 삼을 수 있느냐의 문제이므로 통치행위 여부에 대한 판단은 오로지 사법부만에 의하여 이루어져야 한다는 것이 판례의 입장이다.

3. 논의의 전제

전통적으로 통치행위에 대한 논의는 사법심사의 배제가 인정되는 국가행위를 가려내는 데 있으므로 ① 공권력 행사에 대한 사법심사가 고도로 발달되어 있어야 하고, ② 실질적 법치주의 확립과 행정소송사항의 개괄주의가 채택되어 있을 것을 요구한다. 행정소송의 대상에 대한 열거주의하에서는 일반적으로 행정작용에 대한 권리구제가 불완전하므로 별도로 통치행위의 사법심사를 논의할 의미가 없다.

4. 통치행위의 특성

통치행위는 그 고도의 정치적 성격으로 ① 법률의 구속을 받지 아니하고, ② 사법심사의 대상에서 제외되어 "법률에 의한 행정의 원리"가 적용되지 않는다는 특징을 갖는다. 이 점에서 입법도 사법도 행정도 아닌 제4의 국가작용이라고도 한다.

02 통치행위에 대한 대법원과 헌법재판소의 입장

1. 대법원의 인정

대법원은 통치행위는 사법심사대상에서 제외된다고 보지만, 그 인정을 지극히 신중하게 하여야 한다는 입장이다.

판례

1. 통치행위의 개념을 인정한다고 하더라도 과도한 사법심사의 자제가 기본권을 보장하고 법치주의 이념을 구현하여야 할 법원의 책무를 태만히 하거나 포기하는 것이 되지 않도록 그 인정을 지극히 신중하게 하여야 하며, 그 판단은 오로지 사법부만에 의하여 이루어져야 한다(대판 2004. 3. 26. 2003도7878). 2024 기출
2. 대통령의 계엄선포행위의 당・부판단은 원칙적 사법심사의 대상이 되지 않는다(대판 1979. 12. 7. 79초70). 2019 기출
3. 비상계엄의 선포나 확대가 국헌문란의 목적을 달성하기 위하여 행하여진 경우에는 법원은 그 자체가 범죄행위에 해당하는지의 여부에 관하여 심사할 수 있다(대판 1997. 4. 17. 96도3376).
4. 남북정상회담의 개최는 고도의 정치적 성격을 지니고 있는 행위라 할 것이므로 특별히 사정이 없는 한 그 당부를 심사하는 것은 사법권의 내재적・본질적 한계를 넘어서는 것이 되어 적절하지 못하다(대판 2004. 3. 26. 2003도7878).
5. 남북정상회담의 개최과정에서 재경경제부장관에게 신고하지 아니하거나 통일부장관의 협력사업 승인을 얻지 아니한 채 북한 측에 사업권의 대가명목으로 송금한 행위 자체는 헌법상 법치국가의 원리와 법 앞의 평등원칙 등에 비추어 볼 때 사법심사의 대상이 된다(대판 2004. 3. 26. 2003도7878). 2024 기출
6. 군사시설보호법에 의한 군사시설보호구역의 설정・변경・해제행위는 행정입법 또는 통치행위이다(대판 1983. 6. 14. 83누43).
7. 대통령의 서훈취소는 사법심사를 자제하여야 할 고도의 정치성을 띤 행위라고 볼 수 없다(대판 2015. 4. 23. 2012두26920). 2019・2024 기출

2. 헌법재판소의 입장

주류적인 헌법재판소의 입장은 이른바 통치행위에 속한다고 하더라도 국민의 기본권 침해와 직접 관련되는 경우에는 당연히 헌법재판소의 심판대상이 된다고 한다. 그러나 이라크 파견결정 사안의 경우처럼 대통령과 국회의 판단을 존중하여 헌법심사를 자제한 경우도 있다.

판례

헌법재판소 결정

1. 대통령의 긴급재정경제명령은 이른바 통치행위에 속한다고 할 수 있으나, 비록 고도의 정치적 결단에 의하여 행해지는 국가작용이라고 할지라도 그것이 국민의 기본권 침해와 직접 관련되는 경우에는 당연히 헌법재판소의 심판대상이 된다(헌재 1996. 2. 29. 93헌마186).
2. 신행정수도건설이나 수도이전의 문제를 국민투표에 붙일지 여부에 관한 대통령의 의사결정이 대통령의 위 의사결정이 국민의 기본권침해와 직접 관련되는 경우에는 헌법재판소의 심판대상이 될 수 있고, 이에 따라 위 의사결정과 관련된 법률도 헌법재판소의 심판대상이 될 수 있다(헌재 2004. 10. 21. 2004헌마554·556 병합).
3. 외국에 국군 파병결정은 그 성격상 국방 및 외교에 관련된 고도의 정치적 결단을 요하는 문제로서, 헌법과 법률이 정한 절차를 지켜 이루어진 것임이 명백한 이 사건에 있어서는, 대통령과 국회의 판단은 존중되어야 하고 우리 재판소가 사법적 기준만으로 이를 심판하는 것은 자제되어야 한다(헌재 2003. 12. 18. 2003헌마255·256 병합).
4. 대통령의 사면은 형의 선고의 효력 또는 공소권을 상실시키거나 형의 집행을 면제시키는 국가원수의 고유한 권한을 의미하며, 사법부의 판단을 변경하는 제도로서 권력분립의 원리에 대한 예외가 된다(헌재 2000. 6. 1. 97헌바74). 2019 기출
5. 한미연합군사훈련은 연례적으로 실시하는 것으로 통치행위에 해당하지 않는다(헌재 2009. 5. 28. 2007헌마369).

제5절 행정법의 법원 2022 기출

01 의의

행정법관계에 적용되는 법의 존재형식 내지 인식근거를 말한다. 행정법은 원칙적으로 성문법으로 존재하지만 불문법 형식으로 존재하는 경우도 있다.

02 성문법원

1. 헌법

헌법 그 자체가 행정법규범은 아니나 헌법의 기본원칙은 법률의 형식으로 입법자에 의해 구체화되고 집행할 수 있는 법으로 전환된다. 헌법에 규정된 기본권과 국가의 근본구조에 관한 통치조직 조항은 행정과 관련된 범위 내에서 기본적인 법원이 된다.

2. 법률

국회가 적법한 절차를 따라 제정한 형식적 의미의 법률은 행정에 있어서 가장 중심적인 법원이 된다. 형식적 의미의 법률은 아니지만 법률과 동등한 효력을 갖는 대통령령 형식의 긴급명령, 긴급재정・경제명령(「헌법」 제76조)도 법원성이 인정된다.

3. 조약과 국제법규

(1) 의의

① 조약이란 국가와 국가 사이 또는 국가와 국제기관 사이의 문서에 의한 합의를 말한다. 협정・협약・약정・의정서・규약 등 명칭은 불문한다.

② 「헌법」 제6조 제1항은 "헌법에 의하여 체결・공포된 조약과 일반적으로 승인된 국제법규는 국내법과 같은 효력을 갖는다."고 규정하고 있다. 따라서 이러한 조약이 국내행정에 관한 사항을 포함하고 있을 때에는 그 범위에서 행정법의 법원이 된다.

판례

남북사이의 합의서는 국가 간의 조약으로 볼 수 없다.

'남북사이의 화해와 불가침 및 교류협력에 관한 합의서는 법적 구속력이 있는 것은 아니어서 국가 간의 조약으로 볼 수 없고 국내법과 동일한 효력이 인정되지 않는다(대판 1999. 7. 23. 98두14525).

사인이 WTO협정의 위반을 이유로 직접 국내법원에 회원국 정부를 상대로 그 처분의 취소를 구하는 소를 제기할 수 없다.

위 협정은 국가와 국가 사이의 권리・의무관계를 설정하는 국제협정으로, 그 내용 및 성질에 비추어 이와 관련한 법적 분쟁은 위 WTO 분쟁해결기구에서 해결하는 것이 원칙이고, 사인(私人)에 대하여는 위 협정의 직접 효력이 미치지 아니한다고 보아야 할 것이므로, 위 협정에 따른 회원국 정부의 반덤핑부과처분이 WTO 협정위반이라는 이유만으로 사인이 직접 국내 법원에 회원국 정부를 상대로 그 처분의 취소를 구하는 소를 제기하거나 위 협정위반을 처분의 독립된 취소사유로 주장할 수는 없다(대판 2009. 1. 30. 2008두17936).

(2) 국제법의 국내적 수용

국내법의 효력을 가지는 국제법규나 조약은 별도의 국내 시행법령이 제정되지 않더라도 국내에 적용된다고 본다(판례).

(3) 국내법과의 효력순위

① **헌법과 관계**: 조약은 헌법의 하위의 효력이므로 헌법에 위반되는 조약은 국내적으로 효력이 없다. 다만, 국제적으로는 효력을 갖는다.

② **법률과 관계**: 국회의 동의를 요하는 정식조약은 법률과 동일한 효력이 있고, 국회의 동의를 요하지 않는 약식조약은 법규명령과 동일한 효력이 있다는 것이 다수설이다. 헌법재판소는 법률과 동일한 효력이 있는 것으로 본다.

판례

법률적 효력의 '헌법에 의하여 체결 · 공포된 조약과 일반적으로 승인된 국제법규'의 위헌 여부의 심사권한은 헌법재판소에 전속한다.

헌법이 법률과 동일한 효력을 가진다고 규정한 긴급재정경제명령(제76조 제1항) 및 긴급명령(제76조 제2항)은 물론, 헌법상 형식적 의미의 법률은 아니지만 국내법과 동일한 효력이 인정되는 '헌법에 의하여 체결 · 공포된 조약과 일반적으로 승인된 국제법규'(제6조)의 위헌 여부의 심사권한은 헌법재판소에 전속한다(헌재 2013. 3. 21. 2010헌바132).

③ **조례와 관계**: 국내법의 효력을 갖는 조약은 자치법규보다 상위에 있으므로 조례가 이러한 조약을 위반한 경우 조례는 무효가 된다.

판례

조약에 반하는 조례는 그 효력이 없다.

특정 지방자치단체의 초 · 중 · 고등학교에서 실시하는 학교급식을 위해 위 지방자치단체에서 생산되는 우수 농수축산물과 이를 재료로 사용하는 가공식품(이하 '우수농산물'이라고 한다)을 우선적으로 사용하도록 하고 그러한 우수농산물을 사용하는 자를 선별하여 식재료나 식재료 구입비의 일부를 지원하며 지원을 받은 학교는 지원금을 반드시 우수농산물을 구입하는 데 사용하도록 하는 것을 내용으로 하는 위 지방자치단체의 조례안이 내국민대우원칙을 규정한 '1994년 관세 및 무역에 관한 일반협정'에 위반되어 그 효력이 없다(대판 2005. 9. 9. 2004추10).

④ **조약과 국내법의 충돌**: 조약이 국내법과 충돌하는 경우에는 신법우선의 원칙과 특별법우선의 원칙에 의해 해결한다.

판례

특별법으로서의 조약

국제항공운송에 관한 법률관계에 대하여는 일반법인 민법에 대한 특별법으로서 바르샤바협약이 우선 적용된다(대판 1986. 7. 22. 82다카1372).

4. 행정입법

(1) 법규명령

법규명령이란 국민의 권리 · 의무에 변동을 가져오는 법규범의 성질을 갖는 행정입법을 말한다(행정입법에서 상세히 서술).

(2) 행정규칙

행정규칙은 국민에 대해서는 직접적 구속력이 없고 행정조직 내부에서만 구속력을 가지고 있기 때문에 법원성을 부정하는 것이 판례이다(행정입법에서 상세히 서술).

(3) 자치법규

자치법규는 지방자치단체 또는 그 기관이 '법령의 범위 안에서 제정하는 자치에 관한 규정'을 말한다. 이에는 조례(자치단체가 지방의회를 거쳐 제정)와 규칙(자치단체의 장이 제정)이 있다.

03 불문법원

1. 관습법

(1) 의의

사회의 거듭된 관행으로 생성한 사회생활규범이 사회의 법적 확신과 인식에 의하여 법적 규범으로 승인·강행되기에 이른 것을 말한다.

(2) 성립요건

① **객관적 요건**: 일정한 사실이 행정관행으로 장기적, 동일한 정도로 되풀이되어야 한다.

② **주관적 요건**: 이러한 장기적 관행이 당사자들에 의해 법적으로 강요될 만큼의 확신을 얻어야 한다.

③ **형식적 요건**: 위의 두 요건 이외에 국가의 승인이 필요한가에 관하여는 국가의 승인 없이도 법적 확신만 있으면 법원성이 인정된다고 보는 국가승인불요설이 다수설과 판례이다.

판례

관습법의 의의

관습법이란 사회의 거듭된 관행으로 생성한 사회생활규범이 사회의 법적 확신과 인식에 의하여 법적 규범으로 승인·강행되기에 이른 것을 말하고, 그러한 관습법은 법원(法源)으로서 법령에 저촉되지 아니하는 한 법칙으로서의 효력이 있는 것이고, 또 사회의 거듭된 관행으로 생성한 어떤 사회생활규범이 법적 규범으로 승인되기에 이르렀다고 하기 위하여는 헌법을 최상위 규범으로 하는 전체 법질서에 반하지 아니하는 것으로서 정당성과 합리성이 있다고 인정될 수 있는 것이어야 하고, 그렇지 아니한 사회생활규범은 비록 그것이 사회의 거듭된 관행으로 생성된 것이라고 할지라도 이를 법적 규범으로 삼아 관습법으로서의 효력을 인정할 수 없다[대판(전합) 2005. 7. 21. 2002다1178].

서울이 수도라는 점은 헌법적 관습이다.

서울이 수도라는 점은 우리의 제정헌법이 있기 전부터 전통적으로 존재하여온 헌법적 관습이며 우리 헌법조항에서 명문으로 밝힌 것은 아니지만 자명하고 헌법에 전제된 규범으로서, 관습헌법으로 성립된 불문헌법에 해당한다(헌재 2004. 10. 21. 2004헌마554·566).

(3) 종류

① **행정선례법**: 행정청이 취급한 선례(先例)가 반복됨으로써 성립되는 행정관습법으로서, 「국세기본법」 제18조 제3항, 「행정절차법」 제4조 제2항은 행정선례법의 존재를 명시적으로 인정하고 있다.

국세기본법 제18조 【세법해석의 기준 및 소급과세의 금지】 ③ 세법의 해석이나 국세행정의 관행이 일반적으로 납세자에게 받아들여진 후에는 그 해석이나 관행에 의한 행위 또는 계산은 정당한 것으로 보며, 새로운 해석이나 관행에 의하여 소급하여 과세되지 아니한다.

행정절차법 제4조 【신의성실 및 신뢰보호】 ② 행정청은 법령등의 해석 또는 행정청의 관행이 일반적으로 국민들에게 받아들여졌을 때에는 공익 또는 제3자의 정당한 이익을 현저히 해칠 우려가 있는 경우를 제외하고는 새로운 해석 또는 관행에 따라 소급하여 불리하게 처리하여서는 아니 된다.

판례

비과세의 명시적 또는 묵시적 의사표시가 있는 경우 국세행정의 관행이 된다.
비과세의 사실상태가 장기간에 걸쳐 계속된 경우에 그것이 과세관청의 묵시적인 의사표시로 볼 수 있는 경우에는 이를 국세행정의 관행이라고 인정할 수 있다(대판 1987. 2. 24. 86누571).

4년간 면허세 부과가 없고 주무관청이 관계조문의 삭제를 건의하였다면 위 면허세의 비과세 관행 성립
보세운송면허세의 부과근거규정이던 지방세법시행령이 1973. 10. 1.에 제정되어 폐지될 때까지 근 4년간 위 면허세가 단 한건도 부과된 적이 없고, 그 주무관청인 관세청장도 수출확대라는 공익상의 필요 등에서 관계법조문의 삭제를 건의하였었다면 그로써 위 면허세의 비과세의 관행이 이루어졌다고 보아야 하고, 과세근거법규가 폐지된지 1년 3개월이나 지난 뒤에 행한 4년간의 위 면허세의 부과처분은 신의성실의 원칙과 위의 관행을 무시한 위법한 처분이다(대판 1982. 6. 8. 81누38).

비과세의 법적 확신은 불특정 일반의 납세자를 기준으로 판단한다.
비과세관행은 과세관청의 공적 견해의 표시 또는 국세행정의 관행이 특정한 납세자가 아닌 불특정한 일반의 납세자에게 이의 없이 받아들여지고 납세자가 이를 신뢰하는 것이 무리가 아니라고 인정될 정도에 이른 경우에 적용된다(대판 2001. 4. 24. 99두5412).

착오에 의한 비과세의 방치는 국세행정의 관행으로 볼 수 없다.
과세할 수 있는 어느 사항에 대하여 비록 장기간에 걸쳐 과세하지 아니한 상태가 계속되었다 하더라도 그것이 착오로 인한 것이라면, 이와 같은 비과세는 일반적으로 납세자에게 받아들여진 관행이라고 할 수 없다(대판 1985. 3. 12. 84누398).

② **민중관습법**: 민중 사이의 다년간 관행에 의하여 성립된 관습법으로서 입어권·관행상 유수사용권 등과 같이 주로 공물의 사용관계에서 많이 발생한다.

(4) 관습법과 성문법의 관계

① **일반적 효력**: 행정관습법은 성문법에 대해 보충적 효력이 인정되므로, 헌법을 최상위로 하는 전체 법질서에 반하는 관습은 법적 효력이 인정될 수 없다. 법률이 명문으로 관습법에 성문법의 개폐적 효력을 부여할 수는 있다.

② **관습헌법**: 관습헌법은 헌법적 효력이고 법률로 관습헌법을 변경할 수는 없다는 것이 판례이다.

판례

우리나라의 수도가 서울이라는 점에 대한 관습헌법을 폐지하기 위해서는 헌법이 정한 절차에 따른 헌법개정이 이루어져야 한다.
우리나라의 수도가 서울이라는 점에 대한 관습헌법을 폐지하기 위해서는 헌법이 정한 절차에 따른 헌법개정이 이루어져야 한다(헌재 2004. 10. 21. 2004헌마554·556 병합).

2. 판례법

(1) 의의

법원의 재판을 통해 형성된 법을 판례법이라 한다. 법원이 일정한 사건에 대하여 법의 적용을 통한 해석·적용기준을 제시하고 비슷한 사안에 대한 재판이 거듭되면 그에 대한 일정한 법칙과 규범이 정립된다.

(2) 판례의 법원성

① **일반법원의 판례**: 영·미법계 국가는 판례(선례)구속성의 원칙에 의해 법원성이 인정되나 우리 법체계는 이를 인정하지 않는다.

> **법원조직법 제8조【상급심 재판의 기속력】** 상급법원 재판에서의 판단은 해당 사건에 관하여 하급심(下級審)을 기속(羈束)한다.

판례

판례가 사안이 서로 다른 사건을 재판하는 하급심법원을 직접 기속하는 효력이 있는 것은 아니다.
대법원의 판례가 법률해석의 일반적인 기준을 제시한 경우에 유사한 사건을 재판하는 하급심법원의 법관은 판례의 견해를 존중하여 재판하여야 하는 것이나, 판례가 사안이 서로 다른 사건을 재판하는 하급심법원을 직접 기속하는 효력이 있는 것은 아니다(대판 1996. 10. 25. 96다31307).

② **헌법재판소의 위헌결정**: 「헌법재판소법」 제47조 제1항의 "법률의 위헌결정은 법원과 그 밖의 국가기관 및 지방자치단체를 기속한다."는 규정에 의해 헌법재판소의 위헌결정은 법원성이 인정된다.

> **헌법재판소법**
> **제47조【위헌결정의 효력】** ① 법률의 위헌결정은 법원과 그 밖의 국가기관 및 지방자치단체를 기속(羈束)한다.
> ② 위헌으로 결정된 법률 또는 법률의 조항은 그 결정이 있는 날부터 효력을 상실한다.
> **제67조【결정의 효력】** ① 헌법재판소의 권한쟁의심판의 결정은 모든 국가기관과 지방자치단체를 기속한다.
> ② 국가기관 또는 지방자치단체의 처분을 취소하는 결정은 그 처분의 상대방에 대하여 이미 생긴 효력에 영향을 미치지 아니한다.

판례

헌법재판소의 위헌결정은 위헌결정 이후에 같은 이유로 제소된 일반사건에도 미친다.
헌법재판소의 위헌결정의 효력은 위헌제청을 한 당해사건, 위헌결정이 있기 전에 이와 동종의 위헌 여부에 관하여 헌법재판소에 위헌여부심판제청을 하였거나 법원에 위헌여부심판제청신청을 한 동종사건과 따로 위헌제청신청은 아니하였지만 당해 법률 또는 법률 조항이 재판의 전제가 되어 법원에 계속중인 병행사건뿐만 아니라, 위헌결정 이후에 위와 같은 이유로 제소된 일반사건에도 미친다고 할 것이나, 위헌결정의 효력은 그 미치는 범위가 무한정일 수는 없고, 다른 법리에 의하여 그 소급효를 제한하는 것까지 부정되는 것은 아니라 할 것이며, 법적 안정성의 유지나 당사자의 신뢰보호를 위하여 불가피한 경우에 위헌결정의 소급효를 제한하는 것은 오히려 법치주의의 원칙상 요청되는 바라고 할 것이다(대판 2006. 6. 9. 2006두1296)

3. 조리

조리란 사물의 도리 또는 사물의 본질적 법칙을 말한다. 조리는 완비된 법체계를 갖지 못한 행정법체계에서 성문법·관습법·판례법이 모두 존재하지 않는 경우 최후의 보충적 법원이자 행정법 해석의 기준으로서 기능한다.

04 법원 간의 충돌

1. 법원 간의 충돌이 없는 경우

일정한 사안에 관해 적용되는 법규가 다수인 경우 서로 충돌이 없다면 관련법 모두가 적용된다고 봐야 한다.

2. 법원 간의 충돌이 있는 경우

상위법과 하위법 사이에 충돌이 있는 경우에는 상위법이, 특별법과 일반법 사이에 충돌이 있는 경우에는 특별법이, 신법과 구법 사이에 충돌이 있는 경우에는 신법이 적용된다. 신법인 일반법과 구법인 특별법의 관계는 특별법이 우선한다. 법률과 관습법 사이에 충돌이 있는 경우에는 관습법에 보충적 효력만을 인정함이 다수설이다.

제6절 행정법의 일반원칙

01 개설

행정법의 일반원칙은 ① 행정법의 해석과 적용의 기본원리, ② 재량권 행사의 기준, ③ 법규범의 흠결・불비의 경우 최후의 보충적 법원으로 기능한다. 성문법에 규정되어 있지 않더라도 지켜야 할 불문법원이지만 성문의 법령에 규정되는 경우도 있다.

02 비례의 원칙

1. 의의

행정주체가 행정목적을 실현함에 있어서 그 목적실현과 수단 사이에 합리적인 비례관계가 있어야 한다는 원칙을 뜻한다.

2. 법적 근거

종래 자연법상의 형평・정의 등을 들고 있었으나 현행 「헌법」 제37조 제2항과 그 밖의 다수 개별법에서 그 근거를 찾아볼 수 있다.

> **헌법 제37조** ① 국민의 자유와 권리는 헌법에 열거되지 아니한 이유로 경시되지 아니한다.
> ② 국민의 모든 자유와 권리는 국가안전보장・질서유지 또는 공공복리를 위하여 필요한 경우에 한하여 법률로써 제한할 수 있으며, 제한하는 경우에도 자유와 권리의 본질적인 내용을 침해할 수 없다.
>
> **행정기본법 제10조 【비례의 원칙】** 행정작용은 다음 각 호의 원칙에 따라야 한다.
> 1. 행정목적을 달성하는 데 유효하고 적절할 것
> 2. 행정목적을 달성하는 데 필요한 최소한도에 그칠 것
> 3. 행정작용으로 인한 국민의 이익 침해가 그 행정작용이 의도하는 공익보다 크지 아니할 것

3. 내용

(1) 목적의 정당성

행정기관이 관련법규를 구체적으로 집행하는 과정에서 그 법률의 목적과는 다른 방향으로 특정한 조치를 취하였다면 이는 비례원칙의 위반이다.

(2) 수단의 적합성

행정기관이 취한 조치 또는 수단은 정당한 행정목적을 달성하는 데 있어 적절한 것이어야 한다. 행정청이 선택한 수단이 반드시 보다 나은, 보다 효율적인 수단일 것을 요구할 정도로 엄격한 것은 아니며, 목적을 실현하는 데 적합한 것인가가 핵심이다.

(3) 침해의 필요성

특정한 수단을 통해 이루어진 행정조치의 결과가 여러 적합한 수단 중에서도 당사자의 권리나 자유에 가장 적은 침해만을 입히는 수단이 되어야 한다(예 건축개수 명령으로 목적을 달성할 수 있음에도 철거명령을 하는 것은 비례원칙에 반한다).

(4) 상당성의 원칙

행정작용은 적합하고 최소한의 침해를 수반하는 조치라 해도, 추구하는 목적과 침해의 정도·사안의 중요성과 근거 및 다른 공익상 요청 등의 제 요소들 사이에 전체적으로 상당한 균형성을 유지해야 한다. 협의의 비례원칙이라고도 한다.

판례

과잉금지의 원칙의 의미

과잉금지의 원칙이라 함은 국민의 기본권을 제한함에 있어서 국가작용의 한계를 명시한 것으로서 목적의 정당성, 방법의 적정성, 피해의 최소성, 법익의 균형성 등을 의미하며, 그 어느 하나에라도 저촉이 되면 위헌이 된다는 헌법상의 원칙을 말한다(헌재 2000. 2. 24. 98헌바94).

비례원칙의 판단기준

행정규제의 상대방에게 침해되는 권익을 보호할 수 있는 다른 대체수단이 존재하고 있다 하더라도 그와 같은 사유만으로 기본권의 제한이 정당화되어 바로 비례의 원칙이 충족된다고 볼 수 없고, 목적·수단 등 상관관계는 단계적으로 검토해야 한다(대판 1994. 3. 8. 92누1728).

수익적 처분의 취소는 취소처분의 공익침해의 정도와 그 취소처분으로 인하여 개인이 입게 될 불이익을 비교교량하여야 한다.

구 산업재해보상보험법 제84조 제1항 제3호에 따라 보험급여를 받은 당사자로부터 잘못 지급된 보험급여액에 해당하는 금액을 징수하는 처분을 할 때에는 … 잘못 지급된 보험급여액에 해당하는 금액을 징수하는 처분을 해야 할 공익상 필요와 그로 말미암아 당사자가 입게 될 기득권과 신뢰의 보호 및 법률생활 안정의 침해 등의 불이익을 비교·교량한 후, 공익상 필요가 당사자가 입게 될 불이익을 정당화할 만큼 강한 경우에 한하여 보험급여를 받은 당사자로부터 잘못 지급된 보험급여액에 해당하는 금액을 징수하는 처분을 해야 한다(대판 2014. 4. 10. 2011두31697).

4. 적용범위

비례의 원칙은 경찰행정의 영역에서 성립·발전하였으나, 오늘날에는 급부행정은 물론 행정법 전영역에 적용되는 원칙이다.

5. 위반의 효과

비례원칙에 위반한 처분 등은 위헌·위법이 된다. 행정쟁송으로 무효나 취소를 구할 수 있고, 국가배상으로 구제받을 수 있다. 위법한 결과에 대해서는 결과제거청구가 가능하다.

판례

비례의 원칙에 반한다는 판례

① 청소년유해매체물로 결정·고시된 만화인 줄 모르고 청소년에게 대여한 도서대여업자에게 금 700만 원의 과징금을 부과한 것은 비례의 원칙에 반한다.
② 불공정거래행위인 사원판매행위에 대하여 부과된 과징금의 액수가 사원판매행위로 인하여 취득한 이익의 규모를 크게 초과하여 매출액에 육박하게 된 경우 비례원칙에 반한다.
③ 단지 1회 훈령에 위반하여 요정출입을 하다가 적발된 공무원에 대하여 파면처분을 한 것은 비례원칙에 반한다.
④ 양도인이 등유가 섞인 유사휘발유를 판매한 사실을 모르고 이를 양수한 석유판매업자에게 전 운영자의 위법사유를 들어 사업정지기간 중 최장기간인 6월의 사업정지에 처한 것은 비례원칙에 반한다.
⑤ 공정한 업무처리에 대한 사의로 업무처리 후 사후에 임의로 두고 간 돈 30만 원이 든 봉투를 소지하는 피동적 형태로 금품을 수수하고 이를 돌려준 자에 대한 해임처분은 비례원칙에 반한다.
⑥ 석회석 채굴을 위한 산림훼손허가를 받은 임야에 대해 88올림픽 성화봉송을 위한 미관보호를 이유로 한 산림훼손중지처분은 비례원칙에 반한다.
⑦ 보존음료수(생수)의 국내판매를 완전 금지하는 것은 비례원칙에 반한다.

비례의 원칙에 반하지 않는다는 판례

① 직무와 관련한 부탁을 받거나 때로는 스스로 사례를 요구하며 위의 금원을 수수한 비위에 대한 해임징계는 정당하다.
② 다른 차들의 통행을 원활히 하기 위하여 주차목적으로 음주운전한 경우 면허정지처분을 받은 전례가 있고 만취상태에서 운전한 자에 대한 운전면허취소처분은 비례원칙에 반하지 않는다.
③ 경찰공무원이 받은 돈이 1만 원에 해당하더라도 경찰공무원을 해임처분한 것은 정당하다.
④ 해당지역에서 일정 기간 거주하여야 한다는 요건 이외에 해당지역 운수업체에서 일정 기간 근무한 경력이 있는 경우에만 개인택시운송사업면허신청 자격을 부여한다는 개인택시운송사업면허업무규정은 비례원칙에 반하지 않는다.
⑤ 주택임대사업계획승인 신청을 국토 및 자연의 유지와 환경의 보존 등 중대한 공익상의 필요를 이유로 거부한 경우 비례원칙에 반하지 않는다.

03 평등의 원칙

1. 의의

자의의 금지, 즉 행정기관은 행정작용을 함에 있어 특별한 합리적인 사유가 없는 한, 상대방인 국민을 차별 없이 대우해야 한다는 원칙이다.

2. 법적 근거

현행 「헌법」 제11조 제1항과 「행정기본법」 제9조에서 그 근거를 찾아볼 수 있다.

헌법 제11조 ① 모든 국민은 법 앞에 평등하다. 누구든지 성별·종교 또는 사회적 신분에 의하여 정치적·경제적·사회적·문화적 생활의 모든 영역에 있어서 차별을 받지 아니한다.

행정기본법 제9조【평등의 원칙】 행정청은 합리적 이유 없이 국민을 차별하여서는 아니 된다.

3. 효과

평등원칙에 반하는 행위는 위헌·위법이다.

4. 평등원칙의 심사기준

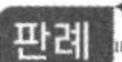

평등원칙 위반 여부 심사기준

평등권의 침해 여부에 대한 심사는 그 심사기준에 따라 자의금지원칙에 의한 심사와 비례의 원칙에 의한 심사로 크게 나누어 볼 수 있다(헌재 2006. 2. 23. 2004헌마675·981·1022 병합).

평등원칙 위반 긍정 사례	① 지방의회가 조례로써 지방의회에 출석요구를 받고도 정당한 이유 없이 불출석하는 자에게 직급에 따라 차등적으로 과태료를 부과한 것 ② 동일한 징계사유에 해당하는 공무원 중 1인에게만 파면처분을 하고 나머지 3명은 견책처분한 경우 ③ 해외근무자들의 자녀를 대상으로 한 특별전형에서 외교관, 공무원의 자녀에 대하여만 획일적으로 과목별 실제취득점수에 20퍼센트의 가산점을 부여하여 합격 사정을 하는 것 ④ 지방조직 개편지침의 일환으로 청원경찰의 인원감축을 위한 면직처분대상자를 선정함에 있어서 초등학교 졸업 이하 학력소지자 집단과 중학교 중퇴 이상 학력소지자 집단으로 나누어 각 집단별로 같은 감원비율 상당의 인원을 선정한 것 ⑤ 국·공립학교의 채용시험에 국가유공자와 그 가족이 응시하는 경우 만점의 10퍼센트를 가산하는 경우
평등원칙 위반 부정 사례	① 일반직 직원의 정년을 58세로 규정하면서 교환직렬에 정년을 53세로 규정한 것 ② 「정치자금법」이 국회의원과는 달리 지방의원에게 개인후원회를 금지하는 규정 ③ 지역의료보험조합 정관에서 피보험자의 생활수준별로 구분한 등급에 따라 소득금액을 차등 규정한 것 ④ 유예기간 없이 개인택시운송사업면허기준을 변경하고 그에 기하여 한 행정청의 면허신청접수거부처분 ⑤ 같은 정도의 비위를 저지른 자들 사이에서도 그 개전의 정이 있는지 여부에 따라 징계의 종류의 선택과 양정을 달리한 경우 ⑥ 현역군인만을 국방부의 보조기관 및 차관보·보좌기관과 병무청 및 방위사업청의 보조기관 및 보좌기관에 보할 수 있도록 정하여 군무원을 제외한 「정부조직법」

04 행정의 자기구속의 원칙

1. 의의

행정청이 상대방에 대하여 동종의 사안에 있어서 제3자에게 행한 결정과 동일한 결정을 하도록 스스로 구속당하는 원리를 뜻한다.

2. 구별개념

(1) 법률에 의한 구속

행정에 고유한 재량영역에서 스스로 정립한 기준에 구속된다는 점에서 타자 구속인 법률에 의한 구속과 다르다.

(2) 행정상 확약

행정의 자기구속은 일반적·추상적 구속으로, 계약 또는 확약에 의한 행정의 자기구속인 개별적·구체적 구속과는 구분된다.

3. 이론적 근거

평등의 원칙을 이론적 근거로 보는 것이 다수설이지만, 판례는 신뢰보호의 원칙과 평등의 원칙을 근거로 자기구속원칙을 인정한다.

4. 적용요건

(1) 재량행위의 영역일 것

행정청의 재량이 인정되지 않는 기속행위에는 인정되지 않는다.

(2) 재량준칙의 적법성

재량준칙의 적용에 따른 종전 행정선례의 내용이 위법한 경우에는 자기구속의 원칙이 적용되지 않는다.

(3) 행정관행이 존재할 것

① 다수설과 판례는 행정선례 없이도 자기구속의 법리를 인정하면 법률의 수권 없는 재량준칙의 법규성을 인정하는 결과가 되므로 선례가 있어야 된다는 입장이다.

② 판례는 재량준칙이 공표된 것만으로는 자기구속의 원칙이 적용될 수 없다고 보았다.

(4) 동종의 사안일 것

처분의 상대방에 대한 상황과 선례의 상황이 법적인 의미·목적에서 동종으로 취급할 수 있는 것이어야 한다. 또한 자기구속의 법리는 동일한 행정청에 대해서만 적용된다. 상급행정청과 하급행정청은 동일한 행정청으로 본다.

5. 한계

(1) 특별한 사정변경이 있는 경우

자기구속의 법리를 적용하는 것이 오히려 형평과 합리성에 비추어 반한다고 여겨질 정도의 객관적인 특별한 사유가 있는 경우에는 자기구속원칙은 적용되지 않는다.

(2) 불법영역에서 평등적용청구는 불인정 2016 · 2019 기출

행정규칙 적용에 따른 종전의 행정관행의 내용이 위법한 경우에는 행정기관은 자기구속을 당하지 않으므로 상대방은 계속적인 평등취급을 요구할 수 없다.

판례

위법한 행정처분이 수차례에 걸쳐 반복적으로 행하여졌다 하더라도 그러한 처분이 위법한 것인 때에는 행정청에 대하여 자기구속력을 갖게 된다고 할 수 없다.

행정청이 조합설립추진위원회의 설립승인 심사에서 위법한 행정처분을 한 선례가 있다고 하여 그러한 기준을 따라야 할 의무가 없는 점 등에 비추어, 평등의 원칙이나 신뢰보호의 원칙 또는 자기구속의 원칙 등에 위배되고 재량권을 일탈·남용하여 자의적으로 조합설립추진위원회 승인처분을 한 것으로 볼 수 없다(대판 2009. 6. 25. 2008두13132).

6. 효과

자기구속에 반하는 처분은 재량권 일탈·남용에 해당하여 위법한 처분이 된다. 헌법재판소는 자기구속의 원칙을 매개로 행정규칙인 재량준칙의 대외적 구속력을 인정하고 있다.

판례

(헌재) 자기구속의 원칙이 인정되는 행정규칙은 대외적 구속력을 가진다.

행정규칙이 일반적으로 대외적인 구속력을 갖는 것은 아니지만, 재량권 행사의 준칙인 규정이 그 정한 바에 따라 되풀이 시행되어 행정관행이 이룩하게 되어 평등의 원칙이나 신뢰보호의 원칙에 따라 행정기관이 그 상대방에 대한 관계에서 그 규칙에 따라야 할 자기 구속을 당하게 되는 경우에는 대외적인 구속력을 가진다(헌재 1990. 9. 3. 90헌마13).

(대법원) 자기구속에 반하는 처분은 재량권 일탈·남용으로 위법하다.

이른바 '행정규칙이나 내부지침'은 일반적으로 행정조직 내부에서만 효력을 가질 뿐 대외적인 구속력을 갖는 것은 아니므로 행정처분이 그에 위반하였다고 하여 그러한 사정만으로 곧바로 위법하게 되는 것은 아니다. 다만, 재량권 행사의 준칙인 행정규칙이 그 정한 바에 따라 되풀이 시행되어 행정관행이 이루어지게 되면 평등의 원칙이나 신뢰보호의 원칙에 따라 행정기관은 그 상대방에 대한 관계에서 그 규칙에 따라야 할 자기구속을 받게 되므로, 이러한 경우에는 특별한 사정이 없는 한 그를 위반하는 처분은 평등의 원칙이나 신뢰보호의 원칙에 위배되어 재량권을 일탈·남용한 위법한 처분이 된다(대판 2009. 12. 24. 2009두7967).

잘못된 행정조치를 수정하는 것은 자기구속의 원리에 반하지 않는다는 판례

경주시장이 한때 실제의 공원구역과 다르게 경계측량 및 표지를 설치함으로 인하여 원고들이 그 잘못된 경계를 믿고 행정청으로부터 초지조성허가를 받아 초지를 조성하고 축사를 신축하여 그러한 상태가 십수년이 경과하였다 하여도, 이 사건 토지가 당초 화랑공원구역 안에 있는 것으로 적법하게 지정, 공고된 이상 여전히 이 사건 토지는 그 공원구역안에 있는 것이고, 따라서 그 후 위와 같은 착오를 발견한 피고가 이 사건 토지는 그 공원구역안에 있는 것으로 지형도를 수정한 조치를 가리켜 신뢰보호의 원칙에 위배된다거나 행정의 자기구속의 법리에 반하는 것이라고도 할 수 없다(대판 1992. 10. 13. 92누2325).

05 신뢰보호의 원칙

1. 의의

개인이 행정기관의 일정한 적극적·소극적 행위의 정당성 또는 존속성에 대하여 신뢰한 경우, 그 신뢰가 보호받을 가치가 있는 한, 그 신뢰를 보호해야 한다는 원칙이다.

2. 근거

(1) 이론적 근거

① **학설**: 신뢰보호의 이론적 근거로 신의성실의 원칙을 드는 경우도 있지만(신의칙설), 법치국가의 한 내용인 법적 안정성을 드는 것(법적 안정성설)이 일반적 견해이다.

② **판례**: 대법원은 신의성실의 원칙에서 이론적 근거를 찾지만, 헌법재판소는 신뢰보호의 원리는 법치국가의 원리로부터 도출된다고 본다.

(2) 실정법적 근거

「행정기본법」(제12조 제1항), 「국세기본법」(제18조 제3항) 및 「행정절차법」(제4조 제2항) 등에 신뢰보호원칙의 실정법적 근거규정이 있다.

> **행정기본법 제12조 【신뢰보호의 원칙】** ① 행정청은 공익 또는 제3자의 이익을 현저히 해칠 우려가 있는 경우를 제외하고는 행정에 대한 국민의 정당하고 합리적인 신뢰를 보호하여야 한다.
> ② 행정청은 권한 행사의 기회가 있음에도 불구하고 장기간 권한을 행사하지 아니하여 국민이 그 권한이 행사되지 아니할 것으로 믿을 만한 정당한 사유가 있는 경우에는 그 권한을 행사해서는 아니 된다. 다만, 공익 또는 제3자의 이익을 현저히 해칠 우려가 있는 경우는 예외로 한다.

3. 성립요건

- 신뢰의 대상되는 선행조치의 존재
- 상대방의 보호가치 있는 신뢰
- 신뢰에 따른 상대방의 조치
- 선행조치에 반하는 후행조치
- 이로 인한 상대방의 권리침해
- 인과관계

(1) 국민에게 신뢰의 대상되는 선행조치(공적 견해표명)의 존재 2022 기출

① **선행조치의 범위(모든 행정작용: 명시적 · 묵시적 · 적극적 · 소극적 언동 포함)** 2019 기출

㉠ 개인의 신뢰보호의 대상이 되는 행정기관의 선행조치에는 법령·규칙·처분·합의·확약·행정지도를 비롯한 모든 행정작용이 이에 해당한다.

㉡ 명시적·묵시적·적극적·소극적 언동에 국한하지 않고 모두 인정된다.

㉢ 행정청의 부작위도 명시적·묵시적 견해표명으로 볼 수 있는 사정이 있는 경우에 신뢰보호의 대상이 될 수 있는 공적 견해표명으로 인정된다. 다만, 단순 방치나 착오에 의한 부작위는 신뢰보호의 대상이 되지 않는다.

② **선행조치의 위법/적법 여부**: 선행조치가 행정행위인 경우 적법행위인가 위법행위인가를 구별하지 않고 공적 견해표명에 해당한다. 그러나 무효인 행정행위는 신뢰의 대상이 없다는 점에서 이에 포함되지 않으며, 아직 처분행위가 존재하지 않는 경우에 기대이익이나 예상이익을 이유로 신뢰보호의 원칙을 주장할 수 없다.

판례

공무원임용행위가 당연무효인 경우 신뢰보호의 원칙을 적용할 수 없다.

국가가 공무원임용결격사유가 있는 자에 대하여 결격사유가 있는 것을 알지 못하고 공무원으로 임용하였다가 사후에 결격사유가 있는 자임을 발견하고 공무원 임용행위를 취소하는 것은 당사자에게 원래의 임용행위가 당초부터 당연무효이었음을 통지하여 확인시켜 주는 행위에 지나지 아니하는 것이므로, 그러한 의미에서 당초의 임용처분을 취소함에 있어서는 신의칙 내지 신뢰의 원칙을 적용할 수 없다(대판 1987. 4. 14. 86누459).

③ **공적 견해표명의 권한판단 기준**: 공적 견해표명은 원칙적으로 일정한 책임 있는 지위에 있는 자에 의해 이루어져야 하나, 반드시 행정조직상의 형식적인 권한분장에 구애될 것은 아니고 담당자의 조직상의 지위와 임무, 당해 언동을 하게 된 구체적인 경위 및 그에 대한 상대방의 신뢰가능성에 비추어 실질에 의하여 판단하여야 한다(대판 2006. 4. 28. 2005두9644). 이에 대한 입증책임은 신뢰보호의 원칙을 주장하는 측에서 부담한다.

④ **후행행위와 관련된 신뢰보호의 대상이 되는 공적 견해표명일 것**: 선행행위와 후행행위가 각기 그 제도적 취지와 결정단계에서 고려해야 할 사항들이 다른 경우에는 선행행위가 후행행위에 대한 공적 견해표명인 것으로 볼 수 없다.

⑤ **법령에 대한 공적 견해표명**: 신뢰보호의 대상에는 법률, 법규명령, 행정규칙도 포함된다. 2022 기출 재량준칙의 경우 공표만으로 신청인이 보호가치 있는 신뢰를 갖게 되었다고 볼 수 없다는 것이 판례이다(대판 2009. 12. 24. 2009두7967).

판례

법률에 따른 개인의 행위가 국가에 의하여 일정 방향으로 유인된 것이라면 특별히 보호가치가 있는 신뢰이익이 인정될 수 있다.

개인의 신뢰이익에 대한 보호가치는 ① 법령에 따른 개인의 행위가 국가에 의하여 일정방향으로 유인된 신뢰의 행사인지, ② 아니면 단지 법률이 부여한 기회를 활용한 것으로서 원칙적으로 사적 위험부담의 범위에 속하는 것인지 여부에 따라 달라진다. 만일 법률에 따른 개인의 행위가 단지 법률이 반사적으로 부여하는 기회의 활용을 넘어서 국가에 의하여 일정 방향으로 유인된 것이라면 특별히 보호가치가 있는 신뢰이익이 인정될 수 있고, 원칙적으로 개인의 신뢰보호가 국가의 법률개정이익에 우선된다고 볼 여지가 있다(헌재 2002. 11. 28. 2002헌바45).

재건축조합에서 일단 내부규범이 정립되면 특별한 사정이 없는 한 그것이 존속하리라는 신뢰를 가지게 된다.

재건축조합에서 일단 내부 규범이 정립되면 조합원들은 특별한 사정이 없는 한 그것이 존속하리라는 신뢰를 가지게 되므로, 내부 규범 변경을 통해 달성하려는 이익이 종전 내부 규범의 존속을 신뢰한 조합원들의 이익보다 우월해야 한다(대판 2020. 6. 25. 2018두34732).

⑥ 공적 견해표명 인정 여부에 대한 판례

구분	내용
공적 견해 표명 인정 사례	① 토지거래허가 담당공무원의 토지형질변경이 가능하다는 견해표명 ② 폐기물처리사업계획서 적정통보는 폐기물처리업허가에 대한 공적 견해표명으로 인정 ③ 대통령의 담화와 이에 따른 국방부장관의 삼청교육 관련 피해자들에 대한 피해보상 공고 ④ 보건사회부장관의 '의료취약지 병원설립운영자 신청공고'를 하면서 국세 및 지방세를 비과세하겠다고 발표한 것은 지방세, 비과세의 공적 견해표명으로 인정 ⑤ 구 「지방세법」에 정한 '기술진흥단체인지 여부에 관한 질의'에 대해 건설교통부장관과 내무부장관이 비과세의견으로 회신한 경우 ⑥ 시의 도시계획과장과 도시계획국장이 도시계획사업의 준공과 동시에 사업부지에 편입한 토지에 대한 완충녹지 지정을 해제함과 아울러 당초의 토지소유자들에게 환매하겠다는 약속
공적 견해 표명 부정 사례	① 단순 착오에 의한 과세누락 ② 실제의 공원구역과 다르게 경계측량 및 표지를 설치한지 십수년 후 착오를 발견하여 지형도를 수정한 조치 ③ 문화관광부장관의 지방자치단체장에 대한 회신은 사인의 신뢰이익을 보호하기 위한 공적 견해표명에 해당되지 않음 ④ 직권에 의한 과태료재판은 신뢰보호의 원칙 적용대상이 되지 않음 ⑤ 총무과 민원팀장에 불과한 공무원이 민원봉사차원에서 상담에 응하여 안내한 것 ⑥ 추상적 질의에 대한 과세관청의 일반론적인 견해표명 ⑦ 면세사업자등록증의 교부는 비과세관행에 대한 공적 견해표명으로 볼 수 없음 ⑧ 「개발이익환수에 관한 법률」에 저촉되지 않는다는 통보는 동법상 개발부담금 부과대상이 아니라는 공적 견해표명을 한 것으로 볼 수 없음 ⑨ 폐기물처리업 사업계획에 대한 적정통보는 토지에 대한 형질변경신청을 허가한다는 공적 견해표명이 아님 ⑩ 「폐기물관리법」상 폐기물처리사업계획적정통보는 「국토계획법」상 국토이용계획승인의 공적 견해표명이 아님 ⑪ 「건축법」상의 사전결정은 장차 「주택건설촉진법」상의 주택건설사업계획승인처분을 하겠다는 내용의 확약 또는 공적인 의사표명이라고는 할 수 없음 ⑫ 관내 교육장이 '휴양 콘도미니엄업이 「교육환경법」에 따른 금지행위 및 시설로 규정되어 있지 않다.'는 의견을 밝힌 것은 교육장이 최종적으로 교육환경평가를 승인해 주겠다는 취지의 공적 견해표명으로 볼 수 없음 ⑬ 당초 정구장 시설을 설치한다는 도시계획결정은 정구장 대신 청소년 수련시설을 설치한다는 도시계획변경결정 및 지적승인의 공적 견해표명이 아님 ⑭ 헌법재판소의 위헌결정은 신뢰보호의 원칙의 대상이 아님 ⑮ 행정청이 용도지역을 자연녹지지역으로 결정한 것만으로는 그 후 용도지역을 보전녹지지역으로 변경하지 않겠다는 공적 견해표명이라고 볼 수 없음 ⑯ 국회에서 법률안을 심의하거나 의결한 사정은 법률로 확정되지 않은 이상 국가가 이해관계자들에게 법령안에 관련된 사항을 약속하였다고 볼 수 없음 ⑰ 입법예고를 통해 법령안의 내용을 국민에게 예고한 적이 있다고 하더라도 그것이 법령으로 확정되지 아니한 이상 국가가 이해관계자들에게 법령안에 관련된 사항을 약속하였다고 볼 수 없음

(2) 보호가치 있는 신뢰의 존재(관계인의 귀책사유가 없을 것)

① **보호가치 있는 신뢰의 의미**: 하자 있는 선행행위를 신뢰하게 된 데 관계인에게 귀책사유가 없을 때 신뢰의 보호가치가 인정된다. 선행행위에 하자가 있다는 것을 상대방이 알았거나 중대한 과실로 알지 못한 경우 선행행위에 대한 보호가치가 인정되지 않는다.

② **귀책사유에 대한 판단기준**: 신뢰보호원칙에서 행정청의 공적 견해표명이 정당하다고 신뢰한 데에 대한 개인의 귀책사유의 유무는 상대방뿐만 아니라 그로부터 신청행위를 위임받은 수임인 등 관계자 모두를 기준으로 판단하여야 한다. 2022 기출

(3) 신뢰에 기초한 상대방의 처리

상대방은 행정청의 선행조치를 믿고 이러한 신뢰에 기초하여 어떠한 처리행위(예 자본투자, 건축의 개시, 재산의 처분 등)를 하여야 한다. 신뢰보호는 그 자체가 목적이 아니라 당사자가 행정작용의 적법성 또는 존속성을 신뢰하여 행한 어떤 처리를 보호하는 것이 목적이기 때문이다.

(4) 인과관계

신뢰보호는 선행조치에 대한 신뢰와 관계자의 처리 사이에 상당인과관계가 있어야 한다. 즉, 상대방이 행정청의 선행행위에 대하여 정당성과 계속성을 믿음으로써 일정한 조치를 한 경우여야 한다.

(5) 선행조치에 반하는 후행 행정작용

상대방이 신뢰에 기초하여 일정한 처리행위를 하였음에도 불구하고 이후 행정청이 선행조치에 반하는 후행처분을 하였거나 또는 행정청이 선행조치에 의하여 약속한 행위를 하지 않음으로써 행정청의 선행조치를 신뢰한 상대방의 권익이 침해된 경우여야 한다.

판례

동일한 사유에 관하여 보다 무거운 면허취소처분을 하기 위하여 이미 행하여진 가벼운 면허정지처분을 취소하는 것은 허용될 수 없다.

원고로서는 그 면허정지처분이 효력을 발생함으로써 그 처분의 존속에 대한 신뢰가 이미 형성되었다 할 것이고 또한 그와 같은 처분의 존속이 현저히 공익에 반한다고는 보이지 아니하므로, 동일한 사유에 관하여 보다 무거운 면허취소처분을 하기 위하여 이미 행하여진 가벼운 면허정지처분을 취소하는 것은 선행처분에 대한 당사자의 신뢰 및 법적 안정성을 크게 저해하는 것이 되어 허용될 수 없다 할 것이다(대판 2000. 2. 25. 99두10520).

4. 한계

(1) 법적합성의 원칙과의 충돌문제

신뢰보호의 원칙이 행정의 법적합성의 원칙과 충돌할 경우 법적합성의 원칙과 신뢰보호의 원칙은 모두 법치국가의 구성요소로서 양자는 헌법상 같은 위치에 있으며 같은 가치를 가지므로, 적법상태의 실현에 의하여 달성되는 공익과 행정작용의 존속에 대한 개인의 신뢰보호라는 사익을 비교형량하여야 한다는 법적합성과 신뢰보호원칙의 동위설(이익형량설)이 통설·판례이다.

(2) 사정변경

행정청의 공적인 의사표명은 의사표명 당시를 기준으로 구속력이 있으므로 공적 의사표명이 있은 후에 사실적·법률적 상태가 변경되었다면, 그와 같은 확약 또는 공적인 의사표명은 행정청의 별다른 의사표시를 기다리지 않고 실효된다.

판례

1. 행정청의 공적 견해표명이 있은 후 사실적·법률적 상태가 변경되었다면, 그와 같은 확약 또는 공적인 의사표명은 행정청의 별다른 의사표시를 기다리지 않고 실효된다(대판 1996. 8. 20. 95누10877).
2. 행정청이 공적인 견해를 표명한 후 사정이 변경됨에 따라 그 견해표명에 반하는 처분을 한 경우 원칙적 신뢰보호의 원칙에 위반되지 않는다(대판 2020. 6. 25. 2018두34732).

(3) 제3자의 정당한 이익과 충돌

선행조치의 상대방에 대한 신뢰보호의 이익과 제3자의 정당한 이익이 충돌하는 경우에는 제3자의 정당한 이익과 선행조치의 상대방의 신뢰이익을 이익형량하여야 하므로 선행조치에 대한 상대방의 신뢰보호의 주장이 제한될 수 있다.

(4) 공익과 이익형량한 경우

판례

유예기간 없이 개인택시 운송사업면허 기준을 변경하고 그에 기하여 한 행정청의 면허신청 접수거부처분이 위법하지 않다.
매년 그때의 상황에 따라 적절히 면허 숫자를 조절해야 할 필요성이 있는 개인택시 면허제도의 성격상 그 자격요건이나 우선순위의 요건을 일정한 범위 내에서 강화하고 그 요건을 변경함에 있어 유예기간을 두지 아니하였다 하더라도 그러한 점만으로는 행정청의 면허신청 접수거부처분이 신뢰보호의 원칙이나 형평의 원칙, 재량권의 남용에 해당하지 아니한다(대판 1966. 7. 30. 95누12897).

06 실권의 법리(신뢰보호의 원칙에서 파생)

1. 의의

행정기관이 위법한 상태를 장기간 방치 또는 묵인하여 개인이 그 존속을 신뢰하게 된 경우, 행정청은 사후에 그 위법성을 이유로 당해 행위를 취소·철회할 수 없다는 법리를 말한다.

2. 연혁 및 근거

(1) 이론적 근거

신의칙에 근거한 법리라는 것이 독일의 지배적 학설이었으나 실권의 법리가 신뢰보호의 원칙으로부터 파생되는 공법상 원칙인 만큼 법적 안정성과 신의칙 모두에 근거한 법리라고 보는 것이 현재 다수설이다.

판례

실권의 법리는 행정법의 일반원칙이다.
실권 또는 실효의 법리는 법의 일반원리인 신의성실의 원칙에 바탕을 둔 파생원칙인 것이므로 공법관계 가운데 관리관계는 물론이고 권력관계에도 적용되어야 함을 배제할 수는 없다(대판 1988. 4. 27. 87누915).

(2) 법적 근거

「행정기본법」(제12조 제2항)에 명문의 규정을 두고 있다.

> **행정기본법 제12조【신뢰보호의 원칙】** ② 행정청은 권한 행사의 기회가 있음에도 불구하고 장기간 권한을 행사하지 아니하여 국민이 그 권한이 행사되지 아니할 것으로 믿을 만한 정당한 사유가 있는 경우에는 그 권한을 행사해서는 아니 된다. 다만, 공익 또는 제3자의 이익을 현저히 해칠 우려가 있는 경우는 예외로 한다.

3. 적용요건

(1) 행정기관이 권한행사를 할 수 있었을 것

처음부터 권한행사가 금지 또는 방해되는 경우에는 적용되지 아니한다.

(2) 비교적 장기간 위법한 상태를 방치하였을 것

실정법상 명문규정은 없으나 판례는 행정제재를 할 수 있는 날로부터 3년여가 지났다면 관계인의 신뢰이익을 우선해 행정청의 취소 또는 철회권 행사가 제한된다고 본다.

판례

실권의 법리가 적용 ⇒ 3년 경과
택시운전사가 운전면허 정지기간 중의 운전행위를 하다가 적발되어 형사처벌을 받았으나 행정청으로부터 아무런 행정조치가 없어 안심하고 계속 운전업무에 종사하던 중 3년여가 지나서 이를 이유로 운전면허를 취소하는 행정처분을 하였다면 신뢰보호의 원칙에 반한다는 판례(대판 1987. 9. 8. 87누373).

실권의 법리가 적용되지 않는 경우
1. 자동차운수사업법 제31조 제1항 제5호 소정의 "중대한 교통사고"를 이유로 사고로부터 <u>1년 10개월 후</u> 사고택시에 대하여 한 운송사업면허의 취소가 재량권을 일탈·남용했다 볼 수 없다(대판 1989. 6. 27. 88누6283).
2. 행정서사업무허가를 행한 뒤 20년이 다 되어 허가를 취소하였더라도, <u>그 취소사유를 행정청이 모르는 상태에 있다가 취소처분이 있기 직전에 알았다면</u>, 실권의 법리가 적용되지 않고 그 취소는 정당하다(대판 1988. 4. 27. 87누915).

(3) 특별한 사정에 의해 상대방이 위법상태에 반하는 행정기관의 권한불행사를 신뢰하였을 것

'특별한 사정'에 대해서는 ① 상대방의 신뢰와, ② 행정기관의 귀책사유를 그 주된 요소로 제시한다.

4. 효과

일반적으로 시효제도나 제척기간의 제도와 달리 권한 자체가 소멸되는 것이 아니라 취소권·철회권 행사가 제한된다고 파악함이 타당할 것이다.

07 부당결부금지의 원칙 2013 기출

1. 의의

행정기관이 행정작용을 함에 있어서 그것과 실질적 관련성이 없는 상대방의 반대급부와 결부시켜서는 안 된다는 원칙이다.

2. 근거

이 원칙은 법치행정의 원칙, 법적 안정성, 행정의 예측가능성 및 행정의 자의의 금지에서 나온 행정법상의 일반원칙으로서 헌법적 효력설과 법률적 효력설의 견해대립이 있다. 「행정기본법」(제13조)에 명문의 규정을 두고 있다.

> **행정기본법 제13조 【부당결부금지의 원칙】** 행정청은 행정작용을 할 때 상대방에게 해당 행정작용과 실질적인 관련이 없는 의무를 부과해서는 아니 된다.

3. 요건

① 행정청의 행정권 행사가 있을 것, ② 이와 같은 행정권의 행사가 상대방의 반대급부와 결부되어 있을 것, ③ 행정권의 행사와 반대급부 사이에 실질적 관련성이 없을 것이 요구된다.

4. 적용범위

공법상 계약, 행정행위의 부관, 급부행정 및 행정의 실효성확보수단 등의 영역에서 활용된다.

판례

주택사업계획승인을 하면서 토지의 기부채납을 하도록 한 경우 판례 비교

1. 사업자에게 주택사업계획 승인을 하면서 그 주택사업과는 아무런 관련이 없는 토지를 기부채납하도록 하는 부관을 주택사업계획승인에 붙인 경우, 그 부관은 부당결부금지의 원칙에 위반되어 위법하지만, 부관의 하자가 중대하고 명백하여 당연무효라고 볼 수는 없다(대판 1997. 3. 11. 96다49650).
2. 주택사업계획을 승인하면서 입주민이 주로 이용하는 진입도로의 개설 또는 확장, 공원부지, 학교부지의 조성과 함께 그의 기부 또는 학교용지부담금의 지급을 개발사업자에게 의무지우는 것은 부당결부금지에 위반되지 않는다(대판 1997. 3. 11. 96다49650).

복수의 운전면허 중 일부의 취소 여부 – 원칙적 입장

운전면허 상호간의 관련성을 기준으로 취소 여부를 판단하여야 한다는 입장으로서, 기본적으로 외형상 하나의 처분일지라도 가분성이 있거나 그 처분대상이 특정될 수 있다면 서로 별개의 것으로 취급하여 그 일부만의 취소가 가능하다.

복수의 운전면허 중 일부의 취소 여부 – 예외적 입장

운전면허의 대인적 성질에 초점을 맞추어 취소나 정지의 사유가 특정의 면허에 관한 것이 아니고 다른 면허와 공통된 경우이거나 운전면허를 받은 사람에 관한 경우 복수의 운전면허 전부를 취소 또는 정지할 수 있다. 면허취소의 사유가 음주운전이거나 운전면허정지기간 중의 운전이 이에 해당한다.

1. 제1종 보통면허로 운전할 수 있는 차량을 음주운전한 경우에 이와 관련된 면허인 제1종 대형면허와 원동기장치자전거면허까지 취소할 수 있다(대판 1994. 11. 25. 94누9672).
2. 제1종 대형면허로 운전할 수 있는 차량인 대형승합차를 운전면허정지기간 중에 운전한 경우에는 이와 관련된 제1종 보통면허까지 취소할 수 있다(대판 2005. 3. 11. 2004두12452).

다만 이러한 대인적 사유라 하더라도 면허 간 관련성이 없는 경우에는 복수의 운전면허를 전부취소 또는 정지할 수는 없다. 이러한 경우에는 해당면허만의 취소나 정지만 인정된다.

1. 이륜자동차로서 제2종 소형면허를 가진 사람만이 운전할 수 있는 오토바이를 음주운전한 사유로 제1종 대형면허나 보통면허를 취소·정지하는 것은 부당결부금지의 원칙에 반한다(대판 1992. 9. 22. 91누8289).
2. 제1종 특수·대형·보통면허의 소지자가 특수면허로만 운전할 수 있는 차량(레커크래인)으로 음주운전한 경우 제1종 보통면허나 대형면허에 대한 취소사유는 되지 아니한다(대판 1995. 11. 16. 95누8850).

08 기타의 일반원칙

1. 적법절차의 원칙

「헌법」 제12조 제1항에서 규정하고 있는 적법절차의 원칙은 형사소송절차에 국한되지 아니하고 모든 국가작용 전반에 대하여 적용된다. 「행정절차법」에 규정이 없는 경우에도 행정권 행사가 적정한 절차에 따라 행해지지 아니한 경우에는 그 행정권 행사는 적법절차의 원칙에 위반하여 위헌 또는 위법이 된다.

2. 신의성실의 원칙

행정절차법 제4조【신의성실 및 신뢰보호】 ① 행정청은 직무를 수행할 때 신의(信義)에 따라 성실히 하여야 한다.

행정기본법 제11조【성실의무 및 권한남용금지의 원칙】 ① 행정청은 법령등에 따른 의무를 성실히 수행하여야 한다.

② 행정청은 행정권한을 남용하거나 그 권한의 범위를 넘어서는 아니 된다.

(1) 적용요건

판례

신의성실의 원칙이 적용되기 위한 요건

신의성실의 원칙에 위배된다는 이유로 그 권리의 행사를 부정하기 위하여는 상대방에게 신의를 주었다거나 객관적으로 보아 상대방이 그러한 신의를 가짐이 정당한 상태에 이르러야 하고, 이와 같은 상대방의 신의에 반하여 권리를 행사하는 것이 정의 관념에 비추어 용인될 수 없는 정도의 상태에 이르러야 하고, 일반 행정법률관계에서 관청의 행위에 대하여 신의칙이 적용되기 위해서는 합법성의 원칙을 희생하여서라도 처분의 상대방의 신뢰를 보호함이 정의의 관념에 부합하는 것으로 인정되는 특별한 사정이 있을 경우에 한하여 예외적으로 적용된다(대판 2004. 7. 22. 2002두11233).

(2) 행정청의 행위가 신의성실의 원칙에 위반되는 경우

판례

1. 관할관청이 위법한 직업능력개발훈련과정 인정제한처분을 하여 사업주로 하여금 제때 훈련과정 인정신청을 할 수 없도록 하였음에도, 이후 관할관청이 단지 해당 훈련과정에 관하여 사전에 훈련과정 인정을 받지 않았다는 이유만을 들어 훈련비용 지원을 거부하는 것은 신의성실의 원칙에 반한다(대판 2019. 1. 31. 2016두52019).

2. 근로복지공단의 요양불승인처분에 대한 취소소송을 제기하여 승소확정판결을 받은 근로자가 요양으로 인하여 취업하지 못한 기간의 휴업급여를 청구한 경우, 그 휴업급여청구권이 시효완성으로 소멸하였다는 근로복지공단의 항변은 신의성실의 원칙에 위반되어 허용될 수 없다(대판 2008. 9. 18. 2007두2173).

(3) 행정 상대방에 대한 신의성실의 원칙 적용

판례

1. 피징계자가 징계처분에 중대하고 명백한 흠이 있음을 알면서도 퇴직시에 지급되는 퇴직금 등 급여를 지급받으면서 위 비위사실에 대한 공소시효가 완성되어 더 이상 형사소추를 당할 우려가 없게 되자 피징계자가 이제와서 위 흠을 내세워 그 징계처분의 무효확인을 구하는 것은 신의칙에 위반된다(대판 1989. 12. 12. 88누8869).
2. 정년을 1년 3개월 앞두고 호적상 출생연월일을 정정한 후 그 출생연월일을 기준으로 정년의 연장을 요구하는 것은 신의성실의 원칙에 반하지 않는다(대판 2009. 3. 26. 2008두21300).

3. 권한남용금지의 원칙

부정한 목적을 위한 세무조사로 수집된 과세자료를 기초로 한 과세처분은 위법하다.
세무조사가 과세자료의 수집 또는 신고내용의 정확성 검증이라는 본연의 목적이 아니라 부정한 목적을 위하여 행하여진 것이라면 이는 세무조사에 중대한 위법사유가 있는 경우에 해당하고 이러한 세무조사에 의하여 수집된 과세자료를 기초로 한 과세처분 역시 위법하다(대판 2016. 12. 15. 2016두47659).

제7절 행정법의 효력

01 시간적 효력 2015 기출

1. 효력발생시기

(1) 효력발생의 원칙 2016 기출

행정법령은 성립 후 공포에 의하여 일정한 기간을 두어 국민에게 법령을 알리고, 그 후 일정한 날짜에 시행됨으로써 효력을 발생한다(「법령 등 공포에 관한 법률」 제13조). 행정규칙은 공포의 대상이 아니다.

헌법 제53조 ⑦ 법률은 특별한 규정이 없는 한 공포한 날로부터 20일을 경과함으로써 효력을 발생한다.
법령 등 공포에 관한 법률 2021 기출
제13조 【시행일】 대통령령, 총리령 및 부령은 특별한 규정이 없으면 공포한 날부터 20일이 경과함으로써 효력을 발생한다.

제13조의2 【법령의 시행유예기간】 국민의 권리 제한 또는 의무 부과와 직접 관련되는 법률, 대통령령, 총리령 및 부령은 긴급히 시행하여야 할 특별한 사유가 있는 경우를 제외하고는 공포일부터 적어도 30일이 경과한 날부터 시행되도록 하여야 한다.

⑵ 공포의 방법

법령 등 공포에 관한 법률
제11조 【공포 및 공고의 절차】 ① 헌법개정·법률·조약·대통령령·총리령 및 부령의 공포와 헌법개정안·예산 및 예산 외 국고부담계약의 공고는 관보(官報)에 게재함으로써 한다.
② 「국회법」 제98조 제3항 전단에 따라 하는 국회의장의 법률 공포는 서울특별시에서 발행되는 둘 이상의 일간신문에 게재함으로써 한다.
③ 제1항에 따른 관보는 종이로 발행되는 관보(이하 "종이관보"라 한다)와 전자적인 형태로 발행되는 관보(이하 "전자관보"라 한다)로 운영한다.
④ 관보의 내용 해석 및 적용 시기 등에 대하여 종이관보와 전자관보는 동일한 효력을 가진다.

제12조 【공포일·공고일】 제11조의 법령 등의 공포일 또는 공고일은 해당 법령 등을 게재한 관보 또는 신문이 발행된 날로 한다.

지방자치법 제33조 【조례와 규칙의 공포 방법 등】 ① 조례와 규칙의 공포는 해당 지방자치단체의 공보에 게재하는 방법으로 한다. 다만, 제32조 제6항 후단에 따라 지방의회의 의장이 조례를 공포하는 경우에는 공보나 일간신문에 게재하거나 게시판에 게시한다.

⑶ 법적용의 기준

행정기본법 제14조 【법 적용의 기준】 2023 기출 ① 새로운 법령등은 법령등에 특별한 규정이 있는 경우를 제외하고는 그 법령등의 효력 발생 전에 완성되거나 종결된 사실관계 또는 법률관계에 대해서는 적용되지 아니한다.
② 당사자의 신청에 따른 처분은 법령등에 특별한 규정이 있거나 처분 당시의 법령등을 적용하기 곤란한 특별한 사정이 있는 경우를 제외하고는 처분 당시의 법령등에 따른다.
③ 법령등을 위반한 행위의 성립과 이에 대한 제재처분은 법령등에 특별한 규정이 있는 경우를 제외하고는 법령등을 위반한 행위 당시의 법령등에 따른다. 다만, 법령등을 위반한 행위 후 법령등의 변경에 의하여 그 행위가 법령등을 위반한 행위에 해당하지 아니하거나 제재처분 기준이 가벼워진 경우로서 해당 법령등에 특별한 규정이 없는 경우에는 변경된 법령등을 적용한다.

판례

1. 법령이 변경된 경우 신법령이 피적용자에게 유리하여 이를 적용하도록 하는 경과규정을 두는 등의 특별한 규정이 없는 한 헌법 제13조 등의 규정에 비추어 볼 때 그 변경 전에 발생한 사항에 대하여는 변경 후의 신법령이 아니라 변경 전의 구법령이 적용되어야 한다(대판 2002. 12. 10. 2001두3228).
2. 과징금부과처분을 하는 경우 구체적인 부과기준에 대하여는 처분 시의 시행령이 행위 시의 시행령보다 불리하게 개정되었고 어느 시행령을 적용할 것인지에 대하여 특별한 규정이 없으므로, 행위 시의 시행령을 적용하여야 한다(대판 2002. 12. 10. 2001두3228).
3. 부담이 처분 당시 법령을 기준으로 적법하다면 처분 후 부담의 전제가 된 주된 행정처분의 근거 법령이 개정됨으로써 행정청이 더 이상 부관을 붙일 수 없게 되었다 하더라도 곧바로 위법하게 되거나 그 효력이 소멸하게 되는 것은 아니다(대판 2009. 2. 12. 2005다65500).

4. 사건발생시 법령에 따라 법률관계가 확정되고 행정청이 이를 확인하는 처분을 하는 경우 처분시법이 아니라 법률관계 확정시의 법령을 적용하는 것이 원칙이지만, 법령을 개정하는 동기가 위헌적 요소를 없애려는 반성적 고려에서 이루어 진 경우 예외적으로 개정시행령을 적용해야 한다(대판 2007. 2. 22. 2004두12957).

(4) 소급입법금지의 원칙(신법령을 적용할 것인가 구법령을 적용할 것인가)

판례

진정소급입법은 원칙적으로 부정되나 예외적으로 허용된다.

1. 새로운 입법으로 이미 종료된 사실관계 또는 법률관계에 적용되게 하는 이른바 진정소급입법이라고 하더라도 국민이 소급입법을 예상할 수 있었거나 신뢰보호의 요청에 우선하는 심히 중대한 공익상의 사유가 소급입법을 정당화하는 등 예외적인 경우에는 헌법상으로도 허용이 된다(대판 2012. 5. 10. 2011두16858).
2. '친일재산은 그 취득 · 증여 등 원인행위시에 국가의 소유로 한다.'고 정한 「친일반민족행위자 재산의 국가귀속에 관한 특별법」 제3조 제1항의 규정은 진정소급입법에 해당하지만 헌법에 위반되지 않는다(헌재 2011. 3. 31. 2008헌바141).

부진정소급입법은 원칙적으로 허용되지만 예외적으로 구법의 신뢰보호원칙이 입법자의 형성권을 제한하게 된다.

1. 현재 진행중인 사실관계에 작용케 하는 부진정소급입법은 원칙적으로 허용되지만 소급효를 요구하는 공익상의 사유와 신뢰보호의 요청 사이의 교량과정에서 신뢰보호의 관점이 입법자의 형성권에 제한을 가하게 된다(헌재 1998. 11. 26. 97헌바58).
2. 과세단위가 시간적으로 정해지는 조세에 있어 과세표준기간인 과세연도 진행 중에 세율인상 등 납세의무를 가중하는 세법의 제정이 있는 경우에는 이미 충족되지 아니한 과세요건을 대상으로 하는 강학상 이른바 부진정소급효의 경우이므로 그 과세연도 개시시에 소급적용이 허용된다(대판 1983. 4. 26. 81누423).
3. 소관 행정청이 허가신청을 수리하고도 정당한 이유 없이 처리를 늦추어 그 사이에 법령 및 허가기준이 변경된 것이 아닌 한 새로운 법령 및 허가기준에 따라서 한 불허가처분이 위법하다고 할 수 없다(대판 1992. 12. 8. 92누13813).

2. 효력소멸시기

(1) 한시법이 아닌 경우

일반적으로 법령은, ① 신법에 의한 명시적 폐지, ② 신 · 구법의 내용상 충돌, ③ 헌법재판소의 위헌으로 결정, ④ 규율사실관계의 영속적 종결로 소멸한다. 판례는 개정법률이 전문개정인 경우 기존 법률을 폐지하고 새로운 법률을 제정하는 것과 동일한 것으로 보고 있다.

판례

전문개정의 경우(기존 법률을 폐지하는 효과)

법률의 개정시에 종전 법률부칙의 경과규정을 개정하거나 삭제하는 명시적인 조치가 없다면, 개정법률에 다시 경과규정을 두지 않았더라도 부칙의 경과규정이 당연실효되는 것은 아니지만, 개정법률이 전문개정인 경우에는 기존법률을 폐지하고 새로운 법률을 제정하는 것과 마찬가지여서, 종전의 본칙은 물론 부칙규정도 모두 소멸하는 것으로 보아야 할 것이므로, 특별한 사정이 없는 한 종전의 법률부칙의 경과규정도 모두 실효된다고 보아야 한다(대판 2002. 7. 26. 2001두11168).

(2) 한시법의 경우

일정한 유효기간이 규정되어 있는 한시법의 경우에는, 그 기한이 도래하면 그 효력이 당연히 상실된다. 다만 그 유효기간 내의 위법행위에 대해서는 한시법의 실효 후에도 그 법령의 벌칙규정을 적용할 수 있다는 것이 판례이나(대판 1997. 2. 28. 96도2247), 법령에 명문의 규정을 두고 있는 경우가 많다.

02 지역적 효력

1. 원칙

행정법규는 당해 행정법규를 제정한 기관의 권한이 미치는 지역 내에서 효력을 가짐이 원칙이다. 법률·명령 등은 전국에 걸쳐 그 효력을 발생하고, 지방자치단체가 제정한 조례·규칙은 당해 지방자치단체의 관할구역 내에서 그 효력을 갖는다.

2. 예외

국제법상 치외법권을 가지는 외교사절이 사용하는 토지·시설이나 외국군대가 사용하는 시설·구역 등에는 행정법규의 적용이 제한된다. 「수도권정비계획법」과 같은 특정지역에만 적용되는 법령도 있으며, 지방자치단체가 다른 지방자치단체의 구역에 공공시설을 설치한 경우처럼 행정법규가 그것을 제정한 기관의 관할구역을 벗어나 적용되는 경우도 있다.

03 대인적 효력

1. 원칙

속지주의(관할 구역 내 모든 사람에게 적용)·속인주의(외국에 있는 내국인에게 적용)

2. 예외

① 국제법상 치외법권을 가진 외국원수나 외교관 등에게는 적용되지 않으며, ② 한미행정협정(SOFA)에 의해 미합중국군대구성원에게는 우리나라 법의 적용이 배제 내지 제한되며, ③ 외국인에 대해서는 상호주의가 적용되는 경우(「국가배상법」)도 있고 입법정책적으로 예외 또는 특칙을 두는 경우(「출입국관리법」)도 있다.

판례

1. 설사 북한법의 규정에 따라 북한국적을 취득하여 중국 주재 북한대사관으로부터 북한의 해외공민증을 발급받은 자라 하더라도 그가 대한민국 국적을 취득하고 이를 유지함에 있어 아무런 영향을 끼칠 수 없다(대판 1996. 11. 12. 96누1221).
2. 대한민국 국민이 일본국에서 영주권을 취득하였다 하여 우리 국적을 상실하지 아니하며, 영주권을 가진 재일교포를 준 외국인으로 보아 외국인토지법을 준용하여야 하는 것도 아니다(대판 1981. 10. 13. 80다2435).

Chapter 02

OX로 기초다지기

01 행정작용은 법률에 위반되어서는 아니 되며, 국민의 권리를 제한하거나 의무를 부과하는 경우와 그 밖에 국민생활에 중요한 영향을 미치는 경우에는 법률에 근거하여야 한다. O X

02 자치법적 사항을 위임하는 경우에는 포괄위임이 허용되지만 국민의 권리의무에 관한 본질적 사항은 반드시 국회가 정해야 한다. O X

03 병의 복무기간에서 제외되는 사항을 육군본부규정으로 정하여 복무기간을 제외한 조치는 내부적으로 정할 본질사항이 아니므로 적법하다는 것이 판례이다. O X

04 텔레비전수신료금액결정은 국회가 법률로 정할 본질사항으로 볼 수 없다. O X

05 법률우위의 대상되는 행정은 모든 행정이지만 법률유보의 대상은 모든 행정이라 볼 수 없다. O X

06 통치행위의 주체는 주로 대통령과 국회이고 통치행위 여부에 대한 판단은 오로지 사법부만에 의한다. O X

01 「행정기본법」 제8조
02 자치법적 사항을 위임하는 경우에는 포괄적 위임입법의 금지는 원칙적으로 적용되지 않지만 본질적 사항은 위임이 금지되고 오로지 국회가 정하여야 한다.
03 병의 복무기간은 본질적 사항으로 위임이 금지되고 법률로 정할 사항이라는 것이 판례이다.
04 텔레비전수신료금액결정은 납세의무자의 범위 등과 마찬가지로 국민의 기본권과 관련된 것으로 국회가 법률로 정할 사항에 해당한다.
05 법을 위반할 수 있는 행정은 인정되지 않으므로 법률우위의 대상되는 행정은 모든 행정이지만 법률유보의 대상되는 행정은 중요사항유보설에 따라 모든 행정이라 볼 수 없다.
06 통치행위는 고도의 정치적 국가작용으로 정치적 기관은 대통령과 국회가 주로 행위주체가 되고 사법심사를 제한할 것인가의 문제이므로 오로지 사법심사권을 가진 사법부만이 판단주체가 된다.

Answer

01 O　02 O　03 X　04 X　05 O　06 O

07 비상계엄선포의 당부판단은 일반적으로 사법심사의 대상이 된다는 것이 대법원이다. ○✕

08 통치행위를 긍정하되 제한적으로 엄격하게 축소해서 인정하는 것이 대법원의 입장이다. ○✕

09 헌법재판소는 통치행위라 하더라도 그것이 국민의 기본권침해와 직접 관련되는 경우 사법심사가 가능하다고 본다. ○✕

10 헌법재판소는 이라크파병결정은 그 성격상 국방 및 외교에 관련된 고도의 정치적 결단을 요하는 문제이므로 헌법재판소가 사법심사를 자제하는 것이 바람직하다고 하였다. ○✕

11 헌법에 위반되는 조약은 국내법적으로나 국제적으로나 효력이 없다. ○✕

12 지방자치단체의 조례가 과세 및 무역에 관한 일반협정을 위반한 경우 무효이다. ○✕

13 행정선례법은 관습법이지만 행정선례법의 인정의 근거가 「국세기본법」과 「행정절차법」에 규정되어 있다. ○✕

07 계엄선포행위는 고도의 정치적 · 군사적 성격을 띠는 행위로서 통치행위이므로 일반적 사법심사의 대상이 되지 않지만 국헌문란의 목적을 달성하기 위해 행해진 경우 사법심사가 가능하다는 입장이다.

08 통치행위로 인정되는 국가작용은 사법심사를 부정하는 것이므로 국민의 권리구제를 위한 재판청구권의 행사가 제한되게 된다. 따라서 그 인정범위를 엄격하게 축소해서 인정하는 것이 대법원이다.

09 통치행위라도 헌법을 위반할 수는 없으므로 통치행위가 국민의 기본권침해와 직접 관련되는 경우 사법심사가 가능하다는 입장이다.

10 헌법재판소는 이라크파병결정사건에서는 국민의 기본권침해와 관련된다는 논리를 사용하지 않고 사법심사를 부정하였다.

11 헌법에 위반되는 조약은 국내적으로는 효력이 없지만 국제적으로는 효력이 있다.

12 조약과 조례는 조약이 상위법이므로 조례가 조약을 위반한 경우 조례는 무효이다.

13 「국세기본법」 제18조 제3항, 「행정절차법」 제4조 제2항은 행정선례법의 존재를 명시적으로 인정하고 있다.

Answer

07 ✕ 08 ○ 09 ○ 10 ○ 11 ✕ 12 ○ 13 ○

14 대법원의 판례는 사안이 서로 다른 사건을 재판하는 하급심법원을 직접 기속하는 효력이 없다. O X

15 헌법재판소의 위헌결정은 위헌결정 이후에 같은 이유로 제소된 일반사건에는 미치지 않는다. O X

16 주유소 영업의 양도인이 등유가 섞인 유사휘발유를 판매한 바를 모르고 이를 양수한 석유판매 영업자에게 전 운영자인 양도인의 위법사유를 들어 6월의 사업정지에 처한 것은 공익목적의 실현이라는 측면에서 비례원칙에 위반되지 않아 적법하다. O X

17 위법한 재량준칙의 경우에는 반복 시행되었다고 하더라도 자기구속의 원칙이 적용되지 않는다. O X

18 재량준칙이 공표된 것만으로도 자기구속의 원칙이 적용되므로 반복 시행될 필요는 없다. O X

19 경찰작용에도 비례의 원칙이 준수되어야 하며, 경찰관의 직권은 그 직무수행에 필요한 최소한도 내에서 행사되어야 한다. O X

14 상급심법원의 판단은 당해 사건에 한하여 하급심을 기속할 뿐이므로 맞는 지문이다.

15 헌법재판소의 위헌결정은 모든 국가기관, 지방자치단체, 법원을 기속하므로 위헌결정 이후에 같은 이유로 제소된 일반사건에도 미친다.

16 양도인의 위반행위를 이유로 이를 모르고 양수한 양수인에게 사업정지기간 중 최고한도인 6개월의 사업정지를 부과하는 것은 비례원칙에 위반된다는 것이 판례이다.

17 자기구속의 원칙이 적용되기 위해서는 적법한 재량준칙이 반복적용되어야 하는 것이고 위법한 재량준칙은 평등의 원칙을 주장할 수 없으므로 자기구속의 원칙이 적용되지 않는다.

18 재량준칙이 공표된 것만으로는 자기구속의 원칙이 적용되지 않으며, 자기구속의 원칙이 적용되기 위해서는 재량준칙이 반복 시행된 행정선례나 관행이 있어야 한다.

19 비례의 원칙은 행정의 전 영역에서 적용되는 것이고 특히 경찰작용의 경우 비례의 원칙을 강하게 요구한다. 비례원칙은 수단의 적합성, 최소침해성(필요성), 상당성을 내용으로 하는 것으로 옳은 지문이다.

Answer

14 ○ 15 X 16 X 17 ○ 18 X 19 ○

20 토지거래계약의 허가를 통하여서나 그 과정에서 그 소속 공무원들을 통하여 토지형질변경이 가능하다는 견해표명은 행정청의 견해표명이 아니므로 건축을 위한 토지의 형질변경이 가능하다는 공적 견해표명을 한 것이라 볼 수 없다. O X

21 헌법재판소의 위헌결정은 행정청이 개인에 대하여 신뢰의 대상이 되는 공적인 표명을 한 것이라고 할 수 있어 그 결정에 관련한 개인의 행위에 대하여는 신뢰보호의 원칙이 적용된다. O X

22 실권의 법리는 행정법관계 중 권력관계뿐만 아니라 비권력관계에도 적용된다. O X

23 「자동차운수사업법」 위반행위를 이유로 1년 10개월 후에 운송사업면허를 취소한 것은 실권의 법리에 반하여 재량권 일탈·남용으로 볼 수 있다. O X

24 사업자에게 주택사업계획승인을 하면서 그 주택사업과 아무런 관련이 없는 토지를 기부채납하도록 하는 것은 위법이라 볼 수 있다. O X

25 경과규정 등의 특별규정 없이 법령이 변경된 경우, 그 변경 전에 발생한 사항에 대하여 적용할 법령은 변경 전의 구 법령이다. O X

20 공적 견해표명의 유무를 판단하는 데 있어서는 형식적 조직법상으로 판단하지 않고 실질적 신뢰가능성을 기준으로 판단한다는 것이 판례이다. 담당공무원의 견해표명도 상대방의 신뢰가능성을 기준으로 공적 견해표명으로 볼 수 있다.

21 헌법재판소의 위헌결정은 위헌결정의 기속력에 의해 다른 국가기관들이 이를 따를 것일 뿐 헌법재판소가 직접 사인을 상대방으로 구체적으로 공적 견해표명을 한 것으로 볼 수 없다는 것이 판례이다.

22 실권의 법리는 일반원칙으로 모든 행정영역에 적용되는 것으로 권력관계뿐만 아니라 비권력관계에도 적용된다.

23 1년 10개월 경과만으로 행정권한의 불행사에 대한 상대방의 신뢰가 쌓였다고 볼 수 없고 실권의 법리에 반하지 않으므로 재량권 일탈·남용으로 볼 수 없다.

24 주택사업과 실질적 관련이 없는 토지를 기부채납하도록 하는 부관을 붙인 것은 부당결부금지의 원칙에 반하여 위법이라 할 수 있다.

25 법령은 특별한 규정이 없는 경우 행위 당시의 법령을 적용하는 것이 원칙이므로 법령이 변경되기 전 구법 당시의 행위에 대해서는 변경 전 법률인 구법을 적용하는 것을 원칙으로 한다.

Answer

20 X　21 X　22 O　23 X　24 O　25 O

26 계속된 사실이나 새 법령 시행 후에 발생한 부과요건 사실에 대하여 새 법령을 적용하는 것은 소급입법금지의 원칙에 저촉되어 허용되지 않는다. O X

27 진정소급입법은 원칙적 허용되지 않으나 부진정소급입법은 원칙적 허용된다. O X

28 개정법률이 전문개정인 경우 기존 법률을 폐지하고 새로운 법률을 제정하는 것과 마찬가지의 효과가 있다. O X

29 국회의장이 법률을 공포하는 경우에는 관보가 아닌 일간신문에 공고한다. O X

30 법령 등을 위반한 행위의 성립과 이에 대한 제재처분은 법령 등에 특별한 규정이 있는 경우를 제외하고는 법령 등을 위반한 제재 당시의 법령 등에 따른다. O X

26 구법 당시에 종료된 과거사실에 대해 신법을 소급적용하는 진정소급입법은 금지되는 것이지만, 계속된 사실에 대해 종료 시의 신법을 적용하는 부진정소급입법은 원칙적 허용된다.

27 진정소급입법은 구법에 대한 신뢰 때문에 원칙적 금지되지만 부진정소급입법은 구법에 대한 신뢰보다는 종료 시의 신법을 적용하는 것이 원칙이므로 원칙적 허용된다.

28 전문개정은 구법을 폐지하고 신법으로 대체하는 효력이 있으므로 옳은 지문이다.

29 국회의장이 법률을 공포하는 경우에는 서울에서 발행되는 2개 이상의 일간신문에 공고한다.

30 법령 등을 위반한 행위의 성립과 이에 대한 제재처분은 법령 등에 특별한 규정이 있는 경우를 제외하고는 법령 등을 위반한 위반행위 당시의 법령 등에 따른다(「행정기본법」 제14조 제3항).

Answer

26 X　27 O　28 O　29 O　30 X

Chapter 03

행정법상 법률관계

제1절 행정상 법률관계

01 행정상 법률관계의 종류

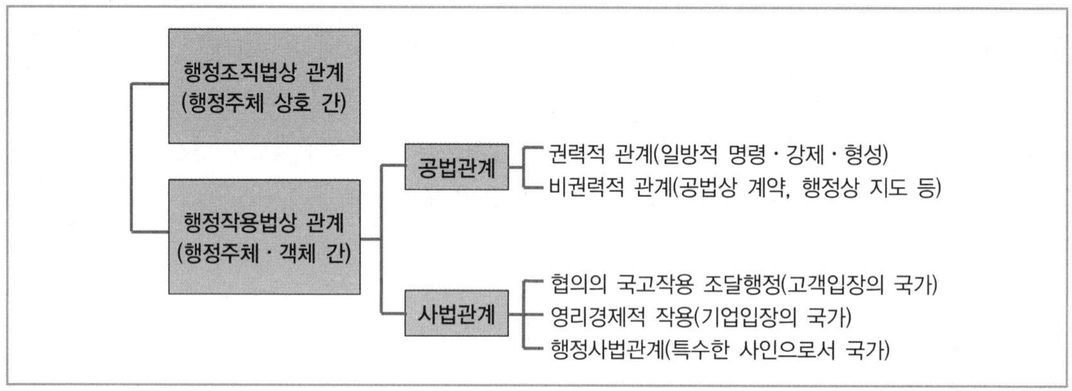

02 행정조직법적 관계

1. 행정주체 상호 간의 관계

국가와 지방자치단체 또는 지방자치단체 상호 간 관계를 말한다.

2. 행정조직 내부관계

권리 · 의무관계가 아니고 직무권한 · 기관권한 행사의 관계로서의 성질을 갖는 관계, 상 · 하급 관청(예 권한위임 · 지휘감독 등) 또는 대등관청 상호 간 관계(예 행정관청 간 협의 · 사무의 위탁 등)이다. 이 관계에서의 분쟁은 직무권한 · 기관권한의 행사관계일 뿐이므로 특별한 규정이 없는 한 법원에 제소할 수 없다.

03 행정작용법적 관계

1. 공법관계

(1) 권력관계

행정주체가 공권력의 주체로서 우월한 지위에서 개인에 대하여 일방적으로 명령 · 강제 · 형성하는 관계를 말한다. 공정력 · 확정력 및 강제력 등 법률상 특별한 효력이 인정되고, 공법의 규율을 받으며 행정쟁송 특히 항고소송에 의해 그 분쟁을 해결한다.

⑵ 비권력적 행정작용과 관리관계

① **공물관리관계**: 공물관리관계는 원칙적 사법에 의해서 규율되는 사법관계에 속하지만, 공법적 제한을 받는 범위에서는 공법관계에 속한다.

② **비권력적 행정작용**: 비권력적 행정작용은 행정주체가 공법에 근거하여 활동하지만 권력행정의 규율수단에 의하지 않고 행정작용을 하는 관계이다.

2. 사법관계

행정주체가 행정작용을 함에 있어서 사법적 형식으로 수행하는 법률관계를 말한다. 협의의 국고관계와 행정사법으로 나뉜다.

판례

| 국 · 공유재산관계 |

행정재산의 사용 · 수익허가는 공권력 행사로서 처분이다.

국유재산의 관리청이 행정재산의 사용·수익을 허가한 다음 그 사용·수익허가를 받은 자에 대하여 사용료를 부과하는 행위는 순전히 사경제주체로서 행하는 사법상의 이행청구가 아니고, 관리청이 공권력을 가진 우월적 지위에서 행하는 행정처분이다(대판 2017. 4. 13. 2013다207941).

국유재산관리의 위탁을 받지 않고 무상사용허가를 받은 행정재산을 전대하는 것은 사법상의 임대관계이다.

한국공항공단이 그 행정재산의 관리청으로부터 국유재산관리사무의 위임을 받거나 국유재산관리의 위탁을 받지 않은 이상, 한국공항공단이 무상사용허가를 받은 행정재산에 대하여 하는 전대행위는 통상의 사인 간의 임대차와 다를 바가 없고, 그 임대차계약이 임차인의 사용승인신청과 임대인의 사용승인의 형식으로 이루어졌다고 하여 달리 볼 것은 아니다(대판 2004. 1. 15. 2001다12638).

국유 일반재산을 대부하는 행위와 대부료의 납부고지는 사법상의 계약관계이다.

국유잡종재산에 관한 관리 처분의 권한을 위임받은 기관이 국유잡종재산을 대부하는 행위는 국가가 사경제 주체로서 상대방과 대등한 위치에서 행하는 사법상의 계약이고, 행정청이 공권력의 주체로서 상대방의 의사여하에 불구하고 일방적으로 행하는 행정처분이라고 볼 수 없으며, 국유잡종재산에 관한 대부료의 납부고지 역시 사법상의 이행청구에 해당하고, 이를 행정처분이라고 할 수 없다(대판 2000. 2. 11. 99다61675).

국유 일반재산의 대부료 등이 납부기한까지 납부되지 아니한 경우 「국세징수법」에 의한 강제징수가 가능하므로 민사소송의 방법으로 대부료 등의 지급을 구하는 것은 허용되지 않는다.

납부기한까지 납부되지 않은 국유 일반재산의 대부료 등의 징수에 관하여는 국세징수법 규정을 준용한 간이하고 경제적인 특별구제절차가 마련되어 있으므로, 특별한 사정이 없는 한 민사소송의 방법으로 대부료 등의 지급을 구하는 것은 허용되지 아니한다(대판 2014. 9. 4. 2014다203588).

| 공법인과 구성원의 관계 |

농지개량조합과 그 직원의 관계는 공법상의 특별권력관계이다.

농지개량조합과 그 직원과의 관계는 사법상의 근로계약관계가 아닌 공법상의 특별권력관계이고, 그 조합의 직원에 대한 징계처분의 취소를 구하는 소송은 행정소송사항에 속한다(대판 1995. 6. 9. 94누10870).

한국방송공사의 직원 채용관계는 사법관계이다.

한국방송공사의 직원 채용관계는 특별한 공법적 규제 없이 한국방송공사의 자율에 맡겨진 셈이 되므로 이는 사법적인 관계에 해당한다고 봄이 상당하다. 또한 직원 채용관계가 사법적인 것이라면, 그러한 채용에 필수적으로 따르는 사전절차로서 채용시험의 응시자격을 정한 이 사건 공고 또한 사법적인 성격을 지닌다고 할 것이다. 이 사건 공고는 헌법소원으로 다툴 수 있는 공권력의 행사에 해당하지 않는다(헌재 2006. 11. 30. 2005헌마855).

주택재건축정비사업조합을 상대로 관리처분계획안에 대한 조합 총회결의의 효력 등을 다투는 소송은 공법상 법률관계에 관한 것이다.

도시 및 주거환경정비법상 행정주체인 주택재건축정비사업조합을 상대로 관리처분계획안에 대한 조합 총회결의의 효력 등을 다투는 소송은 행정처분에 이르는 절차적 요건의 존부나 효력 유무에 관한 소송으로서 그 소송결과에 따라 행정처분의 위법 여부에 직접 영향을 미치는 공법상 법률관계에 관한 것이므로, 이는 행정소송법상의 당사자소송에 해당한다(대판 2009. 9. 17. 2007다2428).

구 「도시 및 주거환경정비법」상 재개발조합과 조합장 또는 조합임원 사이의 선임 · 해임을 둘러싼 법률관계는 사법상의 법률관계에 해당한다.

구 도시 및 주거환경 정비법의 규정들이 재개발조합과 조합장 및 조합임원과의 관계를 특별히 공법상의 근무관계로 설정하고 있다고 볼 수도 없으므로, 재개발조합과 조합장 또는 조합임원 사이의 선임 · 해임 등을 둘러싼 법률관계는 사법상의 법률관계로서 그 조합장 또는 조합임원의 지위를 다투는 소송은 민사소송에 의하여야 할 것이다(대판 2009. 9. 24. 2009마168 · 169).

| 공법인의 입찰관련 행위 |

구 「예산회계법」상 입찰보증금의 국고귀속조치는 민사소송의 대상이다.

입찰보증금의 국고귀속조치는 국가가 사법상의 재산권의 주체로서 행위하는 것이지 공권력을 행사하는 것이거나 공권력작용과 일체성을 가진 것이 아니라 할 것이므로 이에 관한 분쟁은 행정소송이 아닌 민사소송의 대상이 될 수밖에 없다(대판 1983. 12. 27. 81누366).

한국전력공사 사장이 한국전력공사의 회계규정에 의거하여 입찰참가자격을 제한한 부정당업자 제재처분은 사법상의 효력만을 가지는 통지이고 행정소송의 대상되는 처분이라 할 수 없다.

한국전력공사 사장이 한국전력공사의 회계규정에 의거하여 입찰참가자격을 제한한 부정당업자 제재처분은 행정청이나 그 소속기관 또는 그 위임을 받은 공공단체의 공법상의 행위가 아니라 단지 그 대상자를 위 공사에서 시행하는 입찰에 참가시키지 않겠다는 뜻의 사법상의 효력만을 가지는 통지행위에 불과하다 할 것이고 이러한 통지행위가 있다하여, 국가 또는 지방자치단체에서 시행하는 모든 입찰의 참가자격을 제한하는 효력이 발생한다고는 볼 수 없으므로 이를 행정소송의 대상이 되는 행정처분이라 할 수 없다(대판 1985. 8. 20. 85누371).

한국수력원자력 주식회사가 「공공기관의 운영에 관한 법률」에 근거해서 행한 부정당업자 입찰참가자격제한 조치는 항고소송의 대상되는 행정처분으로 봄이 타당하다.

1. 공기업 · 준정부기관이 법령 또는 계약에 근거하여 선택적으로 입찰참가자격 제한 조치를 할 수 있는 경우, 계약상대방에 대한 입찰참가자격 제한 조치가 법령에 근거한 행정처분인지 아니면 계약에 근거한 권리행사인지는 원칙적으로 의사표시의 해석 문제이다.
2. 피고가 한 입찰참가자격 제한 조치는 계약에 근거한 권리행사가 아니라 공공기관운영법 제39조 제2항에 근거한 행정처분으로 봄이 타당하다(대판 2018. 10. 25. 2016두33537).

✦ 공법관계와 사법관계의 비교 2014 · 2017 · 2018 · 2024 기출

구분	공법관계	사법관계
재산 관계	① 국유재산무단점유자에 대한 변상금부과처분 ② 귀속재산불하처분 ③ 행정재산의 목적 외 사용허가(위탁 없이 전대하는 것은 사법관계) ④ 행정재산의 사용·수익허가 관계(허가, 취소, 사용료부과, 신청거부) ⑤ 기부채납 받은 행정재산의 사용수익허가	① 국유일반재산 매각행위 ② 국유일반재산(국유임야)대부행위 및 대부료의 납입고지 ③ 국유재산불하 ④ 폐천부지 양여행위 ⑤ 국유광업권 매각 ⑥ 기부채납 받은 공유재산을 무상으로 기부자에게 사용을 허용하는 행위
공법인과 구성원 관계	① 농지개량조합과 직원의 근무관계 ② 국가나 지방자치단체에 근무하는 청원경찰의 근무관계 ③ 지방자치단체와 그 소속 경력직 공무원인 지방소방공무원 사이의 관계 ④ 도시재개발조합의 조합원 지위확인 ⑤ 행정주체인 재건축조합을 상대로 관리처분계획안에 대한 조합총회결의의 효력을 다투는 것 ⑥ 토지개량조합과 직원의 근무관계(급여청구권은 사법관계) ⑦ 공무원연금관리공단의 퇴직공무원에 대한 급여결정	① 한국방송공사의 직원 채용관계(응시자격 채용공고 헌법소원 대상인 공권력 부정) ② 종합유선방송위원회 사무국 직원의 근무관계 ③ 서울특별시지하철공사의 임원과 직원의 근무관계 ④ 교직원의료보험관리공단직원의 근무관계 ⑤ 창덕궁 비원 안내원들의 근무관계 ⑥ 「도시 및 주거환경정비법」상 재개발조합과 조합장 또는 조합임원 사이의 선임·해임 등을 둘러싼 법률관계 ⑦ 한국마사회의 기수면허부여 또는 취소
계약	① 서울특별시의 경찰국 산하 서울대공전술연구소 소장채용계약 ② 서울특별시 시립무용단원의 위촉 ③ 광주시립합창단원에 대한 재위촉 ④ 공립유치원 전임교사의 근무관계 ⑤ 공중보건의사 채용계약 ⑥ 행정청이 「국가를 당사자로 하는 계약에 관한 법률」에 근거해서 한 부정당업자 입찰참가자격제한 ⑦ 「공공기관의 운영에 관한 법률」 제39조에 근거한 입찰참가자격제한(공권력 행사로서 처분) ⑧ 국립의료원 부설주차장에 관한 위탁관리용역운영계약(행정재산의 사용·수익 허가로서 강학상 특허) ⑨ 중소기업 정보화지원사업에 따른 지원금 출연을 위한 협약	① 시의 물품구입계약 ② 사립학교 교원과 학교법인의 관계 ③ 공익사업을 위한 토지 협의취득 ④ 「예산회계법」(현 「국가를 당사자로 하는 계약에 관한 법률」) 입찰보증금 국고귀속조치 ⑤ 공설시장 점포에 대한 시장의 사용허가 및 취소행위 ⑥ 한국전력공사 사장, 한국토지개발공사 사장, 수도권매립지관리공단이 내부 회계규정에 근거해서 한 부정당업자 입찰참가자격제한 ⑦ 국고수표 발행, 국가의 주식 매입, 국·공채 발행

공공 서비스	① 전화요금 강제징수 ② 수도료의 부과·징수와 수도료의 납부관계 ③ 국유일반재산의 체납된 대부료 강제징수 ④ 한국전력공사의 TV수신료 징수업무(한국전력공사의 수신료 징수권한을 다투는 소송－당사자소송)	① 전화가입 계약·해지 ② 국공립병원의 유료입원 ③ 국영철도·지방자치단체지하철의 이용 ④ 시영버스, 시영식당의 이용
권리	① 「공유수면매립법」상 인정되는 손실보상청구권 ② 「하천법」상 인정되는 준용하천의 제외지로 편입된 토지소유자의 손실보상청구권 ③ 「공익사업을 위한 토지 등의 취득 및 보상에 관한 법률」상 인정되는 각종 보상청구권 ④ 「부가가치세법」상 인정되는 환급금반환청구권	① 무효인 과세처분에 기한 부당이득반환청구권 ② 공법상 결과제거청구권 ③ 구 「수산업법」상 어업권 침해에 대한 손실보상청구권 ④ 「국가배상법」상 손해배상청구권 ⑤ 환매권행사

제2절 행정법관계의 당사자

01 행정주체

1. 의의

행정청과 구별	행정주체	① 행정법관계에서 발생하는 법적 효과(권리·의무)가 궁극적 귀속되는 당사자 ② 당사자소송, 국가배상청구소송의 피고가 된다.
	행정청	행정청은 권리·의무의 귀속주체가 아니므로 당사자능력이 없으나, 「행정소송법」상 예외적 항고소송의 피고적격 인정

2. 종류

(1) 국가

국가는 시원적으로 행정권을 가지고 있는 행정주체이다. 국가는 행정주체로서 기관을 설치하여 행정권을 스스로 행사하기도 하고, 행정권의 일부를 국가 이외의 법인격을 가진 단체 또는 사인에게 맡기기도 한다.

(2) 공공단체

① **지방자치단체** 2013 기출

종류	보통 지방자치단체	① 광역자치단체: 특별시·광역시·도·특별자치시·특별자치도 ② 기초자치단체: 시·군·구(특별시·광역시 소속의 구)
	특별 지방자치단체	지방자치단체 간에 설립한 조합
	지방자치단체 부정	① 자치구 아닌 행정구(인구 50만 이상의 시에 두는 구) ② 제주특별자치도에는 행정시만 둔다[제주시, 서귀포시는 자치시(×)]. ③ 읍·면·동·리

판례

국가나 지방자치단체는 헌법소원의 주체로서 기본권의 주체가 아니다.
공권력의 행사자인 국가나 국가기관 또는 국가조직의 일부나 공법인이나 그 기관은 기본권의 "수범자"이지 기본권의 주체가 아니다. 그러므로 국가기관 또는 국가조직의 일부나 공법인이나 그 기관은 헌법소원을 적법하게 청구할 수 없다(헌재 1995. 9. 28. 92헌마23).

② **공공조합**: 특정한 행정목적을 달성하기 위하여 설립된 공법상의 사단법인이다. 대한변호사협회, 주택재건축정비사업조합, 도시재개발조합 등이 있다.

③ **공법상 재단**: 국가나 지방자치단체가 출연한 재산을 관리하기 위하여 설립된 재단법인인 공공단체를 말한다. 한국연구재단 등이 있다.

④ **영조물법인**: 일정한 행정목적을 달성하기 위해 설립된 인적・물적 종합체로서 공법상 법인격이 부여된 것을 말한다. 한국방송공사・한국도로공사・서울대학교병원 및 과학기술원 등 각종 공사가 이에 속한다.

(3) 공무수탁사인

① **의의**: 공무수탁사인은 국가 또는 지방자치단체로부터 법령에 의하여 공권력의 행사를 수탁받은 사인으로서, 그 범위 내에서 행정주체의 지위에 서는 사인을 말한다. 단순히 사경제작용의 경영위탁을 받은 사인은 공무수탁사인이 아니다.

② **구별개념**

㉠ **행정보조자**: 행정보조자는 독립적인 행정권한이 없고 대외적인 행정주체가 될 수 없다는 점에서 공무수탁사인과 구별된다(예 경찰지시에 따라 교통사고현장을 정리하는 자).

㉡ **공의무부담사인**: 공의무부담사인은 공법상 권한이 인정되지 않고 행정주체가 아닌 행정객체인 사인이라는 점에서 공무수탁사인과 구별된다(예 「소득세법」에 의한 소득세원천징수의무자).

공무수탁사인 긍정	공무수탁사인 부정
① 별정우체국장(체신업무) ② 선박의 선장, 항공기 기장(경찰사무수행) ③ 토지수용(공익사업) 사업자 ④ 학위수여하는 사립대 총장 ⑤ 민영교도소 ⑥ 공증사무를 수행하는 공증인 ⑦ 건축사(건축공사에 관한 조사・검사 및 확인 업무) ⑧ 사인이 산림 감시업무수행	① 공무집행에 자진 협력하는 사인 ② 관공서 아르바이트 사인 ③ 사고현장에서 경찰의 부탁에 의해 경찰을 돕는 자(예 경찰과의 계약을 통해 주차위반차량을 견인하는 민간사업자) ④ 자동차검사 대행자 ⑤ 사법상 계약에 의해 단순히 경영위탁을 받은 사인 ⑥ 공의무부담사인 ⑦ 제한된 공법상 근무관계에 있는 자

③ **공무수탁사인의 법적 근거**: 공무의 사인에 대한 위탁은 권한이 이전되므로 법률에 근거가 있어야 한다. 「정부조직법」 제6조 제3항, 「지방자치법」 제117조 제3항, 「행정권한의 위임 및 위탁에 관한 규정」 제11조는 국민의 권리의무와 직접 관련되지 않은 사무만을 민간위탁할 수 있는 것으로 규정하고 있다.

④ **공무수탁사인의 법률관계**

㉠ **공무수탁사인과 위임자의 관계**: 공무수탁사인과 위임자는 공법상 위임관계이다. 이 때문에 공무수탁사인은 위임자에 대하여 공무수행권과 비용청구권 등을 가지고 직무이행의무, 법령준수의무, 주무관청의 감독을 받을 의무 등을 진다.

㉡ **공무수탁사인과 국민의 관계**: 공무수탁사인이 발하는 처분에 대하여 다툼이 있으면 공무수탁사인을 상대로 항고소송을 제기할 수 있다. 공무수탁사인의 위법한 직무집행으로 사인이 손해를 받은 경우 국가나 지방자치단체에 대해 국가배상을 청구할 수 있다.

⑤ **소득세원천징수의무자**

㉠ **학설**: 공무수탁사인성이 인정된다는 견해와 공의무부담자이므로 공무수탁사인이 아니라는 부정설의 견해대립이 있다.

㉡ **판례**: 공무수탁사인성 부정(원천징수행위 처분성 부정)

판례

소득세 원천징수 행위는 항고소송의 대상이 되는 처분성이 부정된다.

원천징수하는 소득세에 있어서는 납세의무자의 신고나 과세관청의 부과결정이 없이 법령이 정하는 바에 따라 그 세액이 자동적으로 확정되고, 원천징수의무자는 소득세법 제142조 및 제143조의 규정에 의하여 이와 같이 자동적으로 확정되는 세액을 수급자로부터 징수하여 과세관청에 납부하여야 할 의무를 부담하고 있으므로, 원천징수의무자가 비록 과세관청과 같은 행정청이더라도 그의 원천징수행위는 법령에서 규정된 징수 및 납부의무를 이행하기 위한 것에 불과한 것이지, 공권력의 행사로서의 행정처분을 한 경우에 해당되지 아니한다(대판 1990. 3. 23. 89누4789).

02 행정객체

행정작용의 상대방을 말한다. 공공단체는 사인에 대하여 행정주체가 될 수 있지만 국가나 다른 공공단체에 대한 관계에서는 행정객체가 될 수 있다.

제3절 행정법관계의 내용(공권 · 공의무)

01 국가적 공권

국가적 공권이라 함은 행정주체가 우월한 의사의 주체로서 행정객체에 대하여 가지는 권리를 말한다. 국가적 공권은 권리보다는 권한의 성격이 강하다.

02 개인적 공권

1. 의의

행정법관계에서 개인이 행정주체에게 자신의 이익을 추구하기 위하여 일정한 행위를 요구할 수 있는 법적인 힘을 뜻한다. 개인적 공권은 자연권으로서 「헌법」에서 직접 인정되는 것도 있고, 법률의 규정에 의해 성립되는 것도 있고, 행정주체의 처분이나 공법상 계약 등에 의해 성립되는 것이 있다. 이 중 가장 중심적인 문제가 법률의 규정에 관한 것으로 개인적 공권이 성립하기 위해서는 두 가지 요건이 갖추어져야 한다.

2. 성립요건

(1) 강행법규의 존재

행정주체에게 일정한 행위의무를 부과하는 강행법규가 존재하여야 한다.

(2) 사익보호성

당해 법규가 공익의 보호와 함께 사익의 보호를 목적으로 하고 있어야 한다(법률상 보호이익). 강행법규가 공익만을 보호하는 경우 사인이 갖게 되는 이익은 반사적 이익에 불과하다.

(3) 소구가능성의 존재(의사관철력)

형식적 법치주의에서는 별도의 재판청구권이 필요하다고 보았지만 오늘날은 재판청구권이 헌법상 일반적으로 보장되어 있고, 행정소송사항이 개괄주의를 취하고 있기 때문에 더 이상 성립요건에 해당하지 않는다고 본다.

3. 반사적 이익과 구별

(1) 반사적 이익의 의의

반사적 이익이란 법규가 공익적 견지에서 행정주체에게 일정한 의무를 부과한 결과, 개인이 간접적으로 이익을 보는 경우를 말한다. 관계법규가 전적으로 공익목적만을 위한 것인 때에는 사인(私人)이 받는 이러한 이익은 공익적 견지에서 행정주체에게 제한 또는 의무를 부과한 반사적 효과로서의 이익에 불과한 것이다.

판례

법률상 이익과 반사적 이익의 구별

법률상 이익은 당해 처분의 근거법률에 의하여 보호되는 직접적이고 구체적인 이익이 있는 경우를 말하고, 다만 공익보호의 결과로 국민 일반이 공통적으로 가지는 추상적·평균적·일반적 이익과 같이 간접적이나 사실적·경제적 이해관계를 가지는 데 불과한 경우는 여기에 포함되지 않는다(대판 2015. 7. 23. 2012두19496 등 다수).

(2) 법률상 이익과 반사적 이익의 구별실익

① **원고적격**: 반사적 이익은 법에 의해 직접 보호된 이익이 아니므로 그 이익이 침해되어도 재판을 통하여 구제되지 않는다.

② **국가배상**: 반사적 이익이 침해된 자는 그 이익의 침해를 감수하여야 한다. 반사적 이익의 침해에 대해서는 국가배상이 인정되지 않는다.

4. 개인적 공권의 특수성(사권과 비교)

(1) 이전의 제한

개인적 공권은 일반적으로 공익적 차원에서 인정된 것이므로 일신전속적 성질을 가지며, 양도·상속이 부인되고, 압류가 금지·제한되는 경우가 많다. 다만 그 내용이 일신전속적 성질을 갖지 않거나, 주로 채권적·경제적 성질일 경우에는 이전이 인정된다.

(2) 포기의 제한

공익적 성질을 가지는 개인적 공권은 이를 임의로 포기할 수 없다. 공권의 포기는 권리의 방치로 인한 시효의 완성, 제척기간의 경과로 권리가 소멸하는 권리의 불행사와는 구별된다.

판례

1. 석탄산업법시행령 제41조 제4항 제5호 소정의 재해위로금 청구권은 개인의 공권으로서 그 공익적 성격에 비추어 당사자의 합의에 의하여 이를 미리 포기할 수 없다(대판 1998. 12. 23. 97누5046). 재해위로금은 단순한 경제적 내용의 권리가 아니다.
2. 행정소송에 대한 부제소특약에 관한 부분은 당사자가 임의로 처분할 수 없는 공법상의 권리관계를 대상으로 하여 사인의 국가에 대한 공권인 소권을 당사자의 합의로 포기하는 것으로서 허용될 수 없다(대판 1998. 8. 21. 98두8919).

(3) 대행의 제한

개인적 공권의 일신전속성으로 인하여 그 위임 또는 대리가 인정되지 않는 경우가 있다.

(4) 보호의 특수성

위법한 행정작용으로 인하여 개인적 공권이 침해된 경우에는 그 개인은 행정소송이나 행정심판에 의하여 처분의 취소나 변경을 구할 수 있고 그로 인한 손해를 받은 때에는 국가배상을 청구할 수 있다.

제4절 개인적 공권 · 공의무의 승계

01 의의 및 종류

1. 의의

사법관계처럼 행정법관계에서도 권리 · 의무가 승계될 수 있는지가 문제된다.

2. 종류

행정법상 권리 · 의무의 승계는 행정주체의 권리 · 의무승계와 개인의 권리 · 의무승계로 구분된다. ① 행정주체의 권리 · 의무는 법률로 규정되어 있으므로 법률의 명시적 규정 없이는 원칙상 이전되지 않는다. 다만 지방자치단체의 구역변경이나 폐치 · 분합의 경우 등에는 예외가 인정된다. ② 행정법에서 권리 · 의무의 승계는 주로 개인의 권리 · 의무의 승계가 문제된다.

02 개인의 공권 · 공의무의 승계

1. 명문의 규정이 있는 경우

개인적 공권 · 공의무 승계에 관한 일반법은 없다. 「행정절차법」 제10조에서 지위의 승계에 관한 조항을 두고 있고 개별 법령에 다양하게 존재하고 있다.

행정절차법 제10조 【지위의 승계】 ① 당사자등이 사망하였을 때의 상속인과 다른 법령등에 따라 당사자등의 권리 또는 이익을 승계한 자는 당사자등의 지위를 승계한다.
② 당사자등인 법인등이 합병하였을 때에는 합병 후 존속하는 법인등이나 합병 후 새로 설립된 법인등이 당사자등의 지위를 승계한다.
④ 처분에 관한 권리 또는 이익을 사실상 양수한 자는 행정청의 승인을 받아 당사자등의 지위를 승계할 수 있다.

행정심판법 제16조 【청구인의 지위 승계】 ① 청구인이 사망한 경우에는 상속인이나 그 밖에 법령에 따라 심판청구의 대상에 관계되는 권리나 이익을 승계한 자가 청구인의 지위를 승계한다.
② 법인인 청구인이 합병(合併)에 따라 소멸하였을 때에는 합병 후 존속하는 법인이나 합병에 따라 설립된 법인이 청구인의 지위를 승계한다.
⑤ 심판청구의 대상과 관계되는 권리나 이익을 양수한 자는 위원회의 허가를 받아 청구인의 지위를 승계할 수 있다.

국가배상법 제4조 【양도 등 금지】 생명·신체의 침해로 인한 국가배상을 받을 권리는 양도하거나 압류하지 못한다. 2022·2023 기출

2. 명문의 규정이 없는 경우

(1) 승계요건

개별법상 규정이 없는 경우 승계의 대상되는 권리·의무가 일신전속적인 성질을 갖는가의 여부에 따라 결정된다.

(2) 이전가능성

일률적으로 정할 수 없고 권리·의무의 내용에 따라 개별적으로 판단되어야 한다는 것이 다수설이다.

판례

1. 회사합병이 있는 경우에는 피합병회사의 권리·의무는 사법상의 관계나 공법상의 관계를 불문하고 그의 성질상 이전을 허용하지 않는 것을 제외하고는 모두 합병으로 인하여 존속한 회사에게 승계되는 것으로 보아야 할 것이다(대판 2004. 7. 8. 2002두1946).
2. 산림을 무단형질변경한 경우 원상회복명령에 따른 복구의무는 일신전속적 의무가 아니므로 승계된다(대판 2005. 8. 19. 2003두9817).
3. 「건축법」상 이행강제금은 일신전속적 성질의 것으로 상속인에게 승계되지 않는다(대판 2006. 12. 8. 2006마470).
4. 「독점규제 및 공정거래에 관한 법률」상의 과징금 제도를 폐지하고 도입된 이행강제금의 경우 흡수합병으로 소멸한 법인의 이행강제금 부과처분을 받은 지위는 합병으로 인하여 존속하는 회사에 승계된다(대판 2019. 12. 12. 2018두63563).

(3) 제재사유의 승계

① **명문의 규정이 없는 경우**: 판례는 명문의 규정이 없더라도 양도인에 대한 제재사유로 양수인의 선의·악의를 불문하고 양수인에게 제재를 가할 수 있다고 본다.

② **명문의 규정을 두는 경우**: 다만, 개별법에서 양수인의 선의가 입증되는 경우 양수인에게 제재를 가할 수 없도록 규정하는 경우에는 이를 따른다.

판례

1. 석유판매업(주유소)허가는 소위 대물적 허가의 성질을 갖는 것이어서 그 사업의 양도도 가능하고 이 경우 양수인은 양도인의 지위를 승계하게 됨에 따라 양도인의 위 허가에 따른 권리의무가 양수인에게 이전되는 것이므로 만약 양도인에게 그 허가를 취소할 위법사유가 있다면 허가관청은 이를 이유로 양수인에게 응분의 제재조치를 취할 수 있다(대판 1986. 7. 22. 86누203).
2. 개인택시운송사업의 양도·양수에 대한 인가를 한 후, 그 양도·양수 이전에 있었던 양도인에 대한 운송사업면허취소사유를 들어 양수인의 사업면허를 취소할 수 있다(대판 2010. 4. 8. 2009두17018).

제5절 개인적 공권의 확대화 경향

01 반사적 이익의 법률상 보호이익화

종래 반사적 이익으로 여겨졌던 것이 법적 이익으로 인정되고 있는 경향에 있다. 반사적 이익인가 법적 보호이익인가의 구별기준은 여전히 행위의 근거법규에 의해 구별하나, 근거법규 내지 관계법규의 해석에 있어서 근거법규 내지 관계법규가 공익의 보호뿐만 아니라 개인의 이익을 또한 보호하고 있다는 것을 널리 인정하는 것에 의해 반사적 이익이 법률상 이익으로 발전되고 있다.

02 헌법상 기본권

1. 헌법상 기본권의 직접적 공권성

개인적 공권의 성립은 원칙적으로 개별 법령을 그 근거로 하여 도출된다. 때문에 헌법상의 기본권 규정을 근거로 하여서도 '직접' 성립될 수 있는지가 문제된다. 학설은 대체적으로 기본권에 의한 공권성립은 어디까지나 보충적이고 최후적인 것으로 본다.

2. 판례

헌법재판소는 국민의 '알 권리'를 헌법상의 표현의 자유에서 그리고 '접견권'을 헌법상의 인간의 존엄과 가치 및 행복추구권에서 직접 도출될 수 있는 구체적 권리로 보았다. 대법원은 '접견권'을 헌법상의 인간의 존엄과 가치 및 행복추구권에 포함되어 있는 것으로 판시한 바 있다.

판례

1. 모든 국민의 공공기관에 대한 정보공개를 구할 권리는 법률의 제정이 없더라도 가능하다(헌재 1989. 9. 4. 88헌마22).
2. 구속된 피고인 또는 피의자의 접견권은 「헌법」상 기본권으로 「형사소송법」의 규정에 의해 비로소 접견권이 창설되는 것은 아니다(대판 1992. 5. 8. 91부8).
3. 기본권인 경쟁의 자유가 바로 행정청의 지정행위의 취소를 구할 법률상 이익이 된다(헌재 1998. 4. 30. 97헌마141).

4. 「헌법」 또는 「환경정책기본법」상 환경권은 구체적 권리성이 인정되지 않으므로 환경영향평가 대상지역 밖에 거주하는 주민에게 헌법상의 환경권 또는 환경정책기본법에 근거하여 공유수면매립면허처분과 농지개량사업 시행인가처분의 무효확인을 구할 원고적격이 없다(대판 2006. 3. 16. 2006두330).
5. 사회적 기본권의 성격을 가지는 의료보험수급권은 국가에 대하여 적극적으로 급부를 요구하는 것이므로 헌법규정만으로는 이를 실현할 수 없고 법률에 의한 형성을 필요로 한다. 의료보험수급권의 구체적 내용, 수급요건 · 수급권자의 범위 · 급여금액 등은 법률에 의하여 비로소 확정된다(헌재 2003. 12. 18. 2002헌바1).
6. 「헌법」상 근로의 권리로부터 국가에 대한 직장존속청구권이나 퇴직급여를 청구할 권리가 바로 도출되는 것은 아니다(헌재 2011. 7. 28. 2009헌마408).
7. 공무원연금 수급권은 국가에 대하여 적극적으로 급부를 요구하는 것이므로 「헌법」 규정만으로는 이를 실현할 수 없어 법률에 의한 형성이 필요하다(헌재 2005. 6. 30. 2004헌바42).

구분	내용
기본권의 구체적 권리성 인정	• 기본권인 경쟁의 자유 • 구속된 피고인 또는 피의자의 접견권 • 정보공개를 구할 권리
기본권의 구체적 권리성 부정	• 환경권 • 의료보험수급권 등 각종 사회보장수급권 • 근로자의 국가에 대한 직장존속청구권, 퇴직급여청구권 • 공무원 연금수급권

03 처분의 직접 상대방이 아닌 제3자의 법률상 이익

1. 의의

사익보호와 관련하여 특히 문제되는 것이 제3자의 보호문제이다. 오늘날 행정법관계가 점차 다원화되면서 제3자의 보호규범론이 개인적 공권론의 핵심으로 자리잡고 있다.

2. 제3자의 법률상 이익의 확대화 경향

행정처분의 직접 상대방이 아닌 이해관계 있는 제3자의 이익도 오늘날 법적으로 보호되는 이익으로 인정되는 경우가 증대하고 있다. 사익보호성 여부가 구체적으로 문제되는 분야는 인인(隣人)소송 · 경업자(競業者)소송 · 경원자(競願者)소송에서의 원고적격 인정 여부와 관련해서이다(침익적 처분의 직접 상대방에게는 당연히 원고적격이 인정되므로 별다른 문제가 되지 않는다).

3. 판례상 원고적격 인정 여부

(1) 경업자소송

① **의의**: 기존업자가 행정청으로부터 영업허가를 받고 영업을 하고 있는데, 새로이 신규업자에 대한 인 · 허가처분이 내려진 경우 기존업자가 신규업자에 대한 인 · 허가처분에 대한 취소 등을 다투는 소송을 경업자소송이라 한다.

② **인정 여부**

㉠ **원칙**: 다수설과 판례는 기존업자가 허가업을 경영하는 경우에는 자신의 경영상 이익의 침해를 이유로 경업자소송을 제기할 수 없지만, 특허업을 경영하는 경우에는 자신의 경영상 이익의 침해를 이유로 경업자소송을 제기할 수 있다고 한다.

㉡ **예외**: 허가업의 경우에도 관련 법규정이 기존업자의 경영상 이익을 보호하는 취지의 규정을 둔 경우에는 법률상 이익이 인정될 수 있다.

③ **판례**

판례

공중목욕장영업허가에 대한 기존영업자의 이익은 반사적 이익

원고에 대한 공중목욕장업경영허가는 경찰금지의 해제로 인한 영업자유의 회복이라고 볼 것이므로, 이 영업의 자유는 법률이 직접 공중목욕장업 피허가자의 이익을 보호함을 목적으로 한 경우에 해당되는 것이 아니고 법률이 공중위생이라는 공공의 복리를 보호하는 결과로서 영업의 자유가 제한됨으로 인하여 간접적으로 관계자인 영업자유의 제한이 해제된 피허가자에게 이익을 부여하게 되는 경우에 해당되는 것이고, 거리의 제한과 같은 위의 시행세칙이나 도지사의 지시가 모두 무효인 이상 원고가 이 사건허가처분에 의하여 목욕장업에 의한 이익이 사실상 감소된다하여도 이 불이익은 본 건 허가처분의 단순한 사실상의 반사적 결과에 불과하고 이로 말미암아 원고의 권리를 침해하는 것이라고는 할 수 없으므로, 원고는 … 목욕장업 허가처분에 대하여 그 취소를 구할 법률상 이익이 없다(대판 1963. 8. 31. 63누101).

자동차운송사업면허처분에 대한 기존업자의 이익은 법률상 이익

자동차운수사업법 제6조 제1호에서 당해 사업계획이 당해 노선 또는 사업구역의 수송수요와 수송력공급에 적합할 것을 면허의 기준으로 한 것은 주로 자동차운수사업에 관한 질서를 확립하고 자동차운수의 종합적인 발달을 도모하여 공공복리의 증진을 목적으로 하고 있으며, 동시에 한편으로는 업자간의 경쟁으로 인한 경영의 불합리를 미리 방지하는 것이 공공의 복리를 위하여 필요하므로, 면허조건을 제한하여 기존업자의 경영상의 합리화를 보호하자는 데도 그 목적이 있다 할 것이다. 따라서 이러한 기존업자의 이익은 단순한 사실상의 이익이 아니고, 법에 의하여 보호되는 이익이라고 해석된다(대판 1974. 4. 9. 73누173).

✦ **경업자소송의 원고적격**

법률상 이익 인정	강학상 허가	① 약종상영업소 이전허가에 대한 기존업자의 취소청구 ② 기존 주유소업자가 거리제한으로 얻은 이익 ③ 주류제조면허업자의 영업상 이익 ④ 분뇨 등 관련 영업허가를 받아 영업을 하고 있는 기존업자의 이익(특허설) ⑤ 일반담배소매업자의 거리제한으로 인한 기존업자의 이익(구내 담배소매업 부정)
	강학상 특허	① 자동차운송사업의 노선연장인가에 대한 기존업자의 이익 ② 자동차증차인가에 대한 기존업자의 이익 ③ 선박운송사업 면허처분에 대한 기존업자의 이익 ④ 시외버스의 시내버스로의 전환을 허용하는 사업계획인가처분에 대한 기존업자의 이익 2023 기출 ⑤ 중계유선방송사업 허가를 받은 중계유선방송사업자의 사업상 이익

법률상 이익 부정	강학상 허가	① 양곡가공업허가에 의해 양곡가공업자가 누리는 이익 ② 석탄가공업허가에 의해 석탄가공업자가 누리는 이익 ③ 숙박업 구조변경 허가처분을 받은 건물의 인근에서 여관을 경영하는 자의 숙박업 구조변경허가처분 ④ 기존 공중목욕장업자가 거리제한으로 받는 이익 ⑤ 「무역거래법」상의 수입제한·금지조치로 국내생산업체가 받는 이익 ⑥ 약사의 한약조제로 인한 기존한의사의 이익 ⑦ 유기장영업허가로 인한 기존업자의 이익

(2) **경원자소송**

① **의의**: 경원자소송은 인·허가 등의 수익적 행정처분을 신청한 수인이 서로 경쟁관계에 있어서 일방에 대한 면허나 인·허가 등의 행정처분이 타방에 대한 불인가·불허가 등으로 귀결될 수밖에 없는 경우에 불허가 등으로 인해 자기의 법률상 이익을 침해당한 자가 허가 등을 받은 자의 처분을 다투는 소송을 말한다.

② **소송으로 다투는 방법**: 경원자관계에 있는 자는 타인에 대한 허가처분의 취소를 구하거나 자신에 대한 불허가처분의 취소를 구할 수 있고, 양자를 관련청구소송으로 병합하여 제기할 수도 있다.

판례

1. 인·허가 등의 수익적 행정처분을 신청한 수인이 서로 경쟁관계에 있어서 일방에 대한 허가 등의 처분이 타방에 대한 불허가 등으로 귀결될 수밖에 없는 때 허가 등의 처분을 받지 못한 자는 비록 경원자에 대하여 이루어진 허가 등 처분의 상대방이 아니라 하더라도 당해 처분의 취소를 구할 원고 적격이 있다. 다만, 명백한 법적 장애로 인하여 원고 자신의 신청이 인용될 가능성이 처음부터 배제되어 있는 경우에는 당해 처분의 취소를 구할 정당한 이익이 없다(대판 2009. 12. 10. 2009두8359).
2. 인가·허가 등 수익적 행정처분을 신청한 여러 사람이 서로 경원관계에 있어서 한 사람에 대한 허가 등 처분이 다른 사람에 대한 불허가 등으로 귀결될 수밖에 없을 때 허가 등 처분을 받지 못한 사람은 신청에 대한 거부처분의 직접 상대방으로서 원칙적으로 자신에 대한 거부처분의 취소를 구할 원고적격이 있다(대판 2015. 10. 29. 2013두27517).

(3) **인인소송**

① **의의**: 인인소송 또는 이웃소송이란 특정주민에 대한 수익적 처분이 이웃하는 주민에게 불이익하게 되는 경우, 이로 인한 침해를 받는 인근주민이 그 침해를 다투는 소송을 말한다. 특히 건축법 관련 또는 환경법 분야에서 문제된다.

② **인정 여부**: 과거에는 「건축법」이나 「도시계획법」에 의한 규제로 인한 이익은 반사적 이익으로 관념되었으나 현재는 그 규제의 목적이 인근주민의 일정한 사익보호목적도 아울러 가지고 있다는 관념이 확대되어 인인소송의 인정범위가 확대되고 있다.

판례

법률상 이익 인정판례

1. (구) 도시계획법과 건축법의 규정취지를 볼 때 주거지역 내에 거주하는 사람의 주거의 안녕과 생활환경을 보호하고자 하는 데도 그 목적이 있는 것으로 해석된다. 그러므로 주거지역 내에 거주하는 사람이 받는 이익은 단순한 반사적 이익이나 사실상의 이익이 아니라 바로 법률에 의하여 보호되는 이익이라 할 것이다(대판 1975. 5. 13. 73누96 · 97).
2. 같은법시행령 제4조 제2호가 공설화장장은 20호 이상의 인가가 밀집한 지역, 학교 또는 공중이 수시 집합하는 시설 또는 장소로부터 1,000m 이상 떨어진 곳에 설치하도록 제한을 가하고, … 공설화장장 설치를 금지함에 의하여 보호되는 부근 주민들의 이익은 위 도시계획결정처분의 근거 법률에 의하여 보호되는 법률상 이익이다(대판 1995. 9. 26. 94누14544).
3. 납골당 설치장소에서 500m 내에 20호 이상의 인가가 밀집한 지역에 거주하는 주민들에게는 납골당이 누구에 의하여 설치되는지를 따질 필요 없이 납골당 설치에 대하여 환경 이익 침해 또는 침해 우려가 있는 것으로 사실상 추정되어 원고적격이 인정된다(대판 2011. 9. 8. 2009두6766).

법률상 이익 부정판례

1. 건물의 준공처분은 건축허가를 받아 건축된 건물이 건축허가서대로 건축행정목적에 적합한가의 여부를 확인하고 준공검사필증을 교부하여 줌으로써 허가받은 자로 하여금 건축한 건물을 사용 · 수익할 수 있게 하는 법률효과를 발생시키는 것에 불과하며, … 인접건물소유자들로서는 위 준공처분의 무효확인이나 취소를 구할 법률상 이익이 없다고 할 것이다(대판 1993. 11. 9. 93누13988).
2. 지역주민들에 불과한 원고들에게는 위 상수원보호구역변경처분의 취소를 구할 법률상의 이익이 없다. 지역주민들이 가지는 이익은 상수원의 확보와 수질보호라는 공공의 이익이 달성됨에 따라 반사적으로 얻게 되는 이익에 불과하므로, 지역주민들에 불과한 원고들에게는 위 상수원보호구역변경처분의 취소를 구할 법률상의 이익이 없다(대판 1995. 9. 26. 94누14544).
3. 생태 · 자연도 1등급으로 지정되었던 지역을 2등급 또는 3등급으로 변경하는 내용의 환경부장관의 결정에 대해 해당 1등급 권역의 인근 주민은 이를 다툴 법률상 이익이 없다(대판 2014. 2. 21. 2011두29052).

(4) 환경소송

종래에는 환경영향평가 대상지역 내의 주민에게만 법률상 이익을 인정하다가, 근년에는 평가지역 내의 주민에게는 법률상 이익이 사실상 추정되지만, 평가지역 외의 주민도 직접적 환경상 피해를 입증하면 원고적격을 인정하고 있다.

판례

환경영향평가 대상지역과 원고적격

1. 환경영향평가 대상지역 안의 주민들이 공유수면매립면허처분 등과 관련하여 갖고 있는 위와 같은 환경상의 이익은 주민 개개인에 대하여 개별적으로 보호되는 직접적 · 구체적 이익으로서 그들에 대하여는 특단의 사정이 없는 한 환경상의 이익에 대한 침해 또는 침해우려가 있는 것으로 사실상 추정되어 공유수면매립면허처분 등의 무효확인을 구할 원고적격이 인정된다.
2. 환경영향평가 대상지역 밖의 주민이라 할지라도 공유수면매립면허처분 등으로 인하여 그 처분 전과 비교하여 수인한도를 넘는 환경피해를 받거나 받을 우려가 있는 경우에는, 공유수면매립면허처분 등으로 인하여 환경상 이익에 대한 침해 또는 침해우려가 있다는 것을 입증함으로써 그 처분 등의 무효확인을 구할 원고적격을 인정받을 수 있다.
3. 환경영향평가 대상지역 밖에 거주하는 주민에게 헌법상의 환경권 또는 환경정책기본법에 근거하여 공유수면매립면허처분과 농지개량사업 시행인가처분의 무효확인을 구할 원고적격이 없다(대판 2006. 3. 16. 2006두330).

환경권 내의 건물토지를 소유하거나 환경상 이익을 일시적으로 향유하는 데 그치는 자의 환경상 이익은 포함되지 않는다.

환경상 이익에 대한 침해 또는 침해 우려가 있는 것으로 사실상 추정되어 원고적격이 인정되는 자는 환경상 침해를 받으리라고 예상되는 영향권 내의 주민들을 비롯하여 그 영향권 내에서 농작물을 경작하는 등 현실적으로 환경상 이익을 향유하는 자도 포함된다고 할 것이나, 단지 그 영향권 내의 건물·토지를 소유하거나 환경상 이익을 일시적으로 향유하는 데 그치는 자는 포함되지 않는다고 할 것이다(대판 2009. 9. 24. 2009두2825).

✦ 인인소송의 원고적격

법률상 이익 인정	① 연탄공장 설치허가에 대한 인근주민(주거지역 안의 주민)의 취소청구 ② LPG충전소 설치허가에 대한 인근주민(주거지역 안의 주민)의 취소청구 ③ 원자로부지 사전승인처분에 대한 환경영향평가 대상지역 안의 주민의 환경상 이익 ④ 환경영향평가 대상지역 안의 주민의 환경영향평가 대상사업에 관한 변경승인 및 허가처분에 대한 환경상 이익 ⑤ 환경영향평가 대상지역 밖의 주민의 경우 수인한도를 넘는 환경피해를 받지 않을 이익 ⑥ 도로의 용도폐지처분에 대해 개별적·구체적이며 직접적인 이해관계를 가진 자의 처분취소청구(통상적으로 일반인들의 도로의 용도폐지를 다툴 법률상 이익은 인정되지 않으나 인접주민 등의 경우 인정됨) ⑦ 일정지역에 공설화장장 설치를 금지함에 의하여 거리제한 내 주민들의 이익
법률상 이익 부정	① 지역주민들의 상수원보호구역 변경처분의 취소를 구한 제3자인 지역주민 ② 생태·자연도 1등급 지역을 2등급으로 변경하는 처분에 대한 인근주민의 취소소송 ③ 문화재로 지정하거나 문화재 보호구역으로 지정하여 지역주민이나 국민일반 또는 학술연구자가 이를 활용하여 그로 인하여 얻는 이익 ④ 일반적인 시민생활에서 도로를 이용만 하는 사람의 도로용도폐지를 다툴 이익 ⑤ 환경영향평가 대상지역 밖의 주민들이 얻는 환경상 이익 ⑥ 단지 환경영향권 내의 건물·토지를 소유하거나 환경상 이익을 일시적으로 향유하는 데 그치는 사람

04 재량행위에서의 개인적 공권의 확대

1. 무하자재량행사청구권

(1) 의의

행정청에 재량이 인정된 경우 재량행위의 상대방 기타 이해관계인은 행정청에 대해 특정한 행위를 구할 권리는 갖지 못하지만, 재량행사를 하자(흠) 없이 행사해 줄 것을 청구할 수 있는 권리를 무하자재량행사청구권이라 한다.

(2) 법적 성질

무하자재량행사청구권은 특정한 행위가 아니라 처분과정에서 재량의 법적 한계를 준수하면서 행사할 것을 요구하는, 즉 불특정한 "재량행위의 하자(흠) 없는 행사"라는 점에서 형식적 권리라는 것이 일반적 견해이다.

(3) 인정 여부

판례는 검사임용거부처분 취소청구사건에서 무하자재량행사청구권이라는 용어를 명시적으로 사용하고 있지는 않지만 이를 인정하는 것으로 본다.

판례

검사임용 여부는 자유이지만 적어도 하자 없는 응답을 할 의무가 임용권자에게 있다.

검사의 임용에 있어서 임용권자가 임용여부에 관하여 어떠한 내용의 응답을 할 것인지는 임용권자의 자유재량에 속하므로 일단 임용거부라는 응답을 한 이상 설사 그 응답내용이 부당하다고 하여도 사법심사의 대상으로 삼을 수 없는 것이 원칙이나, 적어도 재량권의 한계 일탈이나 남용이 없는 위법하지 않은 응답을 할 의무가 임용권자에게 있고 이에 대응하여 임용신청자로서도 재량권의 한계 일탈이나 남용이 없는 적법한 응답을 요구할 권리가 있다고 할 것이며, 이러한 응답신청권에 기하여 재량권 남용의 위법한 거부처분에 대하여는 항고소송으로서 그 취소를 구할 수 있다고 보아야 하므로 임용신청자가 임용거부처분이 재량권을 남용한 위법한 처분이라고 주장하면서 그 취소를 구하는 경우에는 법원은 재량권남용 여부를 심리하여 본안에 관한 판단으로서 청구의 인용 여부를 가려야 한다(대판 1991. 2. 12. 90누5825).

(4) 성립요건

① **강행법규성**: 재량행위에는 행정주체에게 특정한 행위를 요구할 청구권이 원칙상 인정되지 않는다. 다만 재량권의 한계를 준수해야 할 법적 의무가 존재하므로 예외적으로 이 범위에서 개인적 공권이 성립할 수 있다. 재량행위는 처분에 있어 재량권의 한계를 준수해야 할 의무이지만, 기속행위는 관계규정에 근거한 특정한 처분을 할 의무라는 점에서 양자는 구별된다.

② **사익보호성**: 재량권을 부여하는 법령이 공익만을 보호하는 것이 아니라 개인의 이익을 보호하는 것을 목적으로 하여야 한다.

(5) 내용

① 무하자재량행사청구권은 행정청의 결정재량과 선택재량 모두에 대해 인정된다.

② 결정재량이 "0"으로 수축되어 어떤 한 행위만을 하여야 하는 경우에는 무하자재량행사청구권은 실체적 권리인 행정개입청구권으로 전환된다.

(6) 쟁송수단

① 처분의 상대방이 행정청에게 무하자재량행사청구권을 행사하였음에도 불구하고 행정청이 이를 거부 또는 부작위로 방치한 때에는 의무이행심판, 취소소송, 부작위위법확인소송을 제기할 수 있다.

② 의무이행소송은 현행 「행정소송법」상 인정되지 않는다는 것이 판례이다.

2. 행정개입청구권

(1) 의의

개인이 자기를 위하여 자신에게 행정권의 발동을 요구하는 '행정행위발급청구권'과 자기를 위하여 제3자에 대해 행정권의 발동을 요구할 수 있는 '협의의 행정개입청구권'을 포함하여 넓은 의미의 행정개입청구권이라 한다. 일반적으로 행정개입청구권은 협의의 행정개입청구권을 뜻한다.

(2) 법적 성질

행정개입청구권은 특정처분을 구하는 실체적 공권이라는 점에서 무하자재량행사청구권과 구별된다.

(3) 성립요건

① **강행법규성**: 국민의 생명·신체·재산에 대한 목전의 중대하고 급박한 위해를 예방 또는 제거해야 할 필요가 있는 경우(긴급성) 다른 수단으로 위해를 예방 또는 제거할 수 없는 경우(보충성)에는 결정재량권이 "0"으로 수축되어 행정권발동의 의무가 발생한다.

판례

개입의무를 인정한 판례

형식상 경찰관에게 재량에 의한 직무 수행권한을 부여한 것처럼 되어 있더라도, 경찰관에게 그러한 권한을 부여한 취지와 목적에 비추어 볼 때 구체적인 사정에 따라 경찰관이 그 권한을 행사하여 필요한 조치를 취하지 아니하는 것이 현저하게 불합리하다고 인정되는 경우에는 그러한 권한의 불행사는 직무상의 의무를 위반한 것이 되어 위법하게 된다(대판 1998. 8. 25. 98다16890).

② **사익보호성**: 행정기관에게 개입의무가 성립한다고 하더라도 관련 법규가 오로지 공익실현만을 목적으로 하는 것이 아니고 개인의 이익보호도 목적으로 하고 있는 경우라야 행정개입청구권이 성립한다.

(4) 권리구제

① **행정쟁송**: 행정개입청구권 행사에 대해 행정청의 거부나 부작위로 인하여 권익을 침해당한 경우 의무이행심판, 취소소송, 부작위위법확인소송을 제기할 수 있다. 가장 실효적 구제수단인 의무이행소송은 현행법상 인정되지 않고 있다.

② **국가배상**: 행정개입청구권자는 항고쟁송제기와 별도로 국가배상을 청구할 수도 있다.

구분	무하자재량행사청구권	행정개입청구권
의의	하자 없는 재량권 행사를 요구할 권리	자신에게 또는 자기를 위해 타인에게 행정권 발동을 요구할 권리
성립요건	• 강행법규성 −재량권한계를 준수할 의무 • 사익보호성	• 강행법규성 −재량권이 "0"으로 수축 • 사익보호성
성격	형식적 권리	실체적 권리
쟁송수단	의무이행심판, 취소소송, 부작위위법확인소송, 의무이행소송(×)	

제6절 특별권력관계

01 의의

1. 의의

특별한 법률원인에 의해 성립되고 특별권력관계의 주체에게 포괄적인 지배권이 인정되는 권력관계를 특별권력관계라 한다.

2. 연혁

전통적인 행정법 발달과정은 권력관계를 중심으로 발전하였는데 일반권력관계와 특별권력관계로 구분되었다. 전통적 특별권력관계론은 프랑스나 영미법계에서는 없는 근대 독일의 특유한 이론이다. 국가내부영역인 특별권력관계에서는 국가와 시민 간에 통용되는 이 법규개념이 성립(침투)되지 않기 때문에 법이 적용되지 않는다는 '법의 불침투이론'과 관련된 것이다.

02 전통적 특별권력관계와 현대적 특별권력관계

1. 전통적 특별권력관계

전통적 특별권력관계론은 특별권력관계 내에서는 법률유보의 원칙이 배제되어 구성원의 기본권을 법률의 근거가 없더라도 제한할 수 있는 것으로 보았다. 따라서 특별권력관계에서의 권력주체의 행위는 사법심사의 대상이 되지 않는 것으로 보았다.

2. 현대적 특별권력관계

① 현대적 특별권력관계론에서는 특별권력관계에도 법률유보의 원칙이 적용되므로, 법률의 근거 없이 공무원·군인 등의 특별신분 있는 자의 권리를 제한할 수 없다. 따라서 특별권력관계에서의 권력주체의 행위는 전면적 사법심사의 대상이 되는 것으로 본다.

② 다만, 일반권력관계와 비교해서 기본권의 제한이 강하게 인정되고 특별권력주체에게 독자적 재량을 인정하는 범위가 보다 넓게 인정된다.

판례

육군사관생도는 일반 국민보다 상대적으로 기본권이 더 제한될 수 있으나, 그러한 경우에도 법률유보원칙, 과잉금지원칙 등 기본권 제한의 「헌법」상 원칙들을 지켜야 한다.

사관생도는 학교에 입학한 날에 육군 사관생도의 병적에 편입하고 준사관에 준하는 대우를 받는 특수한 신분관계에 있다. 따라서 그 존립 목적을 달성하기 위하여 필요한 한도 내에서 일반 국민보다 상대적으로 기본권이 더 제한될 수 있으나, 그러한 경우에도 법률유보원칙, 과잉금지원칙등 기본권 제한의 헌법상 원칙들을 지켜야 한다(대판 2018. 8. 30. 2016두60591).

서울특별시지하철공사의 임원과 직원의 근무관계의 성질은 특별권력관계가 아닌 사법관계이다.
서울특별시지하철공사의 임원과 직원의 근무관계의 성질은 지방공기업법의 모든 규정을 살펴보아도 공법상의 특별권력관계라고는 볼 수 없고 사법관계에 속할 뿐만 아니라, 위 지하철공사의 사장이 그 이사회의 결의를 거쳐 제정된 인사규정에 의거하여 소속직원에 대한 징계처분을 한 경우 위 사장은 행정소송법 제13조 제1항 본문과 제2조 제2항 소정의 행정청에 해당되지 않으므로 공권력발동주체로서 위 징계처분을 행한 것으로 볼 수 없고, 따라서 이에 대한 불복절차는 민사소송에 의할 것이지 행정소송에 의할 수는 없다(대판 1989. 9. 12. 89누2103).

특별권력관계에 있어서도 항고소송으로 위법한 처분을 다툴 수 있다.

1. 경찰공무원을 비롯한 공무원의 근무관계인 이른바 특별권력관계에 있어서도 일반 행정법관계에 있어서와 마찬가지로 행정청의 위법한 처분 또는 공권력의 행사·불행사 등으로 인하여 권리 또는 법적 이익을 침해당한 자는 행정소송 등에 의하여 그 위법한 처분 등의 취소를 구할 수 있다(헌재 1995. 12. 28. 91헌마80).
2. 미결수용중 다른 교도소로 이송된 피고인이 그 이송처분의 취소를 구하는 행정소송을 제기하고 아울러 그 효력정지를 구하는 신청을 제기할 수 있다(대판 1992. 8. 7. 92두30).
3. 군인이 상관의 지시나 명령에 대하여 재판청구권을 행사하는 경우에 그것이 위법·위헌인 지시와 명령을 시정하려는 데 목적이 있을 뿐, 군 내부의 상명하복관계를 파괴하고 명령불복종 수단으로서 재판청구권의 외형만을 빌리거나 그 밖에 다른 불순한 의도가 있지 않다면, 정당한 기본권의 행사이므로 군인의 복종의무를 위반하였다고 볼 수 없다(대판 2018. 3. 22. 2012두26401).

03 특별권력관계의 성립과 소멸

1. 특별권력관계의 성립

특별권력관계는 직접 법률의 규정에 의해 강제적으로 성립되는 경우와 상대방의 동의에 의해 성립되는 경우로 나누어진다. 임의적 동의와 강제적 동의로 구별된다.

2. 특별권력관계의 소멸

특별권력관계를 설정한 목적이 달성된 경우, 상대방의 임의탈퇴, 특별권력주체에 의한 일방적 배제에 의해서 소멸된다.

04 특별권력관계의 종류와 작용의 내용

1. 특별권력관계의 종류

근무관계	국가 또는 공공단체를 위하여 포괄적으로 근무할 의무를 지는 관계(예 공무원, 군인의 근무관계)
영조물 이용관계	영조물관리자와 영조물 이용자 사이의 법률관계(예 국·공립학교와 재학생, 국·공립도서관의 이용관계)
특별감독관계	국가나 공공단체의 특별한 감독을 받는 관계(예 공무수탁사인에 대한 국가의 감독, 공기업에 대한 감독)
사단관계	공공조합과 그 조합원과의 관계

2. 특별권력작용의 내용

(1) 명령권

일반적 · 추상적인 형식으로 발하는 행정규칙과 개별적 · 구체적 형식으로 발하는 각종 지시 · 직무명령 등으로 구별된다. 이러한 직무명령이나 행정규칙은 법규성이 없으므로 일반 국민에 대해서는 구속력이 없는 것이 원칙이다.

(2) 징계권

① **징계권의 한계**

㉠ **징계권의 의의**: 특별행정법관계의 주체가 내부질서를 유지하기 위하여 일정한 제재나 강제를 할 수 있는 권한을 징계권이라 한다.

㉡ **징계권의 한계**: 징계권 발동에는 일정한 한계가 있는바 임의적 동의에 의하여 특별행정법관계가 성립한 경우에는 특별행정법관계로부터의 배제 및 이익의 박탈에 그쳐야 하고, 법률규정에 의하여 성립한 경우(강제성립)에는 법률이 정한 범위 내에서 징계권이 발동되어야 한다.

② **행정벌과 병과 가능성**: 일반권력관계에 기한 행정벌과 특별권력관계에 기한 징계벌은 서로 목적과 취지가 다르므로 병과가 가능하다.

제7절 공법관계에 대한 사법규정의 적용

01 서설

행정법은 사법에 비해 역사도 짧고, 통칙적 규정을 담은 통일법전도 없기 때문에 구체적인 경우에 행정법관계를 규율할 적용법규의 흠결이 발생한다. 이때 공 · 사법 이원체계를 가진 법치국가에 있어서 사법규정의 적용에 의하여 그 흠결상태를 보완할 수 있는지가 문제된다.

02 명문규정이 있는 경우

「국가배상법」 제8조의 "국가나 지방자치단체의 손해배상 책임에 관하여는 이 법에 규정된 사항 외에는 「민법」에 따른다."는 규정과 같이 개별법에 명문으로 규정된 경우 그에 따른다.

03 명문규정이 없는 경우

1. 공법규정(유사법령의 준용)

사법규정의 적용에 앞서 공법 중 준용할 만한 규정이 있으면 공법규정을 준용한다.

2. 사법규정의 적용 여부

공법과 사법의 독자성을 강조하여 공법관계에 대한 사법의 적용을 부인하는 설도 있지만 다수설과 판례는 사법의 전면적 · 직접적 적용은 부정하지만 공법과 사법의 차이를 전제로 성질상 허용되는 경우 유추적용은 가능하다는 입장이다(유추적용설, 간접적용설).

04 사법규정의 유추적용의 한계

1. 일반원칙 · 법기술적 조항

사법규정 중에 모든 법분야에 타당한, 법의 일반원리에 관한 규정과 법기술적인 약속으로서 다른 법분야에도 적용될 수 있는 규정은 그 일반규율적 성질에 따라 행정법관계에도 적용된다(예 신의성실원칙, 실권의 법리, 권리남용금지원칙, 기간 · 물건 · 주소 등 개념조항).

2. 이해조정적 사법규정

이해조정적인 사법규정(예 하자담보책임)은 행정법관계 중 권력관계를 제외한 관리관계에만 적용된다.

판례

사법상의 이해조정을 목적으로 하는 조항은 권력관계에 적용되지 않음이 원칙이다.
공권력의 주체로서 국민에 대하는 관계에 있어서는 대등한 사사로운 국민상호간의 경제적 이해를 조정함을 목적으로 하는 사법이 전면적으로 그대로 적용될 수는 없다(대판 1961. 10. 5. 4292행상6).

법의 일반원리는 권력관계에도 적용된다.
실권 또는 실효의 법리는 법의 일반원리인 신의성실의 원칙에 바탕을 둔 파생원칙인 것이므로 공법관계 가운데 관리관계는 물론이고 권력관계에도 적용되어야 함을 배제할 수는 없다(대판 1988. 4. 27. 87누915).

Chapter

03 OX로 기초다지기

01 기부채납 받은 행정재산의 사용수익허가는 사법관계이지만 기부채납 받은 공유재산의 사용수익허가는 공법관계라는 것이 판례이다. O X

02 한국마사회에서 기수면허를 취소하는 것은 공권력 행사로 항고소송의 대상되는 처분이다. O X

03 「도시 및 주거환경정비법」상 재개발조합과 조합장 또는 조합임원 사이의 선임・해임을 둘러싼 법률관계에 대해서는 행정소송으로 해결을 한다는 것이 판례이다. O X

04 국립의료원 부설주차장에 대한 위탁관리용역운영계약은 공법관계로, 그 분쟁은 행정소송으로 해결하여야 한다. O X

05 서울특별시지하철공사의 임원과 직원의 근무관계는 공법관계로서 공사의 임원에 대한 해임은 항고소송으로 그 분쟁을 해결해야 한다. O X

01 판례는 기부채납 받은 행정재산의 사용수익허가는 공법관계이지만 기부채납 받은 공유재산의 사용수익허가는 사법관계로 본다.

02 한국마사회에서 기수면허를 취소하는 것은 민사관계로 민사소송의 대상이 된다는 것이 판례이다.

03 재개발조합과 조합장 또는 조합임원 사이의 선임・해임을 둘러싼 법률관계는 민사관계로 민사소송으로 분쟁을 해결한다는 것이 판례이다.

04 국립의료원 부설주차장에 대한 위탁관리용역운영계약은 행정재산의 사용수익허가로서 행정소송으로 분쟁을 해결해야 한다.

05 서울특별시지하철공사의 임원과 직원의 근무관계는 민사관계로서 그 분쟁은 민사소송으로 해결한다는 것이 판례이다.

Answer

01 X 02 X 03 X 04 O 05 X

06 행정소송이나 행정심판이 국민의 권리·의무를 보장함을 목적으로 하기 때문에 장래에는 반사적 이익이 공권화되어갈 것이다. ○ ×

07 「헌법」상 변호인 접견권은 법률에 의해 구체적으로 절차와 기준이 규정되어야 구체적 권리성이 인정되고 「헌법」만으로는 구체적 권리성이 인정되지 않는다. ○ ×

08 근로자가 퇴직급여를 청구할 수 있는 권리와 같은 이른바 사회적 기본권은 「헌법」 규정에 의하여 바로 도출되는 개인적 공권이라 할 수 없다. ○ ×

09 판례에 따르면 처분의 직접적 근거규정은 물론 관련 규정에 의거해서도 공권의 성립요건 충족 여부를 판단한다. ○ ×

10 국민연금수급권은 타인에게 양도·압류하거나 담보로 제공할 수 있다. ○ ×

11 환경영향평가 대상지역 밖의 주민이라도 수인한도를 넘는 환경피해를 받거나 받을 우려가 있다고 입증한 경우 공유수면매립면허처분의 무효확인을 구할 법률상 이익이 있다. ○ ×

06 개인적 공권은 법치주의가 발전할수록 확대되고 과거에 반사적 이익으로 보던 것들이 법률상 이익으로 인정되고 있다.

07 구속된 피의자나 피고인에 대한 변호인 접견권은 「헌법」만으로 구체적·직접적으로 인정되는 권리이다.

08 각종 사회보장수급권은 「헌법」상 기본권만으로 직접 인정될 수 없고 법률의 구체적 규정이 있어야 인정되는 것이 원칙이다.

09 법률상 이익은 처분의 직접적인 근거법규뿐만 아니라 관련법규에 의하여 명시적 또는 해석상 보호되는 이익을 뜻한다.

10 국민연금수급권은 일신전속적인 권리로서 타인에게 양도하거나 압류 또는 담보로 제공할 수 없다.

11 환경영향평가 대상지역 밖의 주민에게는 개발사업으로 인한 수인한도를 넘는 환경피해를 받을 우려가 있다는 것이 추정되지 않지만 입증한 경우에는 개발사업면허를 다툴 법률상 이익이 있다.

Answer

06 ○ 07 X 08 ○ 09 ○ 10 X 11 ○

12 광업권설정허가처분의 근거법에 의해 광산개발로 수인한도를 넘는 재산상·환경상 침해를 받지 아니한 채 쾌적한 생활을 할 수 있는 개별적 이익은 보호된다. O X

13 환경영향평가 대상지역 내의 건물이나 토지를 소유하고 있다면 환경상 이익을 일시적으로 향유하는 자라도 수인한도를 넘는 환경상 침해가 추정되는 주민에 해당한다. O X

14 허가 등 수익적 행정처분을 신청한 수인이 서로 경쟁관계에 있어서 일방에 대한 허가 등의 처분이 타방에 대한 불허가 등으로 귀결될 수밖에 없는 때 허가처분을 받지 못한 자는 타인에 대한 허가를 다툴 법률상 이익이 인정된다. O X

15 기존의 공중목욕장영업허가를 받은 자는 신규목욕장영업허가로 영업의 이익이 감소한 경우 신규목욕장영업허가를 소송으로 다툴 수 있다. O X

16 재량행위인 처분의 결정재량이 "0"으로 수축된 경우 무하자재량행사청구권이 인정된다. O X

17 전통적 의미의 특별권력관계는 근대 프랑스에서 출발한 이론으로 군주의 법으로부터의 자유를 인정하기 위한 이론이었다. O X

12 광산개발도 환경침해를 수반하는 개발사업으로 광업권설정허가의 근거법은 수인한도를 넘는 재산상·환경상 침해를 받지 아니한 채 쾌적한 생활을 할 수 있는 개별적 이익을 보호하고 있다.

13 단지 환경영향평가 대상지역 내에 건물·토지를 소유하거나 환경상 이익을 일시적으로 향유하는 데 그치는 자는 포함되지 않는다는 것이 판례이다.

14 경원관계에서는 허가에서 배제된 자가 타인에 대한 허가를 원칙적으로 다툴 수 있다.

15 공중목욕장영업허가는 단순 강학상 허가업으로 허가로 인한 영업상 이익은 반사적 이익에 불과하므로 신규목욕장영업허가를 소송으로 다툴 수 없다.

16 재량행위인 처분의 결정재량이 "0"으로 수축된 경우 행정개입청구권이 인정된다.

17 전통적 의미의 특별권력관계는 독일의 특유한 이론으로 실질적 법치주의로 출발한 프랑스나 영미법계에는 없는 이론이다.

Answer

12 O　13 X　14 O　15 X　16 X　17 X

18 특별권력관계 내에서 발하는 징계권은 임의적 동의에 의해 성립하는 경우에는 특별권력관계로부터의 배제에 그쳐야 한다는 한계가 있다. O X

19 서울교육대학장의 학생에 대한 퇴학처분은 교육적 재량에 의한 것이므로 항고소송의 대상이 되지 않는다. O X

20 서울특별시지하철공사의 임원과 직원의 근무관계의 성질은 공법상 특별권력관계라는 것이 판례이다. O X

18 임의적 동의에 의한 특별권력관계에서는 징계권 발동의 경우 특별권력관계로부터의 배제 및 이익박탈에 그쳐야 한다는 한계가 있다.

19 학생에 대한 징계처분이 교육적 재량이라도 재량권의 한계를 넘거나 남용이 있을 수 있으므로 항고소송의 대상되는 처분에 해당한다.

20 서울특별시지하철공사의 임원과 직원의 근무관계는 사법상의 민사관계에 속하므로 특별권력관계로 볼 수 없다는 것이 판례이다.

Answer

18 O 19 X 20 X

Chapter 04

행정법상 법률관계의 원인

제1절 의의 및 종류

01 의의

행정법관계의 발생・변경・소멸이라는 법률효과를 발생시키는 원인이 되는 사실을 행정상 법률요건이라 하며 이러한 법률요건을 구성하는 개개의 사실을 행정상 법률사실이라 한다. 법률요건은 1개의 법률사실로 구성되는 경우(상계, 시효의 완성)도 있고, 여러 개의 법률사실(건축허가에서의 신청과 허가, 공법상 계약에서 청약과 승낙)로 이루어지는 경우도 있다.

02 행정상 법률사실의 종류

행정상 법률사실은 사람의 정신작용을 요소로 하는지의 여부에 따라 용태와 사건으로 분류된다.

1. 행정법상 사건(사람의 정신작용을 요소로 하지 않는 것)

(1) 자연적 사실

사람의 생사(의사의 사망으로 의사면허의 실효), 시간의 경과(기간・시효・제척기간), 일정 연령에의 도달(취학의무・선거권・피선거권 발생), 목적물 멸실 등이 있다.

(2) 사실행위

행정상 강제집행, 행정상 즉시강제, 권력적 행정조사, 공법상 부당이득 등이 속한다.

2. 행정법상 용태(사람의 정신작용을 요소로 하는 것)

사람의 정신작용이 외부적 거동으로 발현되느냐 되지 않느냐에 따라 외부적 용태와 내부적 용태로 구별된다. 외부적 용태는 사법행위와 공법행위로 나누어지고, 내부적 용태는 고의・과실과 같은 것을 뜻한다.

제2절 행정법상의 사건

01 시간의 경과

1. 기간

(1) 의의

한 시점에서 다른 시점까지의 시간적 간격을 기간이라 한다. 기간계산에 대한 공법상 특별규정이 없으면 민법에 의한다.

(2) 기간계산

① **「민법」상 기간계산**: 기간을 일 · 주 · 월 · 년으로 하는 때에는 다음 날부터 기산하는 것이 원칙이다(초일불산입의 원칙). 한편 기간을 시 · 분 · 초로 정한 때에는 즉시부터 기산한다(「민법」 제156조).

> **민법**
> **제156조【기간의 기산점】** 기간을 시, 분, 초로 정한 때에는 즉시로부터 기산한다.
> **제157조【기간의 기산점】** 기간을 일, 주, 월 또는 연으로 정한 때에는 기간의 초일은 산입하지 아니한다. 그러나 그 기간이 오전 영시로부터 시작하는 때에는 그러하지 아니하다.

② **행정의 기간계산**

> **민원처리에 관한 법률 제19조【처리기간의 계산】** ① 민원의 처리기간을 5일 이하로 정한 경우에는 민원의 접수시각부터 "시간" 단위로 계산하되, 공휴일과 토요일을 산입하지 아니한다. 이 경우 1일은 8시간의 근무시간을 기준으로 한다.
> ② 민원의 처리기간을 6일 이상으로 정한 경우에는 "일" 단위로 계산하고 첫날을 산입하되, 공휴일과 토요일은 산입하지 아니한다.
> ③ 민원의 처리기간을 주 · 월 · 연으로 정한 경우에는 첫날을 산입하되, 「민법」 제159조부터 제161조까지의 규정을 준용한다.
>
> **행정기본법**
> **제6조【행정에 관한 기간의 계산】** ① 행정에 관한 기간의 계산에 관하여는 이 법 또는 다른 법령등에 특별한 규정이 있는 경우를 제외하고는 「민법」을 준용한다.
> ② 법령등 또는 처분에서 국민의 권익을 제한하거나 의무를 부과하는 경우 권익이 제한되거나 의무가 지속되는 기간의 계산은 다음 각 호의 기준에 따른다. 다만, 다음 각 호의 기준에 따르는 것이 국민에게 불리한 경우에는 그러하지 아니하다.
> 1. 기간을 일, 주, 월 또는 연으로 정한 경우에는 기간의 첫날을 산입한다.
> 2. 기간의 말일이 토요일 또는 공휴일인 경우에도 기간은 그 날로 만료한다.
>
> **제7조【법령등 시행일의 기간 계산】** 법령등(훈령 · 예규 · 고시 · 지침 등을 포함한다. 이하 이 조에서 같다)의 시행일을 정하거나 계산할 때에는 다음 각 호의 기준에 따른다.
> 1. 법령등을 공포한 날부터 시행하는 경우에는 공포한 날을 시행일로 한다.
> 2. 법령등을 공포한 날부터 일정 기간이 경과한 날부터 시행하는 경우 법령등을 공포한 날을 첫날에 산입하지 아니한다.
> 3. 법령등을 공포한 날부터 일정 기간이 경과한 날부터 시행하는 경우 그 기간의 말일이 토요일 또는 공휴일인 때에는 그 말일로 기간이 만료한다.
>
> **제7조의2【행정에 관한 나이의 계산 및 표시】** 행정에 관한 나이는 다른 법령등에 특별한 규정이 있는 경우를 제외하고는 출생일을 산입하여 만(滿) 나이로 계산하고, 연수(年數)로 표시한다. 다만, 1세에 이르지 아니한 경우에는 월수(月數)로 표시할 수 있다.

(3) 기간의 역산

기간의 역산에도 초일불산입의 원칙이 적용된다. 예컨대 선거일 5일 전이라고 규정한 경우, 초일인 선거일을 빼고 선거일 전부터 기간을 계산한다.

2. 시효

(1) 의의

일정한 사실상태가 일정 기간 계속된 경우 그 사실상태가 진실한 것인지 묻지 않고 그 사실상태를 진실한 것으로 법률적으로 보호함으로써 법적 생활의 안정성을 기하려는 제도이다. 법령에 특별한 규정이 없는 한 「민법」상의 시효에 관한 규정은 행정법관계에도 적용된다.

(2) 금전채권의 소멸시효

① **소멸시효의 기간**

㉠ **소멸시효기간**: 국가나 지방자치단체를 당사자로 하는 금전채권은 다른 법률에 특별한 규정이 없는 한 5년간 이를 행사하지 않을 때에는 시효로 인하여 소멸한다(「국가재정법」 제96조, 「지방재정법」 제82조).

> **국가재정법 제96조【금전채권 · 채무의 소멸시효】** ① 금전의 급부를 목적으로 하는 국가의 권리로서 시효에 관하여 다른 법률에 규정이 없는 것은 5년 동안 행사하지 아니하면 시효로 인하여 소멸한다.
> ② 국가에 대한 권리로서 금전의 급부를 목적으로 하는 것도 또한 제1항과 같다.
>
> **지방재정법 제82조【금전채권과 채무의 소멸시효】** ① 금전의 지급을 목적으로 하는 지방자치단체의 권리는 시효에 관하여 다른 법률에 특별한 규정이 있는 경우를 제외하고는 5년간 행사하지 아니하면 소멸시효가 완성한다.
> ② 금전의 지급을 목적으로 하는 지방자치단체에 대한 권리도 제1항과 같다.

㉡ **다른 법률의 특별한 규정**: 이때 '다른 법률의 특별한 규정'이라 함은 모든 법률에서 5년보다 단기로 규정하고 있는 경우를 의미한다.

㉢ **금전채권의 종류**: 금전채권은 공법상의 금전채권뿐만 아니라 사법상의 금전채권에도 적용된다.

② **시효의 기산점**: 시효의 기산점도 「민법」의 규정에 따라 권리를 행사할 수 있게 된 때부터이다(대판 1970. 2. 24. 69다1769).

판례

무효인 과세처분에 기한 부당이득반환청구권의 소멸시효는 납부 시부터 진행한다.

조세과오납환급청구권은 그 과세처분의 하자가 취소된 때로부터 소멸시효가 진행되나, 당연무효의 과세처분에 기한 환급청구권은 납부 또는 징수시에 발생하여 확정되며 그 때부터 소멸시효가 진행된다(대판 1987. 7. 7. 87다카54).

③ **소멸시효의 중단 · 정지**: 국가나 지방자치단체에 대한 금전채권의 소멸시효의 중단 · 정지는 다른 법률에 특별한 규정이 없는 한 「민법」의 규정이 적용된다. 공법상 납입고지, 독촉, 납부최고서의 통지 등은 시효중단의 효력이 있다.

판례

사법상 원인에 기한 국가채권의 경우 민법상의 최고보다 더 강한 시효중단의 효력을 인정하는 것은 평등권 침해가 아니다.

입법자가 비록 사법상의 원인에 기한 국가채권의 경우에도 납입의 고지에 있어 민법상의 최고의 경우보다 더 강한 시효중단 효력을 인정한 것은 합리적 이유가 있어 평등권을 침해하지 않는다(헌재 2004. 3. 25. 2003헌바22).

과세처분의 취소 또는 무효확인청구의 소가 비록 행정소송이라 할지라도 부당이득반환청구권의 소멸시효 중단사유에 해당한다.

일반적으로 위법한 행정처분의 취소, 변경을 구하는 행정소송은 사권을 행사하는 것으로 볼 수 없으므로 사권에 대한 시효중단사유가 되지 못하는 것이나, 다만 과세처분의 취소 또는 무효확인청구의 소가 비록 행정소송이라고 할지라도 조세환급을 구하는 부당이득반환청구권의 소멸시효중단사유인 재판상 청구에 해당한다고 볼 수 있다(대판 1992. 3. 31. 91다32053).

변상금부과처분에 대한 취소소송이 진행되는 동안에도 그 부과권의 소멸시효가 진행된다.

변상금 부과처분에 대한 취소소송이 진행중이라도 그 부과권자로서는 위법한 처분을 스스로 취소하고 그 하자를 보완하여 다시 적법한 부과처분을 할 수도 있는 것이어서 그 권리행사에 법률상의 장애사유가 있는 경우에 해당한다고 할 수 없으므로, 그 처분에 대한 취소소송이 진행되는 동안에도 그 부과권의 소멸시효가 진행된다(대판 2006. 2. 10. 2003두5686).

납입고지에 의한 시효중단의 효력은 부과처분이 취소되더라도 상실되지 않는다.

예산회계법 제98조에서 법령의 규정에 의한 납입고지를 시효중단 사유로 규정하고 있는바, 이러한 납입고지에 의한 시효중단의 효력은 그 납입고지에 의한 부과처분이 취소되더라도 상실되지 않는다(대판 2000. 9. 8. 98두19933).

압류절차에 착수한 이상 압류를 실행하지 못하였다고 하더라도 소멸시효 중단의 효력이 있다.

세무공무원이 국세징수법 제26조에 의하여 체납자의 가옥·선박·창고 기타의 장소를 수색하였으나 압류할 목적물을 찾아내지 못하여 압류를 실행하지 못하고 수색조서를 작성하는 데 그친 경우에도 소멸시효 중단의 효력이 있다(대판 2001. 8. 21. 2000다12419).

납북상태가 지속되는 동안에는 국가배상청구권의 소멸시효가 진행하지 않는다.

북한에 납북된 사람이 국가를 상대로 대한민국 법원에 소장을 제출하는 등으로 권리를 행사하는 것은 객관적으로도 불가능하므로, 납북상태가 지속되는 동안은 소멸시효가 진행하지 않는다(대판 2012. 4. 13. 2009다33754).

④ **소멸시효 완성의 효과**: 판례는 소멸시효기간이 경과하면 권리는 당연히 소멸하지만 당사자의 원용(항변권의 행사)이 없다면 그 의사에 반하여 재판을 할 수 없다는 입장이다. 소멸시효기간이 완성된 후의 과세처분은 당연무효가 된다.

판례

소멸시효가 완성된 후의 조세부과처분은 당연무효이다.

조세에 관한 소멸시효가 완성되면 국가의 조세부과권과 납세의무자의 납세의무는 당연히 소멸한다 할 것이므로 소멸시효완성후에 부과된 부과처분은 납세의무 없는 자에 대하여 부과처분을 한 것으로서 그와 같은 하자는 중대하고 명백하여 그 처분의 효력은 당연무효이다(대판 1985. 5. 14. 83누655).

⑤ 소멸시효 완성과 신의성실의 원칙

판례

'진실 · 화해를 위한 과거사정리위원회'가 진실규명결정을 하고 피해자 등이 그 결정에 기초하여 상당한 기간 내에 권리행사를 한 경우, 국가가 소멸시효 완성을 주장하는 것은 신의성실의 원칙에 반하여 허용되지 않는다.

'진실 · 화해를 위한 과거사정리위원회'에서 희생자로 확인 또는 추정하는 진실규명결정을 하였다면, 그 결정에 기초하여 피해자나 그 유족이 상당한 기간 내에 권리를 행사할 경우에, 피고가 적어도 소멸시효의 완성을 들어 권리소멸을 주장하지 않을 것이라는 데 대한 신뢰를 가질 만한 특별한 사정이 있다고 봄이 상당하고, 이에 불구하고 국가가 피해자 등에 대하여 소멸시효의 완성을 주장하는 것은 신의성실 원칙에 반하는 권리남용에 해당하여 허용될 수 없다(대판 2013. 5. 16. 2012다202819).

'진실 · 화해를 위한 과거사정리위원회'의 진실규명결정이 있은 때부터 3년의 기간을 넘어 이루어진 권리자의 권리행사에 대해 소멸시효 완성을 주장하는 것은 허용된다.

한국전쟁 전후 희생사건에서 정리위원회의 진실규명결정이 있은 때부터 3년의 기간을 넘어 이루어진 채권자의 권리행사에 대해 채무자가 소멸시효 완성 주장을 하는 것은 신의성실 원칙에 반하는 권리남용에 해당되지 않는다고 보아야 한다(대판 2013. 12. 12. 2013다21022).

(3) 행정재산(공물)의 취득시효

① 국유재산의 시효취득 인정 여부

㉠ 「민법」상 취득시효: 「민법」에서는 부동산은 20년간, 동산은 10년간 소유의 의사로 평온 · 공연하게 점유를 계속하면 점유자는 그 소유권을 취득하도록 규정되어 있다.

㉡ 행정재산의 취득시효: 이러한 민법규정이 공물에도 적용되는가에 대해 견해대립이 있다. 판례는 공용폐지가 없는 한 공물은 취득시효의 목적물이 될 수 없다고 한다.

> **국유재산법 제7조 【국유재산의 보호】** ② 행정재산은 「민법」 제245조에도 불구하고 시효취득(時效取得)의 대상이 되지 아니한다.
>
> **공유재산 및 물품관리법 제6조 【공유재산의 보호】** ② 행정재산은 「민법」 제245조에도 불구하고 시효취득(時效取得)의 대상이 되지 아니한다.

판례

행정재산은 공용폐지가 되지 않는 한 취득시효의 대상이 될 수 없고 공용폐지의 의사표시는 명시적이든 묵시적이든 적법한 의사표시가 있어야 한다.

1. 행정재산은 공용폐지되지 않는 한 사법상 거래의 대상이 될 수 없으므로 취득시효의 대상이 되지 않는다. 공용폐지의 의사표시는 명시적이든 묵시적이든 상관이 없으나 적법한 의사표시가 있어야 하고, 행정재산이 사실상 본래의 용도에 사용되지 않고 있다는 사실만으로 용도폐지의 의사표시가 있었다고 볼 수는 없다(대판 1994. 3. 22. 93다56220).
2. 원래의 행정재산이 공용폐지되어 취득시효의 대상이 된다는 사실에 대한 입증책임은 시효취득을 주장하는 자에게 있다(대판 1994. 3. 22. 93다56220). 2024 기출

보존용재산(문화재보호구역 내의 국유토지)은 취득시효의 대상이 될 수 없다.

문화재보호구역 내의 국유토지는 "법령의 규정에 의하여 국가가 보존하는 재산", 즉 국유재산법 제4조 제3항 소정의 "보존재산"에 해당하므로 시효취득의 대상이 되지 아니한다(대판 1994. 5. 10. 93다23442).

② **일반재산**: 행정재산이 아닌 일반재산에 대해 취득시효를 인정하지 않는 것은 평등의 원칙에 위반된다.

02 주소

주소란 생활의 근거가 되는 곳을 말한다. 주소에 관한 「민법」상 규정은 행정법상에서도 원칙적으로 적용되지만 몇 가지 차이가 있다.

1. 공법상의 주소

주민등록법
제6조 【대상자】 ① 시장·군수 또는 구청장은 30일 이상 거주할 목적으로 그 관할 구역에 주소나 거소(이하 "거주지"라 한다)를 가진 다음 각 호의 사람(이하 "주민"이라 한다)을 이 법의 규정에 따라 등록하여야 한다. 다만, 외국인은 예외로 한다.
제10조 【신고사항】 ② 누구든지 제1항의 신고를 이중으로 할 수 없다.

2. 민법상의 주소

민법 제18조 【주소】 ① 생활의 근거되는 곳을 주소로 한다.
② 주소는 동시에 두 곳 이상 있을 수 있다.

03 공법상 사무관리

1. 의의

공법분야에서 법률상 의무 없이 타인의 사무를 관리하는 행위를 말한다.

2. 종류

강제관리	국가의 특별감독하에 있는 사업에 대하여 감독권의 작용으로서 강제적으로 관리하는 경우
보호관리	재해 시에 행하는 구호, 시·군에서 행하는 행려병자의 취급과 같이 보호를 위하여 관리하는 경우
역무제공	비상재해 시 사인이 임의적으로 행정사무의 일부를 관리하는 경우

3. 효과

공법상 특별규정이 없는 한 민법의 규정에 의하므로 사무관리기관의 통지의무가 있고 비용상환청구권 등의 효과가 발생한다.

04 공법상 부당이득

1. 의의

부당이득이란 원래 사법상의 관념으로서, 공법상의 부당이득이란 공법부문에서 법률상의 원인 없이 타인의 재산 또는 노무로 인하여 이득을 얻고 이로 인하여 타인에게 손해를 가하는 것을 말한다.

판례

제3자가 체납자가 납부하여야 할 체납액을 체납자의 명의로 납부한 경우에는 국가가 체납액을 납부받은 것에 법률상 원인이 없다고 할 수 없고, 제3자는 국가에 대하여 부당이득반환을 청구할 수 없다.
제3자가 체납자가 납부하여야 할 체납액을 체납자의 명의로 납부한 경우에는 원칙적으로 체납자의 조세채무에 대한 유효한 이행이 되고, 이로 인하여 국가의 조세채권은 만족을 얻어 소멸하므로, 국가가 체납액을 납부받은 것에 법률상 원인이 없다고 할 수 없고, 제3자는 국가에 대하여 부당이득반환을 청구할 수 없다(대판 2015. 11. 12. 2013다215263).

2. 적용법규

공법상 부당이득에 관한 일반법이나 통칙적 규정은 없다. 개별 법령에서 특별한 규정을 둔 경우를 제외하고는, 「민법」상 부당이득에 관한 규정들이 일반법원리적 규정으로서 공법상 부당이득에도 적용될 수 있다는 것이 통설의 태도이다.

3. 부당이득반환청구권의 법적 성질(공법상 권리성 여부)

(1) 학설

다수설은 「행정소송법」상 명문으로 권리・의무에 관한 소송을 인정하고 있으므로 공법상의 권리라고 본다. 공법상 부당이득반환청구소송은 당사자소송에 의한다는 것이 다수설이다.

(2) 판례

① 과세처분을 원인으로 하는 공법상 부당이득반환청구권의 성질을 사권으로 민사소송으로 제기해야 한다는 입장이다.

② 국가의 「부가가치세법」상 환급의무는 「부가가치세법」상 직접 발생하는 의무로, 이에 대응하여 환급세액을 지급청구하는 소송은 당사자소송에 의한다고 하였다.

판례

부당이득반환청구를 구하는 소송은 민사소송절차에 의한다.

1. 행정상대방이 행정청에 이미 납부한 돈이 민법상 부당이득에 해당한다고 주장하면서 그 반환을 청구하는 것은 민사소송절차를 따라야 한다(대판 2021. 12. 30. 2018다241458).
2. 조세과세처분의 당연무효를 전제로 하여 이미 납부한 세금의 반환을 청구하는 것은 민사상의 부당이득반환청구로서 민사소송절차에 따라야 한다(대판 1995. 4. 28. 94다55019).

국가의 부가가치세 환급세액 지급의무에 기한 환급청구는 당사자소송에 의한다.

납세의무자에 대한 국가의 부가가치세 환급세액 지급의무는 그 납세의무자로부터 어느 과세기간에 과다하게 거래징수된 세액 상당을 국가가 실제로 납부받았는지와 관계없이 부가가치세법령의 규정에 의하여 직접 발생하는 것으로서, 그 법적 성질은 정의와 공평의 관념에서 수익자와 손실자 사이의 재산상태 조정을 위해 인정되는 부당이득 반환의무가 아니라 부가가치세법령에 의하여 그 존부나 범위가 구체적으로 확정되고 조세 정책적 관점에서 특별히 인정되는 공법상 의무라고 봄이 타당하다. 그렇다면 납세의무자에 대한 국가의 부가가치세 환급세액 지급의무에 대응하는 국가에 대한 납세의무자의 부가가치세 환급세액 지급청구는 민사소송이 아니라 행정소송법 제3조 제2호에 규정된 당사자소송의 절차에 따라야 한다(대판 2013. 3. 21. 2011다95564).

---

4. 공법상 부당이득의 유형

(1) 행정주체의 부당이득

① 행정행위로 인한 경우

㉠ **무효인 행정행위**: 행정행위가 무효인 경우 예컨대, 조세를 과오납한 경우에는 당해 행정행위(과세처분)가 부존재・당연무효라면 과오납한 즉시 부당이득반환청구권이 성립한다.

㉡ **취소사유인 행정행위**: 행정행위에 취소사유의 하자가 있는 경우에는 행정행위의 공정력 때문에 권한 있는 기관에 의해 취소되기 전까지는 부당이득의 문제가 발생하지 않고, 취소된 이후에 부당이득반환청구권이 발생한다. 부당이득반환청구권의 발생은 처분에 대한 취소판결이 있으면 충분하고 확정판결까지 있을 것을 요하는 것도 아니다.

판례

과세처분의 하자가 취소되지 않는 한 그로 인한 조세의 납부가 부당이득이 된다 할 수 없다.

조세의 과오납이 부당이득이 되기 위하여는 납세 또는 조세의 징수가 실체법적으로나 절차법적으로 전혀 법률상의 근거가 없거나 과세처분의 하자가 중대하고 명백하여 당연무효이어야 하고, 과세처분의 하자가 단지 취소할 수 있는 정도에 불과할 때에는 과세관청이 이를 스스로 취소하거나 항고소송절차에 의하여 취소되지 않는 한 그로 인한 조세의 납부가 부당이득이 된다고 할 수 없다(대판 1994. 11. 11. 94다28000).

무효인 부과처분에 대한 부당이득반환청구권은 납부 또는 징수 시 발생한다.

지방재정법 제87조 제1항에 의한 변상금부과처분이 당연무효인 경우에 이 변상금부과처분에 의하여 납부자가 납부하거나 징수당한 오납금은 지방자치단체가 법률상 원인 없이 취득한 부당이득에 해당하고, 이러한 오납금에 대한 납부자의 부당이득반환청구권은 처음부터 법률상 원인이 없이 납부 또는 징수된 것이므로 납부 또는 징수시에 발생하여 확정되며, 그때부터 소멸시효가 진행한다(대판 2005. 1. 27. 2004다50143).

부당이득반환청구가 인용되기 위해서는 그 소송절차에서 판결에 의해 당해 처분이 취소되면 충분하고 그 처분의 취소가 확정되어야 하는 것은 아니다.

취소소송에 병합할 수 있는 당해 처분과 관련되는 부당이득반환소송에는 당해 처분의 취소를 선결문제로 하는 부당이득반환청구가 포함되고, 이러한 부당이득반환청구가 인용되기 위해서는 그 소송절차에서 판결에 의해 당해 처분이 취소되면 충분하고 그 처분의 취소가 확정되어야 하는 것은 아니라고 보아야 한다(대판 2009. 4. 9. 2008두23153).

임용결격자가 공무원으로 임용되어 사실상 근무하여 온 경우, 「공무원연금법」이나 「근로자퇴직급여보장법」에서 정한 퇴직급여를 청구할 수 없다.

임용결격자가 공무원으로 임용되어 사실상 근무하여 왔다 하더라도 적법한 공무원으로서의 신분을 취득하지 못한 자로서는 공무원연금법이나 근로자퇴직급여 보장법에서 정한 퇴직급여를 청구할 수 없다. 나아가 이와 같은 법리는 임용결격사유로 인하여 임용행위가 당연무효인 경우뿐만 아니라 임용행위의 하자로 임용행위가 취소되어 소급적으로 지위를 상실한 경우에도 마찬가지로 적용된다(대판 2017. 5. 11. 2012다200486).

임용행위가 당연무효이거나 취소된 공무원의 임용 시부터 퇴직 시까지의 사실상의 근로에 대하여 국가 또는 지방자치단체가 부당이득반환의무를 진다.

임용행위가 당연무효이거나 취소된 공무원의 공무원 임용 시부터 퇴직 시까지의 사실상의 근로는 법률상 원인 없이 제공된 것으로서, 국가 및 지방자치단체는 이 사건 근로를 제공받아 이득을 얻은 반면 임용결격공무원 등은 이 사건 근로를 제공하는 손해를 입었다 할 것이므로, 손해의 범위 내에서 국가 및 지방자치단체는 위 이득을 민법 제741조에 의한 부당이득으로 반환할 의무가 있다(대판 2017. 5. 11. 2012다200486).

② **행정행위 이외의 행정작용으로 인한 경우**: 예컨대, 행정주체가 정당한 권원 없이 사인(私人)의 토지를 도로에 편입하여 점유·사용하는 경우, 법률상 특별한 규정이 없는 한 관계인은 법률상 원인 없음을 이유로 부당이득반환청구를 할 수 있다.

(2) 사인의 부당이득

① **유형**: 세무서장의 국세환급결정이 취소된 경우, 보조금 교부결정이 취소된 경우 등 행정행위에 의하여 사인(私人)에게 부당이득이 발생하는 경우와 공무원이 봉급을 과다수령한 경우, 무자격자가 연금을 수령한 경우 등 행정행위 이외의 원인에 의하여 사인에게 부당이득이 발생하는 경우가 있다.

② **수익적 행정행위의 취소제한**: 행정행위에 의해 부당이득이 발생한 경우 당해 행정행위가 부존재·당연무효이거나 취소된 이후에 국가 등의 부당이득반환청구권이 발생하게 되고, 수익적 행정행위의 취소제한의 법리에 따라 당해 행정행위가 취소될 수 없는 경우에는 부당이득반환청구권이 발생하지 않는다.

5. 부당이득의 반환범위

(1) 행정주체의 부당이득의 경우

개별 법령은 행정주체의 선의·악의를 불문하고 전액반환을 규정하는 경우가 많고, 특별한 규정이 없더라도 공권력에 의해 일방적으로 과하여진 부담에 대해서는 그로 인해 받은 이익의 전부를 반환해야 할 것이다.

판례

환급가산금은 수익자인 국가의 선의·악의를 불문하고 그 가산금에 관한 각 규정에서 정한 기산일과 비율에 의하여 확정된다.

환급가산금의 내용에 대한 세법상의 규정은 부당이득의 반환범위에 관한 민법 제748조에 대하여 그 특칙으로서의 성질을 가진다고 할 것이므로, 환급가산금은 수익자인 국가의 선의·악의를 불문하고 그 가산금에 관한 각 규정에서 정한 기산일과 비율에 의하여 확정된다(대판 2009. 9. 10. 2009다11808).

(2) 사인(私人)의 부당이득의 경우

민법상 반환법리에 관한 규정이 아니라 수익자인 사인의 귀책유무에 따라 신뢰보호의 일반원칙에 의해 해결함이 타당하다 본다.

판례

잘못 지급된 보상금을 환수하는 처분을 함에 있어서 별도의 이익형량을 하여야 한다.

잘못 지급된 보상금 등에 해당하는 금액을 징수하는 처분을 해야 할 공익상 필요와 그로 인하여 당사자가 입게 될 기득권과 신뢰의 보호 및 법률생활 안정의 침해 등의 불이익을 비교·교량한 후, 공익상 필요가 당사자가 입게 될 불이익을 정당화할 만큼 강한 경우에 한하여 보상금 등을 받은 당사자로부터 잘못 지급된 보상금 등에 해당하는 금액을 환수하는 처분을 하여야 한다(대판 2014. 10. 27. 2012두17186).

실제보다 부풀려 유가보조금을 과다 지급받은 경우 '거짓이나 부정한 방법으로 지급받은 보조금'에 대하여 반환할 것을 명하여야 하고 지급된 유가보조금 전액을 회수할 수는 없다.

마을버스 운수업자 갑이 유류사용량을 실제보다 부풀려 유가보조금을 과다 지급받은 데 대하여 관할 시장이 갑에게 부정수급기간 동안 지급된 유가보조금 전액을 회수하는 내용의 처분을 한 사안에서, 구 여객자동차 운수사업법 제51조 제3항에 따라 국토해양부장관 또는 시·도지사는 여객자동차 운수사업자가 '거짓이나 부정한 방법으로 지급받은 보조금'에 대하여 반환할 것을 명하여야 한다(대판 2013. 12. 12. 2011두3388).

제3절 사인의 공법행위

01 공법행위

행정주체와 행정객체 간의 공법적 법률효과를 형성하는 행위를 말한다. 행위주체에 따라 행정주체의 공법행위와 사인의 공법행위로 나눌 수 있다. 행정주체에 의한 공법행위는 행정주체가 우월적 지위에서 하는 것과 상대방과 대등한 지위에서 행하는 것이 있다.

02 사인의 공법행위 2013 기출

1. 의의

공법관계에 있어서 사인이 행하는 공법적 효과를 발생시키는 모든 행위를 말한다.

2. 사인의 공법행위의 특색 2013 기출

(1) 행정청의 행정행위와 구별

① 사인이 행한 공법행위라는 점에서 행정청의 공권력 발동인 행정행위와 구별된다.

② 사인의 공법행위에는 행정행위가 가지는 공정력, 확정력, 자력집행력 등의 효력이 인정되지 않는다.

(2) 사인의 사법행위와 구별

① 사인의 행위라도 정형성을 띠고 그 효과도 보통 법규에 의하여 정해진다는 점에서 사적자치의 원칙이 지배되는 사법행위와 구별된다.

② 사인의 공법행위에는 그 내용·형식의 객관성, 형식성, 외관성, 획일성 등이 요구된다.

3. 종류

(1) 법적 행위와 사실행위

사실행위	행정감시행위, 쓰레기 분리배출행위 등
법적 행위	단독행위, 공법상 계약, 공법상 합동행위

(2) 행위의 효과를 기준으로 한 분류 2013 기출

① **자기완결적(자족적·자체완성적) 공법행위**: 사인의 공법행위가 있는 경우 행정기관의 행위를 기다릴 필요 없이 그 행위 자체로서 법적 효과가 완성되는 경우를 뜻한다(예 행정청의 수리를 요하지 않는 신고).

② **행위요건적 사인의 공법행위**: 사인의 공법행위 그 자체로는 법적 효과가 완성되지 않고 행정기관의 행위를 기다려서 그 효과가 완성되는 경우이다(예 각종 신청).

4. 사인의 공법행위에 대한 「민법」규정의 적용

사인의 공법행위에 적용될 일반법은 존재하지 않는다. 따라서 개별규정이 없는 경우, 「민법」의 규정 또는 법원칙이 유추적용될 것이나 공법행위의 특수성으로 인하여 적용상의 한계가 있다.

(1) 의사능력·제한능력

① 특별한 규정이 없는 한 의사무능력자의 행위는 무효이다.

② 제한능력에 관하여는 민법과 달리 개별법에 특별한 규정을 두는 경우가 많다. 개별법에 규정이 없는 경우 「민법」규정이 유추적용된다.

(2) 대리

① 사인의 공법행위가 일신전속적인 권리인 경우 대리가 허용되지 않는다(예 투표, 공무원의 사직원 제출, 병역지원 등).

② 비일신전속적 행위로서 타인이 대행할 수 있는 경우에는 대리가 인정된다(예 소송대리, 등기신청대리, 특허신청대리 등).

(3) 의사표시의 효력발생시기

「민법」과 마찬가지로 도달주의를 원칙으로 한다. 개별법에서 발신주의를 규정하고 있는 경우도 있다.

(4) 행위의 요식성

개별법에서 문서에 의하도록 규정한 경우가 많다. 특별한 규정이 없으면 구술에 의할 수도 있다.

(5) 하자 있는 의사표시

① 사인의 공법행위에도 「민법」의 규정이 준용됨이 원칙이다.

② 대량적 행정처분과 관련된 사인의 공법행위의 경우에는 제한적으로 적용될 수 있다.

③ 판례는 「민법」상 '착오에 의한 의사표시의 취소'와 '비진의 의사표시에 관한 무효' 규정은 사인의 공법행위에 적용되지 않는다고 한다.

민법 제107조 【진의 아닌 의사표시】 ① 의사표시는 표의자가 진의 아님을 알고 한 것이라도 그 효력이 있다. 그러나 상대방이 표의자의 진의 아님을 알았거나 이를 알 수 있었을 경우에는 무효로 한다.

판례

「민법」 제107조 제1항 단서 규정은 사인의 공법행위에 적용되지 않는다.

1. 군인사정책상 필요에 의하여 복무연장지원서와 전역(여군의 경우 면역임)지원서를 동시에 제출하게 한 방침에 따라 위 양 지원서를 함께 제출한 이상, … 위 전역지원의 의사표시가 진의 아닌 의사표시라 하더라도 그 무효에 관한 법리를 선언한 민법 제107조 제1항 단서의 규정은 그 성질상 사인의 공법행위에는 적용되지 않는다 할 것이므로 그 표시된 대로 유효한 것으로 보아야 한다(대판 1994. 1. 11. 93누10057).
2. 공무원의 사직원 제출행위가 강압에 의하여 의사결정의 자유를 박탈당한 상태에서 이루어진 것이라고 할 수 없고 민법상 비진의 의사표시의 무효에 관한 규정은 사인의 공법행위에 적용되지 않는다는 등의 이유로 그 의원면직처분을 당연무효라고 할 수 없다(대판 2001. 8. 24. 99두9971).
3. 민법의 법률행위에 관한 규정은 행위의 격식화를 특색으로 하는 공법행위에 당연히 타당하다고 말할 수 없으므로 공법행위인 영업재개업신고에 민법 제107조는 적용될 수 없다(대판 1978. 7. 25. 76누276).

강박에 의한 사직의 의사표시는 강박의 정도에 따라 무효 또는 취소할 수 있다.

사직서의 제출이 감사기관이나 상급관청 등의 강박에 의한 경우에는 그 정도가 의사결정의 자유를 박탈할 정도에 이른 것이라면 그 사직의 의사표시가 무효로 될 것이고 그렇지 않고 의사결정의 자유를 제한하는 정도에 그친 경우라면 그 성질에 반하지 아니하는 한 의사표시에 관한 민법 제110조의 규정을 준용하여 그 효력을 따져보아야 할 것이다(대판 1997. 12. 12. 97누13962).

(6) 부관

사인의 공법행위에는 행정법관계의 명확성과 신속한 확정을 위해 부관을 붙일 수 없음이 원칙이다.

(7) 철회 · 보정

사인의 공법행위는 명문으로 금지되거나 성질상 불가능한 경우가 아닌 한 그에 따른 행정행위가 행하여질 때까지 자유로이 철회하거나 보정할 수 있다.

판례

공무원이 한 사직의 의사표시의 철회는 의원면직처분 전에 철회할 수 있다.

공무원이 한 사직의 의사표시의 취소는 그에 터 잡은 의원면직처분이 있을 때까지 할 수 있는 것이고, 일단 면직처분이 있고 난 이후에는 철회나 취소할 여지가 없다(대판 2001. 8. 24. 99두9971).

의원면직처분 전이라도 사직의 의사표시를 철회하는 것이 신의칙에 반하는 특별한 사정이 있는 경우 철회가 허용되지 않는다.

공무원이 한 사직의 의사표시는 그에 터잡은 의원면직처분이 있을 때까지는 원칙적으로 이를 철회할 수 있는 것이지만, 다만 의원면직처분이 있기 전이라도 사직의 의사표시를 철회하는 것이 신의칙에 반한다고 인정되는 특별한 사정이 있는 경우에는 그 철회는 허용되지 아니한다(대판 1993. 7. 27. 92누16942).

(8) 행위시법 적용의 원칙

특별한 규정이 없는 한 사인의 공법행위는 행위시의 법령을 따른다. 신고사항이 아니었다가 법령개정으로 신고사항이 된 경우 신고 없이 행위를 한 경우 처벌대상이 된다(대판 2022. 8. 25. 2020도12944).

5. 사인의 공법행위의 하자와 행정행위와의 관계

① 사인의 공법행위가 단순히 행정행위의 동기가 되는 것에 불과한 경우에는 하자가 있더라도 행정행위의 효력에는 영향이 없다.

② 사인의 공법행위가 행정행위의 전제요건이 되는 경우 신청이나 동의를 요하는 행정행위에 신청이나 동의가 없거나 신청이나 동의가 무효라면 행정행위는 원칙상 무효이다.

③ 사인의 공법행위가 취소할 수 있는 경우 행정행위가 행해지기 전에는 사인의 공법행위를 취소 또는 철회할 수 있고, 행정행위가 행하여진 후에는 행정행위의 취소를 청구하여야 한다.

6. 사인의 공법행위 중 신청

(1) 의의

신청이란 사인이 행정청에 대하여 일정한 조치를 취하여 줄 것을 요구하는 의사표시를 말한다.

(2) 신청이 적법하기 위한 신청권

신청이 적법하기 위하여는 신청인에게 신청권이 있어야 하며 신청이 법령상 요구되는 구비서류 등의 요건을 갖추어야 한다. 신청권은 실정법령에 의해 주어질 수도 있고 조리상 인정될 수도 있다.

(3) 신청권의 의미

신청권은 행정청의 응답을 구하는 권리이며 신청된 대로의 처분을 구하는 권리는 아니다.

(4) 신청의 효과

① **행정청의 접수의무**: 신청이 형식적(절차적) 요건을 갖추어 적법한 경우 접수하여야 하고 그 접수를 보류 또는 거부하거나 부당하게 되돌려 보내서는 아니 된다.

② **행정청의 보완요구**

㉠ **보완요구**: 신청에 구비서류의 미비 등 흠이 있는 경우에도 접수를 거부하여서는 안 되며 보완에 필요한 상당한 기간을 정하여 지체 없이 신청인에게 보완을 요구하여야 한다(「행정절차법」 제17조 제5항). 신청인이 그 기간 내에 보완을 하지 아니한 때에는 그 이유를 명시하여 접수된 신청을 되돌려 보낼 수 있다(「행정절차법」 제17조 제6항).

㉡ **보완의 대상**: 보완의 대상은 보완이 가능한 것이어야 하고 신청의 형식적 · 절차적인 요건이 대상이다. 실질적인 요건에 대하여는 원칙적 대상이 되지 않지만 그것이 민원인의 단순한 착오나 일시적인 사정 등에 기인한 경우 보완의 대상이 된다.

판례

행정청의 보완의 대상

1. 행정청으로 하여금 신청에 대하여 거부처분을 하기 전에 반드시 신청인에게 신청의 내용이나 처분의 실체적 발급요건에 관한 사항까지 보완할 기회를 부여하여야 할 의무를 정한 것은 아니라고 보아야 한다(대판 2020. 7. 23. 2020두36007).
2. 위 규정 소정의 보완의 대상이 되는 흠은 보완이 가능한 경우이어야 함은 물론이고, 그 내용 또한 형식적 · 절차적인 요건이거나, 실질적인 요건에 관한 흠이 있는 경우라도 그것이 민원인의 단순한 착오나 일시적인 사정 등에 기한 경우 등이라야 한다(대판 2004. 10. 15. 2003두6573).

③ **행정청의 응답의무**

㉠ 응답의무: 적법한 신청이 있는 경우 행정청은 신청에 대한 응답할 의무가 있다. 신청에 따른 행정청의 처분이 기속행위이든 재량행위이든 행정청은 신청에 대한 응답의무를 진다. 여기에서 응답의무는 신청된 내용대로 처분할 의무를 뜻하는 것은 아니다.

㉡ 처리기간: 상당기간이 경과하도록 행정청의 아무런 응답이 없는 경우 부작위에 해당한다. 신청에 대한 처리기간이 정해진 경우 당해 기간규정은 특별한 사정이 없는 한 훈시규정으로 보는 것이 일반적 견해이다.

(5) 신청과 권리구제

신청에 대한 행정청의 거부처분에 대해서는 의무이행심판이나 취소심판, 무효등확인심판 또는 취소소송으로, 부작위에 대해서는 의무이행심판 또는 부작위위법확인소송으로 다툴 수 있다.

7. 사인의 공법행위 중 신고

(1) 의의

사인의 행정청에 대한 일방적 통지에 의하여 공법적 효과를 발생하는 행위를 말한다.

(2) 종류 2013 기출

① **자기완결적 신고**

㉠ 「행정절차법」에 규정된 신고는 자기완결적 신고(본래 의미의 신고)를 뜻한다. 자기완결적 신고는 요건을 갖춘 적법한 신고가 있다면 신고 자체로서 신고의 효과가 발생하는 것으로 이러한 신고의 수리거부나 접수거부는 원칙적으로 항고소송의 대상이 되는 처분이 아니다.

판례

수리를 요하지 않는 신고를 법령에 규정되지 않은 사유로 반려한 경우 그 신고서가 제출된 때에 신고가 있었다고 볼 것이다.

수리를 요하지 않는 신고의 경우, 형식적 요건을 갖춘 신고가 있는 경우 관할 관청에 신고업의 신고서가 제출되었다면 담당공무원이 법령에 규정되지 아니한 다른 사유를 들어 그 신고를 수리하지 아니하고 반려하였다고 하더라도, 그 신고서가 제출된 때에 신고가 있었다고 볼 것이다(대판 1999. 12. 24. 98다57419).

자기완결적 신고는 행정청에 제출하여 접수된 때에 신고가 있었다고 볼 것이다.

1. 체육시설의 설치 · 이용에 관한 법률 제18조에 의한 변경신고서는 그 신고 자체가 위법하거나 그 신고에 무효사유가 없는 한 이것이 <u>도지사에게 제출하여 접수된 때에 신고가 있었다고 볼 것</u>이고, 도지사의 수리행위가 있어야만 신고가 있었다고 볼 것은 아니다(대판 1993. 7. 6. 93마635).
2. 「부가가치세법」상의 사업자등록은 단순한 사업사실의 신고로서 사업자가 소관 세무서장에서 소정의 사업자등록신청서를 제출함으로써 성립되는 것이고, 사업자등록증의 교부는 이와 같은 등록사실을 증명하는 증서의 교부행위에 불과한 것이다(대판 2000. 12. 22. 99두6903).
3. 전통 민간요법인 침 · 뜸행위를 온라인을 통해 교육할 목적으로 인터넷 침 · 뜸 학습센터를 설립 신고한 경우 관할 행정청은 신고서 기재사항에 흠결이 없고 정해진 서류가 구비된 이상 신고를 수리하여야 하고 형식적 요건이 아닌 신고 내용이 공익적 기준에 적합하지 않다는 등 실체적 사유를 들어 이를 거부할 수 없다(대판 2011. 7. 28. 2005두11784).

㉡ 다만, 자기완결적 신고 중 신고가 반려될 경우 당해 신고의 대상되는 행위를 하면 시정명령, 이행강제금, 벌금의 대상이 되는 등 신고인이 법적 불이익을 받을 위험이 있는 경우에는 그 위험을 제거할 수 있도록 하기 위하여 신고거부(반려)행위의 처분성을 인정할 수 있다는 것이 판례이다.

판례

「건축법」상 건축신고 반려행위는 항고소송의 대상이 되는 처분이다. 2016 · 2022 기출

이와 같이 건축주 등은 신고제하에서도 건축신고가 반려될 경우 당해 건축물의 건축을 개시하면 시정명령, 이행강제금, 벌금의 대상이 되거나 당해 건축물을 사용하여 행할 행위의 허가가 거부될 우려가 있어 불안정한 지위에 놓이게 된다. 따라서 건축신고 반려행위가 이루어진 단계에서 당사자로 하여금 반려행위의 적법성을 다투어 그 법적 불안을 해소한 다음 건축행위에 나아가도록 함으로써 장차 있을지도 모르는 위험에서 미리 벗어날 수 있도록 길을 열어 주고, 위법한 건축물의 양산과 그 철거를 둘러싼 분쟁을 조기에 근본적으로 해결할 수 있게 하는 것이 법치행정의 원리에 부합한다. 그러므로 건축신고 반려행위는 항고소송의 대상이 된다고 보는 것이 옳다(대판 2010. 11. 18. 2008두167).

② **수리를 요하는 신고**: 사인의 신고에 대하여 행정청이 별도의 수리를 하여야 효과가 발생되는 것으로서 신고의 수리거부는 원칙적으로 항고소송의 대상이 된다.

행정기본법 제34조 【수리 여부에 따른 신고의 효력】 법령등으로 정하는 바에 따라 행정청에 일정한 사항을 통지하여야 하는 신고로서 법률에 신고의 수리가 필요하다고 명시되어 있는 경우(행정기관의 내부 업무 처리 절차로서 수리를 규정한 경우는 제외한다)에는 행정청이 수리하여야 효력이 발생한다.

구분	수리를 요하지 않는 신고	수리를 요하는 신고 2022 기출
판례	• 수산제조업 신고 • 「체육시설의 설치 · 이용에 관한 법률」상의 체육시설업신고(당구장업) • 「체육시설의 설치 · 이용에 관한 법률」상의 골프연습장 이용료 변경신고 • 출생신고, 사망신고, 납세신고 • 「가축전염병예방법」상 죽거나 병든 가축의 신고 • 「부가가치세법」상 사업개시 신고 • 구 「축산물가공법」상 축산물판매업 신고(시설기준 갖추어 신고)	• 각종 사업양도 · 양수에 따른 지위승계신고 • 건축주명의변경신고 • 학교환경위생정화구역 내에서 당구장업신고 • 개발제한구역 내 건축신고 • 「건축법」상 무허가건물에서의 볼링장업 설치신고 등 각종 영업신고 • 「수산업법」상의 어업신고 • 납골탑설치신고, 납골당설치신고(단, 부대시설은 신고대상이 아님) • 「주민등록법」상 전입신고 • 체육시설의 회원을 모집하고자 하는 자의 회원모집계획서 제출신고 • 인허가 의제를 수반하는 건축신고 • 유료노인복지주택의 설치신고 • 노동조합설립신고 • 대규모 점포개설 신고 • 노인장기요양시설, 노인의료복지시설의 폐업신고

(3) 수리의무

① **적법한 신고**: 적법한 신고가 있는 경우 행정기관은 그 신고를 수리하여야 한다. 다만, 예외적으로 중대한 공익상 필요가 있는 경우에는 수리를 거부할 수 있다.

② **부적법한 신고**: 부적법한 신고를 수리한 경우 신고가 무효라면 행정청이 이를 수리하더라도 수리는 당연무효이다.

판례

행정청이 신고를 수리하였다고 하더라도 신고행위 자체 효력이 없다면 수리행위도 당연히 무효이다.

장기요양기관의 폐업신고와 노인의료복지시설의 폐지신고는, 행정청이 관계 법령이 규정한 요건에 맞는지를 심사한 후 수리하는 이른바 '수리를 필요로 하는 신고'에 해당한다. 그러나 행정청이 그 신고를 수리하였다고 하더라도, 신고서 위조 등의 사유가 있어 신고행위 자체가 효력이 없다면, 그 수리행위는 유효한 대상이 없는 것으로서, 수리행위 자체에 중대·명백한 하자가 있는지를 따질 것도 없이 당연히 무효이다(대판 2018. 6. 12. 2018두33593).

(4) 신고필증의 교부

신고필증의 교부는 신고의 필수요건도 아니고 「행정소송법」상의 처분도 아니라는 것이 판례이다.

판례

납골당설치신고는 수리를 요하는 신고이지만 수리행위에 신고필증 교부 등 행위가 반드시 필요한 것은 아니다. 2019 기출

납골당설치 신고가 구 장사법 관련 규정의 모든 요건에 맞는 신고라 하더라도 신고인은 곧바로 납골당을 설치할 수는 없고, 이에 대한 행정청의 수리처분이 있어야만 신고한 대로 납골당을 설치할 수 있다. 한편 수리란 신고를 유효한 것으로 판단하고 법령에 의하여 처리할 의사로 이를 수령하는 수동적 행위이므로 수리행위에 신고필증 교부 등 행위가 꼭 필요한 것은 아니다(대판 2011. 9. 8. 2009두6766).

(5) 수리의 심사 정도

수리를 요하는 신고의 경우에 행정청이 형식적 심사만을 하는지 아니면 실질적 심사를 하는지에 관하여 견해가 대립하고 있다. 판례도 사안에 따라 실질적 심사와 형식적 심사로 구별하고 있다.

판례

| 형식적 심사를 하는 경우 |

주민등록전입신고 수리 여부에 대한 심사는 「주민등록법」의 입법목적의 범위 내로 제한적으로 이루어져야 하므로 그 외의 다른 사유로 주민등록전입신고를 거부할 수 없다.

주민등록법상 전입신고를 받은 시장·군수 또는 구청장의 심사 대상은 전입신고자가 30일 이상 생활의 근거로 거주할 목적으로 거주지를 옮기는지 여부만으로 제한된다고 보아야 한다. … 무허가 건축물을 실제 생활의 근거지로 삼아 10년 이상 거주해 온 사람의 주민등록 전입신고를 거부한 사안에서, 부동산투기나 이주대책 요구 등을 방지할 목적으로 주민등록전입신고를 거부하는 것은 주민등록법의 입법 목적과 취지 등에 비추어 허용될 수 없다(대판 2009. 6. 18. 2008두10997).

건축주명의변경신고는 실체적인 이유를 내세워 그 신고의 수리를 거부할 수 없다.

허가권자는 양수인에 대하여 구 건축법 시행규칙 제11조 제1항에서 정한 서류에 포함되지 아니하는 '건축할 대지의 소유 또는 사용에 관한 권리를 증명하는 서류'의 제출을 요구하거나, 양수인에게 이러한 권리가 없다는 실체적인 이유를 들어 신고의 수리를 거부하여서는 아니 된다(대판 2015. 10. 29. 2013두11475).

행정청은 특별한 사정이 없는 한 개발행위허가 기준에 부합하지 않는다는 점을 이유로 가설건축물 축조신고의 수리를 거부할 수는 없다.

이러한 신고대상 가설건축물 규제 완화의 취지를 고려하면, 행정청은 특별한 사정이 없는 한 개발행위허가 기준에 부합하지 않는다는 점을 이유로 가설건축물 축조신고의 수리를 거부할 수는 없다(대판 2019. 1. 10. 2017두75606).

기존에 다른 사람이 숙박업 신고를 한 적이 있더라도 새로 숙박업을 하려는 자가 법령에서 정한 요건을 갖추어 신고하였다면 행정청은 단지 해당 시설 등에 관한 기존의 숙박업 신고가 외관상 남아있다는 이유만으로 이를 거부할 수 없다.

기존에 다른 사람이 숙박업 신고를 한 적이 있더라도 새로 숙박업을 하려는 자가 그 시설 등의 소유권 등 정당한 사용권한을 취득하여 법령에서 정한 요건을 갖추어 신고하였다면, 행정청으로서는 특별한 사정이 없는 한 이를 수리하여야 하고, 단지 해당 시설 등에 관한 기존의 숙박업 신고가 외관상 남아있다는 이유만으로 이를 거부할 수 없다(대판 2017. 5. 30. 2017두34087).

정신과의원을 개설하려는 자가 법령에서 정한 요건 이외의 사유를 들어 의원급 의료기관 개설신고의 수리를 거부할 수는 없다.

앞서 본 관련 법령의 내용과 이러한 신고제의 취지를 종합하면, 정신과의원을 개설하려는 자가 법령에 규정되어 있는 요건을 갖추어 개설신고를 한 때에, 행정청은 원칙적으로 이를 수리하여 신고필증을 교부하여야 하고, 법령에서 정한 요건 이외의 사유를 들어 의원급 의료기관 개설신고의 수리를 거부할 수는 없다(대판 2018. 10. 25. 2018두44302).

| 실체적 심사를 하는 경우 |

인·허가 의제 효과를 수반하는 건축신고는 그 실체적 요건에 관한 심사를 한 후 수리를 하여야 한다.

인·허가의제 효과를 수반하는 건축신고는 일반적인 건축신고와는 달리, 특별한 사정이 없는 한 행정청이 그 실체적 요건에 관한 심사를 한 후 수리하여야 하는 이른바 '수리를 요하는 신고'로 보는 것이 옳다. 국토의 계획 및 이용에 관한 법률상의 개발행위허가로 의제되는 건축신고가 위와 같은 기준을 갖추지 못한 경우 행정청으로서는 이를 이유로 그 수리를 거부할 수 있다고 보아야 한다(대판 2011. 1. 20. 2010두14954).

---

8. 영업양도 · 양수에 따른 지위승계신고

(1) 지위승계신고 수리의 법적 성격 2013 · 2020 기출

판례는 실질에 있어서 양도자의 사업허가를 취소함과 아울러 양수자에게 적법히 사업을 할 수 있는 권리를 설정하여 주는 행위로서 사업허가자의 변경이라는 법률효과를 발생시키는 행위라고 본다(대판 2001. 2. 9. 2000도2050).

(2) 지위승계신고를 수리하는 경우 「행정절차법」의 적용 여부

행정청이 영업자지위승계신고를 수리하는 처분은 종전의 영업자의 권익을 제한하는 처분이므로 종전의 영업자는 그 처분에 대하여 직접적 상대방이 되고, 행정청으로서는 위 신고를 수리하는 처분을 함에 있어서 「행정절차법」 규정 소정의 당사자에 해당하는 종전의 영업자에 대하여 위 규정 소정의 행정절차를 실시하고 처분을 하여야 한다(대판 2003. 2. 14. 2001두7015).

(3) 지위승계신고 수리 전 행정청의 양도인에 대한 허가취소(양수인이 다툴 수 있는지)

① **행정적 제재의 책임자(양도인)**: 양도인과 양수인 간에 사업양도를 위한 사법상 계약이 이루어졌다고 하더라도 지위승계신고가 수리되기 전이라면 허가권자는 여전히 양도인이므로, 행정청의 허가취소처분의 상대방도 양도인이다.

② **양수인의 지위**: 양수인의 입장에서도 양도인 명의의 허가의 효력유지는 자신이 지위승계신고를 함에 있어 전제조건이 되므로 양도인에 대한 허가취소는 양수인에 대한 직접적인 침해행위가 되고 양수인은 이를 다툴 법률상 이익이 인정된다는 것이 판례이다.

판례

양도인에 대한 채석허가 취소처분에 대해 이를 양수한 양수인도 채석허가의 취소를 구할 원고적격이 인정된다.

수허가자의 지위를 양수받아 명의변경신고를 할 수 있는 양수인의 지위는 단순한 반사적 이익이나 사실상의 이익이 아니라 산림법령에 의하여 보호되는 직접적이고 구체적인 이익으로서 법률상 이익이라고 할 것이고, 채석허가가 유효하게 존속하고 있다는 것이 양수인의 명의변경신고의 전제가 된다는 의미에서 관할 행정청이 양도인에 대하여 채석허가를 취소하는 처분을 하였다면 이는 양수인의 지위에 대한 직접적 침해가 된다고 할 것이므로 양수인은 채석허가를 취소하는 처분의 취소를 구할 법률상 이익을 가진다(대판 2003. 7. 11. 2001두6289).

(4) 지위승계신고 수리처분 무효확인소송의 협의의 소익

① **수리 대상인 기본행위가 무효인 경우**: 사업양도・양수에 따른 지위승계신고 수리는 유효한 기본행위의 존재를 전제로 하는 수동적인 행위로서 그 수리의 대상인 기본행위가 존재하지 아니하거나 무효인 때에는 설사 수리를 하였다고 하더라도 그 수리는 유효한 대상이 없는 것으로서 당연히 무효로 보는 것이 학설과 판례의 입장이다.

② **기본행위 하자와 수리의 대상적격**: 지위승계신고 수리의 대상인 영업양도계약이 무효인 경우 이를 이유로 곧바로 신고 수리처분 무효확인소송을 제기할 수 있다는 것이 판례이다.

판례

사업의 양도행위가 무효라고 주장하는 양도자는 민사쟁송으로 양도・양수행위의 무효를 구함이 없이 막바로 허가관청을 상대로 하여 행정소송으로 위 신고 수리처분의 무효확인을 구할 법률상 이익이 있다.

사업양도・양수에 따른 허가관청의 지위승계신고의 수리는 적법한 사업의 양도・양수가 있었음을 전제로 하는 것이므로 그 수리대상인 사업양도・양수가 존재하지 아니하거나 무효인 때에는 수리를 하였다 하더라도 그 수리는 유효한 대상이 없는 것으로서 당연히 무효라 할 것이고, 사업의 양도행위가 무효라고 주장하는 양도자는 민사쟁송으로 양도・양수행위의 무효를 구함이 없이 막바로 허가관청을 상대로 하여 행정소송으로 위 신고수리처분의 무효확인을 구할 법률상 이익이 있다(대판 2005. 12. 23. 2005두3554).

Chapter 04

OX로 기초다지기

01 법령 등 또는 처분에서 국민의 권익을 제한하거나 의무를 부과하는 경우 권익이 제한되거나 의무가 지속되는 기간의 계산은 기간을 일, 주, 월 또는 연으로 정한 경우에는 기간의 첫날을 산입한다. ○ ✕

02 법령 등을 공포한 날부터 일정 기간이 경과한 날부터 시행하는 경우 그 기간의 말일이 토요일 또는 공휴일인 때에는 그 다음 날로 기간이 만료한다. ○ ✕

03 국유 행정재산은 공용폐지가 된 경우에도 사인의 취득시효가 부정된다. ○ ✕

04 사법상 원인에 기한 국가채권에 대해 민법보다 더 강한 시효중단의 효력을 인정하는 것이 평등권의 침해는 아니다. ○ ✕

05 압류절차에 착수한 이상 압류를 실행하지 못하였다고 하더라도 소멸시효 중단의 효력이 있다. ○ ✕

06 변상금부과처분에 대한 취소소송이 진행되는 동안에도 국가의 변상금징수권에 대한 소멸시효는 진행된다. ○ ✕

01 「행정기본법」 제6조 제2항

02 법령 등을 공포한 날부터 일정 기간이 경과한 날부터 시행하는 경우 그 기간의 말일이 토요일 또는 공휴일인 때에는 그 말일로 기간이 만료한다(「행정기본법」 제7조 제3호).

03 행정재판은 사인의 취득시효가 부정되지만 공용폐지가 된 경우에는 취득시효가 허용된다.

04 국가채권의 회수가 공공복리와 관계있다는 점에서 민사상의 시효중단의 효력보다 강력한 효력을 인정하는 것은 합리적 이유가 있는 것으로 평등권의 침해가 아니라는 것이 판례이다.

05 압류절차에 착수한 이상 권리행사에 착수한 것이므로 압류할 목적물을 찾아내지 못하여 압류를 실행하지 못했다고 하더라도 소멸시효 중단의 효력이 있다.

06 변상금부과취소소송은 채무자가 제기한 것이고 채권자인 국가는 소송 중 징수권을 행사하는 데 별다른 장애가 생기는 것이 아니므로 소멸시효는 중단되지 않는다.

Answer

01 ○ 02 X 03 X 04 ○ 05 ○ 06 ○

07 과세처분의 하자가 취소할 수 있는 정도인 경우 과세관청이 이를 취소하지 않더라도 이미 납부한 세금에 대해 국가의 부당이득이 인정된다. O X

08 공법상 부당이득반환청구권의 법적 성질에 대해서는 공권으로 당사자소송에 의한다는 것이 판례이다. O X

09 「민법」상 비진의 의사표시의 무효에 관한 규정은 영업재개신고와 같은 사인의 공법행위에 적용되지 않는다. O X

10 사인의 공법행위에는 명문의 규정이 없더라도 일반적 부관을 붙일 수 있다. O X

11 사인의 공법행위가 행정행위의 전제요건이 되는 경우 사인의 공법행위의 하자는 행정행위에도 영향을 미친다. O X

12 자체완성적 사인의 공법행위의 신고를 담당공무원이 법령에 규정되지 않은 사유로 반려한 경우 신고의 효력은 공무원이 반려한 때에 발생한다. O X

13 사인의 공법행위가 일신전속적 행위인 경우 「민법」상의 대리가 허용되지 않는다. O X

07 과세처분의 하자가 취소사유인 경우 취소되기 전까지는 부당이득이 인정되지 않는다.
08 공법상 부당이득반환청구권의 법적 성질에 대해서는 사권으로 민사소송에 의한다는 것이 판례이다.
09 사인의 공법행위에는 「민법」상 비진의 의사표시의 무효에 관한 규정이 적용되지 않고 표시대로 유효라는 것이 판례이다.
10 사인의 공법행위는 획일적·일률적으로 처리되므로 원칙적 부관을 붙일 수 없다.
11 사인의 공법행위가 행정행위의 동기에 불과한 경우에는 사인의 공법행위의 하자가 행정행위에 영향을 미치지 않지만 행정행위의 전제요건인 경우에는 영향을 미친다.
12 자체완성적 사인의 공법행위의 신고는 적법한 신고서가 행정기관에게 도달, 접수된 경우에 효력이 발생하므로 접수된 때 신고의 효력이 발생한다.
13 일신전속적 행위는 대리가 허용되지 않으므로 옳은 지문이다.

Answer

07 X **08** X **09** O **10** X **11** O **02** X **13** O

14 수리를 요하는 신고의 경우, 수리행위에 대한 신고필증의 교부가 필수적이다. O X

15 납골당설치신고는 수리를 요하는 신고라 할 것이므로, 행정청의 수리처분이 있어야만 신고한 대로 납골당을 설치할 수 있다. O X

16 개발행위허가로 의제되는 건축신고가 개발행위허가의 기준을 갖추지 못한 경우 행정청은 그 수리를 거부할 수 있다. O X

17 「건축법」상 건축신고에 대한 신고의 반려는 수리를 요하지 않는 신고에 대한 반려이므로 항고소송의 대상이 되지 않는다는 것이 판례이다. O X

18 채석장허가자명의변경신고를 할 수 있는 양수인은 관할 행정청이 양도인의 허가를 취소하는 처분에 대해 취소를 구할 법률상 이익이 인정된다. O X

19 주민등록전입신고를 수리하는 행정청은 거주의 목적에 대한 판단 이외에 부동산투기 목적 등의 공익상의 이유를 들어 주민등록전입신고의 수리를 거부할 수 있다. O X

20 영업양도에 따른 지위승계신고를 수리하는 것은 사업허가자의 변경이라는 법적 효과가 발생하므로 항고소송의 대상되는 처분에 해당한다. O X

14 수리란 신고를 유효한 것으로 판단하고 법령에 의하여 처리할 의사로 이를 수령하는 수동적 행위이므로 수리행위에 신고필증 교부 등의 행위가 꼭 필요한 것은 아니다.
15 납골당설치신고는 일정한 거리제한 등의 심사를 거쳐야 하므로 수리를 요하는 신고라는 것이 판례이다.
16 건축신고의 수리로 개발행위허가가 의제되는 경우 의제되는 허가요건이 구비되지 않았다면 건축행정청은 수리를 거부할 수 있다.
17 「건축법」상 건축신고 반려는 항고소송의 대상되는 처분이라는 것이 판례이다.
18 양수인은 수리 전이라도 양도인에 대한 허가를 취소하는 경우 사실상 양수인에게 직접적인 불이익처분에 해당하므로 양도인에 대한 허가취소를 다툴 법률상 이익이 인정된다는 것이 판례이다.
19 주민등록전입신고를 수리하는 행정청은 「주민등록법」상 30일 이상 거주할 목적이 있는가로만 심사범위가 제한되므로 다른 이유를 들어 전입신고수리를 거부할 수 없다.
20 영업양도에 따른 지위승계신고를 수리하는 것은 항고소송의 대상되는 처분이라는 것이 판례이다.

Answer

14 X **15** O **16** O **17** X **18** O **19** X **20** O

ME
MO

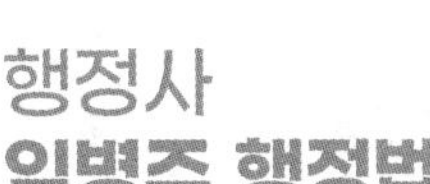
행정사
임병주 행정법

PART

02

일반행정작용법

Chapter 01

행정입법

제1절 서설

01 행정입법의 의의

행정기관이 법조의 형식으로 일반적·추상적인 법규범을 정립하는 작용 또는 그에 의해 정립된 규범을 의미한다. 행정입법은 법규명령과 행정규칙을 포함한다.

02 법규명령과 행정규칙의 비교

비교	법규명령	행정규칙
법형식	대통령령·총리령·부령 등	고시·지침·훈령 등
권력적 기초	일반권력관계	특별행정법관계
법적 근거	• 위임명령: 상위법령 근거 필요 • 집행명령: 상위법령 근거 불요	상위법령의 수권을 요하지 않음
수범자	국민에게 적용됨	행정조직 및 특별행정법관계 내부적용
규율의 내용	국민의 권리·의무에 관한 내용	기관의 조직, 재량행사의 지침·규범해석, 규범구체화 등
성질	대외적 효력 인정	행정내부적 규율에 그침
종류	위임명령, 집행명령	조직규칙, 행정지도규칙, 영조물이용규칙, 근무규칙
구속력	내부적·외부적 구속력	원칙적 내부적 구속력
위반의 효과	직접 위법	간접 위법(평등원칙 매개)
존재형식	조문형식	조문 + 구술로도 가능
공포	효력발생요건	여러 가지 방법으로 수명자에게 도달
한계	법률유보·법률우위의 적용	법률우위의 원칙만 적용

제2절 법규명령

01 의의

행정권이 정립하는 일반적·추상적인 규범으로서 법규성을 지닌 것, 즉 국민과 행정청을 구속하고 재판규범이 되는 성문의 행정입법을 말한다. 행정규칙은 대외적 구속력이 없다는 점에서 법규명령과 구분된다.

02 성질

법규명령의 제정은 형식적 의미에서는 행정이지만, 실질적 의미에서는 입법이다. 법규성의 결과 법규명령에 위반한 행정청의 행위는 위법한 행위로서 무효 또는 취소사유가 되고, 이로 인해 자신의 권익이 침해된 국민은 행정쟁송을 통하여 그 무효확인이나 취소를 청구하거나 손해배상소송을 통하여 그 손해배상을 청구할 수 있다.

03 법규명령의 유형

1. 법률과의 관계에 따른 구분

(1) 헌법적 효력

일반적으로 헌법적 효력의 행정입법은 인정되지 않는다. 현행 헌법은 계엄선포 시 헌법의 일부규정에 대한 변경을 가져올 수 있는 대통령의 특별조치를 인정하고는 있다(「헌법」 제77조 제3항).

(2) 법률대위명령

헌법적 근거에 의해 행정권이 발하는, 법률적 효력을 지닌 명령을 의미한다. 현행 「헌법」 제76조의 대통령의 긴급명령, 긴급재정·경제명령이 이에 해당한다.

(3) 법률종속명령

일반적으로 법규명령은 법률보다 하위의 효력을 갖는 명령으로서 위임명령과 집행명령으로 나뉜다.

① **위임명령**: 법률 또는 상위명령에 의하여 위임된 사항에 관하여 발하는 명령으로서 위임의 범위 안에서 국민의 권리·의무에 관한 사항을 새로이 정할 수 있다.

② **집행명령**: 상위법령의 시행(집행)을 위하여 필요한 사항을 법령의 위임 없이 행정청이 직권으로 발하는 명령을 말한다. 집행명령은 새로이 국민의 권리·의무에 관한 사항을 정하지 못한다. 2023 기출

✦ 위임명령과 집행명령의 비교 2013 기출

구분	위임명령	집행명령
공통점	① 법규명령 ∴ 대외적 구속력(○), ② 공포를 요함, ③ 조문형식	
근거	개별적·구체적 위임	개별법의 수권 없이 직권발령 가능
성질	법률의 내용을 보충	법률의 집행에 관한 시행세칙
범위	국민의 권리·의무에 관한 새로운 사항 입법 가능	새로운 입법사항에 대한 규정 불가
상위법의 폐지·개정	위임명령도 폐지·개정	상위법 폐지 시 폐지, 개정 시 존속 가능

판례

위임명령과 집행명령의 수권 여부

1. 모법에서 규정된 내용을 국민에게 불리한 방향으로 변경한 규정으로서 모법의 위임이 있어야만 유효하다 할 것인데, 같은 법 제20조 제1항 제1호를 비롯한 모법에 아무런 위임 근거가 없으므로 결국 위 시행령 제27조의3은 모법에 위반되어 무효이다[대판(전합) 1997. 10. 16. 96누17752].
2. 같은 법이 직권면직절차에 관하여 위임에 관한 아무런 규정을 두지 아니하였다고 하더라도 대통령령은 직권면직에 관한 같은 법의 규정을 집행하기 위하여 필요한 사항에 관하여 규정할 수 있다(대판 2006. 10. 27. 2004두12261).

근거법률의 소멸로 법규명령도 무효가 된다.

일반적으로 법률의 위임에 의하여 효력을 갖는 법규명령의 경우, 구법에 위임의 근거가 없어 무효였더라도 사후에 법개정으로 위임의 근거가 부여되면 그 때부터는 유효한 법규명령이 되나, 반대로 구법의 위임에 의한 유효한 법규명령이 법개정으로 위임의 근거가 없어지게 되면 그 때부터 무효인 법규명령이 되므로, 어떤 법령의 위임 근거 유무에 따른 유효 여부를 심사하려면 법개정의 전·후에 걸쳐 모두 심사하여야만 그 법규명령의 시기에 따른 유효·무효를 판단할 수 있다(대판 1995. 6. 30. 93추83).

수권법률에 대한 위헌결정이 있으면 위임명령의 효력도 실효된다.

법규명령의 위임근거가 되는 법률에 대하여 위헌결정이 선고되면 그 위임에 근거하여 제정된 법규명령도 원칙적으로 효력을 상실한다(대판 2001. 6. 12. 2000다18547).

상위법령의 개정으로 집행명령이 당연 소멸하지 않는다.

집행명령은 근거법령인 상위법령이 폐지되면 특별한 규정이 없는 이상 실효되는 것이나, 상위법령이 개정됨에 그친 경우에는 개정법령과 성질상 모순, 저촉되지 아니하고 개정된 상위법령의 시행에 필요한 사항을 규정하고 있는 이상 그 집행명령은 상위법령의 개정에도 불구하고 당연히 실효되지 아니하고 개정법령의 시행을 위한 집행명령이 제정, 발효될 때까지는 여전히 그 효력을 유지한다(대판 1989. 9. 12. 88누6962).

2. 법형식에 의한 분류

행정기본법 제2조【정의】 이 법에서 사용하는 용어의 뜻은 다음과 같다.
1. "법령등"이란 다음 각 목의 것을 말한다.
   가. 법령 : 다음의 어느 하나에 해당하는 것
      1) 법률 및 대통령령 · 총리령 · 부령
      2) 국회규칙 · 대법원규칙 · 헌법재판소규칙 · 중앙선거관리위원회규칙 및 감사원규칙
      3) 1) 또는 2)의 위임을 받아 중앙행정기관(「정부조직법」 및 그 밖의 법률에 따라 설치된 중앙행정기관을 말한다. 이하 같다)의 장이 정한 훈령 · 예규 및 고시 등 행정규칙
   나. 자치법규 : 지방자치단체의 조례 및 규칙

행정규제기본법 제4조【규제 법정주의】 ② 규제는 법률에 직접 규정하되, 규제의 세부적인 내용은 법률 또는 상위법령에서 구체적으로 범위를 정하여 위임한 바에 따라 대통령령 · 총리령 · 부령 또는 조례 · 규칙으로 정할 수 있다. 다만, 법령에서 전문적 · 기술적 사항이나 경미한 사항으로서 업무의 성질상 위임이 불가피한 사항에 관하여 구체적으로 범위를 정하여 위임한 경우에는 고시 등으로 정할 수 있다.

(1) 대통령령(시행령) 2023 기출

보통 시행령이라고 한다.

(2) 총리령 · 부령(시행규칙) 2023 기출

① 보통 시행규칙 · 시행세칙이라고 한다. 총리령과 부령 간의 우열관계에 대해서는 양자동위설과 총리령우위설이 대립하고 있다.

② 국무총리 직속기관은 행정각부가 아니기 때문에 독자적으로 부령을 발하지 못하고 총리령에 의해야 한다.

(3) 중앙선거관리위원회규칙

「헌법」 제114조 제6항에 기하여 중앙선거관리위원회는 법령의 범위 안에서 선거관리 · 국민투표관리 · 정당사무 등에 관한 규칙을 제정하며 위임명령 · 집행명령의 성질을 갖는다.

(4) 감사원규칙

법규명령설이 일반적 견해이다. 감사원규칙은 「헌법」에 근거규정을 두지 않고 「감사원법」 제52조에 근거를 두고 있다.

(5) 행정입법 외의 법규명령

국회규칙, 대법원규칙, 헌법재판소규칙도 법규성이 인정된다.

(6) 자치법규

지방자치단체의 조례와 규칙이 있다.

(7) 고시 등 행정규칙

법률의 입법사항을 위임할 수 있는 헌법상의 위임입법의 형식은 예시적인 것으로 보아야 하고 법령이 전문적 · 기술적 사항이나 경미한 사항으로서 업무의 성질상 위임이 불가피한 사항인 경우에 한정하여 고시로 위임할 수 있다는 것이 헌법재판소의 입장이다.

판례

헌법이 인정하고 있는 위임입법의 형식은 예시적이며 법률이 입법사항을 고시 등의 행정규칙 형식으로 위임할 수 있다. 2019 · 2021 · 2023 기출

1. 헌법이 인정하고 있는 위임입법의 형식은 예시적인 것으로 보아야 할 것이고, 그것은 법률이 행정규칙에 위임하더라도 그 행정규칙은 위임된 사항만을 규율할 수 있으므로, 국회입법의 원칙과 상치되지도 않는다(헌재 2006. 12. 28. 2005헌바59).
2. 고시와 같은 형식으로 입법위임을 할 때에는 적어도 행정규제기본법 제4조 제2항 단서에서 정한 바와 같이 법령이 전문적 · 기술적 사항이나 경미한 사항으로서 업무의 성질상 위임이 불가피한 사항에 한정된다 할 것이고, 그러한 사항이라 하더라도 포괄위임금지의 원칙상 법률의 위임은 반드시 구체적 · 개별적으로 한정된 사항에 대하여 행하여져야 한다(헌재 2006. 12. 28. 2005헌바59).

04 법규명령의 한계

1. 긴급명령, 긴급재정 · 경제명령

① '긴급재정 · 경제명령'은 내우 · 외환 · 천재지변 또는 중대한 재정 · 경제상의 위기에 있어서, 국가안전보장 또는 공공의 안녕과 질서를 유지하기 위하여 긴급한 조치가 필요하고, 국회의 소집을 기다릴 여유가 없을 경우에 대통령이 발할 수 있다(「헌법」 제76조 제1항).

② '긴급명령'은 국가의 안위에 관계되는 중대한 교전상태에 있어서 국가를 보위하기 위하여 긴급한 조치를 할 필요가 있고, 국회의 집회가 불가능한 경우에 한하여 대통령이 발할 수 있다(「헌법」 제76조 제2항).

2. 위임명령

헌법

제75조 【대통령령】 대통령은 법률에서 구체적으로 범위를 정하여 위임받은 사항과 법률을 집행하기 위하여 필요한 사항에 관하여 대통령령을 발할 수 있다.

제95조 【총리령, 부령】 국무총리 또는 행정각부의 장은 소관사무에 관하여 법률이나 대통령령의 위임 또는 직권으로 총리령 또는 부령을 발할 수 있다.

(1) 근거

위임명령은 구체적으로 범위를 정하여 수권한 개별 법률 또는 상위법령의 규정에 근거하여야 한다. 법률 또는 상위법령의 근거가 없는 위임명령은 헌법에 반한다.

(2) 한계 2013 기출

① **포괄위임금지**

㉠ 의의: 「헌법」 제75조 및 제95조에서 '구체적으로 범위를 정하여 위임받은 사항'에 관하여서만 위임명령을 발할 수 있다고 하여 법률에 의한 포괄적 · 일반적 위임을 금하고, 개별적 · 구체적 위임을 통해 예측가능성을 보장해야 함을 천명하고 있다.

㉡ 포괄위임위반 여부의 판단기준: 구체적인 위임의 범위는 규제하고자 하는 대상의 종류와 성격에 따라 달라지는 것이어서 일률적 기준을 정할 수는 없지만, 적어도 위임명령에 규정될 내용 및 범위의 기본사항이 구체적으로 규정되어 있어서 누구라도 당해 법률로부터 위임명령에 규정될 내용의 대강을 예측할 수 있어야 한다.

판례

포괄위임 여부에 관한 판단기준

1. 외형상 포괄위임처럼 보이더라도 해석상 위임의 범위와 한계를 분명히 할 수 있으면 포괄위임이 아니다. 일반적·포괄적 위임입법은 금지되나, 법률규정 자체에 위임의 구체적 범위를 명확히 규정하고 있지 아니하여 외형상으로는 일반적·포괄적으로 위임한 것처럼 보이더라도, 그 법률의 전반적인 체계와 취지·목적, 당해 조항의 규정형식과 내용 및 관련법규를 살펴 이에 대한 해석을 통하여 그 내재적인 위임의 범위나 한계가 객관적으로 분명히 확정될 수 있는 것이라면 이를 일반적·포괄적인 위임에 해당하는 것으로 볼 수 없다(대판 1996. 3. 21. 95누3640).
2. 이 경우 그 예측가능성의 유무는 당해 위임조항 하나만을 가지고 판단할 것이 아니라 그 위임조항이 속한 법률의 전반적인 체계와 취지·목적, 당해 위임조항의 규정형식과 내용 및 관련 법규를 유기적·체계적으로 종합 판단하여야 하며, 나아가 각 규제 대상의 성질에 따라 구체적·개별적으로 검토함을 요한다(대판 2006. 4. 14. 2004두14793).
3. 일반적·추상적·개괄적인 규정이라 할지라도 법관의 법보충작용으로서의 해석을 통하여 그 의미가 구체화·명확화될 수 있다면 그 규정이 명확성을 결여하여 과세요건명확주의에 반하는 것으로 볼 수는 없다(대판 2001. 4. 27. 2000두9076).
4. 법률의 위임 규정 자체가 그 의미 내용을 정확하게 알 수 있는 용어를 사용하여 위임의 한계를 분명히 하고 있는데도 시행령이 그 문언적 의미의 한계를 벗어났다든지, 위임 규정에서 사용하고 있는 용어의 의미를 넘어 그 범위를 확장하거나 축소함으로써 위임 내용을 구체화하는 단계를 벗어나 새로운 입법을 한 것으로 평가할 수 있다면, 이는 위임의 한계를 일탈한 것으로서 허용되지 않는다(대판 2012. 12. 20. 2011두30878).

위임의 구체적 형태

1. 법령의 위임관계는 반드시 하위법령의 개별조항에서 위임의 근거가 되는 상위법령의 해당 조항을 구체적으로 명시하고 있어야만 하는 것은 아니다(대판 1999. 12. 24. 99두5658).
2. 시행령의 내용이 모법의 입법 취지와 관련 조항 전체를 유기적·체계적으로 살펴보아 모법의 해석상 가능한 것을 명시한 것에 지나지 아니하거나 모법 조항의 취지에 근거하여 이를 구체화하기 위한 것인 때에는 모법의 규율 범위를 벗어난 것으로 볼 수 없으므로, 모법에 이에 관하여 직접 위임하는 규정을 두지 않았다고 하더라도 이를 무효라고 볼 수 없다(대판 2016. 12. 1. 2014두8650).

㉢ 위임입법의 구체성·명확성의 요구정도: 위임입법의 구체성·명확성의 요구정도는 그 규율대상의 종류와 성격에 따라 달라지는 것이어서 일률적으로 정할 수는 없다.

판례

침익적 처분은 구체성·명확성 요구가 강화되나 급부행정이나 규율대상이 수시로 변화하는 성질의 경우 완화된다.

위임입법의 구체성·명확성의 요구정도는 그 규율대상의 종류와 성격에 따라 달라질 것이지만, 특히 처벌법규나 조세법규 등 국민의 기본권을 직접적으로 제한하거나 침해할 소지가 있는 법규에서는 구체성·명확성의 요구가 강화되어 그 위임의 요건과 범위가 일반적인 급부행정법규의 경우보다 더 엄격하게 제한적으로 규정되어야 하는 반면에, 규율대상이 지극히 다양하거나 수시로 변화하는 성질의 것일 때에는 위임의 구체성·명확성의 요건이 완화되어야 할 것이다(헌재 1997. 2. 20. 95헌바27).

형벌에 대한 위임가능성

형벌법규에 대하여도 특히 긴급한 필요가 있거나 미리 법률로서 자세히 정할 수 없는 부득이한 사정이 있는 경우에 한하여 수권법률(위임법률)이 구성요건의 점에서는 처벌대상인 행위가 어떠한 것일 거라고 이를 예측할 수 있을 정도로 구체적으로 정하고, 형벌의 점에서는 형벌의 종류 및 그 상한과 폭을 명확히 규정하는 것을 조건으로 위임입법이 허용되며 이러한 위임입법은 죄형법정주의에 반하지 않는다(헌재 1996. 2. 29. 94헌마213).

㉣ **재위임**: 법률에서 위임받은 사항을 전혀 규정하지 아니하고 그대로 재위임하는 것은 허용되지 않으며 위임받은 사항에 관하여 대강을 정하고 그중의 특정사항을 범위를 정하여 하위법령에 다시 위임하는 경우에만 재위임이 허용된다(헌재 1996. 2. 29. 94헌마213). 2018 기출

㉤ **조례로 위임**: 법률이 조례로 위임하는 경우에는 포괄위임도 허용된다. 단, 주민의 권리제한, 의무부과, 벌칙 사항은 법률의 구체적 위임이 있어야 한다.

> **지방자치법 제28조【조례】** ① 지방자치단체는 법령의 범위 안에서 그 사무에 관하여 조례를 제정할 수 있다. 다만, 주민의 권리 제한 또는 의무 부과에 관한 사항이나 벌칙을 정할 때에는 법률의 위임이 있어야 한다.

판례

조례에 대한 법률의 위임은 포괄적인 것으로 족하다.

법률이 주민의 권리의무에 관한 사항에 관하여 구체적으로 아무런 범위도 정하지 아니한 채 조례로 정하도록 포괄적으로 위임하였다고 하더라도, 행정관청의 명령과는 달라, 조례도 주민의 대표기관인 지방의회의 의결로 제정되는 지방자치단체의 자주법인 만큼, 지방자치단체가 법령에 위반되지 않는 범위 내에서 주민의 권리의무에 관한 사항을 조례로 제정할 수 있는 것이다(대판 1991. 8. 27. 90누6613).

시·도지사는 그 재위임에 관한 일반적인 규정에 따라 위임받은 위 처분권한을 구청장 등에게 재위임할 수 있다.

정부조직법 제5조 제1항과 이에 기한 행정권한의위임및위탁에관한규정 제4조에 재위임에 관한 일반적인 근거규정이 있으므로 시·도지사는 그 재위임에 관한 일반적인 규정에 따라 위임받은 위 처분권한을 구청장 등에게 재위임할 수 있다(대판 1995. 7. 11. 94누4615).

---

② **국회전속적 입법사항에 대한 위임 여부**: 「헌법」상 국회가 법률로 정하도록 규정된 사항들에 대해서는 본질적 사항을 국회가 정하고 그 외의 사항은 구체적으로 범위를 정하여 행정입법에 위임할 수 있다(본질사항 유보).

③ **내용상의 한계**: 위임명령의 내용은 수권법률에서 위임한 규율대상과 목적의 범위 안에서 정해져야 하고, 그 내용은 「헌법」이나 법률에 적합한 것이어야 한다.

판례

시행령이 모법에 위반되는지 여부의 판단기준

어느 시행령의 규정이 모법에 저촉되는지의 여부가 명백하지 아니하는 경우에는 모법과 시행령의 다른 규정들과 그 입법 취지, 연혁 등을 종합적으로 살펴 모법에 합치된다는 해석도 가능한 경우라면 그 규정을 모법위반으로 무효라고 선언하여서는 안 된다(대판 2014. 1. 16. 2011두6264).

---

3. 집행명령의 한계

① 집행명령은 반드시 법률 또는 상위법령에 수권규정이 없더라도 직권으로 발할 수 있다.
② 국민의 권리나 의무에 관한 새로운 법규사항은 규정하지 못한다.

05 법규명령의 성립 · 효력요건과 하자

성립요건	주체	입법에 관한 정당한 권한 있는 기관이 그 권한 범위 내에서 제정한 것이어야 한다.
	내용	상위법령에 저촉되지 않아야 하며 그 내용이 실현가능성이 있고 명확해야 한다.
	절차	① 대통령령은 법제처의 심사와 국무회의의 심의를 거쳐야 하나, 총리령 · 부령은 법제처의 심사로 가능하며 국무회의의 심의를 거칠 필요가 없다. ② 「행정절차법」상 생략사유가 아니라면 입법예고를 하여야 한다(원칙 40일 이상, 자치법규 20일 이상).
	형식	원칙적 조문형식에 의한다.
효력요건	공포	① 특별한 규정이 없으면 공포한 날로부터 20일을 경과함으로써 효력을 발생한다. ② 국민의 권리제한 또는 의무부과와 직접 관련되는 법규명령은 긴급히 시행되어야 할 특별한 경우를 제외하고는 공포일로부터 최소한 30일 이상 경과한 날로부터 시행한다.
하자 있는 법규명령의 효력		위법한 법규명령은 공정력이 인정되지 않으므로 무효라 할 것이며 취소관념이 인정되지 않는다는 것이 판례이다.

06 법규명령의 소멸

폐지	법규명령을 폐지하는 법령에 의해 소멸된다.
한시법	그 기한의 도래로 실효된다.
상위법의 폐지	법규명령은 근거법령의 존재를 전제로 규정된 것이므로 근거법령의 소멸로 이에 근거한 법규명령도 소멸한다.

07 법규명령의 통제

1. 국회에 의한 통제

(1) 직접적 통제

① **의의**: 법규명령의 성립, 발효에 대한 동의 또는 승인권을 유보하거나 일단 유효하게 성립된 법규명령의 효력을 소멸시키는 권한을 유보하는 방법에 의한 통제를 말한다.
② **법률대위명령**: 현행 「헌법」상 대통령의 긴급명령, 긴급재정 · 경제명령에 대해서는 국회의 사후승인을 통한 직접 통제가 인정된다.
③ **법률종속명령**: 법률종속명령으로서의 대통령령이나 부령에 대한 직접적 통제가 인정되는지

에 대해 「국회법」상 국회송부제도와 관련해서 문제된다. 학설은 직접적 통제인지 간접적 통제인지에 대해 견해대립이 있다.

> **국회법 제98조의2【대통령령 등의 제출 등】** ① 중앙행정기관의 장은 법률에서 위임한 사항이나 법률을 집행하기 위하여 필요한 사항을 규정한 대통령령·총리령·부령·훈령·예규·고시 등이 제정·개정 또는 폐지되었을 때에는 10일 이내에 이를 국회 소관 상임위원회에 제출하여야 한다. 다만, 대통령령의 경우에는 입법예고를 할 때(입법예고를 생략하는 경우에는 법제처장에게 심사를 요청할 때를 말한다)에도 그 입법예고안을 10일 이내에 제출하여야 한다.
> ③ 상임위원회는 위원회 또는 상설소위원회를 정기적으로 개회하여 그 소관 중앙행정기관이 제출한 대통령령·총리령 및 부령(이하 이 조에서 "대통령령등"이라 한다)의 법률 위반 여부 등을 검토하여야 한다.
> ⑦ 상임위원회는 제3항에 따른 검토 결과 부령이 법률의 취지 또는 내용에 합치되지 아니한다고 판단되는 경우에는 소관 중앙행정기관의 장에게 그 내용을 통보할 수 있다.

(2) 간접적 통제

국회가 국정감사권 발동이나 해임건의, 탄핵소추의결 등 행정기관을 통하여 간접적으로 위법·부당한 법규명령을 견제·교정하는 것을 말한다.

2. 사법적 통제 2013·2017 기출

(1) 원칙(구체적 규범통제방식에 따른 간접적 통제)

> **헌법 제107조【법률등 위헌제청·심사권】** ① 법률이 헌법에 위반되는 여부가 재판의 전제가 된 경우에는 법원은 헌법재판소에 제청하여 그 심판에 의하여 재판한다.
> ② 명령·규칙 또는 처분이 헌법이나 법률에 위반되는 여부가 재판의 전제가 된 경우에는 대법원은 이를 최종적으로 심사할 권한을 가진다.

① **구체적 규범통제의 의미**: 행정입법에 대한 일반법원의 통제는 추상적 규범통제와 구체적 규범통제로 나누어지는데, 우리 「헌법」 제107조 제2항에서는 구체적 규범통제만 인정하고 있다.

② **규범통제의 대상(법규성이 있는 명령 및 규칙)**: 「헌법」 제107조 제2항에서 '명령'은 법규명령을 의미하며, '규칙'은 자치입법으로서의 조례와 규칙, 국회규칙, 대법원규칙, 헌법재판소규칙, 중앙선거관리위원회규칙 등이 포함된다. 그러나 법규성이 없는 행정규칙은 해당되지 않는다.

③ **규범통제의 주체**: 법률에 대해서는 헌법재판소가, 법규명령에 대해서는 각급 법원이 주체가 되며, 대법원이 최종적인 심사권을 가진다.

④ **규범통제의 요건**: 법규명령의 위헌 또는 위법 여부가 재판에서 선결문제(재판의 전제)로 된 경우에 법원의 통제대상이 된다.

판례

법원이 구체적 규범통제를 통해 위헌·위법으로 선언할 심판대상은 원칙적으로 재판의 전제성이 인정되는 조항에 한정된다. 2023 기출

법원이 구체적 규범통제를 통해 위헌·위법으로 선언할 심판대상은, 해당 규정의 전부가 불가분적으로 결합되어 있어 일부를 무효로 하는 경우 나머지 부분이 유지될 수 없는 결과를 가져오는 특별한 사정이 없는 한, 원칙적으로 해당 규정 중 재판의 전제성이 인정되는 조항에 한정된다(대판 2019. 6. 13. 2017두33985).

⑤ **위법으로 판정된 법규명령의 효력**: 법원에 의하여 위법으로 판정된 법규명령의 효력에 대하여는 문제된 당해 사건에 한해 적용 배제됨에 그치고 공식절차에 의하여 폐지되지 않는 한 형식적으로는 유효하다는 견해가 일반적이다.
다만, 「행정소송법」은 명령·규칙이 헌법 또는 법률에 위반되는 것이 확정된 경우 대법원이 이를 행정안전부장관에게 통보하면 행정안전부장관은 지체 없이 이를 관보에 게재하도록 하고 있다. 2016·2022 기출

행정소송법 제6조【명령·규칙의 위헌판결등 공고】 ① 행정소송에 대한 대법원판결에 의하여 명령·규칙이 헌법 또는 법률에 위반된다는 것이 확정된 경우에는 대법원은 지체없이 그 사유를 행정안전부장관에게 통보하여야 한다.
② 제1항의 규정에 의한 통보를 받은 행정안전부장관은 지체없이 이를 관보에 게재하여야 한다.

(2) 항고소송의 대상 여부(처분적 법규명령에 대한 직접적 통제)

행정소송법
제3조【행정소송의 종류】 행정소송은 다음의 네가지로 구분한다.
1. 항고소송: 행정청의 처분등이나 부작위에 대하여 제기하는 소송

제4조【항고소송】 항고소송은 다음과 같이 구분한다.
1. 취소소송: 행정청의 위법한 처분등을 취소 또는 변경하는 소송
2. 무효등 확인소송: 행정청의 처분등의 효력 유무 또는 존재여부를 확인하는 소송
3. 부작위위법확인소송: 행정청의 부작위가 위법하다는 것을 확인하는 소송

제2조【정의】 ① 이 법에서 사용하는 용어의 정의는 다음과 같다.
1. "처분등"이라 함은 행정청이 행하는 구체적 사실에 관한 법집행으로서의 공권력의 행사 또는 그 거부와 그 밖에 이에 준하는 행정작용(이하 "처분"이라 한다) 및 행정심판에 대한 재결을 말한다.
2. "부작위"라 함은 행정청이 당사자의 신청에 대하여 상당한 기간내에 일정한 처분을 하여야 할 법률상 의무가 있음에도 불구하고 이를 하지 아니하는 것을 말한다.

① **원칙**: 일반적·추상적 성격을 가지는 행정입법은 그 자체로는 직접적·구체적인 법적 효과를 가져오는 행정처분이 아니므로 항고소송의 대상이 될 수 없다.

판례

법령 자체는 원칙적 항고소송의 대상되는 처분이 아니다.
의료기관의 명칭표시판에 진료과목을 함께 표시하는 경우 글자 크기를 제한하고 있는 구 의료법 시행규칙 제31조가 그 자체로서 국민의 구체적인 권리의무나 법률관계에 직접적인 변동을 초래하지 아니하므로 항고소송의 대상이 되는 행정처분이라고 할 수 없다(대판 2007. 4. 12. 2005두15168).

② **처분법규**: 예외적으로 법규명령이 직접적·구체적으로 국민의 법적 지위에 영향을 미치는 것인 때에는 당해 법규명령에 대하여 처분성이 인정되어 항고소송의 대상이 될 수 있다는 것이 다수설·판례의 입장이다.

판례

처분적 법규에 대하여 처분성을 인정한 판례 2021 · 2023 기출

1. 조례가 집행행위의 개입 없이도 그 자체로서 직접 국민의 구체적인 권리 · 의무나 법적 이익에 영향을 미치는 등의 법률상 효과를 발생하는 경우, 그 조례는 항고소송의 대상이 되는 행정처분에 해당한다(일명 두밀분교폐교조례)(대판 1996. 9. 20. 95누8003).
2. 고시가 다른 집행행위의 매개 없이 그 자체로서 직접 국민의 구체적인 권리의무나 법률관계를 규율하는 성격을 가질 때에는 항고소송의 대상이 되는 행정처분에 해당한다(대판 2003. 10. 9. 2003무23). 2016 · 2017 기출

(3) 관련문제

① 위헌 · 위법인 법규명령에 근거한 행정처분의 효력 2019 기출

㉠ 판례는 위헌 · 위법으로 판정되기 전 이에 근거한 처분은 취소사유로 보고 있다(대판 1995. 12. 5. 95다39137).

㉡ 이미 위헌으로 결정된 법률을 집행한 처분은 무효사유로 본다.

② 행정입법부작위에 대한 쟁송 2020 · 2022 기출

㉠ 의의: 행정입법부작위란 행정입법을 제정해야 할 법적 의무가 있음에도 불구하고, 행정기관이 행정입법(시행령이나 시행규칙 등)을 제정하지 않는 것을 말한다.

판례

입법부작위에 대한 판례

1. 입법부가 법률로써 행정부에게 특정한 사항을 위임했음에도 불구하고 행정부가 정당한 이유 없이 이를 이행하지 않는다면 권력분립의 원칙과 법치국가 내지 법치행정의 원칙에 위배되는 것으로서 위법함과 동시에 위헌이다(대판 2007. 11. 29. 2006다3561).
2. 행정입법의 부작위가 위헌 · 위법이라고 하기 위하여는 행정청에게 행정입법을 하여야 할 작위의무를 전제로 하는 것이고, 그 작위의무가 인정되기 위하여는 행정입법의 제정이 법률의 집행에 필수불가결한 것이어야 하는바, 만일 하위 행정입법의 제정 없이 상위 법령의 규정만으로도 집행이 이루어질 수 있는 경우라면 하위 행정입법을 제정하여야 할 작위의무는 인정되지 아니한다고 할 것이다(헌재 2005. 12. 22. 2004헌마66).

㉡ 쟁송대상

대법원	법규명령은 처분이 아니므로 행정입법부작위는 성질상 부작위위법확인소송의 대상이 되지 않는다는 입장이다.
헌법재판소	행정입법부작위도 공권력의 불행사에 해당하고 보충성의 예외를 인정하여 헌법소원의 대상이 된다고 본다.
국가배상	행정입법부작위도 「국가배상법」의 배상요건을 갖춘 경우 국가배상이 인정될 수 있다.

판례

추상적인 법령에 관하여 제정 여부 등은 부작위위법확인소송의 대상이 되지 않는다.
부작위위법확인소송의 대상이 될 수 있는 것은 구체적 권리의무에 관한 분쟁이어야 하고 추상적인 법령에 관하여 제정의 여부 등은 그 자체로서 국민의 구체적인 권리의무에 직접적 변동을 초래하는 것이 아니어서 행정소송의 대상이 될 수 없다(대판 1992. 5. 8. 91누11261).

부진정입법부작위에 대해서는 위헌소원이 가능하고 입법부작위로서의 헌법소원의 대상으로 삼을 수 없다.
입법부작위의 형태 중 기본권보장을 위한 법 규정을 두고 있지만 불완전하게 규정하여 그 보충을 요하는 경우에는 그 불완전한 법규 자체를 대상으로 하여 그것이 헌법위반이라는 적극적인 헌법소원이 가능함은 별론으로 하고, 입법부작위로서 헌법소원의 대상으로 삼을 수는 없다(헌재 1996. 6. 13. 94헌마118).

3. 헌법재판소에 의한 통제 2021 기출

법규명령에 대해 구체적 규범통제의 최종적 권한은 대법원이 갖는다. 문제는 법규명령에 의하여 기본권이 침해된 경우 직접 헌법재판소에 헌법소원을 제기할 수 있는지, 즉 헌법재판소도 일반법원과 함께 명령·규칙에 대한 위헌심사권을 갖는지가 문제된다.

헌법재판소법 제68조【청구 사유】 ① 공권력의 행사 또는 불행사로 인하여 헌법상 보장된 기본권을 침해받은 자는 법원의 재판을 제외하고는 헌법재판소에 헌법소원심판을 청구할 수 있다. 다만, 다른 법률에 구제절차가 있는 경우에는 그 절차를 모두 거친 후에 청구할 수 있다.

① **헌법소원의 대상**: 헌법재판소는 「법무사법 시행규칙」에 대한 헌법소원사건에서 법규명령의 성질을 갖는 「법무사법 시행규칙」에 대해 위헌·무효의 결정을 한 이후로 긍정설을 취하고 있다.
② **위헌결정의 효력**: 헌법소원에 대한 헌법재판소의 위헌결정은 모든 국가기관을 기속하기 때문에 법규명령은 일반적으로 효력을 상실한다.

판례

법률의 하위법규인 명령·규칙이 헌법소원의 대상이 되는 경우 헌법재판소는 이에 대한 심사권을 가진다.
헌법 제107조 제2항이 규정한 명령·규칙에 대한 대법원의 최종심사권이란 구체적인 소송사건에서 명령·법률의 위헌여부심사권을 헌법재판소에 부여한 이상 통일적인 헌법해석과 규범통제를 위하여 공권력에 의한 기본권 침해를 이유로 하는 헌법소원심판청구사건에 있어서 법률의 하위법규인 명령·규칙의 위헌여부심사권이 헌법재판소의 관할에 속함은 당연한 것으로 헌법 제107조 제2항의 규정이 이를 배제한 것이라고 볼 수 없다(헌재 1990. 10. 15. 89헌마178).

법령보충적 행정규칙이 직접 기본권을 침해하는 경우 헌법소원의 대상이 된다.
법령의 직접적인 위임에 따라 위임행정기관이 그 법령을 시행하는데 필요한 구체적 사항을 정한 것이면, 그 제정형식은 비록 법규명령이 아닌 고시, 훈령, 예규 등과 같은 행정규칙이더라도 그것이 상위법령의 위임한계를 벗어나지 아니하는 한 상위법령과 결합하여 대외적인 구속력을 갖는 법규명으로서 기능하게 된다고 보아야 할 것인 바, 청구인이 법령과 예규의 관계규정으로 말미암아 직접 기본권 침해를 받았다면 이에 대하여 바로 헌법소원심판을 청구할 수 있다(헌재 1992. 6. 26. 91헌마25).

4. 행정적 통제

(1) 감독권에 의한 통제

상급행정청은 하급행정청에 대하여 지휘·감독권을 가지는데 이러한 지휘·감독권의 대상에는 행정입법권도 포함된다.

(2) 특정한 심사기관에 의한 통제

① 국무총리 직속기관인 법제처가 국무회의에 상정될 모든 법령안을 심사하게 되어 있다(「정부조직법」 제23조).

② 국민권익위원회는 법률·대통령령·총리령·부령 및 그 위임에 따른 훈령·예규·고시·공고와 조례·규칙의 부패유발요인을 분석·검토하여 그 법령 등의 소관기관의 장에게 그 개선을 위하여 필요한 사항을 권고할 수 있다(「부패방지 및 국민권익위원회의 설치와 운영에 관한 법률」 제28조 제1항).

(3) 행정심판

중앙행정심판위원회는 심판청구를 심리·재결함에 있어서 처분 또는 부작위의 근거가 되는 명령 등이 법령에 근거가 없거나 상위법령에 위반되거나 국민에게 과도한 부담을 주는 등 현저하게 불합리하다고 인정되는 경우에는, 관계행정기관에 대하여 당해 명령의 개정·폐지 등 적절한 시정조치를 요청할 수 있으며, 그 요청을 받은 행정기관은 정당한 사유가 없는 한 이에 따라야 한다(「행정심판법」 제59조 제1항·제2항).

(4) 절차적 통제

「행정절차법」상 입법예고제를 통하여 절차적 통제를 강화하고 있으며, 국무회의 심의, 법제처의 심사 및 관계기관의 협의 등을 통해 통제하고 있다.

5. 국민의 통제

법규명령의 제정과정에 국민의 여론을 통하여 행정입법의 적법성을 확보하는 방법이다. 현행법상 청원제도나 입법예고제도 이를 강화하기 위한 방안들 중 하나이다.

제3절 행정규칙

01 의의 2017·2024 기출

① 행정조직 내부에서 상급기관이 하급기관의 조직이나 행위를 규율하기 위하여 법률의 수권 없이 그 독립적 권한으로 정립하는 일반적·추상적 규율을 뜻한다.

② 행정규칙은 특별한 사정이 없는 한 대외적으로 국민이나 법원을 구속하는 효력이 없고 법률의 수권 없이 발할 수 있다는 점에서 법규명령과 구별된다.

판례

행정규칙에 해당한다는 판례

1. 서울특별시가 정한 개인택시운송사업면허지침은 재량권 행사의 기준으로 설정된 행정청의 내부의 사무처리준칙에 불과하다(대판 1997. 1. 21. 95누12941).
2. 공정거래위원회의 부당한 지원행위의 심사지침은 공정거래위원회 내부의 사무처리준칙에 불과하다(대판 2005. 6. 9. 2004두7153).
3. 교육부장관이 내신성적 산정기준의 통일을 기하기 위해 대학입시기본계획의 내용에서 내신성적 산정기준에 관한 시행지침을 마련하여 시·도 교육감에서 통보한 것은 행정조직 내부에서 내신성적 평가에 관한 내부적 심사기준을 시달한 것에 불과하다(대판 1994. 9. 10. 94두33).
4. 구 국립묘지안장대상심의위원회 운영규정은 국가보훈처장이 심의위원회의 운영에 관하여 구 국립묘지의 설치 및 운영에 관한 법률 및 시행령에서 위임된 사항과 그 시행에 필요한 사항을 규정함을 목적으로 하여 국가보훈처 훈령으로 제정된 것으로서, 영예성 훼손 여부 등에 관한 판단의 기준을 정한 행정청 내부의 사무처리준칙이다(대판 2013. 12. 26. 2012두19571).
5. 법령의 위임이 없음에도 법령에 규정된 처분 요건에 해당하는 사항을 부령에서 변경하여 규정한 경우에는 그 부령의 규정은 행정청 내부의 사무처리 기준 등을 정한 것으로서 행정규칙에 해당한다(대판 2013. 9. 12. 2011두10584). 2019 · 2022 기출

02 행정규칙의 종류

1. 내용에 의한 분류

구분	내용
조직규칙	행정조직 내부에서의 기관의 설치·조직·내부적 권한분배·사무처리절차 등을 규율
근무규칙	상급기관이 하급기관 및 그의 구성원의 근무에 관해 규율
영조물규칙	학교, 병원, 도서관 등 공공의 영조물의 조직·관리·이용관계에 관하여 규율

2. 「행정업무의 운영 및 혁신에 관한 규정」상의 분류

구분	내용
훈령	상급기관이 하급기관에 대하여 상당히 장기간에 걸쳐서 그 권한을 일반적으로 지휘·감독하기 위하여 발하는 명령
예규	법규문서 이외의 문서로서 반복적 행정사무의 기준을 제시하는 문서
일일명령	당직, 출장, 시간외근무 등 일일업무에 관한 명령
지시	상급기관이 직권 또는 행정기관의 문의에 의하여 개별적·구체적으로 발하는 명령

3. 행정지도규칙

(1) 의의

행정기관이 행하는 개별적 행위의 통일성을 보장하기 위해 발해지는 규칙이다.

(2) 종류

① **법령해석규칙**: 법령(특히 불확정개념)을 해석·적용함에 있어서의 일정한 준거기준으로서, 하급행정기관에 의한 법해석·적용의 통일을 위해 발하는 행정규칙을 뜻한다. 법령에 대한 최

종적 해석권한은 법원에 있으므로 규범해석규칙은 법원을 구속하지 않는다.

② **재량준칙**: 하급행정기관이 재량처분을 함에 있어서 재량권 행사의 일반적 방향을 제시하기 위하여 발하는 행정규칙을 뜻한다.

③ **간소화규칙**: 대량적 행정처분을 함에 있어서 획일적 처분기준을 설정하는 행정규칙을 의미한다.

④ **법률대위규칙**: 법령의 부존재나 불충분 시에 그 구체화를 위하여 발하는 것으로서, 법령상 이미 설정되어 있는 결정기준을 구체화하는 것이 아니라, 원초적으로 이를 설정하는 것이라는 점에서 재량준칙과 구별된다.

4. 고시

고시란 행정기관이 법령이 정하는 바에 따라 일정한 사항을 불특정 다수의 일반인에게 알리는 행위를 말한다. 고시에는 법규의 성질을 갖는 것도 있고 행정행위의 적법요건으로서의 고시도 있으며, 처분으로서의 고시도 있다.

판례

고시의 법적 성질

어떠한 고시가 일반적·추상적 성격을 가질 때에는 법규명령 또는 행정규칙에 해당할 것이지만, 다른 집행행위의 매개 없이 그 자체로서 직접 국민의 구체적인 권리의무나 법률관계를 규율하는 성격을 가질 때에는 행정처분에 해당한다(대판 2006. 9. 22. 2005두2506).

고시가 항고소송의 대상되는 처분인 경우

1. 구 청소년보호법에 따른 청소년유해매체물 결정 및 고시처분은 당해 유해매체물의 소유자 등 특정인만을 대상으로 한 행정처분이 아니라 일반 불특정 다수인을 상대방으로 하여 일률적으로 표시의무, 포장의무, 청소년에 대한 판매·대여 등의 금지의무 등 각종 의무를 발생시키는 행정처분이다(대판 2007. 6. 14. 2004두619). 2021 기출
2. 항정신병 치료제의 요양급여에 관한 보건복지부 고시는 다른 집행행위의 매개 없이 그 자체로서 제약회사, 요양기관, 환자 및 국민건강보험공단 사이의 법률관계를 직접 규율하는 성격을 가진다고 할 것이므로, 이는 항고소송의 대상이 되는 행정처분으로서의 성격을 갖는다(대판 2003. 10. 9. 2003무23).
3. 보건복지부 고시인 구 약제급여·비급여목록 및 급여상한금액표는 다른 집행행위의 매개 없이 그 자체로서 국민건강보험가입자, 국민건강보험공단, 요양기관 등의 법률관계를 직접 규율하는 성격을 가진다고 할 것이므로, 항고소송의 대상이 되는 행정처분에 해당한다(대판 2006. 9. 22. 2005두2506). 2019·2023 기출

03 성질(법규성 인정 여부) 2015 기출

1. 대내적 구속력

① 행정규칙은 행정조직 내부 또는 특별권력관계의 구성원인 특수한 신분관계에 있는 자에 대해서는 일정한 법적 구속력을 가진다.

② 행정규칙을 위반한 공무원이나 특별권력관계의 구성원이 학칙 또는 영조물규칙을 위반한 경우의 징계 등을 받게 되는 법적 효과가 발생한다.

2. 대외적 구속력

(1) 조직규칙

조직내부규칙은 대외적 구속력을 가지지 않는다.

판례

훈령은 대외적 구속력이 인정되지 않는다.

훈령이란 행정조직 내부에 있어서 그 권한의 행사를 지휘·감독하기 위하여 발하는 행정명령으로서, 훈령·예규·통첩·지시·고시·각서 등 그 사용명칭 여하에 불구하고 공법상의 법률관계 내부에서 준거할 준칙 등을 정하는 데 그치고, 대외적으로는 아무런 구속력도 가지는 것이 아니다(대판 1983. 6. 14. 83누54).

(2) 재량준칙 2015·2022 기출

원칙적으로 대외적 구속력이 없으나, 자기구속의 원칙에 근거하여 재량준칙의 대외적 구속력이 인정될 수 있다.

(3) 법령보충적 행정규칙

상위법의 수권에 의해 법규명령과 같은 효력이 인정된다.

04 법규명령 형식의 행정규칙과 법규적 효력을 갖는 행정규칙

1. 법규명령 형식의 행정규칙 2013 기출

(1) 의의

법규명령의 형식이지만 그 내용이 행정규칙의 실질을 갖는 경우를 '법규명령 형식의 행정규칙'이라 한다. 일반적으로 법률상 행정청에게 재량권을 부여한 제재처분의 기준을 행정청이 법규명령의 형식으로 정하는 경우이다.

(2) 판례입장

① **부령(시행규칙) 형식의 제재처분기준**: 판례는 부령(시행규칙)이나 지방자치단체장의 규칙으로 정한 행정처분기준은 대외적 구속력을 인정하지 않는다. 다만, 당해 제재처분기준을 존중하여야 한다고 본다.

판례

시행규칙 형식의 제재적 행정처분기준의 법적 성질은 행정규칙이라는 판례 2020 기출

1. 구 식품위생법시행규칙 제53조에서 [별표 15]로 식품위생법 제58조에 따른 행정처분의 기준을 정하였다고 하더라도 이는 형식만 부령으로 되어 있을 뿐, 그 성질은 행정기관 내부의 사무처리준칙을 정한 것으로서 행정명령의 성질을 가진다(대판 1994. 3. 8. 93누21958).
2. 도로교통법시행규칙 제53조 제1항이 정한 [별표 16]의 운전면허행정처분기준은 부령의 형식으로 되어 있으나, 그 규정의 성질과 내용이 운전면허의 취소처분 등에 관한 사무처리기준과 처분절차 등 행정청 내부의 사무처리준칙을 규정한 것에 지나지 아니하므로 대외적으로 국민이나 법원을 기속하는 효력이 없다(대판 1997. 5. 30. 96누5773).

3. 공공기관의 운영에 관한 법률 제39조 제2항, 제3항에 따라 입찰참가자격 제한기준을 정하고 있는 구 공기업·준정부기관 계약사무규칙 제15조 제2항, 국가를 당사자로 하는 계약에 관한 법률 시행규칙 제76조 제1항 [별표 2], 제3항 등은 비록 부령의 형식으로 되어 있으나 규정의 성질과 내용이 공기업·준정부기관이 행하는 입찰참가자격 제한처분에 관한 행정청 내부의 재량준칙을 정한 것에 지나지 아니하여 대외적으로 국민이나 법원을 기속하는 효력이 없다(대판 2014. 11. 27. 2013두18964).

② **부령(시행규칙)의 형식으로 인·허가기준 등을 정한 경우**: 판례는 행정청의 재량처분인 특허사무의 인가기준을 법령의 위임을 받아 부령으로 정한 경우 법규명령으로 보고 있다.

판례

시외버스운송사업의 사업계획변경 기준 등에 관한 구 「여객자동차 운수사업법 시행규칙」 제31조 제2항 제1호, 제2호의 법적 성격은 법규명령이다.

구 여객자동차 운수사업법 시행규칙 제31조 제2항 제1호, 제2호, 제6호는 구 여객자동차 운수사업법 제11조 제4항의 위임에 따라 시외버스운송사업의 사업계획변경에 관한 절차, 인가기준 등을 구체적으로 규정한 것으로서, 대외적인 구속력이 있는 법규명령이라고 할 것이고, 그것을 행정청 내부의 사무처리준칙을 규정한 행정규칙에 불과하다고 할 수는 없다(대판 2006. 6. 27. 2003두4355).

③ **대통령령(시행령) 형식의 제재처분기준**: 판례는 제재처분의 기준이 대통령령으로 규정된 경우 대외적 구속력을 인정한다.

판례

시행령 형식의 제재적 행정처분기준은 법규명령이라는 판례

1. 당해 처분의 기준이 된 주택건설촉진법시행령 제10조의3 제1항 [별표 1]은 주택건설촉진법 제7조 제2항의 위임규정에 터잡은 규정형식상 대통령령이므로 그 성질이 부령인 시행규칙이나 또는 지방자치단체의 규칙과 같이 통상적으로 행정조직 내부에 있어서의 행정명령에 지나지 않는 것이 아니라 대외적으로 국민이나 법원을 구속하는 힘이 있는 법규명령에 해당한다(대판 1997. 12. 26. 97누15418).
2. 구 청소년보호법 제49조 제1항, 제2항에 따른 같은 법시행령 제40조 [별표 6]의 위반행위의 종별에 따른 과징금처분기준은 법규명령이기는 하나 그 수액은 정액이 아니라 최고한도액이다(대판 2001. 3. 9. 99두5207).

④ **상위법의 위임을 받아 법규사항을 구체적으로 정한 경우**: 판례는 상위법령의 위임을 받아 재량권 행사의 기준 자체가 아닌 재량권 행사기준의 요건(법규사항)을 세부적으로 정한 경우 법규성을 인정한다.

판례

법률의 위임에 따라 시행령이 이행강제금액의 기준을 위반행위의 유형별로 구분하여 각각에 대한 부과비율을 특정하여 규정하고 있는 경우

법률의 위임에 따라 시행령이 이행강제금액의 기준을 위반행위의 유형별로 구분하여 각각에 대한 부과비율을 특정하여 규정하고 있고, 그 규정의 문언상 부과처분의 금액에 관한 재량을 허용하는 내용으로 되어 있지도 않은 점 등 관련 규정의 체계와 형식 및 내용에 비추어 보면, 국토계획법 및 그 시행령이 정한 이행강제금의 부과기준은 단지 상한을 정한 것이 아니라, 위반행위의 유형별로 계산된 특정 금액을 규정한 것으로 보아야 하고, 따라서 행정청에 이와 다른 이행강제금액을 결정할 재량권은 없다(대판 2014. 12. 24. 2011두23580).

2. 법규적 내용을 가진 행정규칙

(1) 의의

행정규칙의 형식을 갖추고 있으나, 내용은 당해 행정입법의 근거가 되는 법률의 규정과 결합하여 법규의 내용을 보충하는 것으로서 실질에 있어 법규적 성질을 갖는 경우가 있다.

(2) 법령보충적 행정규칙

법령의 위임에 의해 법령을 보충하는 법규사항을 정하는 행정규칙을 법령보충적 행정규칙이라 한다. 판례는 상위 수권법령과 결합하여 대외적 구속력이 있는 법규명령으로서의 효력을 갖는다고 본다.

판례

법령보충적 행정규칙

법령의 규정이 특정행정기관에게 그 법령내용의 구체적 사항을 정할 수 있는 권한을 부여하면서 그 권한행사의 절차나 방법을 특정하고 있지 아니한 관계로 수임행정기관이 행정규칙의 형식으로 그 법령의 내용이 될 사항을 구체적으로 정하고 있다면 그와 같은 행정규칙, 규정은 행정규칙이 갖는 일반적 효력으로서가 아니라, 행정기관에 법령의 구체적 내용을 보충할 권한을 부여한 법령규정의 효력에 의하여 그 내용을 보충하는 기능을 갖게 된다 할 것이므로 이와 같은 행정규칙, 규정은 당해 법령의 위임한계를 벗어나지 아니하는 한 그것들과 결합하여 대외적인 구속력이 있는 법규명령으로서의 효력을 갖게 된다(대판 1987. 9. 29. 86누484).

참고

법령보충적 행정규칙의 대표적 예

① 국세청장 훈령인 '재산제세사무처리규정'
② 국무총리 훈령인 '개별토지가격합동조사지침'
③ 노령수당에 관한 보건복지부장관의 1994년도 '노인복지사업지침'
④ 산업자원부장관이 정한 '공장입지기준고시'
⑤ '수입선다변화품목의 지정'에 관한 상공부고시
⑥ 협의취득의 보상액 산정에 관한 구체적 기준을 정한 '「공익사업을 위한 토지 등의 취득 및 보상에 관한 법률 시행규칙」 제22조'
⑦ 보건복지부 고시인 의료보험진료수가기준 중 '수탁검사실시기관인정등기준' 2022 기출

3. 위임범위를 벗어난 경우 대외적 구속력 부정

상위법의 위임된 사항이 아닌 사항을 정한 법령보충적 행정규칙은 대외적 구속력을 가질 수 없다.

판례

상위법령에서 세부사항 등을 시행규칙으로 정하도록 위임하였음에도 이를 고시 등 행정규칙으로 정하였다면 대외적 구속력을 가지는 법규명령으로서 효력이 인정될 수 없다.

행정규칙이나 규정 '내용'이 위임범위를 벗어난 경우뿐 아니라 상위법령의 위임규정에서 특정하여 정한 권한행사의 '절차'나 '방식'에 위배되는 경우도 마찬가지이므로, 상위법령에서 세부사항 등을 시행규칙으로 정하도록 위임하였음에도 이를 고시 등 행정규칙으로 정하였다면 그 역시 대외적 구속력을 가지는 법규명령으로서 효력이 인정될 수 없다(대판 2012. 7. 5. 2010다72076).

05 행정규칙의 근거와 한계 2013 기출

행정규칙은 법령의 구체적 · 개별적 수권을 필요로 하지 않는다. 행정규칙은 법령과 상급기관의 행정규칙에 위반되지 않는 한도 내에서, 특정의 행정목적을 달성하기 위하여 필요한 범위 내에서만 제정할 수 있고 국민의 권리 · 의무에 관한 사항을 새로이 규정할 수 없다.

06 행정규칙을 위반한 행위 2024 기출

① 행정규칙은 처분의 근거법이 되지 않으므로 처분이 이를 위반하였다고 해서 그러한 사정만으로 곧바로 위법하게 되는 것은 아니다. 다만, 행정규칙을 위반한 공무원은 징계사유에 해당할 수 있다.
② 처분이 행정규칙을 따른 것이라고 해서 적법성이 보장되는 것도 아니다.
③ 행정규칙에 따른 처분의 적법성 여부는 상위법령의 규정과 입법 목적 등에 적합한지 여부에 따라 판단해야 한다.

07 행정규칙의 통제

1. 입법적 통제

국회의 국정조사와 국정감사, 국무위원 해임건의, 대정부질문 등의 간접적인 통제수단을 통해 통제할 수 있다.

2. 행정적 통제

상급행정기관의 지휘 · 감독권에 의해 통제를 받을 수 있다.

3. 사법적 통제

행정규칙에 대하여는 외부적 효력을 인정하지 않으므로 위법한 행정규칙에 대하여 사법심사의 대상으로 삼을 수 없고 예외적으로 행정규칙이 법규명령으로서의 성질을 갖고 있는 경우 구체적 규범통제가 가능할 것이다.

4. 헌법재판소의 통제

헌법재판소는 예외적으로 법령보충적 행정규칙이나 재량준칙이 자기구속의 원칙에 따라 대외적 구속력을 갖는 경우에는 헌법소원의 대상이 될 수 있다고 본다.

Chapter

01 OX로 기초다지기

01 「헌법」이 인정하고 있는 위임입법의 형식으로만 위임이 가능하므로 행정규칙으로의 위임은 허용되지 않는다는 것이 헌법재판소의 입장이다. O X

02 법률이 주민의 권리의무에 관한 사항에 관하여 구체적으로 아무런 범위도 정하지 아니한 채 조례로 정하도록 포괄적으로 위임한 것은 헌법상 허용되지 않는다. O X

03 집행명령은 근거법령인 상위법령이 폐지되면 특별한 규정이 없는 한 실효되지 않는다. O X

04 구법에 위임의 근거가 없어 법규명령이 무효였다면 사후에 법개정으로 위임의 근거가 부여되었다 할지라도 무효이다. O X

05 위법한 법규명령은 원칙적으로 취소하기 전까지 유효하다. O X

06 처벌법규나 조세법규는 다른 법규보다 구체성과 명확성의 요구가 강화되어야 한다. O X

01 「헌법」상 위임입법의 형식은 예시라는 것이 헌법재판소의 입장이므로 행정규칙으로의 위임도 불가피한 경우 허용된다.
02 법률이 조례로 위임하는 경우에는 포괄위임금지의 원칙이 적용되지 않는다.
03 상위법령이 폐지되면 집행할 법령이 없으므로 집행명령도 실효된다.
04 구법에 위임의 근거가 없어 법규명령이 무효였다면 사후에 법개정으로 위임의 근거가 부여되면 그때부터 유효라는 것이 판례이다.
05 법규명령에 하자가 있는 경우 취소관념이 없고 무효일 뿐이라는 것이 다수설과 판례이다.
06 처벌법규나 조세법규는 국민의 권리를 제한하는 영역으로 법률에 구체성과 명확성이 더욱더 강화되어야 한다.

Answer

01 X 02 X 03 X 04 X 05 X 06 O

07 명령 · 규칙 그 자체에 의하여 직접 기본권이 침해되었을 경우에는 그것을 대상으로 하여 헌법소원심판을 청구할 수 있다. ○ X

08 국회전속적 입법사항은 반드시 법률에 의하여 규정되어야 하며, 입법자가 법률에서 구체적으로 범위를 정하여도 법규명령에 위임될 수는 없다. ○ X

09 대법원에 의하여 법규명령의 특정 조항이 위헌 · 위법으로 판결되면 「행정소송법」에 의하여 무효가 되고 모든 사건에서 적용이 배제된다. ○ X

10 입법부작위위법확인소송은 처분부작위를 대상으로 하는 부작위위법확인소송의 대상이 되지 않는다는 것이 판례이다. ○ X

11 행정규칙의 제정을 위해서는 행정의 법률적합성의 원칙상 위임입법금지의 원칙에 따라 법률적 근거가 필요하다. ○ X

12 서울특별시가 정한 개인택시운송사업면허지침은 재량권 행사의 기준으로 설정된 행정청의 법규명령에 해당한다. ○ X

07 법규명령이 헌법소원의 대상이 되는 경우에는 헌법소원을 청구할 수 있다는 것이 판례이다.

08 국회전속적 입법사항도 본질적 사항은 위임이 금지되지만 본질적 사항이 아닌 경우에는 개별적 · 구체적 위임이 허용된다는 것이 다수설이다.

09 대법원의 판결은 당해 사건에 한하여 구속력이 있으므로 법규명령의 특정조항이 대법원에 의해 위헌 · 위법으로 판정된 경우 당해 사건에 한해 적용 배제되고 형식적으로는 존속하게 된다.

10 입법은 처분이 아니므로 처분을 대상으로 하는 항고소송으로서의 부작위위법확인소송의 대상이 되지 않는다는 것이 판례이다.

11 행정규칙은 행정부 내부규범에 불과하므로 법률의 수권을 요하지 않는다.

12 서울특별시가 정한 개인택시운송사업면허지침은 재량권 행사의 기준으로 행정청 내부의 사무처리준칙에 불과하다.

Answer

07 ○ 08 X 09 X 10 ○ 11 X 12 X

13 법령보충적 행정규칙은 상위법령과 결합하여 그 위임한계를 벗어나지 아니하는 범위 내에서 상위법령의 일부가 됨으로써 대외적 구속력을 발생한다. O X

14 구「여객자동차 운수사업법」 제11조 제4항의 위임에 따라 시외 버스운송사업의 사업계획변경에 관한 절차, 인가기준 등을 구체적으로 규정한 「여객자동차 운수사업법 시행규칙」은 행정규칙에 해당한다. O X

15 구「청소년보호법 시행령」 제40조 [별표 6]의 위반행위의 종별에 따른 과징금처분기준의 법적 성격은 법규명령이다. O X

13 상위법의 위임에 따라 상위법을 보충하는 법령보충적 행정규칙은 법규성이 인정된다는 것이 판례이다.
14 법률의 위임에 따라 법규적 사항을 구체화시킨 시행규칙으로 법규명령에 해당한다.
15 시행령 형식의 행정처분기준에 대해 대법원은 법규명령으로 본다.

Answer

13 O　14 X　15 O

Chapter 02

행정행위의 의의와 분류

제1절 행정행위의 의의

01 행정행위 개념정립의 실익

행정쟁송의 특수성	행정행위에 해당하면 항고소송을 제기하며 제소기간의 제한, 피고적격 등 절차상 특례가 인정된다.
효력상 특수성	행정행위는 공정력·확정력·자력집행력 등의 특수한 효력이 인정된다.

02 행정행위의 개념

행정행위의 개념에 대하여는 다음과 같은 견해대립이 있다.

최광의설	'행정청이 행하는 일체의 행위'를 행정행위로 보는 견해이다. 통치행위, 사실행위, 행정입법작용 모두가 포함된다.
광의설	'행정청에 의한 공법행위'를 행정행위로 파악하는 견해이다. 최광의설의 입장에서 통치행위, 사실행위, 사법행위가 제외된다.
협의설	'행정청이 법 아래에서 구체적 사실에 관한 법집행으로서 행하는 공법행위'로 파악하는 견해이다. 권력적 단독행위, 관리행위(공법상 계약, 공법상 합동행위) 등이 포함된다. 광의설에서 사법행위, 행정상 입법행위가 제외된다.
최협의설	'행정청이 법 아래에서 구체적 사실에 대한 법집행으로서 행하는 권력적 단독행위인 공법행위'로 정의하는 견해이다. 협의설 입장에서 관리행위가 제외된다.

03 행정행위의 개념요소

"행정청"의 행위	① 조직법상의 형식적 행정청이 아닌 기능적 의미의 행정청을 뜻한다. ② 판례상 인정: 지방의회의 지방의원제명처분, 지방의회의장에 대한 지방의회의 불신임의결, 교통안전공단의 분담금납부통지, 구 성업공사(현 한국자산관리공사)의 공매처분에서 행정청으로 인정하였다.
구체적 사실에 대한 법집행	① 일반적·추상적 규범정립작용인 행정입법은 행정행위가 아니다. ② 불특정 다수인에 대한 일반처분은 행정행위이다.
권력적 단독행위	① 비권력적 작용인 사법행위, 공법상 계약, 합동행위 등은 행정행위가 아니다. ② 법률관계의 내용이 일방적으로 결정되는 한 상대방의 협력이 필요한 경우도 행정행위에 해당한다.
외부적으로 직접적 법적 효과 발생	① 직접적인 법적 효과를 발생시키지 않는 사실행위와 행정내부행위는 행정행위가 아니다. ② 행정청의 사경제작용으로서의 사법행위는 행정행위가 아니다.

판례

법무사의 사무원 채용승인 신청에 대하여 소속 지방법무사회가 '채용승인을 거부'하는 조치 또는 일단 채용승인을 하였으나 「법무사규칙」 제37조 제6항을 근거로 '채용승인을 취소'하는 조치는 항고소송의 대상인 '처분'에 해당한다. 2023 기출

지방법무사회는 법무사 감독 사무를 수행하기 위하여 법률에 의하여 설립과 법무사의 회원 가입이 강제된 공법인으로서 법무사 사무원 채용승인에 관한 한 공권력 행사의 주체라고 보아야 한다(대판 2020. 4. 9. 2015다34444).

외부적으로 국민에 대한 직접적인 법적 효과가 발생하지 않는 행위(처분성 부정)

1. 운전면허 행정처분처리대장상 벌점의 배점은 자동차운전면허의 취소, 정지처분의 기초자료로 제공하기 위한 것이고 그 배점 자체만으로는 아직 국민에 대하여 구체적으로 어떤 권리를 제한하거나 의무를 명하는 등 법률적 규제를 하는 효과를 발생하는 요건을 갖춘 것이 아니어서 그 무효확인 또는 취소를 구하는 소송의 대상이 되는 행정처분이라고 할 수 없다(대판 1994. 8. 12. 94누2190).
2. 국가공무원법상 당연퇴직의 인사발령은 법률상 당연히 발생하는 퇴직사유를 공적으로 확인하여 알려주는 이른바 관념의 통지에 불과하고 공무원의 신분을 상실시키는 새로운 형성적 행위가 아니므로 행정소송의 대상이 되는 독립한 행정처분이라고 할 수 없다(대판 1995. 11. 14. 95누2036).
3. 병역법상 신체등위판정은 행정청이라고 볼 수 없는 군의관이 하도록 되어 있으며, 그 자체만으로 바로 병역법상의 권리의무가 정하여지는 것이 아니라 그에 따라 지방병무청장이 병역처분을 함으로써 비로소 병역의무의 종류가 정하여지는 것이므로 항고소송의 대상이 되는 행정처분이라 보기 어렵다(대판 1993. 8. 27. 93누3356).
4. 경제기획원장관의 정부투자기관에 대한 예산편성지침통보는 정부투자기관의 경영합리화와 정부투자의 효율적 관리를 도모하기 위한 것으로서 그에 대한 감독작용에 해당할 뿐 그 자체만으로는 직접적으로 국민의 권리, 의무가 설정, 변경, 박탈되거나 그 범위가 확정되는 등 기존의 권리상태에 어떤 변동을 가져오는 것이 아니므로 이를 행정소송의 대상이 되는 행정처분이라고 할 수 없다(대판 1993. 9. 14. 93누9163).
5. 위성망국제등록신청 단계에 있어서는 국민의 권리의무에 아무런 영향을 미치지 못하므로 이 사건 등록신청은 행정소송법상 취소소송의 대상이 되는 행정처분이라고 할 수 없다(대판 2007. 4. 12. 2004두7924).
6. 구 민원사무처리법이 규정하는 사전심사결과 통보는 항고소송의 대상이 되는 행정처분에 해당하지 아니한다(대판 2014. 4. 24. 2013두7834).
7. 경찰공무원시험승진후보자명부에서의 삭제행위는 결국 그 명부에 등재된 자에 대한 승진 여부를 결정하기 위한 행정청 내부의 준비과정에 불과하고, 그 자체가 어떠한 권리나 의무를 설정하거나 법률상 이익에 직접적인 변동을 초래하는 별도의 행정처분이 된다고 할 수 없다(대판 1997. 11. 14. 97누7325).
8. 감사원의 징계 요구와 재심의결정이 항고소송의 대상이 되는 행정처분이라고 할 수 없다(대판 2016. 12. 27. 2014두5637).
9. 신고납세방식의 조세에 있어서 과세관청이 납세의무자의 신고에 따라 세액을 수령하는 것은 사실행위에 불과할 뿐 이를 부과처분으로 볼 수는 없다(대판 1997. 7. 22. 96누8321).

04 행정행위개념과 행정쟁송법상의 처분개념과의 관계

1. 문제의 소재

행정행위는 학문상의 용어이고, 실정법에서는 허가 · 인가 · 면허 등의 용어가 개별법상 사용된다. 행정쟁송법에서는 행정쟁송의 대상으로 '처분'이라는 개념을 사용하고 있다. 행정행위와 행정쟁송법상의 처분을 같은 개념으로 이해할 것인지에 대해 일원설과 이원설의 논의가 있다.

행정소송법

제2조 【정의】 ① 이 법에서 사용하는 용어의 정의는 다음과 같다.

1. "처분등"이라 함은 행정청이 행하는 구체적 사실에 관한 법집행으로서의 공권력의 행사 또는 그 거부와 그 밖에 이에 준하는 행정작용(이하 "處分"이라 한다) 및 행정심판에 대한 재결을 말한다.

제19조 【취소소송의 대상】 취소소송은 처분등을 대상으로 한다. 다만, 재결취소소송의 경우에는 재결 자체에 고유한 위법이 있음을 이유로 하는 경우에 한한다.

2. 일원설과 이원설

양자를 동일하게 보는 일원설(실체법상 처분 = 쟁송법상 처분)과 별개의 것으로 보는 이원설(쟁송법상 처분개념 > 실체법상 처분)의 견해대립이 있으나 이원설이 다수설이다. 판례는 명확하지 않다.

판례

항고소송의 대상이 되는 행정처분의 개념 2019 기출

항고소송의 대상이 되는 행정처분이라 함은 행정청의 공법상의 행위로서 특정사항에 대하여 법규에 의한 권리의 설정 또는 의무의 부담을 명하거나 기타 법률상 효과를 발생하게 하는 등 국민의 구체적인 권리의무에 직접적 변동을 초래하는 행위를 말하는 것이고, 행정권 내부에서의 행위나 알선, 권유, 사실상의 통지 등과 같이 상대방 또는 기타 관계자들의 법률상 지위에 직접적인 법률적 변동을 일으키지 아니하는 행위 등은 항고소송의 대상이 될 수 없다(대판 1995. 11. 21. 95누9099).

처분의 근거가 행정규칙에 규정되어 있다 하더라도 항고소송의 대상이 되는 처분이 될 수 있다.

어떠한 처분의 근거가 행정규칙에 규정되어 있다고 하더라도, 그 처분이 상대방에게 권리의 설정 또는 의무의 부담을 명하거나 기타 법적인 효과를 발생하게 하는 등으로 그 상대방의 권리의무에 직접 영향을 미치는 행위라면, 이 경우에도 항고소송의 대상이 되는 행정처분에 해당한다(대판 2004. 11. 26. 2003두10251).

제2절 행정행위의 분류와 종류

01 행정주체에 따른 분류

국가의 행정행위, 공공단체의 행정행위, 공권력이 부여된 사인의 행정행위로 분류한다. 행정의 자동화 작용에 의하여 사람에 의한 행정행위와 기계에 의한 행정행위로 분류된다.

행정기본법 제20조 【자동적 처분】 행정청은 법률로 정하는 바에 따라 완전히 자동화된 시스템(인공지능 기술을 적용한 시스템을 포함한다)으로 처분을 할 수 있다. 다만, 처분에 재량이 있는 경우는 그러하지 아니하다.

02 법률효과의 성질에 따른 분류

수익적 행정행위, 부담적 행정행위(침익적 행정행위), 복효적 행정행위(이중효과적 행정행위, 제3자효 행정행위)로 분류된다.

03 행정주체에게 재량성 부여 여부에 따른 분류

엄격하게 법의 기속을 받아 행정주체에게 행정행위의 선택가능성이 없는 기속행위와 행정주체에게 행정행위의 선택가능성이 부여된 재량행위로 분류된다.

04 행정행위의 대상에 따른 분류

대인적 행정행위	사람의 지식·지능·경험과 같은 개인적 사정에 착안하여 행하여지는 행정행위(예 **자동차 운전면허, 의사면허 등**), 타인에게 이전 불가
대물적 행정행위	물건의 객관적 사정에 착안하여 직접 물건에 대하여 법률상의 자격을 부여하며, 그에 대해 새로운 권리관계나 법률관계를 형성하는 행정행위(예 **건축물 준공검사, 건축허가, 주유소 영업허가 등**), 타인에게 이전 가능
혼합적 행정행위	인적인 자격요건 이외에 물적 요건 등 양쪽 요소를 아울러 정하고 있는 경우의 행정행위(예 **총포·화약류 영업허가, 약국영업허가 등**), 대인적 요소가 강조되는 경우 이전 제한

05 일반처분

규율범위가 일반적(불특정 다수인)·구체적(특정한 사건을 규율대상)인 규율을 의미한다. 대인적 일반처분(예 **통행금지, 집회금지 등**), 대물적 일반처분(물적 행정행위)(예 **도로의 공용개시, 주차금지구역표지판, 횡단보도설치 등**)으로 구별할 수 있다.

판례

횡단보도설치행위의 처분성
지방경찰청장이 횡단보도를 설치하여 보행자의 통행방법 등을 규제하는 것은 행정청이 특정사항에 대하여 의무의 부담을 명하는 행위이고 이는 국민의 권리의무에 직접 관계가 있는 행위로서 행정처분이라고 보아야 한다(대판 2000. 10. 27. 98두8964).

06 상대방의 협력(신청)을 요건으로 하느냐의 여부

협력을 요하지 않는 일방적 행정행위와 협력을 요하는 쌍방적 행정행위로 구분된다. 부담적·침익적 행정행위는 주로 일방적 행정행위에 속한다.

07 행위형식을 요하느냐의 여부

요식행위와 불요식 행위로 분류할 수 있다. 행정행위는 원칙적 문서에 의한다.

08 상대방의 수령을 요하느냐의 여부

수령을 요하는 행정행위인 경우 의사표시가 상대방에 도달되어야만 효력이 발생한다. 상대방이 불특정 다수인이거나 특정된 경우에도 주소·거소가 불분명할 때는 고시·공고가 효력발생요건이다.

09 현재의 상태에 변경을 가져오느냐의 여부

적극적 행정행위(하명·허가·특허·인가 등)와 소극적 행정행위(거부나 부작위)로 구분할 수 있다.

10 행정행위의 내용에 따른 분류(의사표시 유무)

법률행위적 행정행위와 준법률행위적 행정행위로 구분된다.

11 상대방을 표준으로 한 분류

개별적·구체적 규율 / 일반적·구체적 규율 / 개별적·추상적 규율

예 주의: 일반적·추상적 규율은 행정행위로서 존재할 수 없다.

12 의사결정단계를 표준으로 한 분류

1. 부분허가(일부허가·부분승인)

전체에 대한 허가에 대하여 보다 구체적 검토가 필요한 것으로 판단되는 경우에 일단 그 가분적 일부에 대해 허가하는 경우로서 그 자체로 종국적인 법적 효과가 발생하는 행정행위이다.

판례

원자력발전소 부지사전승인처분은 사전적 부분건설허가처분의 성격을 갖는 것으로 나중에 건설허가처분이 있게 되면 그 건설허가처분에 흡수되어 독립된 존재가치를 상실한다. 2024 기출

원자로 및 관계시설의 부지사전승인처분은 그 자체로서 건설부지를 확정하고 사전공사를 허용하는 법률효과를 지닌 독립한 행정처분이기는 하지만, 건설허가 전에 신청자의 편의를 위하여 미리 그 건설허가의 일부 요건을 심사하여 행하는 사전적 부분 건설허가처분의 성격을 갖고 있는 것이어서 나중에 건설허가처분이 있게 되면 그 건설허가처분에 흡수되어 독립된 존재가치를 상실함으로써 그 건설허가처분만이 쟁송의 대상이 되는 것이므로, 부지사전승인처분의 취소를 구하는 소는 소의 이익을 잃게 되고, 따라서 부지사전승인처분의 위법성은 나중에 내려진 건설허가처분의 취소를 구하는 소송에서 이를 다투면 된다(대판 1998. 9. 4. 97누19588).

2. 예비결정(사전결정)

장기간·대규모 공사에 있어서 다수의 요건이 충족되어야 하는 경우에 그 개개의 요건에 대한 행정청의 종국적·완결적 구속력이 있는 행정행위를 말한다. 예를 들어 「폐기물관리법」상의 폐기물처리사업계획서 승인 또는 부적정통보를 들 수 있다.

판례

폐기물처리업사업계획에 대한 부적정통보는 행정처분에 해당한다.

폐기물관리법 관계 법령의 규정에 의하면 폐기물처리업의 허가를 받기 위하여는 먼저 사업계획서를 제출하여 허가권자로부터 사업계획에 대한 적정통보를 받아야 하고, 그 적정통보를 받은 자만이 일정 기간 내에 시설, 장비, 기술능력, 자본금을 갖추어 허가신청을 할 수 있으므로, 결국 부적정통보는 허가신청 자체를 제한하는 등 개인의 권리 내지 법률상의 이익을 개별적이고 구체적으로 규제하고 있어 행정처분에 해당한다(대판 1998. 4. 28. 97누21086).

정부 간 항공노선의 개설에 관한 잠정협정 및 비밀양해각서와 건설교통부 내부지침에 의한 항공노선에 대한 운수권배분처분은 항고소송의 대상이 되는 행정처분에 해당한다.

이 사건 각 노선에 대한 운수권배분처분은 이 사건 잠정협정 등과 행정규칙인 이 사건 지침에 근거하는 것으로서 상대방에게 권리의 설정 또는 의무의 부담을 명하거나 기타 법적 효과를 발생하게 하는 등으로 원고의 권리의무에 직접 영향을 미치는 행위로서 항고소송의 대상이 되는 행정처분에 해당한다(대판 2004. 11. 26. 2003두10251).

3. 가행정행위(잠정적 행정행위)

확정적·종국적 결정 이전에 잠정적으로 행하여지는 특수한 행정행위의 일종이다. 가행정행위에는 불가변력이 발생하지 않기 때문에 신뢰보호원칙을 주장할 수 없다(예 징계의결 요구 중인 공무원에 대하여 행하는 임용권자의 직위해제처분, 개인의 납세신고액에 따라 관세관청이 잠정적으로 세액을 결정하는 것).

판례

과징금 부과처분을 한 뒤 자진신고 등을 이유로 한 과징금 감면처분을 하였다면 과징금 부과처분은 과징금 감면처분에 흡수된다.

공정거래위원회가 부당한 공동행위를 행한 사업자로서 구 독점규제 및 공정거래에 관한 법률 제22조의2에서 정한 자진신고자나 조사협조자에 대하여 과징금 부과처분을 한 뒤, 독점규제 및 공정거래에 관한 법률 시행령 제35조 제3항에 따라 다시 자진신고자 등에 대한 사건을 분리하여 자진신고 등을 이유로 한 과징금 감면처분을 하였다면, 후행처분은 자진신고 감면까지 포함하여 처분 상대방이 실제로 납부하여야 할 최종적인 과징금액을 결정하는 종국적 처분이고, 선행처분은 이러한 종국적 처분을 예정하고 있는 일종의 잠정적 처분으로서 후행처분이 있을 경우 선행처분은 후행처분에 흡수되어 소멸한다. 따라서 위와 같은 경우에 선행처분의 취소를 구하는 소는 이미 효력을 잃은 처분의 취소를 구하는 것으로 부적법하다(대판 2015. 2. 12. 2013두987).

참고

확약과 구별 2022 기출

가행정행위나 예비결정·부분인허가는 그 자체로 확정적인 효력이 발생하여 항고소송의 대상이 된다는 점에서 확약과 구별된다. 확약은 구체적인 종국적 규율이 이루어지기에 앞서 행해지는 것으로 판례는 처분성을 부정한다.

제3절 복효적 행정행위

01 의의

하나의 행정행위가 동일인에게 수익적 효과와 부담적 효과가 함께 발생하거나(이중효적 행정행위), 한 사람에게는 수익적 효과가 발생하고 다른 사람에게는 부담적 효과가 발생(제3자효 행정행위)되는 경우를 말한다. 특히 제3자효적 행정행위가 문제가 된다.

02 유형

1. 협의의 복효적 행정행위

일방 당사자에게는 이익을 주고 타방 관계자에게는 불이익을 주는 제3자효적 행정행위를 뜻한다. 일반적으로 복효적 행정행위는 이를 의미하며 공해공장건축허가, 핵발전소건설허가, 공매처분, 합격자결정・당선자결정, 경원면허, 토지수용재결 등이 있다.

2. 이중효적 행정행위(혼합효적 행정행위)

동일한 당사자에게 이익도 주고 불이익도 주는 경우이다. 대표적으로 부관부 행정행위를 들 수 있다.

03 제3자효 행정행위의 실체법상 특색

제3자의 권익보호를 위해 ① 제3자의 개인적 공권이 성립하기도 하고, ② 제3자에게 재량행위라 하더라도 결정재량이 "0"으로 수축되는 경우 행정개입청구권이 발생할 수 있으며, ③ 제3자효 행정행위의 취소・철회와 관련하여 수익적 효과를 받는 자의 권익과 아울러 부담적 효과를 받는 자의 권익도 함께 고려해야 한다는 특징을 갖는다.

04 제3자효 행정행위의 절차법상 특색

1. 제3자에 대한 통지

행정행위는 상대방에 대한 통지로서 효력을 발생하고, 특별한 규정이 없는 이상 제3자인 이해관계인에 대한 통지가 의무는 아니다. 개별법에서 통지의무를 부과하고 있는 경우는 있다.

2. 제3자의 행정절차상의 참가

「행정절차법」상 행정청이 이해관계인인 제3자로 하여금 행정절차에 참가하도록 결정한 경우에 한하여 사전통지와 의견제출의 기회를 갖는다.

3. 이해관계인의 동의

처분상대방에게 수익적 처분이지만 제3자에게는 불이익 처분의 경우에는 예외적으로 이해관계 있는 제3자의 동의를 처분의 요건으로 규정하는 경우가 있다.

05 제3자효 행정행위의 쟁송법상 문제

1. 행정심판의 고지

행정청은 이해관계인이 요구하면 해당 처분이 행정심판의 대상이 되는 처분인지 여부와 행정심판의 대상이 되는 경우 소관 위원회 및 심판청구기간을 지체 없이 알려주어야 한다(「행정심판법」 제58조 제2항).

2. 청구인 · 원고적격 및 소익의 확대

행정심판의 청구인이나 행정소송의 원고적격과 관련하여 처분의 직접 상대방뿐 아니라 제3자라도 법률상 이익이 인정되는 경우 행정심판이나 행정소송을 제기할 수 있다. 복효적 행정행위가 등장하게 된 주된 이유는 이러한 원고적격과 소익의 확대에 있다. 또한 법률상 이익을 침해받은 제3자는 소송을 제기하면서 집행정지를 신청할 수 있다.

3. 행정심판 및 행정소송에의 참가

행정심판이나 행정소송의 결과에 대하여 이해관계가 있는 자는 당해 행정심판 또는 행정소송에 참가할 수 있다(「행정심판법」 제20조 제1항, 「행정소송법」 제16조). 참가인은 집행정지 신청이 인정되지 않는다는 것이 다수설이다.

4. 쟁송제기기간

(1) 원칙

제3자가 취소쟁송을 제기하는 경우에도 제3자가 어떠한 이유로 처분이 있음을 알았다면 행정소송의 경우 처분이 있음을 안 날로부터 90일 이내, 처분이 있은 날로부터 1년(행정심판 180일) 이내에 제기하여야 한다.

(2) 특칙

① 제3자에게는 행정청이 처분을 통지하지 않으므로 처분이 있음을 알 수 없는 경우가 보통이다. 때문에 통상 제3자의 취소쟁송제기기간은 처분이 있은 날로부터 1년(행정심판 180일) 이내가 기준이 된다.

② 제3자의 경우 처분이 있은 날로부터 1년(행정심판 180일)이 경과했더라도 특별한 사정이 없는 한 정당한 사유가 있는 경우에 해당한다고 봐서 취소쟁송제기기간 경과 후에도 쟁송을 제기할 수 있다는 것이 판례이다.

5. 제3자의 재심청구

① 처분 등을 취소하는 판결에 의하여 권리나 이익의 침해를 받은 제3자가 자기에게 책임 없는 사유로 소송에 참가하지 못함으로써 판결의 결과에 영향을 미칠 공격 · 방어방법을 제출하지 못한 경우에는 확정된 종국판결에 대하여 재심을 청구할 수 있다(「행정소송법」 제31조 제1항).

② 재심청구는 확정판결이 있음을 안 날로부터 30일 이내, 판결이 확정된 날로부터 1년 이내에 제기하여야 한다(「행정소송법」 제31조 제2항).

제4절 기속행위와 재량행위

01 개념

1. 기속행위

기속행위는 행정작용의 근거가 되는 행정법규가 요건에 따른 행정행위의 내용을 일의적・확정적으로 규정하고 있어서 행정청은 법규에 규정된 바를 단순히 집행하는 데 그치는 행정행위이다.

2. 재량행위

재량행위란 법규의 해석상 행정청에게 행위 여부나 행위내용에 관한 선택의 가능성을 부여하고 있어서, 행정청에게 복수의 행위 간에 선택의 자유가 인정되는 경우의 행정행위를 말한다. 당해 행위를 할 것인가 말 것인가의 여부(결정재량)와 법적으로 허용된 여러 행위 중에서 어떠한 행위를 할 것인지에 대한 재량(선택재량)이 포함된다.

02 구별의 필요성

1. 사법심사의 범위와 한계

기속행위와 재량행위 모두 사법심사의 대상이 되지만 사법심사의 범위와 관련하여 구별되는 실익이 있다.

> **행정소송법 제27조【재량처분의 취소】** 행정청의 재량에 속하는 처분이라도, 재량권의 한계를 넘거나 그 남용이 있는 때에는 법원은 이를 취소할 수 있다. 2023 기출

(1) 행정소송에서 위법성 심사

기속행위의 경우 법원은 행정결정의 판단과 실체적 결정 모두를 전면적으로 심사하나, 재량행위의 경우 재량권의 일탈・남용 여부만을 제한적으로 심사한다.

(2) 입증책임

기속행위의 경우 적법성 입증은 원칙적으로 피고인 행정청이 지나, 재량행위의 경우 재량의 일탈・남용을 원고가 입증한다.

판례

기속행위와 재량행위에 대한 사법심사의 방법

행정행위가 그 재량성의 유무 및 범위와 관련하여 이른바 기속행위 내지 기속재량행위와 재량행위 내지 자유재량행위로 구분된다고 할 때, … 기속행위의 경우 그 법규에 대한 원칙적인 기속성으로 인하여 법원이 사실인정과 관련 법규의 해석・적용을 통하여 일정한 결론을 도출한 후 그 결론에 비추어 행정청이 한 판단의 적법 여부를 독자의 입장에서 판정하는 방식에 의하게 되나, 재량행위의 경우 행정청의 재량에 기한 공익판단의 여지를 감안하여 법원은 독자의 결론을 도출함이 없이 당해 행위에 재량권의 일탈・남용이 있는지 여부만을 심사하게 되고, 이러한 재량권의 일탈・남용 여부에 대한 심사는 사실오인, 비례・평등의 원칙 위배, 당해 행위의 목적 위반이나 동기의 부정 유무 등을 그 판단 대상으로 한다(대판 2001. 2. 9. 98두17593).

2. 부관의 가능성

기속행위에는 법령에 특별한 규정이 없는 한 그 효과를 제한하는 부관을 붙일 수 없지만 재량행위에는 재량권 범위 내에서 법령에 특별한 규정이 없더라도 부관을 붙일 수 있다.

3. 개인적 공권성립 여부

기속행위에 대해서는 상대방은 특정처분을 신청할 청구권(공권)이 생기지만 재량행위에 대해서는 이러한 청구권이 인정되지 않는다. 다만 무하자재량행사청구권이나 행정개입청구권이라는 공권이 성립될 수 있다.

4. 공익상의 제한

원칙적으로 수익적 행정처분이 기속행위인 경우 행정청은 관계법규에서 정한 제한사유 이외의 사유를 들어 이를 거부할 수 없지만, 재량행위인 경우 관계 법령에서 정하는 제한 사유 외에 공익상의 이유로 이를 거부할 수 있다. 판례는 기속행위라 하더라도 중대한 공익상의 필요가 있는 경우에는 이를 거부할 수 있다고 본다.

판례

수익적 처분이 기속행위인 경우 관계법규에서 정한 제한사유 이외의 사유를 들어 거부할 수 없다.

1. 건축허가권자는 건축허가신청이 건축법, 도시계획법 등 관계 법규에서 정하는 어떠한 제한에 배치되지 않는 이상 당연히 같은 법조에서 정하는 건축허가를 하여야 하고 위 관계 법규에서 정하는 제한사유 이외의 사유를 들어 거부할 수는 없다(대판 1995. 12. 12. 95누9051).
2. 주유소 설치허가권자는 주유소 설치허가신청이 관계 법령에서 정하는 제한에 배치되지 않는 경우에는 특별한 사정이 없는 한 이를 허가하여야 하고, 관계 법규에서 정하는 제한사유 이외의 사유를 들어 허가를 거부할 수는 없는 것이나, 심사결과 관계 법령상의 제한 이외의 중대한 공익상의 필요가 있는 경우에는 그 허가를 거부할 수 있다(대판 1999. 4. 23. 97누14378).

주택건설사업계획에 대한 사전결정을 하였다고 하더라도 사업승인단계에서 그 사전결정에 기속되지 않고 다시 공익과 사익을 비교교량하여 그 승인 여부를 결정할 수 있다.

피고가 이 사건 주택건설사업에 대한 사전결정을 하였다고 하더라도 사업승인 단계에서 그 사전결정에 기속되지 않고 다시 사익과 공익을 비교형량하여 그 승인 여부를 결정할 수 있다(대판 1999. 5. 25. 99두1052).

03 구별의 기준

1. 학설

(1) 요건재량설

어떤 사실이 법규에서 규정하고 있는 요건에 해당하는지의 여부(포섭)에 대하여만 재량이 인정되고 효과 면에서는 재량이 인정되지 않는다는 견해이다.

(2) 효과재량설

① 행정청의 재량의 여부는 행정행위의 요건이 아니라 법률효과의 선택(행위 여부, 또는 복수행위 간의 선택)에 판단의 여지가 인정되는가에 따라 결정되는 것이다.

② 국민의 권리를 제한·침해하거나 의무를 부과하는 침익적 행위는 기속행위이고, 새로운 권리를 설정하거나 기타 이익을 부여하는 수익적 행위는 특히 법률이 개인에게 그 권리·이익을 요구할 수 있는 지위를 부여한 경우를 제외하고는 원칙적으로 재량행위로 본다.

2. 판례

수익적 처분에 대하여는 원칙적으로 재량이라고 하는 효과재량설을 취하기도 하나 당해 행위의 근거 법규의 체제·형식과 문언, 당해 행위가 속하는 행정분야의 주된 목적과 특성, 당해 행위의 성질과 유형 등을 모두 고려하여 사안에 따라 개별적으로 판단해야 한다는 입장이다.

판례

기속행위와 재량행위의 판단기준

1. 주택건설사업계획의 승인은 이른바 수익적 행정처분으로서 행정청의 재량행위에 속한다(대판 1997. 9. 5. 96누10256).
2. 어떤 행정처분의 기준을 정한 준칙 등을 그 규정의 형식이나 체제 또는 문언에 따라 이를 일률적으로 기속행위라고 규정지을 수는 없다(대판 1984. 1. 31. 83누451).
3. 행정행위가 그 재량성의 유무 및 범위와 관련하여 이른바 기속행위 내지 기속재량행위와 재량행위 내지 자유재량행위로 구분된다고 할 때, 그 구분은 당해 행위의 근거가 된 법규의 체재·형식과 그 문언, 당해 행위가 속하는 행정 분야의 주된 목적과 특성, 당해 행위 자체의 개별적 성질과 유형 등을 모두 고려하여 판단하여야 한다(대판 2001. 2. 9. 98두17593).
4. "경찰공무원의 채용시험 또는 경찰간부후보생 공개경쟁선발시험에서 부정행위를 한 응시자에 대하여는 당해 시험을 정지 또는 무효로 하고 그로부터 5년간 이 영에 의한 시험에 응시할 수 없게 한다."라고 규정한 경찰공무원임용령 제46조 제1항은 수권형식과 내용에 비추어 이는 행정청 내부의 사무처리기준을 규정한 재량준칙이 아니라 일반 국민이나 법원을 구속하는 법규명령에 해당하고 따라서 위 규정에 의한 처분은 재량행위가 아닌 기속행위라 할 것이다(대판 2008. 5. 29. 2007두18321).

✦ 재량행위와 기속행위에 대한 판례구별

재량행위		기속행위	
• 개인택시운송사업면허 • 공무원임용 • 공증인 인가 임명 • 귀화허가 • 어업면허 • 주택재건축조합설립인가 • 공유수면매립면허 • 공유수면점용허가 • 마을버스운송사업면허 • 「출입국관리법」상 외국인에 대한 체류자격변경허가 • 「출입국관리법」상 외국인에 대한 사증발급 여부 • 주택건설사업계획의 승인 • 대기오염물질 총량관리사업장 설치의 허가	강학상 특허	• 「건축법」상 건축허가 • 주유소 영업허가 • 「식품위생법」상 일반음식점 영업허가	강학상 허가
		• 학교법인이사취임승인처분 • 토지거래계약 허가	강학상 인가
• 개발제한구역 내 건축허가 • 개발제한구역에서 액화석유가스충전 사업허가 • 학교환경위생정화구역 안의 유흥 음식점 영업허가 • 「자연공원법」상 공원사업시행 허가 • 산림형질변경허가 • 임목의 벌채 · 굴채허가 • 총포 · 도검 · 화약류 등 소지허가	예외적 승인 (허가)	• 총포 · 도검 · 화약류 등 단속법에 따른 면허취소 • 국유재산의 무단점유자에 대한 변상금 징수 여부 • 음주측정거부에 대한 운전면허취소	제재적 조치
• 사회복지법인의 정관변경허가	강학상 인가		
• 건축허가취소 • 자동차운송사업 면허취소 • 행정재산 사용허가 취소 • 대중음식점 영업정지 • 공정거래위원회의 과징금 부과	제재적 조치		
• 감정평가사시험의 합격기준선택 • 사법시험 문제출제행위 • 건설공사를 계속하기 위한 고분발굴 여부 • 한약조제시험 실시기관인 국립보건 원장의 평가 방법 및 채점기준 설정	판단 여지 영역		
• 공무원에 대한 징계처분 • 국립대학 학생에 대한 퇴학처분	특수 신분관계		
• 구 「도시계획법」상 도시계획결정 • 구 「자연공원법」상 자연공원사업시행 허가	행정계획		

04 불확정개념과 판단여지

1. 불확정개념의 의의

행정법상 불확정개념이란 행정법규의 구성요건부분이 "공익", "상당한 이유", "치안상 위해" 등 다의적이며 불명확한 용어로 기술된 경우를 말한다. 이러한 불확정개념에 대한 행정청의 해석에 대하여 사법심사가 가능한가의 여부와 관련하여 판단여지론이 제기된다.

2. 재량과 판단여지의 구별문제

(1) 구별부정설

① 요건재량설은 행정법규 중 요건부분이 불확정한 경우와 효과부분이 선택적인 경우 모두를 재량문제로 다루었기 때문에 재량과 불확정개념을 구분할 필요가 없다.

② 법규정의 일체성에 의해 요건 판단과 효과 선택의 문제를 구별하기 어렵다는 이유로 부정하는 견해도 있다.

(2) 구별긍정설

① 법에 의하여 인정된 재량은 법률효과에 존재하는 데 반해, 불확정개념은 법률요건에 존재하는 것으로 양자는 서로 구별된다는 견해이다.

② 재량은 입법자에 의하여 주어지는 것이나 판단여지는 법원의 사법심사영역에서 인정되며, 재량은 행정의 선택의 여지가 명시적으로 부여되지만 불확정개념의 해석은 선택의 여지 없이 원칙적으로 사법심사가 가능하나 예외적으로 일정영역에 행정의 판단을 존중하는 판단여지가 인정될 뿐이므로 양자는 구별된다고 본다.

(3) 판례

판례는 재량권과 판단여지를 구분하지 않고 판단여지가 인정될 수 있는 경우도 재량권이 있는 것으로 보고 있다.

판례

토지의 형질변경허가는 그 금지요건이 불확정개념으로 규정되어 있어 그 금지요건에 해당하는지 여부를 판단함에 있어서 행정청에게 재량권이 부여되어 있다. 2019 기출

국토의계획및이용에관한법률 제56조 제1항 제2호의 규정에 의한 토지의 형질변경허가는 그 금지요건이 불확정개념으로 규정되어 있어 그 금지요건에 해당하는지 여부를 판단함에 있어서 행정청에게 재량권이 부여되어 있다고 할 것이므로, 같은 법에 의하여 지정된 도시지역 안에서 토지의 형질변경행위를 수반하는 건축허가는 결국 재량행위에 속한다(대판 2005. 7. 14. 2004두6181).

행정청이 매장문화재의 원형보존이라는 목표를 추구하기 위하여 문화재보호법 등 관계 법령이 정하는 바에 따라 내린 전문적·기술적 판단은 특별히 다른 사정이 없는 한 이를 최대한 존중하여야 한다.

문화체육부장관 또는 그 권한을 위임받은 문화재관리국장 등이 건설공사를 계속하기 위한 발굴허가신청에 대하여 그 공사를 계속하기 위하여 부득이 발굴할 필요가 있는지의 여부를 결정하여 발굴을 허가하거나 이를 허가하지 아니함으로써 원형 그대로 매장되어 있는 상태를 유지하는 조치는 허가권자의 재량행위에 속한다(대판 2000. 10. 27. 99두264).

시험에 있어서 평가방법 및 채점기준의 설정은 국립보건원장이 시험실시기관으로서 시험의 목적 및 내용 등을 고려하여 관계 법령이 정하는 범위 내에서 자유로이 정할 수 있는 재량행위라 할 수 있다.
당해 한약조제시험에 있어서 평가방법 및 채점기준의 설정은 국립보건원장이 시험실시기관으로서 시험의 목적 및 내용 등을 고려하여 관계 법령이 정하는 범위 내에서 자유로이 정할 수 있는 재량행위라 할 수 있고, 그러한 기준 등에 의한 합격·불합격 처분은 그것이 재량권을 남용 내지 일탈하여 현저하게 불합리한 것이 아니라면 이를 위법하다고 할 수 없다(대판 1998. 7. 10. 97누13771).

교과서 검정은 고도의 학술상·교육상의 전문적인 판단을 요한다.
교과서 검정이 고도의 학술상·교육상의 전문적인 판단을 요한다는 특성에 비추어 보면, 교과용 도서를 검정함에 있어서 법령과 심사기준에 따라서 심사위원회의 심사를 거치고, 또 검정상 판단이 사실적 기초가 없다거나 사회통념상 현저히 부당하다는 등 현저히 재량권의 범위를 일탈한 것이 아닌 이상 그 검정을 위법하다고 할 수 없다(대판 1992. 4. 24. 91누6634).

3. 판단여지의 인정영역

비대체적 결정	개인의 인성 및 능력에 대한 평가자의 판단과 관련된 사안(예 학생의 성적평가, 각종 시험출제, 공무원의 근무 평정, 학위수여 여부에 대한 결정 등)
구속적 가치평가	해당 분야의 객관적이고 전문적인 중립적 기관의 결정이나 판단(예 공정거래위원회의 불공정거래행위결정, 청소년보호위원회의 청소년유해도서물결정, 방송윤리위원회의 결정 등)
미래예측결정	미래지향적인 예측결정은 과거사실에 대한 소극적 판단을 내용으로 하는 사법작용의 성질상, 사법적 판단의 대상으로 삼기에는 부적절한 영역이다(예 환경행정과 경제행정분야에서의 일정한 결정).
정책형성결정	경제·사회·문화 등을 일정한 방향으로 유도·조정하고자 하는 행정정책적 성격의 결정은 법률적 판단의 문제라기보다는 정치적이고 정책적 문제이기 때문에 법원을 통한 사법통제의 대상으로서 부적절하다.

4. 판단여지의 한계와 통제

판단여지가 인정되는 경우라도 행정청이 명백하게 절차규정과 같은 법을 위반하였거나 또는 사실의 인정을 잘못하였거나, 판단을 잘못한 경우 등 판단여지의 한계를 넘은 경우에는 사법부가 위법성을 심사할 수 있다.

05 재량권의 한계

1. 의의

행정청은 재량이 있는 처분을 할 때에는 관련 이익을 정당하게 형량하여야 하며, 그 재량권의 범위를 넘어서는 아니 된다(「행정기본법」 제21조). 행정청의 재량에 속하는 처분이라도 재량권의 한계를 넘거나 그 남용이 있는 때에는 법원은 이를 취소할 수 있다(「행정소송법」 제27조).

2. 재량권의 한계 위반

(1) 재량권의 일탈 · 유월(재량의 외적 한계 또는 법규상 한계)

행정청이 재량권을 부여한 법의 범위를 넘어서 재량권을 행사하는 것을 재량의 일탈 · 유월이라 한다.

(2) 재량권 남용(재량의 내적 한계 또는 조리상 한계)

재량권을 부여한 법적 한계 내의 행위일지라도 행정청이 재량권을 수권한 목적이나 평등의 원칙, 비례의 원칙 등 일반원칙에 위배하여 재량권을 행사한 경우를 뜻한다.

(3) 재량의 불행사 또는 해태

행정청이 자신에게 부여된 재량권을 고려 가능한 모든 관점을 고려하여 행사한 것이 아닌 경우를 말한다. ① 재량권을 전혀 행사하지 않은 경우(행정청이 재량행위를 기속행위로 오해한 경우, 행정규칙에 구속되는 것으로 오해한 경우), ② 재량권을 충분히 행사하지 않은 경우가 있다. 재량권의 충분한 행사 그 자체는 행정청의 의무라고 본다.

판례

민원조정위원회의 심의과정에서 고려대상에 마땅히 포함시켜야 할 사항을 누락한 경우 그 거부처분은 재량권을 일탈 · 남용한 것으로서 위법하다.

행정기관의 장의 거부처분이 재량행위인 경우에, 위와 같은 사전통지의 흠결로 민원인에게 의견진술의 기회를 주지 아니한 결과 민원조정위원회의 심의과정에서 고려대상에 마땅히 포함시켜야 할 사항을 누락하는 등 재량권의 불행사 또는 해태로 볼 수 있는 구체적 사정이 있다면, 거부처분은 재량권을 일탈 · 남용한 것으로서 위법하다(대판 2015. 8. 27. 2013두1560).

(4) 심사기준

재량권의 일탈 · 남용 여부에 대한 심사는 사실오인, 비례 · 평등의 원칙 위배, 당해 행위의 목적 위반이나 동기의 부정 유무 등을 그 판단대상으로 한다(대판 2001. 2. 9. 98두17593).

3. 재량행위에 대한 통제

(1) 입법적 통제

현행법상 국회가 특정의 재량행위의 효과를 부인하거나 시정하는 직접적 통제방법은 없고 법규적 통제나 정치적 통제와 같은 간접적 통제만이 있을 뿐이다(예 법률을 정립함으로써 재량권의 범위를 제한, 국정감사나 조사 등).

(2) 행정적 통제

상급행정기관의 감독권에 의한 통제(감시권, 훈령권, 승인권, 취소 · 정지권 등), 행정절차에 의한 통제(고지 · 청문 · 공청회 등), 행정심판에 의한 통제, 행정의 자기구속 등의 통제방안이 있다.

(3) 사법적 통제

재량권의 한계를 벗어난 경우 사법심사의 대상이 된다. 재량행위에 대해 행정소송이 제기되었을 경우 각하판결을 할 것이 아니라 본안심리를 하여 기각 · 인용 여부를 판결해야 한다는 것이 통설 · 판례이다. 국민의 기본권이 침해된 경우 헌법소원을 제기할 수 있다.

제5절 행정행위의 내용적 분류

01 개관 2018 기출

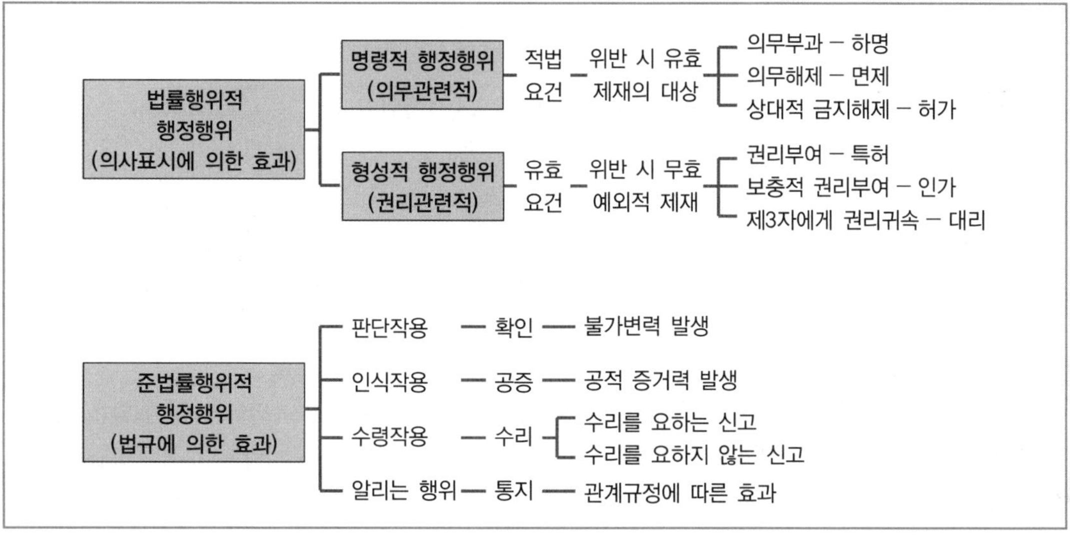

02 명령적 행정행위와 형성적 행정행위 2019 기출

1. 명령적 행정행위

① 의무관련적 행정행위로서 본래부터 가지고 있던 개인의 자연적 자유를 제한하거나 그 제한을 해제해 주는 행위를 말한다.

② 의무를 명하거나 이미 부과된 의무를 해제해 주는 행위이다. 명령적 행정행위는 개인 행위의 적법요건으로서 위반된 행위는 의무위반으로 행정강제나 행정벌 등 제재의 대상은 되지만 이를 위반한 사법행위의 효과는 부인되지 않고 유효한 것이 원칙이다. 전통적으로 하명, 허가, 면제로 구분된다.

2. 형성적 행정행위

① 형성적 행정행위란 국민에게 특정한 권리, 권리능력 또는 포괄적 법률관계 기타의 법률상 힘을 발생·변경·소멸시키는 행정행위를 말한다.

② 행정행위의 상대방에게 유효요건으로 이를 결여한 행위는 무효가 되고 원칙적 제재의 문제가 발생하지 않으나 법률규정에 의해 제재의 대상이 된다. 전통적으로 특허, 인가, 대리로 구분된다.

제6절 법률행위적 행정행위

01 하명

1. 의의

(1) 행정행위의 하명

일정한 작위·부작위, 급부·수인 의무를 부과하는 행정행위이다.

(2) 법규하명

법령규정 자체에 의해 직접 하명의 효과가 발생하는 경우가 있다. 그 법령규정을 법규하명이라 한다. 법규하명은 처분성을 가지므로 명령의 형식을 취하는 경우 항고소송의 대상이 되고 법률의 형식을 취하는 경우 헌법소원의 대상이 된다. 법규하명은 행정행위로서 하명은 아니다.

2. 성질

부담적 행정행위이므로 법적 근거가 필요하며, 일방적 행정행위이다. 특별한 규정이 있는 경우를 제외하고는 원칙적으로 기속행위로 본다. 하명의 대상은 법률행위뿐만 아니라 사실행위일 수도 있다.

3. 종류

하명은 부과된 의무의 내용에 따라 작위하명·부작위하명·급부하명·수인하명으로 나눌 수 있다. 그에 의하여 달성하려는 목적에 따라 경찰하명·규제하명·재정하명·군정하명 등으로 나눌 수 있으며, 그 대상에 따라 대인적 하명·대물적 하명·혼합적 하명으로 구분할 수 있다.

02 허가 2015 기출

1. 의의

허가란 법령에 의한 "일반적 금지(부작위의무)"를 특정한 경우에 해제함으로써 적법하게 일정한 행위를 할 수 있도록 해주는 행정행위를 말한다. 상대적 금지에 대하여만 허가가 가능하고 절대적 금지에 대하여는 허가할 수 없다. 실정법상으로 허가라는 용어 외에 면허·인가·승인 등의 다양한 용어가 사용되고 있다.

2. 예외적 승인과 구별

(1) 예외적 승인의 의의

사회적으로 유해한 행위로서 법령상 원칙적으로 금지되어 있으나 예외적인 경우에 금지를 해제하여 적법하게 할 수 있게 하여 주는 행위를 말한다. 억제적 금지의 해제라고도 한다.

(2) 강학상 허가와 구별

예외적 승인은 억제적 금지의 해제이고 특별한 규정이 없는 한 재량행위의 성질을 가진다. 강학상 허가는 예방적 금지의 해제이고 특별한 규정이 없는 한 기속행위의 성질을 가진다.

구분	강학상 허가	예외적 승인
금지의 해제	예방적 금지의 해제	억제적 금지의 해제
행위기속성	기속행위	재량행위
행위대상	위험방지	사회적 유해, 바람직하지 않은 행위
예	건축허가, 운전면허, 의사면허, 유흥주점영업허가 등	개발제한구역 내 건축허가, 학교위생정화구역 내 유흥주점허가, 토지형질변경허가 등

판례

개발제한구역 안에서 건축 등의 개발행위는 예외적 허가로 재량행위이다. 2021 기출

개발제한구역 안에서는 구역 지정의 목적상 건축물의 건축 등의 개발행위는 원칙적으로 금지되고, 다만 구체적인 경우에 이와 같은 구역 지정의 목적에 위배되지 아니할 경우 예외적으로 허가에 의하여 그러한 행위를 할 수 있게 되어 있음이 그 규정의 체제와 문언상 분명하고, 이러한 예외적인 건축허가는 그 상대방에게 수익적인 것에 틀림이 없으므로 그 법률적 성질은 재량행위 내지 자유재량행위에 속하는 것이다(대판 2003. 3. 28. 2002두11905).

기부금품모집허가는 기속행위이다. 2021 기출

기부금품모집허가는 공익목적을 위하여 일반・상대적으로 제한된 기본적 자유를 다시 회복시켜 주는 강학상 허가에 해당하므로 특별한 사정이 없는 한 그 모집행위를 허가하여야 한다(대판 1999. 7. 23. 99두3690).

3. 허가의 성질

전통적으로 허가는 금지된 의무를 해제하여 자연적 자유를 회복시켜주는 명령적 행위로 파악함이 일반적이었으나 오늘날은 허가도 근거법규에 의해 보호되는 법률상 이익이 있다는 점에서 형성적 행위의 성질도 아울러 갖는다고 본다. 이러한 점에서 허가와 특허의 구별은 상대화되어 가고 있다.

판례

건축허가는 상대적 금지의 해제일 뿐이므로 건축 중인 건물의 소유자와 건축허가의 건축주가 반드시 일치하여야 하는 것도 아니다.

건축허가서는 허가된 건물에 관한 실체적 권리의 득실변경의 공시방법이 아니며 그 추정력도 없으므로 건축허가서에 건축주로 기재된 자가 그 소유권을 취득하는 것은 아니며, 건축중인 건물의 소유자와 건축허가의 건축주가 반드시 일치하여야 하는 것도 아니다(대판 2009. 3. 12. 2006다28454).

4. 법규의 기속성

(1) 원칙적 기속성

① 허가는 제한된 자유를 회복시켜 주는 행위라는 점에서 원칙적으로 기속행위의 성질을 갖지만 예외적으로 근거법규나 금지의 유형에 따라 재량사항인 경우도 있을 수 있다.

② 기속행위인 허가의 신청에 대해서는 관계법상 허가요건을 구비한 경우 행정청은 법이 정하지 않은 사유로 이를 거부할 수 없다.

③ 예외적으로 관계 법령상의 제한 이외에 중대한 공익상의 필요를 이유로 허가를 거부한 것은 적법하다.

판례

관계법규에서 정한 제한사유 이외의 사유를 들어 건축허가를 거부할 수 없다. 2019 기출

건축허가권자는 건축허가신청이 건축법, 도시계획법 등 관계 법규에서 정하는 어떠한 제한에 배치되지 않는 이상 당연히 같은 법조에서 정하는 건축허가를 하여야 하고 위 관계 법규에서 정하는 제한사유 이외의 사유를 들어 거부할 수는 없다(대판 1995. 12. 12. 95누9051).

예외적 관계 법령상의 제한 이외의 중대한 공익상의 필요가 있는 경우에는 허가를 거부할 수 있다.

주유소 설치허가권자는 주유소 설치허가신청이 관계 법령에서 정하는 제한에 배치되지 않는 경우에는 특별한 사정이 없는 한 이를 허가하여야 하고, 관계 법규에서 정하는 제한사유 이외의 사유를 들어 허가를 거부할 수는 없는 것이나, 심사결과 관계 법령상의 제한 이외의 중대한 공익상의 필요가 있는 경우에는 그 허가를 거부할 수 있다(대판 1999. 4. 23. 97누14378).

(2) 재량행위인 허가가 포함된 경우

기속행위인 허가가 재량행위인 허가를 포함하는 경우에는 그 한도 내에서 재량행위가 된다.

판례

「국토의 계획 및 이용에 관한 법률」에 의하여 지정된 도시지역 안에서 토지의 형질변경행위를 수반하는 건축허가는 재량행위이다.

국토의계획및이용에관한법률에 의하여 지정된 도시지역 안에서 토지의 형질변경행위를 수반하는 건축허가는 결국 재량행위에 속한다(대판 2005. 7. 14. 2004두6181).

5. 허가의 요건

(1) 실질적 요건

개별법상 허가요건에 따라 달라지나 대체로 위험방지를 주된 목적으로 하기 때문에 무위험성·신뢰성·전문성을 요건으로 한다.

(2) 형식적 요건

① 허가는 수익적 행정행위이며, 특별한 경우를 제외하고는 상대방의 신청에 의하는 쌍방적 행정행위이다.

② 신청(출원) 없는 허가도 가능하다는 것이 견해이다.

③ 출원내용과 다른 수정허가도 허용된다고 본다.

6. 선원주의

(1) 선원주의의 의의

허가는 성질상 기속행위이므로 여러 출원이 경합하는 경우 먼저 출원한 것부터 심사하여 허가하여야 한다는 것을 선원주의라 한다.

(2) 재량행위에 적용 여부

특허는 공공복리의 관점에서 출원자 중에서 당해 사업을 수행할 능력자를 선택할 행정청의 재량이 인정되므로 허가와 달리 선원주의가 적용되지 않는다.

판례

신청과 다른 허가도 취소되기 전 유효

개축허가신청에 대하여 행정청이 착오로 대수선 및 용도변경허가를 하였다 하더라도 취소 등 적법한 조치 없이 그 효력을 부인할 수 없다(대판 1985. 11. 26. 85누382).

7. 허가의 종류

대상에 따라 대인적 허가(예 자동차운전면허)・대물적 허가(예 자동차검정합격처분)・혼합적 허가(예 화약제조허가), 목적에 따라 경찰・복리행정・재정・군정허가 등이 있다. 대물적 허가는 그 효과가 목적물의 양도에 따라 이전될 수 있으나 대인적 허가는 성질상 타인에게 이전되지 않는다. 혼합적 허가의 경우 인적 요소와 물적 요소 중 어느 것을 강조하는가에 따라 그 이전성이 제한된다. 판례는 사업이 양도된 경우 양도인에 대한 제재사유를 이유로 양수인에게 제재를 가할 수 있다는 입장이다.

판례

채석허가는 대물적 허가로 수허가자가 사망한 경우 상속인이 수허가자로서의 지위를 승계한다.

채석허가는 수허가자에 대하여 일반적・상대적 금지를 해제하여 줌으로써 채석행위를 자유롭게 할 수 있는 자유를 회복시켜 주는 것일 뿐 권리를 설정하는 것이 아니라 하더라도, 대물적 허가의 성질을 아울러 가지고 있는 점 등을 감안하여 보면, 수허가자가 사망한 경우 특별한 사정이 없는 한 수허가자의 상속인이 수허가자로서의 지위를 승계한다고 봄이 상당하다(대판 2005. 8. 19. 2003두9817).

대물적 허가에 양도인에 대한 제재사유의 발생으로 양수인에게 제재가 가능하다.

1. 어떠한 공중위생영업에 대하여 그 영업을 정지할 위법사유가 있다면, 관할 행정청은 그 영업이 양도・양수되었다 하더라도 그 업소의 양수인에 대하여 영업정지처분을 할 수 있다고 봄이 상당하다(대판 2001. 6. 29. 2001두1611).
2. 석유판매업(주유소)허가는 소위 대물적 허가의 성질을 갖는 것이어서 … 만약 양도인에게 그 허가를 취소할 위법사유가 있다면 허가관청은 이를 이유로 양수인에게 응분의 제재조치를 취할 수 있다 할 것이고, 양수인이 그 양수 후 허가관청으로부터 석유판매업허가를 다시 받았다 하더라도 이는 석유판매업의 양수・도를 전제로 한 것이어서 이로써 양도인의 지위승계가 부정되는 것은 아니므로 양도인의 귀책사유는 양수인에게 그 효력이 미친다(대판 1986. 7. 22. 86누203).

8. 허가의 근거법

허가의 신청에 의하여 행정처분을 할 때에는 원칙적으로 신청 당시가 아닌 허가처분 당시의 법령과 허가기준에 의하여 처리하여야 한다. 판례도 마찬가지이나 행정청이 정당한 사유 없이 처리를 지연한 경우 신청 시의 법에 의한다는 입장이다.

판례

허가신청 시와 허가 시 법령이 개정된 경우 허가 시 법령을 따르는 것이 원칙이다.

소관 행정청이 허가신청을 수리하고도 정당한 이유 없이 그 처리를 늦추어 그 사이에 법령 및 허가기준이 변경된 것이 아닌 한 새로운 법령 및 허가기준에 따라서 한 불허가처분이 위법하다고 할 수 없다(대판 1992. 12. 8. 92누13813).

9. 허가의 형식

허가는 일정한 처분의 형식으로 이루어지며 하명과 같이 직접 법령에 의하여 이루어지는 경우(법규허가)는 없다.

10. 허가의 효과

(1) 금지해제

허가는 일반적 금지를 해제하여 상대방으로 하여금 어떤 행위를 적법하게 할 수 있도록 하는 효과가 있다. 본래의 자유를 회복시키는 데 불과하다는 점에서 권리·권리능력 또는 포괄적 법률관계를 설정해 주는 형성적 행위와는 그 성질이 다르다.

판례

허가로 인한 영업상 이익은 반사적 이익

기존 목욕탕영업장 부근에 신설영업장을 허가함으로 인하여 기존 영업장의 수입이 사실상 감소되었을지라도 그 수입의 감소는 단순한 반사적 이익의 침해에 불과하므로 신설허가처분의 취소를 청구할 만한 소의 이익은 없다(대판 1963. 8. 22. 63누97).

(2) 법률상 이익

권리를 설정해 주는 것이 아니므로 허가를 받은 자가 일반적으로 금지되어 있는 행위를 하여 사실상 일정한 독점이익을 받더라도 이는 반사적 이익으로 본다. 그러나 일정한 경우 개인이 허가를 받아 향유하는 이익이 법률상 이익으로 보호받을 수도 있다.

판례

주류제조면허를 얻은 자의 이득은 법률상 이익

주류제조면허는 국가의 수입확보를 위하여 설정된 재정허가의 일종이지만 일단 이 면허를 얻은 자의 이득은 단순한 사실상의 반사적 이익에만 그치는 것이 아니라 주세법의 규정에 따라 보호되는 이득이다(대판 1989. 12. 22. 89누46).

약종상 이전에 따른 기존업자의 이익은 법률상 이익

갑이 적법한 약종상허가를 받아 허가지역내에서 약종상영업을 경영하고 있음에도 불구하고 행정관청이 구 약사법시행규칙을 위배하여 같은 약종상인 을에게 을의 영업허가지역이 아닌 갑의 영업허가지역내로 영업소를 이전하도록 허가하였다면 갑으로서는 이로 인하여 기존업자로서의 법률상 이익을 침해받았음이 분명하므로 갑에게는 행정관청의 영업소이전허가처분의 취소를 구할 법률상 이익이 있다(대판 1988. 6. 14. 87누873).

(3) 타법상의 제한

허가의 효과는 특정행위에 대한 법규상의 금지가 소멸되는 것으로, 그 금지 이외의 타법상의 법적 제한까지 소멸하는 것은 아니다(예 건축허가를 받았다 하더라도 소방법상 허가까지 받은 것은 아니다). 이 때문에 절차의 간소화를 위해 실제상으로는 주된 허가를 받으면 다른 법령상의 인·허가 등을 받은 것으로 의제하는 경우가 있다.

11. 인·허가 의제제도(행정계획의 집중효)

행정기본법 2024 기출

제24조【인허가의제의 기준】 ① 이 절에서 "인허가의제"란 하나의 인허가(이하 "주된 인허가"라 한다)를 받으면 법률로 정하는 바에 따라 그와 관련된 여러 인허가(이하 "관련 인허가"라 한다)를 받은 것으로 보는 것을 말한다.
② 인허가의제를 받으려면 주된 인허가를 신청할 때 관련 인허가에 필요한 서류를 함께 제출하여야 한다. 다만, 불가피한 사유로 함께 제출할 수 없는 경우에는 주된 인허가 행정청이 별도로 정하는 기한까지 제출할 수 있다.
③ 주된 인허가 행정청은 주된 인허가를 하기 전에 관련 인허가에 관하여 미리 관련 인허가 행정청과 협의하여야 한다.
④ 관련 인허가 행정청은 제3항에 따른 협의를 요청받으면 그 요청을 받은 날부터 20일 이내(제5항 단서에 따른 절차에 걸리는 기간은 제외한다)에 의견을 제출하여야 한다. 이 경우 전단에서 정한 기간(민원 처리 관련 법령에 따라 의견을 제출하여야 하는 기간을 연장한 경우에는 그 연장한 기간을 말한다) 내에 협의 여부에 관하여 의견을 제출하지 아니하면 협의가 된 것으로 본다.
⑤ 제3항에 따라 협의를 요청받은 관련 인허가 행정청은 해당 법령을 위반하여 협의에 응해서는 아니 된다. 다만, 관련 인허가에 필요한 심의, 의견 청취 등 절차에 관하여는 법률에 인허가의제 시에도 해당 절차를 거친다는 명시적인 규정이 있는 경우에만 이를 거친다.

제25조【인허가의제의 효과】 ① 제24조 제3항·제4항에 따라 협의가 된 사항에 대해서는 주된 인허가를 받았을 때 관련 인허가를 받은 것으로 본다.
② 인허가의제의 효과는 주된 인허가의 해당 법률에 규정된 관련 인허가에 한정된다.

제26조【인허가의제의 사후관리 등】 ① 인허가의제의 경우 관련 인허가 행정청은 관련 인허가를 직접 한 것으로 보아 관계 법령에 따른 관리·감독 등 필요한 조치를 하여야 한다.

(1) 의의

인·허가 의제제도란 복수의 인·허가를 받아야 할 사업에 대해 주된 인·허가를 받으면 다른 관련 인·허가를 받은 것으로 의제하는 제도를 뜻한다.

(2) 법적 근거

행정기관의 권한에 변경을 가져온다는 점에서 개별 법률에서 명시적으로 규정된 경우에 인정된다.

(3) 기능

① 절차 간소화를 통해 사업자의 부담해소 및 절차촉진에 기여, ② 다수의 인·허가부서를 통합하는 효과, ③ 인·허가에 필요한 구비서류의 감소효과 등의 기능이 있다.

(4) 의제되는 범위(주된 인·허가 기관의 심사 정도)

① **문제점**: 주된 인·허가가 있는 경우 의제되는 인·허가 및 결정들이 필요하지 않게 되는데, 주된 인·허가의 행정청은 의제되는 인·허가의 요건에 구속되는지 그리고 어디까지 구속되는지 그 정도 내지 범위가 문제된다.

② **판례**: 판례는 의제되는 인·허가의 법률에 규정된 이해관계인의 의견청취절차를 생략할 수 있다고 하여 절차생략은 인정하나, 의제되는 인·허가의 실체적 요건에 대해서는 구속 받는 것으로 본다.

판례

절차생략을 인정한 판례

1. 건설부장관이 관계기관의 장과의 협의를 거쳐 사업계획승인을 한 이상 같은 법의 허가·인가·결정·승인 등이 있는 것으로 볼 것이고, 그 절차와 별도로 도시계획법 제12조 등 소정의 중앙도시계획위원회의 의결이나 주민의 의견청취 등 절차를 거칠 필요는 없다(대판 1992. 11. 10. 92누1162).
2. 주택건설사업계획 승인권자가 구 주택법 제17조 제3항에 따라 도시·군관리계획 결정권자와 협의를 거쳐 관계 주택건설사업계획을 승인하면 같은 조 제1항 제5호에 따라 도시·군관리계획결정이 이루어진 것으로 의제되고, 이러한 협의 절차와 별도로 국토의 계획 및 이용에 관한 법률 제28조 등에서 정한 도시·군관리계획 입안을 위한 주민 의견청취 절차를 거칠 필요는 없다(대판 1992. 11. 10. 92누1162).
3. 주된 인·허가에 관한 사항을 규정하고 있는 갑 법률에서 주된 인·허가가 있으면 을 법률에 의한 인·허가를 받은 것으로 의제한다는 규정을 둔 경우에는, 주된 인·허가가 있으면 을 법률에 의한 인·허가가 있는 것으로 보는데 그치는 것이고, 그에서 더 나아가 을 법률에 의하여 인·허가를 받았음을 전제로 한 을 법률의 모든 규정들까지 적용되는 것은 아니다(대판 2004. 7. 22. 2004다19715).

의제되는 인허가의 불허가 사유로 주된 인허가를 거부

1. 공유수면 점용허가를 필요로 하는 채광계획 인가신청에 대하여도, 공유수면 관리청이 재량적 판단에 의하여 공유수면 점용허가 여부를 결정할 수 있고, 그 결과 공유수면 점용을 허용하지 않기로 결정하였다면, 채광계획 인가관청은 이를 사유로 하여 채광계획을 인가하지 아니할 수 있는 것이다(대판 2002. 10. 11. 2001두151).
2. 국토계획법상 건축물의 건축에 관한 개발행위허가가 의제되는 건축허가신청이 국토계획법령이 정한 개발행위허가기준에 부합하지 아니하면 허가권자로서는 이를 거부할 수 있고, 이는 건축법 제16조 제3항에 의하여 개발행위허가의 변경이 의제되는 건축허가사항의 변경허가에서도 마찬가지이다(대판 2016. 8. 24. 2016두35762).

(5) 인·허가 의제와 거부처분에 대한 소송대상

① **인·허가 의제의 적법성**: 판례는 의제되는 인·허가의 요건불비를 이유로 한 주된 인·허가 신청에 대한 거부처분의 적법성을 인정한다(대판 2002. 10. 11. 2001두151). 주된 인·허가가 거부된 경우에는 의제되는 인·허가가 거부된 것으로 의제되지 않는다.

② **인·허가 의제와 소송대상**: 판례는 행정청이 주된 인·허가를 불허하는 처분을 하면서, 주된 인·허가 사유와 의제되는 인·허가의 사유를 함께 제시한 경우, 주된 인·허가를 거부한 처분을 대상으로 쟁송을 제기하여야 한다고 한다.

판례

주된 인허가가 있는 경우 의제되는 인허가의 위법함을 다투고자 하는 경우 쟁송대상

의제된 인허가는 통상적인 인허가와 동일한 효력을 가지므로, 적어도 '부분 인허가 의제'가 허용되는 경우에는 그 효력을 제거하기 위한 법적 수단으로 의제된 인허가의취소나 철회가 허용될 수 있고, 이러한 직권취소·철회가 가능한 이상 그 의제된 인허가에 대한 쟁송취소 역시 허용된다. 따라서 주택건설사업계획 승인처분에 따라 의제된 인허가가 위법함을 다투고자 하는 이해관계인은, 주택건설사업계획 승인처분의 취소를 구할 것이 아니라 의제된 인허가의 취소를 구하여야 하며, 의제된 인허가는 주택건설사업계획 승인처분과 별도로 항고소송의 대상이 되는 처분에 해당한다(대판 2018. 11. 29. 2016두38792).

의제되는 인 · 허가의 불허가 사유로 주된 인 · 허가를 거부하는 경우 쟁송대상
건축불허가처분을 하면서 그 처분사유로 건축불허가 사유뿐만 아니라 형질변경불허가 사유나 농지전용불허가 사유를 들고 있다고 하여 그 불허가처분 외에 별개로 형질변경불허가처분이나 농지전용불허가처분이 존재하는 것이 아니므로, 그 건축불허가처분을 받은 사람은 그 건축불허가처분에 관한 쟁송에서 건축법상의 건축불허가 사유뿐만 아니라 같은 도시계획법상의 형질변경불허가 사유나 농지법상의 농지전용불허가 사유에 관하여도 다툴 수 있는 것이지, 그 건축불허가처분에 관한 쟁송과는 별개로 형질변경불허가처분이나 농지전용불허가처분에 관한 쟁송을 제기하여 이를 다투어야 하는 것은 아니다(대판 2001. 1. 16. 99두10988).

12. 무허가행위의 효과

허가 없이 행위를 한 경우 행정상 강제집행이나 행정벌의 대상이 된다. 무허가행위 자체의 사법상 법률행위의 효력에는 영향이 없다.

13. 공법적 효과 발생

허가는 공법상의 금지해제라는 공법적 효과만 있을 뿐 사법적 효과는 없다. 허가로 인해 사적 이익이 생기더라도 이는 허가로 사권을 부여하는 것이 아니다.

14. 허가의 갱신

(1) 의의

허가의 갱신은 종전허가의 효력을 지속시키는 것으로 갱신허가와 갱신 전 허가는 동일성이 인정된다.

(2) 갱신기간이 없는 경우

일반적으로 허가는 그 유효기간이 경과하면 효력은 당연히 소멸하며, 재차 허가를 받았다고 하더라도 새로운 허가로서의 효력이 발생한다.

(3) 갱신허가의 요건

① **기한 전 갱신신청**: 허가의 갱신은 기한의 도래 전에 이루어져야 한다. 기한의 도래 전에 갱신이 이루어지면, 갱신 전후의 행위는 하나의 행위가 되며 또한 기한 도래 전에 갱신신청을 하였으나, 기한 도래 후에 갱신이 이루어진 경우 특별한 사정이 없는 한 기한의 도래 전에 이루어진 것과 동일하게 본다.

판례

갱신 전 위반사실을 이유로 갱신 후 허가를 취소할 수 있다.
유료직업소개사업의 허가갱신은 허가취득자에게 종전의 지위를 계속 유지시키는 효과를 갖는 것에 불과하고 갱신 후에는 갱신 전의 법위반사항을 불문에 붙이는 효과를 발생하는 것이 아니므로 일단 갱신이 있은 후에도 갱신 전의 법위반사실을 근거로 허가를 취소할 수 있다(대판 1982. 7. 27. 81누174).

② **기한 도래 후 갱신신청**: 기한 도래 후에 갱신신청을 하였고, 갱신이 이루어지면, 갱신 전후의 행위는 별개의 행위로 볼 것이다.

판례

종전의 허가의 유효기간이 지난 후에 한 기간연장신청의 성격

종전의 허가가 기한의 도래로 실효한 이상 원고가 종전 허가의 유효기간이 지나서 신청한 이 사건 기간연장신청은 종전의 허가처분과는 별도의 새로운 허가를 내용으로 하는 행정처분을 구하는 것이라고 보아야 할 것이다(대판 1995. 11. 10. 94누11866).

(4) 종기와 갱신기간의 구별 2019 기출

종기는 기한 도래로 곧바로 행정행위의 효력이 실효되나, 갱신기간은 기간 내 신청이 있다면 기간 경과가 되었다고 하여 곧바로 실효되지 않고 갱신 여부에 따라 기존 허가의 효력이 결정된다. 판례는 장기계속성이 예정된 허가에 부당하게 짧은 기한이 붙은 경우 이를 갱신기간으로 보고 있다.

판례

허가 자체의 존속기간과 허가조건의 존속기간

일반적으로 행정처분에 효력기간이 정하여져 있는 경우에는 그 기간의 경과로 그 행정처분의 효력은 상실되고, 다만 허가에 붙은 기한이 그 허가된 사업의 성질상 부당하게 짧은 경우에는 이를 그 허가 자체의 존속기간이 아니라 그 허가조건의 존속기간으로 보아 그 기한이 도래함으로써 그 조건의 개정을 고려한다는 뜻으로 해석할 수는 있지만, 그와 같은 경우라 하더라도 그 허가기간이 연장되기 위하여는 그 종기가 도래하기 전에 그 허가기간의 연장에 관한 신청이 있어야 하며, 만일 그러한 연장신청이 없는 상태에서 허가기간이 만료하였다면 그 허가의 효력은 상실된다(대판 2007. 10. 11. 2005두12404).

당초의 기한이 상당 기간 연장되어 더 이상 허가된 사업의 성질상 부당하게 짧은 경우에 해당하지 않게 된 때에는 허가기간 연장을 불허할 수도 있다.

이와 같이 당초에 붙은 기한을 허가 자체의 존속기간이 아니라 허가조건의 존속기간으로 보더라도 그 후 당초의 기한이 상당 기간 연장되어 연장된 기간을 포함한 존속기간 전체를 기준으로 볼 경우 더 이상 허가된 사업의 성질상 부당하게 짧은 경우에 해당하지 않게 된 때에는 관계 법령의 규정에 따라 허가 여부의 재량권을 가진 행정청으로서는 그 때에도 허가조건의 개정만을 고려하여야 하는 것은 아니고 재량권의 행사로서 더 이상의 기간연장을 불허가할 수도 있는 것이며, 이로써 허가의 효력은 상실된다(대판 2004. 3. 25. 2003두12837).

15. 허가의 소멸

원칙적으로 일정한 기한이 붙은 기한부 허가의 경우 그 기한 도래로 허가의 효력이 상실된다. 대인적 허가의 경우 사망으로, 대물적 허가의 경우 허가대상의 멸실로 허가가 소멸한다.

03 면제

1. 의의

행정주체가 국민에게 부과한 작위·수인·급부의무를 해제하는 행정행위이다.

2. 허가와 구별

의무의 해제라는 점에서는 허가와 같으나 허가는 부작위의무를 해제하는 행위인 반면 면제는 작위·수인·급부의무를 해제하는 행위라는 점에서 다르다.

04 특허

1. 의의

특정인에 대하여 새로이 일정한 권리, 권리능력 또는 포괄적 법률관계 기타의 법률상 힘을 부여하는 행정행위를 말한다. 설권행위라고도 한다. 협의의 특허란 이러한 권리설정행위를 뜻하며 광의의 특허는 변경행위나, 박권행위를 포함한다.

2. 성질

특허는 형성적 행정행위로서 수익적 · 쌍방적 행정행위이다. 행정행위의 성질상 재량행위이나 법령이 일정한 요건을 갖춘 경우 특허를 하도록 규정하고 있는 경우에는 기속행위의 성질을 갖는다.

참고

특허의 예 2022 기출

공유수면매립면허, 도로점용허가, 공유수면의 점용허가, 하천부지점용허가, 토지수용을 위한 사업인정, 개인택시운송사업면허, 해상여객운송사업 면허, 귀화허가, 공무원임용, 비관리청 항만공사 시행허가, 대기오염물질 총량관리사업장 설치 허가 또는 변경허가, 주택재건축정비사업조합 설립인가, 공증인 인가(임명), 보세구역의 설영특허

3. 허가와 인가와의 구별

(1) 강학상 허가와 구별

허가는 자연적 자유를 회복시키는 금지해제행위로 명령적 행정행위인 데 반해 특허는 상대방에게 새로이 법률상의 힘을 설정해 주는 형성적 행정행위이다. 다만 양자는 상대화되어 간다고 한다.

(2) 강학상 인가와 구별

인가는 제3자를 위한 행정행위이지만 특허는 직접 상대방을 위한 행정행위라는 점에서 특허는 특정인에게 권리를 설정해 주는 행위이지만 인가는 제3자의 법률행위를 보충하여 그 법률상 효력을 완성시켜 주는 행위이지 권리를 부여해 주는 행위는 아니라는 점에서 구별된다.

4. 특허의 형식

원칙적 처분형식에 의하나, 예외적 법규에 의한 법규특허도 인정된다.

5. 특허의 신청과 상대방

특허는 반드시 신청이 있어야 행하여진다. 따라서 개별적 특허만 있을 뿐 불특정 다수인을 대상으로 하는 일반적 특허라는 개념은 없다. 또한 특허는 신청한 내용과 부합하여야 하므로 법령에 특별한 규정이 없는 한 수정특허는 인정되지 않는다.

6. 특허의 효과

특정의 상대방에게 권리 · 능력 등의 법률상 힘을 발생하므로 특허에 대한 침해는 권리침해가 된다. 또한 대인적 특허의 효과는 이전될 수 없지만, 대물적 특허의 효과는 이전될 수 있다.

판례

양립할 수 없는 이중의 특허가 있게 되면, 특별한 사유가 없는 한 후행의 특허는 무효가 된다.

1. 특별한 경우가 아니면 같은 업무구역안에 중복된 어업면허는 당연무효이다(대판 1978. 4. 25. 78누42).
2. 광업법상 이미 광업권이 설정된 동일한 구역에 대하여 동일한 광물에 대한 광업권을 중복설정할 수 없고, 이종광물이라고 할지라도 기존광업권이 적법히 취소되거나 그 존속기간이 만료되지 않는 한 별도로 광업권을 설정할 수 없다(대판 1986. 2. 25. 85누712).

05 인가

1. 의의 2014 기출

인가는 제3자의 법률행위를 보충하여 그 효력을 완성시키는 행정행위이다. 인가는 사인 행위의 효력요건인 점에서 허가와 다르고 사인의 행위를 전제로 하는 보충적인 행위인 점에서 그 자체가 독립적인 행위인 특허와 다르다.

판례

구 「임대주택법」 제21조에 따른 행정청의 분양전환승인 중 분양전환가격을 승인하는 것은 처분이지만, 강학상 '인가'에 해당하지 않는다.

분양전환가격에 관한 부분은 시장 등이 분양전환에 따른 분양계약의 매매대금 산정의 기준이 되는 분양전환가격의 적정성을 심사하여 그 분양전환가격이 적법하게 산정된 것임을 확인하고 임대사업자로 하여금 승인된 분양전환가격을 기준으로 분양전환을 하도록 하는 처분이다. 이러한 절차를 거쳐 승인된 분양전환가격은 곧바로 임대사업자와 임차인 사이에 체결되는 분양계약상 분양대금의 내용이 되는 것은 아니지만, 임대사업자는 승인된 분양전환가격을 상한으로 하여 분양대금을 정하여 임차인과 분양계약을 체결하여야 하므로, 분양전환승인 중 분양전환가격에 대한 부분은 임대사업자뿐만 아니라 임차인의 법률적 지위에도 구체적이고 직접적인 영향을 미친다. 따라서 분양전환승인 중 분양전환가격을 승인하는 부분은 단순히 분양계약의 효력을 보충하여 그 효력을 완성시켜주는 강학상 '인가'에 해당한다고 볼 수 없다(대법원 2020. 7. 23. 2015두48129).

참고

인가의 예 2016 · 2022 기출

공기업 사업양도 인가, 하천점용권의 양도 인가, 학교법인설립 · 정관변경 인가, 수도공급규정 인가, 매립준공인가, 학교법인 · 의료법인의 임원에 대한 감독청의 취임승인, 지방채기채 승인, 공공조합 정관승인, 사립대학 총장취임승인, 토지거래계약 허가, 재단법인 정관변경허가, 농지이전허가, 특허기업 양도허가, 주택재건축정비사업조합의 사업시행인가

2. 법적 성질

(1) 형성적 행정행위

제3자를 위한 행정행위이며 형성적 행정행위이다.

(2) 기속행위인지 재량행위인지

인가의 법적 성질이 기속행위인가 재량행위인지는 일률적으로 정할 수 없고, 인가의 대상되는 기

본행위의 성격에 따라 정해진다.

(3) **무인가 행위의 효력**

인가는 유효요건이므로 인가를 요하는 행위를 인가 없이 한 경우는 그 행위의 효력은 당연무효이며 법률의 근거가 있는 경우 제재의 대상이 된다.

판례

| 기속행위로 본 인가와 재량행위로 본 인가 |

기속행위로 본 판례

감독청으로서는 위와 같은 요건을 갖춘 이사회소집승인신청이 있으면 이를 승인할 의무가 있다 할 것이고 다른 이유를 들어 이를 거부할 수는 없다고 할 것이며, 그 소집승인행위는 그 신청자에게 이사회의 소집권한을 부여하는 것이다(대판 1988. 4. 27. 87누1106).

재량행위로 본 판례

재단법인의 임원취임이 사법인인 재단법인의 정관에 근거한다 할지라도 이에 대한 행정청의 승인(인가)행위는 법인에 대한 주무관청의 감독권에 연유하는 그 임원취임을 인가 또는 거부할 것인지 여부는 주무관청의 권한에 속하는 사항이라고 할 것이고, 재단법인의 임원취임승인 신청에 대하여 주무관청이 이에 기속되어 이를 당연히 승인(인가)하여야 하는 것은 아니다(대판 2000. 1. 28. 98두16996).

3. 인가의 성립

(1) **필수적 신청**

당사자의 법률적 행위의 효력을 보충하는 것이므로 반드시 당사자의 신청이 있는 경우에만 가능하다.

(2) **수정인가 불가**

기본행위의 보충적 효력 완성행위라는 특성상 수정인가는 허용되지 않는다.

(3) **인가대상 행위**

인가의 대상은 반드시 법률행위이어야 하고 사실행위는 인가의 대상이 되지 않는다. 법률행위인 이상 그 대상이 공법행위, 사법행위, 계약, 합동행위 모두 대상이 될 수 있다.

4. 인가의 형식

언제나 구체적인 처분의 형식으로 이루어지며 법규에 의한 인가는 인정되지 않는다.

5. 인가의 효력

(1) **기본행위 하자의 치유**

인가는 기본행위를 보충하여 그 효력을 완전히 발생시키는 것이다. 보충적 행위에 그친다는 점에서 적법한 인가가 있다 하더라도 기본행위 자체의 하자를 치유하는 효력은 인정되지 않는다.

(2) **무인가 행위의 효력**

인가는 개인행위에 대한 유효요건이므로 무인가 행위는 무효가 된다.

판례

개인택시운송사업면허의 양도 · 양수에 대한 인가 후에도 양수인의 자격요건의 흠결을 이유로 개인택시운송사업면허 양도 · 양수인가처분을 취소할 수 있음은 물론 양수인에 대한 개인택시운송사업면허처분을 취소할 수도 있다.

관할관청의 개인택시 운송사업면허의 양도 · 양수에 대한 인가 후에도 양수인이 구 자동차운수사업법시행규칙 제15조 제1항 소정의 개인택시 운송사업면허취득의 자격요건인 운전경력에 미달됨이 사후에 밝혀진 경우에는 관할관청은 면허를 받을 자격이 없는 자에 대한 하자 있는 처분으로서 개인택시 운송사업면허 양도 · 양수인가처분을 취소할 수 있음은 물론 양수인에 대한 개인택시 운송사업면허처분을 취소할 수도 있다(대판 1994. 8. 23. 94누4882).

6. 기본행위와 인가의 관계 2017 기출

인가는 보충적 행위이므로 인가 자체는 독립적인 창설적 효력을 가질 수 없다(기본행위의 보충적 효력 완성).

(1) 인가는 적법하나 기본행위에 하자가 있는 경우

① **기본행위가 무효인 경우**: 기본행위가 불성립 또는 무효로 되는 경우에는 설혹 인가를 받더라도 그 기본행위가 유효로 되는 것은 아니며 따라서 인가도 무효로 된다.

② **기본행위의 하자가 취소사유인 경우**: 기본행위에 취소사유의 하자가 있는 경우 적법한 인가가 있다고 하더라도 하자가 치유되지 않고 적법한 인가 후에도 기본행위를 취소할 수 있다.

③ **쟁송대상**: 기본행위에 하자가 있다면 기본행위의 하자를 다투어야지 이를 이유로 적법한 인가처분의 무효확인이나 취소를 구할 법률상 이익이 없다.

(2) 기본행위는 적법하나 인가에 하자가 있는 경우

① **인가가 위법한 경우**: 인가 행위가 무효인 경우에는 무인가 행위가 되므로 효력이 발생하지 않으며, 인가 행위의 하자가 취소사유인 경우에는 인가 행위가 취소되기 전까지는 유효한 행위가 될 것이다.

② **쟁송대상**: 기본행위는 적법하고, 인가 행위에만 흠이 있을 때에는 그 인가의 취소 또는 무효확인을 구할 법률상 이익이 있다.

(3) 인가 후 기본행위가 취소 · 실효된 경우

인가 당시에는 유효하게 성립된 인가라 하더라도 뒤에 그 기본행위가 취소되거나 실효되면 별도의 무효선언이나 취소처분이 없더라도 인가는 그 효력을 잃는다.

판례

기본행위가 불성립한 경우 그에 대한 인가가 있었다고 하여 기본행위가 유효로 되지 않는다.

행정청의 인가는 법률상 효력을 완성하게 하는 보충행위로서 그 기본이 되는 임원선출행위가 불성립 또는 무효인 때에는 그에 대한 인가가 있었다 하여도 그 기본행위인 임원선출행위가 유효한 것이 될 수 없으며, 그 기본행위가 유효 · 적법한 것이라 하여도 그 인가에 하자가 있을 때에는 그 인가의 취소 또는 무효주장을 할 수 있다(대판 1987. 8. 18. 86누152).

기본행위에 하자가 있고 인가에는 하자가 없는 경우 기본행위의 하자를 이유로 적법한 인가를 다툴 수 없다.
기본행위인 임시이사들에 의한 이사선임결의의 내용 및 그 절차에 하자가 있다는 이유로 이사선임결의의 효력에 관하여 다툼이 있는 경우에는 민사쟁송으로서 그 기본행위에 해당하는 위 이사선임결의의 무효확인을 구하는 등의 방법으로 분쟁을 해결할 것이지 그 이사선임결의에 대한 보충적 행위로서 그 자체만으로는 아무런 효력이 없는 승인처분만의 무효확인이나 그 취소를 구하는 것은 특단의 사정이 없는 한 분쟁해결의 유효적절한 수단이라 할 수 없으므로, 임원취임승인처분의 무효확인이나 그 취소를 구할 법률상 이익이 없다(대판 2002. 5. 24. 2000두3641).

7. 「도시 및 주거환경정비법」상 재건축조합설립인가

(1) 재건축조합설립인가의 법적 성질

종래 판래는 인가설을 취하다가 최근에 특허설을 취하고 있다.

판례

재건축조합설립인가처분은 설권적 처분의 성격
행정청이 도시및주거환경정비법 등 관련 법령에 근거하여 행하는 조합설립인가처분은 단순히 사인들의 조합설립행위에 대한 보충행위로서의 성질을 갖는 것에 그치는 것이 아니라 법령상 요건을 갖출 경우 도시및주거환경정비법상 주택재건축사업을 시행할 수 있는 권한을 갖는 행정주체(공법인)로서의 지위를 부여하는 일종의 설권적 처분의 성격을 갖는다고 보아야 한다. 그리고 그와 같이 보는 이상 조합설립결의는 조합설립인가처분이라는 행정처분을 하는 데 필요한 요건 중 하나에 불과한 것이어서, 조합설립결의에 하자가 있다면 그 하자를 이유로 직접 항고소송의 방법으로 조합설립인가처분의 취소 또는 무효확인을 구하여야 하고, 이와는 별도로 조합설립결의 부분만을 따로 떼어내어 그 효력 유무를 다투는 확인의 소를 제기하는 것은 원고의 권리 또는 법률상의 지위에 현존하는 불안·위험을 제거하는 데 가장 유효·적절한 수단이라 할 수 없어 특별한 사정이 없는 한 확인의 이익은 인정되지 아니한다(대판 2009. 9. 24. 2008다60568).

(2) 주택재건축조합의 관리처분계획

판례

주택재건축정비사업조합을 상대로 관리처분계획안에 대한 조합총회결의의 효력을 다투는 소송은 당사자소송이지만, 관리처분계획에 대하여 관할 행정청의 인가·고시가 있은 후에 그 관리처분계획안에 대한 총회결의의 무효확인을 구하는 것은 확인의 이익이 인정되지 않는다.

1. 도시 및 주거환경정비법상 행정주체인 주택재건축정비사업조합을 상대로 관리처분계획안에 대한 조합총회결의의 효력 등을 다투는 소송은 행정처분에 이르는 절차적 요건의 존부나 효력 유무에 관한 소송으로서 그 소송결과에 따라 행정처분의 위법 여부에 직접 영향을 미치는 공법상 법률관계에 관한 것이므로, 이는 행정소송법상의 당사자소송에 해당한다. **2016 기출**
2. 도시 및 주거환경정비법상 주택재건축정비사업조합이 같은 법 제48조에 따라 수립한 관리처분계획에 대하여 관할 행정청의 인가·고시까지 있게 되면 관리처분계획은 행정처분으로서 효력이 발생하게 되므로, 총회결의의 하자를 이유로 하여 행정처분의 효력을 다투는 항고소송의 방법으로 관리처분계획의 취소 또는 무효확인을 구하여야 하고, 그와 별도로 행정처분에 이르는 절차적 요건 중 하나에 불과한 총회결의 부분만을 따로 떼어내어 효력 유무를 다투는 확인의 소를 제기하는 것은 특별한 사정이 없는 한 허용되지 않는다(대판 2009. 9. 17. 2007다2428).

(3) 주택재건축조합과 조합장 또는 임원 사이의 법률관계

판례

「도시 및 주거환경정비법」상 재개발조합과 조합장 또는 조합임원 사이의 선임 · 해임을 둘러싼 법률관계의 성질은 사법관계에 해당한다.

구 도시 및 주거환경정비법의 규정들이 재개발조합과 조합장 및 조합임원과의 관계를 특별히 공법상의 근무관계로 설정하고 있다고 볼 수도 없으므로, 재개발조합과 조합장 또는 조합임원 사이의 선임 · 해임 등을 둘러싼 법률관계는 사법상의 법률관계로서 그 조합장 또는 조합임원의 지위를 다투는 소송은 민사소송에 의하여야 할 것이다(대판 2009. 9. 24. 2009마168 · 169).

06 공법상 대리행위

1. 의의

행정주체가 타 법률관계의 당사자를 대신하여 행하는 행위로서 그 행위의 법률적 효과가 당해 당사자에게 귀속하는 것을 말한다.

2. 종류

행정주체가 국가의 특별감독하에 있는 자를 대신하여 행하는 행위(예 국가가 대신하여 행하는 회사정관작성 · 임원임명 등), 당사자 간의 협의불성립의 경우에 국가가 대신하여 행하는 행위(예 토지수용의 재결 등), 행정주체가 타인을 보호하기 위하여 또는 자신의 행정목적 달성을 위하여 행하는 행위(예 행려병자의 유류품 매각, 조세체납처분으로서 공매처분) 등이 있다.

3. 효과

법령상 대리권에 기하여 행한 대리자의 행위는 원래 본인 자신이 행한 것과 같은 법적 효과를 발생하게 된다. 공법상 대리는 본인의 의사에 따른 대리행위가 아니라 법률의 규정에 의한 법정대리이다.

구분	허가	특허	인가
개념	일반적 · 상대적 금지의 해제 → 자연적 자유회복	특정인에 대한 권리 · 능력 · 포괄적 법률관계 설정	제3자의 법률적 행위를 보충하여 그 법률상 효과를 완성
성질	• 명령적 · 수익적 · 쌍방적 행정행위 • 기속행위	• 형성적 · 수익적 · 쌍방적 행정행위 • 재량행위	• 형성적 · 수익적 · 쌍방적 행정행위 • 재량 또는 기속행위
출원 여부	• 출원 없이도 가능 • 수정허가 가능	• 반드시 출원요 • 수정특허 불가	• 반드시 출원요 • 수정인가 불가
형식	• 처분형식(일반처분 가능) • 법규형식 허가 불가	• 처분형식(일반특허 불허) • 법규형식 특허 가능	• 처분형식(일반처분 불허) • 법규형식 인가 불가
상대방	특정인 · 불특정인	특정인	특정인
대상	• 사실행위(○) • 법률행위(○)		• 법률행위만 • 사실행위(×)

효과	• 자연적 자유회복, 반사적 이익(전통적 견해) 항상 공법상 효과 • 대물적 허가는 이전 가능	• 권리(공권 · 사권)설정 • 이전 가능(일신전속적 권리 제외)	• 기본행위 성질에 따라 공법상 효과 또는 사법상 효과 • 이전 불가
적법 · 유효요건	• 적법요건 → 무허가 유효 • 행정벌, 행정강제의 대상	• 유효(효력발생)요건 → 무특허 무효 • 원칙: 행정강제의 대상이 안 됨(법률규정 시 가능)	• 유효(효력발생)요건 → 무인가 무효 • 원칙: 행정강제의 대상이 안 됨(법률규정 시 가능)
구체적 예	건축허가, 운전면허, 의사면허, 통금해제, 양조업면허, 사설법인묘지의 설치허가	광업허가, 어업면허, 귀화허가, 공기업특허, 공물사용권특허, 자동차운수사업면허, 도로점용허가, 공유수면매립면허	사립대설립인가, 재단법인 정관변경 허가, 토지거래계약허가, 하천사용권양도인가, 수도공급규정인가, 재건축조합의 관리처분계획 인가

제7절 준법률행위적 행정행위

행정청의 의사표시 이외의 정신작용(판단, 인식, 관념 등)을 구성요소로 하고 그 법적 효과는 법률의 규정에 의하여 발생하는 행정행위이다.

01 확인

1. 의의

특정한 법률사실 또는 법률관계에 관하여 의문이나 다툼이 있는 경우 행정청이 이를 공적으로 판단 및 확정하는 행정행위[예 당선인 결정 · 행정심판 재결 · 발명권 특허 · 교과서 검인정(판례는 특허) · 소득금액결정]이다. 확인은 실정법상으로 재결 · 결정 · 사정 · 검정 등의 용어가 혼용되고 있다.

2. 성질

기존의 사실 또는 법률관계의 의문이나 다툼에 대한 판단작용이란 점에서 준사법적 행위에 해당하고, 원칙적으로 부관을 붙일 수 없다.

3. 형식

일반적으로 요식행위이고 구체적 처분의 형식으로 이루어지며, 일정한 의문이나 분쟁을 전제로 하므로 법령에 의한 일반적 확인은 불가하다.

4. 효과

특정한 사실 또는 법률관계의 존부(存否) · 정부(正否)에 대하여 공적으로 확정하는 효과를 발생시킨다. 따라서 확인이 이루어진 후 불가변력이 발생한다. 그 외에 직접 법령의 규정에 의하여 일정한 효과가 발생한다.

판례

친일반민족행위자재산조사위원회의 국가귀속결정은 당해 재산이 친일재산에 해당한다는 사실을 확인하는 이른바 준법률행위적 행정행위의 성격을 가진다.

친일재산은 친일반민족행위자재산조사위원회가 국가귀속결정을 하여야 비로소 국가의 소유로 되는 것이 아니라 특별법의 시행에 따라 그 취득·증여 등 원인행위시에 소급하여 당연히 국가의 소유로 되고, 위 위원회의 국가귀속결정은 당해 재산이 친일재산에 해당한다는 사실을 확인하는 이른바 준법률행위적 행정행위의 성격을 가진다(대판 2008. 11. 13. 2008두13491).

항고소송의 대상되는 처분에 해당한다는 판례

1. 친일반민족행위자재산조사위원회의 재산조사개시결정은 조사대상자의 권리·의무에 직접 영향을 미치는 독립한 행정처분으로서 항고소송의 대상이 된다고 봄이 상당하다(대판 2009. 10. 15. 2009두6513).
2. 세무조사결정은 납세의무자의 권리·의무에 직접 영향을 미치는 공권력의 행사에 따른 행정작용으로서 항고소송의 대상이 된다(대판 2011. 3. 10. 2009두23617).
3. 과거사정리위원회의 진실규명결정은 국민의 권리의무에 직접적으로 영향을 미치는 행위로서 항고소송의 대상이 되는 행정처분이라고 보는 것이 타당하다(대판 2013. 1. 16. 2010두22856).
4. 진정에 대한 국가인권위원회의 각하 및 기각결정은 피해자인 진정인의 권리행사에 중대한 지장을 초래하는 것으로서 항고소송의 대상이 되는 행정처분에 해당하므로, 그에 대한 다툼은 우선 행정심판이나 행정소송에 의하여야 할 것이다(헌재 2015. 3. 26. 2013헌마214).
5. 국방전력발전업무훈령에 의한 연구개발확인서 발급은 개발업체가 '연구개발사업을 성공적으로 수행하여 군사용 적합판정을 받고 사업관리기관이 개발업체에게 해당 품목의 양산과 관련하여 경쟁입찰에 부치지 않고 수의계약의 방식으로 국방조달계약을 체결할 수 있는 지위(경쟁입찰의 예외사유)가 있음을 인정해 주는 '확인적 행정행위'로서 공권력의 행사인 '처분'에 해당한다(대판 2020. 1. 16. 2019다264700).

국세환급금 및 국세가산금 결정이나 환급 거부 결정이 항고소송의 대상이 되는 처분에 해당하지 않는다.

국세기본법 제51조 및 제52조 국세환급금 및 국세가산금결정에 관한 규정은 이미 납세의무자의 환급청구권이 확정된 국세환급금 및 가산금에 대하여 내부적 사무처리절차로서 과세관청의 환급절차를 규정한 것에 지나지 않고 그 규정에 의한 국세환급금(가산금 포함)결정에 의하여 비로소 환급청구권이 확정되는 것은 아니므로, 국세환급금결정이나 이 결정을 구하는 신청에 대한 환급거부결정 등은 납세의무자가 갖는 환급청구권의 존부나 범위에 구체적이고 직접적인 영향을 미치는 처분이 아니어서 항고소송의 대상이 되는 처분이라고 볼 수 없다(대판 1989. 6. 15. 88누6436).

02 공증

1. 의의 2017 기출

특정한 사실 또는 법률관계의 존재를 공적으로 증명하는 행정행위이다(예 각종 등기·등록·증명서의 발급 등).

2. 확인과 구별

(1) 공증의 대상

확인은 특정한 사실이나 법률관계에 관한 의문 또는 분쟁을 전제로 하지만 공증은 의문이나 다툼이 없는 사실을 전제로 한다.

(2) 행위의 성질

확인은 판단표시행위이지만 공증은 특정한 사실이나 법률관계의 존재를 증명하는 인식표시인 점에서 구별된다.

3. 부관가능성

공증은 인식작용으로 인식된 이상 그에 따라야 하는 것으로 원칙적 부관을 붙일 수 없지만 사안에 따라 부관이 가능한 경우도 있을 수 있다는 견해도 있다.

4. 종류

각종의 ① 등기·등록, ② 공적장부등재, ③ 회의록, 의사록 기재, ④ 증명서발부·교부, ⑤ 여권·감찰 발급, 검인·직인의 압날 등을 들 수 있다.

5. 효과(공적 증거력)

공증의 효과로는 공증된 사항에 공적 증거력이 생긴다. 공적 증거력은 반증이 있을 때까지만 일응 진정한 것으로 추정되므로 누구나 행정청 또는 법원의 취소를 기다릴 필요 없이 번복할 수 있다고 본다. 즉 공증은 원칙적으로 공정력을 갖지 못한다. 공적 증거력 외에 법령에 정하여진 바에 의한 효력을 갖는다.

6. 공증의 처분성

판례는 공증은 원칙적으로 행정사무집행의 편의와 사실증명의 자료일 뿐이므로 처분성이 인정되지 않지만, 실체적 권리관계의 변동을 가져오는 경우에는 처분성이 인정되고 이에 대한 신청이나 등재에의 거부행위는 항고소송의 대상이 될 수 있다는 입장이다.

판례

공증의 처분성을 부인한 판례

1. 무허가건물을 무허가건물관리대장에서 삭제하는 행위(대판 2009. 3. 12. 2008두11525)
2. 자동차운전면허대장에 일정한 사항의 등재행위(대판 1991. 9. 24. 91누1400)
3. 멸실된 지적공부를 복구하거나 지적공부에 기재된 일정한 사항을 변경하는 행위(대판 1991. 12. 24. 91누8357)
4. 인감증명발급(대판 2001. 7. 10. 2000두2136)
5. 토지대장의 소유자명의변경신청을 거부한 행위(대판 2012. 1. 12. 2010두12354) 2023 기출
6. 법무법인의 공정증서 작성행위(대판 2012. 6. 14. 2010두19720)
7. 부가가치세법상 사업자등록증교부, 사업자등록직권말소, 위장사업자의 사업자명의를 직권으로 실사업자의 명의로 정정하는 행위(대판 2011. 1. 27. 2008두2200)
8. 상표권자인 법인에 대한 청산종결등기가 되었음을 이유로 한 상표권의 말소등록(대판 2015. 10. 29. 2014두2362)
9. 외국인에 대한 사증발급거부(대판 2018. 5. 15. 2014두42506)

공증의 처분성을 긍정한 판례

1. 건축물대장 작성신청 거부행위(대판 2009. 2. 12. 2007두17359) 2023 기출
2. 건축물대장상의 용도변경신청 거부행위(대판 2009. 1. 30. 2007두7277) 2023 기출
3. 건축물에 관한 건축물대장을 직권말소한 행위(대판 2010. 5. 27. 2008두22655)
4. 토지대장을 직권말소한 행위(대판 2013. 10. 24., 2011두13286) 2023 기출
5. 지적공부 소관청의 지목변경신청반려행위(대판 2004. 4. 22. 2003두9015) 2023 기출
6. 지적공부 소관청의 토지분할신청의 거부행위(대판 1992. 12. 8. 92누7542)
7. 한국도로공사의 토지소유자들을 대위하여 신청한 토지면적등록 정정신청 반려행위(대판 2011. 8. 25. 2011두3371)
8. 의료유사업자 자격증갱신 발급행위(대판 1977. 5. 24. 76누295)
9. 특허청장의 상표사용권등록설정행위(대판 1991. 8. 13. 90누9414)
10. 불법유출 된 주민등록번호 변경신청 거부(대판 2017. 6. 15. 2013두2945)
11. 대한민국에 적법하게 입국하여 상당한 기간을 체류한 외국인에게는 사증발급 거부(대판 2018. 5. 15. 2014두42506)

03 통지

1. 의의

통지는 특정인 또는 불특정 다수인에 대하여 특정한 사항을 알리는 행정행위이다. 문서의 교부나 송달은 이미 성립한 행정행위의 효력발생요건이라는 점에서 그 자체가 독립한 행위인 통지와 구별된다.

2. 법적 성질과 효과

통지에는 과거의 객관적 사실을 알리는 '관념의 통지'(예 토지수용에 있어서 사업인정의 고시, 당연퇴직통보 등), 앞으로 어떤 행위를 하겠다는 의사를 알리는 '의사의 통지'(예 대집행의 계고, 납세의 독촉)가 있다. 통지의 효과는 개별법규에서 정하는 바에 의한다.

3. 통지의 처분성

판례는 통지가 아무런 법적 효과를 발생하지 않은 사실행위인 경우에는 처분성을 인정하지 않으나 일정한 법률관계와 밀접한 관련을 갖거나 권리·의무의 변동을 가져오는 경우에는 처분성을 인정한다.

판례

통지의 처분성을 부인한 판례

1. 공무원법상 당연퇴직의 인사발령통보(대판 1995. 11. 14. 95누2036)
2. 정년퇴직의 인사발령통보(대판 1983. 2. 8. 81누263)
3. 소득의 귀속자에 대한 소득금액변동통지(대판 2015. 1. 29. 2013두4118)
4. 공무원연금관리공단의 공무원연금법령의 개정사실과 퇴직연금 일부지급정지대상자가 되었다는 통지(대판 2004. 7. 8. 2004두244)

통지의 처분성을 긍정한 판례

1. 임용기간이 만료된 국·공립대학의 조교수에 대한 임용기간만료의 통지(대판 2004. 4. 22. 2000두7735)
2. 원천징수의무자인 법인에 대한 소득금액변동통지(대판 2006. 4. 20. 2002두1878)
3. 농지법상 농지처분의무통지(대판 2003. 11. 14. 2001두8742)
4. 대집행 계고(대판 1966. 10. 31. 66누25)
5. 「공무원연금법」상 과다지급된 급여의 환수통지(대판 2009. 5. 14. 2007두16202)

04 수리

1. 의의

수리는 타인의 행위를 유효한 행위로서 받아들이는 행위이다. 행정청이 타인의 행위를 유효한 것으로 수령하는 의사작용이라는 점에서 단순한 도달이나 접수와는 다르다.

2. 효과

수리거절행위는 불수리의 의사표시로서 소극적 행정행위이며 행정쟁송이 가능하다. 수리의 효과는 각 법령이 정하는 바에 따라 다르다. 사법상의 법률효과가 발생할 때도 있고, 공법상 법률효과가 발생할 때도 있다. 그 밖에 행정청에 일정한 처리의무를 발생시키는 때도 있다(자세한 것은 사인의 공법행위 중 수리를 요하는 신고편 참조).

제8절 행정행위의 부관

01 부관의 의의

1. 개념

(1) 전통적 견해

부관은 종래 민법상의 부관개념을 사용하여 행정청에 의해 주된 행정행위의 효과를 제한하기 위하여 주된 의사표시에 부가된 종된 의사표시로 정의되어 왔다.

(2) 새로운 견해

새로운 견해는 '행정행위의 효과를 제한하거나 요건을 보충하거나 또는 새로운 의무를 부과하기 위하여 행정청에 의해 주된 행정행위에 부가된 종된 규율'이라고 부관을 정의한다.

2. 구별개념

(1) 법정부관 2014 기출

행정행위의 부관은 행정청의 의사에 의해 부가되는 것이므로 법령에 의하여 직접 부가되는 법정부관과 구별된다.

판례

법정부관에 대하여는 행정행위에 부관을 붙일 수 있는 한계에 관한 일반 원칙이 적용되지 않는다.
이른바 법정부관은 행정청의 의사에 기하여 붙여지는 본래의 의미에서의 행정행위의 부관은 아니므로, 이와 같은 법정부관에 대하여는 행정행위에 부관을 붙일 수 있는 한계에 관한 일반적인 원칙이 적용되지는 않지만, 헌법에 위반될 때에는 위 고시는 효력이 없는 것으로 볼 수 밖에 없다(대판 1994. 3. 8. 92누1728).

(2) **수정부담**

수정부담이란 당사자가 신청한 내용과 다른 내용으로 행정행위를 행하는 것을 말한다. 신청에 대한 변경허가를 의미하고 행정행위에 별도로 부가하는 부관과 구별된다.

02 부관의 종류

1. 조건

(1) **의의**

행정행위의 효력발생 또는 소멸을 '장래의 불확실한 사실의 성부'에 의존시키는 부관을 말한다. 조건이 성취되면 별도의 행위가 없더라도 당연히 행정행위의 효력이 발생 또는 소멸하게 된다.

(2) **종류**

① **정지조건**: 조건이 성취되면 그때부터 행정행위의 효과가 발생하는 조건을 정지조건이라 한다.

참고

정지조건 기출 예

도로완공을 조건으로 한 여객자동차운수사업면허, 시설완성을 조건으로 한 학교법인설립인가

② **해제조건**: 조건의 성취로 행정행위의 법적 효과가 소멸되는 조건을 해제조건이라 한다.

참고

해제조건 기출 예

일정 기간 내에 공사에 착수를 조건으로 한 공유수면매립면허, 일정 기간 내에 시설을 완공하지 아니하면 실효된다는 대학설립인가

2. 기한

(1) **의의 및 종류**

① 행정행위의 효과의 발생 또는 소멸을 장래에 발생하는 것이 확실한 사실에 의존케 하는 부관이다.

② 효력발생과 관련된 것을 '시기'라 하고 효력의 소멸과 관련된 것을 '종기'라 한다.

(2) 특성

① **종기의 해석**

㉠ 통상적으로 종기의 도래로 행정행위의 효력은 일단 소멸된다.

㉡ 장기계속성이 예정되는 행정행위에 '부당하게 짧은 기한이 붙여진 경우'에 판례는 행정행위의 종기가 아니라 그 내용의 갱신기간으로 본다.

② **「행정절차법」상의 기한의 특례**

㉠ 기간정지: 천재지변 기타 당사자 등의 책임 없는 사유로 기한을 지킬 수 없는 경우에는 그 사유가 끝나는 날까지 기간의 진행이 정지된다(「행정절차법」 제16조 제1항).

㉡ 해외에 대한 기한: 외국에 거주 또는 체류하는 자에 대한 기한은 행정청이 그 우편이나 통신에 소요되는 일수를 감안하여 정하여야 한다(「행정절차법」 제16조 제2항).

3. 철회권의 유보

(1) 의의

① **개념**: 일정한 사유가 발생하는 경우 행정행위를 철회하여 그 효력을 소멸시킬 수 있는 권한을 미리 유보한 부관을 말한다.

② **해제조건과 구별**: 행정행위의 효력의 소멸이라는 점에서 '해제조건'과 유사하나 해제조건은 조건의 성취로 당연히 행정행위의 효력이 소멸하지만 철회권 유보의 경우 유보된 사실이 발생하더라도 행정청 별도의 철회의 의사표시가 있어야 한다는 점에서 양자는 구별된다.

(2) 철회권 유보의 행사제한

① **행정청의 철회제한**: 철회권이 유보되어 있고 유보된 철회사유가 발생한다 하더라도 행정청의 철회권 행사가 무제한은 아니며 비례원칙 준수 등 제한이 가해진다.

② **상대방의 신뢰보호제한**: 철회권 유보에 의하여 철회권이 행사된 경우 상대방은 미리 예측된 것이므로 신뢰보호를 이유로 이를 다툴 수 없다.

4. 법률효과의 일부배제

(1) 의의

법률효과의 일부배제란 법률이 예정하고 있는 효과의 일부를 행정청이 배제하는 행정행위로서의 부관을 뜻한다.

판례

공유수면매립준공인가 중 매립지 일부에 대한 국가귀속처분은 법률효과 일부배제에 해당한다. 2024 기출

기록에 의하면, 원심은 피고가 1989. 6. 30. 원고에 대하여 한 공유수면매립준공인가 중 판시 토지를 국가 또는 인천직할시 소유로 귀속하는 처분에 대하여 이를 위법하다는 이유로 위 준공인가처분 중 판시 토지에 대한 귀속처분만의 취소를 구하는 원고의 이 사건 소를 각하하였는바, 피고가 그 토지에 대하여 한 국가 또는 인천직할시 귀속처분은 매립준공인가를 함에 있어서 매립의 면허를 받은 자의 매립지에 대한 소유권 취득을 규정한 공유수면매립법 제14조의 효과 일부를 배제하는 부관을 붙인 것으로 볼 것이고, 이러한 행정행위의 부관에 대하여는 위 법리와 같이 독립하여 행정소송의 대상으로 삼을 수 없는 것이다(대판 1993. 10. 8. 93누2032).

(2) 법률의 근거

법률이 예정하는 법적 효과를 행정행위로써 일부 제한하기 위해서는 법률에 근거가 있어야 한다.

5. 사후부담 유보

행정청이 행정행위를 발하면서 사후적으로 부담을 설정・변경・보완할 수 있는 권리를 유보해 두는 경우의 부관이다.

6. 부담 2013 기출

(1) 의의

행정행위의 주된 내용에 부가하여 그 행정행위의 상대방에게 작위・부작위・급부・수인 등의 독립된 의무를 과하는 부관이다. 일반적으로 부담은 수익적 행정행위에 붙여지는 것이 보통이다.

참고

부담의 예 2019 기출

도로점용허가를 하면서 점용료납부의무를 부과하는 것, 영업허가를 하면서 위생설비 설치를 명하는 것, 영업허가를 하면서 직원들의 정기건강진단 의무를 명하는 것 등

---

(2) 조건과 구별

① **효력상 차이**: 정지조건과 해제조건은 조건성취에 의해 그 효력이 발생하거나 소멸하지만 부담부 행정행위는 처음부터 효력이 발생하며 부담을 이행하지 않았더라도 당연히 효력이 소멸되지 않고 철회를 하여야 효력이 상실한다는 점에서 구별된다. 2023 기출

② **강제집행상・쟁송상 차이**: 부담은 독립하여 강제집행의 대상이 되나 조건은 의무를 부과하지 않기 때문에 조건만 강제집행의 대상이 될 수 없다. 부담은 부담만의 독립쟁송 및 취소가 가능하지만 조건은 조건만의 취소소송의 대상이 되지 못하며 조건부 행정행위 자체를 대상으로 하여 그 효력을 다투어야 한다. 2023 기출

③ **구별이 불명확한 경우**: 부담은 실정법과 행정실무상 조건이라는 용어로 통칭됨에 따라 그 구별이 불명확한 경우 부담이 상대방에게 덜 불이익하기 때문에 부담으로 보아야 한다는 견해가 유력하다.

(3) 행정행위와 부담의 관계

① **부종성**: 부담은 본행정행위에 부가하여 부과되며 그의 존속이 본체인 행정행위에 의존하는 것이기 때문에 본체인 행정행위가 효력을 발생할 수 없을 때에는 그 부담은 당연히 효력을 상실한다.

② **부담을 이행하지 않은 경우**: 부담의 불이행을 이유로 본 행정행위를 철회할 수 있고, 부담의 불이행을 이유로 그 후의 단계적 조치를 거부하는 것도 가능하며 독립하여 행정강제・행정벌의 대상이 된다.

(4) 협약의 형식에 의한 부담 2020 기출

부담은 행정청이 행정처분을 하면서 일방적으로 부가할 수도 있지만 부담을 부가하기 이전에 상대방과 협의하여 부담의 내용을 협약의 형식으로 미리 정한 다음 행정처분을 하면서 이를 부가할 수도 있다.

판례

부담이 부가된 처분이 처분 당시 적법했다면 부담의 전제가 된 행정처분의 근거 법령이 개정되어 더 이상 부담을 붙일 수 없게 되었다고 해서 종전 부담의 효력이 소멸되는 것은 아니다.

행정처분의 상대방이 수익적 행정처분을 얻기 위하여 행정청과 사이에 행정처분에 부가할 부담에 관한 협약을 체결하고 행정청이 수익적 행정처분을 하면서 협약상의 의무를 부담으로 부가하였으나 부담의 전제가 된 주된 행정처분의 근거 법령이 개정됨으로써 행정청이 더 이상 부관을 붙일 수 없게 된 경우에도 곧바로 협약의 효력이 소멸하는 것은 아니다(대판 2009. 2. 12. 2005다65500).

03 사후부관의 가능성

1. 의의

행정행위 당시에는 부관을 붙이지 않았으나, 행정행위 이후에 부관만을 추가한다거나 행정행위 당시의 부관을 이후에 변경하는 것을 사후부관 또는 사후부관변경이라 한다.

2. 「행정기본법」

행정기본법 제17조【부관】 ③ 행정청은 부관을 붙일 수 있는 처분이 다음 각 호의 어느 하나에 해당하는 경우에는 그 처분을 한 후에도 부관을 새로 붙이거나 종전의 부관을 변경할 수 있다.
1. 법률에 근거가 있는 경우
2. 당사자의 동의가 있는 경우
3. 사정이 변경되어 부관을 새로 붙이거나 종전의 부관을 변경하지 아니하면 해당 처분의 목적을 달성할 수 없다고 인정되는 경우

판례

사후부관이나 변경은 제한적으로 허용된다. 2014 · 2017 · 2019 · 2020 기출

행정처분에 이미 부담이 부가되어 있는 상태에서 그 의무의 범위 또는 내용 등을 변경하는 부관의 사후변경은, 법률에 명문의 규정이 있거나 그 변경이 미리 유보되어 있는 경우 또는 상대방의 동의가 있는 경우에 한하여 허용되는 것이 원칙이지만, 사정변경으로 인하여 당초에 부담을 부가한 목적을 달성할 수 없게 된 경우에도 그 목적 달성에 필요한 범위 내에서 예외적으로 허용된다(대판 1997. 5. 30. 97누2627).

04 부관의 한계

1. 성립상의 한계 2014 기출

(1) 명문규정이 있는 경우

실정법에 부관에 관한 근거규정이 있는 경우에는 해당 법규에 근거하여 부관을 붙일 수 있다.

(2) 명문규정이 없는 경우

① 재량행위와 기속행위

> **행정기본법 제17조 【부관】** ① 행정청은 처분에 재량이 있는 경우에는 부관(조건, 기한, 부담, 철회권의 유보 등을 말한다. 이하 이 조에서 같다)을 붙일 수 있다.
> ② 행정청은 처분에 재량이 없는 경우에는 법률에 근거가 있는 경우에 부관을 붙일 수 있다. 2023 · 2024 기출

판례

재량행위에는 법령상의 근거가 없더라도 공익상 필요 등에 의해 여러 조건을 부과할 수 있다.

주택재건축사업시행의 인가는 상대방에게 권리나 이익을 부여하는 효과를 가진 이른바 수익적 행정처분으로서 법령에 행정처분의 요건에 관하여 일의적으로 규정되어 있지 아니한 이상 행정청의 재량행위에 속하므로, 처분청으로서는 법령상의 제한에 근거한 것이 아니라 하더라도 공익상 필요 등에 의하여 필요한 범위 내에서 여러 조건(부담)을 부과할 수 있다(대판 2007. 7. 12. 2007두6663).

---

② **준법률행위적 행정행위**: 전통적 견해는 준법률행위적 행정행위에는 부관을 붙일 수 없다고 보았다. 그러나 새로운 견해는 부관의 가능성 문제는 개별적인 행정행위의 성질에 따라서 고찰해야 한다는 입장이므로 준법률행위적 행정행위이면서도 부관을 붙일 수 있는 경우도 있다는 입장이다(예 공증인 여권발급 시에 붙인 유효기간).

③ **기속행위**: 판례는 기속행위에는 부관을 붙일 수 없고, 법적 근거 없이 기속행위에 부관을 붙이는 경우 무효로 본다.

판례

1. 행정청이 건축허가를 하면서 건축주에게 새 담장을 설치하라는 부관을 붙인 것은 부관을 붙일 수 없는 기속행위 내지 기속적 재량행위인 건축허가에 붙인 부담이거나 또는 법령상 아무 근거가 없는 부관이어서 무효이다(대판 2000. 2. 11. 98누7527).
2. 건축법에 근거해서 건축허가 시 보차혼용통로를 조성·제공하도록 한 것이 기속행위나 기속재량행위에 붙은 부관이어서 무효라고 볼 것은 아니다(대판 2012. 10. 11. 2011두8277).
3. 행정청이 관리처분계획에 대한 인가 여부를 결정할 때에는 그 관리처분계획에 도시정비법 제48조 및 그 시행령 제50조에 규정된 사항이 포함되어 있는지, 그 계획의 내용이 도시정비법 제48조 제2항의 기준에 부합하는지 여부 등을 심사·확인하여 그 인가 여부를 결정할 수 있을 뿐 기부채납과 같은 다른 조건을 붙일 수는 없다(대판 2012. 8. 30. 2010두24951).

---

④ **신분설정행위**: 귀화허가 또는 공무원의 임명행위와 같은 신분설정행위는 당사자의 법적 지위가 지나치게 불안정하게 되므로 부관을 붙일 수 없음이 원칙이다.

2. 내용상 한계 2013 기출

행정행위에 부관을 붙일 수 있는 경우에도 다음과 같은 일정한 한계를 갖는다. 이러한 한계를 위반한 부관은 위법한 부관이 된다.

행정기본법 제17조 【부관】 ④ 부관은 다음 각 호의 요건에 적합하여야 한다.
1. 해당 처분의 목적에 위배되지 아니할 것 2024 기출
2. 해당 처분과 실질적인 관련이 있을 것
3. 해당 처분의 목적을 달성하기 위하여 필요한 최소한의 범위일 것

판례

부관의 내용상 한계를 위반한 경우
1. 행정처분과 부관 사이에 실제적 관련성이 있다고 볼 수 없는 경우 공무원이 위와 같은 공법상의 제한을 회피할 목적으로 행정처분의 상대방과 사이에 사법상 계약을 체결하는 형식을 취하였다면 이는 법치행정의 원리에 반하는 것으로서 위법하다고 보지 않을 수 없다(대판 2010. 1. 28. 2007도9331).
2. 기선선망어업의 허가를 하면서 운반선, 등선 등 부속선을 사용할 수 없도록 제한한 부관은 그 어업허가의 목적 달성을 사실상 어렵게 하여 그 본질적 효력을 해하는 것이다(대판 1990. 4. 27. 89누6808).

05 부관의 하자와 행정쟁송

1. 하자 있는 부관의 효력

하자가 중대·명백한 경우 부관은 무효, 그렇지 않은 경우 부관은 취소사유에 해당한다.

판례

주택사업계획승인과 관련이 없는 토지의 기부채납 부관은 취소사유이다.
지방자치단체장이 사업자에게 주택사업계획승인을 하면서 그 주택사업과는 아무런 관련이 없는 토지를 기부채납하도록 하는 부관을 주택사업계획승인에 붙인 경우, 그 부관은 부당결부금지의 원칙에 위반되어 위법하지만, … 부관의 하자가 중대하고 명백하여 당연무효라고는 볼 수 없다(대판 1997. 3. 11. 96다49650).

2. 하자 있는 부관이 붙은 행정행위의 효력

(1) 부관이 당연무효인 경우

부관이 무효인 경우 통설은 무효인 부관이 주된 행정행위를 함에 있어서 '본질적 요소(중요한 요소)'인 경우, 달리 말하면 부관을 붙이지 않았더라면 주된 행정행위를 하지 않았을 것이라고 판단되는 경우에는 주된 행정행위도 무효로 본다.

판례

위법한 부관이 행정행위의 본질적 요소인 경우 주된 행정행위도 위법하게 된다.

1. 도로점용허가의 점용기간은 행정행위의 본질적인 요소에 해당하는 것이어서, 부관인 점용기간을 정함에 위법이 있으면 도로점용허가 전부가 위법이 된다(대판 1985. 7. 9. 84누604).
2. 기부채납된 행정재산에 대한 사용·수익허가기간은 행정행위의 본질적 요소에 해당한다고 볼 것이어서, 부관인 허가기간에 위법사유가 있다면 이로써 이 사건 허가 전부가 위법하게 될 것이다(대판 2001. 6. 15. 99두509).

(2) 부관이 취소사유인 경우

위법한 부관이 취소사유인 경우 별도로 취소가 되기 전까지는 유효하고 이에 대해서는 취소쟁송을 제기하여 다툴 수 있다. 이때 쟁송대상과 일부취소소송이 가능한가에 대해 견해대립이 있다. 부관만의 일부취소가능성에 대해서는 여러 견해대립이 있다.

3. 하자 있는 부관에 대한 행정쟁송(판례) 2014 기출

(1) 독립쟁송가능성(소송대상)

① **부담**: 부담은 그 자체로서 하나의 독립한 행정행위이기 때문에 본체인 행정행위와 별도로 직접 행정쟁송의 대상이 되며 독립하여 취소할 수 있다.

② **부담 이외의 부관**: 행정행위의 부관 중에서 부담을 제외한 기타의 부관에 대해서는 현행 행정쟁송제도 아래서는 그 부관 자체를 독립한 쟁송대상으로 할 수 없다고 보는 것이 다수설과 판례의 입장이다. 2019 기출

판례

부담은 독립쟁송이 가능하다.

행정행위의 부관은 행정행위의 일반적인 효력이나 효과를 제한하기 위하여 의사표시의 주된 내용에 부가되는 종된 의사표시이지 그 자체로서 직접 법적 효과를 발생하는 독립된 처분이 아니므로 현행 행정쟁송제도 아래서는 부관 그 자체만을 독립된 쟁송의 대상으로 할 수 없는 것이 원칙이나 행정행위의 부관 중에서도 행정행위에 부수하여 그 행정행위의 상대방에게 일정한 의무를 부과하는 행정청의 의사표시인 부담의 경우에는 다른 부관과는 달리 행정행위의 불가분적인 요소가 아니고 그 존속인 본체인 행정행위의 존재를 전제로 하는 것일 뿐이므로 부담 그 자체로서 행정쟁송의 대상이 될 수 있다(대판 1992. 1. 21. 91누1264).

(2) 일부취소소송의 허용 여부(쟁송형태)

① 판례는 부담에 대해서는 부담만의 취소를 구하는 진정일부취소소송 형태를 긍정하지만 그 외 부관에 대해서는 부진정일부취소소송을 인정하지 않는다.

② 판례에 의하면 부담 이외의 부관에 대하여 쟁송상 다툴 경우에는 부관부행정행위 전체의 취소를 구하든지, 아니면 먼저 행정청에 부관이 없는(또는 부관의 내용을 변경하는) 처분으로 변경해 줄 것을 청구한 다음 그것이 행정청에 의해 거부된 경우에 거부처분취소소송을 제기하는 수밖에 없다는 것이다.

판례

기부채납 받은 행정재산의 사용 · 수익허가의 기간은 독립하여 행정소송을 제기할 수 없다. 2023 기출

행정행위의 부관은 부담인 경우를 제외하고는 독립하여 행정소송의 대상이 될 수 없는 바, 기부채납 받은 행정재산에 대한 사용·수익허가에서 공유재산의 관리청이 정한 사용·수익허가의 기간은 그 허가의 효력을 제한하기 위한 행정행위의 부관으로서 이러한 사용·수익허가의 기간에 대해서는 독립하여 행정소송을 제기할 수 없다(대판 2001. 6. 15. 99두509).

06 하자 있는 부관과 사법행위의 관계 2018 기출

1. 의의

부담부 행정행위의 경우 부담의 이행으로 사법행위가 이루어지기도 한다. 예를 들면 기부채납의 부담을 붙인 사업허가에 따라 토지를 기부채납한 경우 그 부담에 하자가 있다면 그 이행으로 이루어진 사법행위의 효력이 문제된다. 즉, 부담이 위법한 경우 기부채납으로 이루어진 토지의 증여계약은 어떠한 영향을 받는가이다.

2. 판례

판례는 부관과 사법상 계약은 무관하다고 보아 부관이 무효라도 사법상 계약이 취소되는 것은 별론으로 그 법률행위 자체가 당연히 무효화되는 것은 아니라고 한다.

판례

부관이 무효이거나 취소되지 않는 한 증여계약을 취소할 수 없다. 2019 기출

토지소유자가 토지형질변경행위허가에 붙은 기부채납의 부관에 따라 토지를 국가나 지방자치단체에 기부채납(증여)한 경우, 기부채납의 부관이 당연무효이거나 취소되지 아니한 이상 토지소유자는 위 부관으로 인하여 증여계약의 중요부분에 착오가 있음을 이유로 증여계약을 취소할 수 없다(대판 1999. 5. 25. 98다53134).

부관이 무효인 경우 법률행위의 취소사유가 될 수 있음은 별론으로 하고 그 법률행위 자체를 당연히 무효화하는 것은 아니다. 2024 기출

행정처분에 부담인 부관을 붙인 경우 부관의 무효화에 의하여 본체인 행정처분 자체의 효력에도 영향이 있게 될 수는 있지만, 그 처분을 받은 사람이 부담의 이행으로 사법상 매매 등의 법률행위를 한 경우에는 그 부관은 특별한 사정이 없는 한 법률행위를 하게 된 동기 내지 연유로 작용하였을 뿐이므로 이는 법률행위의 취소사유가 될 수 있음은 별론으로 하고 그 법률행위 자체를 당연히 무효화하는 것은 아니다(대판 2009. 6. 25. 2006다18174).

행정처분에 붙인 부담인 부관이 제소기간 도과로 불가쟁력이 생긴 경우에도 그 부담의 이행으로 한 사법상 법률행위의 효력을 다툴 수 있다.

행정처분에 붙은 부담인 부관이 제소기간의 도과로 확정되어 이미 불가쟁력이 생겼다면 그 하자가 중대하고 명백하여 당연 무효로 보아야 할 경우 외에는 누구나 그 효력을 부인할 수 없을 것이지만, 부담의 이행으로서 하게 된 사법상 매매 등의 법률행위는 부담을 붙인 행정처분과는 어디까지나 별개의 법률행위이므로 그 부담의 불가쟁력의 문제와는 별도로 법률행위가 사회질서 위반이나 강행규정에 위반되는지 여부 등을 따져보아 그 법률행위의 유효 여부를 판단하여야 한다(대판 2009. 6. 25. 2006다18174).

Chapter 02

OX로 기초다지기

01 일반적 · 추상적 법규정립작용은 행정행위로 볼 수 없다. ○ ×

02 운전면허 행정처리대장상의 벌점부과는 항고소송의 대상되는 처분에 해당하지 않는다. ○ ×

03 비권력적 행정작용도 행정청이 하는 경우 행정행위에 해당한다. ○ ×

04 군의관의 신체등위 판정은 행정처분이라 볼 수 없다. ○ ×

05 기계에 의한 행정행위는 행정행위로 볼 수 없다. ○ ×

06 불특정 다수인을 대상으로 하는 일반처분은 행정행위가 아니다. ○ ×

07 원자력발전소 부지사전승인은 부분건설허가처분의 성격을 갖는 것으로서 항고소송의 대상이 되는 처분에 해당한다. ○ ×

01 행정행위는 구체적 사실에 대한 법집행행위여야 하므로 일반적 · 추상적 입법작용은 행정행위가 아니다.
02 운전면허 행정처리대장상의 벌점부과는 운전면허취소나 정지처분의 기초자료제공에 불과하고 국민에 대하여 구체적인 권리제한의 효과가 없으므로 처분성이 인정되지 않는다.
03 행정행위는 행정청의 권력적 단독행위이므로 비권력적 행정작용은 행정행위에 해당하지 않는다.
04 군의관의 신체등위 판정은 그 자체만으로 「병역법」상 권리의무가 발생하는 것이 아니므로 처분성이 인정되지 않는다.
05 기계에 의한 행정행위도 행정행위에 해당한다. 예를 들어 교통신호기에 의한 교통정리도 행정행위에 해당한다.
06 불특정 다수인을 대상으로 하는 일반처분도 행정행위에 해당한다.
07 부지사전승인처분은 그 자체로 건설부지를 확정하고 사전공사를 허용하는 법률효과를 지닌 독립한 행정처분에 해당한다.

Answer

01 ○ 02 ○ 03 × 04 ○ 05 × 06 × 07 ○

08 폐기물처리업사업계획에 대한 부적정통보는 그 자체로 행정처분에 해당하지 않는다. O X

09 가행정행위는 확정적 · 종국적 결정 이전에 잠정적으로 행하여지는 특수한 행정행위로서 행정행위에 해당하지 않는다. O X

10 일방 당사자에게 이익을 주고 타방 관계자에게는 불이익을 주는 행정행위를 제3자효적 행정행위라 한다. O X

11 제3자효 행정행위의 경우 행정행위의 상대방뿐만 아니라 제3자의 이익도 고려하여 행정행위를 취소 또는 철회하여야 한다. O X

12 행정행위는 직접 상대방 외에 제3자에 대해서도 의무적으로 통지를 하여야 효력이 발생한다. O X

13 현행 「행정절차법」상 제3자에 대해서도 처분에 대한 문서열람 · 복사청구권이 일반적으로 인정된다. O X

14 제3자가 쟁송을 제기하는 경우 기간이 경과했다고 하더라도 특별한 사정이 없는 한 정당한 사유가 있는 경우에 해당하여 쟁송을 제기할 수 있다는 것이 판례이다. O X

08 폐기물처리업사업계획에 대한 부적정통보는 그 단계에서 폐기물처리업허가신청 자체를 제한하는 등 규제의 효과가 발생하므로 항고소송의 대상되는 처분에 해당한다.

09 가행정행위는 잠정적 효력이라 하더라도 그 자체로 상대방의 권리의무에 영향을 미치는 것으로 행정행위에 해당한다.

10 행정행위의 직접 상대방 외에 타인에게 영향을 미치는 행정행위로 제3자효적 행정행위라 한다.

11 제3자효 행정행위의 취소 · 철회와 관련하여 수익적 효과를 받는 자의 권익과 아울러 부담적 효과를 받는 자의 권익도 함께 고려하여야 한다.

12 행정행위의 직접 상대방이 아닌 제3자에 대해서는 행정청의 통지가 특별한 규정이 없는 한 의무는 아니다.

13 현행 「행정절차법」상 문서열람 · 복사청구권은 청문 중에만 인정되어 일반적으로 인정되는 것은 아니다.

14 제3자는 처분이 있는 것을 바로 알 수 없는 처지에 있으므로 쟁송제기기간이 경과해도 정당한 사유가 있는 것으로 봐서 허용하는 것이 판례이다.

Answer

08 X 09 X 10 O 11 O 12 X 13 X 14 O

15 재량행위는 법원이 결론을 도출함이 없이 행정청의 처분에 대한 일탈·남용 여부만을 심사한다. ◯ ✕

16 처분이 재량행위인지 기속행위인지는 당해 행위의 근거가 된 법규의 체제·형식과 그 문언, 당해 행위가 속하는 행정분야의 주된 목적과 특성, 당해 행위 자체의 개별적 성질과 유형 등을 고려하여 판단하여야 한다. ◯ ✕

17 총포·도검·화약류 등 단속법에 따른 면허취소는 재량행위라는 것이 판례이다. ◯ ✕

18 귀화허가는 법률상 요건이 구비된 경우 행정청이 반드시 하여야 하고 법이 정하지 않은 사유로 거부할 수 없다. ◯ ✕

19 시험에 있어서 평가방법 및 채점기준의 설정은 시험실시기관의 재량행위라는 것이 판례이다. ◯ ✕

20 행정청이 자신에게 부여된 재량권을 고려 가능한 모든 관점을 고려하여 행사하는 것도 의무이다. ◯ ✕

21 수 개의 징계사유 중 일부가 인정되지 않는 경우 다른 징계사유만으로도 당해 징계처분의 타당성을 인정하기에 충분한 경우 그 징계처분을 유지하는 것은 위법하다. ◯ ✕

15 기속행위는 법원이 독자적 결론을 도출하여 행정청의 결론과 비교하는 방식에 의하지만 재량행위는 독자적 결론을 도출함이 없이 행정청의 결론의 일탈·남용 여부만을 심사하는 방식에 의한다.
16 재량행위인지 기속행위인지는 지문과 같이 종합적으로 고려하여 사안에 따라 개별적으로 판단해야 한다.
17 총포·도검·화약류 등 단속법에 따른 면허취소는 일률적 면허취소를 하는 기속행위이다.
18 귀화허가는 재량행위이므로 법률상 요건이 구비되었다고 하여 행정청이 반드시 하여야 하는 것은 아니다.
19 학설은 판단여지 영역으로 보지만 대법원은 재량행위로 보고 있다.
20 행정청이 자신에게 부여된 재량권을 고려 가능한 모든 관점을 고려하여 행사하지 않은 경우 재량의 불행사로서 위법이 되므로 재량의 충분한 행사는 행정청의 의무이다.
21 다른 징계사유만으로도 당해 징계처분의 타당성을 인정하기에 충분한 경우이므로 그 징계처분을 유지하는 것은 위법하지 않다.

Answer

15 ○ 16 ○ 17 ✕ 18 ✕ 19 ○ 20 ○ 21 ✕

22 건축 중인 건물의 소유자와 건축허가의 건축주가 반드시 일치하여야 하는 것은 아니다. O X

23 주된 인허가 행정청은 의제되는 인허가의 절차는 생략할 수 있지만 실체적 요건에는 구속된다. O X

24 건축불허가처분을 하면서 그 불허가사유로 형질변경불허가처분사유를 들고 있는 경우 별도의 형질변경불허가처분이 존재하는 것은 아니다. O X

25 허가의 갱신이 있은 후에는 갱신 전 상대방의 법위반사유를 이유로 갱신허가를 취소할 수 없다. O X

26 주된 인허가 행정청은 주된 인허가를 하기 전에 관련 인허가에 관하여 미리 관련 인허가 행정청과 협의하여야 한다. O X

27 관련 인허가에 필요한 심의, 의견 청취 등 절차에 관하여는 법률에 인허가 의제 시에도 해당 절차를 거친다는 명시적인 규정이 없더라도 이를 거쳐야 한다. O X

22 건축허가는 금지의 해제일 뿐이므로 건축허가자와 건축주가 누구인가는 문제되지 않고 건축의 요건이 구비되었는가가 심사대상이다.

23 인허가 의제제도는 여러 관련 인허가의 절차를 간소화하는 것이 취지이므로 주된 인허가 행정청은 의제되는 인허가 절차는 생략할 수 있지만, 실체적 요건은 생략할 수 없다.

24 형질변경불허가는 사유에 해당하고 불허가는 건축불허가처분만 있는 것이므로 쟁송을 제기하는 경우 건축불허가처분을 쟁송대상으로 삼아야 한다.

25 허가의 갱신은 기존 허가의 효력을 연장하는 의미에 불과하므로 갱신허가 후에도 갱신 전 상대방의 법위반사유를 이유로 갱신허가를 취소할 수 있다.

26 「행정기본법」 제24조 제3항

27 관련 인허가에 필요한 심의, 의견 청취 등 절차에 관하여는 법률에 인허가 의제 시에도 해당 절차를 거친다는 명시적인 규정이 있는 경우에만 이를 거친다(「행정기본법」 제24조 제5항).

Answer

22 O 23 O 24 O 25 X 26 O 27 X

28 인허가 의제의 효과는 주된 인허가의 해당 법률에 규정된 관련 인허가에 한정된다. O X

29 특허는 반드시 처분의 형식에 의하고 법규형식의 특허는 인정되지 않는다. O X

30 불특정 다수인을 대상으로 하는 특허는 인정되지 않는다. O X

31 기본행위가 불성립 또는 무효인 경우 적법한 인가가 있더라도 무효이다. O X

32 기본행위가 취소되면 적법한 인가는 별도의 취소가 있어야 하고 인가까지 취소되는 것은 아니다. O X

33 주택재건축조합설립행위에 하자가 있고 이에 대한 인가가 있는 경우 설립행위의 하자를 다투어야지 인가를 다투는 것은 소의 이익이 없다는 것이 판례이다. O X

34 특정한 법률사실 또는 법률관계에 대하여 의문이나 다툼이 있는 경우 행정청이 이를 공적으로 판단 및 확정하는 행정행위를 공증이라 한다. O X

28 「행정기본법」 제25조 제2항
29 권리나 지위를 설정하는 특허는 행정청의 처분에 의하는 경우도 있고 법률에 의하는 경우도 있다.
30 특허는 반드시 상대방의 신청이 있어야 하므로 신청을 한 특정인만을 대상으로 하고 불특정 다수인을 대상으로 하는 특허는 인정되지 않는다.
31 인가는 기본행위의 효력을 보충적으로 완성하는 행위로서 기본행위가 무효인 경우 완성할 대상이 없으므로 전체적으로 무효이다.
32 기본행위가 취소되면 인가의 대상이 없어지는 것이므로 인가도 당연히 실효된다.
33 주택재건축조합설립인가는 강학상 특허이고 재건축조합설립행위에 하자가 있는 경우 인가도 하자가 있으므로 인가를 다투어야지 조합설립행위의 하자를 다툴 소의 이익은 없다는 것이 판례이다.
34 행정청이 의무 또는 다툼에 대하여 판단하는 작용을 확인이라 한다.

Answer

28 O　29 X　30 O　31 O　32 X　33 X　34 X

35 운전면허대장상의 등재행위는 당해 운전면허 취득자에게 새로이 어떤 권리가 부여되거나 변동 또는 상실되는 효력이 발생하는 것이 아니다. ○×

36 건축물대장 소관청의 작성신청 반려행위는 항고소송의 대상이 되지 않는다. ○×

37 공무원연금관리공단이 「공무원연금법」의 개정사실과 퇴직연금 중 일부금액의 지급정지대상자가 되었다는 사실의 통보는 항고소송의 대상되는 처분으로 볼 수 없다. ○×

38 조건이 성취되지 않으면 행정행위의 효력이 소멸되는 조건을 정지조건이라 한다. ○×

39 공유수면매립준공인가 중 일부토지를 국가귀속한 처분에 대해 국가귀속처분만의 취소를 구하는 소송도 허용된다는 것이 판례이다. ○×

40 사정변경으로 인해 당초 부담을 부가한 목적을 달성할 수 없게 된 경우 그 목적 달성 범위 내에서 사후부담을 부가할 수 없다는 것이 판례이다. ○×

35 운전면허대장상의 일정한 사항을 등재하는 것은 행정사무의 편의를 위한 것뿐이지 이로 인해 운전면허의 상대방에게 어떤 권리나 의무가 발생하는 것은 아니다.

36 건축물대장은 건축물의 소유권자가 소유권을 제대로 행사하기 위한 요건이 되므로 작성신청 반려행위는 항고소송의 대상이 되는 처분에 해당한다.

37 법령개정사실의 통보일 뿐 통보로 인해 연금지급정지의 효과가 생기는 것이 아니므로 항고소송의 대상되는 처분으로 볼 수 없다.

38 조건이 성취되지 않으면 행정행위의 효력이 소멸되는 조건을 해제조건이라 한다. 조건성취로 행정행위의 효력이 발생하는 조건을 정지조건이라 한다.

39 공유수면매립준공인가 중 일부토지를 국가귀속한 처분은 법률효과 일부배제의 부관으로 부담이 아니므로 일부취소소송을 제기할 수 없다는 것이 판례이다.

40 사후부담은 원칙적으로 허용되지 않지만 지문과 같은 경우 예외적으로 허용된다.

Answer

35 ○ 36 × 37 ○ 38 × 39 × 40 ×

41 도로점용허가의 점용기간은 행정행위의 본질적 요소에 해당한다.

42 기부채납된 행정재산에 대한 사용수익허가기간은 행정행위의 본질적 요소에 해당하지 않는다.

43 행정행위의 부담은 다른 부관과 달리 행정행위와 분리하여 그 자체로서 행정쟁송의 대상이 될 수 있다.

44 행정청은 처분에 재량이 없는 경우에는 법률에 근거가 있는 경우에 부관을 붙일 수 있다.

45 조건인지 부담인지 불분명한 경우 조건으로 보는 것이 일반적 견해이다.

41 도로점용허가의 점용기간은 도로점용허가와 분리될 수 없는 도로점용허가의 효력과 불가분적인 것으로 본질적 요소에 해당한다.

42 도로점용허가의 점용기간처럼 행정재산에 대한 사용수익허가기간은 행정행위의 본질적 요소에 해당한다.

43 행정행위의 부관은 행정행위의 효력을 제한하는 종된 규율일 뿐이지 그 자체로 독립된 효과가 없으므로 부관만 독립쟁송의 대상이 되지는 않지만 부담은 행정행위의 효력과 독립된 의무를 부과하는 것이므로 독립쟁송의 대상이 된다.

44 「행정기본법」 제17조 제2항

45 조건인지 부담인지 불분명한 경우 상대방에게 유리한 부담으로 보는 것이 일반적 견해이다.

Answer

41 ○　42 X　43 ○　44 ○　45 X

Chapter

03 행정행위의 성립과 효력

제1절 행정행위의 성립요건과 효력요건

01 성립요건

1. 내부적 성립요건

주체	① 정당한 권한을 가진 행정청이, ② 그 권한 내의 사항에 관하여, ③ 정상적인 의사에 따른 행위를 하여야 한다.
내용	행정행위는 그 내용이 ① 법률상·사실상 실현가능하고, ② 객관적으로 명확히 확정되어야 하며, ③ 적법·타당하여야 한다.
절차	법령이 소정의 절차를 규정하고 있을 때에는 이를 이행하여야 한다. 개별법에 규정이 없는 경우에도 「행정절차법」상의 절차를 준수하여야 한다.
형식	현행 「행정절차법」은 ① 원칙상 문서로 하여야 하고 예외적으로 전자문서에 의하도록 하고 있다(「행정절차법」 제24조 제1항). ② 「행정절차법」상 처분 시 이유제시를 하는 것이 원칙이다(「행정절차법」 제23조).

2. 외부적 성립요건

외부에 표시되어야 한다. 외부에 표시되지 않으면 행정행위는 부존재하게 되고 부존재확인소송의 대상이 된다.

판례

법무부장관이 입국을 금지하는 결정을 하고, 그 정보를 내부전산망인 '출입국관리정보시스템'에 입력하였으나, 당사자에게는 통보하지 않은 경우 '처분'이 성립되었다고 볼 수 없다.

1. 일반적으로 처분이 주체·내용·절차와 형식의 요건을 모두 갖추고 외부에 표시된 경우에는 처분의 존재가 인정된다. 행정의사가 외부에 표시되어 행정청이 자유롭게 취소·철회할 수 없는 구속을 받게 되는 시점에 처분이 성립하고, 그 성립 여부는 행정청이 행정의사를 공식적인 방법으로 외부에 표시하였는지를 기준으로 판단해야 한다.
2. 법무부장관이 갑의 입국을 금지하는 결정을 하고, 그 정보를 내부전산망인 '출입국관리정보시스템'에 입력하였으나, 갑에게는 통보하지 않은 사안에서, 행정청이 행정의사를 외부에 표시하여 행정청이 자유롭게 취소·철회할 수 없는 구속을 받기 전에는 '처분'이 성립하지 않으므로 법무부장관이 출입국관리법 제11조 제1항 제3호 또는 제4호, 출입국관리법 시행령 제14조 제1항, 제2항에 따라 위 입국금지결정을 했다고 해서 '처분'이 성립한다고 볼 수는 없고, 위 입국금지결정은 법무부장관의 의사가 공식적인 방법으로 외부에 표시된 것이 아니라 단지 그 정보를 내부전산망인 '출입국관리정보시스템'에 입력하여 관리한 것에 지나지 않으므로, 위 입국금지결정은 항고소송의 대상이 될 수 있는 '처분'에 해당하지 않는다(대판 2019. 7. 11. 2017두38874).

02 효력발생요건

1. 효력발생요건

상대방이 있는 행정행위는 일반적으로 상대방에게 도달함으로써 효력을 발생함이 원칙이다. 이때 '도달'은 상대방이 객관적으로 알 수 있는 상태를 말하며, 상대방이 현실적으로 내용을 인지하여야 함을 의미하는 것은 아니다. 상대방에 대한 통지에는 송달에 의한 방법과 공고에 의한 방법이 있다.

판례

행정처분의 효력발생요건으로서의 도달

행정처분의 효력발생요건으로서의 도달이란 상대방이 그 내용을 현실적으로 양지할 필요까지는 없고 다만 양지할 수 있는 상태에 놓여짐으로써 충분하다고 할 것인데, 갑의 처가 갑의 주소지에서 갑에 대한 정부인사발령통지를 수령하였다면 비록 그때 갑이 구치소에 수감중이었고 처분청 역시 그와 같은 사실을 알고 있었다거나 갑의 처가 위 통지서를 갑에게 전달하지 아니하고 폐기해 버렸더라도 갑의 처가 위 통지서를 수령한 때에 그 내용을 양지할 수 있는 상태에 있었다고 볼 것이다(대판 1989. 9. 26. 89누4963).

2. 송달

(1) 송달의 방식

① **송달의 종류**: 「행정절차법」상 송달은 우편·교부 또는 정보통신망 이용 등의 방법으로 하되 송달받을 자의 주소·거소·영업소·사무소 또는 전자우편주소로 한다. 다만, 송달받을 자가 동의하는 경우에는 그를 만나는 장소에서 송달할 수 있다(「행정절차법」 제14조 제1항).

② **교부송달**: 교부송달은 수령확인서를 받고 문서를 교부함으로써 행한다. 송달하는 장소에서 송달받을 자를 만나지 못한 경우에는 그 사무원·피용자 또는 동거인으로서 사리를 분별할 지능이 있는 사람에게 문서를 교부할 수 있다. 다만, 문서를 송달받을 자 또는 그 사무원 등이 정당한 사유 없이 송달받기를 거부하는 때에는 그 사실을 수령확인서에 적고, 문서를 송달할 장소에 놓아둘 수 있다(「행정절차법」 제14조 제2항).

③ **정보통신망을 이용한 송달**: 정보통신망을 이용한 송달은 송달받을 자가 동의하는 경우에만 가능하며, 송달받을 자가 지정한 전자우편주소에 송달한다. 송달받을 자가 지정한 컴퓨터에 입력된 때에 도달된 것으로 본다(「행정절차법」 제14조 제3항). 2017 기출

(2) 송달의 효력발생시기

송달은 다른 법령에 특별한 규정이 없는 한, 송달받을 자에게 도달됨으로써 그 효력을 발생한다. 보통우편에 의한 송달의 경우 상당한 기간 내에 도달된 것으로 추정하지 않으나, 등기우편의 경우 상당한 기간 내에 도달한 것으로 추정한다.

판례

우편송달에 대한 도달의 추정

1. 보통우편의 방법으로 발송되었다는 사실만으로는 그 우편물이 상당기간 내에 도달하였다고 추정할 수 없고 송달의 효력을 주장하는 측에서 증거에 의하여 도달사실을 입증하여야 한다(대판 2002. 7. 26. 2000다25002).
2. 우편물이 등기취급의 방법으로 발송된 경우 반송되는 등의 특별한 사정이 없는 한 그 무렵 수취인에게 배달되었다고 보아야 한다(대판 1992. 3. 27. 91누3819).
3. 등기에 의한 우편송달의 경우라도 수취인이 주민등록지에 실제로 거주하지 않는 경우에는 우편물의 도달사실을 처분청이 입증해야 한다(대판 1998. 2. 13. 97누8977).
4. 납세자가 과세처분의 내용을 이미 알고 있는 경우에도 납세고지서의 송달이 불필요하다고 할 수는 없다(대판 1997. 5. 23. 96누5094).

(3) 고시 또는 공고와 효력발생시기

① 「행정절차법」상 송달에 갈음하는 공고

㉠ **공고방법**: 송달받을 자의 주소 등을 통상적인 방법으로 확인할 수 없는 경우 또는 송달이 불가능한 경우에는 송달받을 자가 알기 쉽도록 관보, 공보, 게시판, 일간신문 중 하나 이상에 공고하고 인터넷에도 공고하여야 한다(「행정절차법」 제14조 제4항).

㉡ **효력발생시기**: 이 경우에는 다른 법령 등에 특별한 규정이 있는 경우를 제외하고는 공고일부터 14일이 지난 때에 그 효력이 발생한다. 다만, 긴급히 시행하여야 할 특별한 사유가 있어 효력발생시기를 달리 정하여 공고한 경우에는 그에 따른다(「행정절차법」 제15조 제3항).

② **개별법상 고시 또는 공고**: 개별법에서 고시 또는 공고를 행정행위의 통지방법으로 규정하고 있는 경우가 있다. 행정행위의 대상이 불특정 다수인이거나 상대방이 특정될 수 있지만 일일이 통지하는 것이 적절하지 않은 경우에 그러한 규정을 둔다. 이 경우 법령이 효력발생일을 명시한 경우에는 그에 의하는데 명시적인 규정이 없는 경우 행정업무의 운영 및 혁신에 관한 규정 제6조 제3항을 적용하여 고시 또는 공고가 있은 후 5일이 경과한 때에 효력이 발생한다(대판 1995. 8. 22. 94누5694).

제2절 행정행위의 특질(일반적 효력)

01 개설

행정행위가 구체적으로 어떤 효력을 가지는가는 그 행정행위에 관한 법령의 규정이나 행정행위의 성질에 따라 다르다. 다만 일반적으로 가지는 행정행위의 효력으로서 구속력·공정력·확정력·집행력을 들고 있다.

02 구속력(기속력)

구속력은 행정행위가 그 내용에 따라 관계행정청 및 상대방과 이해관계인에 대하여 행정행위가 담고 있는 규율(명령 또는 금지)을 준수하고 그에 따라 행위하도록 하는 힘을 말한다. 구속력은 실정법적 근거규정에 의하여 인정되는 효력은 아니고 행정행위에 내재된 가장 기본적인 효력이다.

03 공정력

1. 의의

(1) 공정력의 개념

공정력이란 행정행위에 하자가 있더라도 그것이 중대하고 명백하여 당연무효가 아닌 경우에는 권한 있는 기관에 의하여 취소될 때까지 일응 유효한 것으로 통용되어 누구든지 그 효력을 부정할 수 없는 힘을 말한다.

(2) 구성요건적 효력

공정력과 '구성요건적 효력'을 구별하여 공정력은 행정행위의 상대방과 이해관계인에게만 미치는 것으로 이해하고, '구성요건적 효력'은 취소권을 가진 기관 이외의 다른 국가기관에 미치는 힘으로 나누는 견해가 다수설이다.

2. 공정력의 근거 2017 기출

(1) 실정법적 근거 2022 기출

「행정기본법」 제15조에 근거규정을 두고 있으며, 취소쟁송에 관한 실정법상의 규정(「행정심판법」 제5조, 「행정소송법」 제4조)은 간접적 근거규정이 된다고 본다. 집행부정지원칙을 규정한 「행정소송법」이나 「행정심판법」의 규정은 공정력의 근거로 볼 수 없다는 것이 다수견해이다.

> **행정기본법 제15조 【처분의 효력】** 처분은 권한이 있는 기관이 취소 또는 철회하거나 기간의 경과 등으로 소멸되기 전까지는 유효한 것으로 통용된다. 다만, 무효인 처분은 처음부터 그 효력이 발생하지 아니한다.

(2) 이론적 근거

행정목적의 신속한 달성, 행정법관계의 안정성, 행정행위의 상대방이나 제3자의 신뢰보호, 행정의 원활한 운영 등과 같은 정책적 고려에서 구하는 법적 안정성설 또는 행정정책설이 현재의 다수설이다.

3. 공정력의 한계

(1) 무효 또는 부존재 행정행위

행정행위의 공정력은 행정의 안정성을 확보하기 위해 인정되는 것이므로 행정행위의 하자가 중대하고 명백한 당연무효인 행정행위에까지 인정되는 것은 아니라고 본다.

(2) 행정행위 이외의 행정작용

공정력은 취소쟁송제도를 전제로 인정되는 것이므로 사인의 공법행위・사실행위・행정계약・사법행위와 같은 취소소송의 대상이 되지 않는 행정작용들은 공정력이 인정되지 않는다.

(3) 공정력과 입증책임

공정력의 본질을 적법성의 법률상의 추정으로 이해하여 취소소송의 입증책임이 원고에게 있다고 주장하는 원고책임설도 있으나, 다수설은 공정력은 사실상의 통용력에 불과하므로 입증책임과는 무관하며 입증책임은 민사소송상의 입증책임분배의 원리에 의한다고 본다.

판례

행정처분의 적법성에 관해서는 특별한 사정이 없는 한 행정청이 주장 · 입증하여야 한다.

행정소송에 있어서 특별한 사정이 있는 경우를 제외하면 당해 행정처분의 적법성에 관하여는 행정청이 이를 주장 · 입증하여야 할 것이나 행정소송에 있어서 직권주의가 가미되어 있다고 하더라도 여전히 변론주의를 기본구조로 하는 이상 행정처분의 위법을 들어 그 취소를 청구함에 있어서는 직권조사사항을 제외하고는 그 취소를 구하는 자가 위법사유에 해당하는 구체적 사실을 먼저 주장하여야 한다(대판 2001. 10. 23. 99두3423).

4. 공정력과 선결문제

(1) 민사법원과 선결문제

민사법원이 선결적으로 행정행위의 효력을 부정할 수 있는지, 선결적으로 위법성을 확인할 수 있는지가 문제된다.

① 행정행위의 위법 여부가 선결문제인 경우(행정상 손해배상청구소송)

손해배상청구소송에서의 선결문제로서 행정처분의 위법성 판단은 행정처분의 효력을 부인 또는 취소하는 것이 아니라 단순한 위법성 심사에 그치는 것이므로 선결적으로 판단 가능하다는 긍정설이 다수설 · 판례이다.

판례

미리 그 행정처분의 취소판결이 있어야만 그 위법임을 이유로 피고에게 배상을 청구할 수 있는 것은 아니다.

계고처분이 위법임을 이유로 배상을 청구하는 취지가 인정될 수 있는 사건에 있어, 미리 그 행정처분의 취소판결이 있어야만 그 위법임을 이유로 피고에게 배상을 청구할 수 있는 것은 아니다(대판 1972. 4. 28. 72다337).

② 행정행위의 효력 유무가 선결문제인 경우(부당이득반환청구소송)

㉠ **행정행위의 취소(효력부정)**: 민사법원은 행정행위가 위법하더라도 이를 취소하여 효력을 부정할 수 없다.

판례

과세처분이 취소되지 않는 한 조세의 납부가 부당이득이 된다고 할 수 없다. 2019 기출

조세의 과오납이 부당이득이 되기 위하여는 납세 또는 조세의 징수가 실체법적으로나 절차법적으로 전혀 법률상의 근거가 없거나 과세처분의 하자가 중대하고 명백하여 당연무효이어야 하고, 과세처분의 하자가 단지 취소할 수 있는 정도에 불과할 때에는 과세관청이 이를 스스로 취소하거나 항고소송절차에 의하여 취소되지 않는 한 그로 인한 조세의 납부가 부당이득이 된다고 할 수 없다.

㉡ **무효인 행정행위**: 행정처분이 당연무효라면 민사법원이 스스로 직접 행정처분의 무효를 확인할 수 있다.

판례

어느 행정처분의 당연무효 여부가 선결문제로 되는 때에는 당연무효임을 전제로 판결할 수 있다. 2024 기출

민사소송에 있어서 어느 행정처분의 당연무효 여부가 선결문제로 되는 때에는 이를 판단하여 당연무효임을 전제로 판결할 수 있고 반드시 행정소송 등의 절차에 의하여 그 취소나 무효확인을 받아야 하는 것은 아니다(대판 2010. 4. 8. 2009다90092).

(2) 형사법원과 선결문제

행정행위가 형사사건의 선결문제로 되는 경우에도 위법 여부가 문제되는 경우와 효력의 유무가 문제되는 것은 민사사건과 같다.

① **행정행위의 위법 여부**: 형사법원에서는 처분의 효력 자체를 부인하는 것은 아니므로 위법 여부를 심사할 수 있다.

판례

형사법원이 선결적으로 행정처분의 위법성을 판단할 수 있다는 판례

1. 명령위반죄로 처벌하기 위해서는 적법한 시정명령을 전제로 하므로 행정청이 시정명령을 하면서 사전통지를 하거나 의견제출 기회를 부여하지 않아 시정명령이 절차적 하자로 위법하다면, 그 시정명령을 위반한 사람에 대하여는 시정명령위반죄가 성립하지 않는다(대판 2017. 9. 21. 2017도7321).
2. 행정청의 조치명령에 위반하여 명령위반죄로 기소된 경우 형사법원은 해당 조치명령이 당연무효가 아니더라도 조치명령의 위법성을 심사하여 명령위반죄의 성립 여부를 판단할 수 있다(대판 1992. 8. 18. 90도1709).

② **행정행위의 효력 여부**: 민사법원과 마찬가지로 위법사유가 당연무효인 경우에는 형사법원은 행정행위의 무효를 판단할 수 있지만 행정행위의 하자가 취소사유에 그치는 경우에는 형사법원은 행정행위의 관할 법원에 의해 당해 행정행위가 취소되기까지는 그 효력을 부인할 수 없다.

판례

면허처분이 취소되지 않는 한 무면허운전행위에 해당하지 않는다. 2024 기출

연령 미달로 인한 운전면허결격자가 타인의 명의로 자동차운전면허시험에 응시하여 합격한 경우 그 운전면허는 도로교통법 제65조 제3호의 취소사유에 불과하고 당연무효라고 할 수 없으므로, 그러한 자가 운전한 행위도 무면허운전행위에 해당하지 않는다(대판 1982. 6. 8. 80도2646).

04 존속력(확정력)

1. 개념

행정행위가 행하여지면 그 행위를 근거로 많은 법률관계가 형성되는데 이에 따라 법적 안정성의 견지에서 일정한 경우 그 행정행위의 효력을 다툴 수 없게 하거나, 행정청 자신의 행위라도 취소나 변경을 제한하는 효력을 제도화한 개념을 존속력이라 한다. 존속력은 불가쟁력과 불가변력을 포함하는 개념이다.

2. 불가쟁력(형식적 존속력)

(1) 의의

① **개념**: 쟁송기간이 경과하거나 쟁송수단을 모두 거친 행정행위는 처분의 상대방 또는 이해관계인은 더 이상 그 행정행위의 효력을 다툴 수 없게 된다. 이를 '불가쟁력' 또는 '형식적 존속력 · 확정력'이라 한다.

② **무효인 행정행위**: 무효인 행정행위에는 쟁송기간의 제한을 받지 않기 때문에 불가쟁력이 발생하지 않는다.

(2) 효과

① **쟁송제기**: 불가쟁력이 발생한 행정행위에 대하여 당사자는 그 행정처분의 효력을 다툴 수 없고 쟁송제기는 부적법한 것으로 각하된다. 2024 기출

② **국가배상**: 불가쟁력이 생긴 행정행위는 취소쟁송으로 다툴 수 없다는 의미일 뿐 행정행위의 위법성이 치유되는 것은 아니므로 「국가배상법」에 따른 배상청구가 가능하다. 2018 기출

③ **직권취소**: 불가쟁력이 생긴 행정행위라도 행정청이 직권으로 취소할 수 있다.

④ **재심 가능성**: 현행법상 불가쟁력이 발생한 행정행위에 대해 재심을 청구할 수 없다.

판례

불가쟁력은 절차상의 효력일 뿐이고 기판력과 같은 효력이 발생하는 것은 아니다. 2019 · 2024 기출

일반적으로 행정처분이나 행정심판재결이 불복기간의 경과로 인하여 확정될 경우, 그 확정력은 그 처분으로 인하여 법률상 이익을 침해받은 자가 당해 처분이나 재결의 효력을 더 이상 다툴 수 없다는 의미일 뿐, 더 나아가 판결에 있어서와 같은 기판력이 인정되는 것은 아니어서 그 처분의 기초가 된 사실관계나 법률적 판단이 확정되고 당사자들이나 법원이 이에 기속되어 모순되는 주장이나 판단을 할 수 없게 되는 것은 아니다(대판 2000. 4. 25. 2000다2023).

3. 불가변력(실질적 존속력)

(1) 의의 2022 기출

① 행정행위에 하자가 있거나 사정변경이 있는 경우 행정청은 직권으로 취소나 철회를 할 수 있는 것이 원칙이나, 예외적으로 일정한 행정행위는 그 성질상 행정청(처분청 · 감독청) 자신도 직권으로 자유로이 이를 취소 · 변경 · 철회할 수 없는 효력을 행정행위의 '불가변력' 또는 '실질적 존속력 · 확정력'이라 한다.

② 행정행위의 불가변력은 당해 행정행위에 대하여서만 인정되는 것이고, 동종의 행정행위라 하더라도 그 대상을 달리할 때에는 이를 인정할 수 없다(대판 1974. 12. 10. 73누129). 2023 기출

(2) 불가변력이 인정되는 행정행위

① **준사법적 행정행위**: 준사법적 행정행위에 불가변력을 인정하는 것이 일반적 견해이다. 행정심판이 가장 대표적이다.

판례

과세처분에 관한 이의신청절차에서 과세관청이 이의신청 사유가 옳다고 인정하여 과세처분을 직권으로 취소한 이상 그 후 특별한 사유 없이 이를 번복하고 종전 처분을 되풀이하는 것은 허용되지 않는다.

동일 사항에 관하여 특별한 사유 없이 이를 번복하고 다시 종전의 처분을 되풀이할 수는 없는 것이므로, 과세처분에 관한 이의신청절차에서 과세관청이 이의신청 사유가 옳다고 인정하여 과세처분을 직권으로 취소한 이상 그 후 특별한 사유 없이 이를 번복하고 종전 처분을 되풀이하는 것은 허용되지 않는다(대판 2010. 9. 30. 2009두1020).

② **확인행위**: 확인행위는 쟁송절차를 거쳐 행해지지는 않지만 성질상 처분청이 스스로 변경할 수 없는 것이 원칙이다.

③ **무효인 행정행위**: 불가변력은 행정행위의 유효를 전제로 한 것이기 때문에 무효인 행정행위에는 인정되지 않는다.

(3) 불가쟁력과 불가변력과의 관계 2019 · 2022 기출

양자는 상호 독립적이므로 불가쟁력이 발생하였다 하여도 불가변력이 적용되지 않는 행정행위는 행정청이 직권취소 · 철회가 가능하다. 또한 불가변력이 발생한다 하더라도 불가쟁력이 발생하지 않은 행정행위는 상대방이 취소쟁송을 제기하여 다툴 수 있다. 불가쟁력은 절차법적 효력일 뿐이지만 불가변력은 실체법적 효력이다.

불가변력 —	처분청 —	취소, 철회, 변경제한 —	준사법적 행정행위 —	실질적 존속력	상호독립적 관계
불가쟁력 —	상대방, 이해관계인 —	쟁송기간도과, 불복 수단 경유 —	모든 행정행위(○) —	형식적 존속력	

05 강제력

1. 자력집행력

(1) 개념 2022 기출

행정행위가 일정한 의무의 부과를 내용으로 하는 경우(하명), 상대방이 의무를 이행하지 않는 경우에 행정청이 스스로의 강제력에 의하여 그 의무를 실현시킬 수 있는 힘을 말한다.

(2) 별도의 법적 근거 여부

자력집행력은 행정행위의 본질상 당연히 내재하는 것이 아니므로 행정행위와는 별도로 자력집행력이 '법률에 의하여 부여'되어야 한다.

2. 제재력

행정행위에 의하여 부과된 의무를 상대방이 위반한 경우에 그에 대한 제재로서 법률에 근거하여 행정처분을 할 수 있다.

(1) 제재처분의 기준

행정기본법 제22조【제재처분의 기준】 ① 제재처분의 근거가 되는 법률에는 제재처분의 주체, 사유, 유형 및 상한을 명확하게 규정하여야 한다. 이 경우 제재처분의 유형 및 상한을 정할 때에는 해당 위반행위의 특수성 및 유사한 위반행위와의 형평성 등을 종합적으로 고려하여야 한다.
② 행정청은 재량이 있는 제재처분을 할 때에는 다음 각 호의 사항을 고려하여야 한다.
1. 위반행위의 동기, 목적 및 방법
2. 위반행위의 결과
3. 위반행위의 횟수
4. 그 밖에 제1호부터 제3호까지에 준하는 사항으로서 대통령령으로 정하는 사항

(2) 제재처분의 제척기간

행정기본법 제23조【제재처분의 제척기간】 ① 행정청은 법령등의 위반행위가 종료된 날부터 5년이 지나면 해당 위반행위에 대하여 제재처분(인허가의 정지·취소·철회, 등록 말소, 영업소 폐쇄와 정지를 갈음하는 과징금 부과를 말한다. 이하 이 조에서 같다)을 할 수 없다.
② 다음 각 호의 어느 하나에 해당하는 경우에는 제1항을 적용하지 아니한다.
1. 거짓이나 그 밖의 부정한 방법으로 인허가를 받거나 신고를 한 경우
2. 당사자가 인허가나 신고의 위법성을 알고 있었거나 중대한 과실로 알지 못한 경우
3. 정당한 사유 없이 행정청의 조사·출입·검사를 기피·방해·거부하여 제척기간이 지난 경우
4. 제재처분을 하지 아니하면 국민의 안전·생명 또는 환경을 심각하게 해치거나 해칠 우려가 있는 경우

③ 행정청은 제1항에도 불구하고 행정심판의 재결이나 법원의 판결에 따라 제재처분이 취소·철회된 경우에는 재결이나 판결이 확정된 날부터 1년(합의제행정기관은 2년)이 지나기 전까지는 그 취지에 따른 새로운 제재처분을 할 수 있다.
④ 다른 법률에서 제1항 및 제3항의 기간보다 짧거나 긴 기간을 규정하고 있으면 그 법률에서 정하는 바에 따른다.

(3) 제재처분의 요건

① **법령상 책임자**: 행정법규 위반에 대해 가하는 제재적 행정처분은 행정목적의 달성을 위하여 객관적 사실에 착안하여 가하는 제재이므로 반드시 현실적인 행위자가 아니라도 법령상 책임자로 규정된 자에게 부과된다. 2022 기출
② **고의·과실 불요**: 원칙적으로 위반자의 고의·과실을 요하지 않는다. 2022 기출
③ **정당한 사유**: 위반자의 의무 해태를 탓할 수 없는 정당한 사유가 있는 경우 부과할 수 없다.

판례

제재적 처분은 위반자의 고의·과실을 요하지 않으나, 의무 해태를 탓할 수 없는 정당한 사유가 있는 등의 특별한 사정이 있는 경우에는 이를 부과할 수 없다.

구 여객자동차 운수사업법 제88조 제1항의 과징금부과처분은 제재적 행정처분으로서 행정법규 위반이라는 객관적 사실에 착안하여 가하는 제재이므로 반드시 현실적인 행위자가 아니라도 법령상 책임자로 규정된 자에게 부과되고 원칙적으로 위반자의 고의·과실을 요하지 아니하나, 위반자의 의무 해태를 탓할 수 없는 정당한 사유가 있는 등의 특별한 사정이 있는 경우에는 이를 부과할 수 없다(대판 2014. 10. 15. 2013두5005).

국가는 무단점유자를 상대로 변상금부과 · 징수권의 행사와 별도로 국유재산의 소유자로서 민사상 부당이득반환청구의 소를 제기할 수 있다.

구 국유재산법 제51조 제1항, 제4항, 제5항에 의한 변상금 부과 · 징수권(제재처분)은 민사상 부당이득반환청구권과 법적 성질을 달리하므로, 국가는 무단점유자를 상대로 변상금 부과 · 징수권의 행사와 별도로 국유재산의 소유자로서 민사상 부당이득반환청구의 소를 제기할 수 있다(대판 2014. 7. 16. 2011다76402).

제3절 행정행위의 하자

01 서설

1. 개념

행정행위는 성립요건과 효력발생요건을 갖추어야 효력이 발생하는데 이들 요건을 충족하지 못한 경우에 하자 있는 행정행위가 된다. 행정행위의 하자는 '위법한 행위'와 '부당한 행위'를 포함하는 관념이다.

2. 행정행위 부존재와 무효의 구별문제

행정행위가 그 성립요건의 중요한 요소를 결여함으로써 행정행위라고 볼 수 있는 외형상의 존재가 없는 경우를 행정행위의 부존재 · 불성립이라고 한다. 행정행위의 부존재와 무효를 구별할 것인지에 대해서는 부정설과 긍정설이 대립하고 있다.

02 행정행위의 무효와 취소의 구별

1. 개설

행정행위의 무효는 행정행위로서 외형은 있으나 그 하자가 중대명백하여 처음부터 행정행위로서 효력이 전혀 발생하지 않는 경우를 말한다. 취소할 수 있는 행정행위는 행정행위에 하자가 있지만 권한 있는 기관의 취소가 있기 전까지는 유효한 행위로서 효력을 가지며, 그 취소로 인하여 비로소 행정행위의 성립 당시로 소급하여 행정행위로서의 효력을 상실하게 되는 행정행위를 말한다.

2. 무효와 취소의 구별실익 2013 · 2014 기출

구분	행정행위의 무효	행정행위의 취소
효력	처음부터 당연히 효력발생 없음	취소될 때까지 유효
선결문제	민 · 형사법원이 선결적 무효 판단	민 · 형사법원이 선결적 취소 불가
공정력	부정	인정
하자의 치유 · 전환	전환문제	치유문제
하자의 승계	당연승계	둘 이상의 행위가 동일한 법효과를 목적으로 결합하는 경우 승계 인정

쟁송방법	무효확인심판・무효확인소송, 무효선언의 미의 취소소송(판례)	취소심판・취소소송
제소기간	제한 없음	제한
사정재결 및 사정판결	부정	인정
불가쟁력	부정	인정

3. 무효와 취소의 구별기준 2014 기출

(1) 학설

여러 학설이 있지만 행정행위의 하자가 중대한 법규위반이고 또한 외관상 명백한 것인 때는 무효이지만 이 두 요건을 충족하지 않으면 취소할 수 있을 뿐이라는 중대・명백성설이 통설・판례의 입장이다.

(2) 판례의 경향

대법원의 다수의견은 중대・명백설을 채택하고 있지만 반대의견은 명백성 보충설을 취하고 있다.

판례

중대명백설

하자 있는 행정처분이 당연무효가 되기 위하여는 그 하자가 법규의 중요한 부분을 위반한 중대한 것으로서 객관적으로 명백한 것이어야 하며 하자가 중대하고 명백한 것인지 여부를 판별함에 있어서는 그 법규의 목적, 의미, 기능 등을 목적론적으로 고찰함과 동시에 구체적 사안 자체의 특수성에 관하여도 합리적으로 고찰함을 요한다[대판(전합) 1995. 7. 11. 94누4615].

공유수면에 대한 적법한 사용인지 무단 사용인지의 여부에 관한 판단을 그르쳐 변상금부과처분을 할 것을 사용료 부과처분을 한 경우, 중대한 하자라 볼 수 없다.

적법한 사용이든 무단 사용이든 그 공유수면 점・사용으로 인한 대가를 부과할 수 있다는 점은 공통된 것이고, 적법한 사용인지 무단 사용인지의 여부에 관한 판단은 사용관계에 관한 사실 인정과 법적 판단을 수반하는 것으로 반드시 명료하다고 할 수 없으므로, 그러한 판단을 그르쳐 변상금 부과처분을 할 것을 사용료 부과처분을 하거나 반대로 사용료 부과처분을 할 것을 변상금 부과처분을 하였다고 하여 그와 같은 부과처분의 하자를 중대한 하자라고 할 수는 없다(대판 2013. 4. 26. 2012두20663).

03 구체적인 무효사유와 효과

1. 무효사유

(1) 주체에 관한 하자

① 정당한 권한을 가지지 않은 행정기관의 행위

㉠ 공무원이 아닌 자의 행위: 임용결격사유로 공무원임용이 무효 또는 취소된 자가 공무원으로서 행한 행위 및 면직 후 또는 임기만료 후에 공무원으로서 행한 행위는 원칙적 무효이다. 다만, 상대방이 당해 공무원이 정당한 권한을 가지고 있는 것으로 믿을 만한 상당한 이유가 있는 경우에는 상대방의 신뢰보호를 위하여 당해 행정행위가 유효가 될 수 있다(사실상 공무원 이론).

㉡ 적법하게 구성되지 아니한 합의기관의 행위: 적법한 소집이 없었던 경우, 정족수를 결여한 경우, 결격자를 참여시킨 경우와 같이 구성에 중대한 흠이 있는 합의기관의 행위는 원칙적으로 무효이다.

판례

입지선정위원회의 구성방법과 절차가 주민대표나 주민대표 추천에 의한 전문가의 참여 없이 이루어지는 등 위법한 경우, 그 의결에 터잡아 이루어진 폐기물처리시설 입지결정처분은 무효이다.

구 폐기물처리시설 설치촉진 및 주변지역 지원 등에 관한 법률에 정한 입지선정위원회가 그 구성방법 및 절차에 관한 같은 법 시행령의 규정에 위배하여 군수와 주민대표가 선정·추천한 전문가를 포함시키지 않은 채 임의로 구성되어 의결을 한 경우, 그에 터잡아 이루어진 폐기물처리시설 입지결정처분의 하자는 중대한 것이고 객관적으로도 명백하므로 무효사유에 해당한다(대판 2007. 4. 12. 2006두20150).

㉢ 다른 기관의 필요적 협력을 결여한 경우: 일정한 행위가 다른 기관의 의결·협의·인가 등의 협력을 받을 것을 법정요건으로 한 경우 그 다른 기관의 협력을 받지 않고 행한 행정행위는 원칙적으로 무효이다.

② **행정기관의 권한 외의 사항**

행정기관의 권한에는 사무의 성질 및 내용에 따르는 제약이 있고, 지역적·대인적으로 한계가 있으므로 이러한 권한의 범위를 넘어서는 무권한의 행위는 원칙적으로 무효이다. 단, 무권한의 하자라도 중대·명백하지 않은 경우 취소사유가 된다.

판례

형식적으로 권한이 없지만 취소사유로 본 경우

1. 5급 이상의 국가정보원 직원에 대해 임면권자인 대통령이 아닌 국가정보원장이 행한 의원면직처분은 하자가 중대한 것으로 볼 수 없고 당연무효인 것은 아니다(대판 2007. 7. 26. 2005두15748).
2. 적법한 권한 위임 없이 세관출장소장에 의하여 행하여진 관세부과처분은 그 하자가 중대하기는 하지만 객관적으로 명백하다고 할 수 없어 당연무효는 아니다(대판 2004. 11. 26. 2003두2403).
3. 행정관청 내부의 사무처리규정에 불과한 전결규정에 위반하여 원래의 전결권자 아닌 보조기관 등이 처분권자인 행정관청의 이름으로 행정처분을 하였다고 하더라도 그 처분이 권한 없는 자에 의하여 행하여진 무효의 처분이라고는 할 수 없다(대판 1998. 2. 27. 97누1105).

형식적으로 권한이 없어 무효로 본 경우

단속 경찰관이 자신의 명의로 운전면허행정처분통지서를 작성·교부하여 행한 운전면허정지처분은 권한 없는 자에 의하여 행하여진 점에서 무효의 처분에 해당한다(대판 1997. 5. 16. 97누2313).

③ **행정기관의 의사에 결함이 있는 행위**

㉠ 의사능력이 없는 자의 행위: 공무원의 심신상실 중의 행위, 저항할 수 없을 정도의 강박으로 인한 행위는 무효이다(단순한 착오·사기·강박에 의한 행위는 취소사유).

㉡ 행위능력 없는 자의 행위: 공무원이 될 수 없는 결격사유인 피성년후견인에 해당하는 공무원의 행위는 원칙적 무효이다(단, 사실상 공무원의 행위로 유효로 되는 경우 있음).

(2) 내용에 관한 하자

① **내용이 실현불능인 행위**: 행정행위의 내용이 사실상·법률상 실현가능성이 없는 경우 당연무효이다.

판례

착오라도 행정재산매각처분은 무효이다.

행정재산은 공유물로서 이른바, 사법상 거래의 대상이 되지 아니하는 불융통물이므로 이러한 행정재산을 관계당국이 모르고 매각처분하였다면 그 매각처분은 무효이다(대판 1967. 6. 27. 67다806).

참고

기출지문상 무효사례

1. 조세완납자에 대한 체납처분
2. 부동산을 양도한 사실이 없음에도 세무당국의 착오로 인한 양도소득세 부과
3. 존재하지 않는 토지에 대한 수용재결
4. 적법한 건물에 대한 대집행
5. 체납자 아닌 제3자 소유물건에 대한 압류처분

② **내용이 불명확한 행위**: 특정되지 않은 건물철거계고처분처럼 행정행위의 내용이 사회통념상 인식할 수 없을 정도로 불명확한 행정행위는 무효이다.

판례

의무의 내용이 특정되지 않은 대집행계고는 무효이다.

행정대집행법 제3조 제1항에 의한 대집행의 계고를 함에 있어서는 의무자가 스스로 이행하지 아니한 경우 대집행할 행위의 내용을 구체적으로 특정하여야 하며, 그 이행의무의 내용이 구체적으로 특정되지 아니한 계고처분은 위법무효이다(대판 1985. 9. 10. 85누257).

(3) 절차에 관한 하자

① **상대방의 동의 또는 신청을 결한 행위**: 상대방의 신청 또는 동의를 필수적 절차로 규정하고 있는 경우 이를 결여한 상태에서의 행정행위는 무효이다. 신청 없는 특허나 인가는 무효이다.

② **필요한 공고·통지 없이 한 행위**: 법령이 행정행위의 상대방 또는 이해관계인에게 권리의 주장 또는 이의신청의 기회를 주기 위하여 행정행위를 하기 전에 일정한 공고 또는 통지를 하도록 규정하는 경우, 이를 결여한 처분에 대해 판례는 일반적으로 취소사유로 보고 있다.

③ **필요한 이해관계인의 참여 또는 협의를 결여한 행위**: 체납자 등의 참여 없이 행한 조세체납처분으로서의 재산압류, 사전 토지소유자와 관계인 사이의 협의를 거침이 없이 행한 토지수용의 재결 등에 대해 판례는 주로 취소사유로 본다.

판례

기업자의 과실로 인하여 토지소유자나 관계인을 알지 못하여 그들로 하여금 참가케 하지 아니하고 한 수용재결이 당연무효라 할 수 없다.

기업자의 과실로 인하여 토지소유자나 관계인을 알지 못하여 그들로 하여금 참가케 하지 아니하고 수용재결을 하여 그 절차가 위법이라 하여도 그것이 그 사유만 가지고는 당연무효라고 할 수 없으므로 수용재결의 상대방인 토지소유자가 사망자라는 이유만으로는 그 수용재결이 당연무효라고 할 수 없다(대판 1971. 5. 24. 70다1459).

④ **필요한 청문 또는 변명의 기회를 주지 아니한 행위**: 원칙적으로 무효로 보는 것이 다수설이나 판례는 취소사유로 보는 경향이 강하다.

판례

사전통지나 의견제출 기회를 주지 않은 침익적 처분은 위법하고 취소를 면할 수 없다.

행정청이 침해적 행정처분을 함에 있어서 당사자에게 위와 같은 사전통지를 하거나 의견제출의 기회를 주지 아니하였다면 사전통지를 하지 않거나 의견제출의 기회를 주지 아니하여도 되는 예외적인 경우에 해당하지 아니하는 한 그 처분은 위법하여 취소를 면할 수 없다(대판 2000. 11. 14. 99두5870).

⑤ **중대한 절차하자로 무효로 본 경우**

㉠ **환경영향평가 관련**: 환경영향평가의 내용이 다소 부실하더라도 이에 기한 개발승인의 처분이 위법하게 되는 것이 아니지만 환경영향평가를 실시하여야 할 사업에 대하여 환경영향평가를 거치지 아니하였음에도 승인 등 처분을 한 경우, 그 행정처분은 무효라는 것이 판례이다.

판례

환경영향평가를 실시하여야 할 사업에 대하여 환경영향평가를 거치지 아니하였음에도 승인 등 처분을 한 경우, 그 행정처분은 당연무효이다.

환경영향평가를 거쳐야 할 대상사업에 대하여 환경영향평가를 거치지 아니하였음에도 불구하고 승인 등 처분이 이루어진다면, 사전에 환경영향평가를 함에 있어 평가대상지역 주민들의 의견을 수렴하고 그 결과를 토대로 하여 환경부장관과의 협의내용을 사업계획에 미리 반영시키는 것 자체가 원천적으로 봉쇄되는 바, 이렇게 되면 환경파괴를 미연에 방지하고 쾌적한 환경을 유지・조성하기 위하여 환경영향평가제도를 둔 입법 취지를 달성할 수 없게 되는 결과를 초래할 뿐만 아니라 환경영향평가대상지역 안의 주민들의 직접적이고 개별적인 이익을 근본적으로 침해하게 되므로, 이러한 행정처분의 하자는 법규의 중요한 부분을 위반한 중대한 것이고 객관적으로도 명백한 것이라고 하지 않을 수 없어, 이와 같은 행정처분은 당연무효이다(대판 2006. 6. 30. 2005두14363).

㉡ **과세전적부심사의 절차 위반**: 필수적으로 거쳐야 할 과세전적부심사를 위반한 과세처분은 무효라는 것이 판례이다.

판례

필수적으로 거쳐야 할 과세전적부심사를 위반한 과세처분은 무효이다.

특별한 사정이 없는 한, 과세예고 통지 후 과세전적부심사 청구나 그에 대한 결정이 있기도 전에 과세처분을 하는 것은 원칙적으로 과세전적부심사 이후에 이루어져야 하는 과세처분을 그보다 앞서 함으로써 과세전적부심사 제도 자체를 형해화시킬 뿐만 아니라 과세전적부심사 결정과 과세처분 사이의 관계 및 불복절차를 불분명하게 할 우려가 있으므로, 그와 같은 과세처분은 납세자의 절차적 권리를 침해하는 것으로서 절차상 하자가 중대하고도 명백하여 무효이다(대판 2016. 12. 27. 2016두49228).

㉢ 도시계획변경 절차 위반 : 「도시계획법」 제12조 소정의 적법한 도시계획 변경절차를 거치지 아니한 채 실질적으로 도시계획결정의 변경을 가져오는 내용의 지적고시도면에 대한 지적승인의 효력은 당연무효이다.

판례

「도시계획법」 제12조 소정의 적법한 도시계획 변경절차를 거치지 아니한 채 실질적으로 도시계획결정의 변경을 가져오는 내용의 지적고시도면에 대한 지적승인의 효력은 무효이다.

도시계획결정고시 및 그 도면에 의하여도 특정 토지가 그 도시계획에 포함되지 않음이 명백한데도 지적고시도면에는 마치 위 토지가 도시계획에 포함된 것처럼 되어 있다면 그에 대한 지적승인은 실질적으로 도시계획결정의 변경을 초래하는 것으로 도시계획법 제12조 소정의 적법한 도시계획 변경절차를 거치지 않는 한 당연무효라고 할 것이다(대판 2000. 3. 23. 99두11851).

⑥ **법령상 필요한 타 기관의 협력을 받지 않고 행한 행위** : 필요적인 의결기관이나 동의기관의 의결을 거치지 않은 행정청의 결정은 무효사유이다. 판례는 심의나 자문을 거치지 않은 행위는 원칙적 취소사유라는 입장이다.

판례

도지사의 인사교류안 작성과 그에 따른 인사교류의 권고가 전혀 이루어지지 않은 상태에서의 인사교류처분은 무효이다.

도지사의 인사교류안 작성과 그에 따른 인사교류의 권고가 전혀 이루어지지 않은 상태에서 행하여진 관할구역 내 시장의 인사교류에 관한 처분은 지방공무원법 제30조의2 제2항의 입법 취지에 비추어 그 하자가 중대하고 객관적으로 명백하여 당연무효이다(대판 2005. 6. 24. 2004두10968).

행정청이 학교환경위생정화구역 내에서 금지행위 및 시설의 해제 여부에 관한 행정처분을 하면서 학교환경위생정화위원회의 심의를 누락한 경우 처분은 취소사유에 해당한다.

금지행위 및 시설의 해제 여부에 관한 행정처분을 하면서 절차상 위와 같은 심의를 누락한 흠이 있다면 그와 같은 흠을 가리켜 위 행정처분의 효력에 아무런 영향을 주지 않는다거나 경미한 정도에 불과하다고 볼 수는 없으므로, 특별한 사정이 없는 한 이는 행정처분을 위법하게 하는 취소사유가 된다(대판 2007. 3. 15. 2006두15806).

다만, 절차상의 하자가 행정행위의 효력에 영향을 미치지 않을 정도의 하자로는 행정행위를 취소할 수 없다.

판례

절차상의 하자가 처분의 효력에 영향을 미치지 않는다는 판례

1. 도시계획심의위원회의 심의를 거치지 않고 개발행위의 허가신청이 허가기준에 맞지 않다는 이유로 불허가를 한 경우 불허가처분에 취소사유에 이를 정도의 절차상 하자로 볼 수 없다(대판 2015. 10. 29. 2012두28728).
2. 민원 1회방문 처리제를 시행하는 절차의 일환으로 민원사항의 심의·조정 등을 위한 민원조정위원회를 개최하면서 민원인에게 회의일정 등을 사전에 통지하지 아니하였다 하더라도, 이러한 사정만으로 곧바로 민원사항에 대한 행정기관의 장의 거부처분에 취소사유에 이를 정도의 흠이 존재한다고 보기는 어렵다(대판 2015. 8. 27. 2013두1560).

참고

기출지문상 무효사례

1. 공무원에 대해 징계위원회의 의결을 거치지 않은 징계처분
2. 도지사의 인사교류안 작성과 그에 따른 인사교류의 권고가 전혀 이루어지지 않은 상태에서 행해진 관할구역 내 시장의 인사교류에 관한 처분
3. 학교법인 이사회의 승인의결 없이 한 기본재산교환허가신청에 대한 감독청의 교환허가

기출지문상 취소사례

1. 필요한 자문을 결여한 경우
2. 2 이상의 시·도에 걸친 노선업종에 있어서 노선시설이나 변경과 관련되는 사업계획변경 인가처분이 미리 관계 도지사와 협의를 거치지 아니하고 행해진 경우

(4) 형식에 관한 하자 2014 기출

처분을 문서로 해야 하는 경우 문서에 의하지 않은 처분은 원칙적 무효에 해당한다.

판례

처분을 할 때에 문서로 하여야 하는 「행정절차법」 제24조 제1항을 위반한 처분은 하자가 중대·명백하여 무효이다.

행정절차에 관한 일반법인 행정절차법은 제24조 제1항에서 "행정청이 처분을 할 때에는 다른 법령 등에 특별한 규정이 있는 경우를 제외하고는 문서로 하여야 하며, 전자문서로 하는 경우에는 당사자 등의 동의가 있어야 한다. 다만 신속히 처리할 필요가 있거나 사안이 경미한 경우에는 말 또는 그 밖의 방법으로 할 수 있다."라고 정하고 있다. 이 규정은 처분내용의 명확성을 확보하고 처분의 존부에 관한 다툼을 방지하여 처분상대방의 권익을 보호하기 위한 것이므로, 이를 위반한 처분은 하자가 중대·명백하여 무효이다(대판 2019. 7. 11. 2017두38874).

2. 위헌법률에 근거한 행정처분의 효력

(1) 위헌결정과 소급효

① **해당 사건과 병행사건**: 헌법재판소와 대법원은 공통적으로 위헌제청한 해당 사건과 위헌제청신청은 아니하였지만 당해 법률 또는 법률의 조항이 재판의 전제가 되어 법원에 계속 중인 사건(병행사건)에는 위헌결정의 효력이 미친다고 본다.

② **일반사건**: 위헌결정 이후에 이 법률의 위헌을 이유로 제소된 일반사건에 대해서도 소급효가 미칠 것인가에 대해서는 차이가 있다. 대법원은 당해 사건, 병행사건뿐 아니라 위헌결정 이후에 이를 이유로 제소된 일반사건에 대해서도 위헌결정의 소급효가 원칙적으로 미치지만 당해 처분에 이미 불가쟁력이 발생하였거나 법적 안정성과 신뢰보호의 요청이 현저한 경우에는 소급효를 제한하고 있다.

(2) 불가쟁력이 발생한 처분에 대한 위헌결정의 소급효

① **대법원**: 대법원은 불가쟁력이 발생한(쟁송기간이 도과하여 확정력이 발생한) 행정처분에는 위헌결정의 소급효가 적용되지 않는다고 한다.

판례

이미 취소소송의 제기기간을 경과하여 확정력이 발생한 행정처분의 경우에는 위헌결정의 소급효가 미치지 않는다.

위헌결정의 효력은 그 결정 이후에 당해 법률이 재판의 전제가 되었음을 이유로 법원에 제소된 일반사건에도 미치므로, 당해 법률에 근거하여 행정처분이 발하여진 후에 헌법재판소가 그 행정처분의 근거가 된 법률을 위헌으로 결정하였다면 결과적으로 행정처분은 법률의 근거가 없이 행하여진 것과 마찬가지가 되어 하자가 있는 것이 되나, 이미 취소소송의 제기기간을 경과하여 확정력이 발생한 행정처분의 경우에는 위헌결정의 소급효가 미치지 않는다고 보아야 할 것이다(대판 2002. 11. 8. 2001두3181).

② **헌법재판소**: 이에 대해 헌법재판소는 예외적인 경우에 행정처분이 당연무효가 되어 쟁송기간 경과 후에도 무효확인을 구할 수 있다고 보고 있다.

판례

위헌법률에 근거한 처분에 대해 후행처분이 필요한데 아직 이루어지지 않은 경우 예외적 무효확인 가능

행정처분 자체의 효력이 쟁송기간경과 후에도 존속 중인 경우, 특히 그 처분이 위헌법률에 근거하여 내려진 것이고 그 행정처분의 목적달성을 위하여서는 후행정처분이 필요한데 후행정처분은 아직 이루어지지 않은 경우, 그 행정처분은 무효로 하더라도 법적 안정성을 크게 해치지 않는 반면에 그 하자가 중대하여 그 구제가 필요한 경우에 대하여서는 그 예외를 인정하여 당연무효로 보아 쟁송기간경과 후에도 무효확인을 구할 수 있는 것으로 보아야 한다(헌재 1994. 6. 30. 92헌바23).

(3) 위헌법률에 근거한 행정처분의 효력 2019 기출

법률이 헌법에 위반된다는 사정은 헌법재판소의 위헌결정이 있기 전에는 객관적으로 명백한 것이라고 할 수 없으므로 특별한 사정이 없는 한 이러한 하자는 위 행정처분의 취소사유에 해당한다는 것이 판례이다.

판례

법률에 근거한 행정처분 후에 법률이 위헌결정된 경우 취소사유에 해당

일반적으로 법률이 헌법에 위반된다는 사정은 헌법재판소의 위헌결정이 있기 전에는 객관적으로 명백한 것이라고 할 수 없으므로 특별한 사정이 없는 한 이러한 하자는 위 행정처분의 취소사유에 해당할 뿐 당연무효 사유는 아니라고 보아야 한다(대판 2000. 6. 9. 2000다16329).

다만, 이미 위헌결정이 난 법률을 다시 집행한 처분은 무효라는 것이 판례이다.

판례

이미 위헌결정이 난 법률에 근거한 행정처분은 당연무효이다.

구 택지소유상한에관한법률 전부에 대한 위헌결정 이전에 이미 택지초과소유부담금 부과처분과 압류처분 및 이에 기한 압류등기가 이루어지고 위 각 처분이 확정되었다고 하여도, 위헌결정 이후에 별도의 행정처분으로서 다른 재산에 대한 압류처분, 징수처분 등 체납처분절차를 진행하였다면 이는 근거되는 법률이 없는 것이어서 그 하자가 중대하고 명백하여 당연무효라고 하지 않을 수 없다(대판 2002. 6. 28. 2001다60873).

3. 무효와 취소의 구별의 어려움

(1) 무효 · 취소 구별의 상대성

현행 「행정소송법」 제4조는 취소소송과 무효등확인소송을 서로 다른 별개의 행정소송으로 규정하고 있다. 그러나 양 소송의 유형을 구분짓는 행정처분의 무효 또는 취소사유의 구별이 상대화되어 감에 따라 실제 위법사유와 소송형식이 불일치하는 경우에 법원은 어떠한 판결을 해야 하는지가 문제된다.

(2) 무효선언의미에서의 취소소송

당사자가 취소소송을 제기하였으나 심리결과 처분의 하자가 중대 · 명백하여 당연무효의 사유로 밝혀진 경우 판례는 이른바 무효선언의미에서의 취소판결을 할 수 있다는 입장이다. 다만 제소기간의 준수 등 취소소송의 제소요건을 갖추어야 한다. 취소소송의 요건을 갖추지 못한 경우 각하판결을 한다는 것이 판례이다(대판 1987. 6. 9. 87누219).

판례

당연무효선언의미의 취소소송에는 취소소송의 제소요건을 갖추어야 한다. 2019 · 2022 · 2024 기출

행정처분의 당연무효를 선언하는 의미에서의 취소를 구하는 청구도 외관상 존재하고 있는 행정처분에 관하여 권한 있는 기관에 의한 취소를 구하는 것인 점에서 하나의 항고소송이라 할 것이므로 전치절차와 그 제소기간의 준수 등 취소소송의 제소요건을 갖추어야 한다(대판 1982. 12. 28. 81누72).

(3) 취소사유인 처분에 대해 무효등확인소송을 제기한 경우

일반적으로 행정처분의 무효확인을 구하는 소에는 원고가 그 처분의 취소를 구하지 아니한다고 밝히지 아니한 이상 그 처분이 만약 당연무효가 아니라면 그 취소를 구하는 취지도 포함되어 있는 것으로 보아야 한다고 하여 이를 허용하는 것이 판례이다. 다만 취소소송의 요건을 갖추지 못한 경우에는 당해 무효등확인소송에서도 기각판결을 내려야 한다.

판례

취소사유인 처분에 대해 무효확인소송을 제기한 경우

일반적으로 행정처분의 무효확인을 구하는 소에는 원고가 그 처분의 취소를 구하지 아니한다고 밝히지 아니한 이상 그 처분이 만약 당연무효가 아니라면 그 취소를 구하는 취지도 포함되어 있는 것으로 보아야 한다(대판 1994. 12. 23. 94누477).

04 하자 있는 행정행위의 치유와 전환

1. 하자 있는 행정행위의 치유

(1) 의의

행정행위 성립 당시에는 흠이 있었으나 사후에 요건이 보완되거나 흠이 경미하거나 취소할 필요가 없다고 인정되는 경우 성립 당시의 흠이 있음에도 불구하고 그 효력을 유지하는 것을 뜻한다.

(2) 허용성

하자 있는 행정행위의 치유는 행정행위의 성질이나 법치주의의 관점에서 볼 때 원칙적으로 허용될 수 없는 것이고 예외적으로 행정행위의 무용한 반복을 피하고 당사자의 법적 안정성을 위해 이를 허용하는 때에도 국민의 권리나 이익을 침해하지 않는 범위에서 구체적 사정에 따라 합목적적으로 인정하여야 할 것이다(대판 2001. 6. 26. 99두11592).

(3) 인정범위

① **취소할 수 있는 하자일 것**: 무효인 행정행위는 어떠한 효력도 발생하지 않으므로 치유가 인정될 수 없다.

판례

당연무효인 처분은 하자가 치유되지 않는다.

원고가 국가공무원으로 임용된 뒤 명예퇴직하였으나 임용 전에 당시 국가공무원법상의 임용결격사유가 있었으면 국가가 과실에 의하여 이를 밝혀내지 못하였다고 하더라도 그 임용행위는 당연무효이고 그 하자가 치유되는 것은 아니어서 퇴직급여청구신청을 반려하는 처분은 적법하다(대판 1996. 4. 12. 95누18857).

② **내용상의 하자치유 여부**: 판례는 행정행위의 내용에 관한 하자치유를 인정하지 않는다.

판례

내용상의 하자치유를 부정한 판례

사건처분에 관한 하자가 행정처분의 내용에 관한 것이고 새로운 노선면허가 이 사건 소제기 이후에 이루어진 사정 등에 비추어 하자의 치유를 인정치 않은 원심의 판단은 정당하고, 거기에 소론이 지적하는 바와 같은 법리오해의 위법이 있다 할 수 없다(대판 1991. 5. 28. 90누1359).

(4) 하자의 치유사유와 시간적 한계

① **하자치유의 사유**: 하자의 치유가 인정되는 사유로는 흠결된 요건의 사후보완이 있다. 예를 들어 처분 당시의 이유제시의 흠결을 처분 후 사후제시하여 보완하는 것이다.

판례

하자의 치유에 대한 판례

1. LPG충전사업허가의 경우 인근주민의 동의를 받아야 함에도 이를 받지 않은 자에게 허가가 발령되어 경원자가 그 신규사업허가의 취소를 구한 소송에서 처분 후 동의를 받았다는 이유로 그 하자가 치유되지 않는다(대판 1992. 5. 8. 91누13274).

2. 재건축조합설립인가처분 당시 동의율을 충족하지 못한 하자는 후에 추가동의서가 제출되었다는 사정만으로 치유될 수 없다(대판 2013. 7. 11. 2011두27544).
3. 적법한 절차를 거쳐 공시된 개별공시지가결정이 종전의 위법한 공시지가결정과 그 내용이 동일하다는 사정만으로 그 개발부담금 부과처분의 하자가 치유되는 것은 아니다(대판 2001. 6. 26. 99두11592).
4. 세액산출근거의 기재사항이 누락된 납세고지의 하자는 납세의무자가 그 산출근거를 사실상 알고 있다는 사실만으로 치유되지 않는다(대판 2002. 11. 13. 2001두1543).
5. 증여세부과처분(납세고지서)에 기재사항이 누락된 경우라도 앞서 보낸 과세예고통지서에 기재사항이 제대로 기재된 경우 그 하자가 치유된다(대판 2001. 3. 27. 99두8039).
6. 청문서 도달기간을 다소 어겼더라도 스스로 청문일에 출석하여 의견진술 등을 한 경우 청문서 도달 기간의 하자가 치유된다(대판 1992. 10. 23. 92누2844).
7. 행정처분의 상대방에 대한 청문통지서가 반송되었다거나, 행정처분의 상대방이 청문일시에 불출석하였다는 이유로 청문을 실시하지 아니하고 한 침해적 행정처분은 위법하다(대판 2001. 4. 13. 2000두3337).

② **하자의 치유의 시간적 한계**: 판례는 하자의 치유는 늦어도 당해 처분에 대한 쟁송제기 이전에는 이루어져야 한다는 입장이나 징계처분의 하자의 경우에는 징계처분과 재심절차가 본래 하나의 징계절차를 이루고 있는 것이므로 재심절차에서 그 치유가 가능하다고 본다.

판례

상고심 계속 중에는 하자의 치유가 인정되지 않는다.

세액산출근거가 누락된 납세고지서에 의한 과세처분의 하자의 치유를 허용하려면 늦어도 과세처분에 대한 불복 여부의 결정 및 불복신청에 편의를 줄 수 있는 상당한 기간 내에 하여야 한다고 할 것이므로 위 과세처분에 대한 전심절차가 모두 끝나고 상고심의 계류중에 세액산출근거의 통지가 있었다고 하여 이로서 위 과세처분의 하자가 치유되었다고 볼 수 없다(대판 1993. 7. 13. 92누13981).

징계처분에 대한 재심절차에서 하자의 치유가 인정된다.

징계처분에 대한 재심절차는 원래의 징계절차와 함께 전부가 하나의 징계처분 절차를 이루는 것으로서 그 절차의 정당성도 징계 과정 전부에 관하여 판단되어야 할 것이므로, 원래의 징계 과정에 절차 위반의 하자가 있더라도 재심 과정에서 보완되었다면 그 절차 위반의 하자는 치유된다(대판 1999. 3. 26. 98두4672).

(5) 하자의 치유의 효과

성립 당시 하자 있는 행정행위가 소급적으로 적법한 행정행위의 효력을 유지하게 된다.

2. 하자 있는 행정행위의 전환

(1) 의의

하자 있는 행정행위를 하자 없는 다른 행정행위로서 효력을 발생하게 하는 것을 뜻한다. 예를 들어 사자에 대한 조세부과처분은 무효이나 이를 그 상속인에 대한 조세부과처분으로 전환하여 유효하게 하는 경우이다.

(2) 요건

① 무효인 행정행위와 전환하려고 하는 다른 행정행위의 사이에 요건·목적·효과에 있어서 실질적 공통성이 있을 것

② 다른 행정행위의 성립·발효요건을 갖추고 있을 것

③ 무효인 행정행위를 한 행정청의 의도에 반하는 것이 아닐 것
④ 당사자가 그 전환을 의욕하는 것으로 인정될 것
⑤ 제3자의 이익을 침해하지 않을 것
⑥ 행위의 중복을 회피하는 의미가 있을 것

(3) 전환의 효과

① 전환으로 인해 생긴 새로운 행정행위는 종전의 행정행위의 발령 당시로 소급하여 효력을 발생한다.
② 전환된 행정행위에 대해서는 행정심판이나 행정소송을 통해 다툴 수 있다.

판례

행정행위의 전환의 소급효

이미 사망한 자를 제3채무자로 표시한 압류 및 전부명령이 있었다고 하더라도 이러한 오류는 위와 같은 경정결정에 의하여 시정될 수 있다고 할 것이므로, 채권압류 및 전부명령의 제3채무자의 표시를 사망자에서 그 상속인으로 경정하는 결정이 있고 그 경정결정이 확정되는 경우에는 당초의 압류 및 전부명령 정본이 제3채무자에게 송달된 때에 소급하여 제3채무자가 사망자의 상속인으로 경정된 내용의 압류 및 전부명령의 효력이 발생한다(대판 1998. 2. 13. 95다15667).

행정행위의 전환을 행정처분으로 본 판례

귀속재산을 불하받은 자가 사망한 후에 그 수불하자에 대하여 한 그 불하처분은 사망자에 대한 행정처분이므로 무효이지만 그 취소처분을 수불하자의 상속인에게 송달한 때에는 그 송달시에 그 상속인에 대하여 다시 그 불하처분을 취소한다는 새로운 행정처분을 한 것이라고 할 것이다(대판 1969. 1. 21. 68누190).

05 하자의 승계

1. 의의

둘 이상의 행정행위가 연속적으로 이루어지는 경우, 선행행위에 하자가 있으면 후행행위에는 하자가 없더라도, 그 선행행위의 하자를 이유로 후행행위의 효력을 다툴 수 있는지의 문제를 하자의 승계라 한다.

2. 전제조건 2020 · 2022 기출

① 선행행위, 후행행위 모두 항고소송의 대상이 되는 행정처분일 것
② 선행행위에 무효가 아닌 취소사유인 하자가 존재할 것
③ 선행행위에 불가쟁력이 발생하였을 것
④ 후행행위는 고유한 자체의 하자 없는 적법한 행위일 것

판례

후속처분의 위법을 선행처분의 위법사유로 삼을 수 없다. 2022 기출

계고처분의 후속절차인 대집행에 위법이 있다고 하더라도, 그와 같은 후속절차에 위법성이 있다는 점을 들어 선행절차인 계고처분이 부적법하다는 사유로 삼을 수는 없다(대판 1997. 2. 14. 96누15428).

선행행위가 무효인 경우 그 하자는 당연히 후행행위에 승계되어 후행행위도 무효로 된다.

선행행위가 부존재하거나 무효인 경우에는 그 하자는 당연히 후행행위에 승계되어 후행행위도 무효로 된다. … 행정청의 원고에 대한 원상복구명령은 권한 없는 자의 처분으로 무효라고 할 것이고, 위 원상복구명령이 당연무효인 이상 후행처분인 계고처분의 효력에 당연히 영향을 미쳐 그 계고처분 역시 무효로 된다(대판 1996. 6. 28. 96누4374).

3. 하자의 승계 여부 2014 기출

(1) 원칙

두 개 이상의 행정처분이 연속적으로 행하여지는 경우 선행처분과 후행처분이 서로 결합하여 1개의 법률효과를 완성하는 때에는 선행처분에 하자가 있으면 그 하자는 후행처분에 승계되므로 선행처분에 불가쟁력이 생겨 그 효력을 다툴 수 없게 된 경우에도 선행처분의 하자를 이유로 후행처분의 효력을 다툴 수 있다. 반면 선행처분과 후행처분이 서로 독립하여 별개의 법률효과를 목적으로 하는 때에는 선행처분에 불가쟁력이 생겨 그 효력을 다툴 수 없게 된 경우에는 선행처분의 하자가 중대하고 명백하여 당연무효인 경우를 제외하고는 선행처분의 하자를 이유로 후행처분의 효력을 다툴 수 없는 것이 원칙이다(대판 1994. 1. 25. 93누8542).

(2) 예외

선행처분과 후행처분이 서로 독립하여 별개의 효과를 목적으로 하는 경우에도 선행처분의 불가쟁력이나 구속력이 그로 인하여 불이익을 입게 되는 자에게 수인한도를 넘는 가혹함을 가져오며, 그 결과가 당사자에게 예측가능한 것이 아닌 경우에는 예외적으로 하자가 승계된다.

판례

개별공시지가결정과 이를 기초로 한 과세처분(서로 별개의 독립된 처분이지만 하자승계 인정)

개별공시지가결정은 이를 기초로 한 과세처분 등과는 별개의 독립된 처분으로서 서로 독립하여 별개의 법률효과를 목적으로 하는 것이나, 개별공시지가는 이를 토지소유자나 이해관계인에게 개별적으로 고지하도록 되어 있는 것이 아니어서 토지소유자 등이 개별공시지가결정 내용을 알고 있었다고 전제하기도 곤란할 뿐만 아니라 결정된 개별공시지가가 자신에게 유리하게 작용될 것인지 또는 불이익하게 작용될 것인지 여부를 쉽사리 예견할 수 있는 것도 아니며, … 위법한 개별공시지가결정에 대하여 그 정해진 시정절차를 통하여 시정하도록 요구하지 아니하였다는 이유로 위법한 개별공시지가를 기초로 한 과세처분 등 후행 행정처분에서 개별공시지가결정의 위법을 주장할 수 없도록 하는 것은 수인한도를 넘는 불이익을 강요하는 것으로서 국민의 재산권과 재판받을 권리를 보장한 헌법의 이념에도 부합하는 것이 아니라고 할 것이므로, 개별공시지가결정에 위법이 있는 경우에는 그 자체를 행정소송의 대상이 되는 행정처분으로 보아 그 위법 여부를 다툴 수 있음은 물론 이를 기초로 한 과세처분 등 행정처분의 취소를 구하는 행정소송에서도 선행처분인 개별공시지가결정의 위법을 독립된 위법사유로 주장할 수 있다고 해석함이 타당하다(대판 1994. 1. 25. 93누8542).

표준지공시지가결정과 수용금재결(예외적 인정)
표준지공시지가결정이 위법한 경우에는 그 자체를 행정소송의 대상이 되는 행정처분으로 보아 그 위법 여부를 다툴 수 있음은 물론, 수용보상금의 증액을 구하는 소송에서도 선행처분으로서 그 수용대상 토지 가격 산정의 기초가 된 비교표준지공시지가결정의 위법을 독립한 사유로 주장할 수 있다(대판 2008. 8. 21. 2007두13845).

수인한도를 넘는 불이익이 아니라면 하자의 승계는 인정되지 않는다.
개별토지가격 결정에 대한 재조사청구에 따른 감액조정에 대하여 더 이상 불복하지 아니한 경우, 이를 기초로 한 양도소득세부과처분취소소송에서 다시 개별토지가격 결정의 위법을 당해 과세처분의 위법사유로 주장할 수 없다(대판 1998. 3. 13. 96누6059).

✦ 하자승계의 인정 여부 2016 기출

구분	판례
하자승계가 인정된 판례	• 조세체납처분에서의 독촉·압류·매각·충당의 각 행위 • 행정대집행상의 계고·통지·실행·비용징수 간의 행위 • 암매장분묘개장명령과 계고처분 • 귀속재산의 임대처분과 매각처분 • 한지의사시험자격인정과 한지의사면허처분 • 안경사시험의 합격취소처분과 안경사면허시험취소처분 • 기준지가고시처분과 토지수용처분 • 개별공시지가와 과세처분 또는 개발부담금부과 • 표준지공시지가 결정과 수용(수용금)재결 • 친일반민족행위자 최종발표와 유가족 등에 대한 「독립유공자법」 적용 배제결정
하자승계가 부정된 판례	• 과세처분과 체납처분 • 직위해제처분과 면직처분 • 변상판정과 변상명령 • 도시계획결정과 수용재결처분 • 도시계획시설변경과 사업계획승인처분 • 사업인정과 수용재결처분 2024 기출 • 택지개발승인과 수용재결처분 • 병역법상 보충역편입처분과 공익근무요원소집처분 • 표준공시지가결정과 개별토지가격결정 • 표준공시지가결정과 과세처분 • 감사원의 시정요구결정과 행정처분의 취소

제4절 행정행위의 취소와 철회

01 행정행위의 취소

1. 의의

일단 유효하게 성립한 행정행위에 대하여 성립상의 하자를 이유로 권한 있는 기관이 그 법률상의 효력을 원칙적으로 행위 시에 소급하여 상실시키는 것을 뜻한다.

2. 취소권자와 법적 근거 2016 기출

(1) 취소권자

① **직권취소**: 행정행위를 행한 처분행정청은 별도의 법적 근거가 없더라도 당해 행정행위를 취소할 수 있다. 감독청의 경우 별도의 명문의 규정이 없을 때 감독권에 기해 취소할 수 있는가에 대해 견해대립이 있다.

② **쟁송취소**: 이의신청의 경우 처분청이, 행정심판의 경우 행정심판위원회나 처분행정청 이외의 제3의 기관이, 행정소송의 경우 법원이 취소권자가 된다.

판례

취소소송이 계속 중이라도 직권취소가 가능하다.

변상금부과처분에 대한 취소소송이 진행 중이라도 그 부과권자로서는 위법한 처분을 스스로 취소하고 그 하자를 보완하여 다시 적법한 부과처분을 할 수 있다(대판 2006. 2. 10. 2003두5686).

권한 없는 행정기관이 한 당연무효인 행정처분을 취소할 수 있는 권한은 당해 행정처분을 한 처분청에게 속한다.

권한없는 행정기관이 한 당연무효인 행정처분을 취소할 수 있는 권한은 당해 행정처분을 한 처분청에게 속하고, 당해 행정처분을 할 수 있는 적법한 권한을 가지는 행정청에게 그 취소권이 귀속되는 것이 아니다(대판 1984. 10. 10. 84누463).

(2) 법적 근거

쟁송취소의 경우 「행정심판법」, 「행정소송법」 등 법률의 규정에 의한다. 직권취소의 경우 「행정기본법」(제18조 제1항)에 근거하여 개별법의 규정이 없더라도 가능하다. 2020 기출

행정기본법 제18조 【위법 또는 부당한 처분의 취소】 ① 행정청은 위법 또는 부당한 처분의 전부나 일부를 소급하여 취소할 수 있다. 다만, 당사자의 신뢰를 보호할 가치가 있는 등 정당한 사유가 있는 경우에는 장래를 향하여 취소할 수 있다. 2024 기출
② 행정청은 제1항에 따라 당사자에게 권리나 이익을 부여하는 처분을 취소하려는 경우에는 취소로 인하여 당사자가 입게 될 불이익을 취소로 달성되는 공익과 비교·형량(衡量)하여야 한다. 다만, 다음 각 호의 어느 하나에 해당하는 경우에는 그러하지 아니하다.
1. 거짓이나 그 밖의 부정한 방법으로 처분을 받은 경우
2. 당사자가 처분의 위법성을 알고 있었거나 중대한 과실로 알지 못한 경우

판례

직권취소사유가 존재한다고 해서 이해관계인에게 직권취소를 요구할 신청권은 없다.

원래 행정처분을 한 처분청은 그 처분에 하자가 있는 경우에는 원칙적으로 별도의 법적 근거가 없더라도 스스로 이를 직권으로 취소할 수 있지만, 그와 같이 직권취소를 할 수 있다는 사정만으로 이해관계인에게 처분청에 대하여 그 취소를 요구할 신청권이 부여된 것으로 볼 수는 없다(대판 2006. 6. 30. 2004두701).

3. 취소사유

직권취소와 행정심판을 통한 취소의 경우 위법뿐만 아니라 부당도 취소사유가 되지만, 취소소송의 경우에는 위법만이 취소사유가 된다.

판례

직권취소를 해야 할 필요성에 관한 증명책임은 처분행정청에 있다. 2021 기출
일정한 행정처분으로 국민이 일정한 이익과 권리를 취득하였을 경우에 종전 행정처분을 취소하는 행정처분은 이미 취득한 국민의 기존 이익과 권리를 박탈하는 별개의 행정처분으로 취소될 행정처분에 하자 또는 취소해야 할 공공의 필요가 있어야 하고, 나아가 행정처분에 하자 등이 있다고 하더라도 취소해야 할 공익상 필요와 취소로 당사자가 입게 될 기득권과 신뢰보호 및 법률생활안정의 침해 등 불이익을 비교·교량한 후 공익상 필요가 당사자가 입을 불이익을 정당화할 만큼 강한 경우에 한하여 취소할 수 있는 것이며, 하자나 취소해야 할 필요성에 관한 증명책임은 기존 이익과 권리를 침해하는 처분을 한 행정청에 있다(대판 2012. 3. 29. 2011두23375).

4. 취소권의 제한

행정행위를 취소하는 경우에는 당해 행정행위를 취소함으로써 얻어지는 이익과 그로 인하여 잃게 되는 이익을 비교형량하여 취소로 인해 얻어지는 이익이 큰 경우에만 취소하여야 한다고 본다.

판례

수익적 행정행위의 취소는 공익상 필요가 당사자의 기득권침해 등 불이익을 정당화 할 수 있을 만큼 강한 경우에 한하여 취소할 수 있다.

1. 출생연월일 정정으로 특례노령연금 수급요건을 충족하지 못하게 된 자에 대하여 지급결정을 소급적으로 직권취소하는 것은 적법하다(장기적으로 국민연금기금의 재정적 건전성을 확보하여야 할 공익상 필요가 원고의 신뢰 보호 필요성에 비하여 강하다고 보아야 한다)(대판 2017. 3. 30. 2015두43971).
2. 연금 지급결정을 취소하는 처분이 적법하다고 하여 환수처분도 반드시 적법하다고 판단하여야 하는 것은 아니다(비교·교량할 각 사정이 동일하다고는 할 수 없다)(대판 2017. 3. 30. 2015두43971).
3. 각종 보험급여 등의 지급결정을 변경 또는 취소하는 처분이 적법하다고 하여 그에 터 잡은 징수처분도 반드시 적법하다고 판단해야 하는 것은 아니다(비교·교량할 각 사정이 동일하다고는 할 수 없다)(대판 2014. 7. 24. 2013두27159). 2021 기출

5. 취소의 절차

쟁송취소의 경우 「행정심판법」이나 「행정소송법」의 절차에 의한다. 직권취소의 경우 일반 행정행위와 마찬가지로 「행정절차법」의 절차를 거쳐야 한다. 수익적 행정행위를 직권으로 취소하는 것은 '권리를 제한하는 처분'이므로 「행정절차법」상 사전통지나 의견청취절차를 거쳐야 한다.

6. 취소의 효과 2014 기출

직권취소는 쟁송취소와 달리 특별한 규정이 없는 한 그 효력발생시기도 행정청의 재량으로 정할 수 있으므로 취소원인이 당사자의 귀책사유가 아니면 취소의 효과는 소급하는 것이 아니라 장래에 향하여만 발생할 수 있다. 쟁송취소의 경우 성질상 소급효가 원칙이다. 그러나 판례는 직권취소나 쟁송취소나 원칙적 소급효가 적용되며 다만 취소하기까지의 기득권을 침해할 수 없다고 보고 있다.

판례

영업허가취소처분이 행정쟁송절차에 의하여 취소되었다면 그 영업허가취소처분 이후의 영업행위를 무허가영업이라고 볼 수는 없다.

영업의 금지를 명한 영업허가취소처분 자체가 나중에 행정쟁송절차에 의하여 취소되었다면 그 영업허가취소처분은 그 처분시에 소급하여 효력을 잃게 되며, 그 영업허가취소처분에 복종할 의무가 원래부터 없었음이 확정되었다고 봄이 타당하고, 영업허가취소처분이 장래에 향하여서만 효력을 잃게 된다고 볼 것은 아니므로 그 영업허가취소처분 이후의 영업행위를 무허가영업이라고 볼 수는 없다(대판 1993. 6. 25. 93도277).

행정행위의 직권취소의 소급효와 소급효의 제한

국세 감액결정 처분은 이미 부과된 과세처분에 하자가 있음을 이유로 사후에 이를 일부취소하는 처분이므로, 취소의 효력은 그 취소된 국세 부과처분이 있었을 당시에 소급하여 발생하는 것이고, 이는 판결 등에 의한 취소이거나 과세관청의 직권에 의한 취소이거나에 따라 차이가 있는 것이 아니다(대판 1995. 9. 15. 94다16045).

조세부과처분을 취소하는 행정판결이 확정된 경우 부과처분의 효력은 처분 시에 소급하여 효력을 잃게 되므로 확정된 행정판결은 조세포탈에 대한 무죄를 인정할 명백한 증거에 해당한다.

조세의 부과처분을 취소하는 행정소송판결이 확정된 경우 그 조세부과처분의 효력은 처분시에 소급하여 효력을 잃게 되고 따라서 그 부과처분을 받은 사람은 그 처분에 따른 납부의무가 없다고 할 것이므로 위 확정된 행정판결은 조세포탈에 대한 무죄 내지 원판결이 인정한 죄보다 경한 죄를 인정할 명백한 증거라 할 것이다(대판 1985. 10. 22. 83도2933).

7. 일부취소

외형상 하나의 행정처분이라 하더라도 가분성이 있거나 그 처분대상의 일부가 특정될 수 있다면 그 일부만의 취소도 가능하고 그 일부의 취소는 당해 취소부분에 한하여 효력이 생긴다.

판례

여러 개의 상이에 대한 국가유공자요건비해당처분에 대한 취소소송에서 그중 일부 상이가 국가유공자요건이 인정되는 상이에 해당하고 나머지 상이는 해당하지 않는 경우 비해당처분 전부를 취소할 수 없다.

여러 개의 상이에 대한 국가유공자요건비해당처분에 대한 취소소송에서 그 중 일부 상이가 국가유공자요건이 인정되는 상이에 해당하더라도 나머지 상이에 대하여 위 요건이 인정되지 아니하는 경우에는 국가유공자요건비해당처분 중 위 요건이 인정되는 상이에 대한 부분만을 취소하여야 할 것이고, 그 비해당처분 전부를 취소할 수는 없다고 할 것이다(대판 2012. 3. 29. 2011두9263).

8. 취소의 취소

행정행위를 취소한 후 '그 취소에 하자'가 있다는 이유로 다시 그 취소행위를 취소함으로써 원래의 행정행위의 효력을 회복시킬 수 있는지 문제된다.

(1) 취소에 무효원인이 있는 경우

직권에 의한 취소에 중대하고 명백한 흠이 있으면 그 취소처분은 무효이다. 따라서 원행정행위가 그대로 존속하게 된다.

(2) **취소에 취소원인이 있는 경우** 2020 기출

① **침익적 행정행위에 대한 취소의 취소**: 판례는 침익적 행정행위의 취소의 경우 취소의 취소가 불가능하다고 본다.

판례

과세처분의 취소를 취소함으로써 원부과처분을 소생시킬 수 없다.

설사 조세부과의 취소에 위법사유가 있다고 하더라도 당연무효가 아닌 한 일단 유효하게 성립하여 부과처분을 확정적으로 상실시키는 것이므로, 과세관청은 부과의 취소를 다시 취소함으로써 원부과처분을 소생시킬 수는 없고, 납세의무자에게 종전의 과세대상에 대한 납부의무를 지우려면 다시 법률에서 정한 부과절차에 좇아 동일한 내용의 새로운 처분을 하는 수밖에 없다(대판 1995. 3. 10. 94누7027).

병역처분을 변경한 후 변경을 직권취소하더라도 종전의 병역처분이 되살아난다고 할 수 없다.

지방병무청장이 재신체검사 등을 거쳐 현역병입영대상편입처분을 보충역 편입처분이나 제2국민역 편입처분으로 변경하거나 보충역 편입처분을 제2국민역 편입처분으로 변경하는 경우 비록 새로운 병역처분의 성립에 하자가 있다고 하더라도 그것이 당연무효가 아닌 한 일단 유효하게 성립하고 제소기간의 경과 등 형식적 존속력이 생김과 동시에 종전의 병역처분의 효력은 취소 또는 철회되어 확정적으로 상실된다고 보아야 할 것이므로, 그 후 새로운 병역처분의 성립에 하자가 있었음을 이유로 하여 이를 취소한다고 하더라도 종전의 병역처분의 효력이 되살아난다고 할 수 없다(대판 2002. 5. 28. 2001두9653).

② **수익적 행정행위에 대한 취소의 취소**: 판례는 수익적 행정행위의 취소의 취소를 긍정하지만, 수익적 행정행위의 취소 후 새롭게 형성된 제3자의 권익이 침해되는 경우에는 취소의 취소를 부정한 바 있다.

판례

이사취임승인취소처분을 직권으로 취소한 경우 본래 이사의 지위가 회복된다.

행정청이 의료법인의 이사에 대한 이사취임승인취소처분(제1처분)을 직권으로 취소(제2처분)한 경우에는 그로 인하여 이사가 소급하여 이사로서의 지위를 회복하게 되고, 그 결과 위 제1처분과 제2처분 사이에 법원에 의하여 선임결정된 임시이사들의 지위는 법원의 해임결정이 없더라도 당연히 소멸된다(대판 1997. 1. 21. 96누3401).

02 행정행위의 철회

1. 의의

(1) 개념

행정행위의 철회는 아무런 하자 없이 유효하게 성립된 행정행위의 효력이 그 성립 후에 공익상 그 효력을 더 이상 존속시킬 수 없는 새로운 사정이 발생하였기 때문에 장래에 향하여 그 효력의 전부 또는 일부를 소멸시키는 행정행위를 말한다.

(2) 직권취소와의 차이 2014 기출

행정행위의 철회는 ① 처분청만이 할 수 있고, ② 철회사유가 행정행위 성립 후 발생한 사정에 의하며, ③ 장래에 향해서만 효과를 발생한다는 점에서 차이가 있다.

구분	직권취소	철회
사유	성립상 하자	성립 후 사유
인정취지	하자의 시정	합리적 공익유지
주체	처분청 + 감독청	처분청
법적 근거	불필요	불필요(판례 · 학설대립)
소급효	소급효 긍정 기득권 보호 제한	원칙적 소급효 부정

2. 철회권자

원칙적으로 당해 행정행위의 처분청만이 권한을 가진다. 감독청이 당해 행위를 철회하는 것은 합리적 이유 없이 권한 처분청의 권한을 침해하는 것이므로 감독청은 법률에 특별한 규정이 없는 한 철회권을 가지지 못한다. 그 밖에 행정청이나 법원도 철회권을 가지지 못한다.

3. 법적 근거의 필요성 여부

행정청은 별도의 개별법의 근거가 없더라도 「행정기본법」(제19조 제1항)에 근거하여 철회할 수 있다.

행정기본법 제19조 【적법한 처분의 철회】 ① 행정청은 적법한 처분이 다음 각 호의 어느 하나에 해당하는 경우에는 그 처분의 전부 또는 일부를 장래를 향하여 철회할 수 있다. 2024 기출

1. 법률에서 정한 철회 사유에 해당하게 된 경우
2. 법령등의 변경이나 사정변경으로 처분을 더 이상 존속시킬 필요가 없게 된 경우
3. 중대한 공익을 위하여 필요한 경우

② 행정청은 제1항에 따라 처분을 철회하려는 경우에는 철회로 인하여 당사자가 입게 될 불이익을 철회로 달성되는 공익과 비교 · 형량하여야 한다. 2024 기출

판례

철회는 별도의 법적 근거를 요하지 않는다.

행정행위를 한 처분청은 비록 그 처분 당시에 별다른 하자가 없었고, 또 그 처분 후에 이를 취소할 별도의 법적 근거가 없다 하더라도 원래의 처분을 존속시킬 필요가 없게 된 사정변경이 생겼거나 또는 중대한 공익상의 필요가 발생한 경우에는 그 효력을 상실케 하는 별개의 행정행위로 이를 취소할 수 있다(대판 1996. 6. 9. 95누1194).

행정행위의 상대방 등은 원칙적 적법한 행정행위에 대한 철회나 변경신청권을 갖지 않는다.

처분청이 별도의 법적 근거가 없어도 별개의 행정행위로 이를 철회 · 변경할 수 있지만 이는 그러한 철회 · 변경의 권한을 처분청에게 부여하는 데 그치는 것일 뿐 상대방 등에게 그 철회 · 변경을 요구할 신청권까지를 부여하는 것은 아니라 할 것이다(대판 1997. 9. 12. 96누6219).

4. 철회의 사유(원인)

(1) 법령에 규정된 철회사유 발생

법령에 규정된 철회사유가 발생한 경우 철회할 수 있음은 당연하나 법령에 규정이 없는 사유로 철회할 수 있는지 견해의 대립이 있다.

(2) 사정변경

① **사실관계의 변화**: 행정행위의 기초가 된 사실관계나 법률관계가 변경된 경우 철회할 수 있다(예 도로폐지에 따른 도로점용허가의 철회의 경우).

② **근거 법령의 변경**: 원칙적으로 법령의 변경은 소급효가 없으므로 법령 변경이 행정행위의 효력에 영향을 줄 수 없다. 다만 원래의 행정행위를 철회하는 것이 공익에 합당한 경우에만 가능하다고 할 것이다. 이 경우에는 손실보상의 문제가 생긴다.

③ **철회권 유보의 사유가 발생한 경우**: 부관으로 부가된 철회권 유보사유가 발생한 경우 철회할 수 있다.

④ **상대방의 의무위반의 경우**: 부담의 불이행이나 상대방의 의무불이행의 경우 철회할 수 있다.

⑤ **중대한 공익상의 필요가 요구되는 경우**: 법령에 규정이 없다고 하더라도 중대한 공익상의 필요가 있는 경우 철회할 수 있다는 것이 판례이다.

5. 철회권의 제한

행정행위의 철회사유가 발생하였다고 해서 행정청의 철회는 무제한적인 것이 아니며 이익형량의 원칙, 신뢰보호의 원칙 등 행정법의 일반원칙에 의해 제한된다.

6. 철회의 절차

특별한 규정이 없는 한 일반 행정행위와 같은 절차에 따른다. 수익적 행정행위의 철회는 '권리를 제한하는 처분'이므로 「행정절차법」상 사전통지나 의견청취절차를 거쳐야 한다.

7. 철회의 효과

철회의 효과는 장래에 향하여 행정행위의 효력을 소멸시키는 것이 원칙이다.

8. 철회의 취소

행정행위의 철회에 하자가 있는 경우에 그 취소 여부는 행정행위의 취소의 법리와 동일하게 해석된다(취소의 취소 참조).

9. 일부철회

외형상 하나의 행정처분이라 하더라도 가분성이 있거나 그 처분대상의 일부가 특정될 수 있다면 그 일부만의 철회도 가능하고 그 일부의 철회는 당해 철회부분에 한하여 효력이 생긴다.

판례

종전 처분을 변경하는 내용의 후속처분이 뒤따르는 경우

1. 후속처분이 종전처분을 완전히 대체하는 것이거나 주요 부분을 실질적으로 변경하는 내용인 경우에는 특별한 사정이 없는 한 종전처분은 효력을 상실하고 후속처분만이 항고소송의 대상이 된다.
2. 후속처분의 내용이 종전처분의 유효를 전제로 내용 중 일부만을 추가 · 철회 · 변경하는 것이고 추가 · 철회 · 변경된 부분이 내용과 성질상 나머지 부분과 불가분적인 것이 아닌 경우에는, 후속처분에도 불구하고 종전처분이 여전히 항고소송의 대상이 된다(대판 2015. 11. 19. 2015두295).

03 행정행위의 실효

1. 의의

행정행위의 실효는 성립 당시 적법한 행정행위가 일정한 후발적 사유의 발생으로 장래에 향하여 당연히 효력이 소멸되는 것을 말한다.

2. 실효사유

(1) 부관의 성취

해제조건이 성취되거나 종기가 도래하는 경우 행정행위는 당연히 효력이 소멸된다.

(2) 행정행위 대상의 소멸

행정행위의 대상인 사람의 사망이나 물건의 소멸 등으로 당연히 효력이 소멸된다. 판례는 신청에 의해 영업허가를 받은 자가 자진폐업한 경우, 유기장영업허가를 받은 자가 유기시설을 철거하는 경우에 허가가 실효된다고 보았다.

판례

종전의 결혼예식장영업을 자진폐업한 경우 예식장영업허가는 자동적 소멸한다.

종전의 결혼예식장영업을 자진폐업한 이상 위 예식장영업허가는 자동적으로 소멸하고 위 건물중 일부에 대하여 다시 예식장영업허가신청을 하였다 하더라도 이는 전혀 새로운 영업허가의 신청임이 명백하므로 일단 소멸한 종전의 영업허가권이 당연히 되살아난다고 할 수는 없는 것이고 여기에 종전의 영업허가권이 새로운 영업허가신청에도 그대로 미친다고 보는 기득권의 문제는 발생되지 않는다(대판 1985. 7. 9. 83누412).

(3) 목적의 달성

작위의무가 부과된 경우 이를 이행하는 경우처럼 행정행위의 목적 달성이 이루어진 경우 작위하명의 효력은 실효된다.

(4) 목적 달성의 불가능

특정한 행정행위와 상반되는 내용을 가진 법령이 제정・개정되면서 그 특정한 행위의 효력을 부인하는 규정을 둔 경우, 신법령의 효력발생과 더불어 기존의 특정 행정행위가 실효될 수 있다.

3. 실효의 효과

행정행위의 실효사유가 발생하면 행정청의 '별도의 의사표시 없이' 그때부터 장래를 향하여 당연히 효력이 소멸한다. 실효 여부에 대한 분쟁에 대해서는 실효확인심판이나 실효확인소송을 제기할 수 있다.

Chapter

03 OX로 기초다지기

01 정보통신망을 이용한 송달은 송달받을 자가 지정한 컴퓨터에서 상대방이 확인했을 때 도달된 것으로 본다. O X

02 송달은 우편, 교부 또는 정보통신망 이용의 방법으로 할 수 있다. O X

03 처분의 통지는 행정처분을 상대방에게 표시하는 것으로서 상대방이 인식할 수 있는 상태에 둠으로써 족하고, 객관적으로 보아 행정처분으로 인식할 수 있도록 고지하면 된다. O X

04 처분은 권한이 있는 기관이 취소 또는 철회하거나 기간의 경과 등으로 소멸되기 전까지는 적법한 것으로 통용된다. O X

05 계고처분이 위법한 경우 계고처분의 취소판결이 있어야만 그 위법임을 이유로 피고에게 배상을 청구할 수 있는 것은 아니다. O X

06 행정행위의 공정력은 무효인 행정행위에는 미치지 않는다. O X

01 상대방의 컴퓨터에 입력된 때에 도달된 것으로 본다.

02 「행정절차법」 제14조 제1항

03 통지는 처분을 상대방이 알 수 있는 상태에 놓이면 효력이 발생하는 것이고 반드시 상대방이 현실적으로 인식할 필요는 없다.

04 처분은 권한이 있는 기관이 취소 또는 철회하거나 기간의 경과 등으로 소멸되기 전까지는 유효한 것으로 통용된다. 적법한 것으로 통용되는 것은 아니다.

05 계고처분이 위법한 경우 계고처분을 취소하지 않더라도 위법한 행위로 인한 손해는 배상해야 하므로 취소판결이 없더라도 손해배상을 인정할 수 있다.

06 무효인 행정행위는 처음부터 아무런 효력이 발생하지 않으므로 공정력이 인정되지 않는다.

Answer

01 X　02 O　03 O　04 X　05 O　06 O

07 미성년자가 나이를 속여 운전면허를 발급받은 후 교통사고를 낸 경우 형사소송에서는 무면허 운전자로 취급한다. ○ ×

08 불가변력은 행정행위의 상대방이나 이해관계인을 구속하는 효력이고 불가쟁력은 행정청을 구속하는 효력이다. ○ ×

09 불가변력이 발생한 처분은 처분의 상대방이 쟁송을 제기하여 다툴 수 없다. ○ ×

10 불가쟁력이 발생한 행정행위에서 해당 처분이 취소되지 않아도 국가는 손해를 배상할 책임이 있다. ○ ×

11 환경영향평가법령의 규정상 환경영향평가를 거쳐야 할 사업인 경우에, 환경영향평가를 거치지 아니하고 행한 사업승인처분을 당연무효라 볼 수 없다. ○ ×

12 무효인 행정행위에 대해 무효선언을 구하는 의미의 취소소송을 제기하는 경우 취소소송의 소송요건을 구비하여야 한다는 것이 판례이다. ○ ×

07 나이를 속여 타인명의로 발급받은 운전면허는 취소사유이므로 형사법원은 운전면허를 취소할 권한이 없고 무면허 운전으로 처벌할 수 없다.
08 불가변력은 행정청에 대한 구속력이고, 불가쟁력은 처분의 상대방이나 이해관계인에 대한 구속력이다.
09 불가변력은 행정청에 대한 구속력이므로 불가변력이 발생한 처분에 대해 행정청은 이를 취소 또는 철회할 수 없지만 행정처분의 상대방은 취소쟁송으로 이를 다툴 수 있다.
10 불가쟁력이 발생한 처분은 취소쟁송으로 다툴 수 없지만 위법성이 치유되는 것은 아니므로 국가배상청구가 가능하다.
11 환경영향평가를 거쳐야 할 사업에 대해 환경영향평가를 거치지 않은 처분은 당연무효라는 것이 판례이다.
12 무효인 처분에 대해 취소소송을 제기하는 것도 가능하지만 취소소송의 소송요건을 갖추어야 한다는 것이 판례이다.

Answer

07 × 08 × 09 × 10 ○ 11 × 12 ○

13 음주운전을 단속한 경찰관 명의로 한 운전면허정지처분은 취소사유이다. ○|X

14 대법원은 처분이 있은 후에 근거법률이 위헌으로 결정된 경우 그 처분은 특별한 사정이 없는 한 원칙적으로 취소할 수 있는 행위에 그친다고 보았다. ○|X

15 행정처분이 있은 후에 집행단계에서 그 처분의 근거된 법률이 위헌으로 결정된 경우 그 처분의 집행이나 집행력을 유지하기 위한 행위는 위헌결정의 기속력에 위반되어 허용되지 않는다. ○|X

16 판례는 건물철거명령과 대집행 계고처분 사이에는 하자의 승계를 인정하지 않는 입장이다. ○|X

17 선행처분과 후행처분이 서로 결합하여 1개의 법률효과를 완성하는 때에는 선행처분에 하자가 있으면 그 하자는 후행처분에 승계된다. ○|X

18 개별공시지가의 결정과 이를 기초로 한 과세처분은 동일한 목적을 달성하기 위하여 일련의 절차로 연속하여 행하여지는 것으로서 양 행위는 서로 결합된 처분이라고 보는 것이 다수설의 입장이다. ○|X

13 행정청이 아닌 담당 경찰관 명의의 음주운전 단속은 무효이다.

14 처분이 있은 후에 근거법률이 위헌으로 결정된 경우 처분 당시에는 명백하다고 볼 수 없으므로 당해 처분은 취소사유라는 것이 판례이다.

15 근거법률이 위헌으로 결정된 경우 법률을 집행하기 위한 행위는 위헌결정의 기속력에 위반되어 더 이상 허용되지 않는다.

16 건물철거명령과 대집행 계고처분은 서로 별개의 법적 효과로 결합된 처분으로 하자가 승계되지 않는다는 것이 판례이다.

17 하자의 승계에 대해 판례는 선행처분과 후행처분이 서로 결합하여 1개의 법률효과를 완성하는 때에는 하자승계를 긍정하지만 서로 별개의 효과로 결합된 처분 간에는 하자의 승계를 인정하지 않는다.

18 개별공시지가의 결정과 이를 기초로 한 과세처분은 행정청도 다르고 서로 취지와 목적이 다른 별개의 처분이라는 것이 학설이다. 다만, 예측가능성과 수인한도를 이유로 하자의 승계를 긍정한다.

Answer

13 X 14 ○ 15 ○ 16 ○ 17 ○ 18 X

19 환지변경처분 후에 이의를 유보함이 없이 변경처분에 따른 청산금을 교부받았다면 그 사정만으로 무효인 행정처분의 하자는 치유되었다고 볼 수 있다. O X

20 판례에 의하면, 하자의 치유는 사실심변론종결 시까지 가능하다는 입장이다. O X

21 직권취소사유가 존재한다는 사정만으로 이해관계인에게 처분청에 대하여 그 취소를 요구할 신청권이 부여된 것으로 볼 수는 없다. O X

22 수익적 행정처분의 하자가 당사자의 사실은폐에 의한 신청행위에 기인한 것이라면 행정청이 당사자의 신뢰이익을 고려하지 않고 취소하였다 하더라도 재량권 남용이 되지 않는다. O X

23 선행부과처분에 대한 취소소송이 진행 중이면 과세관청인 피고로서는 위법한 선행처분을 스스로 취소하거나 그 절차상의 하자를 보완하여 다시 적법한 부과처분을 할 수 없다. O X

24 개별 법률에서 청문에 관한 규정을 두고 있지 않은 경우에도 침해적 행정처분을 함에 있어 청문을 실시하지 아니한 경우에는 무효로 보는 것이 판례의 입장이다. O X

25 산림훼손허가를 해준 경우 국제행사를 위한 미관보호를 이유로 훼손중지명령을 내리기 위해서는 공익과 사익을 비교교량하여야 한다. O X

19 무효인 처분은 하자의 치유를 인정하지 않는다.
20 판례는 하자의 치유는 상대방이 불복을 제기하기 전(쟁송제기 전)까지 가능하다는 입장이다.
21 행정청은 별도의 법적 근거가 없더라도 직권취소가 가능하지만, 상대방에게는 일반적으로 직권취소를 요구할 신청권이 인정되지 않는다.
22 당사자의 부정행위에 기한 것이므로 그 신뢰이익을 보호할 가치가 없고 따라서 재량권의 남용이 되지 않는다.
23 취소소송의 진행 중이라도 처분은 유효하게 존재하고 있으므로 행정청은 위법한 선행처분을 취소하고 하자를 보완하여 다시 적법한 처분을 할 수 있다.
24 판례는 청문과 같은 절차상의 하자에 대해서 이를 위반한 처분에 대해 일반적으로 취소사유로 보고 있다.
25 산림훼손허가 후 훼손중지명령은 침익적 처분이므로 상대방에 대한 사익과 공익 사이에 이익형량을 하여야 한다.

Answer

19 X 20 X 21 O 22 O 23 X 24 X 25 O

Chapter

04 그 밖의 행정작용

제1절 행정행위의 확약

01 확약의 의의

1. 개념

① 행정청이 자기구속을 할 의도로 장래에 향하여 일정한 행정행위의 발의·발령 또는 불발령을 약속하는 고권적 의사표시를 확약이라 한다.

② 확약은 약속의 대상이 행정행위에 국한된다고 보고 공법상의 계약, 행정계획의 실시 등 넓은 의미로 파악하는 확언과 구별하는 것이 일반적이다.

2. 유사개념과 구별

구분	내용
예비결정	• 예비결정: 한정된 사항에 대한 것이기는 하지만 종국적 결정 • 확약: 종국적 결정을 하겠다는 약속
가행정행위	• 가행정행위: 잠정적이기는 하지만 확정적인 효력 인정 • 확약: 약속에 불과하여 종국적 의사표시가 아님
내부결정	• 내부결정: 대외적인 의사표시가 없음 • 확약: 대외적인 의사표시는 있음
공법상 계약 2022 · 2024 기출	• 공법상 계약: 복수당사자의 의사의 합치 • 확약: 행정청의 일방적인 행위

02 확약의 법적 성질

1. 학설

확약의 행정행위성을 인정할 것인가에 대해 학설의 대립이 있다.

2. 판례

판례는 확약의 처분성을 부정한다.

판례

어업권면허에 선행하는 우선순위결정은 처분성이 없다. 2021 · 2022 기출

어업권면허에 선행하는 우선순위결정은 행정청이 우선권자로 결정된 자의 신청이 있으면 어업권면허처분을 하겠다는 것을 약속하는 행위로서 강학상 확약에 불과하고 행정처분은 아니므로, 우선순위결정에 공정력이나 불가쟁력과 같은 효력은 인정되지 아니하며, 따라서 우선순위결정이 잘못되었다는 이유로 종전의 어업권면허처분이 취소되면 행정청은 종전의 우선순위결정을 무시하고 다시 우선순위를 결정한 다음 새로운 우선순위결정에 기하여 새로운 어업권면허를 할 수 있다(대판 1995. 1. 20. 94누6529).

내인가를 한 후 그 본인가신청이 있음에도 내인가를 취소함으로써 다시 본인가에 대하여 따로 인가 여부의 처분을 한다는 사정이 보이지 않는 경우 내인가취소를 인가신청거부처분으로 볼 수 있다.

행정청이 내인가를 취소함으로써 다시 본인가에 대하여 따로이 인가 여부의 처분을 한다는 사정이 보이지 않는다면 위 내인가취소를 인가신청을 거부하는 처분으로 보아야 할 것이다(대판 1991. 6. 28. 90누4402).

03 확약의 근거와 한계

행정절차법 제40조의2【확약】 ① 법령등에서 당사자가 신청할 수 있는 처분을 규정하고 있는 경우 행정청은 당사자의 신청에 따라 장래에 어떤 처분을 하거나 하지 아니할 것을 내용으로 하는 의사표시(이하 "확약"이라 한다)를 할 수 있다.

1. 법적 근거

법령이 행정청에 대하여 본 처분을 할 수 있는 권한을 부여한 이상 확약의 권한도 아울러 주어진 것으로 보고 별도의 법적 근거가 없더라도 확약이 가능하다는 것이 일반적 견해이다.

2. 한계

(1) 기속행위에 대한 확약 여부

본행정행위가 기속행위인지 재량행위인지의 문제와 행정기관이 확약을 할 것인지 아니할 것인지의 문제는 별개이므로 기속행위에도 확약을 통해 법치행정의 원칙이 침해되지 않는 한 가능한 것으로 보는 것이 다수설이다.

(2) 본처분의 요건사실 완성 후의 확약 가능성

본행정행위를 할 요건사실이 완성된 후라도 관계자에게 준비이익이나 기대이익을 줄 수 있으므로 확약이 가능하다는 것이 다수설이다.

04 확약의 요건 2022 기출

① 본처분의 권한을 가진 행정청에 의해 그 권한의 범위 내에서, ② 확약의 내용이 되는 행위가 법령에 적법・타당하고 실현가능성이 있어야 하며, ③ 본처분 전에 일정한 사전절차가 요구되는 경우에는 확약에 앞서 반드시 사전절차를 거쳐야 한다. ④ 확약은 문서로 하여야 한다.

행정절차법 제40조의2【확약】 ② 확약은 문서로 하여야 한다.
③ 행정청은 다른 행정청과의 협의 등의 절차를 거쳐야 하는 처분에 대하여 확약을 하려는 경우에는 확약을 하기 전에 그 절차를 거쳐야 한다.
⑤ 행정청은 확약이 제4항 각 호의 어느 하나에 해당하여 확약을 이행할 수 없는 경우에는 지체 없이 당사자에게 그 사실을 통지하여야 한다.

05 확약의 효력

적법한 확약의 경우 행정청은 상대방에 대하여 확약의 내용에 따른 본행정행위를 해야 할 자기구속의 의무를 지게 되며, 상대방은 그 확약된 내용의 이행을 청구할 수 있는 법적 지위에 서게 된다. 확약을 취소・철회하는 경우는 취소・철회의 일반법리가 그대로 적용될 수 있다.

행정절차법 제40조의2【확약】 ④ 행정청은 다음 각 호의 어느 하나에 해당하는 경우에는 확약에 기속되지 아니한다.
1. 확약을 한 후에 확약의 내용을 이행할 수 없을 정도로 법령등이나 사정이 변경된 경우
2. 확약이 위법한 경우

판례

사정변경이 있는 경우 확약은 실효된다. 2022 기출
행정청이 상대방에게 장차 어떤 처분을 하겠다고 확약 또는 공적인 의사표명을 하였다고 하더라도, 그 자체에서 상대방으로 하여금 언제까지 처분의 발령을 신청을 하도록 유효기간을 두었는데도 그 기간 내에 상대방의 신청이 없었다거나 확약 또는 공적인 의사표명이 있은 후에 사실적・법률적 상태가 변경되었다면, 그와 같은 확약 또는 공적인 의사표명은 행정청의 별다른 의사표시를 기다리지 않고 실효된다(대판 1996. 8. 20. 95누10877).

06 권리보호

1. 행정쟁송

확약을 행정행위로 보는 다수설은 확약변경에 대해 항고소송의 대상인 처분성을 인정한다. 반면 판례는 확약의 처분성을 인정하지 않는다. 물론 수익적 행정행위의 발령을 확약한 후 사인이 이를 신청하자 거부하는 경우 항고소송으로 다툴 수 있다.

2. 손해전보

확약의 불이행이 「국가배상법」 제2조의 요건을 충족하는 경우 국가배상이 인정된다.

제2절 행정계획

01 행정계획의 의의

행정계획이라 함은 행정에 관한 전문적・기술적 판단을 기초로 하여 도시의 건설・정비・개량 등과 같은 특정한 행정목표를 설정하고, 목표를 달성하기 위해 상호 관련된 행정수단을 조종・종합함으로써 장래의 일정한 시점에 일정한 질서를 실현할 것을 목적으로 하는 활동기준 또는 그 설정행위를 행정계획이라 한다.

02 행정계획의 법적 성질 2014 기출

판례는 행정계획이 그 자체로 국민의 권리・의무에 구체적이고 개별적인 영향을 미치게 되는 경우 그 처분성을 인정하고 있다. 반대로 행정계획이 그에 후속되는 일정한 처분이나 다른 계획의 근거만 되는 경우 처분성을 부정한다.

판례

도시계획결정은 행정청의 처분으로 행정소송의 대상이 된다.
도시계획법 제12조 소정의 도시계획결정이 고시되면 도시계획안의 토지나 건설소유자의 토지형질의 변경, 건축물의 신축・개축 또는 증축 등 권리행사가 일정한 제한을 받게 되는 바, 이런 점에서 볼 때 고시된 도시계획결정은 특정 개인의 권리 내지 법률상의 이익을 개별적이고 구체적으로 규제하는 효과를 가져오게 하는 행정청의 처분이라 할 것이고, 이는 행정소송의 대상이 된다 할 것이다(대판 1982. 3. 9. 80누105).

환지계획은 항고소송의 대상되는 처분으로 볼 수 없다.
토지구획정리사업법 제57조, 제62조 등의 규정상 환지예정지 지정이나 환지처분은 그에 의하여 직접 토지소유자 등의 권리의무가 변동되므로 이를 항고소송의 대상이 되는 처분이라고 볼 수 있으나, 환지계획은 위와 같은 환지예정지 지정이나 환지처분의 근거가 될 뿐 그 자체가 직접 토지소유자 등의 법률상의 지위를 변동시키거나 또는 환지예정지 지정이나 환지처분과는 다른 고유한 법률효과를 수반하는 것이 아니어서 이를 항고소송의 대상이 되는 처분에 해당한다고 할 수가 없다(대판 1999. 8. 20. 97누6889).

처분성 인정	처분성 부정
• 도시관리계획(군관리계획) • 「도시정비법」상 관리처분계획 • 택지개발예정지구 지정 • 개발제한구역지정처분 • 재건축사업시행계획	• 도시기본계획, 하수도정비기본계획, 4대강 살리기 마스터플랜 • 택지개발사업 시행자의 택지공급방법결정통보 • 환지계획

03 행정계획의 법적 근거와 절차

1. 법적 근거

행정계획은 조직법적 근거 내에서 수립할 수 있다. 작용법적 근거에 대해서는 구속적 행정계획은 필요하나 비구속적 행정계획은 필요하지 않다고 본다.

2. 절차 2014 기출

① 행정계획의 수립절차에 대한 일반적인 규정은 없으며 「행정절차법」에서도 행정계획 수립에 관한 일반절차에 관한 규정을 두고 있지 아니하다. 개별법의 정해진 절차에 따른다.

② 행정계획은 수립 시에 청문, 의견청취 과정 등 사전적 · 절차적 통제가 중시되며, 행정계획이 공고된 이후 이 계획을 신뢰한 자에 대한 신뢰보호 문제가 발생한다.

판례

도시계획안의 공고 및 공람절차에 하자가 있는 도시계획결정은 위법하다.

도시계획의 입안에 있어 해당 도시계획안의 내용을 공고 및 공람하게 한 것은 다수 이해관계자의 이익을 합리적으로 조정하여 국민의 권리자유에 대한 부당한 침해를 방지하고 행정의 민주화와 신뢰를 확보하기 위하여 국민의 의사를 그 과정에 반영시키는데 있는 것이므로 이러한 공고 및 공람 절차에 하자가 있는 도시계획결정은 위법하다(대판 2000. 3. 23. 98두2768).

3. 행정계획의 효과

(1) 효력발생요건으로서 고시

정당하게 도시계획결정 등의 처분을 하였다고 하더라도 이를 관보에 게재하여 고시하지 아니한 이상 대외적으로는 아무런 효력도 발생하지 아니한다(대판 1985. 12. 10. 85누186).

(2) 선행계획과 양립할 수 없는 후행계획의 효력 2018 기출

① **원칙**: 후행 도시계획에 선행 도시계획과 양립할 수 없는 내용이 포함되어 있다면 선행 도시계획은 후행 도시계획과 같은 내용으로 변경되어 선행 도시계획의 효력은 소멸한다.

② **후행계획이 무효가 되는 경우**: 후행 도시계획의 결정을 하는 행정청이 선행 도시계획의 결정 · 변경 등에 관한 권한을 가지고 있지 않은 경우 선행 도시계획과 양립할 수 없는 내용이 포함된 후행 도시계획결정의 효력은 무효라는 것이 판례이다(대판 2000. 9. 8. 99두11257).

04 행정계획에 대한 통제(계획재량에 대한 통제) 2014 기출

1. 계획재량의 의의

계획재량이란 행정계획의 수립과정에서 행정주체가 갖게 되는 재량권을 말한다. 행정계획의 근거법규는 통상 행정계획에 의해 달성하고자 하는 목표와 그에 의해 고려될 이익만을 규정하고, 이러한 목표달성을 위한 수단 · 방법의 선택에 있어서는 당해 행정기관에게 광범위한 재량 또는 형성의 자유에 일임하는 것이 보통이다.

2. 계획재량의 위법성 여부의 기준(형량명령) 2015 기출

행정절차법 제40조의4 【행정계획】 행정청은 행정청이 수립하는 계획 중 국민의 권리 · 의무에 직접 영향을 미치는 계획을 수립하거나 변경 · 폐지할 때에는 관련된 여러 이익을 정당하게 형량하여야 한다.

(1) 계획재량

일반적으로 행정계획의 근거법은 계획의 목표와 절차를 규정하고 행정계획의 내용에 대해서는 계획주체에게 광범위한 형성재량을 부여한다.

판례

계획재량의 주체는 광범위한 형성의 자유를 가진다.
도시계획법 등 관계법령에는 추상적인 행정목표와 절차만이 규정되어 있을 뿐 행정계획의 내용에 대하여는 별다른 규정을 두고 있지 아니하므로 행정주체는 구체적인 행정계획을 입안·결정함에 있어서 비교적 광범위한 형성의 자유를 가진다(대판 2000. 3. 23. 98두2768).

(2) 형량하자의 유형

행정주체는 구체적인 행정계획을 입안·결정함에 있어서 비교적 광범위한 형성의 자유를 가진다고 할 것이지만, 행정주체가 가지는 이와 같은 형성의 자유는 무제한적인 것이 아니라 그 행정계획에 관련되는 자들의 이익을 공익과 사익 사이에서는 물론이고 공익 상호 간과 사익 상호 간에도 정당하게 비교교량하여야 한다는 제한이 있다.

판례

형량하자의 유형
행정주체가 행정계획을 입안·결정함에 있어서 이익형량을 전혀 행하지 아니하거나 이익형량의 고려 대상에 마땅히 포함시켜야 할 사항을 누락한 경우 또는 이익형량을 하였으나 정당성·객관성이 결여된 경우에는 그 행정계획결정은 재량권을 일탈·남용한 것으로서 위법하다(대판 1996. 11. 29. 96누8567).

05 행정계획과 권리구제

1. 사전적 권리구제

행정계획의 수립과정에 이해관계인들의 절차적 참여를 보장하여, 공익과 사익과의 계획상의 갈등을 조정하는 것이 중요하다. 행정계획과 관련된 개별법규에는 주로 행정계획안의 공람, 공청회를 통한 의견수렴, 청문의 인정 등의 방법으로 이해관계인의 절차적 참여를 인정하고 있다. 「행정절차법」에서는 국민의 이해관계가 상충되는 행정계획의 예고에 관한 규정이 있다.

행정절차법 제46조【행정예고】 ① 행정청은 정책, 제도 및 계획(이하 "정책등"이라 한다)을 수립·시행하거나 변경하려는 경우에는 이를 예고하여야 한다. 다만, 다음 각 호의 어느 하나에 해당하는 경우에는 예고를 하지 아니할 수 있다.
1. 신속하게 국민의 권리를 보호하여야 하거나 예측이 어려운 특별한 사정이 발생하는 등 긴급한 사유로 예고가 현저히 곤란한 경우
2. 법령등의 단순한 집행을 위한 경우
3. 정책등의 내용이 국민의 권리·의무 또는 일상생활과 관련이 없는 경우
4. 정책등의 예고가 공공의 안전 또는 복리를 현저히 해칠 우려가 상당한 경우

2. 사후적 권리구제

(1) 행정쟁송

처분성이 인정되는 경우 취소쟁송이 가능하나 광범위한 형성의 재량으로 인해 사법통제가 용이하지 않다. 형량하자가 인정되는 경우 위법성이 인정된다.

판례

비구속적 행정계획안이 헌법소원의 대상이 되는 경우

비구속적 행정계획안이나 행정지침이라도 국민의 기본권에 직접적으로 영향을 끼치고, 앞으로 법령의 뒷받침에 의하여 그대로 실시될 것이 틀림없을 것으로 예상될 수 있을 때에는, 공권력행위로서 예외적으로 헌법소원의 대상이 될 수 있다(헌재결 2000. 6. 1. 99헌마538).

(2) 손해전보

국가배상과 손실보상의 요건을 갖춘 경우 각각 손해배상과 손실보상을 청구할 수 있다.

(3) 행정계획과 계획보장청구권 2014 · 2015 기출

① 행정계획과 관련하여 인정되는 계획존속청구권 · 계획준수청구권 · 경과조치청구권 · 손해전보청구권 등의 다양한 청구권을 종합하여 계획보장청구권이라 한다.

② 일반적으로 지역주민들에게는 이러한 청구권이 인정되지 않지만, 행정계획과 밀접한 이해관계가 있는 특정주민의 경우 인정된다. 행정계획에 대한 청구권이 인정되는 경우 이에 대한 거부처분을 항고소송으로 다툴 수 있다.

판례

일반적으로 지역주민에게 계획변경청구권은 인정되지 않는다. 2022 기출

도시계획과 같이 장기성 · 종합성이 요구되는 행정계획에 있어서 그 계획이 일단 확정된 후에 어떤 사정의 변동이 있다고 하여 지역주민에게 일일이 그 계획의 변경 또는 폐지를 청구할 권리를 인정해 줄 수도 없는 것이므로 지역주민에게 도시계획시설(여객자동차정류장)의 변경 · 폐지를 신청할 조리상의 권리가 있다고도 볼 수 없다(대판 1994. 12. 9. 94누8433).

예외적으로 계획변경청구권을 인정한 판례

1. 장래 일정한 기간 내에 관계 법령이 규정하는 시설 등을 갖추어 일정한 행정처분을 구하는 신청을 할 수 있는 법률상 지위에 있는 자의 국토이용계획변경신청을 거부하는 것이 실질적으로 당해 행정처분 자체를 거부하는 결과가 되는 경우에는 예외적으로 그 신청인에게 국토이용계획변경을 신청할 권리가 인정된다고 봄이 상당하므로, 이러한 신청에 대한 거부행위는 항고소송의 대상이 되는 행정처분에 해당한다(대판 2003. 9. 23. 2001두10936).
2. 도시계획구역 내 토지 등을 소유하고 있는 주민으로서는 입안권자에게 도시계획입안을 요구할 수 있는 법규상 또는 조리상의 신청권이 있다고 할 것이고, 이러한 신청에 대한 거부행위는 항고소송의 대상이 되는 행정처분에 해당한다(대판 2004. 4. 28. 2003두1806).
3. 문화재보호구역 내에 있는 토지소유자 등으로서는 위 보호구역의 지정해제를 요구할 수 있는 법규상 또는 조리상의 신청권이 있다고 할 것이고, 이러한 신청에 대한 거부행위는 항고소송의 대상이 되는 행정처분에 해당한다(대판 2004. 4. 27. 2003두8821).

(4) 장기미집행 도시계획시설결정의 실효제도

판례

장기미집행 도시계획시설결정의 실효제도는 법률상 권리일 뿐 헌법상 재산권으로부터 도출되는 권리는 아니다.

장기미집행 도시계획시설결정의 실효제도는 도시계획시설부지로 하여금 도시계획시설결정으로 인한 사회적 제약으로부터 벗어나게 하는 것으로서 결과적으로 개인의 재산권이 보다 보호되는 측면이 있는 것은 사실이나, 이와 같은 보호는 입법자가 새로운 제도를 마련함에 따라 얻게 되는 법률에 기한 권리일 뿐 헌법상 재산권으로부터 당연히 도출되는 권리는 아니다(헌재 2005. 9. 29. 2002헌바84).

제3절 공법상 계약

01 의의

공법적 효과발생을 목적으로 하는 복수의 대등한 당사자 사이에서 반대방향의 의사의 합치에 의하여 성립하는 비권력적 공법행위이다.

02 구별개념

1. 사법상 계약

대등한 당사자 사이의 반대방향의 의사표시라는 점에서는 동일하나 공법적 효과발생을 목표로 하는 것이라는 점에서 사법상 계약과 구별된다.

판례

협의취득은 사법상 계약이다.

도시계획사업의 시행자가 그 사업에 필요한 토지를 협의취득하는 행위는 사경제주체로서 행하는 사법상의 법률행위에 지나지 않으며 공권력의 주체로서 우월한 지위에서 행하는 공법상의 행정처분이 아니므로 행정소송의 대상이 되지 않는다(대판 1992. 10. 27. 91누3871).

2. 행정계약

행정주체가 계약의 일방 당사자가 되는 경우를 총칭하여 행정계약이라 한다. 사법상 계약과 공법상 계약이 포함되어 있다.

3. 행정행위

공법적 효과발생을 목표로 한다는 점에서는 동일하나 행정행위는 행정주체의 우월성이 인정되는 권력적 단독행위인 점에서 대등한 비권력적 작용인 공법상 계약과 구별된다.

판례

행정행위로 본 판례

1. 택시회사들과 행정청 간의 합의에 따라 택시회사들의 자발적 감차와 그에 따른 감차보상금의 지급 및 자발적 감차 조치의 불이행에 따른 행정청의 직권 감차명령은 공권력 행사로서 처분이다(대판 2016. 11. 24. 2016두45028).
2. 조달청이 계약이행내역 점검 결과 일부 제품이 계약 규격과 다르다는 이유로 물품구매계약 추가특수조건 규정에 따라 갑 회사에 대하여 6개월의 나라장터 종합쇼핑몰 거래정지 조치를 하는 것은 항고소송의 대상되는 처분에 해당한다(대판 2018. 11. 29. 2015두52395).

4. 공법상 합동행위

(1) 의의

동일한 공법적 효과의 발생을 목적으로 하는 복수당사자의 동일방향으로의 의사표시의 합치에 의하여 성립하는 비권력적 공법행위이다. 예를 들면 공공조합설립행위나 공공조합들의 연합단체설립행위를 들 수 있다.

(2) 구별

복수당사자의 의사의 합치라는 점에서 양자는 동일하나 합동행위는 의사의 방향이 동일하지만 공법상 계약은 반대방향의 의사표시라는 점에서 구별된다.

03 공법상 계약의 법적 근거와 유용성

1. 법적 근거(공법상 계약의 자유성)

(1) 법률유보의 적용 여부 2023 기출

① 법적 근거가 없더라도 공법상 계약의 성립이 가능하다는 것이 다수견해이다. 다만 법령을 위반하는 계약은 성립할 수 없다(법률우위의 원칙 적용). 2024 기출

② 현행 「행정기본법」은 공법상 계약에 관한 일반적 규정을 두고 있다.

> **행정기본법 제27조【공법상 계약의 체결】** ① 행정청은 법령등을 위반하지 아니하는 범위에서 행정목적을 달성하기 위하여 필요한 경우에는 공법상 법률관계에 관한 계약(이하 "공법상 계약"이라 한다)을 체결할 수 있다. 이 경우 계약의 목적 및 내용을 명확하게 적은 계약서를 작성하여야 한다. 2023 · 2024 기출
> ② 행정청은 공법상 계약의 상대방을 선정하고 계약 내용을 정할 때 공법상 계약의 공공성과 제3자의 이해관계를 고려하여야 한다. 2023 기출

(2) 국가나 공기업을 당사자로 하는 계약의 법적 성질 2024 기출

「국가를 당사자로 하는 계약에 관한 법률」이나 「공공기관의 운영에 관한 법률」의 적용 대상인 국가나 공기업이 일방 당사자가 되는 계약은 국가 또는 공기업이 사경제의 주체로서 상대방과 대등한 지위에서 체결하는 사법상의 계약이라는 것이 판례의 입장이다.

판례

「국가를 당사자로 하는 계약에 관한 법률」이나 「공공기관의 운영에 관한 법률」에 따른 국가나 공기업이 일방당사자가 되는 계약은 사법상 계약과 다를 바가 없다.

국가를 당사자로 하는 계약이나 공공기관의 운영에 관한 법률의 적용 대상인 공기업이 일방 당사자가 되는 계약(이하 편의상 '공공계약'이라 한다)은 국가 또는 공기업이 사경제의 주체로서 상대방과 대등한 지위에서 체결하는 사법상의 계약으로서 본질적인 내용은 사인 간의 계약과 다를 바가 없으므로, 법령에 특별한 정함이 있는 경우를 제외하고는 서로 대등한 입장에서 당사자의 합의에 따라 계약을 체결하여야 하고 당사자는 계약의 내용을 신의성실의 원칙에 따라 이행하여야 하는 등 사적 자치와 계약자유의 원칙을 비롯한 사법의 원리가 원칙적으로 적용된다(대판 2017. 12. 21. 2012다74076).

사법상 계약으로 본 판례

1. 갑 지방자치단체가 을 주식회사 등 4개 회사로 구성된 공동수급체를 자원회수시설과 부대시설의 운영·유지관리 등을 위탁할 민간사업자로 선정하고 을 회사 등의 공동수급체와 위 시설에 관한 위·수탁 운영 협약을 체결하는 것은 사법상 계약에 해당한다(대판 2019. 10. 17. 2018두60588).
2. 지방자치단체가 음식물류 폐기물의 수집·운반, 가로 청소, 재활용품의 수집·운반 업무의 대행을 위탁하고 그에 대한 대행료를 지급하는 것을 내용으로 하는 용역계약은 사법상 계약에 해당한다(대판 2018. 2. 13. 2014두11328). 2021 기출

2. 유용성과 문제점

구체적 사정에 탄력적으로 대응할 수 있고, 상대방의 동의가 있으므로 법적 분쟁이 최소화된다는 장점이 있으나 사인의 의사가 존중되어 행정권이 약체화된다거나, 계약체결이 강요될 가능성이 있어서 불평등 계약 등이 성립될 수 있다는 문제점이 지적된다.

04 공법상 계약의 종류

1. 행정주체 상호 간의 공법상 계약

국가와 공공단체 또는 공공단체 상호 간에 성립하는 공법상 계약이다(예 지방자치단체 간의 교육사무위탁, 지방자치단체 상호 간의 도로·하천의 관리 및 경비부담에 관한 협의 등).

판례

지방자치단체 등이 허가권자인 다른 지방자치단체의 장과 건축협의를 하던 중 건축협의 취소는 항고소송의 대상되는 처분에 해당한다.

건축협의의 실질은 지방자치단체 등에 대한 건축허가와 다르지 않으므로, … 따라서 건축협의 취소는 상대방이 다른 지방자치단체 등 행정주체라 하더라도 '행정청이 행하는 구체적 사실에 관한 법집행으로서의 공권력 행사'로서 처분에 해당한다(대판 2014. 2. 27. 2012두22980).

2. 행정주체와 사인 간의 공법상 계약

(1) 특별행정법관계 설정에 관한 공법상 계약

① **영조물 이용관계 설정계약**: 공물 또는 영조물 이용관계가 계약으로 설정되는 공법상 계약에 해당하는가에 대해 견해대립이 있다.

② **자원입대**: 군대에 자원입대하는 경우 공법상 계약에 해당한다.

(2) 임의적 공용부담

문화재·도로용지의 기증처럼 부담자가 이를 임의로 부담하는 경우 공법상 계약에 해당한다.

(3) 보조금지급에 관한 계약

행정청에 의한 사기업 등에 대한 보조금지급이 행정청의 결정에 의해 결정되고 그 구체적인 법률관계는 협의로 설정되는 경우 이 협의는 공법상 계약이 된다(예 중소기업 정보화사업에 따른 지원금 출연을 위한 계약).

판례

중소기업 정보화지원사업에 따른 지원금 출연을 위하여 중소기업청장이 체결하는 협약은 공법상 계약이고 협약의 해지 및 그에 따른 환수통보는 공권력 행사로서 처분에 해당한다고 볼 수 없다.
중소기업 정보화지원사업에 따른 지원금 출연을 위하여 중소기업청장이 체결하는 협약은 공법상 대등한 당사자 사이의 의사표시의 합치로 성립하는 공법상 계약에 해당하는 점, … 지원금 환수에 관한 구체적인 법령상 근거가 없는 점 등을 종합하면, 협약의 해지 및 그에 따른 환수통보는 공법상 계약에 따라 행정청이 대등한 당사자의 지위에서 하는 의사표시로 보아야 하고, 이를 행정청이 우월한 지위에서 행하는 공권력의 행사로서 행정처분에 해당한다고 볼 수는 없다(대판 2015. 8. 27. 2015두41449).

재단법인 한국연구재단이 갑 대학교 총장에게 연구개발비의 부당집행을 이유로 '2단계 두뇌한국(BK)21 사업' 협약을 해지하는 것은 항고소송의 대상되는 행정처분에 해당한다.
과학기술기본법령상 사업 협약의 해지 통보는 단순히 대등 당사자의 지위에서 형성된 공법상계약을 계약당사자의 지위에서 종료시키는 의사표시에 불과한 것이 아니라 행정청이 우월적 지위에서 연구개발비의 회수 및 관련자에 대한 국가연구개발사업 참여제한 등의 법률상 효과를 발생시키는 행정처분에 해당한다(대판 2014. 12. 11. 2012두28704).

(4) 행정사무의 위탁

별정우체국의 지정과 같이 합의에 의해 행정사무를 위임하는 경우 공법상 계약으로 볼 수 있다.

판례

1. 국립의료원 부설 주차장에 관한 위탁관리용역운영계약의 실질은 특정인에게 행정재산을 사용할 수 있는 권리를 설정하여 주는강학상 특허이다(대판 2006. 3. 9. 2004다31074).
2. 민간투자사업의 우선협상대상자를 선정하는 행위와 이미 선정된 우선협상대상자를 그 지위에서 배제하는 행위는 모두 항고소송의 대상되는 처분으로 보아야 한다(대판 2020. 4. 29. 2017두31064).

(5) 공법상 근무관계 설정계약

전문직 공무원 채용계약과 같이 공법상의 근무관계를 설정하는 계약 등이 이에 해당한다.

3. 사인 상호 간의 공법상 계약

공무수탁사인과 다른 사인 간에 이루어지는 계약을 들 수 있다.

05 공법상 계약의 특수성

1. 실체법적 특수성

(1) 성립상의 특징

① 공공복리의 실현을 위하여 사법상 계약자유의 원칙이 제한되고 그 성립의 경우 감독청의 승인・보고를 필요로 하는 경우가 많다. 법령 등에 따른 관계 행정청의 동의, 승인 또는 협의 등이 필요한 경우에는 이를 모두 거쳐야 한다(「행정기본법 시행령」 제6조). 2023 기출

② 공법상 계약의 내용은 행정청이 미리 약관에 의하여 획일・정형적으로 정하여 부합계약으로서의 성질이 강하다.

판례

전문직공무원채용계약의 갱신 여부는 지방자치단체장의 재량에 맡겨져 있다.

지방공무원법과 지방전문직공무원규정 등 관계법령의 규정내용에 비추어 보면, 지방전문직공무원 채용계약에서 정한 채용기간이 만료한 경우 채용계약을 갱신하거나 채용기간을 연장할 것인지 여부는 지방자치단체장의 재량에 맡겨져 있는 것으로 보아야 할 것이므로 지방전문직공무원 채용계약에서 정한 기간이 형식적인 것에 불과하고 그 채용계약은 기간의 약정이 없는 것이라고 볼 수 없다(대판 1993. 9. 14. 92누4611).

(2) 효력상의 특징

비권력적 행정작용이므로 행정행위와 같은 공정력, 확정력, 자력집행력 등은 인정되지 않는다. 사정변경의 사유가 있는 경우 공익상 필요에 의하여 행정주체가 일방적으로 계약을 해지・변경할 수 있는 경우가 있다.

(3) 공법상 계약의 하자

공법상 계약에 하자가 있는 경우 공법상 계약의 공정력이 인정되지 않으므로 취소라는 개념은 없고 무효일 뿐이라는 견해가 다수설이다.

2. 절차적 규율

「행정기본법」은 공법상 계약에 대한 계약서 작성을 명시하고 있다. 「행정절차법」은 공법상 계약절차에 대한 규정을 두고 있지 않다.

판례

1. 전문직공무원채용계약의 해지의 의사표시는 행정처분과 같이 「행정절차법」에 의하여 근거와 이유를 제시하여야 하는 것은 아니다(대판 2002. 11. 26. 2002두5948). 2022 기출
2. 지방계약직공무원에 대하여 「지방공무원법」 등에 정한 징계절차에 의하지 않고 보수를 삭감할 수 없다(대판 2008. 6. 12. 2006두16328).

3. 계약의 강제절차

공법상 계약의 불이행에 대해 법률에 의해 예외적으로 자력강제가 인정되는 경우를 제외하고 행정주체가 상대방의 의무불이행에 대하여 자력강제권을 갖지 못함이 원칙이다. 당사자가 계약상의 의무를 이행하지 아니하면 상대방은 법원의 도움을 받아 이행을 강제할 수 있다.

4. 계약에 대한 소송법상 규율

공법상 계약에 따른 권리 · 의무의 확인 소송은 공법상 당사자소송에 의한다. 2024 기출

판례

공법상 신분관계 또는 근로계약으로서 당사자소송이라는 판례

1. 서울특별시립무용단 단원의 위촉은 공법상의 계약이라고 할 것이고, 따라서 그 단원의 해촉에 대하여는 공법상의 당사자소송으로 그 무효확인을 청구할 수 있다(대판 1995. 12. 22. 95누4636).
2. 공중보건의사채용계약 해지의 의사표시에 대하여는 대등한 당사자간의 소송형식인 공법상의 당사자소송으로 그 의사표시의 무효확인을 청구할 수 있는 것이지, 이를 항고소송의 대상이 되는 행정처분이라는 전제하에서 그 취소를 구하는 항고소송을 제기할 수는 없다(대판 1996. 5. 31. 95누10617).
3. 지방전문직공무원 채용계약 해지의 의사표시에 대하여는 대등한 당사자간의 소송형식인 공법상 당사자소송으로 그 의사표시의 무효확인을 청구할 수 있다(대판 1993. 9. 14. 92누4611).
4. 광주광역시문화예술회관장의 단원 위촉은 공법상의 근무관계의 설정을 목적으로 하여 광주광역시와 단원이 되고자 하는 자 사이에 대등한 지위에서 의사가 합치되어 성립하는 공법상 근로계약에 해당한다고 보아야 할 것이다(대판 2001. 12. 11. 2001두7794).

제4절 행정사법

01 행정사법의 의의

행정기관이 사법형식에 의하여 행정임무를 직접적으로 수행하는 것으로 일정한 공법적 규율을 받는 것을 말한다.

02 특색

1. 적용영역

행정사법은 당해 행정의 수행형식에 대한 선택가능성이 인정되는 경우에 적용된다. 선택가능성이 인정되지 않는 경찰행정, 조세행정 등에서는 인정되지 않는다. 주로 급부행정과 같은 복리행정분야에서 많이 나타난다(전기 · 수도 · 가스 등의 공급, 우편 · 전신전화 · 하수처리 및 주택건설에 필요한 융자제공, 기업에 대한 자금지원 등).

2. 공법적 구속 2022 기출

공법상 구속의 내용으로는 ① 개별법규상의 제약, ② 평등권 · 신의성실 · 신뢰보호 · 비례원칙 등의 일반원칙에 의한 구속, ③ 「행정절차법」상의 이유부기 · 청문 등에 관한 주요 절차적 규정이 유추적용될 수 있으며, ④ 계약강제 · 해약의 제한 · 계속적 경영 · 급부의무 및 계약내용의 법정 등의 제한이 있다.

03 권리구제

행정사법의 법적 분쟁에 대하여는 특별한 규정이 없는 한 민사소송을 통한 구제가 원칙이라는 견해와 행정소송을 통한 구제가 원칙이라는 견해가 있다. 통설과 판례는 행정사법이 공법에 의한 영향을 받더라도 성질상 사법이므로 민사소송을 통한 구제가 타당하다는 입장이다.

판례

철도운행사업은 사경제적 작용이라 할 것이므로 공무원의 불법행위는 민법규정에 따른다.
국가 또는 지방자치단체라 할지라도 공권력의 행사가 아니고 단순한 사경제의 주체로 활동하였을 경우에는 그 손해배상책임에 국가배상법이 적용될 수 없고 민법상의 사용자책임 등이 인정되는 것이고 국가의 철도운행사업은 국가가 공권력의 행사로서 하는 것이 아니고 사경제적 작용이라 할 것이므로, 이로 인한 사고에 공무원이 간여하였다고 하더라도 국가배상법을 적용할 것이 아니고 일반 민법의 규정에 따라야 한다(대판 1999. 6. 22. 99다7008).

제5절 행정상 사실행위

01 행정상 사실행위

1. 의의

일정한 법률효과를 지향하는 행정행위와 달리 직접적으로 어떠한 사실상의 결과실현을 목적으로 하는 행정주체의 일체의 행위를 뜻한다. 공법상 사실행위는 아무런 직접적인 법효과도 발생하지 않지만 법질서에 부합해야 하고, 만약 그것이 위법한 경우 행정소송을 통한 제거 내지 손해배상청구권의 문제를 발생시킨다.

2. 사실행위의 법적 근거와 한계

조직법적 근거는 필요하나 직접적인 법적 효과를 발생하지 않는 행위이므로 법적 근거가 필요 없다. 학설의 대립은 있으나 권력적 사실행위에 대해서는 법률유보의 적용을 받는다고 본다. 행정상 사실행위도 헌법 또는 법령에 위배되지 않아야 하며 행정목적을 위해 필요한 범위 내에서 이루어져야 한다. 그 밖에 평등의 원칙 · 신뢰보호의 원칙 등의 준수가 요구된다.

3. 행정상 사실행위와 권리구제

(1) 손해전보

요건을 갖추는 경우 행위의 성질에 따라 국가배상책임과 민법상 불법행위의 책임이 발생한다. 또한 권력적 사실행위의 경우 손실보상책임이 발생할 수 있으나 비권력적 사실행위에 대하여는 개별법적 근거가 없는 한 손실보상책임이 없다(다수설/판례).

(2) 결과제거청구권

위법한 사실행위로 위법한 사실상태가 발생하는 경우 원상회복과 관련하여 결과제거청구권 행사도 가능하다(예 경찰이 위법하게 물건을 압수한 경우).

(3) **행정쟁송(사실행위의 처분성 인정 여부)** 2022 기출

① **권력적 사실행위**: 처분성이 인정된다는 것이 일반적인 견해이다. 계속성이 없는 경우 소익이 부정되겠지만 취소소송의 제기와 더불어 집행정지신청을 제기하면 된다. 판례도 권력적 사실행위에 해당하는 종로구청장의 단수조치(대판 1979. 12. 28. 79누218), 미결수용자의 교도소이송조치(대판 1992. 8. 7. 92두30), 동장의 주민등록직권말소행위(대판 1994. 8. 26. 94누3223) 등을 행정처분에 해당한다고 보았다.

② **비권력적 사실행위**: 통설과 판례가 항고소송의 대상되는 처분성을 부정하고 있다.

③ **헌법소원에 의한 권리구제**: 사실행위에 대해서 예외적으로 헌법소원의 대상이 될 수 있음을 인정하기도 한다.

판례

서울대학교의 '94학년도 대학입학고사주요요강'은 헌법소원의 대상이 된다.

국립대학인 서울대학교의 '94학년도 대학입학고사주요요강'은 사실상의 준비행위 내지 사전안내로서 행정쟁송의 대상이 될 수 있는 행정처분이나 공권력의 행사는 될 수 없지만 그 내용이 국민의 기본권에 직접 영향을 끼치는 내용이고 앞으로 법령의 뒷받침에 의하여 그대로 실시될 것이 틀림없을 것으로 예상되어 그로 인하여 직접적으로 기본권침해를 받게 되는 사람에게는 사실상의 규범작용으로 인한 위험성이 이미 현실적으로 발생하였다고 보아야 할 것이므로 이는 헌법재판소법 제68조 제1항 소정의 공권력의 행사에 해당된다고 할 것이며, 이 경우 헌법소원 외에 달리 구제방법이 없다(헌재 1992. 10. 1. 92헌마68·76).

비구속적 행정계획안이라도 국민의 기본권에 직접적으로 영향을 끼치고, 앞으로 법령의 뒷받침에 의하여 그대로 실시될 것이 틀림없을 것으로 예상될 수 있을 때에는 헌법소원의 대상이 될 수 있다.

비구속적 행정계획안이나 행정지침이라도 국민의 기본권에 직접적으로 영향을 끼치고, 앞으로 법령의 뒷받침에 의하여 그대로 실시될 것이 틀림없을 것으로 예상될 수 있을 때에는, 공권력행위로서 예외적으로 헌법소원의 대상이 될 수 있다(헌재 2000. 6. 1. 99헌마538).

02 행정지도

1. 의의

행정기관이 그 소관사무의 범위 안에서 일정한 행정목적을 실현하기 위하여 특정인에게 일정한 행위를 하거나 하지 아니하도록 지도·권고·조언 등을 하는 비권력적 사실행위를 행정지도라 한다. 2015·2020 기출

2. 행정지도의 기능과 문제점

(1) **기능**

행정기능의 확대에 따라 입법이 불비되었거나 행정환경이 변화된 경우 행정주체가 적절한 조치를 취하는 데 유용하다.

(2) **문제점** 2015 기출

임의적이라고는 하나 행정주체의 우월성으로 인해 사실상의 강제성이 나타나며 책임소재의 불분명, 행정구제수단의 불완전·법령의 불비 등으로 법치주의가 후퇴할 수 있는 문제점을 가지고 있다.

3. 행정지도의 원칙과 방식

「행정절차법」은 행정지도의 명확성을 담보하고 자의적인 행정지도를 억제할 필요성이 강하게 요구되므로 행정지도의 취지 · 방식 · 다수인을 상대로 하는 경우 공표와 행정지도의 상대방의 의견 제출 등에 관한 절차적 규정을 두고 있다.

(1) 행정지도의 원칙

행정절차법 제48조【행정지도의 원칙】 ① 행정지도는 그 목적 달성에 필요한 최소한도에 그쳐야 하며, 행정지도의 상대방의 의사에 반하여 부당하게 강요하여서는 아니 된다. 2013 기출
② 행정기관은 행정지도의 상대방이 행정지도에 따르지 아니하였다는 것을 이유로 불이익한 조치를 하여서는 아니 된다. 2013 · 2015 · 2020 · 2023 기출

(2) 방식

행정절차법 제49조【행정지도의 방식】 ① 행정지도를 하는 자는 그 상대방에게 그 행정지도의 취지 및 내용과 신분을 밝혀야 한다. 2013 · 2020 기출
② 행정지도가 말로 이루어지는 경우에 상대방이 제1항의 사항을 적은 서면의 교부를 요구하면 그 행정지도를 하는 자는 직무 수행에 특별한 지장이 없으면 이를 교부하여야 한다.

(3) 의견제출

행정절차법 제50조【의견제출】 행정지도의 상대방은 해당 행정지도의 방식 · 내용 등에 관하여 행정기관에 의견제출을 할 수 있다. 2015 · 2020 · 2023 기출

(4) 다수인을 대상으로 하는 행정지도

행정절차법 제51조【다수인을 대상으로 하는 행정지도】 행정기관이 같은 행정목적을 실현하기 위하여 많은 상대방에게 행정지도를 하려는 경우에는 특별한 사정이 없으면 행정지도에 공통적인 내용이 되는 사항을 공표하여야 한다. 2023 기출

4. 행정지도의 법적 근거와 한계

(1) 법적 근거 2018 기출

행정기관이 당해 행정지도를 할 조직법적 근거는 있어야 한다. 행정지도는 상대방의 임의적 · 자발적 협력을 전제로 하며 그 자체로 아무런 직접적인 법적 효과도 발생하지 않는 사실행위이므로 작용법적 근거를 불요하나 규제적 지도의 경우 사실상 상대방의 임의성이 제약되고 그에 불복할 경우 불이익이 수반될 수 있기 때문에 작용법적 근거가 필요하다고 본다.

(2) 한계 2013 · 2018 · 2022 기출

행정지도에도 법률우위의 원칙은 적용되며 비권력적 사실행위이지만 평등원칙 · 비례원칙 · 신뢰보호원칙 등 행정법의 일반원칙에 의한 구속을 받는다고 본다.

5. 행정지도와 권리구제

(1) 위법한 행정지도와 사인의 위법성

위법한 행정지도에 따른 사인의 행위는 임의적인 자의에 의한 행위이므로 법령에 명시적으로 정함이 없는 한, 위법성이 조각된다고 할 수 없다. 2018 기출

판례

위법한 행정지도에 따른 사인의 행위는 위법성이 조각되지 않는다.

행정관청이 토지거래계약신고에 관하여 공시된 기준지가를 기준으로 매매가격을 신고하도록 행정지도하여 왔고 그 기준가격 이상으로 매매가격을 신고한 경우에는 거래신고서를 접수하지 않고 반려하는 것이 관행화 되어 있다 하더라도 이는 법에 어긋나는 관행이라 할 것이므로 그와 같은 위법한 관행에 따라 허위신고행위에 이르렀다고 하여 그 범법행위가 사회상규에 위배되지 않는 정당한 행위라고는 볼 수 없다(대판 1992. 4. 24. 91도1609).

(2) 손해전보

① **국가배상 인정 여부**: 행정지도도 「국가배상법」상 공무원의 직무집행에 포함되므로 국가배상이 가능할 수 있으나 행정지도의 상대방은 그의 자유로운 의사에 의해 행정지도에 임했을 것이므로 행정지도와 손해발생 사이에 인과관계가 부정되어 손해배상청구가 사실상 어렵다는 것이 다수설이다. 판례는 행정지도라 하여 국가배상청구의 대상에서 제외되는 것은 아니라고 한다. 2020 기출

판례

행정지도 일환으로 직무수행으로 행하여진 공탁으로 인한 손해배상책임이 인정될 수 있다.

국가배상법이 정한 배상청구의 요건인 '공무원의 직무'에는 권력적 작용만이 아니라 행정지도와 같은 비권력적 작용도 포함되며 단지 행정주체가 사경제주체로서 하는 활동만 제외되는 것이고, 이 사건 공탁도 행정지도의 일환으로 직무 수행으로서 행하였다고 할 것이므로, 비권력적 작용인 공탁으로 인한 피고의 손해배상책임은 성립할 수 없다는 상고이유의 주장은 이유가 없다(대판 1998. 7. 10. 96다38971).

② **손실보상 인정 여부**: 적법한 행정지도라 하더라도 공권력의 행사라 할 수 없으므로 손실보상청구권은 인정되지 않는다고 보는 것이 다수설이나 국민의 신뢰성 보장의 차원에서 국가가 임의로 보상을 하는 것이 바람직하다 본다.

(3) 행정쟁송과 헌법소원

행정지도는 비권력적 사실행위라는 점에서 「행정소송법」상의 처분개념에 해당하지 않는다. 그러나 행정지도를 따르지 아니함으로 인하여 일정한 행정행위가 있게 되는 경우 그 행정행위에 대하여 행정소송을 제기함으로써 간접적으로 행정지도를 다툴 수 있다. 2020 기출

헌법재판소는 행정지도 일종이지만 그에 따르지 않을 때 일정한 불이익 조치가 예정되어 있는 경우 헌법소원의 대상이 되는 공권력 행사로 본다.

판례

단순 권고로서 항고소송의 대상이 되지 않는 경우

1. 세무당국이 소외 회사에 대해 원고와의 주류거래를 일정 기간 중지해 줄 것을 요청한 행위는 항고소송의 대상이 될 수 없다(대판 1980. 10. 27. 80누395).
2. 재단법인 한국연구재단이 갑 대학교 총장에게 을에 대한 대학 자체징계를 요구한 것은 법률상 구속력이 없는 권유 또는 사실상의 통지로서 항고소송의 대상인 처분에 해당하지 않는다(대판 2014. 12. 11. 2012두28704).
3. 서면에 의한 경고가 공무원의 신분에 영향을 미치는 국가공무원법상의 징계의 종류에 해당하지 아니하고, 근무충실에 관한 권고행위 내지 지도행위로서 경고가 국가공무원법상의 징계처분이나 행정소송의 대상이 되는 행정처분이라고 할 수 없어 그 취소를 구할 법률상의 이익이 없다(대판 1991. 11. 12. 91누2700).
4. '문책경고장(상당)을 보낸 행위는 문책경고의 제재처분자체와는 다르므로 이사건 서면통보행위는 항고소송의 대상이 되는 행정처분에 해당하지 않는다(대판 2005. 2. 17. 2003두10312).

처분성이 인정되는 경우

1. 행정규칙에 의한 '불문경고조치'가 비록 법률상의 징계처분은 아니지만 위 처분을 받지 아니하였다면 차후 다른 징계처분이나 경고를 받게 될 경우 징계감경사유로 사용될 수 있었던 표창공적의 사용가능성을 소멸시키는 효과와 1년 동안 인사기록카드에 등재됨으로써 그 동안은 장관표창이나 도지사표창 대상자에서 제외시키는 효과 등이 있다는 이유로 항고소송의 대상이 되는 행정처분에 해당한다(대판 2002. 7. 26. 2001두3532).
2. 금융기관의 임원에 대한 금융감독원장의 문책경고는 그 상대방에 대한 직업선택의 자유를 직접 제한하는 효과를 발생하게 하는 등 상대방의 권리의무에 직접 영향을 미치는 행위로서 항고소송의 대상이 되는 행정처분에 해당한다(대판 2005. 2. 17. 2003두14765).
3. 교육감이 학교법인에 대한 감사 실시 후 처리지시를 하고 그와 함께 그 시정조치에 대한 결과를 증빙서를 첨부한 문서로 보고하도록 한 것은, 의무의 부담을 명하거나 기타 법률상 효과를 발생하게 하는 것으로서 항고소송의 대상이 되는 행정처분에 해당한다(대판 2008. 9. 11. 2006두18362).
4. 국가인권위원회의 성희롱 결정과 이에 따른 시정조치의 권고는 항고소송의 대상이 되는 처분에 해당한다(대판 2005. 7. 8. 2005두487).
5. 공정거래위원회의 '표준약관 사용권장행위'는 그 통지를 받은 해당 사업자 등에게 표준약관과 다른 약관을 사용할 경우 표준약관과 다르게 정한 주요내용을 고객이 알기 쉽게 표시하여야 할 의무를 부과하고, 그 불이행에 대해서는 과태료에 처하도록 되어 있으므로, 이는 사업자 등의 권리·의무에 직접 영향을 미치는 행정처분으로서 항고소송의 대상이 된다(대판 2010. 10. 14. 2008두23184).
6. 교육인적자원부장관의 대학총장들에 대한 이 사건 학칙시정요구는 그 법적 성격은 대학총장의 임의적인 협력을 통하여 사실상의 효과를 발생시키는 행정지도의 일종이지만, 그에 따르지 않을 경우 일정한 불이익조치를 예정하고 있어 사실상 상대방에게 그에 따를 의무를 부과하는 것과 다를 바 없으므로 단순한 행정지도로서의 한계를 넘어 규제적·구속적 성격을 상당히 강하게 갖는 것으로서 헌법소원의 대상이 되는 공권력의 행사라고 볼 수 있다(헌재 2003. 6. 26. 2002헌마337). 2015 기출

Chapter 04

OX로 기초다지기

01 확약을 행한 행정청은 상대방의 의무불이행, 기타 확약 후에 발생한 사정변경을 이유로 철회할 수 없다. ○✕

02 확약이 있으면 행정청은 상대방에게 확약된 행위를 하여야 할 자기구속적 의무를 지게 된다. ○✕

03 「행정절차법」상 확약은 말 또는 문서로 할 수 있다. ○✕

04 확약을 한 후에 확약의 내용을 이행할 수 없을 정도로 법령 등이나 사정이 변경된 경우 행정청은 확약에 기속되지 않는다. ○✕

05 어업권면허에 선행하는 우선순위결정은 강학상 확약이고 항고소송의 대상되는 처분이라는 것이 판례이다. ○✕

06 행정계획의 수권규범은 통상적으로 목적－수단프로그램이 아니라 조건－결과프로그램으로 이루어져 있다. ○✕

01 확약 후 사정변경이나 상대방의 의무불이행이 있는 경우 행정청은 당연히 확약을 철회할 수 있다.
02 확약은 행정청의 행정행위에 대한 자기구속력 있는 약속이므로 행정청은 확약대로 행정행위를 해야 할 의무를 부담한다.
03 확약은 문서로 하여야 한다(「행정절차법」 제40조의2 제2항).
04 「행정절차법」 제40조의2 제4항
05 판례는 확약의 처분성을 인정하지 않으며 우선순위결정은 처분이 아니라는 입장이다.
06 행정계획은 그 근거규범의 구조가 목적과 수단의 프로그램이라는 점에서 조건과 효과의 프로그램 형식인 일반 재량행위와 구별된다.

Answer

01 ✕ 02 ○ 03 ✕ 04 ○ 05 ✕ 06 ✕

07 계획재량의 경우 형성의 자유가 인정되나, 형량의 부존재, 형량의 누락, 형량의 불비례 등의 경우에는 형량의 하자로 인해 그 행정계획 결정은 위법하게 된다. O X

08 권한 있는 행정청이 정당하게 도시계획결정 등의 처분을 하였다면 이를 관보에 게재하여 고시하지 아니하였다 하더라도 대외적으로 효력을 발생한다. O X

09 일반적으로 지역주민에게는 도시계획변경에 대한 신청권이 인정된다. O X

10 비구속적 행정계획안이라도 국민의 기본권에 직접적으로 영향을 끼치고 앞으로 법령의 뒷받침에 의하여 그대로 실시될 것이 틀림없을 것으로 예상되는 경우에는 예외적으로 헌법소원의 대상이 된다. O X

11 현행 「행정절차법」은 공법상 계약에 관한 일반적 규정을 두고 있다. O X

12 공법상 계약의 경우에도 법률우위의 원칙이 적용되므로 법령상의 한계를 지켜야 한다. O X

13 공중보건의사 채용계약해지의 의사표시는 행정처분에 해당하므로 그 취소를 구하는 항고소송을 제기할 수 있다. O X

07 행정청에게는 행정계획에 대해 광범위한 형성재량이 인정되지만 이 형성재량은 무제한은 아니고 이익형량을 잘해야 할 의무가 존재한다.
08 대외적으로 고시되지 않은 행정계획은 아무런 효력이 발생하지 않는다.
09 지역주민에게는 원칙적 도시계획변경에 대한 신청권이 인정되지 않는다는 것이 판례이다.
10 헌법재판소의 입장으로 옳은 지문이다.
11 현행 「행정절차법」은 공법상 계약에 관한 일반적 규정을 두고 있지 않고 공법상 계약에는 「행정절차법」이 적용되지 않는다는 것이 판례이다.
12 공법상 계약은 법률의 근거를 둘 필요는 없지만 법령을 위반할 수 없는 것이므로 옳은 지문이다.
13 공중보건의사 채용계약해지의 의사표시는 공법상 계약관계의 종료로서 처분이 아니므로 이를 다투는 경우 당사자소송에 의한다.

Answer

07 O 08 X 09 X 10 O 11 X 12 O 13 X

14 공무원이 공법상의 제한을 회피할 목적으로 행정처분의 상대방과 사법상 계약을 체결하는 형식을 취하는 것은 법치행정에 위반되어 허용되지 않는다. ○|×

15 「공익사업을 위한 토지 등의 취득 및 보상에 관한 법률」상 협의취득은 공법상 계약이 아니라 사법상 매매계약에 해당한다는 것이 판례이다. ○|×

16 행정지도가 다수인을 대상으로 할 경우에도 명령·강제작용이 아니기 때문에 「행정절차법」은 특별한 사정이 없으면 공표할 필요가 없다고 규정하고 있다. ○|×

17 행정기관은 행정지도의 상대방이 행정지도에 따르지 아니하였음을 이유로 불이익한 조치를 하여서는 아니 된다. ○|×

18 행정지도는 「국가배상법」상의 공무원의 직무집행에 포함되지 않는다. ○|×

19 위법한 행정지도에 따라 행한 사인의 행위는 그 위법성이 정당화되지 않는다. ○|×

20 위법건축물에 대한 단전 및 전화통화단절 요청은 항고소송의 대상되는 처분에 해당하지 않는다. ○|×

PART 02

14 처분과 실체적 관련이 없어 공법상 허용되지 않는 제한을 회피할 목적으로 체결한 사법상 계약은 법치행정에 위배되어 허용되지 않는다는 것이 판례이다.
15 판례는 협의취득을 사법상 매매계약에 해당한다고 본다.
16 행정기관이 같은 행정목적을 실현하기 위하여 많은 상대방에게 행정지도를 하려는 경우에는 특별한 사정이 없으면 행정지도에 공통적인 내용이 되는 사항을 공표하여야 한다(「행정절차법」 제51조).
17 「행정절차법」 제48조 제2항
18 행정지도도 공행정 작용에 해당하므로 「국가배상법」상 공무원의 직무집행에 포함된다.
19 판례는 위법한 행정지도에 따른 사인의 행위는 임의적 자의에 의한 행위이므로 법령에 명시적 정함이 없는 한 위법성이 조각되지 않는다고 본다.
20 단전 및 전화통화단절 요청은 권유적 행위로서 강제성이 없으므로 항고소송의 대상되는 처분에 해당하지 않는다.

Answer

14 ○ 15 ○ 16 × 17 ○ 18 × 19 ○ 20 ○

Chapter 05

행정절차와 정보제도

제1절 행정절차

01 현행 「행정절차법」의 기본적 구조

1. 「행정절차법」의 구성

현행 「행정절차법」은 총칙, 처분절차, 신고절차, 확약, 위반사실의 공표, 행정계획, 행정상 입법예고절차, 행정예고절차, 행정지도절차, 보칙으로 구성되어 있다. 2022 기출

2. 「행정절차법」의 특징과 문제점 2013 · 2014 · 2015 기출

(1) 특징

「행정절차법」은 절차적 규정이 중심이나, 신의성실 및 신뢰보호의 원칙(제4조), 투명성의 원칙(제5조) 등 실체적 규정도 있다.

(2) 문제점

절차가 규정되어 있지만 이를 위반한 경우 처분의 효과와 치유 등의 규정이 없다. 2020 기출

02 「행정절차법」의 내용

1. 총칙

(1) 행정절차의 원칙

① 신의성실 및 신뢰보호

> **행정절차법 제4조 【신의성실 및 신뢰보호】** ① 행정청은 직무를 수행할 때 신의(信義)에 따라 성실히 하여야 한다.
> ② 행정청은 법령등의 해석 또는 행정청의 관행이 일반적으로 국민들에게 받아들여졌을 때에는 공익 또는 제3자의 정당한 이익을 현저히 해칠 우려가 있는 경우를 제외하고는 새로운 해석 또는 관행에 따라 소급하여 불리하게 처리하여서는 아니 된다.

② 투명성의 원칙

> **행정절차법 제5조 【투명성】** ① 행정청이 행하는 행정작용은 그 내용이 구체적이고 명확하여야 한다.
> ② 행정작용의 근거가 되는 법령등의 내용이 명확하지 아니한 경우 상대방은 해당 행정청에 그 해석을 요청할 수 있으며, 해당 행정청은 특별한 사유가 없으면 그 요청에 따라야 한다.
> ③ 행정청은 상대방에게 행정작용과 관련된 정보를 충분히 제공하여야 한다.

(2) 「행정절차법」의 적용범위 2013 · 2014 · 2021 기출

행정절차법 제3조 【적용 범위】 ① 처분, 신고, 확약, 위반사실 등의 공표, 행정계획, 행정상 입법예고, 행정예고 및 행정지도의 절차(이하 "행정절차"라 한다)에 관하여 다른 법률에 특별한 규정이 있는 경우를 제외하고는 이 법에서 정하는 바에 따른다. 2022 기출

② 이 법은 다음 각 호의 어느 하나에 해당하는 사항에 대하여는 적용하지 아니한다.

1. 국회 또는 지방의회의 의결을 거치거나 동의 또는 승인을 받아 행하는 사항
2. 법원 또는 군사법원의 재판에 의하거나 그 집행으로 행하는 사항
3. 헌법재판소의 심판을 거쳐 행하는 사항
4. 각급 선거관리위원회의 의결을 거쳐 행하는 사항
5. 감사원이 감사위원회의의 결정을 거쳐 행하는 사항
6. 형사(刑事), 행형(行刑) 및 보안처분 관계 법령에 따라 행하는 사항
7. 국가안전보장 · 국방 · 외교 또는 통일에 관한 사항 중 행정절차를 거칠 경우 국가의 중대한 이익을 현저히 해칠 우려가 있는 사항
8. 심사청구, 해양안전심판, 조세심판, 특허심판, 행정심판, 그 밖의 불복절차에 따른 사항
9. 「병역법」에 따른 징집 · 소집, 외국인의 출입국 · 난민인정 · 귀화, 공무원 인사 관계 법령에 따른 징계와 그 밖의 처분, 이해 조정을 목적으로 하는 법령에 따른 알선 · 조정 · 중재(仲裁) · 재정(裁定) 또는 그 밖의 처분 등 해당 행정작용의 성질상 행정절차를 거치기 곤란하거나 거칠 필요가 없다고 인정되는 사항과 행정절차에 준하는 절차를 거친 사항으로서 대통령령으로 정하는 사항

판례

1. 공무원 「인사관계법령」에 의한 처분에 관한 사항 전부에 대하여 「행정절차법」의 적용이 배제되는 것이 아니라 성질상 행정절차를 거치기 곤란하거나 불필요하다고 인정되는 처분이나 행정절차에 준하는 절차를 거치도록 하고 있는 처분의 경우에만 「행정절차법」의 적용이 배제된다(대판 2007. 9. 21. 2006두20631).
2. 설사 공정거래위원회의 시정조치 및 과징금 납부명령에 「행정절차법」 소정의 의견청취절차 생략사유가 존재한다고 하더라도, 공정거래위원회는 행정절차법을 적용하여 의견청취절차를 생략할 수는 없다(대판 2001. 5. 8. 2000두10212).
3. 산업기능요원 편입취소처분은 '병역법에 의한 소집에 관한 사항'에는 해당하지 아니하므로, 행정절차법상의 '처분의 사전통지'와 '의견제출 기회의 부여'등의 절차를 거쳐야 한다(대판 2002. 9. 6. 2002두554).
4. 군인사법령에 의하여 진급예정자명단에 포함된 자에 대한 진급선발을 취소하는 처분은 「행정절차법」 적용배제사항이 아니다(대판 2007. 9. 21. 2006두20631).
5. 「출입국관리법」 규정은 난민인정 거부처분의 이유제시에 관한 「행정절차법」 중 이유제시에 대한 배제조항이다(헌재 2009. 1. 13. 2008헌바161).
6. 외국인의 사증발급 신청에 대한 거부처분은 성질상 행정절차를 거치는 것이 불필요하여 「행정절차법」의 적용이 배제되는 경우에 해당하지 않는다(대판 2019. 7. 11. 2017두38874).
7. 「국가공무원법」상 직위해제처분은 「행정절차법」의 규정이 별도로 적용되지 않는다(대판 2014. 5. 16. 2012두26180). 2020 기출
8. 별정직 공무원인 대통령기록관장에 대한 직권면직 처분은 처분의 사전통지 및 의견청취 등에 관한 「행정절차법」 적용 배제사항이 아니다(대판 2013. 1. 16. 2011두30687).
9. 정규공무원임용처분을 취소하는 처분은 성질상 행정절차를 거치는 것이 불필요하여 「행정절차법」의 적용이 배제되는 경우에 해당하지 않는다(대판 2009. 1. 30. 2008두16155).

(3) 행정관할

행정절차법 제6조【관할】 ① 행정청이 그 관할에 속하지 아니하는 사안을 접수하였거나 이송받은 경우에는 지체 없이 이를 관할 행정청에 이송하여야 하고 그 사실을 신청인에게 통지하여야 한다. 행정청이 접수하거나 이송받은 후 관할이 변경된 경우에도 또한 같다. 2023 기출
② 행정청의 관할이 분명하지 아니한 경우에는 해당 행정청을 공통으로 감독하는 상급 행정청이 그 관할을 결정하며, 공통으로 감독하는 상급 행정청이 없는 경우에는 각 상급 행정청이 협의하여 그 관할을 결정한다. 2023 기출

(4) 행정청 간의 협조 및 응원

행정절차법
제7조【행정청 간의 협조 등】 ① 행정청은 행정의 원활한 수행을 위하여 서로 협조하여야 한다. 2023 기출

제8조【행정응원】 ① 행정청은 다음 각 호의 어느 하나에 해당하는 경우에는 다른 행정청에 행정응원(行政應援)을 요청할 수 있다.
② 제1항에 따라 행정응원을 요청받은 행정청은 다음 각 호의 어느 하나에 해당하는 경우에는 응원을 거부할 수 있다.
④ 행정응원을 요청받은 행정청은 응원을 거부하는 경우 그 사유를 응원을 요청한 행정청에 통지하여야 한다. 2023 기출
⑤ 행정응원을 위하여 파견된 직원은 응원을 요청한 행정청의 지휘·감독을 받는다. 다만, 해당 직원의 복무에 관하여 다른 법령등에 특별한 규정이 있는 경우에는 그에 따른다.
⑥ 행정응원에 드는 비용은 응원을 요청한 행정청이 부담하며, 그 부담금액 및 부담방법은 응원을 요청한 행정청과 응원을 하는 행정청이 협의하여 결정한다. 2023 기출

(5) 행정절차의 당사자 등

행정절차법 제2조【정의】
4. "당사자등"이란 다음 각 목의 자를 말한다.
  가. 행정청의 처분에 대하여 직접 그 상대가 되는 당사자
  나. 행정청이 직권으로 또는 신청에 따라 행정절차에 참여하게 한 이해관계인

2. 송달 및 기간·기한의 특례

행정절차법
제14조【송달】 ① 송달은 우편, 교부 또는 정보통신망 이용 등의 방법으로 하되, 송달받을 자(대표자 또는 대리인을 포함한다. 이하 같다)의 주소·거소(居所)·영업소·사무소 또는 전자우편주소(이하 "주소등"이라 한다)로 한다. 다만, 송달받을 자가 동의하는 경우에는 그를 만나는 장소에서 송달할 수 있다.
② 교부에 의한 송달은 수령확인서를 받고 문서를 교부함으로써 하며, 송달하는 장소에서 송달받을 자를 만나지 못한 경우에는 그 사무원·피용자(被傭者) 또는 동거인으로서 사리를 분별할 지능이 있는 사람(이하 이 조에서 "사무원등"이라 한다)에게 문서를 교부할 수 있다. 다만, 문서를 송달받을 자 또는 그 사무원등이 정당한 사유 없이 송달받기를 거부하는 때에는 그 사실을 수령확인서에 적고, 문서를 송달할 장소에 놓아둘 수 있다.

③ 정보통신망을 이용한 송달은 송달받을 자가 동의하는 경우에만 한다. 이 경우 송달받을 자는 송달받을 전자우편주소 등을 지정하여야 한다. 2023 기출
④ 다음 각 호의 어느 하나에 해당하는 경우에는 송달받을 자가 알기 쉽도록 관보, 공보, 게시판, 일간신문 중 하나 이상에 공고하고 인터넷에도 공고하여야 한다.
1. 송달받을 자의 주소등을 통상적인 방법으로 확인할 수 없는 경우
2. 송달이 불가능한 경우
⑥ 행정청은 송달하는 문서의 명칭, 송달받는 자의 성명 또는 명칭, 발송방법 및 발송 연월일을 확인할 수 있는 기록을 보존하여야 한다. 2023 기출

제15조【송달의 효력 발생】 ① 송달은 다른 법령등에 특별한 규정이 있는 경우를 제외하고는 해당 문서가 송달받을 자에게 도달됨으로써 그 효력이 발생한다. 2023 기출
② 제14조 제3항에 따라 정보통신망을 이용하여 전자문서로 송달하는 경우에는 송달받을 자가 지정한 컴퓨터 등에 입력된 때에 도달된 것으로 본다.
③ 제14조 제4항의 경우에는 다른 법령등에 특별한 규정이 있는 경우를 제외하고는 공고일부터 14일이 지난 때에 그 효력이 발생한다. 다만, 긴급히 시행하여야 할 특별한 사유가 있어 효력 발생 시기를 달리 정하여 공고한 경우에는 그에 따른다.

제16조【기간 및 기한의 특례】 ① 천재지변이나 그 밖에 당사자등에게 책임이 없는 사유로 기간 및 기한을 지킬 수 없는 경우에는 그 사유가 끝나는 날까지 기간의 진행이 정지된다. 2023 기출
② 외국에 거주하거나 체류하는 자에 대한 기간 및 기한은 행정청이 그 우편이나 통신에 걸리는 일수(日數)를 고려하여 정하여야 한다. 2023 기출

3. 당사자 등의 지위승계

(1) 지위의 승계

행정절차법 제10조【지위의 승계】 ① 당사자등이 사망하였을 때의 상속인과 다른 법령등에 따라 당사자등의 권리 또는 이익을 승계한 자는 당사자등의 지위를 승계한다.
② 당사자등인 법인등이 합병하였을 때에는 합병 후 존속하는 법인등이나 합병 후 새로 설립된 법인등이 당사자등의 지위를 승계한다.
③ 제1항 및 제2항에 따라 당사자등의 지위를 승계한 자는 행정청에 그 사실을 통지하여야 한다.
④ 처분에 관한 권리 또는 이익을 사실상 양수한 자는 행정청의 승인을 받아 당사자등의 지위를 승계할 수 있다.
⑤ 제3항에 따른 통지가 있을 때까지 사망자 또는 합병 전의 법인등에 대하여 행정청이 한 통지는 제1항 또는 제2항에 따라 당사자등의 지위를 승계한 자에게도 효력이 있다.

(2) 대표자

행정절차법 제11조【대표자】 ① 다수의 당사자등이 공동으로 행정절차에 관한 행위를 할 때에는 대표자를 선정할 수 있다.
② 행정청은 제1항에 따라 당사자등이 대표자를 선정하지 아니하거나 대표자가 지나치게 많아 행정절차가 지연될 우려가 있는 경우에는 그 이유를 들어 상당한 기간 내에 3인 이내의 대표자를 선정할 것을 요청할 수 있다. 이 경우 당사자등이 그 요청에 따르지 아니하였을 때에는 행정청이 직접 대표자를 선정할 수 있다.
③ 당사자등은 대표자를 변경하거나 해임할 수 있다.

④ 대표자는 각자 그를 대표자로 선정한 당사자등을 위하여 행정절차에 관한 모든 행위를 할 수 있다. 다만, 행정절차를 끝맺는 행위에 대하여는 당사자등의 동의를 받아야 한다.
⑤ 대표자가 있는 경우에는 당사자등은 그 대표자를 통하여서만 행정절차에 관한 행위를 할 수 있다.
⑥ 다수의 대표자가 있는 경우 그중 1인에 대한 행정청의 행위는 모든 당사자등에게 효력이 있다. 다만, 행정청의 통지는 대표자 모두에게 하여야 그 효력이 있다.

(3) 대리인

행정절차법 제12조 【대리인】 ① 당사자등은 다음 각 호의 어느 하나에 해당하는 자를 대리인으로 선임할 수 있다.

1. 당사자등의 배우자, 직계 존속 · 비속 또는 형제자매
2. 당사자등이 법인등인 경우 그 임원 또는 직원
3. 변호사
4. 행정청 또는 청문 주재자(청문의 경우만 해당한다)의 허가를 받은 자
5. 법령등에 따라 해당 사안에 대하여 대리인이 될 수 있는 자

(4) 대표자 · 대리인의 통지

행정절차법 제13조 【대표자 · 대리인의 통지】 ① 당사자등이 대표자 또는 대리인을 선정하거나 선임하였을 때에는 지체 없이 그 사실을 행정청에 통지하여야 한다. 대표자 또는 대리인을 변경하거나 해임하였을 때에도 또한 같다.
② 제1항에도 불구하고 제12조 제1항 제4호에 따라 청문 주재자가 대리인의 선임을 허가한 경우에는 청문 주재자가 그 사실을 행정청에 통지하여야 한다.

4. 처분절차

(1) 개요

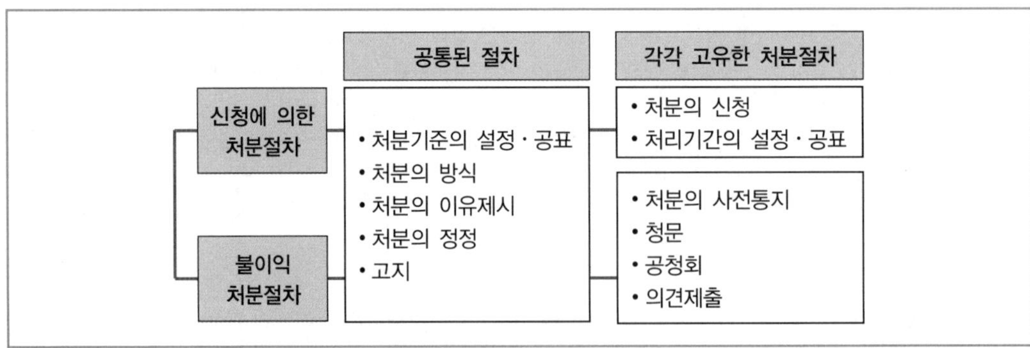

(2) 처분의 방식

행정절차법 제24조 【처분의 방식】 ① 행정청이 처분을 할 때에는 다른 법령등에 특별한 규정이 있는 경우를 제외하고는 문서로 하여야 하며, 다음 각 호의 어느 하나에 해당하는 경우에는 전자문서로 할 수 있다.
1. 당사자등의 동의가 있는 경우
2. 당사자가 전자문서로 처분을 신청한 경우

② 제1항에도 불구하고 공공의 안전 또는 복리를 위하여 긴급히 처분을 할 필요가 있거나 사안이 경미한 경우에는 말, 전화, 휴대전화를 이용한 문자 전송, 팩스 또는 전자우편 등 문서가 아닌 방법으로 처분을 할 수 있다. 이 경우 당사자가 요청하면 지체 없이 처분에 관한 문서를 주어야 한다.
③ 처분을 하는 문서에는 그 처분 행정청과 담당자의 소속 · 성명 및 연락처(전화번호, 팩스번호, 전자우편주소 등을 말한다)를 적어야 한다.

판례

「행정절차법」 제24조의 처분의 형식을 위반한 처분은 원칙적으로 무효이다.

행정절차법 제24조는, 행정청이 처분을 하는 때에는 다른 법령 등에 특별한 규정이 있는 경우를 제외하고는 문서로 하여야 하고 전자문서로 하는 경우에는 당사자 등의 동의가 있어야 하며, 다만 신속을 요하거나 사안이 경미한 경우에는 구술 기타 방법으로 할 수 있다고 규정하고 있는데, 이는 행정의 공정성 · 투명성 및 신뢰성을 확보하고 국민의 권익을 보호하기 위한 것이므로 위 규정을 위반하여 행하여진 행정청의 처분은 하자가 중대하고 명백하여 원칙적으로 무효이다(대판 2011. 11. 20. 2011도11109).

(3) 처분기준의 설정 · 공표

행정절차법 제20조 【처분기준의 설정 · 공표】 ① 행정청은 필요한 처분기준을 해당 처분의 성질에 비추어 되도록 구체적으로 정하여 공표하여야 한다. 처분기준을 변경하는 경우에도 또한 같다.
② 「행정기본법」 제24조에 따른 인허가의제의 경우 관련 인허가 행정청은 관련 인허가의 처분기준을 주된 인허가 행정청에 제출하여야 하고, 주된 인허가 행정청은 제출받은 관련 인허가의 처분기준을 통합하여 공표하여야 한다. 처분기준을 변경하는 경우에도 또한 같다.
③ 제1항에 따른 처분기준을 공표하는 것이 해당 처분의 성질상 현저히 곤란하거나 공공의 안전 또는 복리를 현저히 해치는 것으로 인정될 만한 상당한 이유가 있는 경우에는 처분기준을 공표하지 아니할 수 있다. 2024 기출
④ 당사자등은 공표된 처분기준이 명확하지 아니한 경우 해당 행정청에 그 해석 또는 설명을 요청할 수 있다. 이 경우 해당 행정청은 특별한 사정이 없으면 그 요청에 따라야 한다.

판례

「행정절차법」상의 처분기준 사전공표 의무를 위반하여 미리 공표하지 아니한 기준을 적용하여 처분을 하였다고 하더라도, 그러한 사정만으로 곧바로 해당 처분에 취소사유에 이를 정도의 흠이 존재한다고 볼 수는 없다.

행정청이 행정절차법 제20조 제1항의 처분기준 사전공표 의무를 위반하여 미리 공표하지 아니한 기준을 적용하여 처분을 하였다고 하더라도, 그러한 사정만으로 곧바로 해당 처분에 취소사유에 이를 정도의 흠이 존재한다고 볼 수는 없다. 다만 해당 처분에 적용한 기준이 상위법령의 규정이나 신뢰보호의 원칙 등과 같은 법의 일반원칙을 위반하였거나 객관적으로 합리성이 없다고 볼 수 있는 구체적인 사정이 있다면 해당 처분은 위법하다고 평가할 수 있다(대판 2020. 12. 24. 2018두45633).

(4) 처분의 신청

행정절차법

제17조 【처분의 신청】 ① 행정청에 처분을 구하는 신청은 문서로 하여야 한다. 다만, 다른 법령등에 특별한 규정이 있는 경우와 행정청이 미리 다른 방법을 정하여 공시한 경우에는 그러하지 아니하다.

② 제1항에 따라 처분을 신청할 때 전자문서로 하는 경우에는 행정청의 컴퓨터 등에 입력된 때에 신청한 것으로 본다.

⑤ 행정청은 신청에 구비서류의 미비 등 흠이 있는 경우에는 보완에 필요한 상당한 기간을 정하여 지체 없이 신청인에게 보완을 요구하여야 한다.

⑥ 행정청은 신청인이 제5항에 따른 기간 내에 보완을 하지 아니하였을 때에는 그 이유를 구체적으로 밝혀 접수된 신청을 되돌려 보낼 수 있다.

⑦ 행정청은 신청인의 편의를 위하여 다른 행정청에 신청을 접수하게 할 수 있다. 이 경우 행정청은 다른 행정청에 접수할 수 있는 신청의 종류를 미리 정하여 공시하여야 한다. 2024 기출

⑧ 신청인은 처분이 있기 전에는 그 신청의 내용을 보완 · 변경하거나 취하(取下)할 수 있다. 다만, 다른 법령등에 특별한 규정이 있거나 그 신청의 성질상 보완 · 변경하거나 취하할 수 없는 경우에는 그러하지 아니하다.

제18조 【다수의 행정청이 관여하는 처분】 2024 기출 행정청은 다수의 행정청이 관여하는 처분을 구하는 신청을 접수한 경우에는 관계 행정청과의 신속한 협조를 통하여 그 처분이 지연되지 아니하도록 하여야 한다.

판례

1. 신청에 앞서 신청서의 내용에 대한 검토 요청만으로 「행정절차법」상 신청으로 볼 수 없다(대판 2004. 9. 24. 2003두13236).
2. 신청에 대한 구비서류의 미비 등 흠의 보완은 행정청으로 하여금 신청에 대하여 거부처분을 하기 전에 반드시 신청인에게 신청의 내용이나 처분의 실체적 발급요건에 관한 사항까지 보완할 기회를 부여하여야 할 의무를 정한 것은 아니다(대판 2020. 7. 23. 2020두36007).
3. 실질적인 요건에 관한 흠이 있는 경우라도 그것이 민원인의 단순한 착오나 일시적인 사정 등에 기한 경우에는 보완을 요구하여야 한다(대판 2004. 10. 15. 2003두6573).

(5) 처리기간의 설정 · 공표

행정절차법 제19조 【처리기간의 설정 · 공표】 ① 행정청은 신청인의 편의를 위하여 처분의 처리기간을 종류별로 미리 정하여 공표하여야 한다.

② 행정청은 부득이한 사유로 제1항에 따른 처리기간 내에 처분을 처리하기 곤란한 경우에는 해당 처분의 처리기간의 범위에서 한 번만 그 기간을 연장할 수 있다.

판례

행정청이 처리기간이 지나 처분을 하였더라도 이를 처분을 취소할 절차상 하자로 볼 수 없다.

처분이나 민원의 처리기간을 정하는 것은 신청에 따른 사무를 가능한 한 조속히 처리하도록 하기 위한 것이다. 처리기간에 관한 규정은 훈시규정에 불과할 뿐 강행규정이라고 볼 수 없다(대판 2019. 12. 13. 2018두41907).

(6) 처분의 이유제시(이유부기) 2014 기출

① 사유 2016 · 2021 기출

행정절차법 제23조【처분의 이유 제시】 ① 행정청은 처분을 할 때에는 다음 각 호의 어느 하나에 해당하는 경우를 제외하고는 당사자에게 그 근거와 이유를 제시하여야 한다.
1. 신청 내용을 모두 그대로 인정하는 처분인 경우 2022 기출
2. 단순 · 반복적인 처분 또는 경미한 처분으로서 당사자가 그 이유를 명백히 알 수 있는 경우
3. 긴급히 처분을 할 필요가 있는 경우 2024 기출

② 행정청은 제1항 제2호 및 제3호의 경우에 처분 후 당사자가 요청하는 경우에는 그 근거와 이유를 제시하여야 한다.

② **이유제시의 정도**: 처분의 상대방이 당해 처분에 대해 권리구제를 강구할 수 있을 정도의 수준에서 이루어져야 한다. 판례는 처분의 상대방이 처분의 근거와 이유를 알고 있는 경우라면 세세한 근거법규정까지 제시될 필요는 없다고 한다.

판례

1. 처분 당시 당사자가 어떠한 근거와 이유로 처분이 이루어진 것인지를 충분히 알 수 있어서 그에 불복하여 행정구제절차로 나아가는 데 별다른 지장이 없었던 것으로 인정되는 경우에는 처분서에 처분의 근거와 이유가 구체적으로 명시되어 있지 않았더라도 이를 처분을 취소하여야 할 절차상 하자로 볼 수 없다(대판 2019. 12. 13. 2018두41907).
2. 하나의 납세고지서에 의하여 복수의 과세처분을 함께 하는 경우에는 과세처분별로 그 세액과 산출근거 등을 구분하여 기재하여야 한다(대판 2012. 10. 18. 2010두12347).

③ 이유제시의 하자의 효과

㉠ **독립된 위법사유**: 행정절차에서 이유부기를 하지 않은 경우나 이유부기가 제대로 이루어지지 않은 경우 학설과 판례는 이를 모두 독립적 위법사유가 된다고 본다. 2018 기출

㉡ **이유제시가 흠결된 처분의 효력**: 판례는 이유제시의 하자가 있는 처분에 대해 취소사유로 본다.

판례

이유제시의 하자가 있는 과세처분을 당연무효로 볼 수 없다.
이러한 납세고지서 작성과 관련한 하자는 그 고지서가 납세의무자에게 송달된 이상 과세처분의 본질적 요소를 이루는 것은 아니어서 과세처분의 취소사유가 됨은 별론으로 하고 당연무효의 사유로는 되지 아니한다(대판 1998. 6. 26. 96누12634).

④ **하자의 치유**: 판례는 처분에 대한 불복 여부의 결정 및 불복신청에 편의를 줄 수 있는 상당한 기간 내에 하여야 한다고 한다.

판례

과세처분에 대한 불복 여부의 결정 및 불복신청에 편의를 줄 수 있는 상당기간 내에 보정해야 하자가 치유된다.

과세처분시 납세고지서에 과세표준, 세율, 세액의 산출근거 등이 누락된 경우에는 늦어도 과세처분에 대한 불복여부의 결정 및 불복신청에 편의를 줄 수 있는 상당한 기간 내에 보정행위를 하여야 그 하자가 치유된다 할 것이다(대판 1983. 7. 26. 82누420).

⑤ **판결의 기속력과 이유제시**: 「행정소송법」 제30조 제2항의 취소판결의 기속력에 따라 재처분을 하는 경우, 확정판결의 사실심변론종결 이후 새롭게 종전처분의 이유와 다른 이유를 제시한다면 동일한 처분을 하여도 판결의 기속력에 위반하는 것이 아니다.

(7) 처분의 정정 2024 기출

행정절차법 제25조【처분의 정정】 행정청은 처분에 오기(誤記), 오산(誤算) 또는 그 밖에 이에 준하는 명백한 잘못이 있을 때에는 직권으로 또는 신청에 따라 지체 없이 정정하고 그 사실을 당사자에게 통지하여야 한다.

(8) 고지 2020 기출

행정절차법 제26조【고지】 행정청이 처분을 할 때에는 당사자에게 그 처분에 관하여 행정심판 및 행정소송을 제기할 수 있는지 여부, 그 밖에 불복을 할 수 있는지 여부, 청구절차 및 청구기간, 그 밖에 필요한 사항을 알려야 한다.

5. 처분의 사전통지와 의견제출

(1) 처분의 사전통지 2013 · 2014 · 2018 기출

행정절차법 제21조【처분의 사전 통지】 ① 행정청은 당사자에게 의무를 부과하거나 권익을 제한하는 처분을 하는 경우에는 미리 다음 각 호의 사항을 당사자등에게 통지하여야 한다.

1. 처분의 제목
2. 당사자의 성명 또는 명칭과 주소
3. 처분하려는 원인이 되는 사실과 처분의 내용 및 법적 근거
4. 제3호에 대하여 의견을 제출할 수 있다는 뜻과 의견을 제출하지 아니하는 경우의 처리방법
5. 의견제출기관의 명칭과 주소
6. 의견제출기한
7. 그 밖에 필요한 사항

② 행정청은 청문을 하려면 청문이 시작되는 날부터 10일 전까지 제1항 각 호의 사항을 당사자등에게 통지하여야 한다. 이 경우 제1항 제4호부터 제6호까지의 사항은 청문 주재자의 소속 · 직위 및 성명, 청문의 일시 및 장소, 청문에 응하지 아니하는 경우의 처리방법 등 청문에 필요한 사항으로 갈음한다.

③ 제1항 제6호에 따른 기한은 의견제출에 필요한 기간을 10일 이상으로 고려하여 정하여야 한다.

④ 다음 각 호의 어느 하나에 해당하는 경우에는 제1항에 따른 통지를 하지 아니할 수 있다.

1. 공공의 안전 또는 복리를 위하여 긴급히 처분을 할 필요가 있는 경우

2. 법령등에서 요구된 자격이 없거나 없어지게 되면 반드시 일정한 처분을 하여야 하는 경우에 그 자격이 없거나 없어지게 된 사실이 법원의 재판 등에 의하여 객관적으로 증명된 경우
3. 해당 처분의 성질상 의견청취가 현저히 곤란하거나 명백히 불필요하다고 인정될 만한 상당한 이유가 있는 경우

판례

1. 신청에 대한 거부처분이라고 하더라도 직접 당사자의 권익을 제한하는 것은 아니어서 신청에 대한 거부처분을 여기에서 말하는 당사자의 권익을 제한하는 처분에 해당한다고 할 수 없고 처분의 사전통지대상이 된다고 할 수 없다(대판 2003. 11. 28. 2003두674). 2022 기출
2. 처분의 전제가 되는 '일부' 사실만 증명된 경우이거나 의견청취에 따라 행정청의 처분 여부나 처분 수위가 달라질 수 있는 경우는 「행정절차법」상 사전통지나 의견청취의 생략사유에 해당하지 않는다(대판 2020. 7. 23. 2017두66602).
3. 사전통지로 많은 액수의 손실보상금을 기대하여 공사를 강행할 우려가 있다는 사정은 사전통지의 예외가 아니다(대판 2004. 5. 28. 2004두1254).
4. 도로법 제25조 제3항이 도로구역을 결정하거나 변경할 경우 이를 고시에 의하도록 하면서, 그 도면을 일반인이 열람할 수 있도록 한 점 등을 종합하여 보면, 도로구역을 변경한 이 사건 처분은 행정절차법 제21조 제1항의 사전통지나 제22조 제3항의 의견청취의 대상이 되는 처분은 아니라고 할 것이다(대판 2008. 6. 12. 2007두1767).
5. 고시의 방법으로 불특정 다수인을 상대로 권익을 제한하는 처분을 하는 경우 의견제출의 기회를 줄 처분에 해당하지 않는다(대판 2014. 10. 27. 2012두7745).
6. 공무원연금법상 퇴직연금의 환수결정은 당사자에게 의무를 과하는 처분이기는 하나, 관련 법령에 따라 당연히 환수금액이 정하여지는 것이므로, 퇴직연금의 환수결정에 앞서 당사자에게 의견진술의 기회를 주지 아니하여도 행정절차법 제22조 제3항이나 신의칙에 어긋나지 아니한다(대판 2000. 11. 28. 99두5443).

(2) 의견청취

행정절차법 제22조【의견청취】 ① 행정청이 처분을 할 때 다음 각 호의 어느 하나에 해당하는 경우에는 청문을 한다.

1. 다른 법령등에서 청문을 하도록 규정하고 있는 경우
2. 행정청이 필요하다고 인정하는 경우 2022 기출
3. 다음 각 목의 처분을 하는 경우
   가. 인허가 등의 취소
   나. 신분·자격의 박탈
   다. 법인이나 조합 등의 설립허가의 취소

② 행정청이 처분을 할 때 다음 각 호의 어느 하나에 해당하는 경우에는 공청회를 개최한다. 2021 기출

1. 다른 법령등에서 공청회를 개최하도록 규정하고 있는 경우
2. 해당 처분의 영향이 광범위하여 널리 의견을 수렴할 필요가 있다고 행정청이 인정하는 경우
3. 국민생활에 큰 영향을 미치는 처분으로서 대통령령으로 정하는 처분에 대하여 대통령령으로 정하는 수 이상의 당사자등이 공청회 개최를 요구하는 경우

③ 행정청이 당사자에게 의무를 부과하거나 권익을 제한하는 처분을 할 때 제1항 또는 제2항의 경우 외에는 당사자등에게 의견제출의 기회를 주어야 한다.

④ 제1항부터 제3항까지의 규정에도 불구하고 제21조 제4항 각 호의 어느 하나에 해당하는 경우와 당사자가 의견진술의 기회를 포기한다는 뜻을 명백히 표시한 경우에는 의견청취를 하지 아니할 수 있다.
⑤ 행정청은 청문·공청회 또는 의견제출을 거쳤을 때에는 신속히 처분하여 해당 처분이 지연되지 아니하도록 하여야 한다.
⑥ 행정청은 처분 후 1년 이내에 당사자등이 요청하는 경우에는 청문·공청회 또는 의견제출을 위하여 제출받은 서류나 그 밖의 물건을 반환하여야 한다.

판례

1. 행정처분의 상대방에 대한 청문통지서가 반송되었다거나, 행정처분의 상대방이 청문일시에 불출석하였다는 이유로 청문을 실시하지 아니하고 한 침해적 행정처분은 위법하다(대판 2001. 4. 13. 2000두3337).
2. 사인과의 협약이 체결되었다고 하여 청문의 실시에 관한 규정의 적용이 배제된다거나 청문을 실시하지 않아도 되는 예외적인 경우에 해당한다고 할 수 없다(대판 2004. 7. 8. 2002두8350).

(3) 의견제출

행정절차법 제27조【의견제출】 ① 당사자등은 처분 전에 그 처분의 관할 행정청에 서면이나 말로 또는 정보통신망을 이용하여 의견제출을 할 수 있다.
② 당사자등은 제1항에 따라 의견제출을 하는 경우 그 주장을 입증하기 위한 증거자료 등을 첨부할 수 있다.
③ 행정청은 당사자등이 말로 의견제출을 하였을 때에는 서면으로 그 진술의 요지와 진술자를 기록하여야 한다.
④ 당사자등이 정당한 이유 없이 의견제출기한까지 의견제출을 하지 아니한 경우에는 의견이 없는 것으로 본다.

(4) 제출된 의견의 반영

행정절차법 제27조의2【제출 의견의 반영 등】 ① 행정청은 처분을 할 때에 당사자등이 제출한 의견이 상당한 이유가 있다고 인정하는 경우에는 이를 반영하여야 한다.

(5) 청문

① 청문 주재자

행정절차법 제28조【청문 주재자】 ① 행정청은 소속 직원 또는 대통령령으로 정하는 자격을 가진 사람 중에서 청문 주재자를 공정하게 선정하여야 한다.
② 행정청은 다음 각 호의 어느 하나에 해당하는 처분을 하려는 경우에는 청문 주재자를 2명 이상으로 선정할 수 있다. 이 경우 선정된 청문 주재자 중 1명이 청문 주재자를 대표한다.
1. 다수 국민의 이해가 상충되는 처분 2024 기출
2. 다수 국민에게 불편이나 부담을 주는 처분
3. 그 밖에 전문적이고 공정한 청문을 위하여 행정청이 청문 주재자를 2명 이상으로 선정할 필요가 있다고 인정하는 처분

③ 행정청은 청문이 시작되는 날부터 7일 전까지 청문 주재자에게 청문과 관련한 필요한 자료를 미리 통지하여야 한다.

② 청문 주재자의 제척 · 기피 · 회피

행정절차법 제29조【청문 주재자의 제척 · 기피 · 회피】 ① 청문 주재자가 다음 각 호의 어느 하나에 해당하는 경우에는 청문을 주재할 수 없다.
1. 자신이 당사자등이거나 당사자등과 「민법」 제777조 각 호의 어느 하나에 해당하는 친족관계에 있거나 있었던 경우
2. 자신이 해당 처분과 관련하여 증언이나 감정(鑑定)을 한 경우
3. 자신이 해당 처분의 당사자등의 대리인으로 관여하거나 관여하였던 경우
4. 자신이 해당 처분업무를 직접 처리하거나 처리하였던 경우
5. 자신이 해당 처분업무를 처리하는 부서에 근무하는 경우. 이 경우 부서의 구체적인 범위는 대통령령으로 정한다.

② 청문 주재자에게 공정한 청문 진행을 할 수 없는 사정이 있는 경우 당사자등은 행정청에 기피신청을 할 수 있다. 이 경우 행정청은 청문을 정지하고 그 신청이 이유가 있다고 인정할 때에는 해당 청문 주재자를 지체 없이 교체하여야 한다.
③ 청문 주재자는 제1항 또는 제2항의 사유에 해당하는 경우에는 행정청의 승인을 받아 스스로 청문의 주재를 회피할 수 있다.

③ 청문의 공개

행정절차법 제30조【청문의 공개】 청문은 당사자가 공개를 신청하거나 청문 주재자가 필요하다고 인정하는 경우 공개할 수 있다. 다만, 공익 또는 제3자의 정당한 이익을 현저히 해칠 우려가 있는 경우에는 공개하여서는 아니 된다. 2024 기출

④ 청문의 병합 · 분리

행정절차법 제32조【청문의 병합 · 분리】 행정청은 직권으로 또는 당사자의 신청에 따라 여러 개의 사안을 병합하거나 분리하여 청문을 할 수 있다. 2013 기출

⑤ 증거조사

행정절차법 제33조【증거조사】 ① 청문 주재자는 직권으로 또는 당사자의 신청에 따라 필요한 조사를 할 수 있으며, 당사자등이 주장하지 아니한 사실에 대하여도 조사할 수 있다. 2024 기출
③ 청문 주재자는 필요하다고 인정할 때에는 관계 행정청에 필요한 문서의 제출 또는 의견의 진술을 요구할 수 있다. 이 경우 관계 행정청은 직무 수행에 특별한 지장이 없으면 그 요구에 따라야 한다. 2024 기출

⑥ **청문조서 및 청문 주재자 의견서**: 청문 주재자는 「행정절차법」에 규정된 사항을 적은 청문조서와 청문 주재자의 의견서를 작성하여야 한다(「행정절차법」 제34조, 제34조의2).

⑦ 청문의 종결

행정절차법 제35조【청문의 종결】 ① 청문 주재자는 해당 사안에 대하여 당사자등의 의견진술, 증거조사가 충분히 이루어졌다고 인정하는 경우에는 청문을 마칠 수 있다.
② 청문 주재자는 당사자등의 전부 또는 일부가 정당한 사유 없이 청문기일에 출석하지 아니하거나 제31조 제3항에 따른 의견서를 제출하지 아니한 경우에는 이들에게 다시 의견진술 및 증거제출의 기회를 주지 아니하고 청문을 마칠 수 있다.

③ 청문 주재자는 당사자등의 전부 또는 일부가 정당한 사유로 청문기일에 출석하지 못하거나 제31조 제3항에 따른 의견서를 제출하지 못한 경우에는 10일 이상의 기간을 정하여 이들에게 의견진술 및 증거제출을 요구하여야 하며, 해당 기간이 지났을 때에 청문을 마칠 수 있다.

⑧ 청문결과의 처분에의 반영

행정절차법 제35조의2【청문결과의 반영】 행정청은 처분을 할 때에 제35조 제4항에 따라 받은 청문조서, 청문 주재자의 의견서, 그 밖의 관계 서류 등을 충분히 검토하고 상당한 이유가 있다고 인정하는 경우에는 청문결과를 반영하여야 한다.

판례

당사자 등의 의견에 처분청은 기속되지 않는다.

광업용 토지수용을 위한 사업인정을 하고자 할 때에 토지소유자와 토지에 관한 권리를 가진 자의 의견을 들어야 한다고 한 것은 그 사업인정 여부를 결정함에 있어서 소유자나 기타 권리자가 의견을 반영할 기회를 주어 이를 참작하도록 하고자 하는 데 있을 뿐, 처분청이 그 의견에 기속되는 것은 아니다(대판 1995. 12. 22. 95누30).

⑨ 청문의 재개

행정절차법 제36조【청문의 재개】 행정청은 청문을 마친 후 처분을 할 때까지 새로운 사정이 발견되어 청문을 재개(再開)할 필요가 있다고 인정할 때에는 제35조 제4항에 따라 받은 청문조서 등을 되돌려 보내고 청문의 재개를 명할 수 있다. 이 경우 제31조 제5항을 준용한다.

⑩ 문서의 열람 및 비밀유지

행정절차법 제37조【문서의 열람 및 비밀유지】 ① 당사자등은 의견제출의 경우에는 처분의 사전 통지가 있는 날부터 의견제출기한까지, 청문의 경우에는 청문의 통지가 있는 날부터 청문이 끝날 때까지 행정청에 해당 사안의 조사결과에 관한 문서와 그 밖에 해당 처분과 관련되는 문서의 열람 또는 복사를 요청할 수 있다. 이 경우 행정청은 다른 법령에 따라 공개가 제한되는 경우를 제외하고는 그 요청을 거부할 수 없다.
⑤ 행정청은 제1항에 따른 복사에 드는 비용을 복사를 요청한 자에게 부담시킬 수 있다.
⑥ 누구든지 의견제출 또는 청문을 통하여 알게 된 사생활이나 경영상 또는 거래상의 비밀을 정당한 이유 없이 누설하거나 다른 목적으로 사용하여서는 아니 된다. 2024 기출

(6) 공청회

"공청회"란 행정청이 공개적인 토론을 통하여 어떠한 행정작용에 대하여 당사자 등, 전문지식과 경험을 가진 사람, 그 밖의 일반인으로부터 의견을 널리 수렴하는 절차를 말한다(「행정절차법」 제2조 제6호).

판례

행정청이 개최하지 않은 공청회는 「행정절차법」 절차를 준수하여야 하는 것이 아니다.
묘지공원과 화장장의 후보지를 선정하는 과정에서 서울특별시, 비영리법인, 일반 기업 등이 공동발족한 협의체인 추모공원건립추진협의회가 후보지 주민들의 의견을 청취하기 위하여 그 명의로 개최한 공청회는 행정청이 도시계획시설결정을 하면서 개최한 공청회가 아니므로, 위 공청회의 개최에 관하여 행정절차법에서 정한 절차를 준수하여야 하는 것은 아니다(대판 2007. 4. 12. 2005두1893).

① 공청회 개최의 알림

행정절차법 제38조【공청회 개최의 알림】 행정청은 공청회를 개최하려는 경우에는 공청회 개최 14일 전까지 다음 각 호의 사항을 당사자등에게 통지하고 관보, 공보, 인터넷 홈페이지 또는 일간신문 등에 공고하는 등의 방법으로 널리 알려야 한다. 다만, 공청회 개최를 알린 후 예정대로 개최하지 못하여 새로 일시 및 장소 등을 정한 경우에는 공청회 개최 7일 전까지 알려야 한다.

② 온라인 공청회

행정절차법 제38조의2【온라인공청회】 ① 행정청은 제38조에 따른 공청회와 병행하여서만 정보통신망을 이용한 공청회(이하 "온라인공청회"라 한다)를 실시할 수 있다.
② 제1항에도 불구하고 다음 각 호의 어느 하나에 해당하는 경우에는 온라인공청회를 단독으로 개최할 수 있다.
1. 국민의 생명·신체·재산의 보호 등 국민의 안전 또는 권익보호 등의 이유로 제38조에 따른 공청회를 개최하기 어려운 경우
2. 제38조에 따른 공청회가 행정청이 책임질 수 없는 사유로 개최되지 못하거나 개최는 되었으나 정상적으로 진행되지 못하고 무산된 횟수가 3회 이상인 경우
3. 행정청이 널리 의견을 수렴하기 위하여 온라인공청회를 단독으로 개최할 필요가 있다고 인정하는 경우. 다만, 제22조 제2항 제1호 또는 제3호에 따라 공청회를 실시하는 경우는 제외한다.

③ 공청회의 주재자 및 발표자의 선정

행정절차법 제38조의3【공청회의 주재자 및 발표자의 선정】 ① 행정청은 해당 공청회의 사안과 관련된 분야에 전문적 지식이 있거나 그 분야에 종사한 경험이 있는 사람으로서 대통령령으로 정하는 자격을 가진 사람 중에서 공청회의 주재자를 선정한다.
② 공청회의 발표자는 발표를 신청한 사람 중에서 행정청이 선정한다. 다만, 발표를 신청한 사람이 없거나 공청회의 공정성을 확보하기 위하여 필요하다고 인정하는 경우에는 다음 각 호의 사람 중에서 지명하거나 위촉할 수 있다.
1. 해당 공청회의 사안과 관련된 당사자등
2. 해당 공청회의 사안과 관련된 분야에 전문적 지식이 있는 사람
3. 해당 공청회의 사안과 관련된 분야에 종사한 경험이 있는 사람

④ 공청회 결과의 반영

행정절차법 제39조의2【공청회 및 온라인공청회 결과의 반영】 행정청은 처분을 할 때에 공청회, 온라인공청회 및 정보통신망 등을 통하여 제시된 사실 및 의견이 상당한 이유가 있다고 인정하는 경우에는 이를 반영하여야 한다.

⑤ 공청회의 재개최

행정절차법 제39조의3【공청회의 재개최】 행정청은 공청회를 마친 후 처분을 할 때까지 새로운 사정이 발견되어 공청회를 다시 개최할 필요가 있다고 인정할 때에는 공청회를 다시 개최할 수 있다.

6. 신고

「행정절차법」상 신고는 수리를 요하지 않는 신고를 대상으로 규정하고 있다.

행정절차법 제40조【신고】 ① 법령등에서 행정청에 일정한 사항을 통지함으로써 의무가 끝나는 신고를 규정하고 있는 경우 신고를 관장하는 행정청은 신고에 필요한 구비서류, 접수기관, 그 밖에 법령등에 따른 신고에 필요한 사항을 게시(인터넷 등을 통한 게시를 포함한다)하거나 이에 대한 편람을 갖추어 두고 누구나 열람할 수 있도록 하여야 한다.
② 제1항에 따른 신고가 다음 각 호의 요건을 갖춘 경우에는 신고서가 접수기관에 도달된 때에 신고 의무가 이행된 것으로 본다.
1. 신고서의 기재사항에 흠이 없을 것
2. 필요한 구비서류가 첨부되어 있을 것
3. 그 밖에 법령등에 규정된 형식상의 요건에 적합할 것

③ 행정청은 제2항 각 호의 요건을 갖추지 못한 신고서가 제출된 경우에는 지체 없이 상당한 기간을 정하여 신고인에게 보완을 요구하여야 한다.
④ 행정청은 신고인이 제3항에 따른 기간 내에 보완을 하지 아니하였을 때에는 그 이유를 구체적으로 밝혀 해당 신고서를 되돌려 보내야 한다.

7. 확약

행정절차법 제40조의2【확약】 ① 법령등에서 당사자가 신청할 수 있는 처분을 규정하고 있는 경우 행정청은 당사자의 신청에 따라 장래에 어떤 처분을 하거나 하지 아니할 것을 내용으로 하는 의사표시(이하 "확약"이라 한다)를 할 수 있다.
② 확약은 문서로 하여야 한다.
③ 행정청은 다른 행정청과의 협의 등의 절차를 거쳐야 하는 처분에 대하여 확약을 하려는 경우에는 확약을 하기 전에 그 절차를 거쳐야 한다.
④ 행정청은 다음 각 호의 어느 하나에 해당하는 경우에는 확약에 기속되지 아니한다.
1. 확약을 한 후에 확약의 내용을 이행할 수 없을 정도로 법령등이나 사정이 변경된 경우
2. 확약이 위법한 경우

⑤ 행정청은 확약이 제4항 각 호의 어느 하나에 해당하여 확약을 이행할 수 없는 경우에는 지체 없이 당사자에게 그 사실을 통지하여야 한다.

8. 위반사실 등의 공표

행정절차법 제40조의3【위반사실 등의 공표】 ① 행정청은 법령에 따른 의무를 위반한 자의 성명·법인명, 위반사실, 의무 위반을 이유로 한 처분사실 등(이하 "위반사실등"이라 한다)을 법률로 정하는 바에 따라 일반에게 공표할 수 있다.
② 행정청은 위반사실등의 공표를 하기 전에 사실과 다른 공표로 인하여 당사자의 명예·신용 등이 훼손되지 아니하도록 객관적이고 타당한 증거와 근거가 있는지를 확인하여야 한다.
③ 행정청은 위반사실등의 공표를 할 때에는 미리 당사자에게 그 사실을 통지하고 의견제출의 기회를 주어야 한다. 다만, 다음 각 호의 어느 하나에 해당하는 경우에는 그러하지 아니하다.
1. 공공의 안전 또는 복리를 위하여 긴급히 공표를 할 필요가 있는 경우
2. 해당 공표의 성질상 의견청취가 현저히 곤란하거나 명백히 불필요하다고 인정될 만한 타당한 이유가 있는 경우
3. 당사자가 의견진술의 기회를 포기한다는 뜻을 명백히 밝힌 경우

④ 제3항에 따라 의견제출의 기회를 받은 당사자는 공표 전에 관할 행정청에 서면이나 말 또는 정보통신망을 이용하여 의견을 제출할 수 있다.
⑤ 제4항에 따른 의견제출의 방법과 제출 의견의 반영 등에 관하여는 제27조 및 제27조의2를 준용한다. 이 경우 "처분"은 "위반사실등의 공표"로 본다.
⑥ 위반사실등의 공표는 관보, 공보 또는 인터넷 홈페이지 등을 통하여 한다.
⑦ 행정청은 위반사실등의 공표를 하기 전에 당사자가 공표와 관련된 의무의 이행, 원상회복, 손해배상 등의 조치를 마친 경우에는 위반사실등의 공표를 하지 아니할 수 있다.
⑧ 행정청은 공표된 내용이 사실과 다른 것으로 밝혀지거나 공표에 포함된 처분이 취소된 경우에는 그 내용을 정정하여, 정정한 내용을 지체 없이 해당 공표와 같은 방법으로 공표된 기간 이상 공표하여야 한다. 다만, 당사자가 원하지 아니하면 공표하지 아니할 수 있다.

9. 행정계획

행정절차법 제40조의4【행정계획】 행정청은 행정청이 수립하는 계획 중 국민의 권리·의무에 직접 영향을 미치는 계획을 수립하거나 변경·폐지할 때에는 관련된 여러 이익을 정당하게 형량하여야 한다.

10. 입법예고 2015 기출

(1) 입법예고 사안

행정절차법 제41조【행정상 입법예고】 ① 법령등을 제정·개정 또는 폐지(이하 "입법"이라 한다)하려는 경우에는 해당 입법안을 마련한 행정청은 이를 예고하여야 한다. 다만, 다음 각 호의 어느 하나에 해당하는 경우에는 예고를 하지 아니할 수 있다.
1. 신속한 국민의 권리 보호 또는 예측 곤란한 특별한 사정의 발생 등으로 입법이 긴급을 요하는 경우
2. 상위 법령등의 단순한 집행을 위한 경우
3. 입법내용이 국민의 권리·의무 또는 일상생활과 관련이 없는 경우
4. 단순한 표현·자구를 변경하는 경우 등 입법내용의 성질상 예고의 필요가 없거나 곤란하다고 판단되는 경우
5. 예고함이 공공의 안전 또는 복리를 현저히 해칠 우려가 있는 경우

③ 법제처장은 입법예고를 하지 아니한 법령안의 심사 요청을 받은 경우에 입법예고를 하는 것이 적당하다고 판단할 때에는 해당 행정청에 입법예고를 권고하거나 직접 예고할 수 있다.
④ 입법안을 마련한 행정청은 입법예고 후 예고내용에 국민생활과 직접 관련된 내용이 추가되는 등 대통령령으로 정하는 중요한 변경이 발생하는 경우에는 해당 부분에 대한 입법예고를 다시 하여야 한다. 다만, 제1항 각 호의 어느 하나에 해당하는 경우에는 예고를 하지 아니할 수 있다.

(2) 예고방법

행정절차법 제42조【예고방법】 ① 행정청은 입법안의 취지, 주요 내용 또는 전문(全文)을 다음 각 호의 구분에 따른 방법으로 공고하여야 하며, 추가로 인터넷, 신문 또는 방송 등을 통하여 공고할 수 있다.
② 행정청은 대통령령을 입법예고하는 경우 국회 소관 상임위원회에 이를 제출하여야 한다.

(3) 예고기간

행정절차법 제43조【예고기간】 입법예고기간은 예고할 때 정하되, 특별한 사정이 없으면 40일(자치법규는 20일) 이상으로 한다.

(4) 의견제출 및 처리

행정절차법
제44조【의견제출 및 처리】 ① 누구든지 예고된 입법안에 대하여 의견을 제출할 수 있다.
④ 행정청은 의견을 제출한 자에게 그 제출된 의견의 처리결과를 통지하여야 한다.

제45조【공청회】 ① 행정청은 입법안에 관하여 공청회를 개최할 수 있다.

11. 행정예고절차

(1) 행정예고사유

행정절차법 제46조【행정예고】 ① 행정청은 정책, 제도 및 계획(이하 "정책등"이라 한다)을 수립·시행하거나 변경하려는 경우에는 이를 예고하여야 한다. 다만, 다음 각 호의 어느 하나에 해당하는 경우에는 예고를 하지 아니할 수 있다.
1. 신속하게 국민의 권리를 보호하여야 하거나 예측이 어려운 특별한 사정이 발생하는 등 긴급한 사유로 예고가 현저히 곤란한 경우
2. 법령등의 단순한 집행을 위한 경우
3. 정책등의 내용이 국민의 권리·의무 또는 일상생활과 관련이 없는 경우
4. 정책등의 예고가 공공의 안전 또는 복리를 현저히 해칠 우려가 상당한 경우

② 제1항에도 불구하고 법령등의 입법을 포함하는 행정예고는 입법예고로 갈음할 수 있다.

(2) 행정예고기간

행정절차법 제46조【행정예고】 ③ 행정예고기간은 예고 내용의 성격 등을 고려하여 정하되, 20일 이상으로 한다.
④ 제3항에도 불구하고 행정목적을 달성하기 위하여 긴급한 필요가 있는 경우에는 행정예고기간을 단축할 수 있다. 이 경우 단축된 행정예고기간은 10일 이상으로 한다.

(3) 행정예고방법

행정절차법 제47조【예고방법 등】 ① 행정청은 정책등안(案)의 취지, 주요 내용 등을 관보·공보나 인터넷·신문·방송 등을 통하여 공고하여야 한다.

12. 행정지도

행정절차법
제48조【행정지도의 원칙】 ① 행정지도는 그 목적 달성에 필요한 최소한도에 그쳐야 하며, 행정지도의 상대방의 의사에 반하여 부당하게 강요하여서는 아니 된다.
② 행정기관은 행정지도의 상대방이 행정지도에 따르지 아니하였다는 것을 이유로 불이익한 조치를 하여서는 아니 된다.
제49조【행정지도의 방식】 ① 행정지도를 하는 자는 그 상대방에게 그 행정지도의 취지 및 내용과 신분을 밝혀야 한다.
② 행정지도가 말로 이루어지는 경우에 상대방이 제1항의 사항을 적은 서면의 교부를 요구하면 그 행정지도를 하는 자는 직무 수행에 특별한 지장이 없으면 이를 교부하여야 한다.
제50조【의견제출】 행정지도의 상대방은 해당 행정지도의 방식·내용 등에 관하여 행정기관에 의견제출을 할 수 있다.
제51조【다수인을 대상으로 하는 행정지도】 행정기관이 같은 행정목적을 실현하기 위하여 많은 상대방에게 행정지도를 하려는 경우에는 특별한 사정이 없으면 행정지도에 공통적인 내용이 되는 사항을 공표하여야 한다.

13. 온라인 정책토론

행정절차법 제53조【온라인 정책토론】 ① 행정청은 국민에게 영향을 미치는 주요 정책 등에 대하여 국민의 다양하고 창의적인 의견을 널리 수렴하기 위하여 정보통신망을 이용한 정책토론(이하 이 조에서 "온라인 정책토론"이라 한다)을 실시할 수 있다.
② 행정청은 효율적인 온라인 정책토론을 위하여 과제별로 한시적인 토론 패널을 구성하여 해당 토론에 참여시킬 수 있다. 이 경우 패널의 구성에 있어서는 공정성 및 객관성이 확보될 수 있도록 노력하여야 한다.

제2절 정보공개제도

01 법적 근거

1. 「헌법」상의 알 권리

헌법재판소는 알 권리를 헌법상 표현의 자유에서 도출되는 권리로 보며 법률에 의한 구체화 없이도 헌법에 의하여 직접 인정되는 개인적 공권으로 보고 있다.

2. 「공공기관의 정보공개에 관한 법률」

정보공개의 일반법으로 「공공기관의 정보공개에 관한 법률」이 시행되고 있다. 교육기관의 정보공개에 관한 일반법으로는 「교육관련기관의 정보공개에 관한 특례법」이 있다.

공공기관의 정보공개에 관한 법률 제4조【적용 범위】 ① 정보의 공개에 관하여는 다른 법률에 특별한 규정이 있는 경우를 제외하고는 이 법에서 정하는 바에 따른다.
② 지방자치단체는 그 소관 사무에 관하여 법령의 범위에서 정보공개에 관한 조례를 정할 수 있다.
③ 국가안전보장에 관련되는 정보 및 보안 업무를 관장하는 기관에서 국가안전보장과 관련된 정보의 분석을 목적으로 수집하거나 작성한 정보에 대해서는 이 법을 적용하지 아니한다. 다만, 제8조 제1항에 따른 정보목록의 작성·비치 및 공개에 대해서는 그러하지 아니한다.

판례

1. 형사재판확정기록의 공개에 관하여는 정보공개법에 의한 공개청구가 허용되지 아니한다(대판 2016. 12. 15. 2013두20882).
2. 공무원 또는 공무원이었던 사람이 그 직무와 관련하여 보관하거나 가지고 있는 문서의 공개에 관하여는 「민사소송법」이 아닌 「공공기관의 정보공개에 관한 법률」에서 정한 절차와 방법에 의한다(대판 2010. 1. 19. 2008마546).

02 「공공기관의 정보공개에 관한 법률」의 내용

1. 총칙

(1) 적용대상 2015 기출

정보란 공공기관이 직무상 작성 또는 취득하여 관리하고 있는 문서(전자문서 포함) 및 전자매체를 비롯한 모든 형태의 매체 등에 기록된 사항을 말한다. 공공기관이라 함은 국가기관, 지방자치단체, 「공공기관의 운영에 관한 법률」 제2조에 따른 공공기관, 그 밖에 대통령령으로 정하는 기관을 말한다.

(2) 적용범위

참고

대통령령으로 정하는 공공기관

① 「유아교육법」, 「초·중등교육법」, 「고등교육법」에 따른 각급 학교 또는 그 밖의 다른 법률에 따라 설치된 학교
② 「지방공기업법」에 따른 지방공사 및 지방공단
③ 「지방자치단체 출자·출연 기관의 운영에 관한 법률」 제2조 제1항에 따른 출자기관 및 출연기관
④ 특별법에 따라 설립된 특수법인
⑤ 「사회복지사업법」 제42조 제1항에 따라 국가나 지방자치단체로부터 보조금을 받는 사회복지법인과 사회복지사업을 하는 비영리법인
⑥ 제5호 외에 「보조금 관리에 관한 법률」 제9조 또는 「지방재정법」 제17조 제1항 각 호 외의 부분 단서에 따라 국가나 지방자치단체로부터 연간 5천만 원 이상의 보조금을 받는 기관 또는 단체. 다만, 정보공개 대상 정보는 해당 연도에 보조를 받은 사업으로 한정한다.

판례

사립대학교가 국비의 지원을 받는 범위 내에서만 공공기관의 성격을 가지는 것은 아니다. 2019 · 2021 기출

정보공개의무를 지는 공공기관의 하나로 사립대학교를 들고 있는 것이 모법인 구 공공기관의 정보공개에 관한 법률의 위임 범위를 벗어났다거나 사립대학교가 국비의 지원을 받는 범위 내에서만 공공기관의 성격을 가진다고 볼 수 없다(대판 2006. 8. 24. 2004두2783).

정보를 공개할 의무가 있는 '특별법에 의하여 설립된 특수법인'

1. 한국방송공사는 정보공개법에 따라 정보를 공개할 의무가 있는 '특별법에 의하여 설립된 특수법인'에 해당한다(대판 2010. 12. 23. 2008두13101).
2. '한국증권업협회'는 공공기관의 정보공개에 관한 법률 시행령 제2조 제4호의 '특별법에 의하여 설립된 특수법인'에 해당한다고 보기 어렵다(대판 2010. 4. 29. 2008두5643). 2017 기출

2. 정보공개청구권자와 공공기관의 의무

(1) 정보공개청구권자 2013 · 2014 · 2015 · 2021 기출

공공기관의 정보공개에 관한 법률 제5조 【정보공개 청구권자】 ① 모든 국민은 정보의 공개를 청구할 권리를 가진다.
② 외국인의 정보공개 청구에 관하여는 대통령령으로 정한다. 2022 기출

외국인은 ① 국내에 일정한 주소를 두고 거주하거나 학술·연구를 위하여 일시적으로 체류하는 자, ② 국내에 사무소를 두고 있는 법인 또는 단체인 경우 청구권을 가진다(「정보공개법 시행령」 제3조).

판례

1. "모든 국민은 정보의 공개를 청구할 권리를 가진다."고 규정하고 있는데, 여기에서 말하는 국민에는 자연인은 물론 법인, 권리능력 없는 사단·재단도 포함되고, 법인, 권리능력 없는 사단·재단 등의 경우에는 설립목적을 불문한다(대판 2003. 12. 12. 2003두8050).
2. 정보공개청구권은 법률상 보호되는 구체적인 권리이므로 청구인이 공공기관에 대하여 정보공개를 청구하였다가 거부처분을 받은 것 자체가 법률상 이익의 침해에 해당한다(대판 2003. 12. 12. 2003두8050).
3. 이미 다른 사람에게 널리 알려져 있다거나 인터넷검색 등을 통해 쉽게 알 수 있다는 사정만으로 비공개결정이 정당화될 수 없다(대판 2008. 11. 27. 2005두15694).
4. 정보공개를 청구한 목적이 손해배상소송에 제출할 증거자료를 획득하기 위한 것이었고 그 소송이 이미 종결되었다고 하더라도 정보공개청구가 권리남용에 해당하지 않는다(대판 2004. 9. 23. 2003두1370).

(2) 행정정보의 공표 등

① 정보의 사전적 공개

공공기관의 정보공개에 관한 법률 제7조【정보의 사전적 공개 등】 ① 공공기관은 다음 각 호의 어느 하나에 해당하는 정보에 대해서는 공개의 구체적 범위, 주기, 시기 및 방법 등을 미리 정하여 정보통신망 등을 통하여 알리고, 이에 따라 정기적으로 공개하여야 한다. 다만, 제9조 제1항 각 호의 어느 하나에 해당하는 정보에 대해서는 그러하지 아니하다.
1. 국민생활에 매우 큰 영향을 미치는 정책에 관한 정보
2. 국가의 시책으로 시행하는 공사(工事) 등 대규모 예산이 투입되는 사업에 관한 정보
3. 예산집행의 내용과 사업평가 결과 등 행정감시를 위하여 필요한 정보
4. 그 밖에 공공기관의 장이 정하는 정보

② 정보목록의 작성·비치 등

공공기관의 정보공개에 관한 법률 제8조【정보목록의 작성·비치 등】 ① 공공기관은 그 기관이 보유·관리하는 정보에 대하여 국민이 쉽게 알 수 있도록 정보목록을 작성하여 갖추어 두고, 그 목록을 정보통신망을 활용한 정보공개시스템 등을 통하여 공개하여야 한다. 다만, 정보목록 중 제9조 제1항에 따라 공개하지 아니할 수 있는 정보가 포함되어 있는 경우에는 해당 부분을 갖추어 두지 아니하거나 공개하지 아니할 수 있다.

③ 공개대상정보의 원문공개

공공기관의 정보공개에 관한 법률 제8조의2【공개대상 정보의 원문공개】 공공기관 중 중앙행정기관 및 대통령령으로 정하는 기관은 전자적 형태로 보유·관리하는 정보 중 공개대상으로 분류된 정보를 국민의 정보공개 청구가 없더라도 정보통신망을 활용한 정보공개시스템 등을 통하여 공개하여야 한다.

(3) 비공개대상정보 2013·2014 기출

공공기관이 보유·관리하는 정보는 공개대상이 된다. 다만, 다음 각 호의 어느 하나에 해당하는 정보는 공개하지 아니할 수 있다(「정보공개법」 제9조 제1항). 비공개대상의 정보라 하더라도 기간의 경과 등으로 비공개의 필요성이 없어진 경우에는 당해 정보를 공개하여야 한다.

판례

1. 정보공개를 요구받은 공공기관은 정보공개법상 비공개사유에 해당하지 않는 한 이를 공개해야 할 것이고, 비공개사유에 해당하는 지를 주장·입증하지 아니한 채 개괄적인 사유만을 들어 그 공개를 거부할 수 없다(대판 2003. 12. 11. 2001두8827).
2. 공공기관은 비공개사유에 해당하는지를 주장·입증하지 않은 채 개괄적인 사유만을 들어 그 공개를 거부할 수 없다(대판 2003. 12. 11. 2001두8827). 2021 기출

① 다른 법률 또는 법률에서 위임한 명령에 따라 비밀이나 비공개 사항으로 규정된 정보(「정보공개법」 제9조 제1항 제1호)

판례

1. '다른 법률 또는 법률이 위임한 명령'은 모든 법률을 뜻하는 것이 아니라 정보의 공개에 관하여 법률의 구체적인 위임아래 제정된 법규명령(위임명령)을 의미한다(대판 2010. 6. 10. 2010두2913).
2. 교육공무원법 제13조, 제14조의 위임에 따라 제정된 교육공무원승진규정은 정보공개에 관한 사항에 관하여 구체적인 법률의 위임에 따라 제정된 명령이라고 할 수 없고, 위 규정을 근거로 정보공개청구를 거부하는 것은 위법하다(대판 2006. 10. 26. 2006두11910).
3. 검찰보존사무규칙(법무부령) 제22조의 법적 성질은 행정기관 내부의 사무처리준칙이므로 같은 규칙상의 제한사유는 '다른 법률 또는 법률에 의한 명령'에 의하여 비공개사항으로 규정된 경우에 해당하지 않는다(대판 2006. 5. 25. 2006두3049).
4. 국방부의 한국형 다목적 헬기(KVIH) 도입사업에 대한 감사원장의 감사결과보고서가 군사2급비밀에 해당하는 이상 다른 법률에 의하여 비공개사항으로 규정된 정보에 해당한다(대판 2006. 11. 10. 2006두9351).
5. 학교폭력대책자치위원회의 회의록은 '다른 법률 또는 법률이 위임한 명령'에 의하여 비밀 또는 비공개사항으로 규정된 정보에 해당한다(대판 2010. 6. 10. 2010두2913). 2021 기출
6. 국가정보원이 직원에게 지급하는 현금급여 및 월초수당에 관한 정보가 공공기관의 정보공개에 관한 법률 제9조 제1항 제1호의 비공개대상정보인 '다른 법률에 의하여 비공개 사항으로 규정된 정보'에 해당한다(대판 2010. 12. 23. 2010두14800).
7. 국가정보원의 조직·소재지 및 정원에 관한 정보가 공공기관의 정보공개에 관한 법률 제9조 제1항 제1호에서 말하는 '다른 법률에 의하여 비공개 사항으로 규정된 정보'에 해당한다(대판 2013. 1. 24. 2010두18918).
8. 구 「국세기본법」 제81조의13 제1항 본문의 과세정보는 정보공개법 제9조 제1항 제1호의 '다른 법률에 의하여 비밀 또는 비공개 사항으로 규정한 정보'에 해당한다(대판 2020. 5. 14. 2017두49652).

② 국가안전보장·국방·통일·외교관계 등에 관한 사항으로 공개될 경우 국가의 중대한 이익을 현저히 해할 우려가 있다고 인정되는 정보(「정보공개법」 제9조 제1항 제2호)

판례

1. 보안관찰법 소정의 보안관찰 관련통계자료는 북한의 대남전략에 있어 매우 유용한 자료로 악용될 우려가 있으므로 공개될 경우 제2호상의 국가안전보장 등 국가의 중대한 이익을 현저히 해할 우려가 있고, 제3호상의 국민의 생명·신체등 공공의 안전과 이익을 현저히 해할 우려가 있는 정보에 해당한다(대판 2004. 3. 26. 2002두6583).
2. 외무부장관이 1996. 3.경 미국정부로부터 당시 미국 정보공개법에 따라 비밀이 해제된 바 있는 1979년 및 1980년의 우리나라 정치상황과 관련한 미국 정부로부터 제공받아 보관하고 있는 문서사본은 공개대상정보에 해당한다(대판 1999. 9. 21. 97누5114).

③ 공개될 경우 국민의 생명·신체 및 재산의 보호에 현저한 지장을 초래할 우려가 있다고 인정되는 경우(「정보공개법」 제9조 제1항 제3호)

④ 진행 중인 재판에 관련된 정보·범죄의 예방, 수사, 형의 집행, 교정, 보안처분 등에 관한 사항으로 공개될 경우 그 직무수행을 현저하게 곤란하게 하거나 형사피고인의 공정한 재판을 받을 권리를 침해한다고 인정할 만한 상당한 이유가 있는 정보(「정보공개법」 제9조 제1항 제4호)

판례

1. 법원 이외의 공공기관이 '진행 중인 재판에 관련된 정보'에 해당한다는 사유로 정보공개를 거부하기 위하여는 반드시 그 정보가 진행 중인 재판의 소송기록 자체에 포함된 내용일 필요는 없다. 그러나 재판에 관련된 일체의 정보가 그에 해당하는 것은 아니고 진행 중인 재판의 심리 또는 재판결과에 구체적으로 영향을 미칠 위험이 있는 정보에 한정된다고 보는 것이 타당하다(대판 2011. 11. 24. 2009두19021). 2021 기출
2. 수용자자비부담물품의 판매수익금총액과 교도소장에게 배당된 수익금액 및 사용내역 등에 관한 정보는 공개대상정보이다(대판 2004. 12. 9. 2003두12707).
3. 교도소에 수용 중이던 재소자가 담당 교도관들을 상대로 가혹행위를 이유로 형사고소 및 민사소송을 제기하면서 그 증명자료 확보를 위해 '근무보고서'와 '징벌위원회 회의록' 등의 정보공개를 요청하였으나 교도소장이 이를 거부한 사안에서, 근무보고서는 공공기관의 정보공개에 관한 법률 제9조 제1항 제4호에 정한 비공개대상정보에 해당한다고 볼 수 없다(대판 2009. 12. 10. 2009두12785).

⑤ 감사·감독·검사·시험·규제·입찰계약 등의 의사결정과정 또는 내부검토과정에 있는 사항 등으로서 공개될 경우 공정한 수행이나 연구·개발에 현저한 지장을 초래한다고 인정할 만한 상당한 이유가 있는 정보(「정보공개법」 제9조 제1항 제5호)

판례

1. 답안지 및 시험문항에 대한 채점위원별 채점결과를 열람하도록 하면 업무수행상의 공정성을 확보할 수 없으므로 시험업무의 현저한 지장을 초래한다고 인정할 상당한 이유가 있어 비공개대상정보에 해당한다(대판 2003. 3. 14. 2000두6114).
2. 의사결정과정에 제공된 회의관련자료나 의사결정과정이 기록된 회의록 등은 의사결정과정에 있는 사항에 준하는 사항으로서 비공개대상정보에 포함된다(대판 2003. 8. 22. 2002두12946). 2021 기출
3. 학교환경위생구역내 금지행위해제결정에 관한 학교환경위생정화위원회의 회의록에 기재된 발언내용에 대한 해당발언자의 인적사항 부분에 관한 정보는 공개할 경우 업무의 공정한 수행에 지장을 주는 것으로 비공개대상정보에 해당한다(대판 2003. 8. 22. 2002두12946).
4. 문제은행출제방식의 치과의사 국가시험의 문제지와 정답지는 시험업무의 공정한 수행이나 연구·개발에 현저한 지장을 초래한다고 인정할 만한 상당한 이유가 있는 경우에 해당하여 비공개대상에 해당한다(대판 2007. 6. 15. 2006두15936).
5. 사법시험 제2차답안지는 평가자의 평가기준이나 평가결과가 반영되어 있는 것이 아니므로 평가업무에 지장을 초래할 가능성이 적어 공개대상정보에 해당한다(대판 2003. 3. 14. 2000두6114).
6. 아파트재건축주택조합의 조합원들에게 제공될 무상보상평수의 사업수익성을 검토한 자료는 법인 등의 영업상 비밀에 관한 사항으로 공개될 경우 법인 등의 정당한 이익을 현저히 해할 우려가 있다고 인정되는 정보에 해당한다고 보기도 어렵다(대판 2006. 1. 13. 2003두9459).
7. '2002학년도부터 2005학년도까지의 대학수학능력시험 원데이터'는 그 공개로 대학수학능력시험 업무의 공정한 수행이 객관적으로 현저하게 지장을 받을 것이라는 고도의 개연성이 존재하지 않으므로 공개대상정보에 해당한다(대판 2010. 2. 25. 2007두9877).

⑥ 당해 정보에 포함되어 있는 이름·주민등록번호 등 개인에 관한 사항으로서 공개될 경우 개인의 사생활의 비밀 또는 자유를 침해할 우려가 있다고 인정되는 정보. 다만, 다음에 열거한 개인에 관한 정보는 제외한다(「정보공개법」 제9조 제1항 제6호).

㉠ 법령이 정하는 바에 따라 열람할 수 있는 정보

㉡ 공공기관이 공표를 목적으로 작성하거나 취득한 정보로서 개인의 사생활의 비밀과 자유를 부당하게 침해하지 않는 정보

㉢ 공공기관이 작성하거나 취득한 정보로서 공개하는 것이 공익 또는 개인의 권리구제를 위하여 필요하다고 인정되는 정보

㉣ 직무를 수행한 공무원의 성명·직위

㉤ 공개하는 것이 공익을 위하여 필요한 경우로서 법령에 의하여 국가 또는 지방자치단체가 업무의 일부를 위탁 또는 위촉한 개인의 성명·직업

판례

1. 지방자치단체의 업무추진비 세부항목별 집행내역 및 그에 관한 증빙서류에 포함된 개인에 관한 정보는 '공개하는 것이 공익을 위하여 필요하다'고 인정되는 정보에 해당하지 않는다(비공개대상정보)(대판 2003. 3. 11. 2001두6425).
2. 사면대상자들의 사면실시건의서와 그와 관련된 국무회의 안건자료에 관한 정보는 그 공개로 얻는 이익이 그로 인하여 침해되는 당사자들의 사생활의 비밀에 관한 이익보다 더욱 크므로 비공개사유에 해당되지 않는다(대판 2006. 12. 7. 2005두241).
3. 불기소처분 기록 중 피의자신문조서 등에 기재된 피의자 등의 인적사항 이외의 진술내용 역시 개인의 사생활의 비밀 또는 자유를 침해할 우려가 인정되는 경우 정보공개법 제9조 제1항 제6호 본문 소정의 비공개대상에 해당한다(대판 2012. 6. 18. 2011두2361).
4. 행사참석자정보 중 그 공무원이 직무와 관련하여 행사에 참석한 경우의 정보는 '공개하는 것이 공익을 위하여 필요하다고 인정되는 정보'에 해당한다고 인정된다 하더라도, 그 공무원이 직무와 관련 없이 개인적인 자격 등으로 행사에 참석한 경우의 정보는 그 공무원의 사생활 보호라는 관점에서 보더라도 위와 같은 정보가 공개되는 것은 바람직하지 않다(비공개)(대판 2003. 12. 12. 2003두8050).

⑦ 법인·단체 또는 개인의 경영·영업상 비밀에 관한 사항으로서 공개될 경우 정당한 이익을 현저히 해할 우려가 있다고 인정되는 정보. 다만, 다음에 열거한 정보를 제외한다(「정보공개법」 제9조 제1항 제7호).

㉠ 사업활동에 의하여 발생하는 위해로부터 사람의 생명·신체 또는 건강을 보호하기 위하여 공개할 필요가 있는 정보

㉡ 위법·부당한 사업활동으로부터 국민의 재산 또는 생활을 보호하기 위하여 공개할 필요가 있는 정보

판례

1. 법인 등의 경영·영업상의 비밀의 의미는 타인에게 알려지지 아니함이 유리한 '사업활동에 관한 일체의 정보' 또는 '사업활동에 관한 일체의 비밀사항'으로 해석함이 상당하다(대판 2008. 10. 23. 2007두1798).
2. 법인 등이 거래하는 금융기관의 계좌번호에 관한 정보는 공개될 경우 법인 등의 정당한 이익을 현저히 해할 우려가 있다고 인정되는 정보에 해당한다(비공개대상정보)(대판 2004. 8. 20. 2003두8302). 2022 기출

3. 대한주택공사의 아파트 분양원가 산출내역에 관한 정보는 그 공개로 위 공사의 정당한 이익을 현저히 해할 우려가 있다고 볼 수 없고 공개대상정보에 해당한다(대판 2007. 6. 1. 2006두20587).
4. 한국방송공사의 '수시집행 접대성 경비의 건별 집행서류 일체'에 관한 정보는 한국방송공사의 정당한 이익이 현저히 침해받는다고 볼 수 없으므로 공개대상정보에 해당한다(대판 2008. 10. 23. 2007두1798).
5. 방송사의 취재활동을 통하여 확보한 결과물이나 그 과정에 관한 정보 또는 방송프로그램의 기획・편성・제작 등에 관한 정보가 공공기관의 정보공개에 관한 법률 제9조 제1항 제7호에서 정한 '법인 등의 경영・영업상 비밀에 관한 사항'에 해당하고 공개를 거부할 만한 정당한 이익이 있다(대판 2010. 12. 23. 2008두13101). 2019 기출

---

⑧ 공개될 경우 부동산 투기・매점매석 등으로 특정인에게 이익 또는 불이익을 줄 우려가 있다고 인정되는 정보(「정보공개법」 제9조 제1항 제8호) 2024 기출

(4) 보유・관리하고 있는 정보의 공개 원칙 2022 기출

공공기관이 보유・관리하는 정보는 이 법이 정하는 바에 따라 공개하여야 한다. 보유・관리하고 있지 않은 문서는 공개의무가 없다. 대상정보가 폐기되어 공공기관이 정보를 더 이상 보유하고 있지 않는 경우에도 공개의무가 없다.

판례

1. 공공기관이 그 정보를 보유・관리하고 있지 아니한 경우 특별한 사정이 없는 한 정보공개거부처분의 취소를 구할 법률상 이익이 없다(대판 2006. 1. 13. 2003두9459).
2. 당해 정보를 공공기관이 보유・관리하고 있을 상당한 개연성이 있다는 점에 대한 증명책임은 공개청구권자, 그 정보를 더 이상 보유・관리하고 있지 않다는 점에 대한 증명책임은 공공기관에 있다(대판 2004. 12. 9. 2003두12707).
3. 전자적 형태로 보유・관리되는 정보가 정보공개청구인이 구하는 대로 되어 있지 않더라도 전문지식을 사용하여 그 기초자료를 검색하여 청구인이 구하는 대로 편집할 수 있다면 공개의무를 진다(대판 2010. 2. 11. 2009두6001).

---

(5) 부분공개의무

공공기관의 정보공개에 관한 법률 제14조【부분 공개】 공개 청구한 정보가 제9조 제1항 각 호의 어느 하나에 해당하는 부분과 공개 가능한 부분이 혼합되어 있는 경우로서 공개 청구의 취지에 어긋나지 아니하는 범위에서 두 부분을 분리할 수 있는 경우에는 제9조 제1항 각 호의 어느 하나에 해당하는 부분을 제외하고 공개하여야 한다.

판례

비공개대상정보와 공개대상정보가 분리될 수 있는 경우 공개가 가능한 부분을 특정하고 판결주문에 공개가 가능한 부분만 취소한다고 표시하여야 한다.

법원이 행정청의 정보공개거부처분의 위법 여부를 심리한 결과 공개를 거부한 정보에 비공개대상정보에 해당하는 부분과 공개가 가능한 부분이 혼합되어 있고 공개청구의 취지에 어긋나지 아니하는 범위 안에서 두 부분을 분리할 수 있음을 인정할 수 있을 때에는, 위 정보 중 공개가 가능한 부분을 특정하고 판결의 주문에 행정청의 위 거부처분 중 공개가 가능한 정보에 관한 부분만을 취소한다고 표시하여야 한다(대판 2003. 3. 11. 2001두6425).

⑹ 공개청구가 없는 경우 공개의무 부정

헌법재판소는 정보공개의무는 특정의 정보에 대한 공개청구가 있는 경우에야 비로소 존재하고, 정보공개청구가 없었던 경우 공개의무가 인정되지 않는다고 본다.

3. 정보공개청구절차

⑴ 정보공개의 청구방법 2024 기출

정보공개청구서를 제출하거나 말로써 정보의 공개를 청구할 수 있다.

⑵ 정보공개 여부의 결정 2014 · 2024 기출

> **공공기관의 정보공개에 관한 법률 제11조【정보공개 여부의 결정】** ① 공공기관은 제10조에 따라 정보공개의 청구를 받으면 그 청구를 받은 날부터 10일 이내에 공개 여부를 결정하여야 한다.
> ② 공공기관은 부득이한 사유로 제1항에 따른 기간 이내에 공개 여부를 결정할 수 없을 때에는 그 기간이 끝나는 날의 다음 날부터 기산(起算)하여 10일의 범위에서 공개 여부 결정기간을 연장할 수 있다. 이 경우 공공기관은 연장된 사실과 연장 사유를 청구인에게 지체 없이 문서로 통지하여야 한다.
> ③ 공공기관은 공개 청구된 공개 대상 정보의 전부 또는 일부가 제3자와 관련이 있다고 인정할 때에는 그 사실을 제3자에게 지체 없이 통지하여야 하며, 필요한 경우에는 그의 의견을 들을 수 있다.
> ⑤ 공공기관은 정보공개 청구가 다음 각 호의 어느 하나에 해당하는 경우로서 「민원 처리에 관한 법률」에 따른 민원으로 처리할 수 있는 경우에는 민원으로 처리할 수 있다.
> 1. 공개 청구된 정보가 공공기관이 보유 · 관리하지 아니하는 정보인 경우
> 2. 공개 청구의 내용이 진정 · 질의 등으로 이 법에 따른 정보공개 청구로 보기 어려운 경우

⑶ 정보공개심의회

공공기관은 청구된 정보공개 여부를 심사하기 위하여 정보공개심의회를 설치 · 운영한다.

⑷ 정보공개 여부 결정의 통지 2014 · 2024 기출

공공기관은 ① 공개를 결정한 때에는 그 공개일시 · 공개장소 등을 명시하여 통지하여야 한다. 정보의 원본이 오손 또는 파손될 우려가 있거나 그 밖에 상당한 이유가 있다고 인정되는 경우 그 사본을 공개할 수 있다. ② 비공개를 결정한 때에는 비공개 사유 · 불복방법 및 불복절차를 명시하여 그 내용을 청구인에게 지체 없이 서면으로 통지하여야 한다.

판례

1. 공공기관은 정보공개청구자가 선택한 공개방법에 따라 정보를 공개해야 한다(대판 2003. 12. 12. 2003두8050). 2020 기출
2. 공공기간의 정보공개에 관한 법률상 공개청구의 대상이 되는 정보란 공공기관이 직무상 작성 또는 취득하여 현재 보유 · 관리하고 있는 문서에 한정되는 것이기는 하나, 그 문서가 반드시 원본일 필요는 없다(대판 2006. 5. 25. 2006두3049). 2019 기출

⑸ 즉시 처리가 가능한 정보의 공개

다음 각 호의 어느 하나에 해당하는 정보로서 즉시 또는 말로 처리가 가능한 정보에 대해서는 제11조에 따른 절차를 거치지 아니하고 공개하여야 한다.

① 법령 등에 따라 공개를 목적으로 작성된 정보
② 일반국민에게 알리기 위하여 작성된 각종 홍보자료
③ 공개하기로 결정된 정보로서 공개에 오랜 시간이 걸리지 아니하는 정보
④ 그 밖에 공공기관의 장이 정하는 정보

(6) 정보의 전자적 공개

공공기관의 정보공개에 관한 법률 제15조【정보의 전자적 공개】 ① 공공기관은 전자적 형태로 보유·관리하는 정보에 대하여 청구인이 전자적 형태로 공개하여 줄 것을 요청하는 경우에는 그 정보의 성질상 현저히 곤란한 경우를 제외하고는 청구인의 요청에 따라야 한다.
② 공공기관은 전자적 형태로 보유·관리하지 아니하는 정보에 대하여 청구인이 전자적 형태로 공개하여 줄 것을 요청한 경우에는 정상적인 업무수행에 현저한 지장을 초래하거나 그 정보의 성질이 훼손될 우려가 없으면 그 정보를 전자적 형태로 변환하여 공개할 수 있다.

(7) 비용부담

정보의 공개 및 우송 등에 소요되는 비용은 실비의 범위에서 청구인의 부담으로 하지만, 공개를 청구하는 정보의 사용목적이 공공복리의 유지·증진을 위하여 필요하다고 인정되는 경우 비용을 감면할 수 있다.

4. 불복구제절차 2013·2022 기출

(1) 청구인의 불복절차 2014 기출

① 이의신청

공공기관의 정보공개에 관한 법률 제18조【이의신청】 ① 청구인이 정보공개와 관련한 공공기관의 비공개 결정 또는 부분 공개 결정에 대하여 불복이 있거나 정보공개 청구 후 20일이 경과하도록 정보공개 결정이 없는 때에는 공공기관으로부터 정보공개 여부의 결정 통지를 받은 날 또는 정보공개 청구 후 20일이 경과한 날부터 30일 이내에 해당 공공기관에 문서로 이의신청을 할 수 있다.
② 국가기관등은 제1항에 따른 이의신청이 있는 경우에는 심의회를 개최하여야 한다. 다만, 다음 각 호의 어느 하나에 해당하는 경우에는 심의회를 개최하지 아니할 수 있으며 개최하지 아니하는 사유를 청구인에게 문서로 통지하여야 한다.
1. 심의회의 심의를 이미 거친 사항
2. 단순·반복적인 청구
3. 법령에 따라 비밀로 규정된 정보에 대한 청구

③ 공공기관은 이의신청을 받은 날부터 7일 이내에 그 이의신청에 대하여 결정하고 그 결과를 청구인에게 지체 없이 문서로 통지하여야 한다. 다만, 부득이한 사유로 정하여진 기간 이내에 결정할 수 없을 때에는 그 기간이 끝나는 날의 다음 날부터 기산하여 7일의 범위에서 연장할 수 있으며, 연장 사유를 청구인에게 통지하여야 한다.
④ 공공기관은 이의신청을 각하(却下) 또는 기각(棄却)하는 결정을 한 경우에는 청구인에게 행정심판 또는 행정소송을 제기할 수 있다는 사실을 제3항에 따른 결과 통지와 함께 알려야 한다.

② 행정심판

공공기관의 정보공개에 관한 법률 제19조【행정심판】 ① 청구인이 정보공개와 관련한 공공기관의 결정에 대하여 불복이 있거나 정보공개 청구 후 20일이 경과하도록 정보공개 결정이 없는 때에는 「행정심판법」에서 정하는 바에 따라 행정심판을 청구할 수 있다. 이 경우 국가기관 및 지방자치단체 외의 공공기관의 결정에 대한 감독행정기관은 관계 중앙행정기관의 장 또는 지방자치단체의 장으로 한다.
② 청구인은 제18조에 따른 이의신청 절차를 거치지 아니하고 행정심판을 청구할 수 있다. 2021 기출

③ 행정소송

공공기관의 정보공개에 관한 법률 제20조【행정소송】 ① 청구인이 정보공개와 관련한 공공기관의 결정에 대하여 불복이 있거나 정보공개 청구 후 20일이 경과하도록 정보공개 결정이 없는 때에는 「행정소송법」에서 정하는 바에 따라 행정소송을 제기할 수 있다.
② 재판장은 필요하다고 인정하면 당사자를 참여시키지 아니하고 제출된 공개 청구 정보를 비공개로 열람·심사할 수 있다.

(2) 제3자의 불복 2017 · 2018 기출

공공기관의 정보공개에 관한 법률 제21조【제3자의 비공개 요청 등】 ① 제11조 제3항에 따라 공개 청구된 사실을 통지받은 제3자는 그 통지를 받은 날부터 3일 이내에 해당 공공기관에 대하여 자신과 관련된 정보를 공개하지 아니할 것을 요청할 수 있다.
② 제1항에 따른 비공개 요청에도 불구하고 공공기관이 공개 결정을 할 때에는 공개 결정 이유와 공개 실시일을 분명히 밝혀 지체 없이 문서로 통지하여야 하며, 제3자는 해당 공공기관에 문서로 이의신청을 하거나 행정심판 또는 행정소송을 제기할 수 있다. 이 경우 이의신청은 통지를 받은 날부터 7일 이내에 하여야 한다.
③ 공공기관은 제2항에 따른 공개 결정일과 공개 실시일 사이에 최소한 30일의 간격을 두어야 한다.

판례

제3자의 비공개요청은 「정보공개법」상 비공개사유에 해당하지 않는다.

제3자와 관련이 있는 정보라고 하더라도 당해 공공기관이 이를 보유·관리하고 있는 이상 정보공개법 제9조 제1항 단서 각 호의 비공개사유에 해당하지 아니하면 정보공개의 대상이 되는 정보에 해당한다. 제3자의 비공개 요청이 있다는 사유만으로 정보공개법상 정보의 비공개사유에 해당한다고 볼 수 없다(대판 2008. 9. 25. 2008두8680).

제3절 개인정보 보호

01 서론

1. 의의

개인정보 보호란 개인이 자기의 정보를 스스로 통제・결정할 수 있는 자기정보결정권을 가지며, 이를 국가가 개인적 기본권으로서 보호하는 제도를 말한다.

2. 법적 근거

헌법적 근거로는 「헌법」 제17조의 사생활 비밀에 관한 기본권 보장과 제16조의 주거의 자유, 제18조의 통신비밀의 자유 등을 들 수 있으며 그 외 인간의 존엄과 가치 및 행복추구권(「헌법」 제10조)에 의하여 보장된다. 일반법으로 「개인정보 보호법」이 있다.

02 「개인정보 보호법」상 개인정보

1. 개인정보

「개인정보 보호법」상 개인정보는 살아 있는 개인에 관한 정보에 국한된다. 사망자나 법인의 정보는 이 법상의 대상정보에 해당하지 않는다.

2. 개인정보처리자

개인정보처리자란 업무를 목적으로 개인정보파일을 운용하기 위하여 스스로 또는 다른 사람을 통하여 개인정보를 처리하는 공공기관, 법인 단체 및 개인 등을 말한다.

개인정보 보호법 제2조【정의】 이 법에서 사용하는 용어의 뜻은 다음과 같다.

1. "개인정보"란 살아 있는 개인에 관한 정보로서 다음 각 목의 어느 하나에 해당하는 정보를 말한다.
   가. 성명, 주민등록번호 및 영상 등을 통하여 개인을 알아볼 수 있는 정보
   나. 해당 정보만으로는 특정 개인을 알아볼 수 없더라도 다른 정보와 쉽게 결합하여 알아볼 수 있는 정보. 이 경우 쉽게 결합할 수 있는지 여부는 다른 정보의 입수 가능성 등 개인을 알아보는 데 소요되는 시간, 비용, 기술 등을 합리적으로 고려하여야 한다.
   다. 가목 또는 나목을 제1호의2에 따라 가명처리함으로써 원래의 상태로 복원하기 위한 추가 정보의 사용・결합 없이는 특정 개인을 알아볼 수 없는 정보(이하 "가명정보"라 한다)

1의2. "가명처리"란 개인정보의 일부를 삭제하거나 일부 또는 전부를 대체하는 등의 방법으로 추가 정보가 없이는 특정 개인을 알아볼 수 없도록 처리하는 것을 말한다.

2. "처리"란 개인정보의 수집, 생성, 연계, 연동, 기록, 저장, 보유, 가공, 편집, 검색, 출력, 정정(訂正), 복구, 이용, 제공, 공개, 파기(破棄), 그 밖에 이와 유사한 행위를 말한다.
3. "정보주체"란 처리되는 정보에 의하여 알아볼 수 있는 사람으로서 그 정보의 주체가 되는 사람을 말한다.
4. "개인정보파일"이란 개인정보를 쉽게 검색할 수 있도록 일정한 규칙에 따라 체계적으로 배열하거나 구성한 개인정보의 집합물(集合物)을 말한다.
5. "개인정보처리자"란 업무를 목적으로 개인정보파일을 운용하기 위하여 스스로 또는 다른 사람을 통하여 개인정보를 처리하는 공공기관, 법인, 단체 및 개인 등을 말한다.

6. "공공기관"이란 다음 각 목의 기관을 말한다.
   가. 국회, 법원, 헌법재판소, 중앙선거관리위원회의 행정사무를 처리하는 기관, 중앙행정기관(대통령 소속 기관과 국무총리 소속 기관을 포함한다) 및 그 소속 기관, 지방자치단체
   나. 그 밖의 국가기관 및 공공단체 중 대통령령으로 정하는 기관
7. 고정형 "영상정보처리기기"란 일정한 공간에 설치되어 지속적 또는 주기적으로 사람 또는 사물의 영상 등을 촬영하거나 이를 유·무선망을 통하여 전송하는 장치로서 대통령령으로 정하는 장치를 말한다.
7의2. "이동형 영상정보처리기기"란 사람이 신체에 착용 또는 휴대하거나 이동 가능한 물체에 부착 또는 거치(据置)하여 사람 또는 사물의 영상 등을 촬영하거나 이를 유·무선망을 통하여 전송하는 장치로서 대통령령으로 정하는 장치를 말한다.
8. "과학적 연구"란 기술의 개발과 실증, 기초연구, 응용연구 및 민간 투자 연구 등 과학적 방법을 적용하는 연구를 말한다.

PART 02

03 「개인정보 보호법」 주요 내용

1. 개인정보 보호 원칙 2023 기출

개인정보 보호법 제3조【개인정보 보호 원칙】 ① 개인정보처리자는 개인정보의 처리 목적을 명확하게 하여야 하고 그 목적에 필요한 범위에서 최소한의 개인정보만을 적법하고 정당하게 수집하여야 한다.
② 개인정보처리자는 개인정보의 처리 목적에 필요한 범위에서 적합하게 개인정보를 처리하여야 하며, 그 목적 외의 용도로 활용하여서는 아니 된다.
③ 개인정보처리자는 개인정보의 처리 목적에 필요한 범위에서 개인정보의 정확성, 완전성 및 최신성이 보장되도록 하여야 한다.
④ 개인정보처리자는 개인정보의 처리 방법 및 종류 등에 따라 정보주체의 권리가 침해받을 가능성과 그 위험 정도를 고려하여 개인정보를 안전하게 관리하여야 한다.
⑤ 개인정보처리자는 제30조에 따른 개인정보 처리방침 등 개인정보의 처리에 관한 사항을 공개하여야 하며, 열람청구권 등 정보주체의 권리를 보장하여야 한다.
⑥ 개인정보처리자는 정보주체의 사생활 침해를 최소화하는 방법으로 개인정보를 처리하여야 한다.
⑦ 개인정보처리자는 개인정보를 익명 또는 가명으로 처리하여도 개인정보 수집목적을 달성할 수 있는 경우 익명처리가 가능한 경우에는 익명에 의하여, 익명처리로 목적을 달성할 수 없는 경우에는 가명에 의하여 처리될 수 있도록 하여야 한다.
⑧ 개인정보처리자는 이 법 및 관계 법령에서 규정하고 있는 책임과 의무를 준수하고 실천함으로써 정보주체의 신뢰를 얻기 위하여 노력하여야 한다.

2. 개인정보 주체의 권리 2022 기출

개인정보 보호법
제4조【정보주체의 권리】 정보주체는 자신의 개인정보 처리와 관련하여 다음 각 호의 권리를 가진다.
1. 개인정보의 처리에 관한 정보를 제공받을 권리
2. 개인정보의 처리에 관한 동의 여부, 동의 범위 등을 선택하고 결정할 권리
3. 개인정보의 처리 여부를 확인하고 개인정보에 대한 열람(사본의 발급을 포함한다. 이하 같다)을 요구할 권리
4. 개인정보의 처리 정지, 정정·삭제 및 파기를 요구할 권리
5. 개인정보의 처리로 인하여 발생한 피해를 신속하고 공정한 절차에 따라 구제받을 권리

第38조 【권리행사의 방법 및 절차】 ① 정보주체는 제35조에 따른 열람, 제35조의2에 따른 전송, 제36조에 따른 정정·삭제, 제37조에 따른 처리정지 및 동의 철회, 제37조의2에 따른 거부·설명 등의 요구(이하 "열람등요구"라 한다)를 문서 등 대통령령으로 정하는 방법·절차에 따라 대리인에게 하게 할 수 있다.
② 만 14세 미만 아동의 법정대리인은 개인정보처리자에게 그 아동의 개인정보 열람등요구를 할 수 있다.

第39조 【손해배상책임】 ① 정보주체는 개인정보처리자가 이 법을 위반한 행위로 손해를 입으면 개인정보처리자에게 손해배상을 청구할 수 있다. 이 경우 그 개인정보처리자는 고의 또는 과실이 없음을 입증하지 아니하면 책임을 면할 수 없다.
③ 개인정보처리자의 고의 또는 중대한 과실로 인하여 개인정보가 분실·도난·유출·위조·변조 또는 훼손된 경우로서 정보주체에게 손해가 발생한 때에는 법원은 그 손해액의 5배를 넘지 아니하는 범위에서 손해배상액을 정할 수 있다. 다만, 개인정보처리자가 고의 또는 중대한 과실이 없음을 증명한 경우에는 그러하지 아니하다.

3. 개인정보 보호위원회

개인정보 보호법 제7조 【개인정보 보호위원회】 ① 개인정보 보호에 관한 사무를 독립적으로 수행하기 위하여 국무총리 소속으로 개인정보 보호위원회(이하 "보호위원회"라 한다)를 둔다.
② 보호위원회는 「정부조직법」 제2조에 따른 중앙행정기관으로 본다. 다만, 다음 각 호의 사항에 대하여는 「정부조직법」 제18조를 적용하지 아니한다.

4. 개인정보의 수집·이용

개인정보 보호법 제15조 【개인정보의 수집·이용】 ① 개인정보처리자는 다음 각 호의 어느 하나에 해당하는 경우에는 개인정보를 수집할 수 있으며 그 수집 목적의 범위에서 이용할 수 있다.

1. 정보주체의 동의를 받은 경우
2. 법률에 특별한 규정이 있거나 법령상 의무를 준수하기 위하여 불가피한 경우
3. 공공기관이 법령 등에서 정하는 소관 업무의 수행을 위하여 불가피한 경우
4. 정보주체와 체결한 계약을 이행하거나 계약을 체결하는 과정에서 정보주체의 요청에 따른 조치를 이행하기 위하여 필요한 경우
5. 명백히 정보주체 또는 제3자의 급박한 생명, 신체, 재산의 이익을 위하여 필요하다고 인정되는 경우
6. 개인정보처리자의 정당한 이익을 달성하기 위하여 필요한 경우로서 명백하게 정보주체의 권리보다 우선하는 경우. 이 경우 개인정보처리자의 정당한 이익과 상당한 관련이 있고 합리적인 범위를 초과하지 아니하는 경우에 한한다.

5. 개인정보의 수집 제한

개인정보 보호법 제16조 【개인정보의 수집 제한】 ① 개인정보처리자는 제15조 제1항 각 호의 어느 하나에 해당하여 개인정보를 수집하는 경우에는 그 목적에 필요한 최소한의 개인정보를 수집하여야 한다. 이 경우 최소한의 개인정보 수집이라는 입증책임은 개인정보처리자가 부담한다.

② 개인정보처리자는 정보주체의 동의를 받아 개인정보를 수집하는 경우 필요한 최소한의 정보 외의 개인정보 수집에는 동의하지 아니할 수 있다는 사실을 구체적으로 알리고 개인정보를 수집하여야 한다.
③ 개인정보처리자는 정보주체가 필요한 최소한의 정보 외의 개인정보 수집에 동의하지 아니한다는 이유로 정보주체에게 재화 또는 서비스의 제공을 거부하여서는 아니 된다.

6. 개인정보의 제3자에 대한 제공

개인정보 보호법 제17조【개인정보의 제공】 ① 개인정보처리자는 다음 각 호의 어느 하나에 해당되는 경우에는 정보주체의 개인정보를 제3자에게 제공(공유를 포함한다. 이하 같다)할 수 있다.

1. 정보주체의 동의를 받은 경우
2. 제15조 제1항 제2호, 제3호 및 제5호부터 제17호까지에 따라 개인정보를 수집한 목적 범위에서 개인정보를 제공하는 경우

7. 개인정보의 목적 외 이용 · 제공 제한

개인정보 보호법 제18조【개인정보의 목적 외 이용 · 제공 제한】 ① 개인정보처리자는 개인정보를 제15조 제1항에 따른 범위를 초과하여 이용하거나 제17조 제1항 및 제28조의8 제1항에 따른 범위를 초과하여 제3자에게 제공하여서는 아니 된다.
② 제1항에도 불구하고 개인정보처리자는 다음 각 호의 어느 하나에 해당하는 경우에는 정보주체 또는 제3자의 이익을 부당하게 침해할 우려가 있을 때를 제외하고는 개인정보를 목적 외의 용도로 이용하거나 이를 제3자에게 제공할 수 있다. 다만, 제5호부터 제9호까지의 경우는 공공기관의 경우로 한정한다.

1. 정보주체로부터 별도의 동의를 받은 경우
2. 다른 법률에 특별한 규정이 있는 경우
3. 명백히 정보주체 또는 제3자의 급박한 생명, 신체, 재산의 이익을 위하여 필요하다고 인정되는 경우
4. 삭제 〈2020. 2. 4.〉
5. 개인정보를 목적 외의 용도로 이용하거나 이를 제3자에게 제공하지 아니하면 다른 법률에서 정하는 소관 업무를 수행할 수 없는 경우로서 보호위원회의 심의 · 의결을 거친 경우
6. 조약, 그 밖의 국제협정의 이행을 위하여 외국정부 또는 국제기구에 제공하기 위하여 필요한 경우
7. 범죄의 수사와 공소의 제기 및 유지를 위하여 필요한 경우
8. 법원의 재판업무 수행을 위하여 필요한 경우
9. 형(刑) 및 감호, 보호처분의 집행을 위하여 필요한 경우
10. 공중위생 등 공공의 안전과 안녕을 위하여 긴급히 필요한 경우

⑤ 개인정보처리자는 제2항 각 호의 어느 하나의 경우에 해당하여 개인정보를 목적 외의 용도로 제3자에게 제공하는 경우에는 개인정보를 제공받는 자에게 이용 목적, 이용 방법, 그 밖에 필요한 사항에 대하여 제한을 하거나, 개인정보의 안전성 확보를 위하여 필요한 조치를 마련하도록 요청하여야 한다. 이 경우 요청을 받은 자는 개인정보의 안전성 확보를 위하여 필요한 조치를 하여야 한다.

8. 개인정보를 제공받은 자의 이용 · 제공 제한

개인정보 보호법 제19조【개인정보를 제공받은 자의 이용 · 제공 제한】 개인정보처리자로부터 개인정보를 제공받은 자는 다음 각 호의 어느 하나에 해당하는 경우를 제외하고는 개인정보를 제공받은 목적 외의 용도로 이용하거나 이를 제3자에게 제공하여서는 아니 된다.

1. 정보주체로부터 별도의 동의를 받은 경우
2. 다른 법률에 특별한 규정이 있는 경우

9. 개인정보의 처리 제한

(1) 민감정보의 처리 제한

개인정보 보호법 제23조【민감정보의 처리 제한】 ① 개인정보처리자는 사상 · 신념, 노동조합 · 정당의 가입 · 탈퇴, 정치적 견해, 건강, 성생활 등에 관한 정보, 그 밖에 정보주체의 사생활을 현저히 침해할 우려가 있는 개인정보로서 대통령령으로 정하는 정보(이하 "민감정보"라 한다)를 처리하여서는 아니 된다. 다만, 다음 각 호의 어느 하나에 해당하는 경우에는 그러하지 아니하다.

1. 정보주체에게 제15조 제2항 각 호 또는 제17조 제2항 각 호의 사항을 알리고 다른 개인정보의 처리에 대한 동의와 별도로 동의를 받은 경우
2. 법령에서 민감정보의 처리를 요구하거나 허용하는 경우

(2) 고유식별정보의 처리 제한

개인정보 보호법 제24조【고유식별정보의 처리 제한】 ① 개인정보처리자는 다음 각 호의 경우를 제외하고는 법령에 따라 개인을 고유하게 구별하기 위하여 부여된 식별정보로서 대통령령으로 정하는 정보(이하 "고유식별정보"라 한다)를 처리할 수 없다.

1. 정보주체에게 제15조 제2항 각 호 또는 제17조 제2항 각 호의 사항을 알리고 다른 개인정보의 처리에 대한 동의와 별도로 동의를 받은 경우
2. 법령에서 구체적으로 고유식별정보의 처리를 요구하거나 허용하는 경우

(3) 주민등록번호 처리의 제한

개인정보 보호법 제24조의2【주민등록번호 처리의 제한】 ① 제24조 제1항에도 불구하고 개인정보처리자는 다음 각 호의 어느 하나에 해당하는 경우를 제외하고는 주민등록번호를 처리할 수 없다.

1. 법률 · 대통령령 · 국회규칙 · 대법원규칙 · 헌법재판소규칙 · 중앙선거관리위원회규칙 및 감사원규칙에서 구체적으로 주민등록번호의 처리를 요구하거나 허용한 경우
2. 정보주체 또는 제3자의 급박한 생명, 신체, 재산의 이익을 위하여 명백히 필요하다고 인정되는 경우
3. 제1호 및 제2호에 준하여 주민등록번호 처리가 불가피한 경우로서 보호위원회가 고시로 정하는 경우

(4) 영상정보처리기기의 설치 · 운영 제한

① 고정형 영상정보처리기기

개인정보 보호법 제25조【고정형 영상정보처리기기의 설치 · 운영 제한】 ① 누구든지 다음 각 호의 경우를 제외하고는 공개된 장소에 고정형 영상정보처리기기를 설치 · 운영하여서는 아니 된다.

1. 법령에서 구체적으로 허용하고 있는 경우
2. 범죄의 예방 및 수사를 위하여 필요한 경우
3. 시설의 안전 및 관리, 화재 예방을 위하여 정당한 권한을 가진 자가 설치 · 운영하는 경우
4. 교통단속을 위하여 정당한 권한을 가진 자가 설치 · 운영하는 경우
5. 교통정보의 수집 · 분석 및 제공을 위하여 정당한 권한을 가진 자가 설치 · 운영하는 경우
6. 촬영된 영상정보를 저장하지 아니하는 경우로서 대통령령으로 정하는 경우

② 누구든지 불특정 다수가 이용하는 목욕실, 화장실, 발한실(發汗室), 탈의실 등 개인의 사생활을 현저히 침해할 우려가 있는 장소의 내부를 볼 수 있도록 고정형 영상정보처리기기를 설치 · 운영하여서는 아니 된다. 다만, 교도소, 정신보건 시설 등 법령에 근거하여 사람을 구금하거나 보호하는 시설로서 대통령령으로 정하는 시설에 대하여는 그러하지 아니하다.

⑤ 고정형영상정보처리기기운영자는 고정형 영상정보처리기기의 설치 목적과 다른 목적으로 고정형 영상정보처리기기를 임의로 조작하거나 다른 곳을 비춰서는 아니 되며, 녹음기능은 사용할 수 없다.

⑥ 고정형영상정보처리기기운영자는 개인정보가 분실 · 도난 · 유출 · 위조 · 변조 또는 훼손되지 아니하도록 제29조에 따라 안전성 확보에 필요한 조치를 하여야 한다.

② 이동형 영상정보처리기기

개인정보 보호법 제25조의2【이동형 영상정보처리기기의 운영 제한】 ① 업무를 목적으로 이동형 영상정보처리기기를 운영하려는 자는 다음 각 호의 경우를 제외하고는 공개된 장소에서 이동형 영상정보처리기기로 사람 또는 그 사람과 관련된 사물의 영상(개인정보에 해당하는 경우로 한정한다. 이하 같다)을 촬영하여서는 아니 된다.

1. 제15조 제1항 각 호의 어느 하나에 해당하는 경우
2. 촬영 사실을 명확히 표시하여 정보주체가 촬영 사실을 알 수 있도록 하였음에도 불구하고 촬영 거부 의사를 밝히지 아니한 경우. 이 경우 정보주체의 권리를 부당하게 침해할 우려가 없고 합리적인 범위를 초과하지 아니하는 경우로 한정한다.
3. 그 밖에 제1호 및 제2호에 준하는 경우로서 대통령령으로 정하는 경우

② 누구든지 불특정 다수가 이용하는 목욕실, 화장실, 발한실, 탈의실 등 개인의 사생활을 현저히 침해할 우려가 있는 장소의 내부를 볼 수 있는 곳에서 이동형 영상정보처리기기로 사람 또는 그 사람과 관련된 사물의 영상을 촬영하여서는 아니 된다. 다만, 인명의 구조 · 구급 등을 위하여 필요한 경우로서 대통령령으로 정하는 경우에는 그러하지 아니하다.

③ 제1항 각 호에 해당하여 이동형 영상정보처리기기로 사람 또는 그 사람과 관련된 사물의 영상을 촬영하는 경우에는 불빛, 소리, 안내판 등 대통령령으로 정하는 바에 따라 촬영 사실을 표시하고 알려야 한다.

10. 가명정보의 처리에 관한 특례

개인정보 보호법 제28조의2【가명정보의 처리 등】 ① 개인정보처리자는 통계작성, 과학적 연구, 공익적 기록보존 등을 위하여 정보주체의 동의 없이 가명정보를 처리할 수 있다.

② 개인정보처리자는 제1항에 따라 가명정보를 제3자에게 제공하는 경우에는 특정 개인을 알아보기 위하여 사용될 수 있는 정보를 포함해서는 아니 된다.

04 개인정보 분쟁조정위원회

1. 설치 및 구성

개인정보 보호법 제40조【설치 및 구성】 ① 개인정보에 관한 분쟁의 조정(調停)을 위하여 개인정보 분쟁조정위원회(이하 "분쟁조정위원회"라 한다)를 둔다.
② 분쟁조정위원회는 위원장 1명을 포함한 30명 이내의 위원으로 구성하며, 위원은 당연직위원과 위촉위원으로 구성한다.

2. 분쟁조정의 신청

개인정보 보호법 제43조【조정의 신청 등】 ① 개인정보와 관련한 분쟁의 조정을 원하는 자는 분쟁조정위원회에 분쟁조정을 신청할 수 있다.
② 분쟁조정위원회는 당사자 일방으로부터 분쟁조정 신청을 받았을 때에는 그 신청내용을 상대방에게 알려야 한다.
③ 개인정보처리자가 제2항에 따른 분쟁조정의 통지를 받은 경우에는 특별한 사유가 없으면 분쟁조정에 응하여야 한다.

3. 분쟁조정의 처리기간

개인정보 보호법 제44조【처리기간】 ① 분쟁조정위원회는 제43조 제1항에 따른 분쟁조정 신청을 받은 날부터 60일 이내에 이를 심사하여 조정안을 작성하여야 한다. 다만, 부득이한 사정이 있는 경우에는 분쟁조정위원회의 의결로 처리기간을 연장할 수 있다.
② 분쟁조정위원회는 제1항 단서에 따라 처리기간을 연장한 경우에는 기간연장의 사유와 그 밖의 기간연장에 관한 사항을 신청인에게 알려야 한다.

4. 조정 전 합의 권고

개인정보 보호법 제46조【조정 전 합의 권고】 분쟁조정위원회는 제43조 제1항에 따라 분쟁조정 신청을 받았을 때에는 당사자에게 그 내용을 제시하고 조정 전 합의를 권고할 수 있다.

5. 분쟁의 조정

개인정보 보호법 제47조【분쟁의 조정】 ① 분쟁조정위원회는 다음 각 호의 어느 하나의 사항을 포함하여 조정안을 작성할 수 있다.
② 분쟁조정위원회는 제1항에 따라 조정안을 작성하면 지체 없이 각 당사자에게 제시하여야 한다.
③ 제2항에 따라 조정안을 제시받은 당사자가 제시받은 날부터 15일 이내에 수락 여부를 알리지 아니하면 조정을 수락한 것으로 본다.
⑤ 제4항에 따른 조정의 내용은 재판상 화해와 동일한 효력을 갖는다.

6. 집단분쟁조정

개인정보 보호법 제49조 【집단분쟁조정】 ① 국가 및 지방자치단체, 개인정보 보호단체 및 기관, 정보주체, 개인정보처리자는 정보주체의 피해 또는 권리침해가 다수의 정보주체에게 같거나 비슷한 유형으로 발생하는 경우로서 대통령령으로 정하는 사건에 대하여는 분쟁조정위원회에 일괄적인 분쟁조정(이하 "집단분쟁조정"이라 한다)을 의뢰 또는 신청할 수 있다.
② 제1항에 따라 집단분쟁조정을 의뢰받거나 신청받은 분쟁조정위원회는 그 의결로써 제3항부터 제7항까지의 규정에 따른 집단분쟁조정의 절차를 개시할 수 있다. 이 경우 분쟁조정위원회는 대통령령으로 정하는 기간 동안 그 절차의 개시를 공고하여야 한다.
⑦ 집단분쟁조정의 기간은 제2항에 따른 공고가 종료된 날의 다음 날부터 60일 이내로 한다. 다만, 부득이한 사정이 있는 경우에는 분쟁조정위원회의 의결로 처리기간을 연장할 수 있다.

05 단체소송 등

1. 단체소송의 대상

개인정보 보호법 제51조 【단체소송의 대상 등】 다음 각 호의 어느 하나에 해당하는 단체는 개인정보처리자가 제49조에 따른 집단분쟁조정을 거부하거나 집단분쟁조정의 결과를 수락하지 아니한 경우에는 법원에 권리침해 행위의 금지·중지를 구하는 소송(이하 "단체소송"이라 한다)을 제기할 수 있다.

1. 「소비자기본법」 제29조에 따라 공정거래위원회에 등록한 소비자단체로서 다음 각 목의 요건을 모두 갖춘 단체
   가. 정관에 따라 상시적으로 정보주체의 권익증진을 주된 목적으로 하는 단체일 것
   나. 단체의 정회원수가 1천명 이상일 것
   다. 「소비자기본법」 제29조에 따른 등록 후 3년이 경과하였을 것
2. 「비영리민간단체 지원법」 제2조에 따른 비영리민간단체로서 다음 각 목의 요건을 모두 갖춘 단체
   가. 법률상 또는 사실상 동일한 침해를 입은 100명 이상의 정보주체로부터 단체소송의 제기를 요청받을 것
   나. 정관에 개인정보 보호를 단체의 목적으로 명시한 후 최근 3년 이상 이를 위한 활동실적이 있을 것
   다. 단체의 상시 구성원수가 5천명 이상일 것
   라. 중앙행정기관에 등록되어 있을 것

2. 전속관할

개인정보 보호법 제52조 【전속관할】 ① 단체소송의 소는 피고의 주된 사무소 또는 영업소가 있는 곳, 주된 사무소나 영업소가 없는 경우에는 주된 업무담당자의 주소가 있는 곳의 지방법원 본원 합의부의 관할에 전속한다.
② 제1항을 외국사업자에 적용하는 경우 대한민국에 있는 이들의 주된 사무소·영업소 또는 업무담당자의 주소에 따라 정한다.

3. 소송대리인의 선임

개인정보 보호법 제53조【소송대리인의 선임】 단체소송의 원고는 변호사를 소송대리인으로 선임하여야 한다.

4. 소송허가의 요건

개인정보 보호법 제55조【소송허가요건 등】 ① 법원은 다음 각 호의 요건을 모두 갖춘 경우에 한하여 결정으로 단체소송을 허가한다.
1. 개인정보처리자가 분쟁조정위원회의 조정을 거부하거나 조정결과를 수락하지 아니하였을 것
2. 제54조에 따른 소송허가신청서의 기재사항에 흠결이 없을 것

② 단체소송을 허가하거나 불허가하는 결정에 대하여는 즉시항고할 수 있다.

5. 확정판결의 효력

개인정보 보호법 제56조【확정판결의 효력】 원고의 청구를 기각하는 판결이 확정된 경우 이와 동일한 사안에 관하여는 제51조에 따른 다른 단체는 단체소송을 제기할 수 없다. 다만, 다음 각 호의 어느 하나에 해당하는 경우에는 그러하지 아니하다.
1. 판결이 확정된 후 그 사안과 관련하여 국가 · 지방자치단체 또는 국가 · 지방자치단체가 설립한 기관에 의하여 새로운 증거가 나타난 경우
2. 기각판결이 원고의 고의로 인한 것임이 밝혀진 경우

6. 「민사소송법」의 준용

개인정보 보호법 제57조【「민사소송법」의 적용 등】 ① 단체소송에 관하여 이 법에 특별한 규정이 없는 경우에는 「민사소송법」을 적용한다.

Chapter

05 OX로 기초다지기

01 국회 또는 지방의회의 의결을 거치거나 동의 또는 승인을 받아 행하는 사항은 「행정절차법」이 적용되지 않는다. O X

02 공무원 인사관계 법령에 의한 처분에 관한 사항의 경우 성질상 행정절차를 거치기 곤란하거나 불필요하다고 인정되는 처분에 대해서만 「행정절차법」의 적용이 배제된다. O X

03 송달이 불가능한 경우에는 송달받을 자가 알기 쉽도록 관보 · 공보 · 게시판 · 인터넷 중 하나 이상에 공고하여야 한다. O X

04 외국에 거주 또는 체류하는 자에 대한 송달의 효력발생일은 공고일로부터 30일이 경과한 때이다. O X

05 행정청에 처분을 구하는 신청은 문서로 하여야 한다. 다만, 다른 법령 등에 특별한 규정이 있는 경우와 행정청이 미리 다른 방법을 정하여 공시한 경우에는 그러하지 아니하다. O X

06 행정청은 신청에 구비서류의 미비 등 흠이 있는 경우에는 보완에 필요한 상당한 기간을 정하여 지체 없이 신청인에게 보완을 요구할 수 있다. O X

01 「행정절차법」 제3조 제2항에 의해 「행정절차법」 적용 배제사항에 해당한다.
02 공무원 인사관계 법령에 의한 처분에 관한 사항의 경우 성질상 행정절차를 거치기 곤란하거나 불필요하다고 인정되는 처분과 행정절차에 준하는 절차를 거치도록 하고 있는 처분의 경우에 「행정절차법」의 적용이 배제된다.
03 송달받을 자가 알기 쉽도록 관보 · 공보 · 게시판 · 일간신문 중 하나 이상에 공고하고 인터넷에도 공고하여야 한다.
04 외국에 거주 또는 체류하는 자에 대한 기간 및 기한은 행정청이 그 우편이나 통신에 소요되는 일수를 감안하여 정하여야 한다.
05 「행정절차법」 제17조 제1항
06 행정청은 신청에 구비서류의 미비 등 흠이 있는 경우에는 보완에 필요한 상당한 기간을 정하여 지체 없이 신청인에게 보완을 요구하여야 한다(「행정절차법」 제17조 제5항).

Answer

01 O 02 X 03 X 04 X 05 O 06 X

07 행정청은 당사자의 신청 내용을 모두 그대로 인정하는 처분을 하는 경우에도 당사자에게 그 근거와 이유를 제시하여야 한다. ○ ×

08 처분기준을 공표하는 것이 해당 처분의 성질상 현저히 곤란하거나 공공의 안전 또는 복리를 현저히 해치는 것으로 인정될 만한 상당한 이유가 있는 경우에는 처분기준을 공표하지 아니할 수 있다. ○ ×

09 행정청이 거부처분을 하면서 당사자가 그 근거를 알 수 있을 정도로 상당한 이유를 제시한 경우에는, 당해 처분의 근거 및 이유를 구체적 조항 및 내용까지 명시하지 않았더라도 그로 말미암아 그 처분을 위법한 것으로 볼 수 없다. ○ ×

10 세무서장이 주류도매업자에 대하여 일반주류도매업면허취소 통지를 하면서 그 위반사실을 구체적으로 특정하지 아니한 것은 위법하다는 것이 판례이다. ○ ×

11 법령 등에서 요구된 자격이 없거나 없어지게 되면 반드시 일정한 처분을 하여야 하는 경우에 그 자격이 없거나 없어지게 된 사실이 법원의 재판 등에 의하여 객관적으로 증명된 경우 의견청취절차를 생략할 수 있다. ○ ×

12 거부처분은 당사자의 권익을 제한하는 것으로 거부처분 전에 사전통지를 하여야 한다. ○ ×

07 이유제시의 생략사유에 해당한다.
08 처분기준을 설정, 공표해야 하지만 지문의 경우에는 생략사유에 해당한다.
09 이유제시의 정도는 일률적 기준이 없지만 당사자가 근거를 알 수 있을 정도로 상당한 이유제시가 된 경우 충분하고 그런 경우 처분의 근거 및 이유를 구체적 조항 및 내용까지 명시할 필요가 없다는 것이 판례이다.
10 침익적 처분을 하면서 이유제시를 구체적으로 특정하지 않은 경우이므로 위법한 처분이 된다.
11 의견청취 생략사유 중 하나에 해당한다.
12 판례는 신청에 따른 거부처분이 「행정절차법」상 당사자의 권익을 제한하는 처분에 해당하지 않는다고 하여 사전통지의 대상이 아니라고 한다.

Answer

07 × **08** ○ **09** ○ **10** ○ **11** ○ **12** ×

13 행정청이 인허가 등의 취소처분을 할 때 청문을 한다. O X

14 행정청이 당사자에게 의무를 부과하거나 권익을 제한하는 처분을 할 때 청문 또는 공청회의 경우 외에는 당사자 등에게 의견제출의 기회를 주어야 한다. O X

15 행정청은 처분을 한 때 당사자 등이 제출한 의견에 기속된다. O X

16 행정청이 공개를 거부하는 정보에 비공개사유에 해당하는 경우와 그렇지 않은 부분이 혼재되어 있는 경우에는 그 전부에 대해 공개하여야 한다. O X

17 판례는 「공공기관의 정보공개에 관한 법률」과 같은 실정법의 근거가 없는 경우에는 정보공개청구권이 인정되기 어렵다고 보고 있다. O X

18 국가정보원이 직원에게 지급하는 현금급여 및 월초수당에 관한 정보는 비공개대상이다. O X

19 국·공립의 초등학교는 「공공기관의 정보공개에 관한 법률」상 공공기관에 해당하지만, 사립 초등학교는 이에 해당하지 않는다. O X

13 「행정절차법」 제22조 제1항 제3호
14 「행정절차법」 제22조 제3항
15 행정청은 당사자 등이 제출한 의견에 기속되지 않고 어느 정도 반영할 것인가는 행정청의 재량에 속한다.
16 비공개대상정보에 해당하는 부분을 제외하고 분리공개하여야 한다.
17 정보공개청구권은 법률의 규정이 없는 경우에도 헌법상 기본권에 의해서 직접 인정되는 권리로서 실정법의 근거가 없더라도 인정되는 권리이다.
18 판례는 국가정보원이 직원에게 지급하는 현금급여 및 월초수당에 관한 정보는 다른 법률에 의한 비공개대상정보에 해당한다는 입장이다.
19 각급 학교는 공공기관의 정보공개에 관한 공공기관에 해당하므로 사립 초등학교도 이에 해당한다.

Answer

13 O 14 O 15 X 16 X 17 X 18 O 19 X

20 모든 국민은 정보의 공개를 청구할 권리를 가지지만 여기의 국민에는 권리능력 없는 사단은 포함되지 않는다. ○ ×

21 개인정보처리자란 업무를 목적으로 개인정보파일을 운용하기 위하여 스스로 또는 다른 사람을 통하여 개인정보를 처리하는 공공기관, 법인, 단체 및 개인 등을 말한다. ○ ×

22 「개인정보 보호법」에서 말하는 개인정보에는 생존한 자의 정보만이 아니고 사망한 자의 정보 또한 포함된다. ○ ×

23 개인정보 보유기관의 장은 조약 기타 국제협정을 이행하기 위하여 외국정부 또는 국제기구에 개인정보를 제공할 수 있다. ○ ×

24 영상정보처리기기 운영자는 영상정보처리기기의 설치 목적과 다른 목적으로 영상정보처리기기를 임의로 조작하거나 다른 곳을 비춰서는 아니 되며, 녹음기능은 사용할 수 없다. ○ ×

25 개인정보 단체소송에 관하여 「개인정보 보호법」에 특별한 규정이 없는 경우에는 「행정소송법」을 적용한다. ○ ×

20 모든 국민에는 자연인과 법인, 권리능력 없는 사단·재단도 포함된다.

21 개인정보처리자는 업무를 목적으로 개인정보를 활용하는 모든 사람을 뜻한다. 공공기관 외에 사기업이나 개인도 포함된다.

22 살아있는 자연인을 뜻하고 사망자의 정보는 포함되지 않는다.

23 개인정보는 원칙적 다른 목적으로 사용되거나 제공될 수 없는 것이 원칙이지만 지문의 경우에는 예외적으로 허용된다.

24 영상정보처리기기 운영자는 다른 목적으로 임의조작이 금지되며 녹음기능은 사용할 수 없다.

25 개인정보 단체소송에 관하여 「개인정보 보호법」에 특별한 규정이 없는 경우에는 「민사소송법」을 적용한다.

Answer

20 × 21 ○ 22 × 23 ○ 24 ○ 25 ×

ME
MO

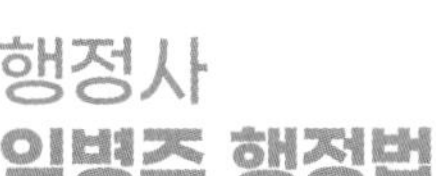
행정사
임병주 행정법

PART

03

의무이행확보수단

Chapter 01

행정상 강제집행

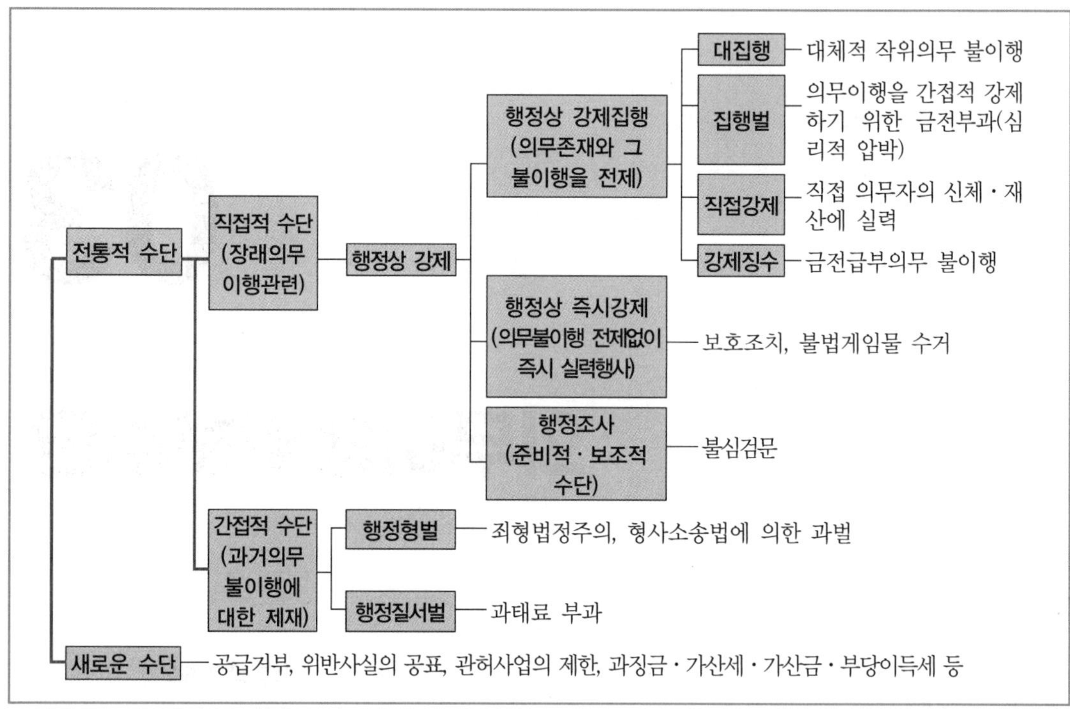

참고

의무이행확보수단 간의 비교

1. **강제집행과 행정벌의 병과 가능성**: 행정상 강제집행과 행정벌(행정형벌+행정질서벌)은 행정목적의 실현수단이라는 점에서는 같으나 행정상 강제집행은 장래의무의 이행을 강제하기 위한 수단이고 행정벌은 과거의 의무위반에 대한 제재라는 점에서 구별된다. 즉 서로 목적을 달리하므로 같은 의무위반에 대해 병과할 수 있다.
2. **강제집행과 즉시강제의 구별**: 행정상 강제집행과 행정상 즉시강제는 행정청에 의해 이루어지는 강제집행수단이라는 점은 같으나 행정상 강제집행은 의무부과와 그 불이행을 전제로 하지만 행정상 즉시강제는 의무를 부과하지 아니하고 즉시에 실력으로서 강제하는 점에서 구별된다.

제1절 개설

01 의의

행정주체가 행정목적을 달성하기 위하여 국민개인의 신체나 재산에 직접·간접 실력을 가함으로써 필요한 행정상태를 구현시키는 권력적 사실행위로서의 행정작용을 말한다.

02 종류

「행정기본법」상 행정상 강제로 행정대집행, 이행강제금, 직접강제, 강제징수, 즉시강제가 규정되어 있다.

제2절 행정상 강제집행

01 의의

행정법상 의무불이행이 있는 경우, 행정주체가 의무자의 신체 또는 재산에 실력을 행사함으로써 장래에 향하여 그 의무를 이행시키거나 이행이 있는 것과 같은 상태를 실현하는 행정작용을 뜻한다.

02 행정상 강제집행의 근거

1. 법적 근거의 필요

행정상의 강제집행을 위해서는 의무를 명하는 법규와는 별도로 그 의무이행을 강제하는 데 필요한 법적 근거가 있어야 한다.

2. 현행 실정법

실정법상으로는 대집행에 관한 일반법인 「행정대집행법」, 국세 강제징수에 관한 일반법인 「국세징수법」이 있고 그 밖에 다수 개별법이 있다.

3. 강제집행의 종류

행정상 강제집행의 수단으로는 일반적으로 대집행, 이행강제금(집행벌), 직접강제 및 행정상 강제징수가 있다.

03 대집행

1. 의의

의무자가 행정상 의무(법령 등에서 직접 부과하거나 행정청이 법령 등에 따라 부과한 의무를 말한다)로서 타인이 대신하여 행할 수 있는 의무를 이행하지 아니하는 경우 행정청이 의무자가 하여야 할 행위를 스스로 하거나 제3자에게 하게 하고 그 비용을 의무자로부터 징수하는 것을 대집행이라 한다.

2. 대집행의 주체

처음에 의무를 명하는 행정행위를 한 처분청, 즉 당해 행정청이 주체가 되나 당해 행정청의 위임이 있으면 수임청도 대집행의 주체가 될 수 있다. 그러나 행정청의 위임을 받아 대집행을 실행하는 제3자는 대집행의 주체가 아니다.

3. 대집행의 종류

자기집행과 타자집행 2022 기출	행정청 스스로 집행하는 자기집행과, 제3자로 하여금 집행하게 하는 타자집행이 있다.
행정청과 제3자	타자집행의 경우 행정청과 제3자는 사법상의 도급계약관계로 보는 것이 다수의 견해이다.

4. 대집행의 요건 2013 · 2015 기출

① 대체적 작위의무의 불이행
② 다른 수단으로 의무이행확보가 곤란할 것
③ 의무의 불이행을 방치함이 심히 공익을 해하는 것으로 인정될 것

(1) 대체적 작위의무의 불이행이 있을 것

① **대체적 작위의무의 존재**: 타인을 대신하여 행할 수 있는 행위인 '대체적 작위의무의 불이행'이 있어야 한다. 따라서 일신전속적 작위의무나, 수인 또는 부작위의무는 대집행의 대상이 되지 못한다.

② **부작위의무**: 부작위의무의 경우 일정한 작위명령을 통한 작위의무로 전환시킨 뒤 그 작위의무 위반을 이유로 대집행할 수 있으나 이에 대해서는 법적 근거가 있어야 한다.

판례

1. 부작위의무로부터 그 의무를 위반함으로써 생긴 결과를 시정하기 위한 작위의무를 당연히 끌어낼 수는 없으며, 금지규정으로부터 작위의무, 즉 위반결과의 시정을 명하는 권한이 당연히 추론되는 것도 아니다(대판 1996. 6. 28. 96누4374).

2. '장례식장 사용중지 의무'가 원고 이외의 '타인이 대신'할 수도 없고, 타인이 대신하여 '행할 수 있는 행위'라고도 할 수 없는 비대체적 부작위 의무에 대한 것이므로, 그 자체로 위법함이 명백하다(대판 2005. 9. 28. 2005두7464). 2019 기출

③ **물건의 인도 · 퇴거의무**: 토지 · 물건 등의 인도의무나 퇴거의무는 의무의 비대체적 성질상 직접강제의 대상이 되지, 대집행의 대상이 되지는 않는다.

판례

1. 도시공원시설인 매점의 관리청이 그 공동점유자 중의 1인에 대하여 소정의 기간 내에 위 매점으로부터 퇴거하고 이에 부수하여 그 판매시설물 및 상품을 반출하지 아니할 때에는 이를 대집행하겠다는 내용의 계고처분은 행정대집행법에 의한 대집행의 대상이 되는 것은 아니다(대판 1998. 10. 23. 97누157). 2014 기출
2. 인도나 명도의무는 그것을 강제적으로 실현하면서 직접적인 실력행사가 필요한 것이지 대체적 작위의무라고 볼 수 없으므로 특별한 사정이 없는 한 행정대집행법에 의한 대집행의 대상이 아니다(대판 2005. 8. 19. 2004다2809). 2019 기출
3. 건물의 점유자가 철거의무자일 때에는 건물철거의무에 퇴거의무도 포함되어 있는 것이어서 별도로 퇴거를 명하는 집행권원이 필요하지 않고, 점유자들이 적법한 행정대집행을 방해하는 경우 경찰의 도움을 받을 수 있다(대판 2017. 4. 28. 2016다213916). 2021 기출

④ **공법상 의무 불이행**

㉠ **원칙**: 대집행의 대상인 의무는 행정법상의 의무이어야 하므로, 행정주체에 대한 의무라도 사법상의 의무는 대집행의 대상이 되지 못한다.

㉡ **예외**: 사법상의 의무를 위반한 경우라도 개별법에서 대집행방식에 의한 강제철거 등을 규정한 경우에는 대집행의 예에 따라 대집행할 수는 있다. 그러나 대체적 작위의무가 아닌 경우까지 대집행의 예에 따라 대집행하는 것은 아니다.

⑤ **의무를 부과하는 처분의 불가쟁력 여부** 2013 · 2020 기출

의무를 명하는 처분에 불가쟁력이 발생하였는가는 대집행의 요건이 아니므로 의무를 부과한 행정청은 처분의 불가쟁력이 발생하기 전에도 대집행이 가능하다.

판례

1. 토지 등의 협의취득은 사법상 매매에 해당하고 사법관계상 의무불이행은 대집행의 대상이 아니다(대판 2006. 10. 13. 2006두7096).
2. 공유재산 대부계약이 적법하게 해지된 이상 행정대집행의 방법으로 지상물을 철거할 수 있다(대판 2001. 10. 12. 2001두4078).
3. 현행 국유재산법은 위와 같은 제한 없이 모든 국유재산에 대하여 행정대집행법을 준용할 수 있도록 규정하였으므로, 행정청은 당해 재산이 행정재산 등 공용재산인 여부나 그 철거의무가 공법상의 의무인 여부에 관계없이 대집행을 할 수 있다(대판 1992. 9. 8. 91누13090).
4. 구 「공유재산 및 물품관리법」 제83조가 '대체적 작위의무'가 아닌 의무에 대하여도 대집행을 허용하는 취지는 아니다(대판 2011. 4. 28. 2007도7514).

(2) 다른 수단으로는 그 이행확보가 곤란할 것(보충성)

협의의 비례원칙을 규정한 것으로 대집행에 있어서 상대방의 권익보호를 위해 비례의 원칙을 다소 강화한 것이다. 이때의 다른 수단에 행정벌이나 민사상 강제집행은 포함되지 않는다.

판례

국유재산에 설치한 시설물에 대하여 행정청이 행정대집행을 할 수 있음에도 민사소송의 방법으로 그 시설물의 철거를 구하는 것이 허용되지 않지만, 행정청이 행정대집행을 실시하지 않는 경우, 그 국유재산에 대한 사용청구권을 가지고 있는 자가 국가를 대위하여 민사소송으로 그 시설물의 철거를 구할 수 있다.
이러한 행정대집행의 절차가 인정되는 경우에는 따로 민사소송의 방법으로 피고들에 대하여 이 사건 시설물의 철거를 구하는 것은 허용되지 않는다고 할 것이다. 다만, 관리권자인 보령시장이 행정대집행을 실시하지 아니하는 경우 국가에 대하여 이 사건 토지 사용청구권을 가지는 원고로서는 위 청구권을 보전하기 위하여 국가를 대위하여 피고들을 상대로 민사소송의 방법으로 이 사건 시설물의 철거를 구하는 이외에는 이를 실현할 수 있는 다른 절차와 방법이 없어 그 보전의 필요성이 인정되므로, 원고는 국가를 대위하여 피고들을 상대로 민사소송의 방법으로 이 사건 시설물의 철거를 구할 수 있다고 보아야 할 것이다(대판 2009. 6. 11. 2009다1122).

(3) 그 불이행의 방치가 심히 공익을 해하는 것으로 인정될 것

판례

1. 무허가로 불법건축되어 철거할 의무가 있는 건축물을 도시미관, 주거환경, 교통소통에 지장이 없다는 등의 사유만을 들어 그대로 방치한다면 불법건축물을 단속하는 당국의 권능을 무력화하여 건축행정의 원활한 수행을 위태롭게 하고 건축허가 및 준공검사시에 소방시설, 주차시설 기타 건축법 소정의 제한규정을 회피하는 것을 사전에 예방한다는 더 큰 공익을 해칠 우려가 있다(대판 1989. 3. 28. 87누930).
2. 불법증축부분이 합법화될 가능성이 있게 된 경우 철거의무를 방치하는 것이 심히 공익을 해하는 것이라고 볼 수 없다(대판 1986. 11. 11. 86누173).

5. 관련 문제

① 대집행의 요건이 갖추어진 경우 대집행 여부는 행정청의 재량행위로 보고 있다.
② 적법한 대집행 요건에 대한 주장·입증책임은 행정청에 있다는 것이 판례이다.

6. 절차

대집행의 절차는 계고, 대집행영장에 의한 통지, 실행, 비용징수의 4단계를 거친다.

(1) 계고 2013 · 2014 · 2015 기출

① 의의

행정대집행법 제3조【대집행의 절차】 ① 전조의 규정에 의한 처분을 하려함에 있어서는 상당한 이행기한을 정하여 그 기한까지 이행되지 아니할 때에는 대집행을 한다는 뜻을 미리 문서로써 계고하여야 한다. 이 경우 행정청은 상당한 이행기한을 정함에 있어 의무의 성질·내용 등을 고려하여 사회통념상 해당 의무를 이행하는 데 필요한 기간이 확보되도록 하여야 한다.
③ 비상시 또는 위험이 절박한 경우에 있어서 당해 행위의 급속한 실시를 요하여 전2항에 규정한 수속을 취할 여유가 없을 때에는 그 수속을 거치지 아니하고 대집행을 할 수 있다.

판례

1. 대집행할 행위의 내용 및 범위가 구체적으로 특정되어야 하나, 그 행위의 내용 및 범위는 반드시 대집행 계고서에 의하여서만 특정되어야 하는 것이 아니고 계고처분 전후에 송달된 문서나 기타 사정을 종합하여 행위의 내용이 특정되면 족하다(대판 1997. 2. 14. 96누15428).
2. 상당한 이행기간을 두지 않은 대집행 계고는 위법하고 설사 대집행영장으로써 대집행의 시기를 늦추었더라도 적법한 처분이라 할 수 없다(대판 1990. 9. 14. 90누2048).
3. 대집행의 계고는 의무자에게 각각 통지되어야 하므로 위법한 건물의 공유자 1인에 대한 계고처분은 다른 공유자에 대하여는 그 효력이 없다(대판 1994. 10. 28. 94누5144).

② **성질**: 준법률행위적 행정행위(통지)로서 항고소송의 대상이 될 수 있다고 본다. 다만, 반복된 계고처분은 제1차 계고처분만이 항고소송의 대상이 되고 제2차 · 제3차 계고처분은 항고소송의 대상이 되지 않는다는 것이 판례이다. 2021 · 2022 기출

③ **대집행 요건의 충족**: 판례는 의무를 부과하는 처분을 할 때에 이미 대집행 요건이 충족될 것이 확실하고, 또한 그 급속한 실시를 위한 긴급한 필요가 있는 경우에는 의무를 명하는 행위와 계고의 결합이 예외적으로 허용될 수 있다고 본다.

판례

자진철거를 명함과 동시에 대집행의 뜻을 미리 계고한 경우 적법 2021 기출

계고서라는 명칭의 1장의 문서로서 일정 기간 내에 위법건축물의 자진철거를 명함과 동시에 그 소정기한 내에 자진철거를 하지 아니할 때에는 대집행할 뜻을 미리 계고한 경우라도 건축법에 의한 철거명령과 행정대집행법에 의한 계고처분은 독립하여 있는 것으로서 각 그 요건이 충족되었다고 볼 것이다(대판 1992. 6. 12. 91누13564).

(2) 대집행영장에 의한 통지 2015 기출

대집행영장에 의한 통지는 준법률행위적 행정행위인 통지행위로서의 성질을 가진다.

> **행정대집행법 제3조【대집행의 절차】** ② 의무자가 전항의 계고를 받고 지정기한까지 그 의무를 이행하지 아니할 때에는 당해 행정청은 대집행영장으로써 대집행을 할 시기, 대집행을 시키기 위하여 파견하는 집행책임자의 성명과 대집행에 요하는 비용의 개산에 의한 견적액을 의무자에게 통지하여야 한다.
> ③ 비상시 또는 위험이 절박한 경우에 있어서 당해 행위의 급속한 실시를 요하여 전2항에 규정한 수속을 취할 여유가 없을 때에는 그 수속을 거치지 아니하고 대집행을 할 수 있다.

(3) 대집행의 실행

> **행정대집행법 제4조【대집행의 실행 등】** ① 행정청(제2조에 따라 대집행을 실행하는 제3자를 포함한다. 이하 이 조에서 같다)은 해가 뜨기 전이나 해가 진 후에는 대집행을 하여서는 아니 된다. 다만, 다음 각 호의 어느 하나에 해당하는 경우에는 그러하지 아니하다. 2023 기출
> 1. 의무자가 동의한 경우
> 2. 해가 지기 전에 대집행을 착수한 경우
> 3. 해가 뜬 후부터 해가 지기 전까지 대집행을 하는 경우에는 대집행의 목적 달성이 불가능한 경우
> 4. 그 밖에 비상시 또는 위험이 절박한 경우

> ② 행정청은 대집행을 할 때 대집행 과정에서의 안전 확보를 위하여 필요하다고 인정하는 경우 현장에 긴급 의료장비나 시설을 갖추는 등 필요한 조치를 하여야 한다.
> ③ 대집행을 하기 위하여 현장에 파견되는 집행책임자는 그가 집행책임자라는 것을 표시한 증표를 휴대하여 대집행시에 이해관계인에게 제시하여야 한다.

(4) 비용징수 2015 기출

> **행정대집행법**
> **제5조【비용납부명령서】** 대집행에 요한 비용의 징수에 있어서는 실제에 요한 비용액과 그 납기일을 정하여 의무자에게 문서로써 그 납부를 명하여야 한다.
>
> **제6조【비용징수】** ① 대집행에 요한 비용은 국세징수법의 예에 의하여 징수할 수 있다.
> ② 대집행에 요한 비용에 대하여서는 행정청은 사무비의 소속에 따라 국세에 다음가는 순위의 선취득권을 가진다.
> ③ 대집행에 요한 비용을 징수하였을 때에는 그 징수금은 사무비의 소속에 따라 국고 또는 지방자치단체의 수입으로 한다. 2023 기출

판례

대집행비용의 징수에 관하여 민사소송절차에 의하여 그 비용의 상환을 청구하는 것은 허용되지 않는다. 2023 기출
행정대집행법이 대집행비용의 징수에 관하여 민사소송절차에 의한 소송이 아닌 간이하고 경제적인 특별구제절차를 마련해 놓고 있으므로, 위 청구는 소의 이익이 없어 부적법하다(대판 2011. 9. 8. 2010다48240).

(5) 대집행에 대한 구제 2017 기출

① **대집행 실행 전**: 대집행에 대하여 불복이 있는 자는 행정심판 또는 행정소송을 제기할 수도 있다(「행정대집행법」 제7조). 2022 · 2023 기출

② **대집행 실행 후**: 대집행이 실행 종료된 뒤에는 대집행의 취소나 변경을 청구하는 것은 권리보호의 이익이 없는 것이 보통이나 대집행이 종료된 후에도 대집행의 취소로 인해 회복되는 법률상의 이익이 있는 경우에는 그 취소를 구하는 행정쟁송을 제기할 수 있다. 대집행 종료 후에는 이와 같은 이유로 손해배상청구소송 또는 원상회복청구제기가 적절할 것이며 결과제거청구도 가능하다.

(6) 하자의 승계

대집행의 전제가 되는 철거명령과 대집행절차 간에는 하자의 승계가 인정되지 않으나, 대집행절차 간에는 하자의 승계가 긍정된다.

04 이행강제금(집행벌)

1. 의의 2014 기출

이행강제금은 의무자가 행정상 의무를 이행하지 아니하는 경우 행정청이 적절한 이행기간을 부여하고, 그 기한까지 행정상 의무를 이행하지 아니하면 금전급부의무를 부과하는 강제집행수단이다(「행정기본법」 제30조 제1항 제2호).

판례

1. 이행강제금은 대체적 작위의무의 위반에 대하여도 부과될 수 있다(헌재 2004. 2. 26. 2001헌바80). 2021 기출
2. 대집행과 이행강제금을 선택적으로 활용할 수 있으며, 이처럼 그 합리적인 재량에 의해 선택하여 활용하는 이상 중첩적인 제재에 해당한다고 볼 수 없다(헌재 2004. 2. 26. 2001헌바80).

2. 법적 근거

「행정기본법」에서는 이행강제금 부과에 관한 기본적 사항을 규정하고 있다. 이행강제금을 부과하기 위해서는 근거되는 개별 법률이 있어야 한다.

3. 행정벌과 구별

(1) 목적상 구별

이행강제금은 장래에 그 의무를 이행하게 하려는 간접적인 강제집행수단인 점에서 과거의 의무위반에 대한 제재인 행정벌과 구별된다.

(2) 이행강제금의 중복부과 가능

행정벌은 일사부재리에 의해 단 1회에 그쳐 부과되나 이행강제금은 의무자가 이를 이행하지 않는 한 반복해서 부과될 수 있다.

(3) 행정벌과 병과 가능 2016 · 2017 기출

형사처벌과 이행강제금을 병과하더라도 이중처벌에 해당하지 않는다.

4. 「행정기본법」상 이행강제금의 부과요건 및 절차

행정기본법 제31조 【이행강제금의 부과】 ① 이행강제금 부과의 근거가 되는 법률에는 이행강제금에 관한 다음 각 호의 사항을 명확하게 규정하여야 한다. 다만, 제4호 또는 제5호를 규정할 경우 입법목적이나 입법취지를 훼손할 우려가 크다고 인정되는 경우로서 대통령령으로 정하는 경우는 제외한다.

1. 부과 · 징수 주체
2. 부과 요건
3. 부과 금액
4. 부과 금액 산정기준
5. 연간 부과 횟수나 횟수의 상한

③ 행정청은 이행강제금을 부과하기 전에 미리 의무자에게 적절한 이행기간을 정하여 그 기한까지 행정상 의무를 이행하지 아니하면 이행강제금을 부과한다는 뜻을 문서로 계고(戒告)하여야 한다.
④ 행정청은 의무자가 제3항에 따른 계고에서 정한 기한까지 행정상 의무를 이행하지 아니한 경우 이행강제금의 부과 금액 · 사유 · 시기를 문서로 명확하게 적어 의무자에게 통지하여야 한다.
⑤ 행정청은 의무자가 행정상 의무를 이행할 때까지 이행강제금을 반복하여 부과할 수 있다. 다만, 의무자가 의무를 이행하면 새로운 이행강제금의 부과를 즉시 중지하되, 이미 부과한 이행강제금은 징수하여야 한다.
⑥ 행정청은 이행강제금을 부과받은 자가 납부기한까지 이행강제금을 내지 아니하면 국세강제징수의 예 또는 「지방행정제재 · 부과금의 징수 등에 관한 법률」에 따라 징수한다.

5. 이행강제금이 부과되기 전에 그 의무를 이행한 경우

(1) 행정강제집행의 성격인 경우

행정상 강제의 특성상 시정명령을 받은 의무자가 시정기간이 경과한 후 이행강제금이 부과되기 전에 그 의무를 이행한 경우에는 이행강제금을 부과할 수 없다.

판례

1. 「건축법」상 이행강제금을 부과하기 전에 시정명령에서 정한 기간을 지나서 이행한 경우 이행강제금을 부과할 수 없다(대판 2018. 1. 25. 2015두35116).
2. 건축주 등이 장기간 시정명령을 이행하지 아니하였더라도 그 기간 중에 시정명령의 이행 기회가 제공되지 않았다가 뒤늦게 이행 기회가 제공된 경우라면 이행 기회가 제공되지 않은 과거의 기간에 대한 이행강제금까지 한꺼번에 부과할 수 없다(대판 2016. 7. 14. 2015두46598).

(2) 행정제재금의 성격이 포함된 경우

행정상 제재금의 성격도 갖는 경우에는 이행강제금이 부과되기 전에 그 의무를 이행한 경우에도 이행강제금을 부과할 수 있다.

판례

「공정거래법」상 기업결합 제한 위반행위자에 대해 이행강제금이 부과되기 전에 시정조치를 이행하거나 부작위 의무를 명하는 시정조치 불이행을 중단한 경우 과거의 시정조치 불이행기간에 대하여 이행강제금을 부과할 수 있다.

공정거래법 관련 규정 형식과 내용, 체계, 연혁 등을 종합적으로 고려하면, 공정거래법 제17조의3에 따른 이행강제금은 기업결합과 관련하여 종래의 과징금 제도를 폐지하고 과거의 의무위반행위에 대한 제재와 장래 의무 이행의 간접강제를 통합하여 시정조치 불이행기간에 비례하여 제재금을 부과하도록 하는 제도라고 보아야 한다(대판 2019. 12. 12. 2018두63563).

6. 일신전속적 성질 2018 · 2021 기출

이행강제금은 시정명령을 받은 자에게 부과되는 일신전속적인 것으로 상속 등으로 승계되지 않는다.

판례

「건축법」상 이행강제금 납부의무는 상속인 기타의 사람에게 승계될 수 없는 일신전속적인 성질의 것이다.

이행강제금 납부의무는 상속인 기타의 사람에게 승계될 수 없는 일신전속적인 성질의 것이므로 이미 사망한 사람에게 이행강제금을 부과하는 내용의 처분이나 결정은 당연무효이고, 이행강제금을 부과받은 사람의 이의에 의하여 비송사건절차법에 의한 재판절차가 개시된 후에 그 이의한 사람이 사망한 때에는 사건 자체가 목적을 잃고 절차가 종료한다(대판 2006. 12. 8. 2006마470).

7. 이행강제금에 대한 불복

(1) 「행정소송법」 이외의 별도의 불복절차가 규정된 경우

이행강제금에 불복하는 자는 이의를 제기할 수 있고, 이의를 제기한 경우에는 「비송사건절차법」에 의하여 이행강제금을 결정하는 것으로 규정하고 있는 경우가 있다. 이런 경우 이행강제금 부과처분은 항고소송의 대상이 되는 처분이 아니다(예 「농지법」 제62조 제7항).

판례

「농지법」 제62조 제1항에 따른 이행강제금 부과처분에 대해서는 「행정소송법」상 항고소송의 대상이 되지 않는다.

농지법 제62조 제1항에 따른 이행강제금 부과처분에 불복하는 경우에는 비송사건절차법에 따른 재판절차가 적용되어야 하고, 행정소송법상 항고소송의 대상은 될 수 없다(대판 2019. 4. 11. 2018두42955).

(2) 별도의 불복규정이 없는 경우

① 이행강제금의 부과처분에 대한 불복방법에 관하여 아무런 규정을 두고 있지 않는 경우에는 이행강제금 부과처분은 행정행위이므로 행정심판 또는 항고소송을 제기할 수 있다.

② 「건축법」의 경우 구 「건축법」상의 이행강제금에 대해서는 과태료 부과처분에 준하여 「비송사건절차법」으로 해결하므로 항고소송을 제기할 수 없었으나, 현행 「건축법」 개정 시 이러한 조항이 삭제되어 이행강제금 부과처분에 대해 별도의 불복절차가 규정되어 있지 않으므로 항고소송의 대상이 되는 처분에 해당한다는 것이 다수설이다.

05 직접강제

1. 의의

직접강제는 의무자가 행정상 의무를 이행하지 아니하는 경우 행정청이 의무자의 신체나 재산에 실력을 행사하여 그 행정상 의무의 이행이 있었던 것과 같은 상태를 실현하는 것을 뜻한다(「행정기본법」 제30조 제1항 제3호). 2024 기출

2. 구별개념

대집행과 구별	대체적 작위의무 · 비대체적 작위의무 · 부작위의무 · 수인의무 등 모든 의무의 불이행에 대하여 강제하는 수단이라는 점에서 대체적 작위의무의 불이행의 경우에 적용되는 '대집행'과 구별된다.
즉시강제와 구별	의무불이행을 전제로 하는 점에서 그러한 전제 없이 이루어지는 '즉시강제'와 구별된다.

3. 법적 근거

직접강제에 대한 일반법은 없고 개별법에서 예외적으로 인정되고 있다.

4. 행정대집행과 이행강제금에 대한 보충성

행정기본법 제32조 【직접강제】 ① 직접강제는 행정대집행이나 이행강제금 부과의 방법으로는 행정상 의무 이행을 확보할 수 없거나 그 실현이 불가능한 경우에 실시하여야 한다.
② 직접강제를 실시하기 위하여 현장에 파견되는 집행책임자는 그가 집행책임자임을 표시하는 증표를 보여 주어야 한다.

5. 한계

직접강제를 행사하는 경우에는 비례의 원칙이나 보충성의 원칙 등을 준수하여야 한다.

06 강제징수

1. 의의

행정법상의 금전급부불이행에 대하여 의무자의 재산에 실력을 행사하여 그 의무가 이행된 것과 같은 상태를 실현시키는 행정상의 강제집행을 뜻한다.

2. 법적 근거

금전납부의무위반에 대한 강제징수에 관한 명문의 일반법은 존재하지 않는다. 다만, 대다수의 개별법들이 금전납부의무위반에 대해 「국세징수법」을 준용하도록 규정하고 있다.

3. 절차

「국세징수법」상의 강제징수 절차는 독촉과 체납처분으로 이루어진다.

(1) 독촉

① **독촉장 발부**: 국세를 그 납부기한까지 완납하지 아니한 때에는 세무서장・시장 또는 군수가 납기경과 후 10일 내에 독촉장을 발부하여야 한다. 다만 「국세징수법」 제9조에 의한 납기 전 징수의 경우에는 예외적으로 독촉장을 발부하지 아니할 수 있다.

② **독촉절차 위반의 효력**: 문서에 의하지 않은 독촉은 무효이다. 독촉절차를 거치지 않은 경우의 체납처분에 대해서는 판례는 취소사유에 해당한다고 본다. 독촉에 의하여 국세징수권의 소멸시효의 진행을 중단시키는 효과가 발생한다.

(2) 체납처분

체납처분은 의무자가 독촉에 의해 지정한 납부기한까지 의무이행을 하지 않은 경우에 의무자의 재산을 압류, 매각, 청산하는 일련의 절차를 말한다.

① **압류**

의무자의 재산에 대하여 사실상 및 법률상의 처분을 금지시키고 그것을 확보하는 강제보전행위이다.

판례

납세자가 아닌 제3자의 재산에 대한 압류처분은 당연무효이다.

체납처분으로서 압류의 요건을 규정하는 국세징수법 제24조 각 항의 규정을 보면, 어느 경우에나 압류의 대상을 납세자의 재산에 국한하고 있으므로, 납세자가 아닌 제3자의 재산을 대상으로 한 압류처분은 그 처분의 내용이 법률상 실현될 수 없는 것이어서 당연무효이다(대판 2001. 2. 23. 2000다68924).

② 압류재산의 매각

㉠ 매각은 체납자의 재산을 금전으로 바꾸는 것이다. 매각은 공정성을 확보하기 위하여 원칙적으로 공공기관에 의해 이루어지는 경매(공매)에 의하고, 예외적으로 경매에 의하지 않고 거래상대방을 임의로 선택하는 계약(수의계약)에 의한다.

㉡ 공매에서 매각결정 · 통지는 공법상 대리행위로서 항고소송의 대상이 된다. 그러나 공매결정, 공매공고와 공매통지는 처분이 아니다.

PART 03

판례

성업공사(현 한국자산관리공사)의 공매결정과 공매통지의 처분성 부정

성업공사가 당해 부동산을 공매하기로 한 결정 자체는 내부적인 의사결정에 불과하여 항고소송의 대상이 되는 행정처분이라고 볼 수 없고, 또한 위 공사가 한 공매통지는 공매의 요건이 아니고 공매사실 그 자체를 체납자에게 알려주는 데 불과한 것으로서 통지의 상대방의 법적 지위나 권리의무에 직접 영향을 주는 것이 아니라고 할 것이므로 이것 역시 행정처분에 해당한다고 할 수 없다(대판 1998. 6. 26. 96누12030).

과세관청의 공매처분의 처분성 긍정

과세관청이 체납처분으로서 행하는 공매는 우월한 공권력의 행사로서 행정소송의 대상이 되는 공법상의 행정처분이며 공매에 의하여 재산을 매수한 자는 그 공매처분이 취소된 경우에 그 취소처분의 위법을 주장하여 행정소송을 제기할 법률상 이익이 있다(대판 1984. 9. 25. 84누201).

공매통지가 적법하지 않은 경우 그에 따른 공매도 위법하게 된다.

체납자 등에 대한 공매통지는 국가의 강제력에 의하여 진행되는 공매에서 체납자 등의 권리 내지 재산상의 이익을 보호하기 위하여 법률로 규정한 절차적 요건이라고 보아야 하며, 공매처분을 하면서 체납자 등에게 공매통지를 하지 않았거나 공매통지를 하였더라도 그것이 적법하지 아니한 경우에는 절차상의 흠이 있어 그 공매처분이 위법하게 된다(대판 2011. 3. 24. 2010두25527).

공매처분의 취소소송의 피고는 수임청으로서 한국자산관리공사(구 성업공사)가 된다. 2018 기출

성업공사가 체납압류된 재산을 공매하는 것은 세무서장의 공매권한 위임에 의한 것으로 보아야 할 것이므로, 성업공사가 한 그 공매처분에 대한 취소 등의 항고소송을 제기함에 있어서는 수임청으로서 실제로 공매를 행한 성업공사를 피고로 하여야 하고, 위임청인 세무서장은 피고적격이 없다(대판 1997. 2. 28. 96누1757).

③ 청산

금전을 배분하고 남은 금액이 있는 경우 체납자에게 지급한다(「국세징수법」 제96조 제3항).

4. 강제징수에 대한 구제

(1) 행정쟁송

독촉 또는 체납처분이 위법・부당하다고 인정되는 경우에는 행정쟁송절차에 의하여 그 취소 또는 변경을 청구할 수 있다.

(2) 필수적 전치절차

① 강제징수에 대한 불복에 대해 「국세기본법」은 행정심판을 필수적으로 거치고 행정소송을 제기하도록 규정하고 있다.

② 강제징수에 대해 항고소송을 제기하는 경우 '세무서장에게 이의신청'은 임의적 전치사항이지만 '국세청장에게 심사청구' 또는 '조세심판원장에게 심판청구' 둘 중에 하나는 반드시 거치고 항고소송을 제기하여야 한다. 두 가지를 중복제기할 수는 없다.

(3) 하자의 승계

강제징수의 전제로서의 조세부과처분과 독촉・체납처분 사이의 하자는 승계되지 않으나 독촉과 체납처분의 각 절차 간에는 하자가 승계된다.

Chapter

02 행정상 즉시강제와 행정조사

제1절 행정상 즉시강제

01 의의

행정상의 즉시강제란 목전의 급박한 행정상 장해를 제거해야 할 필요가 있으나 미리 의무를 부과할 시간적 여유가 없을 때 또는 그 성질상 의무를 부과해서는 목적 달성이 곤란할 경우에, 직접 국민의 신체 또는 재산에 실력을 가하여 행정상 필요한 상태를 실현하는 행정상 강제를 말한다(「행정기본법」 제30조 제1항 제5호).

02 법적 근거

행정상 즉시강제에 관한 일반법은 존재하지 않는다.

03 수단

대인적 수단	불심검문(행정조사로 보는 견해가 다수설), 보호조치(경찰관서에서 보호조치는 24시간 초과 금지), 위험발생방지, 범죄의 예방과 제지, 장구의 사용 및 무기의 사용, 강제격리 · 강제건강진단, 강제퇴거
대물적 수단	물건 등의 임시영치, 위해방지조치, 물건의 폐기, 물건의 영치, 물건의 파괴, 교통장애물의 제거
대가택적 수단	위해방지를 위한 가택출입, 개별법상의 임검 · 검사 및 수색

04 즉시강제의 요건과 한계

행정기본법

제30조 【행정상 강제】 ① 행정청은 행정목적을 달성하기 위하여 필요한 경우에는 법률로 정하는 바에 따라 필요한 최소한의 범위에서 다음 각 호의 어느 하나에 해당하는 조치를 할 수 있다.

5. 즉시강제: 현재의 급박한 행정상의 장해를 제거하기 위한 경우로서 다음 각 목의 어느 하나에 해당하는 경우에 행정청이 곧바로 국민의 신체 또는 재산에 실력을 행사하여 행정목적을 달성하는 것
   가. 행정청이 미리 행정상 의무 이행을 명할 시간적 여유가 없는 경우
   나. 그 성질상 행정상 의무의 이행을 명하는 것만으로는 행정목적 달성이 곤란한 경우

제33조 【즉시강제】 ① 즉시강제는 다른 수단으로는 행정목적을 달성할 수 없는 경우에만 허용되며, 이 경우에도 최소한으로만 실시하여야 한다.

② 즉시강제를 실시하기 위하여 현장에 파견되는 집행책임자는 그가 집행책임자임을 표시하는 증표를 보여 주어야 하며, 즉시강제의 이유와 내용을 고지하여야 한다.

③ 제2항에도 불구하고 집행책임자는 즉시강제를 하려는 재산의 소유자 또는 점유자를 알 수 없거나 현장에서 그 소재를 즉시 확인하기 어려운 경우에는 즉시강제를 실시한 후 집행책임자의 이름 및 그 이유와 내용을 고지할 수 있다. 다만, 다음 각 호에 해당하는 경우에는 게시판이나 인터넷 홈페이지에 게시하는 등 적절한 방법에 의한 공고로써 고지를 갈음할 수 있다.

1. 즉시강제를 실시한 후에도 재산의 소유자 또는 점유자를 알 수 없는 경우
2. 재산의 소유자 또는 점유자가 국외에 거주하거나 행방을 알 수 없는 경우
3. 그 밖에 대통령령으로 정하는 불가피한 사유로 고지할 수 없는 경우

05 절차법적 한계(영장주의와의 관계)

헌법재판소는 즉시강제에는 헌법상 영장주의의 예외가 인정된다고 본다.

판례

영장 없는 불법게임물의 수거를 인정한다고 하더라도 헌법상 영장주의에 위배되는 것으로 볼 수 없다.

이 사건 법률조항은 앞에서 본 바와 같이 급박한 상황에 대처하기 위한 것으로서 불가피성과 정당성이 충분히 인정되는 경우이므로, 이 사건 법률조항이 영장 없는 불법게임물의 수거를 인정한다고 하더라도 이를 두고 헌법상 영장주의에 위배되는 것으로는 볼 수 없다(헌재 2002. 10. 31. 2000헌가12).

06 행정상 즉시강제에 대한 구제

1. 적법한 즉시강제에 대한 구제

행정상 즉시강제는 적법하게 이루어졌으나 수인의 한도를 넘는 특별한 손실이 발생한 경우에는 개별법이 정하는 바에 따라 손실보상청구권이 인정된다.

2. 위법한 즉시강제에 대한 구제

(1) 행정쟁송

즉시강제는 권력적 사실행위에 해당하여 행정쟁송의 대상이 되는 처분성이 인정된다는 것이 다수설이다. 다만 이미 침해가 가해진 뒤에는 회복할 이익이 종료하는 경우가 대다수여서 소익이 부정되는 경우가 많다. 그러므로 즉시강제가 비교적 장기간에 걸쳐 계속되는 경우(물건의 영치, 장기간의 강제수용)나 즉시강제가 종료된 때에도 그 취소로 회복되는 법률상 이익이 있는 경우에는 행정쟁송을 제기할 수 있다.

(2) 행정상 손해배상

위법한 즉시강제로 인해 손해를 입은 자는 「국가배상법」상 요건을 갖춘 경우 손해배상을 청구할 수 있다.

(3) 자력구제

공무원의 즉시강제가 위법하게 행해진 경우, 자력구제(정당방위)가 인정된다. 위법한 즉시강제에 저항하는 것은 공무집행방해죄를 구성하지 않는다는 것이 판례의 입장이다.

(4) **결과제거청구권**

위법한 즉시강제로 위법한 권리침해상태가 계속되고 있는 경우 상대방은 행정주체에 대해 그러한 위법상태를 제거해 줄 것을 청구할 수 있는 결과제거청구권을 갖는다.

제2절 행정조사

01 행정조사 2017 기출

1. 의의

"행정조사"란 행정기관이 정책을 결정하거나 직무를 수행하는 데 필요한 정보나 자료를 수집하기 위하여 현장조사 · 문서열람 · 시료채취 등을 하거나 조사대상자에게 보고요구 · 자료제출요구 및 출석 · 진술요구를 행하는 활동을 말한다(「행정조사기본법」 제2조 제1항).

2. 행정조사의 근거와 한계

(1) **법적 근거**

행정조사의 일반법으로 「행정조사기본법」이 있다. 개별법상으로는 불심검문을 규정한 「경찰관 직무집행법」, 화재원인 등에 대한 조사를 규정한 「소방기본법」, 질문과 검사를 규정한 「국세징수법」, 검사를 위한 영업장소 등에의 출입을 규정한 「식품위생법」 등이 있다.

(2) **한계**

① **실체법적 한계**: 행정조사는 조사대상자의 자발적인 협조를 얻어 실시하는 행정조사의 경우를 제외하고는 법령 등에서 행정조사를 규정하고 있는 경우에 한하여 행정조사를 실시할 수 있다(「행정조사기본법」 제5조).

② **영장주의의 적용**: 형사책임을 묻기 위한 행정조사는 상대방의 신체나 재산에 실력을 가하는 것인 한 원칙적으로 영장주의가 적용된다. 단, 형사책임추급을 위한 것이 아닌 조사작용이나 긴급을 요하는 불가피한 경우에는 영장주의의 예외적 사유에 해당하여 영장을 요하지 않는다.

판례

압수 · 수색영장 없이 우편물의 개봉, 시료채취, 성분분석 등 검사가 진행되었다 하더라도 특별한 사정이 없는 한 위법하다고 볼 수 없다.

우편물 통관검사절차에서 이루어지는 우편물의 개봉, 시료채취, 성분분석 등의 검사는 수출입물품에 대한 적정한 통관 등을 목적으로 한 행정조사의 성격을 가지는 것으로서 수사기관의 강제처분이라고 할 수 없으므로, 압수 · 수색영장 없이 우편물의 개봉, 시료채취, 성분분석 등 검사가 진행되었다 하더라도 특별한 사정이 없는 한 위법하다고 볼 수 없다(대판 2013. 9. 26. 2013도7718).

02 「행정조사기본법」상 기본원칙 2015 기출

행정조사기본법 제4조【행정조사의 기본원칙】 ① 행정조사는 조사목적을 달성하는데 필요한 최소한의 범위 안에서 실시하여야 하며, 다른 목적 등을 위하여 조사권을 남용하여서는 아니 된다.
② 행정기관은 조사목적에 적합하도록 조사대상자를 선정하여 행정조사를 실시하여야 한다.
③ 행정기관은 유사하거나 동일한 사안에 대하여는 공동조사 등을 실시함으로써 행정조사가 중복되지 아니하도록 하여야 한다.
④ 행정조사는 법령등의 위반에 대한 처벌보다는 법령등을 준수하도록 유도하는 데 중점을 두어야 한다.
⑤ 다른 법률에 따르지 아니하고는 행정조사의 대상자 또는 행정조사의 내용을 공표하거나 직무상 알게 된 비밀을 누설하여서는 아니 된다.
⑥ 행정기관은 행정조사를 통하여 알게 된 정보를 다른 법률에 따라 내부에서 이용하거나 다른 기관에 제공하는 경우를 제외하고는 원래의 조사목적 이외의 용도로 이용하거나 타인에게 제공하여서는 아니 된다.

03 적용범위

1. 행정조사의 일반법

행정조사기본법 제3조【적용범위】 ① 행정조사에 관하여 다른 법률에 특별한 규정이 있는 경우를 제외하고는 이 법으로 정하는 바에 따른다.

2. 적용제외

행정조사기본법 제3조【적용범위】 ② 다음 각 호의 어느 하나에 해당하는 사항에 대하여는 이 법을 적용하지 아니한다.

1. 행정조사를 한다는 사실이나 조사내용이 공개될 경우 국가의 존립을 위태롭게 하거나 국가의 중대한 이익을 현저히 해칠 우려가 있는 국가안전보장·통일 및 외교에 관한 사항
2. 국방 및 안전에 관한 사항 중 다음 각 목의 어느 하나에 해당하는 사항
   가. 군사시설·군사기밀보호 또는 방위사업에 관한 사항
   나. 「병역법」·「예비군법」·「민방위기본법」·「비상대비에 관한 법률」·「재난관리자원의 관리 등에 관한 법률」에 따른 징집·소집·동원 및 훈련에 관한 사항
3. 「공공기관의 정보공개에 관한 법률」 제4조 제3항의 정보에 관한 사항
4. 「근로기준법」 제101조에 따른 근로감독관의 직무에 관한 사항
5. 조세·형사·행형 및 보안처분에 관한 사항
6. 금융감독기관의 감독·검사·조사 및 감리에 관한 사항
7. 「독점규제 및 공정거래에 관한 법률」, 「표시·광고의 공정화에 관한 법률」, 「하도급거래 공정화에 관한 법률」, 「가맹사업거래의 공정화에 관한 법률」, 「방문판매 등에 관한 법률」, 「전자상거래 등에서의 소비자보호에 관한 법률」, 「약관의 규제에 관한 법률」 및 「할부거래에 관한 법률」에 따른 공정거래위원회의 법률위반행위 조사에 관한 사항

③ 제2항에도 불구하고 제4조(행정조사의 기본원칙), 제5조(행정조사의 근거) 및 제28조(정보통신수단을 통한 행정조사)는 제2항 각 호의 사항에 대하여 적용한다.

3. 행정조사 법정주의

행정조사기본법 제5조【행정조사의 근거】 행정기관은 법령등에서 행정조사를 규정하고 있는 경우에 한하여 행정조사를 실시할 수 있다. 다만, 조사대상자의 자발적인 협조를 얻어 실시하는 행정조사의 경우에는 그러하지 아니하다.

04 조사계획의 수립 및 조사대상의 선정

1. 연도별 행정조사운영계획의 수립 및 제출

행정조사기본법 제6조【연도별 행정조사운영계획의 수립 및 제출】 ① 행정기관의 장은 매년 12월말까지 다음 연도의 행정조사운영계획을 수립하여 국무조정실장에게 제출하여야 한다. 다만, 행정조사운영계획을 제출해야 하는 행정기관의 구체적인 범위는 대통령령으로 정한다.

2. 조사의 주기

행정조사기본법 제7조【조사의 주기】 행정조사는 법령등 또는 행정조사운영계획으로 정하는 바에 따라 정기적으로 실시함을 원칙으로 한다. 다만, 다음 각 호 중 어느 하나에 해당하는 경우에는 수시조사를 할 수 있다.

1. 법률에서 수시조사를 규정하고 있는 경우
2. 법령등의 위반에 대하여 혐의가 있는 경우
3. 다른 행정기관으로부터 법령등의 위반에 관한 혐의를 통보 또는 이첩받은 경우
4. 법령등의 위반에 대한 신고를 받거나 민원이 접수된 경우
5. 그 밖에 행정조사의 필요성이 인정되는 사항으로서 대통령령으로 정하는 경우

3. 조사대상의 선정

행정조사기본법 제8조【조사대상의 선정】 ① 행정기관의 장은 행정조사의 목적, 법령준수의 실적, 자율적인 준수를 위한 노력, 규모와 업종 등을 고려하여 명백하고 객관적인 기준에 따라 행정조사의 대상을 선정하여야 한다.

② 조사대상자는 조사대상 선정기준에 대한 열람을 행정기관의 장에게 신청할 수 있다.

③ 행정기관의 장이 제2항에 따라 열람신청을 받은 때에는 다음 각 호의 어느 하나에 해당하는 경우를 제외하고 신청인이 조사대상 선정기준을 열람할 수 있도록 하여야 한다.

1. 행정기관이 당해 행정조사업무를 수행할 수 없을 정도로 조사활동에 지장을 초래하는 경우
2. 내부고발자 등 제3자에 대한 보호가 필요한 경우

05 행정조사의 방법(조사개시 7일 전까지 서면으로 통지)

출석 · 진술요구	① 출석요구서의 발송 ② 원칙: 1회 출석으로 당해 조사를 종결 예외: 출석요구서에 기재된 내용을 이행하지 아니하여 행정조사의 목적을 달성할 수 없는 경우
보고요구와 자료제출요구	각각 보고요구서, 자료제출요구서 발송
현장조사	① 현장출입조사서 또는 법령상의 문서를 발송 ② 원칙: 해 뜨기 전이나 해 진 뒤에는 할 수 없다. 예외: ㉠ 조사대상자의 동의, ㉡ 사업장의 업무시간에 행정조사를 실시하는 경우, ㉢ 조사목적달성의 불가 또는 증거인멸방지
시료채취와 손실보상	정상적인 경제활동을 방해하지 아니하는 범위에서 최소한도로 하여야 함
자료 등 영치	① 조사대상자 또는 그 대리인을 입회하에 영치 ② 사진 촬영이나 사본을 작성하는 방법으로 영치에 갈음할 수 있음 ③ 영치조서의 작성 1부를 입회인에게 교부

1. 공동조사

행정조사기본법 제14조 【공동조사】 ① 행정기관의 장은 다음 각 호의 어느 하나에 해당하는 행정조사를 하는 경우에는 공동조사를 하여야 한다.

1. 당해 행정기관 내의 2 이상의 부서가 동일하거나 유사한 업무분야에 대하여 동일한 조사대상자에게 행정조사를 실시하는 경우
2. 서로 다른 행정기관이 대통령령으로 정하는 분야에 대하여 동일한 조사대상자에게 행정조사를 실시하는 경우

2. 중복조사의 한계

행정조사기본법 제15조 【중복조사의 제한】 ① 제7조에 따라 정기조사 또는 수시조사를 실시한 행정기관의 장은 동일한 사안에 대하여 동일한 조사대상자를 재조사 하여서는 아니 된다. 다만, 당해 행정기관이 이미 조사를 받은 조사대상자에 대하여 위법행위가 의심되는 새로운 증거를 확보한 경우에는 그러하지 아니하다.
② 행정조사를 실시할 행정기관의 장은 행정조사를 실시하기 전에 다른 행정기관에서 동일한 조사대상자에게 동일하거나 유사한 사안에 대하여 행정조사를 실시하였는지 여부를 확인할 수 있다.

06 행정조사의 실시

1. 조사의 사전통지

행정조사기본법 제17조 【조사의 사전통지】 ① 행정조사를 실시하고자 하는 행정기관의 장은 제9조에 따른 출석요구서, 제10조에 따른 보고요구서 · 자료제출요구서 및 제11조에 따른 현장출입조사서(이하 "출석요구서등"이라 한다)를 조사개시 7일 전까지 조사대상자에게 서면으로 통지하여야 한다. 다만, 다음 각 호의 어느 하나에 해당하는 경우에는 행정조사의 개시와 동시에 출석요구서등을 조사대상자에게 제시하거나 행정조사의 목적 등을 조사대상자에게 구두로 통지할 수 있다.

1. 행정조사를 실시하기 전에 관련 사항을 미리 통지하는 때에는 증거인멸 등으로 행정조사의 목적을 달성할 수 없다고 판단되는 경우
2. 「통계법」 제3조 제2호에 따른 지정통계의 작성을 위하여 조사하는 경우
3. 제5조 단서에 따라 조사대상자의 자발적인 협조를 얻어 실시하는 행정조사의 경우

2. 조사의 연기신청

행정조사기본법 제18조【조사의 연기신청】 ① 출석요구서등을 통지받은 자가 천재지변이나 그 밖에 대통령령으로 정하는 사유로 인하여 행정조사를 받을 수 없는 때에는 당해 행정조사를 연기하여 줄 것을 행정기관의 장에게 요청할 수 있다.
③ 행정기관의 장은 제2항에 따라 행정조사의 연기요청을 받은 때에는 연기요청을 받은 날부터 7일 이내에 조사의 연기 여부를 결정하여 조사대상자에게 통지하여야 한다.

3. 제3자에 대한 보충조사

행정조사기본법 제19조【제3자에 대한 보충조사】 ① 행정기관의 장은 조사대상자에 대한 조사만으로는 당해 행정조사의 목적을 달성할 수 없거나 조사대상이 되는 행위에 대한 사실 여부 등을 입증하는 데 과도한 비용 등이 소요되는 경우로서 다음 각 호의 어느 하나에 해당하는 경우에는 제3자에 대하여 보충조사를 할 수 있다.
1. 다른 법률에서 제3자에 대한 조사를 허용하고 있는 경우
2. 제3자의 동의가 있는 경우

② 행정기관의 장은 제1항에 따라 제3자에 대한 보충조사를 실시하는 경우에는 조사개시 7일 전까지 보충조사의 일시·장소 및 보충조사의 취지 등을 제3자에게 서면으로 통지하여야 한다

4. 자발적인 협조에 따라 실시하는 행정조사 2015 기출

행정조사기본법 제20조【자발적인 협조에 따라 실시하는 행정조사】 ① 행정기관의 장이 제5조 단서에 따라 조사대상자의 자발적인 협조를 얻어 행정조사를 실시하고자 하는 경우 조사대상자는 문서·전화·구두 등의 방법으로 당해 행정조사를 거부할 수 있다.
② 제1항에 따른 행정조사에 대하여 조사대상자가 조사에 응할 것인지에 대한 응답을 하지 아니하는 경우에는 법령등에 특별한 규정이 없는 한 그 조사를 거부한 것으로 본다.

5. 의견제출

행정조사기본법 제21조【의견제출】 ① 조사대상자는 제17조에 따른 사전통지의 내용에 대하여 행정기관의 장에게 의견을 제출할 수 있다.
② 행정기관의 장은 제1항에 따라 조사대상자가 제출한 의견이 상당한 이유가 있다고 인정하는 경우에는 이를 행정조사에 반영하여야 한다.

6. 조사원 교체신청

행정조사기본법 제22조【조사원 교체신청】 ① 조사대상자는 조사원에게 공정한 행정조사를 기대하기 어려운 사정이 있다고 판단되는 경우에는 행정기관의 장에게 당해 조사원의 교체를 신청할 수 있다.

7. 조사권 행사의 제한

행정조사기본법 제23조 【조사권 행사의 제한】 ① 조사원은 제9조부터 제11조까지에 따라 사전에 발송된 사항에 한하여 조사대상자를 조사하되, 사전통지한 사항과 관련된 추가적인 행정조사가 필요할 경우에는 조사대상자에게 추가조사의 필요성과 조사내용 등에 관한 사항을 서면이나 구두로 통보한 후 추가조사를 실시할 수 있다.
② 조사대상자는 법률·회계 등에 대하여 전문지식이 있는 관계 전문가로 하여금 행정조사를 받는 과정에 입회하게 하거나 의견을 진술하게 할 수 있다.
③ 조사대상자와 조사원은 조사과정을 방해하지 아니하는 범위 안에서 행정조사의 과정을 녹음하거나 녹화할 수 있다. 이 경우 녹음·녹화의 범위 등은 상호 협의하여 정하여야 한다.
④ 조사대상자와 조사원이 제3항에 따라 녹음이나 녹화를 하는 경우에는 사전에 이를 당해 행정기관의 장에게 통지하여야 한다.

8. 조사결과의 통지

행정조사기본법 제24조 【조사결과의 통지】 행정기관의 장은 법령등에 특별한 규정이 있는 경우를 제외하고는 행정조사의 결과를 확정한 날부터 7일 이내에 그 결과를 조사대상자에게 통지하여야 한다.

07 자율관리체제의 구축 등

1. 자율신고제도 2015 기출

행정조사기본법 제25조 【자율신고제도】 ① 행정기관의 장은 법령등에서 규정하고 있는 조사사항을 조사대상자로 하여금 스스로 신고하도록 하는 제도를 운영할 수 있다.
② 행정기관의 장은 조사대상자가 제1항에 따라 신고한 내용이 거짓의 신고라고 인정할 만한 근거가 있거나 신고내용을 신뢰할 수 없는 경우를 제외하고는 그 신고내용을 행정조사에 갈음할 수 있다.

2. 자율관리체제의 구축

행정조사기본법 제26조 【자율관리체제의 구축】 ① 행정기관의 장은 조사대상자가 자율적으로 행정조사사항을 신고·관리하고, 스스로 법령준수사항을 통제하도록 하는 체제(이하 "자율관리체제"라 한다)의 기준을 마련하여 고시할 수 있다.

3. 자율관리에 대한 혜택의 부여

행정조사기본법 제27조 【자율관리에 대한 혜택의 부여】 행정기관의 장은 제25조에 따라 자율신고를 하는 자와 제26조에 따라 자율관리체제를 구축하고 자율관리체제의 기준을 준수한 자에 대하여는 법령등으로 규정한 바에 따라 행정조사의 감면 또는 행정·세제상의 지원을 하는 등 필요한 혜택을 부여할 수 있다.

4. 정보통신수단을 통한 행정조사

행정조사기본법 제28조 【정보통신수단을 통한 행정조사】 ① 행정기관의 장은 인터넷 등 정보통신망을 통하여 조사대상자로 하여금 자료의 제출 등을 하게 할 수 있다.
② 행정기관의 장은 정보통신망을 통하여 자료의 제출 등을 받은 경우에는 조사대상자의 신상이나 사업비밀 등이 유출되지 아니하도록 제도적·기술적 보안조치를 강구하여야 한다.

08 행정조사에 대한 권리구제

1. 적법한 행정조사에 대한 구제

적법한 행정조사로 인하여 재산상의 손실을 받을 경우에 그것이 특별희생인 경우에는 손실보상을 청구할 수 있다. 「행정조사기본법」 제12조 제2항에서는 행정기관의 장이 시료채취로 조사대상자에게 손실을 입힌 때에 대통령령으로 정하는 절차와 방법에 따라 그 손실을 보상하도록 규정되어 있다.

2. 위법한 행정조사에 대한 권리구제

(1) 위법한 행정조사와 후행 행정행위의 관계

행정조사는 후행 행정행위의 전제조건이 아니라 별개의 제도로서 작용하는 것이므로 원칙적으로 하자가 승계되는 것이 아니어서 행정조사의 위법이 곧 행정행위를 위법하게 하는 것은 아니지만, 행정조사에 의해 수집된 정보나 자료 자체가 부당한 경우에는, 그것에 기초한 행정행위는 흠 있는 행정행위가 된다.

판례

1. 세무조사가 과세자료의 수집 또는 신고내용의 정확성 검증이라는 본연의 목적이 아니라 부정한 목적을 위하여 행하여진 것이라면 이는 세무조사에 중대한 위법사유가 있는 경우에 해당하고 이러한 세무조사에 의하여 수집된 과세자료를 기초로 한 과세처분 역시 위법하다(대판 2016. 12. 15. 2016두47659).
2. 납세자에 대한 부가가치세부과처분이, 종전의 부가가치세 경정조사와 같은 세목 및 같은 과세기간에 대하여 중복하여 실시된 위법한 세무조사에 기초하여 이루어진 경우 이는 위법하다(대판 2006. 6. 2. 2004두12070).

(2) 행정쟁송

권력적·강제조사는 행정쟁송의 대상이 되나 비권력적·임의적 조사는 행정쟁송의 대상이 되지 않는다. 행정쟁송의 대상이 된다고 하더라도 단기간의 침해로 종료되는 경우가 보통이므로 장기간에 걸쳐 그 효과가 계속되는 경우에 한한다 할 것이다.

(3) 손해배상의 청구

위법한 행정조사로 인하여 재산상의 손해를 받은 자는 국가에 대하여 손해배상을 청구할 수 있다.

(4) 기타

이 밖에도 정당방위, 청원, 직권에 의한 취소·정지, 공무원의 형사상 책임, 징계책임제도 등 간접적으로 위법한 행정조사에 대한 구제제도로서의 의미를 가진다.

Chapter

02 OX로 기초다지기

01 도시공원시설인 매점의 관리청이 그 점유자로부터 점유이전을 받고자 하는 경우에도 대집행은 허용되지 않는다. O X

02 판례에 의하면 부작위의무는 작위의무로 전환시킬 수 있는 법적 근거가 없으면 대집행이 불가능하다고 한다. O X

03 대집행할 행위의 내용과 범위는 대집행 계고서에 의해서만 특정되어야 하는 것이 아니고, 그 처분 전후에 송달된 문서나 기타 사정을 종합하여 이를 특정할 수 있으면 족하다. O X

04 대집행의 절차로서 계고는 준법률행위적 행정행위 중 통지행위에 해당하며, 반복된 계고의 경우 각각의 계고가 처분성을 갖는다. O X

05 계고서라는 명칭의 1장의 문서로 일정 기간 내에 위법건축물의 자진철거를 명함과 동시에 그 소정기한 내에 자진철거를 하지 아니할 때에는 대집행할 뜻을 미리 계고하는 것은 허용되지 않는다. O X

06 행정청이 대집행의 방법으로 의무이행이 가능한 경우 「민사소송법」상 강제집행의 방법으로도 그 의무의 이행을 구할 수 있다. O X

01 점유의 이전은 행정청이 대신할 수 있는 대체적 의무가 아니므로 대집행의 대상이 되지 않는다.

02 부작위의무는 대체적 의무가 아니므로 대집행의 대상이 되지 않고 대집행을 하기 위해서는 작위의무로 전환해야 한다. 이 경우 작위의무를 부과할 별도의 법적 근거가 있어야 가능하다.

03 대집행 계고 시 대집행할 내용이 특정되어야 하고, 특정 여부는 계고서만으로 형식적으로 판단하지 않고 전후 송달된 문서나 기타 사정을 종합하여 이를 특정할 수 있으면 족하다.

04 계고는 항고소송의 대상되는 처분에 해당하지만 반복된 계고는 1차 계고만 처분이고 2차 계고는 독립적 처분성을 인정하지 않는 것이 판례이다.

05 1장의 계고서에 철거명령과 계고가 동시에 이루어지는 것도 허용된다는 것이 판례이다.

06 행정청이 대집행의 방법으로 의무이행이 가능한 경우 「민사소송법」상 강제집행의 방법으로 그 의무의 이행을 구할 수 없다는 것이 판례이다.

Answer

01 ○ 02 ○ 03 ○ 04 X 05 X 06 X

07 이행강제금은 대체적 작위의무의 위반에 대하여는 부과될 수 없다.

08 이행강제금과 행정벌은 병과가 가능하며, 병과하여도 「헌법」상 이중처벌금지에 위반되지 아니한다.

09 행정청은 이행강제금을 부과하기 전에 미리 의무자에게 적절한 이행기간을 정하여 그 기한까지 행정상 의무를 이행하지 아니하면 이행강제금을 부과한다는 뜻을 문서로 계고(戒告)하여야 한다.

10 행정청은 의무자가 행정상 의무를 이행할 때까지 이행강제금을 반복하여 부과할 수 있지만, 의무자가 의무를 이행하면 새로운 이행강제금의 부과를 즉시 중지하되, 이미 부과한 이행강제금을 징수할 수 없다.

11 직접강제는 행정대집행이나 이행강제금 부과의 방법으로는 행정상 의무이행을 확보할 수 없거나 그 실현이 불가능한 경우에 실시하여야 한다.

12 강제징수는 독촉, 압류, 매각, 충당 순으로 진행된다.

13 한국자산관리공사의 공매결정과 공매통지는 항고소송의 대상이 되는 처분에 해당한다.

07 이행강제금은 개별법에 의해 부과되며 법률의 규정이 있는 이상 비대체적 의무뿐만 아니라 대체적 작위의무에 대해서도 부과될 수 있다.

08 이행강제금은 처벌이 아니므로 행정벌과 병과하더라도 이중처벌금지에 해당하지 않는다.

09 「행정기본법」 제31조 제3항

10 행정청은 의무자가 행정상 의무를 이행할 때까지 이행강제금을 반복하여 부과할 수 있다. 다만, 의무자가 의무를 이행하면 새로운 이행강제금의 부과를 즉시 중지하되, 이미 부과한 이행강제금은 징수하여야 한다(「행정기본법」 제31조 제5항).

11 「행정기본법」 제32조 제1항

12 강제징수는 독촉과 체납처분으로 이루어지고 체납처분은 압류, 매각, 충당의 순서에 의한다.

13 공매는 항고소송의 대상이 되는 처분에 해당하지만 공매결정과 공매통지는 항고소송의 대상되는 처분에 해당하지 않는다.

Answer

07 X 08 O 09 O 10 X 11 O 12 O 13 X

14 「경찰관 직무집행법」상 불심검문은 즉시강제가 아닌 행정조사로 보는 것이 다수설이다. ○ ×

15 즉시강제를 하는 경우 영장 없이 이루어지는 경우를 인정하는 것이 판례이다. ○ ×

16 조사대상자의 자발적인 협조를 얻어 실시하는 행정조사의 경우에는 법령 등에 규정이 없더라도 행정조사가 가능하다. ○ ×

17 법령 등의 위반에 대하여 혐의가 있는 경우의 행정조사의 경우에도 정기조사를 하여야 한다. ○ ×

18 「행정조사기본법」상 행정조사를 실시하고자 하는 행정기관의 장은 조사개시 5일 전까지 조사대상자에게 서면으로 통지를 하여야 한다. ○ ×

19 당해 행정기관 내의 2 이상의 부서가 동일하거나 유사한 업무분야에 대하여 동일한 조사대상자에게 행정조사를 실시하는 경우에는 공동조사를 하여야 한다. ○ ×

20 행정기관의 장이 조사대상자의 자발적인 협조를 얻어 행정조사를 실시하고자 하는 경우 조사대상자는 문서·전화·구두 등의 방법으로 당해 행정조사를 거부할 수 있다. ○ ×

14 불심검문에 대해서는 즉시강제설과 행정조사설의 대립이 있다. 다수설은 임의적 행정조사에 해당한다고 본다.

15 즉시강제에 「헌법」상 사전영장주의가 적용되는가에 대해 영장주의 예외를 인정할 수 있다는 것이 다수설과 판례이다.

16 행정기관은 법령 등에서 행정조사를 규정하고 있는 경우에 한하여 행정조사를 실시할 수 있다. 다만, 조사대상자의 자발적인 협조를 얻어 실시하는 행정조사의 경우에는 그러하지 아니하다.

17 행정조사는 정기적으로 실시하는 것을 원칙으로 하지만 법령 등의 위반혐의를 조사하는 경우에는 수시조사를 할 수 있다.

18 조사개시 7일 전까지 대상자에게 서면으로 통지를 하여야 한다.

19 「행정조사기본법」 제14조 제1항

20 「행정조사기본법」 제20조 제1항

Answer

14 ○ 15 ○ 16 ○ 17 × 18 × 19 ○ 20 ○

Chapter

03 행정벌

제1절 개설

01 행정벌의 의의

행정벌은 행정법상 의무위반에 대한 제재로서 일반통치권에 의거해서 부과하는 벌을 말한다. 행정형벌과 행정질서벌이 있다.

02 구별개념

1. 징계벌과 구별

징계벌은 특별권력관계에서 그 내부질서를 유지하기 위하여 부과하는 제재라는 점에서 일반권력관계에 기초하는 행정벌과 구별된다. 양자를 병과하는 것은 일사부재리의 원칙에 저촉되지 않는다.

2. 행정강제와 구별

행정강제는 장래의 의무이행을 강제하기 위해서 부과되는 것이라는 점에서 과거의무위반에 대한 제재인 행정벌과 구별된다.

03 행정벌의 종류

1. 행정형벌

행정법상의 의무위반에 대해 형법에 정해진 형벌을 부과하는 것을 뜻한다. 형벌에는 사형・징역・금고・자격상실・자격정지・벌금・구류・과료 및 몰수가 있다. 행정형벌에는 특별한 규정이 없는 한 원칙적으로 형법총칙이 적용되며 과벌절차는 형사소송절차에 의한다. 예외적으로 즉결심판절차 또는 통고처분절차에 의하는 경우가 있다.

2. 행정질서벌

행정법상의 의무위반에 대하여 과태료의 제재가 과해지는 경우를 행정질서벌이라 한다. 행정질서벌에는 형법총칙의 규정이 적용되지 않으며 특별한 규정이 없는 한 과벌절차는 「질서위반행위규제법」에 의한다.

3. 질서벌과 행정형벌의 병과 가능성

과태료와 행정형벌을 병과할 수 있는지에 대해서는 대법원과 헌법재판소의 견해가 나눠진다.

판례

대법원
행정법상의 질서벌인 과태료의 부과처분과 형사처벌은 그 성질이나 목적을 달리하는 별개의 것이므로 행정법상의 질서벌인 과태료를 납부한 후에 형사처벌을 한다고 하여 이를 일사부재리의 원칙에 반하는 것이라고 할 수는 없다(대판 1996. 4. 12. 96도158).

헌법재판소
동일한 행위를 대상으로 하여 형벌을 부과하면서 아울러 행정질서벌로서의 과태료까지 부과한다면 그것은 이중처벌금지의 기본정신에 배치되어 국가 입법권의 남용으로 인정될 여지가 있음을 부정할 수 없다(헌재 1994. 6. 30. 92헌바38).

제2절 행정형벌

01 행정형벌의 특수성

1. 실체법적 특수성

(1) 범의 2014 기출

형사범의 성립에는 원칙적 고의(범의)가 있어야 하고 과실범에 대해서는 처벌규정이 있는 경우 처벌된다. 행정형벌이 적용되는 경우에도 마찬가지이며 다만 행정형벌의 경우 명문의 규정이 없더라도 해석상 과실범을 처벌하는 것으로 명백히 인정되는 경우 처벌가능하다는 것이 판례이다.

판례

해석에 의한 과실범처벌
대기환경보전법의 입법목적이나 관계규정의 취지 등을 고려하면, 자동차운행상의 과실로 동법상의 법정 매연배출허용기준을 초과한다는 점을 인식하지 못한 경우에도 처벌하는 취지라고 해석함이 상당하다(대판 1993. 9. 10. 92도1136).

(2) 법인의 책임

① 형법상으로는 법인에게는 범죄능력이 없으므로 책임능력도 없다고 보나 행정형벌에서는 법인에게 처벌규정을 두는 경우가 존재한다.

판례

지방자치단체도 자치사무를 수행하는 경우에는 양벌규정에 따라 처벌대상이 되는 법인에 해당한다.
1. 국가가 본래 그의 사무의 일부를 지방자치단체의 장에게 위임하여 그 사무를 처리하게 하는 기관위임사무의 경우에는 지방자치단체는 국가기관의 일부로 볼 수 있다(양벌규정 적용 불가).
2. 지방자치단체가 그 고유의 자치사무를 처리하는 경우에는 지방자치단체는 국가기관의 일부가 아니라 국가기관과는 별도의 독립한 공법인이므로, 지방자치단체 소속 공무원이 지방자치단체 고유의 자치사무를 수행하던 중 도로법 제81조 내지 제85조의 규정에 의한 위반행위를 한 경우에는 지방자치단체는 도로법 제86조의 양벌규정에 따라 처벌대상이 되는 법인에 해당한다(대판 2005. 11. 10. 2004도2657).

② 법인의 책임의 성질에 관하여는 법인의 대표자의 범죄행위에 대한 법인의 책임은 법인의 직접 책임이고, 법인의 종업원의 범죄행위에 대한 법인의 책임은 종업원에 대한 감독의무를 해태한 책임으로 과실책임이다.

판례

종업원의 행위의 결과에 대한 법인의 독자적인 책임에 관하여 전혀 규정하지 않은 채 단순히 종업원 등의 범죄행위만으로 법인에 대해 형사처벌을 과하는 것은 위헌이다.

종업원 등이 저지른 행위의 결과에 대한 법인의 독자적인 책임에 관하여 전혀 규정하지 않은 채, 단순히 법인이 고용한 종업원 등이 업무에 관하여 범죄행위를 하였다는 이유만으로 법인에 대하여 형사처벌을 과하고 있는바, 이는 다른 사람의 범죄에 대하여 그 책임 유무를 묻지 않고 형벌을 부과함으로써 법치국가의 원리 및 죄형법정주의로부터 도출되는 책임주의원칙에 반한다(헌재 2010. 7. 29. 2009헌가18).

(3) 종업원의 행위에 대한 영업주(감독자) 책임

형사범에 있어서는 범죄를 행한 행위자에 대해서만 형벌을 과하지만, 행정범에 있어서는 행위자 이외의 경우에도 자기의 감독하에 있는 타인의 비행에 대하여 그 감독자도 처벌하는 양벌규정을 두어 처벌하는 경우가 있다. 판례는 이러한 경우 책임은 타인에 대신하여 책임을 지는 것이 아니라 자기 자신의 주의·감독의무를 태만히 한 과실책임으로서의 자기책임이라고 본다.

판례

양벌규정에 의한 영업주의 처벌은 선임·감독상의 과실책임

양벌규정에 의한 영업주의 처벌은 금지위반행위자인 종업원의 처벌에 종속하는 것이 아니라 독립하여 그 자신의 종업원에 대한 선임감독상의 과실로 인하여 처벌되는 것이므로 종업원의 범죄성립이나 처벌이 영업주 처벌의 전제조건이 될 필요는 없다(대판 2006. 2. 24. 2005도7673).

2. 절차법적 특수성

행정형벌은 원칙적으로 「형사소송법」의 절차에 따라 과해진다. 다만 이에는 예외적인 간이과벌절차가 있다.

02 간이과벌절차

1. 통고처분

(1) 의의

주로 조세범·관세범·출입국사범 및 교통사범 등에 대해 행정청이 정식형사소송절차에 갈음하여 일정한 벌금 또는 과료에 해당하는 금액 또는 물품의 납부를 명하는 것이다.

(2) 법적 성질

통고처분은 정식재판에 갈음하여 신속·간편하게 범칙금의 납부를 명하는 준사법적 행정행위로 보는 것이 통설이다.

(3) 통고처분권자

통고처분을 할 수 있는 자는 개별법상의 행정청이다.

(4) 효과

① **상대방이 이행한 경우**

통고처분을 받은 자가 그 통고의 내용에 따라 이행한 경우에는 다시 소추할 수 없는 확정판결과 동일한 효력이 발생한다.

② **상대방이 이행하지 않은 경우**

㉠ 통고처분 효력 상실: 통고처분을 받은 자가 법정기간 내에 이행하지 않으면 통고처분은 당연히 효력을 상실하고 행정청의 고발에 의하여 검사의 공소제기에 의한 형사소송절차로 이행된다. 행정청의 고발은 고발 없이는 공소제기할 수 없는 필수적 절차로 본다. 통고처분의 이행기간이 경과하여도 고발하기 전에는 이행이 가능하다고 본다.

판례

고발 없는 조세범칙사건의 공소제기는 무효이다.

세무공무원의 고발 없이 조세범칙사건의 공소가 제기된 후에 세무공무원이 고발을 하여도 그 공소절차의 무효가 치유된다고 할 수 없다(대판 1970. 7. 28. 70도942).

통고처분 없는 고발이 무효인 것은 아니다.

통고처분을 할 것인지의 여부는 관세청장 또는 세관장의 재량에 맡겨져 있고, 따라서 관세청장 또는 세관장이 관세범에 대하여 통고처분을 하지 아니한 채 고발하였다는 것만으로는 그 고발 및 이에 기한 공소의 제기가 부적법하게 되는 것은 아니다(대판 2007. 5. 11. 2006도1993).

㉡ 행정청의 고발 후 통고처분은 무효: 조세범칙사건에 대해 행정청의 즉시고발이 있는 경우 동일한 조세범칙행위에 대하여 더 이상 통고처분을 할 권한이 없게 되고 상대방이 이러한 통고처분을 이행하였더라도 「조세범 처벌절차법」상 일사부재리의 원칙이 적용되지 않는다.

판례

조세범칙행위에 대하여 고발을 한 후에 동일한 조세범칙행위에 대하여 통고처분을 하였더라도, 이는 무효이고 조세범칙행위자가 이러한 통고처분을 이행하였더라도 일사부재리의 원칙이 적용될 수 없다.

세무서장이 조세범 처벌절차법 제17조 제1항에 따라 통고처분을 거치지 아니하고 즉시 고발하였다면 이로써 조세범칙사건에 대한 조사 및 처분 절차는 종료되고 형사사건 절차로 이행되어 지방국세청장 또는 세무서장으로서는 동일한 조세범칙행위에 대하여 더 이상 통고처분을 할 권한이 없다. 따라서 지방국세청장 또는 세무서장이 조세범칙행위에 대하여 고발을 한 후에 동일한 조세범칙행위에 대하여 통고처분을 하였더라도, 이는 법적 권한 소멸 후에 이루어진 것으로서 특별한 사정이 없는 한 효력이 없고, 조세범칙행위자가 이러한 통고처분을 이행하였더라도 조세범 처벌절차법 제15조 제3항에서 정한 일사부재리의 원칙이 적용될 수 없다(대판 2016. 9. 28. 2014도10748).

(5) 통고처분에 대한 불복 2014 기출

통고처분이 항고소송의 대상이 되는지에 대해서는, 통고처분은 상대방이 의무를 이행하지 않는 경우에는 당해 처분의 효력은 당연히 소멸하므로 그 자체만으로는 아무런 권리·의무를 형성하지 않는다. 이뿐만 아니라 통고처분을 받은 자가 이의를 제기하는 경우 정식형사절차로 이행하므로 이는 항고소송의 대상이 되는 행정처분이 아니다.

판례

1. 도로교통법 제118조에서 규정하는 경찰서장의 통고처분은 행정소송의 대상이 되는 행정처분이 아니므로 그 처분의 취소를 구하는 소송은 부적법하다(대판 1995. 6. 29. 95누4674).
2. 통고처분은 행정심판이나 행정소송의 대상에서 제외되며 이러한 통고처분제도는 적법절차의 원칙에 저촉된다고 볼 수 없다(헌재 1998. 5. 28. 96헌바4).

2. 즉결심판

즉결심판은 20만 원 이하의 벌금·구류 또는 과료의 행정벌을 경찰서장의 청구에 의하여 지방법원 또는 지원의 순회판사가 부과하는 것이다. 이에 불복하는 피고인은 정식형사재판을 청구할 수 있다.

제3절 행정질서벌

01 행정질서벌의 특수성

1. 의의

행정법상의 의무위반에 대하여 과태료의 제재가 과해지는 경우를 행정질서벌이라 한다. 「질서위반행위규제법」이 제정되어 과태료의 부과·징수 및 재판 등에 관한 사항을 규정하고 있다.

판례

과태료에는 죄형법정주의가 적용되지 않는다.

과태료는 행정상의 질서유지를 위한 행정질서벌에 해당할 뿐 형벌이라고 할 수 없어 죄형법정주의의 규율대상에 해당하지 아니한다(헌재 1998. 5. 28. 96헌바83).

2. 행정형벌과의 구별

행정질서벌이나 행정형벌 모두 행정법규위반의 경우에 과해지는 제재라는 점에서 동일하나, 전통적인 견해는 행정형벌은 공행정목적을 정면으로 위반한 경우에 과해지는 것이나, 행정질서벌은 단순의무위반으로 공행정질서에 장해를 줄 가능성이 있는 정도의 경미한 범법행위에 과해지는 제재라는 점에서 다르다고 하였다.

02 「질서위반행위규제법」의 내용

1. 「질서위반행위규제법」의 적용범위

(1) 시간적 범위 2019 · 2020 · 2024 기출

질서위반행위규제법 제3조 【법 적용의 시간적 범위】 ① 질서위반행위의 성립과 과태료 처분은 행위 시의 법률에 따른다.
② 질서위반행위 후 법률이 변경되어 그 행위가 질서위반행위에 해당하지 아니하게 되거나 과태료가 변경되기 전의 법률보다 가볍게 된 때에는 법률에 특별한 규정이 없는 한 변경된 법률을 적용한다.
③ 행정청의 과태료 처분이나 법원의 과태료 재판이 확정된 후 법률이 변경되어 그 행위가 질서위반행위에 해당하지 아니하게 된 때에는 변경된 법률에 특별한 규정이 없는 한 과태료의 징수 또는 집행을 면제한다.

(2) 장소적 범위

질서위반행위규제법 제4조 【법 적용의 장소적 범위】 ① 이 법은 대한민국 영역 안에서 질서위반행위를 한 자에게 적용한다.
② 이 법은 대한민국 영역 밖에서 질서위반행위를 한 대한민국의 국민에게 적용한다. 2023 · 2024 기출
③ 이 법은 대한민국 영역 밖에 있는 대한민국의 선박 또는 항공기 안에서 질서위반행위를 한 외국인에게 적용한다. 2023 기출

(3) 다른 법률과의 관계

질서위반행위규제법 제5조 【다른 법률과의 관계】 과태료의 부과 · 징수, 재판 및 집행 등의 절차에 관한 다른 법률의 규정 중 이 법의 규정에 저촉되는 것은 이 법으로 정하는 바에 따른다.

2. 질서위반행위의 성립과 과태료

(1) 질서위반행위의 성립 2013 · 2014 · 2016 · 2019 기출

① 질서위반행위 법정주의

질서위반행위규제법
제6조 【질서위반행위 법정주의】 법률에 따르지 아니하고는 어떤 행위도 질서위반행위로 과태료를 부과하지 아니한다. 2023 기출

제2조 【정의】 이 법에서 사용하는 용어의 뜻은 다음과 같다.
1. "질서위반행위"란 법률(지방자치단체의 조례를 포함한다. 이하 같다)상의 의무를 위반하여 과태료를 부과하는 행위를 말한다. 다만, 다음 각 목의 어느 하나에 해당하는 행위를 제외한다.
 가. 대통령령으로 정하는 사법(私法)상 · 소송법상 의무를 위반하여 과태료를 부과하는 행위
 나. 대통령령으로 정하는 법률에 따른 징계사유에 해당하여 과태료를 부과하는 행위

② 고의 · 과실

질서위반행위규제법 제7조 【고의 또는 과실】 고의 또는 과실이 없는 질서위반행위는 과태료를 부과하지 아니한다. 2023 기출

③ 위법성 착오

질서위반행위규제법 제8조【위법성의 착오】 자신의 행위가 위법하지 아니한 것으로 오인하고 행한 질서위반행위는 그 오인에 정당한 이유가 있는 때에 한하여 과태료를 부과하지 아니한다.

④ 책임연령

질서위반행위규제법 제9조【책임연령】 14세가 되지 아니한 자의 질서위반행위는 과태료를 부과하지 아니한다. 다만, 다른 법률에 특별한 규정이 있는 경우에는 그러하지 아니하다. 2023 기출

⑤ 심신장애

질서위반행위규제법 제10조【심신장애】 ① 심신(心神)장애로 인하여 행위의 옳고 그름을 판단할 능력이 없거나 그 판단에 따른 행위를 할 능력이 없는 자의 질서위반행위는 과태료를 부과하지 아니한다.
② 심신장애로 인하여 제1항에 따른 능력이 미약한 자의 질서위반행위는 과태료를 감경한다.
③ 스스로 심신장애 상태를 일으켜 질서위반행위를 한 자에 대하여는 제1항 및 제2항을 적용하지 아니한다.

⑥ 법인에 대한 처리

질서위반행위규제법 제11조【법인의 처리 등】 ① 법인의 대표자, 법인 또는 개인의 대리인·사용인 및 그 밖의 종업원이 업무에 관하여 법인 또는 그 개인에게 부과된 법률상의 의무를 위반한 때에는 법인 또는 그 개인에게 과태료를 부과한다.
② 제7조부터 제10조까지의 규정은 「도로교통법」 제56조 제1항에 따른 고용주등을 같은 법 제160조 제3항에 따라 과태료를 부과하는 경우에는 적용하지 아니한다.

⑦ 다수인에 대한 처리

질서위반행위규제법 제12조【다수인의 질서위반행위 가담】 ① 2인 이상이 질서위반행위에 가담한 때에는 각자가 질서위반행위를 한 것으로 본다.
② 신분에 의하여 성립하는 질서위반행위에 신분이 없는 자가 가담한 때에는 신분이 없는 자에 대하여도 질서위반행위가 성립한다. 2024 기출
③ 신분에 의하여 과태료를 감경 또는 가중하거나 과태료를 부과하지 아니하는 때에는 그 신분의 효과는 신분이 없는 자에게는 미치지 아니한다.

⑧ 수 개의 질서위반행위에 대한 처리

질서위반행위규제법 제13조【수개의 질서위반행위의 처리】 ① 하나의 행위가 2 이상의 질서위반행위에 해당하는 경우에는 각 질서위반행위에 대하여 정한 과태료 중 가장 중한 과태료를 부과한다. 2024 기출
② 제1항의 경우를 제외하고 2 이상의 질서위반행위가 경합하는 경우에는 각 질서위반행위에 대하여 정한 과태료를 각각 부과한다. 다만, 다른 법령(지방자치단체의 조례를 포함한다. 이하 같다)에 특별한 규정이 있는 경우에는 그 법령으로 정하는 바에 따른다.

(2) 과태료의 제척기간과 소멸시효

① 과태료 부과의 제척기간

> **질서위반행위규제법 제19조 【과태료 부과의 제척기간】** ① 행정청은 질서위반행위가 종료된 날(다수인이 질서위반행위에 가담한 경우에는 최종행위가 종료된 날을 말한다)부터 5년이 경과한 경우에는 해당 질서위반행위에 대하여 과태료를 부과할 수 없다.
> ② 제1항에도 불구하고 행정청은 제36조 또는 제44조에 따른 법원의 결정이 있는 경우에는 그 결정이 확정된 날부터 1년이 경과하기 전까지는 과태료를 정정부과 하는 등 해당 결정에 따라 필요한 처분을 할 수 있다.

② 과태료의 징수의 소멸시효

> **질서위반행위규제법 제15조 【과태료의 시효】** ① 과태료는 행정청의 과태료 부과처분이나 법원의 과태료 재판이 확정된 후 5년간 징수하지 아니하거나 집행하지 아니하면 시효로 인하여 소멸한다.
> ② 제1항에 따른 소멸시효의 중단·정지 등에 관하여는 「국세기본법」 제28조를 준용한다.

3. 과태료 부과 절차

(1) 행정청에 의한 과태료 부과

① 사전통지 및 의견제출

> **질서위반행위규제법 제16조 【사전통지 및 의견 제출 등】** ① 행정청이 질서위반행위에 대하여 과태료를 부과하고자 하는 때에는 미리 당사자(제11조 제2항에 따른 고용주등을 포함한다. 이하 같다)에게 대통령령으로 정하는 사항을 통지하고, 10일 이상의 기간을 정하여 의견을 제출할 기회를 주어야 한다. 이 경우 지정된 기일까지 의견 제출이 없는 경우에는 의견이 없는 것으로 본다.
> ② 당사자는 의견 제출 기한 이내에 대통령령으로 정하는 방법에 따라 행정청에 의견을 진술하거나 필요한 자료를 제출할 수 있다.
> ③ 행정청은 제2항에 따라 당사자가 제출한 의견에 상당한 이유가 있는 경우에는 과태료를 부과하지 아니하거나 통지한 내용을 변경할 수 있다.

판례

행정청의 과태료 부과처분의 항고소송의 대상으로서 처분성 부정 2019 기출

수도조례 및 하수도사용조례에 기한 과태료의 부과 여부 및 그 당부는 최종적으로 질서위반행위규제법에 의한 절차에 의하여 판단되어야 한다고 할 것이므로, 그 과태료 부과처분은 행정청을 피고로 하는 행정소송의 대상이 되는 행정처분이라고 볼 수 없다(대판 2012. 10. 11. 2011두19369).

② 자진납부자에 대한 과태료 감경

> **질서위반행위규제법 제18조 【자진납부자에 대한 과태료 감경】** ① 행정청은 당사자가 제16조에 따른 의견 제출 기한 이내에 과태료를 자진하여 납부하고자 하는 경우에는 대통령령으로 정하는 바에 따라 과태료를 감경할 수 있다.
> ② 당사자가 제1항에 따라 감경된 과태료를 납부한 경우에는 해당 질서위반행위에 대한 과태료 부과 및 징수절차는 종료한다.

③ 이의제기 2020 기출

질서위반행위규제법 제20조【이의제기】 ① 행정청의 과태료 부과에 불복하는 당사자는 제17조 제1항에 따른 과태료 부과 통지를 받은 날부터 60일 이내에 해당 행정청에 서면으로 이의제기를 할 수 있다.
② 제1항에 따른 이의제기가 있는 경우에는 행정청의 과태료 부과처분은 그 효력을 상실한다.
③ 당사자는 행정청으로부터 제21조 제3항에 따른 통지를 받기 전까지는 행정청에 대하여 서면으로 이의제기를 철회할 수 있다.

④ 법원에 통보

질서위반행위규제법 제21조【법원에의 통보】 ① 제20조 제1항에 따른 이의제기를 받은 행정청은 이의제기를 받은 날부터 14일 이내에 이에 대한 의견 및 증빙서류를 첨부하여 관할 법원에 통보하여야 한다. 다만, 다음 각 호의 어느 하나에 해당하는 경우에는 그러하지 아니하다.
1. 당사자가 이의제기를 철회한 경우
2. 당사자의 이의제기에 이유가 있어 과태료를 부과할 필요가 없는 것으로 인정되는 경우

② 행정청은 사실상 또는 법률상 같은 원인으로 말미암아 다수인에게 과태료를 부과할 필요가 있는 경우에는 다수인 가운데 1인에 대한 관할권이 있는 법원에 제1항에 따른 이의제기 사실을 통보할 수 있다.
③ 행정청이 제1항 및 제2항에 따라 관할 법원에 통보를 하거나 통보하지 아니하는 경우에는 그 사실을 즉시 당사자에게 통지하여야 한다.

⑤ 가산금 징수 및 체납처분

질서위반행위규제법 제24조【가산금 징수 및 체납처분 등】 ① 행정청은 당사자가 납부기한까지 과태료를 납부하지 아니한 때에는 납부기한을 경과한 날부터 체납된 과태료에 대하여 100분의 3에 상당하는 가산금을 징수한다.
② 체납된 과태료를 납부하지 아니한 때에는 납부기한이 경과한 날부터 매 1개월이 경과할 때마다 체납된 과태료의 1천분의 12에 상당하는 가산금(이하 이 조에서 "중가산금"이라 한다)을 제1항에 따른 가산금에 가산하여 징수한다. 이 경우 중가산금을 가산하여 징수하는 기간은 60개월을 초과하지 못한다.
③ 행정청은 당사자가 제20조 제1항에 따른 기한 이내에 이의를 제기하지 아니하고 제1항에 따른 가산금을 납부하지 아니한 때에는 국세 또는 지방세 체납처분의 예에 따라 징수한다.

⑥ 상속재산 등에 대한 집행

질서위반행위규제법 제24조의2【상속재산 등에 대한 집행】 ① 과태료는 당사자가 과태료 부과처분에 대하여 이의를 제기하지 아니한 채 제20조 제1항에 따른 기한이 종료한 후 사망한 경우에는 그 상속재산에 대하여 집행할 수 있다.
② 법인에 대한 과태료는 법인이 과태료 부과처분에 대하여 이의를 제기하지 아니한 채 제20조 제1항에 따른 기한이 종료한 후 합병에 의하여 소멸한 경우에는 합병 후 존속한 법인 또는 합병에 의하여 설립된 법인에 대하여 집행할 수 있다.

(2) 법원에 의한 과태료 부과

① 관할 법원

질서위반행위규제법 제25조【관할 법원】 과태료 사건은 다른 법령에 특별한 규정이 있는 경우를 제외하고는 당사자의 주소지의 지방법원 또는 그 지원의 관할로 한다.

② 심문

질서위반행위규제법 제31조【심문 등】 ① 법원은 심문기일을 열어 당사자의 진술을 들어야 한다.
② 법원은 검사의 의견을 구하여야 하고, 검사는 심문에 참여하여 의견을 진술하거나 서면으로 의견을 제출하여야 한다.
③ 법원은 당사자 및 검사에게 제1항에 따른 심문기일을 통지하여야 한다.

③ 직권탐지와 증거조사의 허용

질서위반행위규제법 제33조【직권에 의한 사실탐지와 증거조사】 ① 법원은 직권으로 사실의 탐지와 필요하다고 인정하는 증거의 조사를 하여야 한다.
② 제1항의 증거조사에 관하여는 「민사소송법」에 따른다.

판례

과태료재판의 경우 법원으로서는 기록상 현출되어 있는 사항에 관하여 직권으로 증거조사를 하고 이를 기초로 하여 판단할 수 있다.

과태료재판의 경우 법원으로서는 기록상 현출되어 있는 사항에 관하여 직권으로 증거조사를 하고 이를 기초로 하여 판단할 수 있는 것이나, 그 경우 행정청의 과태료부과처분사유와 기본적 사실관계에서 동일성이 인정되는 한도 내에서만 과태료를 부과할 수 있다(대판 2012. 10. 19. 2012마1163).

---

(3) 과태료재판 2013 기출

① 법원의 결정

질서위반행위규제법
제36조【재판】 ① 과태료 재판은 이유를 붙인 결정으로써 한다.
제37조【결정의 고지】 ① 결정은 당사자와 검사에게 고지함으로써 효력이 생긴다.

② 법원의 결정에 대한 불복

질서위반행위규제법 제38조【항고】 ① 당사자와 검사는 과태료 재판에 대하여 즉시항고를 할 수 있다. 이 경우 항고는 집행정지의 효력이 있다.

③ 재판비용

질서위반행위규제법 제41조【재판비용】 ① 과태료 재판절차의 비용은 과태료에 처하는 선고가 있는 경우에는 그 선고를 받은 자의 부담으로 하고, 그 외의 경우에는 국고의 부담으로 한다.

(4) 과태료재판의 집행

질서위반행위규제법 제42조【과태료 재판의 집행】 ① 과태료 재판은 검사의 명령으로써 집행한다. 이 경우 그 명령은 집행력 있는 집행권원과 동일한 효력이 있다. 2024 기출
② 과태료 재판의 집행절차는 「민사집행법」에 따르거나 국세 또는 지방세 체납처분의 예에 따른다. 다만, 「민사집행법」에 따를 경우에는 집행을 하기 전에 과태료 재판의 송달은 하지 아니한다.

4. 약식재판

(1) 의의

질서위반행위규제법 제44조【약식재판】 법원은 상당하다고 인정하는 때에는 제31조 제1항에 따른 심문 없이 과태료 재판을 할 수 있다.

(2) 이의신청

질서위반행위규제법 제45조【이의신청】 ① 당사자와 검사는 제44조에 따른 약식재판의 고지를 받은 날부터 7일 이내에 이의신청을 할 수 있다.

(3) 정식재판절차로 이행

질서위반행위규제법 제50조【이의신청에 따른 정식재판절차로의 이행】 ① 법원이 이의신청이 적법하다고 인정하는 때에는 약식재판은 그 효력을 잃는다.
② 제1항의 경우 법원은 제31조 제1항에 따른 심문을 거쳐 다시 재판하여야 한다.

5. 과태료 체납자에 대한 조치

(1) 관허사업의 제한

① 사업정지 · 허가취소

질서위반행위규제법 제52조【관허사업의 제한】 ① 행정청은 허가 · 인가 · 면허 · 등록 및 갱신(이하 "허가등"이라 한다)을 요하는 사업을 경영하는 자로서 다음 각 호의 사유에 모두 해당하는 체납자에 대하여는 사업의 정지 또는 허가등의 취소를 할 수 있다.

1. 해당 사업과 관련된 질서위반행위로 부과받은 과태료를 3회 이상 체납하고 있고, 체납발생일부터 각 1년이 경과하였으며, 체납금액의 합계가 500만원 이상인 체납자 중 대통령령으로 정하는 횟수와 금액 이상을 체납한 자
2. 천재지변이나 그 밖의 중대한 재난 등 대통령령으로 정하는 특별한 사유 없이 과태료를 체납한 자

② 사업정지 · 허가취소의 요구

질서위반행위규제법 제52조【관허사업의 제한】 ② 허가등을 요하는 사업의 주무관청이 따로 있는 경우에는 행정청은 당해 주무관청에 대하여 사업의 정지 또는 허가등의 취소를 요구할 수 있다.

③ 사업정지 · 허가취소의 철회요구

질서위반행위규제법 제52조【관허사업의 제한】 ③ 행정청은 제1항 또는 제2항에 따라 사업의 정지 또는 허가등을 취소하거나 주무관청에 대하여 그 요구를 한 후 당해 과태료를 징수한 때에는 지체 없이 사업의 정지 또는 허가등의 취소나 그 요구를 철회하여야 한다.

(2) 신용정보의 제공 등

질서위반행위규제법 제53조【신용정보의 제공 등】 ① 행정청은 과태료 징수 또는 공익목적을 위하여 필요한 경우 「국세징수법」 제110조를 준용하여 「신용정보의 이용 및 보호에 관한 법률」 제25조 제2항 제1호에 따른 종합신용정보집중기관의 요청에 따라 체납 또는 결손처분자료를 제공할 수 있다.

(3) 고액 · 상습체납자에 대한 제재

질서위반행위규제법 제54조【고액 · 상습체납자에 대한 제재】 ① 법원은 검사의 청구에 따라 결정으로 30일의 범위 이내에서 과태료의 납부가 있을 때까지 다음 각 호의 사유에 모두 해당하는 경우 체납자(법인인 경우에는 대표자를 말한다. 이하 이 조에서 같다)를 감치(監置)에 처할 수 있다.
1. 과태료를 3회 이상 체납하고 있고, 체납발생일부터 각 1년이 경과하였으며, 체납금액의 합계가 1천만원 이상인 체납자 중 대통령령으로 정하는 횟수와 금액 이상을 체납한 경우
2. 과태료 납부능력이 있음에도 불구하고 정당한 사유 없이 체납한 경우

② 행정청은 과태료 체납자가 제1항 각 호의 사유에 모두 해당하는 경우에는 관할 지방검찰청 또는 지청의 검사에게 체납자의 감치를 신청할 수 있다.
③ 제1항의 결정에 대하여는 즉시항고를 할 수 있다.
④ 제1항에 따라 감치에 처하여진 과태료 체납자는 동일한 체납사실로 인하여 재차 감치되지 아니한다.

(4) 자동차 관련 과태료 체납자에 대한 자동차등록번호판의 영치

질서위반행위규제법 제55조【자동차 관련 과태료 체납자에 대한 자동차 등록번호판의 영치】 ① 행정청은 「자동차관리법」 제2조 제1호에 따른 자동차의 운행 · 관리 등에 관한 질서위반행위 중 대통령령으로 정하는 질서위반행위로 부과받은 과태료(이하 "자동차 관련 과태료"라 한다)를 납부하지 아니한 자에 대하여 체납된 자동차 관련 과태료와 관계된 그 소유의 자동차의 등록번호판을 영치할 수 있다.
③ 자동차 관련 과태료를 납부하지 아니한 자가 체납된 자동차 관련 과태료를 납부한 경우 행정청은 영치한 자동차 등록번호판을 즉시 내주어야 한다.

Chapter

03 OX로 기초다지기

01 과태료를 납부한 후 형사처벌을 한다고 하여 일사부재리의 원칙에 반하는 것은 아니라는 것이 대법원의 입장이다. O X

02 지방자치단체도 자치사무를 수행하는 경우에는 양벌규정에 따라 처벌대상이 되는 법인에 해당한다. O X

03 종업원의 위반행위에 대해 영업주를 처벌하는 양벌규정은 종업원의 처벌에 종속되므로 종업원이 처벌받지 않은 경우 영업주도 처벌받지 않는다. O X

04 명문의 규정이 없더라도 관련 행정형벌법규의 해석에 따라 과실행위도 처벌한다는 뜻이 명확한 경우에는 과실행위를 처벌할 수 있다는 것이 판례이다. O X

05 행정청의 통고처분에 대한 불복은 항고소송을 제기하여 다툴 수 있다. O X

06 행정법규 위반자가 통고처분에 의해 부과된 금액을 납부하면 과벌절차가 종료되며 동일한 행위에 대해서 다시 처벌받지 아니한다. O X

01 대법원은 과태료를 부과한 경우 형사처벌을 하는 것을 긍정하지만 헌법재판소는 이중처벌에 해당할 여지가 있으므로 부정하는 입장이다.

02 지방자치단체가 양벌규정이 적용되는 법인에 해당할 것인가에 대해 자치사무를 수행하는 경우에는 양벌규정이 적용되지만 기관위임사무를 처리하는 경우에는 양벌규정이 적용되지 않는다는 입장이다.

03 양벌규정에 따라 영업주를 처벌하는 것은 종업원의 처벌에 종속되는 것이 아니라 영업주의 선임감독상의 과실에 대한 자기책임이므로 종업원이 꼭 처벌되어야 하는 것은 아니다.

04 행정형벌의 경우 법령에서 과실행위를 처벌한다는 명문의 규정이 있는 경우뿐만 아니라 해석에 의하여 과실행위도 처벌한다는 뜻이 노출되는 경우 과실행위도 처벌된다는 것이 판례이다.

05 통고처분은 상대방이 이의를 제기하는 경우 정식 형사소송절차로 이행되므로 항고소송의 대상되는 처분으로 볼 수 없다.

06 통고처분을 받은 자가 이를 납부한 경우 처벌절차는 종료되고 동일한 사건에 대해 형사소추가 되지 않는다.

Answer

01 ○ 02 ○ 03 X 04 ○ 05 X 06 ○

07 통고처분에 따른 범칙금을 납부하지 않은 경우에는 고발 등의 절차를 거쳐 형사소송절차로 이행되는 것이 일반적이다. ○|×

08 질서위반행위란 법률상의 의무를 위반하여 과태료를 부과하는 행위를 말한다. ○|×

09 고의 또는 과실이 없는 질서위반행위는 과태료를 부과하지 않는다. ○|×

10 하나의 행위가 2 이상의 질서위반행위에 해당하는 경우에는 각 질서위반행위에 대하여 정한 과태료 중 가장 경한 과태료를 부과한다. ○|×

11 행정청이 과태료를 부과하고자 하는 때에는 미리 당사자에게 10일 이상의 기간을 정하여 의견을 제출할 기회를 주어야 한다. ○|×

12 「질서위반행위규제법」은 과태료 부과에 대해 이의가 제기된 경우에는 행정청의 과태료 부과처분은 효력을 상실한다고 규정하고 있다. ○|×

13 과태료는 행정청의 과태료 부과처분이나 법원의 과태료재판이 확정된 후 3년간 징수하지 아니하거나 집행하지 아니하면 시효로 인하여 소멸한다. ○|×

07 통고처분에 불응하여 범칙금을 납부하지 않은 경우 행정청의 고발에 의하여 검사의 공소제기에 의한 형사소송절차로 이행된다.
08 「질서위반행위규제법」 제2조 제1호
09 「질서위반행위규제법」 제7조
10 가장 중한 과태료를 부과한다.
11 「질서위반행위규제법」 제16조
12 「질서위반행위규제법」 제20조 제2항
13 5년간 징수하지 아니하거나 집행하지 아니하면 시효로 인하여 소멸한다.

Answer

07 ○ 08 ○ 09 ○ 10 × 11 ○ 12 ○ 13 ×

14 과태료의 부과 · 징수, 재판 및 집행 등의 절차에 관하여 「질서위반행위규제법」과 타 법률이 달리 규정하고 있는 경우에는 후자를 따른다. O X

15 과태료 사건은 다른 법령에 특별한 규정이 있는 경우를 제외하고는 당사자의 주소지의 지방법원 또는 그 지원의 관할로 한다. O X

14 과태료의 부과 · 징수, 재판 및 집행 등의 절차에 관한 다른 법률의 규정 중 「질서위반행위규제법」의 규정에 저촉되는 것은 이 법으로 정하는 바에 따른다(「질서위반행위규제법」 제5조).

15 「질서위반행위규제법」 제25조

Answer

14 X　**15** O

Chapter

04 새로운 의무이행확보수단

제1절 금전상의 제재수단

01 과징금

1. 의의

(1) 본래 의미의 과징금

종래에는 경제법상의 의무위반행위로 얻은 불법적 이익을 박탈하기 위한 금전적 제재를 과징금이라 하였다.

(2) 변형된 과징금

현재는 다수의 국민이 이용하는 사업 또는 국가·사회에 중대한 영향을 미치는 이른바 공공성이 강한 사업을 시행하는 자가 행정법규를 위반한 경우 위반자에 대하여 그 인·허가 사업 등을 정지처분하게 되면, 일반 국민의 생활상의 불편이 야기될 것을 고려하여, 영업정지처분을 하지 않고 그 대신 그 영업으로 인한 이익을 박탈하는 과징금을 부과할 수 있도록 하고 있다.

2. 법적 근거

과징금 부과에 대한 일반법은 인정되지 않는다. 「행정기본법」에서는 과징금을 부과할 때 기본적 사항을 규정하고 있다.

행정기본법

제28조 【과징금의 기준】 ① 행정청은 법령등에 따른 의무를 위반한 자에 대하여 법률로 정하는 바에 따라 그 위반행위에 대한 제재로서 과징금을 부과할 수 있다.

② 과징금의 근거가 되는 법률에는 과징금에 관한 다음 각 호의 사항을 명확하게 규정하여야 한다.

1. 부과·징수 주체
2. 부과 사유
3. 상한액
4. 가산금을 징수하려는 경우 그 사항
5. 과징금 또는 가산금 체납 시 강제징수를 하려는 경우 그 사항

제29조 【과징금의 납부기한 연기 및 분할 납부】 과징금은 한꺼번에 납부하는 것을 원칙으로 한다. 다만, 행정청은 과징금을 부과받은 자가 다음 각 호의 어느 하나에 해당하는 사유로 과징금 전액을 한꺼번에 내기 어렵다고 인정될 때에는 그 납부기한을 연기하거나 분할 납부하게 할 수 있으며, 이 경우 필요하다고 인정하면 담보를 제공하게 할 수 있다.

1. 재해 등으로 재산에 현저한 손실을 입은 경우
2. 사업 여건의 악화로 사업이 중대한 위기에 처한 경우
3. 과징금을 한꺼번에 내면 자금 사정에 현저한 어려움이 예상되는 경우
4. 그 밖에 제1호부터 제3호까지에 준하는 경우로서 대통령령으로 정하는 사유가 있는 경우

판례

1. 구 독점규제 및 공정거래에 관한 법률상의 과징금 부과는 비록 제재적 성격을 가진 것이기는 하여도 기본적으로는 같은 법 위반행위에 의하여 얻은 불법적인 경제적 이익을 박탈하기 위하여 부과되는 것이다(대판 2001. 2. 9. 2000두6206).
2. 부동산실권리자명의등기에 관한 법률 제5조에 의하여 부과된 과징금 채무는 대체적 급부가 가능한 의무이므로 위 과징금을 부과받은 자가 사망한 경우 그 상속인에게 포괄승계된다(대판 1999. 5. 14. 99두35).
3. 법령으로 정한 '과징금을 부과하는 위반행위와 과징금의 금액'에 열거되지 않은 위반행위에 대해 사업정지처분을 갈음하여 과징금을 부과할 수 없다(대판 2020. 5. 28. 2017두73693). 2022 기출
4. 과징금을 부과하면서 추후에 부과금 산정 기준이 되는 새로운 자료가 나올 경우에는 과징금액이 변경될 수도 있다고 유보한다든지, 실제로 추후에 새로운 자료가 나왔다고 하여 새로운 부과처분을 할 수는 없다(대판 1999. 5. 28. 99두1571).
5. 과징금 감액처분에 의해 감액된 부분에 대한 부과처분 취소청구는 소의 이익이 없어 부적법하다(대판 2008. 2. 15. 2006두4226).
6. 부당한 공동행위 자진신고자 등의 시정조치 또는 과징금 감면신청에 대한 감면불인정 통지는 항고소송의 대상이 되는 행정처분에 해당한다고 보아야 한다(대판 2012. 9. 27. 2010두3541).
7. 과징금 부과처분을 한 뒤 자진신고 등을 이유로 한 과징금 감면처분을 하였다면 과징금 부과처분은 과징금 감면처분에 흡수된다(대판 2015. 2. 12. 2013두987).

3. 벌금 · 과태료와 구별

과징금은 금전적 제재라는 점에서는 벌금 · 과태료와 동일하지만 경제적 불법적인 이익의 박탈에 초점을 맞춰 부과하며, 행정처분의 형식으로 부과되고 그 권리구제는 항고소송에 의한다는 점에서 성격상 행정벌과 다른 독자적인 성격이 있다. 따라서 동일한 위반행위에 대해 과징금과 형사처벌이 예정되어 있다고 해도 이중처벌에 해당하지 않는다.

판례

형사처벌과 아울러 과징금 병과가 예정되어 있다 하여 무죄추정의 원칙이나 이중처벌금지원칙에 위반되지 않는다. 2022 기출

공정거래법에서 형사처벌과 아울러 과징금의 병과를 예정하고 있더라도 이중처벌금지원칙에 위반된다고 볼 수 없으며, 이 과징금 부과처분에 대하여 공정력과 집행력을 인정한다고 하여 이를 확정판결전의 형벌집행과 같은 것으로 보아 무죄추정의 원칙에 위반된다고 할 수 없다(헌재 2003. 7. 24. 2001헌가25).

4. 권리구제

과징금 부과처분에 대해서는 처분성이 인정되므로 항고소송을 제기할 수 있고 위법한 과징금 부과처분으로 손해를 입은 자는 「국가배상법」상의 손해배상을 청구할 수 있다. 과징금 부과는 일반적으로 행정청의 재량행위로 규정되어 있으나 개별법상 기속행위로 규정된 경우도 있다(예 「부동산 실권리자명의 등기에 관한 법률」상 명의신탁자에 대한 과징금의 부과).

판례

1. 과징금부과가 재량행위인 경우 과징금부과처분이 법이 정한 한도액을 초과하여 위법할 경우 법원으로서는 그 전부를 취소할 수밖에 없고, 그 한도액을 초과한 부분이나 법원이 적정하다고 인정되는 부분을 초과한 부분만을 취소할 수 없다(대판 1998. 4. 10. 98두2270).
2. 공정거래위원회가 여러 개의 위반행위에 대하여 하나의 과징금 납부명령을 하였더라도 일부의 위반행위를 기초로 한 과징금액을 산정할 수 있는 자료가 있는 경우 일부위반행위에 대한 과징금액 부분만을 취소할 수 있다(대판 2006. 12. 22. 2004두1483).
3. 명의신탁자에 대하여 과징금을 부과할 것인지 여부는 기속행위에 해당하므로, 명의신탁이 조세를 포탈하거나 법령에 의한 제한을 회피할 목적이 아닌 경우에 한하여 그 과징금을 일정한 범위 내에서 감경할 수 있을 뿐이지 그에 대하여 과징금 부과처분을 하지 않거나 과징금을 전액 감면할 수 있는 것은 아니다(대판 2007. 7. 12. 2005두17287).
4. 행정청의 과징금부과처분에 의하여 동종업자의 영업이 보호되는 결과는 사업구역제도의 반사적 이익에 불과하기 때문에 그 과징금부과처분을 취소한 재결에 대하여 처분의 상대방 아닌 제3자는 그 취소를 구할 법률상 이익이 없다(대판 1992. 12. 8. 91누13700).

02 가산금

1. 의의

가산금이라 함은 금전급부의무를 불이행하는 경우 이에 대한 제재로서 가해지는 금전부담을 말한다. 일종의 지연이자에 해당하며 금전채무의 이행에 대한 간접강제의 효과를 갖는다.

2. 처분성 인정 여부

「국세징수법」상 가산금은 과세관청의 확정절차 없이 법률규정에 의해 당연히 발생하므로 그 고지는 항고소송의 대상되는 처분이라 할 수 없다.

판례

「국세징수법」상 가산금, 중가산금의 고지는 항고소송의 대상되는 처분이라 볼 수 없다.

「국세징수법」 제21조, 제22조가 규정하는 가산금 또는 중가산금은 국세를 납부기한까지 납부하지 아니하면 과세청의 확정절차 없이도 법률 규정에 의하여 당연히 발생하는 것이므로 가산금 또는 중가산금의 고지가 항고소송의 대상이 되는 처분이라고 볼 수 없다(대판 2005. 6. 10. 2005다15482).

03 가산세

가산세란 「국세기본법」 및 세법에서 규정하는 의무의 성실한 이행을 확보하기 위하여 세법에 따라 산출한 세액에 가산하여 징수하는 금액을 말한다(「국세기본법」 제2조 제4호). 가산세는 정당한 이유 없이 법에 규정된 신고·납세의무 등을 이행하지 않은 경우에 부과되는 행정상 제재로서 고의·과실 여부는 불문한다.

판례

1. 가산세를 부과하는 경우 납세자의 고의·과실은 고려되지 않고 법령의 부지·착오 등은 그 의무위반을 탓할 수 없는 정당한 사유에 해당하지 않는다(대판 2015. 1. 15. 2014두12116).
2. 단순한 법률의 부지나 오해의 범위를 넘어 세법 해석상 견해가 대립하는 등으로 납세의무자가 그 의무를 알지 못한 것에 책임을 귀속시킬 수 없는 합리적인 이유가 있을 때 등 그 의무를 게을리한 점을 비난할 수 없는 정당한 사유가 있는 경우에는 가산세를 부과할 수 없다(대판 2017. 7. 11. 2017두36885).

04 부과금

부과금에 대해서는 과징금과 구별하는 견해와 과징금과 같은 의미로 이해하는 입장이 대립하고 있다. 부과금의 대표적인 예로는 「대기환경보전법」상의 배출부과금이 있다. 이는 대기오염물질을 배출한 사업자 및 배출시설의 설치허가를 받지 않고 배출시설을 설치·변경한 자 등에게 부과하는 금전적 부담이다.

제2절 금전적 제재 이외 수단

01 공급거부

1. 의의

행정법상의 의무를 위반하거나 불이행한 자에 대하여 일정한 행정상의 서비스나 재화의 공급을 거부하는 행정조치를 뜻한다.

2. 법적 근거

공급거부는 부담적 행정작용이므로 법적 근거를 요한다.

3. 공급거부의 한계

부당결부금지의 원칙, 비례의 원칙과 같은 행정법의 일반원칙을 지켜야 한다.

4. 권리구제

공급거부의 내용이 공법적 형식인 경우에는 행정쟁송을 제기할 수 있고, 사법적 형식인 경우에는 민사소송에 의해 구제가 가능하다. 공급거부가 공법상 계약의 해지의 성격인 경우 당사자소송이 가능하다.

판례는 단수처분을 항고소송의 대상이 되는 행정처분에 해당한다고 보았으나(대판 1985. 12. 24. 84누598), 단전 등의 요청행위는 권고적 성격에 불과하다 하여 행정처분으로 볼 수 없다 하였다(대판 1996. 3. 22. 96누433).

02 관허사업의 제한

1. 의의

행정법상의 의무를 위반하거나 불이행한 자에 대하여 각종 인·허가를 거부할 수 있게 함으로써 행정법상 의무의 준수 또는 의무의 이행을 확보하는 간접적 강제수단을 관허사업의 제한이라 한다.

2. 종류

현행법상 의무위반사항과 관련이 있는 사업에 대한 '관련관허사업제한'과 위반사항과 직접 관련이 없는 사업 일반에 대한 '일반적 관허사업제한'이 있다.

3. 법적 근거

관허사업의 제한은 상대방의 권익을 제한하는 처분으로 법률의 근거가 있어야 한다.

4. 한계

관허사업의 제한에는 법적 근거 외에 비례원칙, 부당결부금지원칙 등의 일반원칙상의 한계가 있다. 일반적 관허사업제한의 경우 부당결부금지원칙에 위반되어 위법성 여부가 문제된다. 부당결부금지원칙이 헌법적 효력의 원칙이라는 견해는 위법으로 보지만 법률적 효력에 불과하다고 보는 경우 그것이 법률에 근거를 둔 이상 공익 목적 범위 내라면 위법으로 볼 수 없다.

03 행정상 명단 등 공표

1. 의의

공표란 행정법상의 의무위반 또는 의무불이행이 있는 경우에 그의 성명·위반사실 등을 일반인에게 공개하여 명예 또는 신용에 침해를 가함으로써 심리적인 압박을 가하여 의무이행을 확보하는 간접강제수단을 말한다.

2. 법적 근거

위반사실에 대한 위반자의 명단을 공표하는 것은 그의 명예, 신용, 사생활의 침해를 초래하므로 법률에 근거가 있어야 한다.

> **행정절차법 제40조의3【위반사실 등의 공표】** ① 행정청은 법령에 따른 의무를 위반한 자의 성명·법인명, 위반사실, 의무 위반을 이유로 한 처분사실 등(이하 "위반사실등"이라 한다)을 법률로 정하는 바에 따라 일반에게 공표할 수 있다.

3. 「행정절차법」상 한계

행정절차법 제40조의3 【위반사실 등의 공표】 ② 행정청은 위반사실등의 공표를 하기 전에 사실과 다른 공표로 인하여 당사자의 명예 · 신용 등이 훼손되지 아니하도록 객관적이고 타당한 증거와 근거가 있는지를 확인하여야 한다.
③ 행정청은 위반사실등의 공표를 할 때에는 미리 당사자에게 그 사실을 통지하고 의견제출의 기회를 주어야 한다. 다만, 다음 각 호의 어느 하나에 해당하는 경우에는 그러하지 아니하다.
1. 공공의 안전 또는 복리를 위하여 긴급히 공표를 할 필요가 있는 경우
2. 해당 공표의 성질상 의견청취가 현저히 곤란하거나 명백히 불필요하다고 인정될 만한 타당한 이유가 있는 경우
3. 당사자가 의견진술의 기회를 포기한다는 뜻을 명백히 밝힌 경우

⑦ 행정청은 위반사실등의 공표를 하기 전에 당사자가 공표와 관련된 의무의 이행, 원상회복, 손해배상 등의 조치를 마친 경우에는 위반사실등의 공표를 하지 아니할 수 있다.
⑧ 행정청은 공표된 내용이 사실과 다른 것으로 밝혀지거나 공표에 포함된 처분이 취소된 경우에는 그 내용을 정정하여, 정정한 내용을 지체 없이 해당 공표와 같은 방법으로 공표된 기간 이상 공표하여야 한다. 다만, 당사자가 원하지 아니하면 공표하지 아니할 수 있다.

4. 권리구제

(1) 행정쟁송

판례는 병역의무 기피자의 인적사항 등을 인터넷 홈페이지에 게시한 것에 대해 항고소송의 대상이 되는 처분성을 인정하였다.

판례

병무청장이 병역법에 따라 병역의무 기피자의 인적사항 등을 인터넷 홈페이지에 게시하는 등의 방법으로 공개한 경우 병무청장의 공개결정은 항고소송의 대상이 되는 행정처분에 해당한다. 2021 기출

병무청장이 하는 병역의무 기피자의 인적사항 등 공개는, 특정인을 병역의무 기피자로 판단하여 그 사실을 일반 대중에게 공표함으로써 그의 명예를 훼손하고 그에게 수치심을 느끼게 하여 병역의무 이행을 간접적으로 강제하려는 조치로서 병역법에 근거하여 이루어지는 공권력의 행사에 해당한다(대판 2019. 6. 27. 2018두49130).

(2) 행정상 손해배상

위법한 공표로 손해를 받은 자는 국가배상을 청구할 수 있다. 판례는 공표가 진실이 아니라도 공표의 주체가 공표 당시 이를 진실이라고 믿었고 또 그렇게 믿을 만한 상당한 이유가 있다면 위법성이 없어 배상책임이 없다고 본다.

(3) 결과제거청구권

공표의 상대방은 결과제거청구권의 한 내용으로 「민법」 제764조에 근거하여 정정공고를 구할 수 있다.

Chapter 04

OX로 기초다지기

01 행정청은 법령 등에 따른 의무를 위반한 자에 대하여 법률로 정하는 바에 따라 그 위반행위에 대한 제재로서 과징금을 부과할 수 있다. ○ ×

02 대법원은 법령위반을 이유로 한 과징금 부과처분을 취소한 재결에 대하여 처분의 상대방 아닌 제3자도 그 취소를 구할 법률상 이익이 있다고 하였다. ○ ×

03 대법원은 재량행위인 과징금 부과처분이 법이 정한 한도액을 초과하여 위법할 경우 법원은 그 전부를 취소할 수밖에 없다고 하였다. ○ ×

04 대법원은 부과된 과징금 채무는 일신전속적 의무이므로 과징금을 부과받은 자가 사망한 경우 그 상속인에게 승계되지 않는다고 하였다. ○ ×

05 하나의 위반행위에 대해 과징금과 벌금을 병과하는 것은 이중처벌금지의 원칙에 반하지 않는다. ○ ×

01 「행정기본법」 제28조 제1항

02 과징금 부과는 제3자를 직접적으로 보호하기 위한 것이 아니므로 제3자의 이익은 반사적 이익에 불과하고 과징금 부과처분을 취소하는 재결에 대해 제3자가 이를 다툴 수 없다.

03 과징금 부과처분이 재량행위인 경우 법원은 적정액을 정할 수 없으므로 그 전부를 취소할 수밖에 없고 적정액을 초과하는 부분만 취소할 수는 없다.

04 과징금납부의무는 일신전속적 의무가 아니므로 상속인에게 승계된다는 것이 판례이다.

05 과징금은 국가형벌권 행사로서 처벌에 해당한다 할 수 없으므로 위반행위에 대한 확정판결 전에 과징금을 부과한다고 해서 이중처벌금지에 위반되지 않는다.

Answer

01 ○ 02 × 03 ○ 04 × 05 ○

06 제재적 행정처분으로서의 과징금은 현실적인 행위자가 아닌 법령상 책임자에게 부과할 수 있다. ○ X

07 제재적 행정처분으로서의 과징금은 원칙적으로 위반자의 고의 또는 과실을 요한다. ○ X

08 행정청은 위반사실 등의 공표를 하기 전에 사실과 다른 공표로 인하여 당사자의 명예·신용 등이 훼손되지 아니하도록 객관적이고 타당한 증거와 근거가 있는지를 확인하여야 한다. ○ X

09 행정청은 위반사실 등의 공표를 할 때에는 미리 당사자에게 그 사실을 통지하고 의견제출의 기회를 주어야 한다. ○ X

10 청소년성매수자에 대한 신상공개를 규정한 구 「아동·청소년의 성보호에 관한 법률」 제20조 제2항 제1호는 이중처벌금지의 원칙에 위배된다. ○ X

06 제재적 성격의 과징금은 현실적 위반행위자가 아닌 법령상 책임자에게 부과될 수 있다.
07 과징금은 형사처벌이 아니므로 위반행위에 대한 고의 또는 과실을 요하지 않는다.
08 「행정절차법」 제40조의3 제2항
09 「행정절차법」 제40조의3 제3항
10 청소년성매수자의 명단을 공개하는 것은 형벌이라 할 수 없으므로 이중처벌금지의 원칙에 위배되지 않는다는 것이 헌법재판소 입장이다.

Answer

06 ○ 07 X 08 ○ 09 ○ 10 X

행정사
임병주 행정법

PART

04

손해전보제도

Chapter

01 총설

제1절 개요

행정구제제도는 사후적 권리구제제도가 주된 것이었으나 오늘날 사전적 행정구제의 중요성이 점점 강조되고 있다. 사전적 권리구제제도로는 행정절차 · 옴부즈만제도 · 청원을 들 수 있고 사후적 권리구제제도로는 행정상 손해전보와 행정쟁송을 드는 것이 보통이다.

제2절 청원

01 의의

청원이란 국민이 국가에 대하여 자신의 의견 · 불만 또는 희망을 개진하고 시정을 요구하는 헌법상 기본권의 하나로서 모든 국민에게 보장되어 있는 권리이다(「헌법」 제26조 제1항).

02 청원의 대상

청원은 문서로 행하며 피해의 구제, 공무원의 비위의 시정 또는 공무원에 대한 징계나 처벌의 요구, 법률 · 명령 · 규칙의 제정 · 개정 또는 폐지, 공공의 제도 또는 시설의 운영, 기타 공공기관의 권한에 속하는 사항에 한하여 청원할 수 있다(「청원법」 제5조).

03 청원의 수리

청원에 대하여는 수리 · 심사의무와 그 결과를 청원인에게 통지할 의무가 있으나 이러한 심사처리결과의 통지유무는 행정소송의 대상이 되는 행정처분이라 할 수 없다는 것이 판례이다.

청원법 제6조 【청원 처리의 예외】 청원기관의 장은 청원이 다음 각 호의 어느 하나에 해당하는 경우에는 처리를 하지 아니할 수 있다. 이 경우 사유를 청원인(제11조 제3항에 따른 공동청원의 경우에는 대표자를 말한다)에게 알려야 한다.

1. 국가기밀 또는 공무상 비밀에 관한 사항
2. 감사 · 수사 · 재판 · 행정심판 · 조정 · 중재 등 다른 법령에 의한 조사 · 불복 또는 구제절차가 진행 중인 사항
3. 허위의 사실로 타인으로 하여금 형사처분 또는 징계처분을 받게 하는 사항
4. 허위의 사실로 국가기관 등의 명예를 실추시키는 사항
5. 사인간의 권리관계 또는 개인의 사생활에 관한 사항
6. 청원인의 성명, 주소 등이 불분명하거나 청원내용이 불명확한 사항

제3절 옴부즈만 제도

옴부즈만 제도는 의회에서 임명된 옴부즈만을 통하여 공공기관의 활동을 감시하고 위법・부당한 행정작용을 조사・적발함으로써 국민의 권익을 보호하려는 제도이다. 우리나라에는 이러한 의미의 옴부즈만 제도는 없으나 이와 유사한 기관으로 국무총리 소속하의 국민권익위원회와 지방자치단체 소속의 시민고충처리위원회가 있다.

Chapter 02

손해전보

제1절 개설

01 손해배상과 손실보상의 구별

행정상 손해전보제도는 전통적으로 행정상 손해배상과 손실보상의 두 제도를 축으로 발전해 왔다.

구분	손해배상	손실보상
기본이념	개인의 손해에 대한 보상(개인주의적)	개인이 특별히 부담한 손실에 대한 배분적 정의실현(단체주의적)
발생원인	위법한 행정작용	적법한 공권력 행사 + 특별한 희생
근거	「헌법」 제29조, 「국가배상법」	「헌법」 제23조, 일반법은 없고 개별법에 규정
전보내용	재산적 손해 · 비재산적 손해	재산적 손해
양도가능 여부	신체, 생명의 침해로 인한 경우 압류 · 양도금지	압류 · 양도가능
책임자	국가, 지방자치단체	시행자(국가 · 공공단체 · 사인)

02 구별의 상대화 경향

오늘날에는 무과실책임, 위험책임의 법리, 과실의 객관화이론 등으로 전통적 손해배상제도가 손실보상제도에 접근하여 양자의 구별이 상대화되는 경향이 있다. 그러나 행정상의 손해배상은 불법행위이론을 바탕으로 하는 것이고, 손실보상은 이러한 손해배상과는 이념적 바탕이 다르다는 점에서 양자의 구별을 인정할 의의는 존재한다고 본다.

제2절 행정상 손해배상제도

01 의의

공무원의 위법한 직무집행행위 및 국가 또는 공공단체가 설치·관리하는 영조물의 하자로 인하여 국민에게 손해를 가한 경우에 국가 등 행정주체가 그 손해를 전보하는 제도를 말한다.

02 현행법상 손해배상제도

1. 「헌법」

(1) 「헌법」 제29조

> **헌법 제29조** ① 공무원의 직무상 불법행위로 손해를 받은 국민은 법률이 정하는 바에 의하여 국가 또는 공공단체에 정당한 배상을 청구할 수 있다. 이 경우 공무원 자신의 책임은 면제되지 아니한다.
> ② 군인·군무원·경찰공무원 기타 법률이 정하는 자가 전투·훈련 등 직무집행과 관련하여 받은 손해에 대하여는 법률이 정하는 보상 외에 국가 또는 공공단체에 공무원의 직무상 불법행위로 인한 배상은 청구할 수 없다.

(2) 이중배상금지의 합헌성

「헌법」 제29조 제2항의 국가배상청구의 제한은 위헌 논란이 있었으나 헌법재판소는 합헌결정을 내린 바 있다.

2. 「국가배상법」

(1) 「국가배상법」의 지위

> **국가배상법**
> **제7조 【외국인에 대한 책임】** 이 법은 외국인이 피해자인 경우에는 해당 국가와 상호 보증이 있을 때에만 적용한다. 2022 기출
>
> **제8조 【다른 법률과의 관계】** 국가나 지방자치단체의 손해배상 책임에 관하여는 이 법에 규정된 사항 외에는 「민법」에 따른다. 다만, 「민법」외의 법률에 다른 규정이 있을 때에는 그 규정에 따른다.

(2) 법적 성격

「국가배상법」이 공법인가 사법인가에 대하여는 견해의 대립이 있다. 다수설은 공법설을 취하여 당사자소송에 의하나 판례는 사법으로 보고 민사소송으로 처리하고 있다.

(3) 「국가배상법」의 유형

과실책임으로서 공무원의 직무행위로 인한 손해배상책임(제2조)과 무과실책임으로서 영조물의 설치·관리의 하자로 인한 손해배상책임(제5조)으로 나누어 규정하고 있다.

03 공무원의 위법한 직무행위로 인한 손해배상 2013 기출

1. 배상책임의 요건

국가배상법 제2조 【배상책임】 ① 국가나 지방자치단체는 공무원 또는 공무를 위탁받은 사인(이하 "공무원"이라 한다)이 직무를 집행하면서 고의 또는 과실로 법령을 위반하여 타인에게 손해를 입히거나, 「자동차손해배상 보장법」에 따라 손해배상의 책임이 있을 때에는 이 법에 따라 그 손해를 배상하여야 한다. 다만, 군인·군무원·경찰공무원 또는 예비군대원이 전투·훈련 등 직무 집행과 관련하여 전사(戰死)·순직(殉職)하거나 공상(公傷)을 입은 경우에 본인이나 그 유족이 다른 법령에 따라 재해보상금·유족연금·상이연금 등의 보상을 지급받을 수 있을 때에는 이 법 및 「민법」에 따른 손해배상을 청구할 수 없다.
② 제1항 본문의 경우에 공무원에게 고의 또는 중대한 과실이 있으면 국가나 지방자치단체는 그 공무원에게 구상(求償)할 수 있다. 2024 기출

2. 성립요건 개관

① 공무원 또는 공무수탁사인의 가해행위
② 직무를 집행하면서 행해질 것
③ 고의·과실에 의한 행위
④ 위법성
⑤ 인과관계
⑥ 타인에게 손해가 발생

(1) 공무원 또는 공무수탁사인의 가해행위 2014 기출

① 「국가배상법」상 공무원의 범위 2022 기출

㉠ 「국가배상법」상 공무원은 「국가공무원법」 및 「지방공무원법」상 공무원 외에 널리 공무를 위탁받아 이에 종사하는 모든 자를 포함한다. 공무원으로 임용된 후 무효사유가 사후에 발견되더라도, 그때까지 위탁받아 행한 직무행위에 대해서는 공무원의 행위로 본다.

㉡ 행정기관이 실질적으로 공무를 수행하는 경우 「국가배상법」상의 공무원으로 보는 것이 판례이다.

② 구체적 검토(판례상)

판례

지방자치단체가 선정한 교통할아버지의 「국가배상법」상 공무원 인정

1. 국가배상법 제2조 소정의 '공무원'이라 함은 국가공무원법이나 지방공무원법에 의하여 공무원으로서의 신분을 가진 자에 국한하지 않고, 널리 공무를 위탁받아 실질적으로 공무에 종사하고 있는 일체의 자를 가리키는 것으로서, 공무의 위탁이 일시적이고 한정적인 사항에 관한 활동을 위한 것이어도 달리 볼 것은 아니다.
2. 지방자치단체가 '교통할아버지 봉사활동 계획'을 수립한 후 관할 동장으로 하여금 '교통할아버지'를 선정하게 하여 어린이 보호, 교통안내, 거리질서 확립 등의 공무를 위탁하여 집행하게 하던 중 '교통할아버지'로 선정된 노인이 위탁받은 업무 범위를 넘어 교차로 중앙에서 교통정리를 하다가 교통사고를 발생시킨 경우, 지방자치단체가 국가배상법 제2조 소정의 배상책임을 부담한다(대판 2001. 1. 5. 98다39060).

의용소방대원의 「국가배상법」상 공무원 부정

의용소방대는 국가기관이라고 할 수 없음은 물론이고 또 그것을 군에 예속된 기관이라고 할 수도 없으니 의용소방대원이 소방호수를 교환받기 위하여 소방대장의 승인을 받고 위 의용소방대가 보관·사용하는 차량을 운전하고 가다가 운전사고를 발생하게 하였다 하더라도 군은 손해배상책임이 없다(대판 1975. 11. 25. 73다1896).

공법인의 구성원에 의한 불법행위에 대한 책임

1. 대집행을 수권받은 한국토지공사는 행정주체의 지위에 있는 것이고 「국가배상법」상 공무원에 해당하지 않는다(대판 2010. 1. 28. 2007다82950·82967).
2. 공법인의 임직원이나 피용인은 실질적인 의미에서 공무를 수행한 사람으로서 「국가배상법」 제2조에서 정한 공무원에 해당하므로 고의 또는 중과실이 있는 경우에만 배상책임을 부담하고 경과실이 있는 경우에는 배상책임을 면한다(대판 2021. 1. 28. 2019다260197).

구분	내용
공무원 인정	소집 중인 예비군대원, 집달관, 미군부대 카투사, 시청소차 운전사, 통장, 교통정리 중이던 교통할아버지, 지방자치단체에 근무하는 청원경찰
공무원 부정	시영버스 운전사, 의용소방대원, 공무집행에 자진하여 협력을 한 사인, 우체국에서 아르바이트하는 자

(2) 직무를 집행하면서 한 행위

① **직무행위의 범위**: 직무행위의 범위에 대해서는 권력적 작용만이 아니라 비권력적 작용도 포함되며 단지 행정주체가 사경제주체로서 하는 활동만 제외된다는 것이 판례이다.

판례

1. 국가배상법이 정한 배상청구의 요건인 '공무원의 직무'에는 권력적 작용만이 아니라 행정지도와 같은 비권력적 작용도 포함되며 단지 행정주체가 사경제주체로서 하는 활동만 제외된다(대판 1998. 7. 10. 96다38971).
2. 지방자치단체의 철거건물 소유자에 대한 시영아파트분양권 부여 등의 업무는 공행정작용과 관련된 활동으로 봐야지 사경제작용으로 볼 수 없다(대판 1991. 7. 26. 91다14819).

② **직무행위의 내용**: 국가배상책임의 원인행위로서의 공무원의 직무행위에는 행정작용뿐만 아니라 입법작용·사법작용이 모두 포함된다. 행정작용에는 법적행위·사실행위 또는 작위·부작위 모두 포함된다. 2024 기출

㉠ **입법작용**: 입법작용도 직무행위에 포함되지만 국회의원의 입법행위가 명백히 헌법의 문언에 위반됨에도 굳이 입법을 한 것과 같은 특수한 경우가 아닌 한 위법행위에 해당하지 않는다 본다. 입법부작위의 경우 진정입법부작위만 포함될 것이고, 부진정입법부작위는 위법성을 인정하기 곤란한 것으로 본다. 2014 기출

판례

국회의원의 입법행위는 특수한 경우가 아닌 한 「국가배상법」상 위법행위에 해당하지 않는다.

국회의원의 입법행위는 그 입법 내용이 헌법의 문언에 명백히 위배됨에도 불구하고 국회가 굳이 당해 입법을 한 것과 같은 특수한 경우가 아닌 한 국가배상법 제2조 제1항 소정의 위법행위에 해당한다고 볼 수 없고, 같은 맥락에서 국가가 일정한 사항에 관하여 헌법에 의하여 부과되는 구체적인 입법의무를 부담하고 있음에도 불구하고 그 입법에 필요한 상당한 기간이 경과하도록 고의 또는 과실로 이러한 입법의무를 이행하지 아니하는 등 극히 예외적인 사정이 인정되는 사안에 한정하여 국가배상법 소정의 배상책임이 인정될 수 있으며, 위와 같은 구체적인 입법의무 자체가 인정되지 않는 경우에는 애당초 부작위로 인한 불법행위가 성립할 여지가 없다(대판 2008. 5. 29. 2004다33469).

행정부가 정당한 이유 없이 시행령을 제정하지 않은 것은 위 보수청구권을 침해하는 불법행위에 해당한다.

구 군법무관임용법 제5조 제3항과 군법무관임용등에관한법률 제6조가 군법무관의 보수를 법관 및 검사의 예에 준하도록 규정하면서 그 구체적 내용을 시행령에 위임하고 있는 이상, 행정부가 정당한 이유 없이 시행령을 제정하지 않은 것은 위 보수청구권을 침해하는 불법행위에 해당한다(대판 2007. 11. 29. 2006다3561).

ⓛ 사법작용의 경우: 법관의 재판도 직무행위에 해당하므로 오판으로 인해 타인에게 손해를 가했다면 국가배상책임을 인정해야 한다. 재판행위로 인한 국가배상책임의 인정에 있어서 위법은 '판결 자체의 위법'이 아니라 '법관의 재판상 직무수행에 있어서의 공정한 재판을 위한 직무상 의무의 위반으로서의 위법'을 의미한다.

판례

법관의 재판에 대한 국가배상책임의 인정요건

1. 법관의 재판에 법령의 규정을 따르지 아니한 잘못이 있다 하더라도 이로써 바로 그 재판상 직무행위가 국가배상법 제2조 제1항에서 말하는 위법한 행위로 되어 국가의 손해배상책임이 발생하는 것은 아니고, 그 국가배상책임이 인정되려면 당해 법관이 위법 또는 부당한 목적을 가지고 재판을 하였다거나 법이 법관의 직무수행상 준수할 것을 요구하고 있는 기준을 현저하게 위반하는 등 법관이 그에게 부여된 권한의 취지에 명백히 어긋나게 이를 행사하였다고 인정할 만한 특별한 사정이 있어야 한다.
2. 재판에 대하여 불복절차 내지 시정절차 자체가 없는 경우에는 부당한 재판으로 인하여 불이익 내지 손해를 입은 사람은 국가배상 이외의 방법으로는 자신의 권리 내지 이익을 회복할 방법이 없으므로, 이와 같은 경우에는 배상책임의 요건이 충족되는 한 국가배상책임을 인정하지 않을 수 없다.
3. 헌법소원심판을 청구한 자로서는 헌법재판소 재판관이 일자 계산을 정확하게 하여 본안판단을 할 것으로 기대하는 것이 당연하고, 따라서 헌법재판소 재판관의 위법한 직무집행의 결과 잘못된 각하결정을 함으로써 청구인으로 하여금 본안판단을 받을 기회를 상실하게 한 이상, 설령 본안판단을 하였더라도 어차피 청구가 기각되었을 것이라는 사정이 있다고 하더라도 잘못된 판단으로 인하여 헌법소원심판 청구인의 위와 같은 합리적인 기대를 침해한 것이고 이러한 기대는 인격적 이익으로서 보호할 가치가 있다고 할 것이므로 그 침해로 인한 정신상 고통에 대하여는 위자료를 지급할 의무가 있다(대판 2003. 7. 11. 99다24218).

ⓒ 검사의 공소제기 · 불기소처분: 검사에게는 기소편의주의가 인정되는 「형사소송법」 구조 하에서 위법성을 인정할 것인지 문제된다. 예를 들어 검사가 공소를 제기하였으나 법원에서 무죄판결을 한 경우, 검사의 불기소처분에 대해서 헌법소원을 제기하였으나 헌법재판소에서 인용된 경우 문제된다.

판례

검사의 공소제기

검사의 공소제기로 인해 무죄판결이 확정되었다는 이유만으로 구속이나 공소제기가 위법하다고 할 수 없고 그 구속 및 공소제기에 관한 검사의 판단이 경험칙이나 논리칙상 도저히 합리성을 긍정할 수 없는 정도에 이른 경우에만 그 위법성을 인정할 수 있다(대판 2002. 2. 22. 2001다23447).

㉣ **공무원의 부작위**: 행정청의 부작위도 직무행위에 해당한다는 것이 통설·판례의 입장이다. 부작위가 성립하기 위한 공무원의 직무상 작위의무는 법령뿐만 아니라 조리에 의해서도 인정될 수 있다. 2024 기출

판례

법령에 명시적 작위의무가 규정되어 있지 않더라도 공무원의 작위의무를 인정할 수 있다. 2020 기출

'법령에 위반하여'라고 하는 것이 엄격하게 형식적 의미의 법령에 명시적으로 공무원의 작위의무가 규정되어 있는데도 이를 위반하는 경우만을 의미하는 것은 아니고, 국민의 생명, 신체, 재산 등에 대하여 절박하고 중대한 위험상태가 발생하였거나 발생할 우려가 있어서 국민의 생명, 신체, 재산 등을 보호하는 것을 본래적 사명으로 하는 국가가 초법규적, 일차적으로 그 위험 배제에 나서지 아니하면 국민의 생명, 신체, 재산 등을 보호할 수 없는 경우에는 형식적 의미의 법령에 근거가 없더라도 국가나 관련 공무원에 대하여 그러한 위험을 배제할 작위의무를 인정할 수 있을 것이다(대판 2001. 4. 24. 2000다57856).

공무원이 작위의무를 위반한 경우

1. 경찰관이 농민들의 시위를 진압하고 시위과정에 도로상에 방치된 트랙터 1대에 대하여 이를 도로 밖으로 옮기거나 후방에 안전표지판을 설치하는 것과 같은 위험발생방지조치를 취하지 아니한 채 그대로 방치하고 철수하여 버린 결과, 야간에 그 도로를 진행하던 운전자가 위 방치된 트랙터를 피하려다가 다른 트랙터에 부딪혀 상해를 입은 사안에서 국가배상책임이 인정된다(대판 1998. 8. 25. 98다16890).
2. 음주운전으로 적발된 주취운전자가 도로 밖으로 차량을 이동하겠다며 단속 경찰관으로부터 보관 중이던 차량열쇠를 반환받아 몰래 차량을 운전하여 가던 중 사고를 일으킨 경우, 국가배상책임이 인정된다(대판 1998. 5. 8. 97다54482).

③ 직무를 집행하면서의 판단기준

㉠ **의의**: 「국가배상법」상의 "직무를 집행하면서"란 현실적 직무행위는 물론이고 객관적으로 직무의 범위 내에 속하는 행위라고 인정되거나 직무와 밀접하게 관련된 행위라고 인정되는 경우를 말한다.

㉡ **판단기준**: 이러한 직무관련성에 대해서 공무원이 주관적으로 직무집행의 의사를 가지고 있는지의 여부와는 관계없이 객관적으로 직무행위의 외형에 따라 판단해야 한다는 것이 통설·판례의 입장이다.

PART 04

판례

직무관련성 판단기준

국가배상법 제2조 제1항의 "직무를 집행함에 당하여"라 함은 직접 공무원의 직무집행행위이거나 그와 밀접한 관계에 있는 행위를 포함하고, 이를 판단함에 있어서는 행위 자체의 외관을 객관적으로 관찰하여 공무원의 직무행위로 보여질 때에는 비록 그것이 실질적으로 직무행위가 아니거나 또는 행위자로서는 주관적으로 공무집행의 의사가 없었다고 하더라도 그 행위는 공무원이 "직무를 집행함에 당하여"한 것으로 보아야 한다(대판 1995. 4. 21. 93다14240).

직무관련성 인정판례

1. 울산세관의 통관지원과에서 인사업무를 담당하면서 울산세관 공무원들의 공무원증 및 재직증명서 발급업무를 하는 공무원이 울산세관의 다른 공무원의 공무원증 등을 위조하는 행위는 비록 그것이 실질적으로는 직무행위에 속하지 아니한다 할지라도 적어도 외관상으로는 공무원증과 재직증명서를 발급하는 행위로서 직무집행으로 보여지므로 결국 소외인의 공무원증 등 위조행위는 국가배상법 제2조 제1항 소정의 공무원이 직무를 집행함에 당하여 한 행위로 인정된다(대판 2005. 1. 14. 2004다26805). 2023 기출
2. 공무원이 자신의 소유인 승용차를 운전하여 공무를 수행하고 돌아오던 중 동승한 다른 공무원을 사망하게 하는 교통사고를 발생시킨 경우, 이는 외형상 객관적으로 직무와 밀접한 관련이 있는 행위이고 국가배상법에 의한 손해배상책임이 인정된다(대판 1998. 11. 19. 97다36873).

직무관련성 부정판례

1. 공무원이 통상적으로 근무하는 근무지로 출근하기 위하여 자기 소유의 자동차를 운행하다가 자신의 과실로 교통사고를 일으킨 경우에는 특별한 사정이 없는 한 국가배상법 제2조 제1항 소정의 공무원이 '직무를 집행함에 당하여' 타인에게 불법행위를 한 것이라고 할 수 없으므로 그 공무원이 소속된 국가나 지방공공단체가 국가배상법상의 손해배상책임을 부담하지 않는다(대판 1996. 5. 31. 94다15271).
2. 무허가건물철거 세입자들에 대한 시영아파트 입주권 매매행위를 한 경우 이는 갑이 개인적으로 저지른 행위에 불과하고 당시 근무하던 세무과에서 수행하던 지방세 부과, 징수 등 본래의 직무와는 관련이 없는 행위로서 외형상으로도 직무범위 내에 속하는 행위라고 볼 수 없다(대판 1993. 1. 15. 92다8514).

④ **사익보호성 인정 여부**: 직무의 사익보호성을 인정할 것인가에 대해서는 이를 부정하는 견해도 있지만 대법원은 「국가배상법」 제2조 제1항에서 말하는 직무란 사인의 보호를 위한 직무를 뜻하며, 사회 일반의 공익만을 위한 직무는 이에 포함되지 않는다고 본다(대판 2009. 7. 23. 2006다87798).

판례

공공일반의 전체적인 이익을 도모하기 위한 것이지, 국민 개개인의 안전과 이익을 직접적으로 보호하기 위한 규정이 아닌 경우 이러한 행위가 국민에 대한 불법행위가 되지 않는다.

상수원수의 수질을 유지하여야 할 의무를 부과하고 있는 법령의 규정은 국민에게 양질의 수돗물이 공급되게 함으로써 국민 일반의 건강을 보호하여 공공일반의 전체적인 이익을 도모하기 위한 것이지, 국민 개개인의 안전과 이익을 직접적으로 보호하기 위한 규정이 아니므로, 국민에게 공급된 수돗물의 상수원의 수질이 수질기준에 미달한 경우가 있고, 이로 말미암아 국민이 법령에 정하여진 수질기준에 미달한 상수원수로 생산된 수돗물을 마심으로써 건강상의 위해 발생에 대한 염려 등에 따른 정신적 고통을 받았다고 하더라도, 이러한 사정만으로는 국가 또는 지방자치단체가 국민에게 손해배상책임을 부담하지 아니한다(대판 2001. 10. 23. 99다36280).

(3) 고의 또는 과실로 인한 행위

① **의의**: 고의란 일정한 위법행위의 발생가능성을 인식하고 그 결과를 적극적으로 인용한 경우를 뜻하며 과실이란 통상적으로 갖추어야 할 주의의무를 게을리한 경우를 말한다(주의의무위반). 직무행위를 한 공무원에게 고의·과실이 있으면 되고, 선임·감독자인 국가의 고의·과실까지 요하는 것은 아니다.

② **과실의 객관화 경향**

㉠ 문제점: 전통적인 주관적 과실책임주의하에서는 가해공무원을 특정하지 못하는 경우 현실적으로 고의·과실의 입증이 불가능하다는 점, 피해자의 입장에서 주관적 성립요소인 과실에 대한 현실적인 입증이 어렵다는 점이 문제점으로 지적되었다.

㉡ 과실의 객관화: 근래에는 이러한 문제점을 시정하기 위하여 과실의 의미를 객관화하여 피해자에 대한 권리구제를 용이하게 하려는 경향이 있다. ⓐ 과실을 당해 가해공무원의 주의능력을 기준으로 판단하지 않고 당해 직무를 담당하는 평균적인 공무원의 주의능력으로 끌어올려 판단(고도화된 주의의무의 설정)한다든지, ⓑ 가해행위가 공무원의 행위에 의한 것으로 보여지는 한 가해공무원이 특정되지 않더라도 조직체의 과실을 인정하기도 한다(조직과실이론).

판례

평균적 주의의무

어떠한 행정처분이 후에 항고소송에서 취소되었다고 할지라도 그 기판력에 의하여 당해 행정처분이 곧바로 공무원의 고의 또는 과실로 인한 것으로서 불법행위를 구성한다고 단정할 수는 없는 것이고, 그 행정처분의 담당공무원이 보통 일반의 공무원을 표준으로 하여 볼 때 객관적 주의의무를 결하여 그 행정처분이 객관적 정당성을 상실하였다고 인정될 정도에 이른 경우에 비로소 국가배상법 제2조 소정의 국가배상책임의 요건을 충족하였다고 봄이 상당할 것이다(대판 2003. 11. 27. 2001다33789).

인감증명사무를 처리하는 공무원은 발급된 인감으로 부정행위의 발생을 방지할 직무상의 의무가 있다.

인감증명은 인감 자체의 동일성과 거래행위자의 의사에 의한 것임을 확인하는 자료로서 일반인의 거래상 극히 중요한 기능을 갖고 있는 것이므로 인감증명사무를 처리하는 공무원으로서는 그것이 타인과의 권리의무에 관계되는 일에 사용되어 지는 것을 예상하여 그 발급된 인감으로 인한 부정행위의 발생을 방지할 직무상의 의무가 있다(대판 2004. 3. 26. 2003다54490).

③ **공무원 과실의 구체적 검토**

㉠ 법령해석의 잘못과 공무원의 과실: 공무원이 법령해석을 잘못하여 위법한 행정처분을 한 경우에 공무원의 과실을 인정할 것인가에 대하여, 판례는 ⓐ 법령해석 및 실무취급례가 없는 경우에는 공무원의 과실을 부정하고(대판 1995. 10. 13. 95다32747), ⓑ 법령해석 및 실무취급례가 확립되어 있는 경우에는 공무원의 과실을 인정한다(대판 1981. 8. 25. 80다1598).

판례

공무원의 법령오해석

① **법규해석을 그르친 경우 과실인정**: 특별한 사정이 없는 한 일반적으로 공무원이 관계법규를 알지 못하거나 필요한 지식을 갖추지 못하고 법규의 해석을 그르쳐 행정처분을 하였다면 그가 법률전문가가 아닌 행정직 공무원이라고 하여 과실이 없다고는 할 수 없다(대판 2001. 2. 9. 98다52988).

② **관계법령의 해석이 확립되기 전이라면 과실부정**: 행정청이 관계법령의 해석이 확립되기 전에 어느 한 설을 취하여 업무를 처리한 것이 결과적으로 위법하게 되어 그 법령의 부당집행이라는 결과를 빚었다고 하더라도 처분 당시 그와 같은 처리방법 이상의 것을 성실한 평균적 공무원에게 기대하기 어려웠던 경우라면 특별한 사정이 없는 한 이를 두고 공무원의 과실로 인한 것이라고는 볼 수 없다(대판 2001. 3. 13. 2000다20731).

③ **대법원의 확립된 법령의 해석에 어긋나는 견해를 취한 경우**: 대법원의 판단으로 관계 법령의 해석이 확립되고 이어 상급 행정기관 내지 유관 행정부서로부터 시달된 업무지침이나 업무연락 등을 통하여 이를 충분히 인식할 수 있게 된 상태에서, 확립된 법령의 해석에 어긋나는 견해를 고집하여 계속하여 위법한 행정처분을 하거나 이에 준하는 행위로 평가될 수 있는 불이익을 처분상대방에게 주게 된다면, 이는 그 공무원의 고의 또는 과실로 인한 것이 되어 그 손해를 배상할 책임이 있다(대판 2007. 5. 10. 2005다31828).

㉡ **행정규칙에 따른 처분**: 행정규칙에 따른 처분 후에 그 처분이 재량권을 일탈한 위법한 처분임이 판명된 경우 일반적으로 과실을 인정하기는 어렵다고 보나, 재량준칙이 심히 합리적이지 못한 경우에는 당해 재량준칙을 인정한 공무원의 과실을 인정하자는 견해도 있다.

판례

행정규칙의 처분기준에 따른 처분이 행정심판에서 재량권 남용으로 판명되었다고 하여 당해 공무원에게 과실을 인정할 수 없다.

영업허가취소처분이 나중에 행정심판에 의하여 재량권을 일탈한 위법한 처분임이 판명되어 취소되었다고 하더라도 그 처분이 당시 시행되던 공중위생법시행규칙에 정하여진 행정처분의 기준에 따른 것인 이상 그 영업허가취소처분을 한 행정청 공무원에게 그와 같은 위법한 처분을 한 데 있어 어떤 직무집행상의 과실이 있다고 할 수는 없다(대판 1994. 11. 8. 94다26141).

㉢ **항고소송에서 처분이 취소된 경우**: 어떠한 행정처분이 뒤에 항고소송에서 취소되었다고 할지라도 그 자체만으로 그 행정처분이 곧바로 공무원의 고의 또는 과실로 인한 불법행위를 구성한다고 단정할 수는 없다(판례).

판례

처분이 후에 항고소송에서 취소된 것만으로는 곧바로 공무원의 과실을 인정할 수 없다. 2022 · 2023 기출

행정처분이 후에 항고소송에서 취소되었다고 할지라도 그 기판력에 의하여 당해 행정처분이 곧바로 공무원의 고의 또는 과실로 인한 것으로서 불법행위를 구성한다고 단정할 수는 없다(대판 2000. 5. 12. 99다70600).

---

④ **가해공무원의 특정불요**: 공무원의 과실을 입증함에 있어서 가해공무원의 특정이 필수적인 것은 아니다. 누구의 행위인지가 판명되지 않더라도 손해의 발생상황으로 봐서 공무원의 행위에 의한 것이 인정되면 국가는 배상책임을 진다.

(4) 법령에 위반한 행위(위법성)

국가배상책임이 성립하기 위해서는 공무원의 행위가 법령에 위반한 것이어야 한다. 법령의 범위에 대해서는 협의설과 광의설이 대립한다. 다수설은 법령위반을 엄격한 의미의 법령위반뿐만 아니라 '인권존중, 신의성실, 권리남용금지, 공서양속' 등을 포함하여 당해 직무행위가 객관적으로 정당성을 결한 경우까지 의미한다고 본다.

판례

1. 행정처분의 담당공무원이 보통 일반의 공무원을 표준으로 하여 볼 때 객관적 주의의무를 결하여 그 행정처분이 객관적 정당성을 상실하였다고 인정될 정도에 이른 경우에 국가배상법 제2조 소정의 국가배상책임의 요건을 충족하였다고 봄이 상당할 것이다(대판 2000. 5. 12. 99다70600).
2. 공무원의 직무집행이 법령이 정한 요건과 절차에 따라 이루어진 경우 개인의 권리가 침해되는 일이 생긴다고 하여 위법성이 인정되지 않는다(대판 1997. 7. 25. 94다2480).

① **행정규칙위반**: 위법성부정설과 위법성긍정설의 대립이 있다. 판례는 단순한 행정적 내부규칙에 위반하는 것을 포함하지 않는다는 입장이다.

② **수익적 행정처분의 위법**: 수익적 행정처분이 신청인에 대한 관계에서 「국가배상법」 제2조 제1항의 위법성이 있는 것으로 평가되기 위하여는 객관적으로 보아 그 행위로 인하여 신청인이 손해를 입게 될 것임이 분명하다고 할 수 있어 신청인을 위하여도 당해 행정처분을 거부할 것이 요구되는 경우이어야 한다(대판 2001. 5. 29. 99다37047).

(5) 타인에게 손해가 발생하였을 것

① **타인**: 타인이란 가해자인 공무원 및 그의 직무상의 위법행위에 가세한 자 이외의 자를 의미한다. 공무원도 피해자의 입장이라면 타인에 속한다.

② **손해발생과 인과관계** 2014 기출: 손해는 현실로 입은 확실한 손해에 한한다(대판 2020. 10. 15. 2017다278446). 적극적·소극적 손해, 재산적·생명적·신체적·정신적 손해 등이 모두 포함된다. 공무원의 직무상 위법행위와 손해발생 사이에 상당인과관계가 존재하여야 한다.

판례

1. 유흥주점의 화재로 여종업원들이 사망한 경우 담당공무원이 「식품위생법」상 취하여야 할 조치를 게을리 한 것과 사망 사이의 인과관계가 부정된다(대판 2008. 4. 10. 2005다48994).
2. 유흥주점의 화재로 여종업원들이 사망한 경우 소방공무원이 구 「소방법」상 취하여야 할 조치를 게을리 한 것과 사망 사이의 인과관계가 인정된다(대판 2008. 4. 10. 2005다48994).

③ **절차의 위법으로 인한 손해**: 절차상 위법과 상당인과관계가 있는 경우 국가배상책임이 인정되지만, 절차를 거치더라도 가해행위와 동일한 내용의 처분을 할 수 있는 경우에는 특별한 사정이 없는 한 손해가 발생하였다고 할 수 없다.

④ **군인 등에 대한 특례** 2021 기출

㉠ 이중배상금지의 원칙: 「국가배상법」 제2조 제1항 단서는 "군인 · 군무원 · 경찰공무원 또는 예비군대원이 전투 · 훈련 등 직무 집행과 관련하여 전사 · 순직하거나 공상을 입은 경우에 본인이나 그 유족이 다른 법령에 따라 재해보상금 · 유족연금 · 상이연금 등의 보상을 지급받을 수 있을 때에는 이 법 및 「민법」에 따른 손해배상을 청구할 수 없다."고 하여 이중배상금지의 원칙을 규정하고 있다.

판례

1. 「국가배상법」에 따라 손해배상을 받았다는 점을 들어 보상금 등 보훈급여금의 지급을 거부할 수 없다(대판 2017. 2. 3. 2015두60075).
2. 전투 · 훈련 또는 이에 준하는 직무집행뿐만 아니라 '일반 직무집행'에 관하여도 국가나 지방자치단체의 배상책임을 제한하는 것이라고 해석된다(대판 2011. 3. 10. 2010다85942).

㉡ 군인의 특례의 범위

- 공익근무요원 · 경비교도대원 → 이중배상금지의 군인 · 경찰공무원(×)
- 전투경찰순경 → 경찰공무원(○)
- 경찰서지서의 숙직실 → 이중배상금지의 전투 · 훈련에 관련된 시설(×)

㉢ 일반 국민과 군인의 공동불법행위와 구상권: 「국가배상법」상 피해자 군인의 이중배상청구금지규정의 해석과 관련하여 일반 국민이 가해자 군인과 공동불법행위를 한 후 공동불법행위자인 군인의 손해배상책임까지 피해자에게 손해배상을 한 후 가해자 군인의 책임부분에 대해 국가에 대하여 구상권을 행사할 수 있는지 문제된다.

판례

헌법재판소의 입장(구상권 행사 긍정설)

「국가배상법」 제2조 제1항 단서 중 군인에 관련되는 부분을, 일반국민이 직무집행 중인 군인과의 공동불법행위로 직무집행 중인 다른 군인에게 공상을 입혀 그 피해자에게 공동의 불법행위로 인한 손해를 배상한 다음 공동불법행위자인 군인의 부담부분에 관하여 국가에 대하여 구상권을 행사하는 것을 허용하지 않는다고 해석한다면, … 비례의 원칙에 위배하여 일반국민의 재산권을 과잉제한하는 경우에 해당하여 헌법 제23조 제1항 및 제37조 제2항에도 위반된다(헌재 1994. 12. 29. 93헌바21).

대법원의 입장(구상권 행사 부정설) 2021 기출

위와 같은 경우에는 공동불법행위자 등이 부진정연대채무자로서 각자 피해자의 손해 전부를 배상할 의무를 부담하는 공동불법행위의 일반적인 경우와 달리 예외적으로 민간인은 피해 군인 등에 대하여 그 손해 중 국가 등이 민간인에 대한 구상의무를 부담한다면 그 내부적인 관계에서 부담하여야 할 부분을 제외한 나머지 자신의 부담부분에 한하여 손해배상의무를 부담하고, 한편 국가 등에 대하여는 그 귀책부분의 구상을 청구할 수 없다고 해석함이 상당하다(대판 2001. 2. 15. 96다42420).

3. 공무원의 배상책임 2013 기출

판례는 공무원의 고의 · 중과실의 행위의 경우 피해자의 선택청구가 가능하다고 보나 경과실의 피해자는 국가 등에 대해서만 배상청구를 긍정한다.

판례

공무원이 경과실로 인한 불법행위에 대해 손해배상을 하였다면 국가나 지방자치단체에 대해 구상권을 행사할 수 있다.

공중보건의인 갑에게 치료를 받던 을이 사망하자 을의 유족들이 갑 등을 상대로 손해배상청구의 소를 제기하였고, 갑의 의료과실이 인정된다는 이유로 갑 등의 손해배상책임을 인정한 판결이 확정되어 갑이 을의 유족들에게 판결금 채무를 지급한 사안에서, 갑은 공무원으로서 직무 수행 중 경과실로 타인에게 손해를 입힌 것이어서 을과 유족들에 대하여 손해배상책임을 부담하지 아니함에도 을의 유족들에 대한 패소판결에 따라 그들에게 손해를 배상한 것이고, 이는 민법 제744조의 도의관념에 적합한 비채변제에 해당하여 을과 유족들의 국가에 대한 손해배상청구권은 소멸하고 국가는 자신의 출연 없이 채무를 면하였으므로, 갑은 국가에 대하여 변제금액에 관하여 구상권을 취득한다(대판 2014. 8. 20. 2012다54478).

4. 배상책임의 내용

(1) 배상책임자

① **국가 또는 지방자치단체**: 「헌법」 제29조는 국가배상책임의 주체로 국가와 공공단체를 규정하고 있으나, 「국가배상법」은 제2조에서 국가와 지방자치단체로 규정하고 있다. 「국가배상법」은 「민법」 제756조 제1항 단서상의 사용자 면책조항에 상응하는 규정을 두고 있지 않다.

② **선임 감독자와 비용부담자가 다른 경우**: 국가 또는 지방자치단체가 손해를 배상할 책임이 있는 경우에 공무원의 선임·감독자와 공무원의 봉급·급여 기타의 비용을 부담하는 자가 동일하지 아니한 경우에는 그 비용을 부담하는 자도 손해를 배상하여야 한다(「국가배상법」 제6조 제1항). 궁극적인 배상책임자는 선임·감독자이므로 비용부담자가 배상을 한 경우에는 비용부담자는 선임감독자에게 구상할 수 있다(다수설). 2019 기출

판례

기관위임사무의 경우 사무의 귀속주체인 도가 손해배상책임을 진다. 2020 기출

도지사가 그의 권한에 속하는 사무를 소속 시장 또는 군수에게 위임하여 시장, 군수로 하여금 그 사무를 처리하게 하는 소위 기관위임의 경우에는, 지방자치단체장인 시장, 군수는 도 산하 행정기관의 지위에서 그 사무를 처리하는 것이므로, 시장, 군수 또는 그들을 보조하는 시, 군 소속 공무원이 그 위임받은 사무를 집행함에 있어 고의 또는 과실로 타인에게 손해를 가하였다면 그 사무의 귀속 주체인 도가 손해배상책임을 진다(대판 1994. 1. 11. 92다29528).

기관위임된 국가행정사무를 지방자치단체장이 처리한 경우 지방자치단체는 비용부담자로서 책임이 있다.

지방자치단체의 장이 기관위임된 국가행정사무를 처리하는 경우 그에 소요되는 경비의 실질적·궁극적 부담자는 국가라고 하더라도 당해 지방자치단체는 국가로부터 내부적으로 교부된 금원으로 그 사무에 필요한 경비를 대외적으로 지출하는 자이므로, 이러한 경우 지방자치단체는 국가배상법 제6조 제1항 소정의 비용부담자로서 공무원의 불법행위로 인한 같은 법에 의한 손해를 배상할 책임이 있다(대판 1994. 12. 9. 94다38137).

(2) 배상의 범위

① **상당인과관계 있는 모든 손해액**: 배상은 원칙적으로 정당한 배상을 하여야 한다. 공무원의 가해행위와 상당인과관계가 있는 모든 손해액을 배상하여야 한다. 다만 피해자가 손해를 입은 동시에 이익을 얻은 경우에는 손해배상액에서 그 이익에 상당하는 금액을 공제하여야 한다.

유족배상과 장해배상 및 장래에 필요한 요양비 등을 일시에 신청하는 경우에는 중간이자를 공제하여야 한다.

② **「국가배상법」 제3조의 배상기준**: 「국가배상법」 제3조에서는 배상액의 결정기준을 규정하고 있는데 이에 대해서는 법원을 구속하지 않고 단순히 기준을 제시한 것으로 보는 것이 판례이다.

판례

기준액설 판례

「국가배상법」 제3조 제1항과 제3항의 손해배상기준은 배상심의회의 배상금지급기준을 정함에 있어서의 하나의 기준을 정한 것에 지나지 아니하고, 이로써 배상액의 상한을 제한한 것으로 볼 수는 없다(대판 1970. 1. 29. 69다1203).

③ **국가배상청구권의 양도 · 압류금지**: 공무원의 직무상 불법행위로 인한 손해배상청구권 중 생명 · 신체상의 손해로 인한 것은 양도나 압류를 할 수 없다(「국가배상법」 제4조). 2019 · 2022 기출

④ **위자료**: 사망하거나 신체의 해를 입은 피해자나 유족 등은 대통령령으로 정하는 기준 내에서 그 정신적 고통에 대한 위자료를 배상청구할 수 있다. 재산적 손해의 경우에도 마찬가지이다.

판례

재산적 손해에 대한 위자료를 청구하기 위한 요건

일반적으로 타인의 불법행위에 의하여 재산권이 침해된 경우에는 그 재산적 손해의 배상에 의하여 정신적 고통도 회복된다고 보아야 할 것이므로, 재산적 손해의 배상에 의하여 회복할 수 없는 정신적 손해가 발생하였다면 이는 특별한 사정으로 인한 손해로서 가해자가 그러한 사정을 알았거나 알 수 있었을 경우에 한하여 그 손해에 대한 위자료를 청구할 수 있다(대판 1992. 5. 26. 91다38334).

(3) 국가배상청구권의 소멸시효

「국가배상법」에는 손해배상청구권의 소멸시효기간이 규정되어 있지 않으므로 「국가배상법」 제8조에 따라 「민법」이 준용된다. 따라서 피해자나 그 법정대리인이 그 손해 또는 가해자를 안 날로부터 3년이 지나면 시효로 소멸된다(「민법」 제766조). 피해자나 그 법정대리인이 손해 및 가해자를 알지 못한 경우에는 「국가재정법」 제96조 제2항에 따라 5년간 이를 행사하지 아니하면 시효로 소멸한다. 2022 기출

판례

민간인 집단 희생사건, 중대한 인권침해사건 · 조작의혹사건에 적용되는 손해배상청구권에 대하여는 '객관적 기산점을 기준으로 하는 소멸시효'가 적용되지 않는다.

헌법재판소의 위헌결정의 효력이 미치는 경우, 과거사정리법 제2조 제1항 제3호의 '민간인 집단 희생사건'이나 같은 항 제4호의 '중대한 인권침해사건 · 조작의혹사건'에서 공무원의 위법한 직무집행으로 인한 손해배상청구권에 대해서는 민법 제166조 제1항, 제766조 제2항에 따른 '객관적 기산점을 기준으로 하는 소멸시효'(이하 '장기소멸시효'라고 한다)는 적용되지 않고, 국가에 대한 금전 급부를 목적으로 하는 권리의 소멸시효기간을 5년으로 규정한 국가재정법 제96조 제2항(구 예산회계법 제96조 제2항) 역시 이러한 객관적 기산점을 전제로 하는 경우에는 적용되지 않는다(대판 2019. 12. 24. 2019다231625).

04 「자동차손해배상 보장법」상 책임

1. 「국가배상법」 제2조 후단

"국가나 지방자치단체는 … 「자동차손해배상 보장법」에 따라 손해배상의 책임이 있을 때에는 이 법에 따라 그 손해를 배상하여야 한다."고 규정하고 있고, 「자동차손해배상 보장법」은 "자기를 위하여 자동차를 운행하는 자는 그 운행으로 다른 사람을 사망하게 하거나 부상하게 한 경우에는 그 손해를 배상할 책임을 진다."고 규정하고 있다.

2. 국가배상책임과 관계

공무원의 차량사고로 인한 국가배상과 관련하여 국가 등이 「자동차손해배상 보장법」상의 책임성립요건을 갖추면 손해배상책임의 범위와 절차는 「국가배상법」이 정한 바에 의하여 배상책임을 진다. 「자동차손해배상 보장법」상 책임은 국가 등의 '운행자성'만 인정되면 되므로 일반적인 국가배상책임의 성립보다 용이하다.

3. 「자동차손해배상 보장법」에 의한 국가배상책임의 성립요건

「자동차손해배상 보장법」 제3조에 의한 책임성립요건으로서 국가 또는 지방자치단체의 '운행자성'이 인정되어야 한다.

(1) 운행자성의 요소

운행자성이란 '자기를 위하여 자동차를 운행하는 자'를 뜻한다. 운행자는 보유자보다 넓은 개념이며 운전자와도 다른 개념이다. 운행자성은 '운행이익'과 '운행지배'를 요건으로 한다.

(2) 구체적 판단

① **공무원이 공무를 위해 공용차를 운행하는 경우**: 국가 등이 운행자로서 손해배상책임을 진다. 관용차를 무단으로 사용한 경우라 할지라도 국가 등에게 운행지배나 운행이익을 인정할 만한 사정이 있는 경우 국가 등이 책임을 진다.

② **공무원의 공무수행을 위하여 자신 소유의 자동차를 이용한 경우**: 국가 또는 지방자치단체의 운행자성을 부인하는 것이 판례이다. 국가 등의 운행자책임이 부정된다고 하더라도 국가배상책임의 성립요건(직무관련성)을 갖추었다면 국가배상책임이 성립될 수 있다.

4. 공무원의 책임

(1) 국가 등의 「자동차손해배상 보장법」상 책임이 인정되는 경우

국가나 지방자치단체가 책임지므로 공무원에게 「자동차손해배상 보장법」상 책임은 발생하지 않는다. 그 배상책임의 내용도 「국가배상법」에 의하므로 공무원의 대외적 책임은 「국가배상법」의 이론에 따른다. 따라서 판례는 공무원의 고의 또는 중과실인 경우에 민사상 책임을 진다고 한다.

(2) 국가 등의 「자동차손해배상 보장법」상 책임이 부정되는 경우

판례는 국가 등이 아닌 공무원의 운행자성이 인정되어 「자동차손해배상 보장법」의 책임이 성립되는 경우에는 경과실에 의한 것인가, 고의 또는 중과실에 의한 것인가를 불문하고 「자동차손해배상 보장법」상의 손해배상책임을 부담한다고 한다.

판례

공무원이 직무상 자기 소유의 자동차를 운전하다가 사고를 일으킨 경우 2018 기출
공무원이 직무상 자동차를 운전하다가 사고를 일으켜 다른 사람에게 손해를 입힌 경우에는 그 사고가 자동차를 운전한 공무원의 경과실에 의한 것인지 중과실 또는 고의에 의한 것인지를 가리지 않고, 그 공무원이 「자동차손해배상보장법」 제3조 소정의 '자기를 위하여 자동차를 운행하는 자'에 해당하는 한 「자동차손해배상보장법」상의 손해배상책임을 부담한다(대판 1996. 3. 8. 94다23876).

05 영조물의 설치 · 관리의 하자로 인한 손해배상

1. 의의 및 성질

(1) 「국가배상법」 제5조

국가배상법 제5조 【공공시설 등의 하자로 인한 책임】 ① 도로 · 하천, 그 밖의 공공의 영조물(營造物)의 설치나 관리에 하자(瑕疵)가 있기 때문에 타인에게 손해를 발생하게 하였을 때에는 국가나 지방자치단체는 그 손해를 배상하여야 한다. 이 경우 제2조 제1항 단서, 제3조 및 제3조의2를 준용한다.
② 제1항을 적용할 때 손해의 원인에 대하여 책임을 질 자가 따로 있으면 국가나 지방자치단체는 그 자에게 구상할 수 있다.

(2) 법적 성질

「국가배상법」 제5조의 책임은 제2조의 책임과는 달리 공무원의 직무상의 고의 · 과실을 요건으로 하지 않는다는 점에서 무과실책임으로 보는 것이 다수설이다. 이에 대해 엄격한 의미의 무과실책임으로 볼 수 없다는 견해도 있다.

(3) 「민법」 제758조 – 공작물책임과의 관계

민법 제758조 【공작물등의 점유자, 소유자의 책임】 ① 공작물의 설치 또는 보존의 하자로 인하여 타인에게 손해를 가한 때에는 공작물점유자가 손해를 배상할 책임이 있다. 그러나 점유자가 손해의 방지에 필요한 주의를 해태하지 아니한 때에는 그 소유자가 손해를 배상할 책임이 있다.

「국가배상법」 제5조는 공작물책임을 규정한 「민법」 제758조에 대응하는 규정이나, 공작물책임과 달리 대상이 공작물에 한정되지 않고 그 범위가 넓은 점, 국가 등이 점유자인 경우에도 면책규정이 없다는 점에서 「민법」의 공작물책임과 구별된다.

2. 성립요건

(1) 공공의 영조물

① **강학상 공물**: 강학상 의미의 영조물은 행정목적을 위해 제공된 인적 · 물적 시설의 종합체를 말하나, 「국가배상법」상의 영조물은 행정주체에 의해 공공의 목적으로 사용되는 유체물 및 관리할 수 있는 자연력인 강학상 공물을 의미한다. 인공공물과 자연공물을 포함하는 개념이다.

② **국유 일반재산**: 국가 또는 지방자치단체의 소유에 속하는 물건이라 하더라도 공공의 목적에 사용되지 않는 국·공유의 사물(국유재산 중의 일반재산)은 여기에서 말하는 영조물에 해당하지 않는다.

판례

「국가배상법」 제5조의 공공의 영조물에는 사실상 관리하고 있는 경우도 포함된다. 2024 기출

「국가배상법」 제5조 제1항 소정의 "공공의 영조물"이라 함은 국가 또는 지방자치단체에 의하여 특정 공공의 목적에 공여된 유체물 내지 물적 설비를 지칭하며, 특정 공공의 목적에 공여된 물이라 함은 일반공중의 자유로운 사용에 직접적으로 제공되는 공공용물에 한하지 아니하고, 행정주체 자신의 사용에 제공되는 공용물도 포함하며 국가 또는 지방자치단체가 소유권, 임차권 그밖의 권한에 기하여 관리하고 있는 경우뿐만 아니라 사실상의 관리를 하고 있는 경우도 포함한다(대판 1995. 1. 24. 94다45302).

국가의 철도운행사업과 관련하여 발생한 사고로 인한 손해배상청구에 관해 공무원의 직무상 과실을 원인으로 하는 경우 = 「민법」 / 철도시설물 설치·관리의 하자를 원인으로 한 경우 = 「국가배상법」(영조물 하자책임)

국가 또는 지방자치단체라 할지라도 공권력의 행사가 아니고 단순한 사경제의 주체로 활동하였을 경우에는 그 손해배상책임에 국가배상법이 적용될 수 없고 민법상의 사용자책임 등이 인정되는 것이고 국가의 철도운행사업은 국가가 공권력의 행사로서 하는 것이 아니고 사경제적 작용이라 할 것이므로, 이로 인한 사고에 공무원이 간여하였다고 하더라도 국가배상법을 적용할 것이 아니고 일반 민법의 규정에 따라야 하므로, … 공공의 영조물인 철도시설물의 설치 또는 관리의 하자로 인한 불법행위를 원인으로 하여 국가에 대하여 손해배상청구를 하는 경우에는 국가배상법이 적용된다(대판 1999. 6. 22. 99다7008).

일반공중의 이용에 제공되지 않는 경우 영조물이라 할 수 없다.

사고 당시 설치하고 있던 옹벽은 소외 회사가 공사를 도급받아 공사 중에 있었을 뿐만 아니라 아직 완성도 되지 아니하여 일반공중의 이용에 제공되지 않고 있었던 이상 국가배상법 제5조 제1항 소정의 영조물에 해당한다고 할 수 없다(대판 1998. 10. 23. 98다17381).

사실상 군민의 통행에 제공되고 있던 도로는 영조물이 아니다.

국가배상법 제5조 소정의 공공의 영조물이란 공유나 사유임을 불문하고 행정주체에 의하여 특정공공의 목적에 공여된 유체물 또는 물적 설비를 의미하므로 사실상 군민의 통행에 제공되고 있던 도로 옆의 암벽으로부터 떨어진 낙석에 맞아 소외인이 사망하는 사고가 발생하였다고 하여도 동 사고지점 도로가 피고 군에 의하여 노선인정 기타 공용개시가 없었으면 이를 영조물이라 할 수 없다(대판 1981. 7. 7. 80다2478).

(2) 설치·관리의 하자

① **의의**: 영조물의 설치·관리의 하자란 '영조물이 통상적으로 갖추어야 할 안전성을 결하고 있는 것'을 의미한다. 통상적으로 갖추어야 할 안전성이란 무엇인가에 대해서는 학설의 대립이 있다. 2019·2023 기출

② **학설**

㉠ **객관설**: 설치·관리자의 주관적인 관리의무위반을 요하지 않고 객관적으로 판단하여 영조물이 통상 갖추어야 할 안전성이 결여한 경우를 뜻한다. 따라서 이 견해에서는 통상적으로 갖추어야 할 안전성이 결여되어 있으면, 관리자 측의 과실이라든가 또는 관리자의 재정상 이유 등을 묻지 않고 국가 등에게 배상책임을 인정한다(다수설).

㉡ **주관설**: 설치 또는 관리상 하자를 관리자의 영조물에 대한 안전확보의무위반 또는 사고방지의무위반에 의한 물적 위험상태로 보는 견해이다.

③ **판례**: 판례는 종래 객관설의 입장에서 판시하였으나 근래 관리자의 손해발생에 대한 객관적 예견가능성 및 회피가능성이라는 주관적 요소를 개입시켜 판단하고 있다. 또한 사회통념상 수인할 것이 기대되는 한도를 넘는 피해도 영조물의 하자로 인정하고 있다.

판례

영조물의 하자는 설치·관리자가 그 영조물의 위험성에 비례하여 사회통념상 일반적으로 요구되는 정도의 방호조치의무를 다하였는지 여부를 그 기준으로 삼아야 한다.

국가배상법 제5조 제1항 소정의 영조물의 설치 또는 관리의 하자라 함은 영조물이 그 용도에 따라 통상 갖추어야 할 안전성을 갖추지 못한 상태에 있음을 말하는 것으로서, 영조물이 완전무결한 상태에 있지 아니하고 그 기능상 어떠한 결함이 있다는 것만으로 영조물의 설치 또는 관리에 하자가 있다고 할 수 없는 것이고, 위와 같은 안전성의 구비 여부를 판단함에 있어서는 당해 영조물의 용도, 그 설치장소의 현황 및 이용 상황 등 제반 사정을 종합적으로 고려하여 설치 관리자가 그 영조물의 위험성에 비례하여 사회통념상 일반적으로 요구되는 정도의 방호조치의무를 다하였는지 여부를 그 기준으로 삼아야 할 것이며, 객관적으로 보아 시간적·장소적으로 영조물의 기능상 결함으로 인한 손해발생의 예견가능성과 회피가능성이 없는 경우, 즉 그 영조물의 결함이 영조물의 설치관리자의 관리행위가 미칠 수 없는 상황 아래에 있는 경우에는 영조물의 설치관리상의 하자를 인정할 수 없다(대판 2000. 2. 25. 99다54004).

소음 등을 포함한 공해 등의 위험지역으로 이주하여 거주하는 경우, 가해자의 면책 여부에 대한 판단 기준

일반인이 공해 등의 위험지역으로 이주하여 거주하는 경우라고 하더라도 위험에 접근할 당시에 그러한 위험이 문제가 되고 있지 아니하였고, 그러한 위험이 존재하는 사실을 정확하게 알 수 없었으며, 그 밖에 위험에 접근하게 된 경위와 동기 등의 여러 가지 사정을 종합하여 그와 같은 위험의 존재를 인식하면서 굳이 위험으로 인한 피해를 용인하였다고 볼 수 없는 경우에는 그 책임이 감면되지 아니한다고 봄이 상당하다(대판 2004. 3. 12. 2002다14242).

도로에서 유입되는 소음 때문에 인근 주택 거주자에게 사회통념상 수인한도를 넘는 침해가 있는지 여부를 판단하는 경우, 「주택법」상 주택건설기준보다 「환경정책기본법」상 환경기준을 우선 고려하여야 한다.

특히 차량이 통행하는 도로에서 유입되는 소음으로 인하여 인근 공동주택의 거주자에게 사회통념상 일반적으로 수인할 정도를 넘어서는 침해가 있는지 여부는 주택법 등에서 제시하는 주택건설기준보다는 환경정책기본법 등에서 설정하고 있는 환경기준을 우선적으로 고려하여 판단하여야 한다(대판 2008. 8. 21. 2008다9358·9365).

④ 공물 그 자체의 하자와 이용상의 하자

판례

물적 시설 그 자체의 하자뿐만 아니라 제3자에게 사회통념상 참을 수 없는 하자도 포함된다.

여기서 안전성을 갖추지 못한 상태, 즉 타인에게 위해를 끼칠 위험성이 있는 상태라 함은 당해 영조물을 구성하는 물적 시설 그 자체에 있는 물리적·외형적 흠결이나 불비로 인하여 그 이용자에게 위해를 끼칠 위험성이 있는 경우뿐만 아니라 그 영조물이 공공의 목적에 이용됨에 있어 그 이용상태 및 정도가 일정한 한도를 초과하여 제3자에게 사회통념상 참을 수 없는 피해를 입히는 경우까지 포함된다고 보아야 할 것이고, 사회통념상 참을 수 있는 피해인지의 여부는 그 영조물의 공공성, 피해의 내용과 정도, 이를 방지하기 위하여 노력한 정도 등을 종합적으로 고려하여 판단하여야 한다(대판 2004. 3. 12. 2002다14242).

공물의 안정성에 하자가 없다는 판례

1. 겨울철 산간지역에 위치한 도로에 강설로 생긴 빙판을 그대로 방치하고 도로상황에 대한 경고나 위험표지판을 설치하지 않았다는 사정만으로 도로관리상의 하자가 있다고 볼 수 없다(대판 2000. 4. 25. 99다54998).
2. 하천정비기본계획 등에서 정한 계획홍수량 및 계획홍수위를 충족하여 하천이 관리되고 있다면 특별한 사정이 없는 한, 그 하천은 용도에 따라 통상 갖추어야 할 안전성을 갖추고 있다고 봄이 상당하다(대판 2007. 9. 21. 2005다65678).

⑤ **영조물 하자와 다른 사실이 경합된 경우**: 다른 자연적 사실이나 제3자의 행위 또는 피해자의 행위와 경합하여 손해가 발생하더라도 영조물의 설치 또는 하자가 공동원인의 하나가 되는 이상 그 손해는 영조물의 설치 또는 관리상의 하자에 의하여 발생한 것으로 해석한다.

⑥ **관리자의 면책사유 입증**

판례

고속도로 관리상의 하자는 점유관리자가 손해방지에 필요한 주의를 해태하지 않았다는 점을 입증하여야 면책된다.

고속도로의 관리상 하자가 인정되는 이상 고속도로의 점유관리자는 그 하자가 불가항력에 의한 것이거나 손해의 방지에 필요한 주의를 해태하지 아니하였다는 점을 주장·입증하여야 비로소 그 책임을 면할 수 있다(대판 2008. 3. 13. 2007다29287·29294).

(3) 타인에게 손해가 발생하였을 것

타인에는 공무원도 포함되며 이중배상금지의 원칙이 적용된다. 하자와 손해의 발생 사이에는 상당인과관계가 있어야 하며 손해에는 재산적·정신적 손해 또는 적극적·소극적 손해를 모두 포함한다.

3. 배상책임의 감면사유

(1) 불가항력

사회통념상 일반적으로 갖추어야 할 안정성을 갖추어 설치·관리의 하자가 없음에도 불구하고 천재지변과 같은 불가항력의 사유로 발생한 손해에 대해서는 면책된다.

판례

| 면책사유에 해당하지 않는다는 판례 |

1. 집중호우로 제방도로가 유실되면서 그곳을 걸어가던 보행자가 강물에 휩쓸려 익사한 경우, 사고당일의 집중호우가 50년 빈도의 최대강우량에 해당한다는 사실만으로 불가항력에 기인한 것으로 볼 수 없으므로 제방도로의 설치·관리상의 하자를 인정해야 한다(대판 2000. 5. 26. 99다53247).
2. 약 308.5mm 집중호우로 국도변 산비탈이 무너져 차량의 통행을 방해함으로써 일어난 교통사고에 대하여, 매년 비가 많이 오는 장마철을 겪고 있는 우리나라와 같은 기후의 여건에서 위와 같은 집중호우가 내렸다고 하여 전혀 예측할 수 없는 천재지변이라고 보기는 어렵다(대판 1993. 6. 8. 93다11678).
3. 가변차로에 설치된 두 개의 신호기에서 서로 모순되는 신호가 들어오는 고장을 예방할 방법이 없음에도 그와 같은 신호기를 설치하여 그와 같은 고장을 발생하게 한 것이라면 면책되지 않는다(대판 2001. 7. 27. 2000다56822).

4. 폭설로 차량 운전자 등이 고속도로에서 장시간 고립된 사안에서, 고속도로의 관리자가 고립구간의 교통 정체를 충분히 예견할 수 있었음에도 교통제한 및 운행정지 등 필요한 조치를 충실히 이행하지 아니하였으므로 고속도로의 관리상 하자가 있다(대판 2008. 3. 13. 2007다29287 · 29294).

| 면책사유에 해당한다는 판례 |

600년 또는 1,000년 발생빈도의 강우량

100년 발생빈도의 강우량을 기준으로 책정된 계획홍수위를 초과하여 600년 또는 1,000년 발생빈도의 강우량에 의한 하천의 범람은 예측가능성 및 회피가능성이 없는 불가항력적인 재해로서 그 영조물의 관리청에게 책임을 물을 수 없다(대판 2003. 10. 23. 2001다48057).

(2) 예산 등 재정적 제약

통설 · 판례는 예산부족과 같은 재정적 사유는 안전성을 요구하는 데 대한 정도 문제로서 참작사유에는 해당할지언정 안전성을 결정지을 절대적 요건은 아니라고 본다.

판례

재정사정은 면책사유의 참작사유는 될지언정 절대적 요건은 아니다.

영조물설치의 하자 유무는 객관적 견지에서 본 하자문제이고, 재정사정은 안전성을 요구하는데 대한 정도 문제로서의 참작사유에는 해당할지언정 절대적 요건은 되지 못한다(대판 1967. 2. 21. 66다1723).

(3) 피해자 과실

피해자가 위험의 존재를 인식하고 그로 인한 피해를 용인하면서 접한 경우 손해배상책임이 감면된다.

판례

소음 등을 포함한 공해 등의 위험지역임이 널리 알려진 이후에 이주하여 오는 경우에는 가해자의 면책 여부를 보다 적극적으로 인정할 여지가 있다.

특히 소음 등의 공해로 인한 법적 쟁송이 제기되거나 그 피해에 대한 보상이 실시되는 등 피해지역임이 구체적으로 드러나고 또한 이러한 사실이 그 지역에 널리 알려진 이후에 이주하여 오는 경우에는 위와 같은 위험에의 접근에 따른 가해자의 면책 여부를 보다 적극적으로 인정할 여지가 있다(대판 2010. 11. 25. 2007다74560).

06 비용부담자 책임

「국가배상법」상 배상책임의 주체는 국가 또는 지방자치단체이다. 「국가배상법」 제6조에서는 비용부담자도 책임을 지도록 규정되어 있다.

국가배상법 제6조【비용부담자 등의 책임】 ① 제2조 · 제3조 및 제5조에 따라 국가나 지방자치단체가 손해를 배상할 책임이 있는 경우에 공무원의 선임 · 감독 또는 영조물의 설치 · 관리를 맡은 자와 공무원의 봉급 · 급여, 그 밖의 비용 또는 영조물의 설치 · 관리 비용을 부담하는 자가 동일하지 아니하면 그 비용을 부담하는 자도 손해를 배상하여야 한다. 2014 기출

② 제1항의 경우에 손해를 배상한 자는 내부관계에서 그 손해를 배상할 책임이 있는 자에게 구상할 수 있다.

1. 사무의 귀속주체로서의 배상책임과 비용부담주체로서의 배상책임

행정기관이 위임사무를 처리하는 경우, 사무의 귀속주체와 비용부담주체가 다른 경우, 피해자는 어느 쪽에 대하여도 선택적으로 손해배상을 청구할 수 있다.

판례

지방자치단체장이 「도로교통법」에 따라 신호기 및 안전표지의 설치 · 관리에 관한 권한을 지방경찰청장에게 위임한 경우 지방자치단체가 「국가배상법」 제2조 또는 제5조에 의한 배상책임을 부담하고 국가는 「국가배상법」 제6조 제1항(급여 등 비용부담자)에 의한 배상책임을 부담한다.

지방자치단체장이 교통신호기를 설치하여 그 관리권한이 도로교통법 제71조의2 제1항의 규정에 의하여 관할 지방경찰청장에게 위임되어 지방자치단체 소속 공무원과 지방경찰청 소속 공무원이 합동근무하는 교통종합관제센터에서 그 관리업무를 담당하던 중 위 신호기가 고장난 채 방치되어 교통사고가 발생한 경우, 국가배상법 제2조 또는 제5조에 의한 배상책임을 부담하는 것은 지방경찰청장이 소속된 국가가 아니라, 그 권한을 위임한 지방자치단체장이 소속된 지방자치단체라고 할 것이나, 한편 국가배상법 제6조 제1항은 같은 법 제2조, 제3조 및 제5조의 규정에 의하여 국가 또는 지방자치단체가 손해를 배상할 책임이 있는 경우에 공무원의 선임 · 감독 또는 영조물의 설치 · 관리를 맡은 자와 공무원의 봉급 · 급여 기타의 비용 또는 영조물의 설치 · 관리의 비용을 부담하는 자가 동일하지 아니한 경우에는 그 비용을 부담하는 자도 손해를 배상하여야 한다고 규정하고 있으므로 교통신호기를 관리하는 지방경찰청장 산하 경찰관들에 대한 봉급을 부담하는 국가도 국가배상법 제6조 제1항에 의한 배상책임을 부담한다(대판 1999. 6. 25. 99다11120).

2. 형식적 비용부담자와 실질적 비용부담자

(1) 형식적 비용부담자와 실질적 비용부담자가 다른 경우 배상책임자

문제는 대외적으로 비용을 지급할 책임이 있는 자(형식적 비용부담자)와 내부관계에서 실질적으로 그 비용을 부담하는 자가 서로 다른 경우에 실질적 부담자도 비용부담자에 포함되는지에 있다. 판례는 형식적 부담자와 실질적 부담자 모두 비용부담자책임을 진다는 입장이다.

판례

국가기관위임사무의 경우 대외적 비용부담자인 지방자치단체는 비용부담자로서 손해배상책임이 있다.

국가배상법 제6조 제1항 소정의 '공무원의 봉급 · 급여 기타의 비용'이란 공무원의 인건비만을 가리키는 것이 아니라 당해사무에 필요한 일체의 경비를 의미한다고 할 것이고, 적어도 대외적으로 그러한 경비를 지출하는 자는 경비의 실질적 · 궁극적 부담자가 아니더라도 그러한 경비를 부담하는 자에 포함된다. … 지방자치단체의 장이 기관위임된 국가행정사무를 처리하는 경우 그에 소요되는 경비의 실질적 · 궁극적 부담자는 국가라고 하더라도 당해 지방자치단체는 국가로부터 내부적으로 교부된 금원으로 그 사무에 필요한 경비를 대외적으로 지출하는 자이므로, 이러한 경우 지방자치단체는 국가배상법 제6조 제1항 소정의 비용부담자로서 공무원의 불법행위로 인한 같은 법에 의한 손해를 배상할 책임이 있다(대판 1994. 12. 9. 94다38137).

(2) 내부적 구상권의 문제

① **구상권**: 영조물의 설치 · 관리자와 비용부담자가 다른 경우에 피해자에게 손해를 배상한 자는 내부관계에서, 그 손해를 배상할 책임이 있는 자에게 구상할 수 있다(「국가배상법」 제6조 제2항). 그러나 동 조항은 내부적으로 최종적 배상책임자가 누구인지에 대해 명시적으로 규정하지 않고 있어 내부관계에서 손해배상의 책임이 있는 자가 누구인지 문제된다.

② **판례**: 최근 대법원 판례는 지방자치단체장의 비용부담하에 지방경찰청장(국가)에게 위임하여 지방경찰청장이 설치·관리하고 있던 횡단보도에 설치된 교통신호기의 하자로 인해 손해가 발생한 경우, 사무의 귀속주체이자 비용부담자인 지방자치단체가 그 손해의 궁극적 배상책임자가 된다고 판시하고 있다. 종래 판례는 손해발생에 기여한 정도를 기준으로 부담자를 정했었다.

판례

국가하천의 관리상의 하자로 인한 손해에 대해 국가와 지방자치단체가 각각 책임을 중첩적으로 지는 경우 국가와 지방자치단체 모두 「국가배상법」 제6조 제2항에서 정한 '손해를 배상할 책임이 있는 자'에 해당한다.
국가가 국가하천의 유지·보수비용의 일부를 해당 시·도에 보조금으로 지급하였다면, 국가와 해당 시·도는 각각 국가배상법 제6조 제1항에 규정된 영조물의 설치·관리 비용을 부담하는 자로서 손해를 배상할 책임이 있다. 이와 같이 국가가 사무의 귀속주체 및 보조금 지급을 통한 실질적 비용부담자로서, 해당 시·도가 구 하천법 제59조 단서에 따른 법령상 비용부담자로서 각각 책임을 중첩적으로 지는 경우에는 국가와 해당 시·도 모두가 국가배상법 제6조 제2항 소정의 궁극적으로 손해를 배상할 책임이 있는 자에 해당한다(대판 2015. 4. 23. 2013다211834).

3. 「국가배상법」 제2조와 제5조의 경합

「국가배상법」상 제2조의 책임과 제5조의 책임이 경합된 경우에 피해자는 어느 규정에 의하여도 손해배상을 청구할 수 있다.

07 행정상 손해배상의 청구절차

1. 행정절차에 의한 손해배상청구

(1) 임의적 결정전치주의 2020 기출

현행 「국가배상법」은 배상심의회에 배상신청을 하지 아니하고도 손해배상청구소송을 제기할 수 있다(「국가배상법」 제9조).

(2) 배상심의회

행정상 손해배상에 관하여 심의·결정하고, 그 결정된 내용을 신청인에게 통지하는 권한을 가진 합의제 관청이다. 상급심의회인 본부배상심의회(법무부) 및 특별배상심의회(국방부)와 하급심의회인 지구배상심의회가 있다.

국가배상법 제10조 【배상심의회】 ① 국가나 지방자치단체에 대한 배상신청사건을 심의하기 위하여 법무부에 본부심의회를 둔다. 다만, 군인이나 군무원이 타인에게 입힌 손해에 대한 배상신청사건을 심의하기 위하여 국방부에 특별심의회를 둔다.
② 본부심의회와 특별심의회는 대통령령으로 정하는 바에 따라 지구심의회를 둔다.
③ 본부심의회와 특별심의회와 지구심의회는 법무부장관의 지휘를 받아야 한다.

(3) 배상절차

배상신청(배상심의회) ⇨ 배상심의회의 심의 · 결정 · 결정서 송달(4주 이내 결정) ⇨ 신청인의 동의(배상금지급청구 · 청구하지 않을 시 부동의 간주) 또는 재심신청(배상금지급신청이 기각 · 각하된 경우) ⇨ 배상금지급(제13조 내지 제15조의2).

(4) 배상결정의 효력

① 배상결정을 받은 신청인은 지체 없이 그 결정에 대한 동의서를 첨부하여 국가 또는 지방자치단체에 대하여 배상금지급을 청구하여야 한다.

② 배상심의회의 배상결정에 신청인이 동의한 경우 「민사소송법」에 의한 재판상 화해가 성립된 것으로 간주하던 규정은 헌법재판소의 위헌결정 이후 삭제되었고, 이 때문에 신청인은 배상결정에 동의하여 배상금을 수령한 후에도 손해배상청구소송을 제기할 수 있다.

2. 사법절차에 의한 배상결정

법원의 소송절차에 따라 손해배상을 청구할 수 있다. 이는 처음부터 배상심의회에 배상금지급신청을 하지 않거나 배상심의회의 배상결정에 불복하는 경우에 제기할 수 있다. 국가배상청구소송에 대해 당사자소송이라는 견해와 민사소송이라는 견해가 대립하나 판례는 민사소송에 의한다고 본다.

판례

「국가배상법」에 의한 배상심의회의 결정은 항고소송의 대상되는 처분으로 볼 수 없다.

공무원의 직무상 불법행위로 손해를 입은 국민이 국가 또는 지방자치단체에 대하여 그의 불법행위를 이유로 배상을 청구함은 국가배상법이 정한 바에 따른다 하여도 이 역시 민사상의 손해배상책임을 특별법인 국가배상법이 정한데 불과하고, 배상심의회의 위 결정을 거치는 것은 위 민사상의 손해배상청구를 하기 전의 전치요건에 불과하다고 할 것이므로 위 배상심의회의 결정은 이를 행정처분이라고 할 수 없다(대판 1981. 2. 10. 80누317).

제3절 행정상 손실보상

01 의의

행정상 손실보상이란 공공필요에 의한 적법한 공권력 행사에 의하여 개인의 재산에 가하여진 특별한 손해에 대하여, 전체적인 평등부담의 견지에서 행하여지는 조절적인 재산적 전보를 말한다.

02 손실보상의 법적 근거

1. 헌법적 근거

(1) **「헌법」 제23조 제3항**

> **헌법 제23조** ③ 공공필요에 의한 재산권의 수용·사용 또는 제한 및 그에 대한 보상은 법률로써 하되, 정당한 보상을 지급하여야 한다.

(2) **「헌법」 제23조 제3항의 효력**

「헌법」에서는 법률에 의해 정당한 보상을 하여야 한다고 하였으나 개별법이 그에 따른 보상규정을 두고 있지 않는 경우 재산권의 침해를 받은 개인이 보상을 청구할 수 있는지와 관련하여 「헌법」 제23조 제3항의 효력과 해석이 문제된다.

대법원 판례의 입장은 명확하지 않다. 관련 규정의 유추해석을 통해 인정하는 경우, 관련 규정이 없는 경우, 직접 손실보상을 인정하는 경우에 손실보상 대신 손해배상을 인정하기도 한다. 헌법재판소는 헌법불합치결정과 보상입법의무의 부과를 통해 해결하고 있다.

2. 개별법상 근거

손실보상에 관한 일반법은 없다. 개별법상 손실보상에 관한 법률로 토지 등의 수용 분야에 적용되는 「공익사업을 위한 토지 등의 취득 및 보상에 관한 법률」을 들 수 있다. 그 밖에 「도로법」·「하천법」 등의 여러 개별법에 존재한다.

03 손실보상청구권의 성질

공권설과 사권설의 대립이 있다. 판례는 「하천법」과 「공익사업을 위한 토지 등의 취득을 위한 보상에 관한 법률」상 손실보상청구권을 공권으로 보고 손실보상청구는 당사자소송의 대상이 된다고 하였다.

판례

「하천법」상 손실보상청구권은 공권으로 당사자소송에 의한다.

하천법 등이 하천구역으로 편입된 토지에 대하여 손실보상청구권을 규정한 것은 헌법 제23조 제3항이 선언하고 있는 손실보상청구권을 하천법에서 구체화한 것으로서, 하천법 그 자체에 의하여 직접 사유지를 국유로 하는 이른바 입법적 수용이라는 국가의 공권력 행사로 인한 토지소유자의 손실을 보상하기 위한 것이므로 하천구역 편입토지에 대한 손실보상청구권은 공법상의 권리임이 분명하다(대판 2006. 5. 18. 2004다6207).

그러나 구 「수산업법」 제81조의 규정에 의한 손실보상청구권이나 손실보상 관련 법령의 유추적용에 의한 손실보상청구권은 사업시행자를 상대로 한 민사소송의 방법에 의하여 행사하여야 한다는 입장이다(대판 2014. 5. 29. 2013두12478).

04 성립요건

① 공공필요에 의한
② 적법한 공권력의 행사일 것
③ 재산권에 대한 공권력 작용에 의한 침해일 것
④ 재산권에 대한 의도적 침해일 것
⑤ 재산권에 대한 현실적 침해가 있을 것
⑥ 특별한 희생일 것

판례

1. 자연 문화적 · 학술적 가치침해는 손실보상의 대상이 아니다(대판 1989. 9. 12. 88누11216).
2. 수산업협동조합의 위탁판매수수료도 손실보상의 대상이 되는 재산상 침해에 해당한다(대판 1999. 10. 8. 99다27231).
3. 지장물인 건물은 그 건물이 적법한 건축허가를 받아 건축된 것인지 여부에 관계없이 「토지수용법」상의 사업인정의 고시 이전에 건축된 건물이기만 하면 손실보상의 대상이 된다(대판 2000. 3. 10. 99두10896).
4. 공유수면매립면허의 고시가 있다는 것만으로 관행어업권자에게 「공유수면매립법」에서 정하는 손실보상청구권이 발생하였다고 할 수 없고, 매립면허 고시 이후 매립공사가 실행되어 관행어업권자에게 실질적이고 현실적인 피해가 발생한 경우에만 공유수면매립법에서 정하는 손실보상청구권이 발생하였다고 할 것이다(대판 2010. 12. 9. 2007두6571).
5. 공공용물에 관하여 적법한 개발행위로 인해 일정범위의 사람들의 일반사용이 종전에 비하여 제한받게 되었다 하더라도 특별한 사정이 없는 한 그로 인한 불이익은 손실보상의 대상이 되지 않는다(대판 2002. 2. 26. 99다35300).

1. 경계이론과 분리이론

재산권의 정당한 사회적 제약과 보상을 요하는 수용을 구분하는 기준에 대하여는 경계이론과 분리이론의 대립이 있다.

헌법 제23조 ① 모든 국민의 재산권은 보장된다. 그 내용과 한계는 법률로 정한다.
② 재산권의 행사는 공공복리에 적합하도록 하여야 한다.
③ 공공필요에 의한 재산권의 수용 · 사용 또는 제한 및 그에 대한 보상은 법률로써 하되, 정당한 보상을 지급하여야 한다.

2. 경계이론과 분리이론의 비교

구분	경계이론과 분리이론
경계이론	① 재산권의 수용과 사용·제한 모두 재산권에 대한 제약의 정도에 따라 제2항과 제3항의 경계를 넘나든다. ② 경계를 짓는 한계는 특별한 희생이다. ③ 사용·제한이 특별한 희생임에도 보상규정이 없는 경우 수용유사침해로 보아 보상을 하여야 한다.
분리이론	① 입법자의 의사에 따라 공용침해와 재산권의 내용·한계의 설정이 분리된다는 이론이다. ② 제2항의 사회적 제약에 관한 재산권의 내용규정과, 제3항의 보상규정을 별개로 보고 입법자가 공용침해를 규정한 것이 아니라 재산권의 내용을 규정하는 경우라 할지라도 그 규정이 비례원칙에 반하여 일정한 한계를 벗어난 기본권을 침해하면 보상의 문제가 아니라 위헌성의 제거에 초점을 두는 견해이다.
헌법재판소	① 개발제한구역제도 그 자체는 원칙적으로 합헌적인 규정인데, 다만 개발제한구역의 지정으로 말미암아 일부 토지소유자에게 사회적 제약의 범위를 넘는 가혹한 부담이 발생하는 예외적인 경우에 대하여 보상규정을 두지 않은 것에 위헌성이 있는 것이다. ② 토지를 종래의 목적으로도 사용할 수 없거나 더 이상 법적으로 허용된 토지이용방법이 없어서 실질적으로 사용·수익을 할 수 없는 경우에 해당하지 않는 제약은 토지소유자가 수인하여야 하는 사회적 제약의 범주 내에 있는 것이고, 그러하지 아니한 제약은 손실을 완화하는 보상적 조치가 있어야 비로소 허용되는 범주 내에 있다.

판례

「도시정비법」 제65조 제2항 전단에 따른 정비기반시설의 소유권 귀속은 「헌법」 제23조 제3항의 수용에 해당하지 않고 재산권의 내용과 한계를 정한 것으로 이해함이 타당하다.

「도시정비법」 제65조 제2항 전단은 재산권의 법률적 수용이라는 법적 외관을 가지고 있으나 그 규율목적의 면에서도 사업시행자의 정비기반시설에 대한 재산권을 박탈·제한함에 본질이 있는 것이 아니라, 사업지구 안의 정비기반시설의 소유관계를 정함으로써 사업시행자의 지위를 장래를 향하여 획일적으로 확정하고자 하는 것이므로, 재산권의 내용과 한계를 정한 것으로 이해함이 타당하다. 따라서 도시정비법 제65조 제2항 전단에 따른 정비기반시설의 소유권 귀속은 헌법 제23조 제3항의 수용에 해당하지 않고, 이 사건 법률조항이 그에 대한 보상의 의미를 가지는 것도 아니므로, 그 위헌 여부에 관하여 정당한 보상의 원칙에 위배되는지는 문제되지 않는다(헌재 2013. 10. 24. 2011헌바355).

05 손실보상의 기준과 내용

1. 손실보상의 기준에 대한 학설·판례

① 「헌법」 제23조 제3항의 '정당한 보상'이 무엇인지에 대해 완전보상설과 상당보상설의 견해대립이 있다.

② 대법원 판례와 헌법재판소의 결정은 정당한 보상의 의미에 대해서 완전보상설의 입장을 취하고 있다.

2. 개발이익의 배제

헌법재판소는 개발이익을 보상액 산정에서 배제하는 것이 「헌법」상 정당보상의 원칙에 위배되는 것은 아니라는 입장이다.

판례

개발이익은 그 성질상 완전보상의 범위에 포함되지 않는다.

토지수용에 따른 손실보상액의 산정방법에 관하여 우리 헌법재판소는 헌법 제23조 제2항이 규정하는 '정당한 보상'이란 원칙적으로 피수용재산의 객관적인 재산가치를 완전하게 보상하는 것이어야 한다는 완전보상을 의미하며 토지의 경우에는 그 특성상 인근유사토지의 거래가격을 기준으로 하여 토지의 가격형성에 미치는 제 요소를 종합적으로 고려한 합리적 조정을 거쳐서 객관적인 가치를 평가할 수밖에 없는데, 이때 소유자가 갖는 주관적인 가치, 투기적 성격을 띠고 우연히 결정된 거래가격 또는 흔히 불리는 호가, 객관적 가치의 증가에 기여하지 못한 투자비용이나 그 토지 등을 특별한 용도에 사용할 것을 전제로 한 가격 등에 좌우되어서는 안 되며, 개발이익은 그 성질상 완전보상의 범위에 포함되지 아니한다(헌재 1995. 4. 20. 93헌바20).

당해 공공사업과 무관한 다른 사업의 시행으로 인한 개발이익의 배제가 되지 않는다.

토지수용으로 인한 손실보상액을 산정함에 있어서 당해 공공사업의 시행을 직접 목적으로 하는 계획의 승인・고시로 인한 가격변동은 이를 고려함이 없이 수용재결 당시의 가격을 기준으로 하여 적정가격을 정하여야 하나, 당해 공공사업과는 관계없는 다른 사업의 시행으로 인한 개발이익은 이를 배제하지 아니한 가격으로 평가하여야 한다(대판 1999. 1. 15. 98두8896).

3. 해당 공익사업의 시행을 직접 목적으로 하는 공법상 제한의 배제

공토법 시행규칙 제23조 ① 공법상 제한을 받는 토지에 대하여는 제한받는 상태대로 평가한다. 다만, 그 공법상 제한이 당해 공익사업의 시행을 직접 목적으로 하여 가하여진 경우에는 제한이 없는 상태를 상정하여 평가한다.
② 당해 공익사업의 시행을 직접 목적으로 하여 용도지역 또는 용도지구 등이 변경된 토지에 대하여는 변경되기 전의 용도지역 또는 용도지구 등을 기준으로 평가한다.

(1) 공법상 제한을 받는 토지에 대한 평가

판례

계획제한의 경우 토지보상액 평가 방법

공법상 제한을 받는 토지에 대한 보상액을 산정할 때에 해당 공법상 제한이 용도지역・지구・구역(이하 '용도지역 등'이라 한다)의 지정 또는 변경과 같이 그 자체로 제한목적이 달성되는 일반적 계획제한으로서 구체적 도시계획사업과 직접 관련되지 아니한 경우에는 그러한 제한을 받는 상태 그대로 평가하여야 하지만, 도로・공원 등 특정 도시계획시설의 설치를 위한 계획결정과 같이 구체적 사업이 따르는 개별적 계획제한이거나 일반적 계획제한에 해당하는 용도지역 등의 지정 또는 변경에 따른 제한이더라도 그 용도지역 등의 지정 또는 변경이 특정 공익사업의 시행을 위한 것일 때에는 당해 공익사업의 시행을 직접 목적으로 하는 제한으로 보아 위 제한을 받지 아니하는 상태를 상정하여 평가하여야 한다(대판 2012. 5. 24. 2012두1020).

(2) 특정 공익사업의 시행을 위하여 용도지역 등의 지정 또는 변경을 하지 않은 경우

판례

어느 수용대상 토지에 관하여 특정 시점에서 용도지역 등의 지정 또는 변경을 하지 않은 것이 특정 공익사업의 시행을 위한 것일 경우 이는 당해 공익사업의 시행을 직접 목적으로 하는 제한이라고 보아 용도지역 등의 지정 또는 변경이 이루어진 상태를 상정하여 토지가격을 평가하여야 한다.

일반적 계획제한에 해당하는 용도지역 등의 지정 또는 변경이라도 특정 공익사업의 시행을 위한 것이라면 당해 공익사업의 시행을 직접 목적으로 하는 제한이라고 보아야 하는 점 등을 종합적으로 고려하면, 어느 수용대상 토지에 관하여 특정 시점에서 용도지역 등의 지정 또는 변경을 하지 않은 것이 특정 공익사업의 시행을 위한 것일 경우 이는 당해 공익사업의 시행을 직접 목적으로 하는 제한이라고 보아 용도지역 등의 지정 또는 변경이 이루어진 상태를 상정하여 토지가격을 평가하여야 한다(대판 2015. 8. 27. 2012두7950).

4. 「공익사업을 위한 토지 등의 취득 및 보상에 관한 법률」(「공토법」)상 보상 원칙 2014 기출

(1) 사업시행자보상의 원칙 2019 기출

공토법 제61조 【사업시행자 보상】 공익사업에 필요한 토지등의 취득 또는 사용으로 인하여 토지소유자나 관계인이 입은 손실은 사업시행자가 보상하여야 한다.

(2) 사전보상의 원칙

공토법 제62조 【사전보상】 사업시행자는 해당 공익사업을 위한 공사에 착수하기 이전에 토지소유자와 관계인에게 보상액 전액(全額)을 지급하여야 한다. 다만, 제38조에 따른 천재지변 시의 토지 사용과 제39조에 따른 시급한 토지 사용의 경우 또는 토지소유자 및 관계인의 승낙이 있는 경우에는 그러하지 아니하다.

(3) 금전보상의 원칙 2019 기출

공토법 제63조 【현금보상 등】 ① 손실보상은 다른 법률에 특별한 규정이 있는 경우를 제외하고는 현금으로 지급하여야 한다. 다만, 토지소유자가 원하는 경우로서 사업시행자가 해당 공익사업의 합리적인 토지이용계획과 사업계획 등을 고려하여 토지로 보상이 가능한 경우에는 토지소유자가 받을 보상금 중 본문에 따른 현금 또는 제7항 및 제8항에 따른 채권으로 보상받는 금액을 제외한 부분에 대하여 다음 각 호에서 정하는 기준과 절차에 따라 그 공익사업의 시행으로 조성한 토지로 보상할 수 있다.
⑨ 제7항 및 제8항에 따라 채권으로 지급하는 경우 채권의 상환 기한은 5년을 넘지 아니하는 범위에서 정하여야 하며, 그 이자율은 다음 각 호와 같다.

(4) 개인별 보상의 원칙

공토법 제64조 【개인별 보상】 손실보상은 토지소유자나 관계인에게 개인별로 하여야 한다. 다만, 개인별로 보상액을 산정할 수 없을 때에는 그러하지 아니하다.

(5) 일괄보상

공토법 제65조【일괄보상】 사업시행자는 동일한 사업지역에 보상시기를 달리하는 동일인 소유의 토지등이 여러 개 있는 경우 토지소유자나 관계인이 요구할 때에는 한꺼번에 보상금을 지급하도록 하여야 한다.

(6) 사업시행이익과의 상계금지의 원칙

공토법 제66조【사업시행 이익과의 상계금지】 사업시행자는 동일한 소유자에게 속하는 일단(一團)의 토지의 일부를 취득하거나 사용하는 경우 해당 공익사업의 시행으로 인하여 잔여지(殘餘地)의 가격이 증가하거나 그 밖의 이익이 발생한 경우에도 그 이익을 그 취득 또는 사용으로 인한 손실과 상계(相計)할 수 없다.

(7) 보상액의 가격시점

공토법 제67조【보상액의 가격시점 등】 ① 보상액의 산정은 협의에 의한 경우에는 협의 성립 당시의 가격을, 재결에 의한 경우에는 수용 또는 사용의 재결 당시의 가격을 기준으로 한다.
② 보상액을 산정할 경우에 해당 공익사업으로 인하여 토지등의 가격이 변동되었을 때에는 이를 고려하지 아니한다.

5. 손실보상의 내용

손실보상의 내용은 대인적 보상 ⇨ 대물적 보상 ⇨ 생활보상으로 변천하여 왔다.

(1) 대인적 보상

손실보상이 피수용자의 당해 수용목적물의 주관적 이용가치를 기준으로 이루어지는 경우의 보상을 말한다.

(2) 대물적 보상

손실보상이 수용목적물에 대한 객관적인 시장가치(가격)를 기준으로 이루어지는 것을 말한다.

(3) 생활보상

① **의의**: 재산권의 침해로 인하여 생활근거를 상실하게 되는 재산권의 피수용자 등에 대하여 생존배려적인 측면에서 생활재건에 필요한 정도의 보상을 해주는 것을 말한다. 학자에 따라 그 내용이 다르지만 재산권의 객관적 가치의 보상만으로는 전보되지 않는 생활근거의 상실에 대한 보상을 의미한다.

② **내용**: 생활보상의 내용으로는 주거의 총체가치의 보상, 이주대책 등 생활재건조치의 보상(국민주택자금의 지원, 직업훈련, 고용 또는 고용알선 등), 잔여지의 보상, 소수잔존자 보상 등을 들 수 있다.

③ 「공익사업을 위한 토지 등의 취득 및 보상에 관한 법률」상 이주대책

공토법 제78조【이주대책의 수립 등】 ① 사업시행자는 공익사업의 시행으로 인하여 주거용 건축물을 제공함에 따라 생활의 근거를 상실하게 되는 자(이하 "이주대책대상자"라 한다)를 위하여 대통령령으로 정하는 바에 따라 이주대책을 수립·실시하거나 이주정착금을 지급하여야 한다.
② 사업시행자는 제1항에 따라 이주대책을 수립하려면 미리 관할 지방자치단체의 장과 협의하여야 한다.
④ 이주대책의 내용에는 이주정착지(이주대책의 실시로 건설하는 주택단지를 포함한다)에 대한 도로, 급수시설, 배수시설, 그 밖의 공공시설 등 통상적인 수준의 생활기본시설이 포함되어야 하며, 이에 필요한 비용은 사업시행자가 부담한다. 다만, 행정청이 아닌 사업시행자가 이주대책을 수립·실시하는 경우에 지방자치단체는 비용의 일부를 보조할 수 있다.
⑥ 주거용 건물의 거주자에 대하여는 주거 이전에 필요한 비용과 가재도구 등 동산의 운반에 필요한 비용을 산정하여 보상하여야 한다.
⑦ 공익사업의 시행으로 인하여 영위하던 농업·어업을 계속할 수 없게 되어 다른 지역으로 이주하는 농민·어민이 받을 보상금이 없거나 그 총액이 국토교통부령으로 정하는 금액에 미치지 못하는 경우에는 그 금액 또는 그 차액을 보상하여야 한다.
⑧ 사업시행자는 해당 공익사업이 시행되는 지역에 거주하고 있는 「국민기초생활 보장법」 제2조 제1호·제11호에 따른 수급권자 및 차상위계층이 취업을 희망하는 경우에는 그 공익사업과 관련된 업무에 우선적으로 고용할 수 있으며, 이들의 취업 알선을 위하여 노력하여야 한다.

판례

1. '생업의 근거를 상실하게 된 자에 대하여 일정 규모의 상업용지 또는 상가분양권 등을 공급하는' 생활대책은 「헌법」 제23조 제3항에 규정된 정당한 보상에 포함되는 것이라기보다는 생활보상의 일환이다(헌재 2013. 7. 25. 2012헌바71).
2. 입법자가 이주대책 대상자에서 세입자를 제외하고 있는 법령이 세입자의 평등권 침해는 아니다(헌재 2006. 2. 23. 2004헌마19).
3. 사업시행자는 특별공급주택의 수량, 특별공급대상자의 선정 등에 있어서 재량을 가진다(대판 1995. 10. 12. 94누11279).
4. 공익사업시행자가 하는 이주대책대상자 확인·결정은 항고소송의 대상되는 처분이다(대판 2014. 2. 27. 2013두10885). 2022 기출
5. 주거이전비보상청구권은 공법상의 권리이다. 따라서 그 보상을 둘러싼 쟁송은 민사소송이 아니라 공법상의 법률관계를 대상으로 하는 행정소송에 의하여야 한다(대판 2008. 5. 29. 2007다8129).

(4) **사업손실의 보상(간접손실보상)**

① **의의**: 사업손실은 공익사업의 실시 또는 완성 후의 시설이 간접적으로 사업지 밖의 재산권 등에 미치는 손실을 말한다.

② 잔여지의 손실과 공사비 보상

공토법 제73조 【잔여지의 손실과 공사비 보상】 ① 사업시행자는 동일한 소유자에게 속하는 일단의 토지의 일부가 취득되거나 사용됨으로 인하여 잔여지의 가격이 감소하거나 그 밖의 손실이 있을 때 또는 잔여지에 통로 · 도랑 · 담장 등의 신설이나 그 밖의 공사가 필요할 때에는 국토교통부령으로 정하는 바에 따라 그 손실이나 공사의 비용을 보상하여야 한다. 다만, 잔여지의 가격 감소분과 잔여지에 대한 공사의 비용을 합한 금액이 잔여지의 가격보다 큰 경우에는 사업시행자는 그 잔여지를 매수할 수 있다.
② 제1항 본문에 따른 손실 또는 비용의 보상은 관계 법률에 따라 사업이 완료된 날 또는 제24조의2에 따른 사업완료의 고시가 있는 날(이하 "사업완료일"이라 한다)부터 1년이 지난 후에는 청구할 수 없다.
2022 기출

③ 잔여지 등의 매수 및 수용 청구

공토법 제74조 【잔여지 등의 매수 및 수용 청구】 ① 동일한 소유자에게 속하는 일단의 토지의 일부가 협의에 의하여 매수되거나 수용됨으로 인하여 잔여지를 종래의 목적에 사용하는 것이 현저히 곤란할 때에는 해당 토지소유자는 사업시행자에게 잔여지를 매수하여 줄 것을 청구할 수 있으며, 사업인정 이후에는 관할 토지수용위원회에 수용을 청구할 수 있다. 이 경우 수용의 청구는 매수에 관한 협의가 성립되지 아니한 경우에만 할 수 있으며, 사업완료일까지 하여야 한다.
② 제1항에 따라 매수 또는 수용의 청구가 있는 잔여지 및 잔여지에 있는 물건에 관하여 권리를 가진 자는 사업시행자나 관할 토지수용위원회에 그 권리의 존속을 청구할 수 있다.

판례

잔여지 수용청구권은 형성권적 성질

토지수용법에 의한 잔여지수용청구권은 그 요건을 구비한 때에는 토지수용위원회의 특별한 조치를 기다릴 것 없이 청구에 의하여 수용의 효과가 발생하는 형성권적 성질을 가지고, 그 행사기간은 제척기간으로서, 토지소유자가 그 행사기간 내에 잔여지수용청구권을 행사하지 아니하면 그 권리가 소멸한다(대판 2001. 9. 4. 99두11080).

④ 잔여 건축물의 손실에 대한 보상 등

공토법 제75조의2 【잔여 건축물의 손실에 대한 보상 등】 ① 사업시행자는 동일한 소유자에게 속하는 일단의 건축물의 일부가 취득되거나 사용됨으로 인하여 잔여 건축물의 가격이 감소하거나 그 밖의 손실이 있을 때에는 국토교통부령으로 정하는 바에 따라 그 손실을 보상하여야 한다. 다만, 잔여 건축물의 가격 감소분과 보수비(건축물의 나머지 부분을 종래의 목적대로 사용할 수 있도록 그 유용성을 동일하게 유지하는 데에 일반적으로 필요하다고 볼 수 있는 공사에 사용되는 비용을 말한다. 다만, 「건축법」 등 관계 법령에 따라 요구되는 시설 개선에 필요한 비용은 포함하지 아니한다)를 합한 금액이 잔여 건축물의 가격보다 큰 경우에는 사업시행자는 그 잔여 건축물을 매수할 수 있다.

② 동일한 소유자에게 속하는 일단의 건축물의 일부가 협의에 의하여 매수되거나 수용됨으로 인하여 잔여 건축물을 종래의 목적에 사용하는 것이 현저히 곤란할 때에는 그 건축물소유자는 사업시행자에게 잔여 건축물을 매수하여 줄 것을 청구할 수 있으며, 사업인정 이후에는 관할 토지수용위원회에 수용을 청구할 수 있다. 이 경우 수용 청구는 매수에 관한 협의가 성립되지 아니한 경우에만 하되, 사업완료일까지 하여야 한다.

⑤ 일실손실보상

공토법

제76조【권리의 보상】 ① 광업권 · 어업권 · 양식업권 및 물(용수시설을 포함한다) 등의 사용에 관한 권리에 대하여는 투자비용, 예상 수익 및 거래가격 등을 고려하여 평가한 적정가격으로 보상하여야 한다.
② 제1항에 따른 보상액의 구체적인 산정 및 평가방법은 국토교통부령으로 정한다.

제77조【영업의 손실 등에 대한 보상】 ① 영업을 폐업하거나 휴업함에 따른 영업손실에 대하여는 영업이익과 시설의 이전비용 등을 고려하여 보상하여야 한다. 2022 기출
② 농업의 손실에 대하여는 농지의 단위면적당 소득 등을 고려하여 실제 경작자에게 보상하여야 한다. 다만, 농지소유자가 해당 지역에 거주하는 농민인 경우에는 농지소유자와 실제 경작자가 협의하는 바에 따라 보상할 수 있다.
③ 휴직하거나 실직하는 근로자의 임금손실에 대하여는 「근로기준법」에 따른 평균임금 등을 고려하여 보상하여야 한다.

판례

영업폐지와 휴업에 관한 구별기준

영업손실에 관한 보상에 있어 같은법 시행규칙 제24조 제2항 제1호 내지 제3호에 의한 영업의 폐지로 볼 것인지 아니면 영업의 휴업으로 볼 것인지를 구별하는 기준은 당해 영업을 그 영업소 소재지나 인접 시 · 군 또는 구 지역 안의 다른 장소로 이전하는 것이 가능한지의 여부에 달려 있다 할 것이고, 이러한 이전가능 여부는 법령상의 이전장애사유 유무와 당해 영업의 종류와 특성, 영업시설의 규모, 인접 지역의 현황과 특성, 그 이전을 위하여 당사자가 들인 노력 등과 인근 주민들의 이전 반대 등과 같은 사실상의 이전장애사유 유무 등을 종합하여 판단함이 상당하다(대판 2001. 11. 13. 2000두1003).

06 손실보상의 방법 및 절차

1. 손실보상의 방법

손실보상은 금전보상을 원칙으로 하지만 현물보상, 채권보상 등도 예외적으로 인정된다. 또한 선불, 개별불, 일시불을 원칙으로 하고 후불, 일괄불, 분할불은 예외적으로 인정되고 있다.

2. 「공익사업을 위한 토지 등의 취득 및 보상에 관한 법률」상 손실보상액의 결정방법

(1) 협의에 의한 방식 2020 기출

사업인정을 받은 사업시행자는 토지조서 및 물건조서의 작성, 보상계획의 공고·통지 및 열람, 보상액의 산정과 토지소유자 및 관계인과의 협의 절차를 거쳐야 한다(「공토법」 제26조 제1항). 협의가 성립되어 관할 토지수용위원회의 확인을 받게 되면 그 확인은 토지수용위원회의 재결로 보고 사업시행자, 토지소유자 및 관계인은 그 확인된 협의의 성립이나 내용을 다툴 수 없다(「공토법」 제29조 제4항).

판례

1. 손실보상금에 관한 합의 내용이 공익사업법에서 정하는 손실보상 기준에 맞지 않는다고 하더라도 특별한 사정이 없는 한 추가로 공익사업법상 기준에 따른 손실보상금 청구를 할 수 없다(대판 2013. 8. 22. 2012다3517).
2. 토지보상법상 협의취득에 대해 토지수용위원회의 협의 성립의 확인이 있은 경우 사업시행자는 수용재결의 경우와 동일하게 원시취득하는 효과를 누리게 된다(대판 2018. 12. 13. 2016두51719).

(2) 재결에 의한 방식

협의가 성립되지 아니하거나 협의를 할 수 없을 때에는 사업시행자는 사업인정고시가 된 날부터 1년 이내에 대통령령으로 정하는 바에 따라 관할 토지수용위원회에 재결을 신청할 수 있다(「공토법」 제28조 제1항). 토지수용위원회는 보상액을 재결의 형식으로 수용 등과 함께 결정한다(「공토법」 제50조). 토지수용위원회의 수용재결은 행정심판의 재결이 아니라 원처분의 성질을 갖는다.

판례

토지소유자가 사업시행자로부터 손실보상을 받기 위하여는 「공익사업법」상 토지수용위원회의 재결을 거쳐야 하고, 특별한 사정이 없는 한 이러한 재결절차를 거치지 않은 채 곧바로 사업시행자를 상대로 손실보상을 청구하는 것은 허용되지 않는다.

1. 토지소유자가 사업시행자로부터 공익사업법 제73조, 제75조의2에 따른 잔여지 또는 잔여 건축물 가격감소 등으로 인한 손실보상을 받기 위해서는 공익사업법 제34조, 제50조 등에 규정된 재결절차를 거친 다음 그 재결에 대하여 불복할 때 비로소 공익사업법 제83조 내지 제85조에 따라 권리구제를 받을 수 있을 뿐이며, 특별한 사정이 없는 한 이러한 재결절차를 거치지 않은 채 곧바로 사업시행자를 상대로 손실보상을 청구하는 것은 허용되지 않는다 할 것이고, 이는 잔여지 또는 잔여 건축물 수용청구에 대한 재결절차를 거친 경우라고 하여 달리 볼 것은 아니다(대판 2014. 9. 25. 2012두24092).
2. 공익사업으로 인하여 농업의 손실을 입게 된 자가 사업시행자로부터 구 「공익사업법」 제77조 제2항에 따라 농업손실에 대한 보상을 받기 위해서는 구 공익사업법 제34조, 제50조 등에 규정된 재결절차를 거친 다음 그 재결에 대하여 불복이 있는 때에 비로소 구 공익사업법 제83조 내지 제85조에 따라 권리구제를 받을 수 있다(대판 2011. 10. 13. 2009다43461).

3. 토지소유자가 사업시행자로부터 공익사업법 제73조에 따른 잔여지 가격감소 등으로 인한 손실보상을 받기 위해서는 공익사업법 제34조, 제50조 등에 규정된 재결절차를 거친 다음 그 재결에 대하여 불복이 있는 때에 비로소 공익사업법 제83조 내지 제85조에 따라 권리구제를 받을 수 있을 뿐, 이러한 재결절차를 거치지 않은 채 곧바로 사업시행자를 상대로 손실보상을 청구하는 것은 허용되지 않는다고 봄이 상당하고, 이는 수용대상토지에 대하여 재결절차를 거친 경우에도 마찬가지라 할 것이다(대판 2012. 11. 29. 2011두22587).

(3) **소송에 의한 방식**

구체적 손실보상청구권이 법률상 직접 발생하는 경우에는 토지소유자나 관계인 등은 공법상 당사자소송으로 직접 보상금지급을 청구할 수 있다. 그 외의 경우에는 아래와 같은 소송에 의한다.

3. 「공익사업을 위한 토지 등의 취득 및 보상에 관한 법률」상 토지수용위원회의 재결에 대한 불복절차 2013 기출

(1) **이의신청(특별행정심판)**

지방토지수용위원회의 재결에 대하여 불복이 있는 자는 중앙토지수용위원회에, 중앙토지수용위원회의 재결에 불복이 있는 자는 중앙토지수용위원회에 그 재결서의 정본을 받은 날로부터 30일 이내에 이의신청을 할 수 있다(「공토법」 제83조 제1항·제2항). 이의신청은 임의적 절차이다.

(2) **행정소송절차**

① **행정소송제기 기간**: 사업시행자, 토지소유자 또는 관계인은 제34조에 따른 재결에 불복할 때에는 재결서를 받은 날부터 90일 이내에, 이의신청을 거쳤을 때에는 이의신청에 대한 재결서를 받은 날부터 60일 이내에 각각 행정소송을 제기할 수 있다(「공토법」 제85조 제1항).

② **보상금의 증감에 관한 것이 아닌 소송**: 토지수용위원회의 재결에 대한 불복이 보상금의 증감에 관한 것이 아닌 수용 자체를 다투는 경우에는 취소소송 또는 무효확인소송을 제기하여 이를 다툴 수 있다(항고소송).

판례

수용재결에 불복하여 취소소송을 제기하는 경우 이의신청을 거친 경우에도 이의신청에 따른 재결이 아닌 수용재결(원처분)을 대상으로 수용재결을 한 위원회를 피고로 소송을 제기하여야 한다. 2024 기출

수용재결에 불복하여 취소소송을 제기하는 때에는 이의신청을 거친 경우에도 수용재결을 한 중앙토지수용위원회 또는 지방토지수용위원회를 피고로 하여 수용재결의 취소를 구하여야 하고, 다만 이의신청에 대한 재결 자체에 고유한 위법이 있음을 이유로 하는 경우에는 그 이의재결을 한 중앙토지수용위원회를 피고로 하여 이의재결의 취소를 구할 수 있다고 보아야 한다(대판 2010. 1. 28. 2008두1504).

③ **보상금의 증감에 관한 소송**: 제1항에 따라 제기하려는 행정소송이 보상금의 증감(增減)에 관한 소송인 경우 그 소송을 제기하는 자가 토지소유자 또는 관계인일 때에는 사업시행자를, 사업시행자일 때에는 토지소유자 또는 관계인을 각각 피고로 한다(「공토법」 제85조 제2항)(형식적 당사자소송). 2019 기출

판례

잔여지 수용청구를 받아들이지 않은 토지수용위원회의 재결에 대하여는 보상금증감에 관한 소송에 해당하여 사업시행자를 피고로 하여야 한다.

잔여지 수용청구를 받아들이지 않은 토지수용위원회의 재결에 대하여 토지소유자가 불복하여 제기하는 소송은 위 법 제85조 제2항에 규정되어 있는 '보상금의 증감에 관한 소송'에 해당하여 사업시행자를 피고로 하여야 한다(대판 2010. 8. 19. 2008두822).

4. 개별법상 행정청 등의 처분에 의한 결정에 대한 불복절차

(1) 「공토법」을 준용한다는 규정이 있는 경우

행정청 등의 보상금 결정에 대해서는 보상금증감청구소송에 의한다.

(2) 「공토법」을 준용한다는 규정이 없는 경우

행정청 등의 보상금 결정은 처분이므로 「행정심판법」상 행정심판이나 「행정소송법」상 항고소송의 대상이 된다.

제4절 공법상 결과제거청구권

01 의의

위법한 행정작용의 결과로서 남아있는 상태로 인하여 자신의 법률상 이익을 침해받고 있는 자가 행정주체에게 그 위법한 상태를 제거해 줄 것을 청구할 수 있는 권리이다. 즉 위법한 침해행위에 의하여 변경된 상태의 원상회복을 목적으로 하는 것이다. 「민법」상 물권적 청구권과 유사하나 개인의 명예권이 침해된 경우에도 인정된다는 점에서 물권적 청구권과 구별된다.

02 법적 근거

실정법상의 명문규정이 존재하지 않지만 「헌법」상의 법치행정의 원리 · 기본권 규정 · 「민법」상의 방해배제청구권 등의 관계규정의 유추적용에서 찾고 있다. 다만 판례는 결과제거청구권을 사권으로 보고 그 근거를 「민법」 제213조, 제214조 등에서 찾는다.

03 성립요건

1. 공행정작용에 의한 침해

① 공행정작용에는 법적행위뿐 아니라 사실행위도 포함되고 권력작용뿐만 아니라 비권력작용도 포함된다. 행정주체의 사법적 활동으로 인한 침해에 대하여는 여기서 말하는 결과제거청구권이 성립되지 않는다.

② 위법한 공행정작용은 작위뿐만 아니라 부작위에 의해서도 발생할 수 있다(예 행정청이 압류해제된 물건을 반환하지 않고 있는 경우).

2. 타인의 법률상 이익의 침해

침해되는 법률상 이익은 재산상 가치 있는 것에만 한정되는 것은 아니고, 그 밖에 명예·호평 등 정신적인 것도 포함된다.

3. 위법한 상태의 존재

위법한 상태의 존재 여부는 사실심변론종결 시를 기준으로 판단하여야 한다. 위법한 상태는 위법한 행정작용에 의해 발생할 수도 있고, 적법한 행정작용의 효력의 상실에 의해 발생할 수도 있다.

4. 위법한 상태의 계속

가해행위자의 고의·과실은 요하지 않는다. 위법한 상태의 원인이 된 행위가 사후에 합법화될 경우에는 인정되지 않는다.

5. 결과제거의 가능성

원상회복이 법률상·사실상 가능하고 의무자에게 기대가능하여야 한다.

판례

원상회복을 부정한 판례

서울특별시가 사전에 토지수용절차 등 토지에 대한 적법한 사용권을 취득함이 없이 대지를 도로부지로 편입하여 도로로 사용하고 있지만 도로법 제5조에 의하면, 도로를 구성하는 부지에 대하여서는 사권을 행사할 수 없으므로, 부지의 소유자는 불법행위를 원인으로 하여 손해배상을 청구함은 별론으로 하고 부지에 관하여 소유권을 행사하여 인도를 청구할 수 없다(대판 1968. 10. 22. 68다1317).

04 결과제거청구권의 내용

1. 원상회복의 청구

결과제거청구권은 행정작용으로 인하여 야기된 위법한 결과를 배제하여 원래 상태로의 회복을 목적으로 하는 것이다.

2. 국가배상청구권과의 경합

위법한 행정작용으로 인해 손해를 받은 상대방은 원상회복으로서 결과제거청구권과 「국가배상법」에 따른 손해배상청구권을 행사할 수 있다.

05 한계

1. 원상회복의 가능성

결과제거청구권은 원상회복이 사실상 가능하고, 법적으로 허용되며 또한 수인한계 내의 것인 때에만 인정된다. 원상회복조치에 과다한 비용이 소요되는 경우에는 당해 한계를 넘어서는 것이 되어 때로는 결과제거청구권이 인정되지 않을 수 있다.

2. 직접적인 결과의 제거청구

결과제거청구권은 위법한 행정작용으로 발생한 모든 결과의 제거를 청구하는 것이 아니고 위법한 행정작용의 직접적인 결과의 제거만을 그 내용으로 한다. 예컨대, 행정청의 위법한 입주결정으로 타인의 주택에 무주택자가 입주하고 그 입주자가 주택을 손상한 경우, 주택의 소유자는 행정청에 대해 당해 입주자의 퇴거를 요구할 수 있음에 그치고 손상된 주택의 원상회복을 청구할 수 없다.

Chapter 02

OX로 기초다지기

01 공무를 위탁받아 실질적으로 공무에 종사하고 있는 자는 공무의 위탁이 일시적이고 한정적이라고 할지라도 공무원이 될 수 있다. O X

02 국가배상청구소송은 배상심의회에 배상신청을 하지 아니하고도 제기할 수 있다. O X

03 부작위에 의한 국가배상책임은 조리상 작위의무를 위반한 경우에는 성립하지 않는다. O X

04 공무원의 고의·중과실에 의한 불법행위로 국가배상책임이 성립하는 경우 가해공무원 개인은 그로 인한 손해배상책임을 부담한다. O X

05 공무원의 직무집행이 법령이 정한 요건과 절차에 따라 이루어진 것이라도 그 과정에서 개인의 권리가 침해된 경우 법령 적합성이 곧바로 부정된다. O X

01 공무의 위탁은 그것이 계속적인 경우뿐만 아니라 일시적이고 한정적인 사항에 관한 활동을 위한 것도 포함된다는 것이 판례이다.

02 배상심의회에 배상신청을 하는 것은 「국가배상법」상 임의적 절차에 해당한다.

03 법령에 명시적으로 공무원의 작위의무가 규정되어 있지 않은 경우에도 조리상 공무원에게 작위의무가 인정될 수 있으므로 공무원의 부작위로 인한 국가배상책임을 인정할 수 있다.

04 공무원의 고의·중과실에 의한 불법행위의 경우 공무원 자신도 책임을 지나, 경과실에 의한 경우에는 면책된다는 것이 판례이다.

05 공무원의 직무집행이 법령이 정한 요건과 절차에 따라 이루어진 것이라면 특별한 사정이 없는 한 이는 법령에 적합한 것이고 그 과정에서 개인의 권리가 침해되는 일이 생긴다고 하여 그 법령 적합성이 곧바로 부정되는 것은 아니다.

Answer

01 ○ **02** ○ **03** X **04** ○ **05** X

06 가해공무원에게 직무집행의 의사가 없는 경우에는 행위 자체의 외관을 객관적으로 관찰하여 공무원의 직무행위로 보여질 때에도 공무원의 직무집행으로 볼 수 없다. O X

07 어떠한 행정처분이 항고소송에서 취소되었을지라도 당해 행정처분이 곧바로 공무원의 고의 또는 과실로 인한 것으로서 국가배상책임이 성립한다고 단정할 수는 없다. O X

08 「병역법」상 공익근무요원은 군인에 해당하여 이중배상이 금지되는 자에 속한다. O X

09 군인 등이 「국가배상법」에 따른 손해배상을 받은 후 보훈급여를 청구하는 것은 허용되지 않는다. O X

10 전투훈련 중 민간인이 군인과 공동불법행위를 한 경우 민간인은 자신의 부담부분만을 피해 군인에게 배상하면 된다는 것이 대법원 판례의 입장이다. O X

11 외국인이 피해자인 경우에는 해당 국가와 상호 보증이 있을 때에만 「국가배상법」이 적용된다. O X

06 주관적으로 공무원에게 직무집행의 의사가 없는 경우라도 행위 자체의 외관을 객관적으로 관찰하여 공무원의 직무행위로 보여질 때에는 공무원의 직무집행으로 볼 수 있다.

07 어떠한 행정처분이 항고소송에서 취소되었을지라도 당해 행정처분이 곧바로 공무원의 고의 또는 과실로 인한 것으로서 국가배상책임이 성립한다고 단정할 수 없다.

08 공익근무요원은 이중배상금지가 적용되는 군인에 해당하지 않는다.

09 군인 등이 「국가배상법」에 따른 손해배상을 받은 후 보훈급여를 청구하는 경우 손해배상금을 받았다는 이유로 보훈급여에 대한 지급을 거부할 수 없다는 것이 판례이다.

10 대법원은 공동불법행위에 대한 연대책임의 예외를 인정하여 민간인은 자신의 책임부분만을 배상하고 국가에 대해 공동불법행위자인 군인의 부담부분에 관해 구상권을 행사할 수 없다는 입장이다.

11 「국가배상법」 제7조

Answer

06 X **07** O **08** X **09** X **10** O **11** O

12 국가나 지방자치단체가 손해를 배상할 책임이 있는 경우에 공무원의 선임·감독 또는 영조물의 설치·관리를 맡은 자와 공무원의 봉급·급여, 그 밖의 비용 또는 영조물의 설치·관리 비용을 부담하는 자가 동일하지 아니하면 그 비용을 부담하는 자도 손해를 배상하여야 한다. ○×

13 노선인정 기타 공용지정을 갖추지 못하였으나 사실상 군민의 통행에 제공되고 있던 도로도 「국가배상법」상 영조물에 해당한다. ○×

14 영조물이 완전무결한 상태에 있지 아니하고 그 기능상 어떠한 결함이 있다면 영조물의 설치 또는 관리에 하자가 있다고 보는 것이 판례이다. ○×

15 「국가배상법」상 공공의 영조물에는 행정주체가 적법한 권원에 기하여 관리하고 있는 공물뿐 아니라 사실상 관리를 하고 있는 것도 포함된다. ○×

16 헌법재판소는 개발이익배제의 원칙이 「헌법」 제23조 제3항의 정당보상의 원리에 반한다고 보고 있다. ○×

12 「국가배상법」 제6조 제1항

13 사실상 군민의 통행에 제공되고 있던 도로는 공물로 볼 수 없으므로 「국가배상법」상 영조물에 해당하지 않는다.

14 영조물이 완전무결한 상태에 있지 아니하고 그 기능상 어떠한 결함이 있다는 것만으로 영조물의 설치 또는 관리에 하자가 있다고 할 수 없고 제반 사정을 종합적으로 고려하여 설치·관리자가 사회통념상 일반적으로 요구되는 정도의 방호조치의무를 다하였는지 여부를 기준으로 하자를 판단하는 것이 판례이다.

15 「국가배상법」상 영조물에는 국가 또는 지방자치단체가 소유권, 임차권 그 밖의 권한에 기하여 관리하고 있는 경우뿐만 아니라 사실상의 관리를 하고 있는 경우도 포함된다.

16 헌법재판소는 개발이익배제의 원칙이 「헌법」 제23조 제3항의 정당보상의 원리에 반하지 않는다고 본다.

Answer

12 ○ 13 × 14 × 15 ○ 16 ×

17 손실보상은 개인별로 보상액을 산정할 수 있는 경우에는 토지소유자나 관계인에게 개인별로 하여야 한다. O X

18 보상액을 산정할 경우에 해당 공익사업으로 인하여 토지 등의 가격이 변동되었을 때에는 이를 고려한다. O X

19 「공익사업을 위한 토지 등의 취득 및 보상에 관한 법률」상 수용재결에 대해 이의재결을 거쳐 취소소송을 제기하는 경우 이의재결을 소송의 대상으로 하여야 한다. O X

20 토지소유자가 토지수용위원회의 재결에 불복하여 제기하려는 행정소송이 보상금의 증감(增減)에 관한 소송인 경우 토지수용위원회를 피고로 한다. O X

17 「공익사업을 위한 토지 등의 취득 및 보상에 관한 법률」 제64조

18 보상액을 산정할 경우에 해당 공익사업으로 인하여 토지 등의 가격이 변동되었을 때에는 이를 고려하지 아니한다(「공익사업을 위한 토지 등의 취득 및 보상에 관한 법률」 제67조 제2항).

19 수용재결에 대해 이의재결을 거쳐 취소소송을 제기하는 경우 이의재결 자체에 고유한 위법이 없다면 원처분으로서 수용재결을 대상으로 하여야 한다는 것이 판례이다(대판 2010. 1. 28. 2008두1504).

20 토지소유자가 토지수용위원회의 재결에 불복하여 제기하려는 행정소송이 보상금의 증감에 관한 소송인 경우, 그 소송을 제기하는 자가 토지소유자 또는 관계인일 때에는 사업시행자를, 사업시행자일 때에는 토지소유자 또는 관계인을 각각 피고로 한다(「공익사업을 위한 토지 등의 취득 및 보상에 관한 법률」 제85조 제2항).

Answer

17 ○ 18 X 19 X 20 X

행정사

임병주 행정법

PART

05

행정쟁송제도

Chapter

01 개설

제1절 행정쟁송의 의의

01 광의의 행정쟁송과 협의의 행정쟁송

1. 광의의 행정쟁송

행정상의 분쟁에 대한 유권적 판정절차를 총칭하는 것으로 행정심판과 행정소송을 포함한다.

2. 협의의 행정쟁송

행정기관이 행정상의 분쟁을 판정하는 절차를 뜻한다. 행정심판을 의미한다.

02 우리나라의 행정쟁송제도

1. 사법국가형

우리나라의 경우 행정사건의 관할이 일반 사법부 소속 법원의 관할이라는 점에서 사법국가형에 속한다.

2. 행정심판과 행정소송의 관계

종래 행정심판전치주의를 취하고 있었으나 개정된 「행정소송법」은 행정심판을 임의적 절차로 하고 있다.

제2절 행정쟁송의 종류

01 정식쟁송과 약식쟁송

정식쟁송	심판기관이 독립한 지위를 가지며 당사자 간의 구술변론의 기회가 보장되는 쟁송(예 행정소송)
약식쟁송	심판기관이 독립성이 없거나 구술변론기회가 제한되는 등 정식절차가 생략되는 경우의 쟁송(예 행정심판)

02 시심적 쟁송과 복심적 쟁송

시심적 쟁송	행정법관계의 형성 또는 존부가 쟁송을 통해 처음으로 이루어지는 경우(예 당사자소송)
복심적 쟁송	이미 행하여진 처분의 위법·부당을 이유로 처분의 재심사를 구하는 쟁송(예 항고쟁송)

03 항고쟁송과 당사자쟁송

항고쟁송	이미 행하여진 처분의 위법·부당을 이유로 그의 취소·변경을 구하는 쟁송
당사자쟁송	행정법상 대등한 두 당사자 사이에서의 법률관계의 형성·존부에 관한 다툼에 대하여 그 심판을 구하는 쟁송

04 주관적 쟁송과 객관적 쟁송

주관적 쟁송	행정청의 처분으로 인하여 개인의 권리·이익이 침해된 경우 개인의 권리구제를 구하는 쟁송(예 당사자쟁송, 항고쟁송)
객관적 쟁송	개인의 권익침해를 요건으로 하지 않고 공익보호를 목적으로 행정작용의 적법·타당성을 확보하기 위한 쟁송(예 민중소송·기관소송)

05 민중쟁송과 기관쟁송

민중쟁송	적정한 행정법규의 적용을 확보하기 위하여 선거인 등의 일반 민중에 의하여 제기되는 쟁송(예 선거소송)
기관쟁송	국가 또는 공공단체의 기관 상호 간의 관계에 있어 인정되는 쟁송(예 지방자치단체의 장과 지방의회 간의 분쟁)

06 행정심판과 행정소송 비교

구분	행정심판	항고소송
목적	행정 자체 통제 목적이 강함	행정구제적 목적이 강함
판단기관	행정심판위원회(행정청)	법원
판단대상	위법·부당한 처분·부작위	위법한 처분·부작위
부작위에 대한 쟁송	의무이행심판	부작위위법확인소송(의무이행소송 불가)
제기기간	• 처분을 안 날로부터 90일 • 처분이 있은 날로부터 180일	• 처분을 안 날로부터 90일 • 처분이 있은 날로부터 1년
가구제	집행정지, 임시처분	집행정지, 가처분 부정
심리절차	구술 또는 서면심리, 비공개	구두변론주의, 공개
적극적 변경 여부	대상처분의 적극적 변경 가능	대상처분의 적극적 변경 부정
일반법	「행정심판법」	「행정소송법」

Chapter

02 행정심판

제1절 개요

01 의의

행정심판은 위법 또는 부당한 처분이나 기타 공권력의 행사·불행사 등으로 인하여 권리나 이익을 침해당한 자가 행정심판위원회에 대하여 그 시정을 구하는 절차를 말한다(「행정심판법」 제1조). 행정심판은 준사법적 절차이면서 동시에 행정처분으로서의 성질도 아울러 가진다.

02 이의신청

1. 「행정기본법」상 이의신청

행정기본법 제36조 【처분에 대한 이의신청】 ① 행정청의 처분(「행정심판법」 제3조에 따라 같은 법에 따른 행정심판의 대상이 되는 처분을 말한다. 이하 이 조에서 같다)에 이의가 있는 당사자는 처분을 받은 날부터 30일 이내에 해당 행정청에 이의신청을 할 수 있다.
② 행정청은 제1항에 따른 이의신청을 받으면 그 신청을 받은 날부터 14일 이내에 그 이의신청에 대한 결과를 신청인에게 통지하여야 한다. 다만, 부득이한 사유로 14일 이내에 통지할 수 없는 경우에는 그 기간을 만료일 다음 날부터 기산하여 10일의 범위에서 한 차례 연장할 수 있으며, 연장 사유를 신청인에게 통지하여야 한다.
③ 제1항에 따라 이의신청을 한 경우에도 그 이의신청과 관계없이 「행정심판법」에 따른 행정심판 또는 「행정소송법」에 따른 행정소송을 제기할 수 있다.
④ 이의신청에 대한 결과를 통지받은 후 행정심판 또는 행정소송을 제기하려는 자는 그 결과를 통지받은 날(제2항에 따른 통지기간 내에 결과를 통지받지 못한 경우에는 같은 항에 따른 통지기간이 만료되는 날의 다음 날을 말한다)부터 90일 이내에 행정심판 또는 행정소송을 제기할 수 있다.
⑤ 다른 법률에서 이의신청과 이에 준하는 절차에 대하여 정하고 있는 경우에도 그 법률에서 규정하지 아니한 사항에 관하여는 이 조에서 정하는 바에 따른다.
⑦ 다음 각 호의 어느 하나에 해당하는 사항에 관하여는 이 조를 적용하지 아니한다.
1. 공무원 인사 관계 법령에 따른 징계 등 처분에 관한 사항
2. 「국가인권위원회법」 제30조에 따른 진정에 대한 국가인권위원회의 결정
3. 「노동위원회법」 제2조의2에 따라 노동위원회의 의결을 거쳐 행하는 사항
4. 형사, 행형 및 보안처분 관계 법령에 따라 행하는 사항
5. 외국인의 출입국·난민인정·귀화·국적회복에 관한 사항
6. 과태료 부과 및 징수에 관한 사항

2. '행정심판으로서 이의신청'과 '행정심판이 아닌 이의신청'

이의신청은 행정심판이 아니지만 개별법상 행정심판에 해당하는 이의신청도 인정된다.

(1) 구별실익

① **행정심판 제기 여부**

㉠ 행정심판으로서의 이의신청에 대해서는 이의신청을 거친 경우 이에 대해서는 「행정심판법」상 행정심판을 제기할 수 없다.

㉡ 행정심판이 아닌 이의신청의 경우 당해 이의신청을 거친 후에도 명문의 규정이 없는 이상 행정심판을 제기할 수 있다.

② **이의신청에 대한 결정의 성질**

㉠ **행정심판으로서의 이의신청**: 행정심판으로서의 이의신청에 대한 결정은 행정심판 재결에 해당한다. 따라서 이의신청에 대한 결정에 고유한 위법이 있을 때 항고소송을 제기할 수 있고 그렇지 않은 경우 원처분을 대상으로 항고소송을 제기하여야 한다.

㉡ **행정심판이 아닌 이의신청**: 행정심판이 아닌 이의신청의 경우 원처분을 취소 또는 변경하는 결정은 새로운 최종적 처분으로서 이의신청의 대상이 된 처분을 취소 또는 변경하는 처분이다. 이의신청의 대상이 된 기존의 처분을 그대로 유지하는 기각결정은 단순한 사실행위로서 항고소송의 대상이 되지 않는다. 단, 이의신청에 대한 기각결정이 새로운 신청에 따른 것이거나 별도의 의사결정 과정과 절차를 거쳐 이루어진 독립된 행정처분의 성격을 갖는 경우 항고소송의 대상이 된다.

(2) 구별기준

개별 법률에서 이의신청 중 준사법절차가 보장되는 것만을 행정심판으로 보고 그렇지 않은 것은 행정심판이 아닌 이의신청으로 보는 것이 다수설과 판례의 입장이다.

판례

행정심판으로 보지 않는 이의신청

① 「지방자치법」 제140조 제3항상의 사용료·수수료 또는 분담금의 부과나 징수에 대한 이의신청(대판 2012. 3. 29. 2011두26886)

② 구 「민원사무처리법」에서 정한 민원 이의신청(대판 2012. 11. 15. 2010두8676)

행정심판으로 보는 이의신청

① 구 「공무원연금법」상 공무원연금급여 재심위원회에 대한 심사청구(대판 2019. 8. 9. 2019두39659)

② 「공익사업을 위한 토지등 취득 및 보상에 관한 법률」상 토지수용위원회 재결에 대한 이의신청(대판 2010. 1. 28. 2008두1504)

③ 「난민법」상 이의신청

> **난민법 제21조 【이의신청】** ① 제18조 제2항 또는 제19조에 따라 난민불인정결정을 받은 사람 또는 제22조에 따라 난민인정이 취소 또는 철회된 사람은 그 통지를 받은 날부터 30일 이내에 법무부장관에게 이의신청을 할 수 있다. 이 경우 이의신청서에 이의의 사유를 소명하는 자료를 첨부하여 지방출입국·외국인관서의 장에게 제출하여야 한다.
> ② 제1항에 따른 이의신청을 한 경우에는 「행정심판법」에 따른 행정심판을 청구할 수 없다.

3. 「행정기본법」상 처분의 재심사

> **행정기본법 제37조【처분의 재심사】** ① 당사자는 처분(제재처분 및 행정상 강제는 제외한다. 이하 이 조에서 같다)이 행정심판, 행정소송 및 그 밖의 쟁송을 통하여 다툴 수 없게 된 경우(법원의 확정판결이 있는 경우는 제외한다)라도 다음 각 호의 어느 하나에 해당하는 경우에는 해당 처분을 한 행정청에 처분을 취소·철회하거나 변경하여 줄 것을 신청할 수 있다.
> 1. 처분의 근거가 된 사실관계 또는 법률관계가 추후에 당사자에게 유리하게 바뀐 경우
> 2. 당사자에게 유리한 결정을 가져다주었을 새로운 증거가 있는 경우
> 3. 「민사소송법」 제451조에 따른 재심사유에 준하는 사유가 발생한 경우 등 대통령령으로 정하는 경우
>
> ② 제1항에 따른 신청은 해당 처분의 절차, 행정심판, 행정소송 및 그 밖의 쟁송에서 당사자가 중대한 과실 없이 제1항 각 호의 사유를 주장하지 못한 경우에만 할 수 있다.
> ③ 제1항에 따른 신청은 당사자가 제1항 각 호의 사유를 안 날부터 60일 이내에 하여야 한다. 다만, 처분이 있은 날부터 5년이 지나면 신청할 수 없다.
> ④ 제1항에 따른 신청을 받은 행정청은 특별한 사정이 없으면 신청을 받은 날부터 90일(합의제행정기관은 180일) 이내에 처분의 재심사 결과(재심사 여부와 처분의 유지·취소·철회·변경 등에 대한 결정을 포함한다)를 신청인에게 통지하여야 한다. 다만, 부득이한 사유로 90일(합의제행정기관은 180일) 이내에 통지할 수 없는 경우에는 그 기간을 만료일 다음 날부터 기산하여 90일(합의제행정기관은 180일)의 범위에서 한 차례 연장할 수 있으며, 연장 사유를 신청인에게 통지하여야 한다.
> ⑤ 제4항에 따른 처분의 재심사 결과 중 처분을 유지하는 결과에 대해서는 행정심판, 행정소송 및 그 밖의 쟁송수단을 통하여 불복할 수 없다.
> ⑥ 행정청의 제18조에 따른 취소와 제19조에 따른 철회는 처분의 재심사에 의하여 영향을 받지 아니한다.
> ⑦ 제1항부터 제6항까지에서 규정한 사항 외에 처분의 재심사의 방법 및 절차 등에 관한 사항은 대통령령으로 정한다.
> ⑧ 다음 각 호의 어느 하나에 해당하는 사항에 관하여는 이 조를 적용하지 아니한다.
> 1. 공무원 인사 관계 법령에 따른 징계 등 처분에 관한 사항
> 2. 「노동위원회법」 제2조의2에 따라 노동위원회의 의결을 거쳐 행하는 사항
> 3. 형사, 행형 및 보안처분 관계 법령에 따라 행하는 사항
> 4. 외국인의 출입국·난민인정·귀화·국적회복에 관한 사항
> 5. 과태료 부과 및 징수에 관한 사항
> 6. 개별 법률에서 그 적용을 배제하고 있는 경우

03 행정심판의 종류

1. 「행정심판법」상 행정심판의 종류 2013 기출

「행정심판법」은 취소심판·무효등확인심판·의무이행심판의 세 가지로 구분하고 있다(제5조). 현행 「행정심판법」상 당사자심판이나 객관적 심판은 인정되지 않는다.

2. 특별행정심판

(1) 당사자쟁송적 행정심판

「공익사업을 위한 토지 등의 취득 및 보상에 관한 법률」상의 토지수용위원회에 대한 재결신청이 이에 해당한다.

(2) **특별행정심판**

사안(事案)의 전문성과 특수성을 살리기 위하여 특히 필요한 경우가 있을 때 「행정심판법」 외에 행정심판 절차에 대한 특례를 다른 법률로 정할 수 있는데 이를 특별행정심판이라 한다. 특허심판과 그 항고심판, 해난심판 등이 이에 해당한다.

행정심판법 제4조 【특별행정심판 등】 ① 사안의 전문성과 특수성을 살리기 위하여 특히 필요한 경우 외에는 이 법에 따른 행정심판을 갈음하는 특별한 행정불복절차(이하 "특별행정심판"이라 한다)나 이 법에 따른 행정심판절차에 대한 특례를 다른 법률로 정할 수 없다.
② 다른 법률에서 특별행정심판이나 이 법에 따른 행정심판 절차에 대한 특례를 정한 경우에도 그 법률에서 규정하지 아니한 사항에 관하여는 이 법에서 정하는 바에 따른다.
③ 관계 행정기관의 장이 특별행정심판 또는 이 법에 따른 행정심판절차에 대한 특례를 신설하거나 변경하는 법령을 제정·개정할 때에는 미리 중앙행정심판위원회와 협의하여야 한다.

제2절 행정심판의 종류

01 개관

「행정심판법」상 행정심판의 종류로 취소심판·무효등확인심판·의무이행심판이 있다.

행정심판법 제5조 【행정심판의 종류】 행정심판의 종류는 다음 각 호와 같다.
1. 취소심판 : 행정청의 위법 또는 부당한 처분을 취소하거나 변경하는 행정심판
2. 무효등확인심판 : 행정청의 처분의 효력 유무 또는 존재 여부를 확인하는 행정심판
3. 의무이행심판 : 당사자의 신청에 대한 행정청의 위법 또는 부당한 거부처분이나 부작위에 대하여 일정한 처분을 하도록 하는 행정심판

02 취소심판

1. 의의

행정청의 위법 또는 부당한 공권력 행사나 그 거부 그 밖에 이에 준하는 행정작용으로 인하여 권익을 침해당한 자가 그 취소 또는 변경을 구하는 행정심판을 취소심판이라 한다(제5조 제1호).

2. 인용재결

취소심판의 청구가 이유 있다고 인정할 때에는 그 심판청구를 인용하는 재결로써 처분을 취소 또는 다른 처분으로 변경하거나 처분을 다른 처분으로 변경할 것을 피청구인에게 명한다(제43조 제3항). 다만, 심판청구가 이유 있다고 인정하는 경우에도 이를 인용하는 것이 현저히 공익에 적합하지 않다고 인정할 때에는, 그 심판청구를 기각하는 사정재결을 할 수 있다(제44조 제1항).
(※ 종래 취소명령재결은 현행 「행정심판법」이 개정되면서 삭제됨)

3. 주요 특징

청구기간의 제한, 집행부정지, 사정재결 등이 적용된다(상세는 후술).

03 무효등확인심판

1. 의의

처분의 효력 유무 또는 존재 여부에 대한 확인을 구하는 행정심판이다(「행정심판법」 제5조 제2호). 무효확인 · 유효확인 · 실효확인 · 존재확인 · 부존재확인심판 등이 포함된다.

2. 인용재결

무효등확인심판의 청구가 이유 있다고 인정하는 경우에는 심판청구의 대상이 된 처분의 유효 · 무효 또는 존재 · 부존재를 확인하는 재결을 한다(「행정심판법」 제43조 제4항). 확인재결은 당해 행정심판의 당사자 · 제3자에게도 효력이 미친다.

3. 주요 특징

취소심판과 달리 청구기간의 제한, 사정재결규정이 적용되지 않는다.

04 의무이행심판

1. 의의

행정청의 위법 또는 부당한 거부처분이나 부작위에 대하여 일정한 처분을 하도록 하는 행정심판이다(「행정심판법」 제5조 제3호). 「행정소송법」에서는 부작위위법확인소송만 인정되나 「행정심판법」에서는 의무이행심판을 인정하고 있다. 거부처분이나 부작위처분을 대상으로 한다는 점에서 소극적 행정작용에 대한 권리구제로서의 기능도 수행한다.

2. 인용재결

행정심판위원회는 심판청구가 이유 있다고 인정할 때에는 지체 없이 신청에 따른 처분을 하거나 (형성재결) 처분청에 이행할 것을 명하는 재결(이행재결)을 한다(「행정심판법」 제43조 제5항). 이행재결에 대해서는 처분청은 지체 없이 재결의 취지에 따른 처분을 하여야 한다(제49조 제3항). 이 경우 재결청은 당해 행정청이 처분을 하지 아니하는 때에는 당사자의 신청에 따라 기간을 정하여 서면으로 시정을 명하고, 그 기간 내에 이행하지 아니하는 경우에는 당해 처분을 할 수 있다(제50조 제1항).

3. 주요 특징

거부처분에 대한 의무이행심판은 청구기간의 제한을 받지만, 부작위에 대한 의무이행심판은 그러한 제한을 받지 않는다. 집행정지의 대상은 되지 않으며, 사정재결규정은 적용된다.

제3절 행정심판의 대상

01 개설

1. 개괄주의와 열기주의

개괄주의는 법률상 예외가 인정된 사항을 제외하고는 일반적으로 모든 사항에 대하여 행정심판을 인정하는 제도를 말하고, 열기주의는 특정한 사항에 대해서만 행정심판을 인정하는 제도를 말한다.

2. 「행정심판법」의 개괄주의

(1) **원칙** 2017 기출

「행정심판법」 제3조 제1항은 행정청의 처분 또는 부작위에 대하여 다른 법률에 특별한 규정이 있는 경우를 제외하고는 이 법에 의하여 행정심판을 제기할 수 있다고 규정하여, 모든 처분 또는 부작위에 대하여 행정심판을 제기할 수 있는 개괄주의를 채택하고 있다.

(2) **예외**

① **대통령의 처분 · 부작위**: 대통령의 처분 또는 부작위에 대하여는 다른 법률에 특별한 규정이 있는 경우를 제외하고는 행정심판을 제기할 수 없다(제3조 제2항).

② **심판재결**: 심판청구에 대한 재결이 있는 경우에는 당해 재결 및 동일한 처분 또는 부작위에 대하여 다시 심판청구를 제기할 수 없다(제51조).

③ **별도의 구제절차가 마련되어 있는 경우**: 통고처분이나 검사의 불기소처분에 대해서도 별도의 구제절차가 마련되어 있으므로 행정심판의 대상이 되지 않는다.

> **행정심판법**
> **제3조【행정심판의 대상】** ① 행정청의 처분 또는 부작위에 대하여는 다른 법률에 특별한 규정이 있는 경우 외에는 이 법에 따라 행정심판을 청구할 수 있다.
> ② 대통령의 처분 또는 부작위에 대하여는 다른 법률에서 행정심판을 청구할 수 있도록 정한 경우 외에는 행정심판을 청구할 수 없다.
> **제51조【행정심판 재청구의 금지】** 심판청구에 대한 재결이 있으면 그 재결 및 같은 처분 또는 부작위에 대하여 다시 행정심판을 청구할 수 없다.

02 행정청

1. 의의

'행정청'이라 함은 국가 또는 지방자치단체의 행정에 관한 의사를 결정 · 표시할 수 있는 권한을 가진 행정기관을 의미한다. 이에는 법령에 의하여 권한의 위임이나 위탁을 받은 행정기관, 공공단체 및 그 기관 또는 사인도 포함된다(제2조 제4호).

2. 권한 승계의 경우

처분이나 부작위가 있은 뒤에 그 처분이나 부작위에 관계되는 권한이 다른 행정청에 승계된 때에는 그 권한을 승계한 행정청이 처분청 또는 부작위청이 된다(「행정심판법」 제17조 제1항).

행정심판법

제2조【정의】 이 법에서 사용하는 용어의 뜻은 다음과 같다.

4. "행정청"이란 행정에 관한 의사를 결정하여 표시하는 국가 또는 지방자치단체의 기관, 그 밖에 법령 또는 자치법규에 따라 행정권한을 가지고 있거나 위탁을 받은 공공단체나 그 기관 또는 사인(私人)을 말한다.

제17조【피청구인의 적격 및 경정】 ① 행정심판은 처분을 한 행정청(의무이행심판의 경우에는 청구인의 신청을 받은 행정청)을 피청구인으로 하여 청구하여야 한다. 다만, 심판청구의 대상과 관계되는 권한이 다른 행정청에 승계된 경우에는 권한을 승계한 행정청을 피청구인으로 하여야 한다.

03 처분

행정심판법 제2조【정의】 이 법에서 사용하는 용어의 뜻은 다음과 같다.

1. "처분"이란 행정청이 행하는 구체적 사실에 관한 법집행으로서의 공권력의 행사 또는 그 거부, 그 밖에 이에 준하는 행정작용을 말한다.

1. 공권력의 행사

행정청이 행하는 구체적 사실에 관한 권력적 행정작용으로서, 강학상의 행정행위뿐만 아니라 권력적 사실행위도 이에 해당한다(다수설).

2. 거부

이에는 명시적 거부처분과 신청에 대하여 일정 기간 내에 처분하지 않으면 이를 거부처분으로 본다고 규정하는 경우의 간주거부도 포함된다.

3. 그 밖에 이에 준하는 행정작용

공권력 행사에 준하는 작용의 내용이 명확하지 않지만 일반적으로 행정심판대상을 확대하기 위한 포괄적 개념으로 개인의 권익에 구체적으로 영향을 미치는 행정청의 대외적 작용으로 행정구제의 필요성이 인정되는 경우를 뜻한다.

04 부작위

행정심판법 제2조【정의】 이 법에서 사용하는 용어의 정의는 다음과 같다.
2. "부작위"란 행정청이 당사자의 신청에 대하여 상당한 기간 내에 일정한 처분을 하여야 할 법률상 의무가 있는데도 처분을 하지 아니하는 것을 말한다. 2023 기출

1. 당사자의 신청

신청권은 법령에 명문으로 인정되는 경우뿐만 아니라 헌법의 기본권과 관련하여 또는 조리상 인정되는 경우도 포함된다.

2. 상당한 기간

상당한 기간이 경과하여도 행정청이 어떠한 처분도 하지 않은 상태가 존재하여야 하는데 여기서 상당한 기간은 사회통념상 당해 신청을 처리하는 데 소요될 것으로 판단되는 기간을 뜻한다.

3. 처분을 할 법률상 의무

기속행위는 당연히 의무가 인정되나 재량행위의 경우 상대방의 신청에 대응하여 처분을 할 의무는 있으나 행정청의 재량권이 인정되므로 상대방의 신청대로의 특정 처분을 할 의무는 없다고 본다. 다만, 재량행위 중 결정재량이 영으로의 수축이 인정되는 경우에도 처분의무가 성립할 수 있고, 재량권의 한계를 준수하여 적법한 응답을 할 의무가 인정된다.

4. 아무런 처분도 하지 않았을 것

부작위는 행정청이 어떠한 인용 또는 거부처분도 하지 않은 상태를 말한다. 법령에 일정한 상태의 행정청의 부작위를 거부처분으로 간주하는 규정을 두고 있는 경우, 법적으로는 소극적 처분이 있었던 것으로 되므로 부작위에는 해당하지 않는다.

제4절 행정심판위원회

01 개설

현행 「행정심판법」은 재결청을 없애고 재결청의 권한을 행정심판위원회에 두게 하여 행정심판위원회가 심리와 의결 그리고 재결을 모두 수행하도록 하고 있다.

02 행정심판위원회

1. 의의

행정심판위원회는 행정청의 처분 또는 부작위에 대한 행정심판의 청구(이하 "심판청구"라 한다)를 심리・재결하는 합의제 행정청을 뜻한다.

2. 행정심판위원회의 설치

행정심판위원회 소속기관	처분청
처분행정청 소속 행정심판위원회 2013 기출	① 감사원, 국가정보원장, 그 밖에 대통령령으로 정하는 대통령 소속기관의 장의 처분 ② 국회사무총장・법원행정처장・헌법재판소사무처장 및 중앙선거관리위원회사무총장의 처분 ③ 국가인권위원회, 진실・화해를 위한 과거사정리위원회, 그 밖에 지위・성격의 독립성과 특수성 등이 인정되어 대통령령으로 정하는 행정청의 처분
중앙행정심판위원회	① 국가행정기관의 장 또는 그 소속 행정청의 처분 ② 특별시장・광역시장・도지사・특별자치도지사(교육감 포함), 의회의 처분 2022 기출 ③ 지방자치단체조합 등 관계 법률에 따라 국가・지방자치단체・공공법인 등이 공동으로 설립한 행정청의 처분
시・도지사(광역단체장) 소속 행정심판위원회	① 시・도 소속 행정청의 처분 ② 시・도의 관할구역에 있는 시・군・자치구의 장, 소속 행정청 또는 시・군・자치구의 의회의 처분 ③ 시・도의 관할구역에 있는 둘 이상의 지방자치단체(시・군・자치구)・공공법인 등이 공동으로 설립한 행정청의 처분
직근 상급행정기관 소속 행정심판위원회	국가행정기관 소속 특별지방행정기관의 장

3. 행정심판위원회의 구성과 회의

일반행정심판위원회	① 위원장 1명을 포함한 50명 이내의 위원 ② 위원장: 해당 행정심판위원회가 소속된 행정청 ③ 회의: 위원장과 위원장이 회의마다 지정하는 8명의 위원
중앙행정심판위원회	① 위원장 1명을 포함한 70명 이내의 위원, 상임위원 4명 이내(임기 3년, 1차에 한해 연임)(비상임위원 2년, 2차에 한해 연임) ② 위원장: 국민권익위원회의 부위원장 중 1명 ③ 회의: 위원장 및 상임위원 포함 9명으로 구성 ④ 소위원회: 위원 4명, 「도로교통법」에 따른 자동차운전면허 행정처분에 관한 사건 담당 ⑤ 전문위원회: 위원장이 지정하는 사건 미리 검토
위원의 임기	① 상임위원: 임기 3년, 1차에 한해 연임 ② 비상임위원: 임기 2년, 2차에 한해 연임

4. 위원의 제척 · 기피 · 회피

(1) 위원의 제척 · 기피

① **제척**: 제척은 법정사유가 발생한 경우 당연히 직무집행에서 배제되는 것을 뜻한다. 제척결정은 이를 확인하는 의미이다.

> **행정심판법 제10조【위원의 제척 · 기피 · 회피】** ① 위원회의 위원은 다음 각 호의 어느 하나에 해당하는 경우에는 그 사건의 심리 · 의결에서 제척(除斥)된다. 이 경우 제척결정은 위원회의 위원장(이하 "위원장"이라 한다)이 직권으로 또는 당사자의 신청에 의하여 한다.
> 1. 위원 또는 그 배우자나 배우자이었던 사람이 사건의 당사자이거나 사건에 관하여 공동 권리자 또는 의무자인 경우
> 2. 위원이 사건의 당사자와 친족이거나 친족이었던 경우
> 3. 위원이 사건에 관하여 증언이나 감정(鑑定)을 한 경우
> 4. 위원이 당사자의 대리인으로서 사건에 관여하거나 관여하였던 경우
> 5. 위원이 사건의 대상이 된 처분 또는 부작위에 관여한 경우

② **기피**: 당사자가 공정한 심리 · 의결을 기대하기 어려운 사정이 있는 경우 위원장에게 스스로 배제를 신청하는 것을 기피라 한다.

> **행정심판법 제10조【위원의 제척 · 기피 · 회피】** ② 당사자는 위원에게 공정한 심리 · 의결을 기대하기 어려운 사정이 있으면 위원장에게 기피신청을 할 수 있다.

(2) 회피

> **행정심판법 제10조【위원의 제척 · 기피 · 회피】** ⑦ 위원회의 회의에 참석하는 위원이 제척사유 또는 기피사유에 해당되는 것을 알게 되었을 때에는 스스로 그 사건의 심리 · 의결에서 회피할 수 있다. 이 경우 회피하고자 하는 위원은 위원장에게 그 사유를 소명하여야 한다.

(3) 직원에의 준용

> **행정심판법 제10조【위원의 제척 · 기피 · 회피】** ⑧ 사건의 심리 · 의결에 관한 사무에 관여하는 위원 아닌 직원에게도 제1항부터 제7항까지의 규정을 준용한다.

5. 행정심판위원회의 권한

(1) 심리권

행정심판위원회는 재결의 기초가 되는 사실관계나 법률관계를 명백히 하기 위하여 당사자 및 관계인의 주장과 반박을 듣고 이를 뒷받침하는 증거나 기타의 자료를 수집 · 조사하는 일련의 권한을 가지는데 이를 심리권이라 한다. 가장 대표적인 권한으로 증거조사권이 있다.

(2) 심리에 부수된 권한

대표자선정권고권, 청구인의 지위승계허가권, 대리인선임허가권, 피청구인의 경정결정권, 심판참가의 허가 및 요구권, 심판청구의 변경불허권, 보정명령권 등이 있다.

(3) **재결권**

재결이란 심판청구에 대한 심리의 결과에 따라 종국적으로 판단하는 행위를 말한다. 사정재결, 집행정지결정권 또는 집행정지취소결정권을 가진다.

(4) **불합리한 법령 등의 개선**

행정심판법 제59조【불합리한 법령 등의 개선】 ① 중앙행정심판위원회는 심판청구를 심리·재결할 때에 처분 또는 부작위의 근거가 되는 명령 등(대통령령·총리령·부령·훈령·예규·고시·조례·규칙 등을 말한다. 이하 같다)이 법령에 근거가 없거나 상위 법령에 위배되거나 국민에게 과도한 부담을 주는 등 크게 불합리하면 관계 행정기관에 그 명령 등의 개정·폐지 등 적절한 시정조치를 요청할 수 있다. 이 경우 중앙행정심판위원회는 시정조치를 요청한 사실을 법제처장에게 통보하여야 한다.
② 제1항에 따른 요청을 받은 관계 행정기관은 정당한 사유가 없으면 이에 따라야 한다.

(5) **조사·지도권**

중앙행정심판위원회는 행정청에 대하여 ① 위원회 운영 실태, ② 재결 이행 상황, ③ 행정심판의 운영 현황 등을 조사하고, 필요한 지도를 할 수 있다(「행정심판법」 제60조).

제5절 행정심판의 당사자와 관계인

01 당사자

1. 청구인

(1) **의의**

행정심판의 청구인은 심판청구의 대상인 처분 또는 부작위에 불복하여 그의 취소 또는 변경 등을 구하는 심판을 제기하는 자를 뜻한다. 원칙적으로 자연인 또는 법인이어야 하나 법인이 아닌 사단 또는 재단으로서 대표자나 관리인이 정하여져 있는 경우에는 그 사단이나 재단의 이름으로 심판청구를 할 수 있다(「행정심판법」 제14조).

(2) **청구인적격**

행정심판법 제13조【청구인 적격】 ① 취소심판은 처분의 취소 또는 변경을 구할 법률상 이익이 있는 자가 청구할 수 있다. 처분의 효과가 기간의 경과, 처분의 집행, 그 밖의 사유로 소멸된 뒤에도 그 처분의 취소로 회복되는 법률상 이익이 있는 자의 경우에도 또한 같다.
② 무효등확인심판은 처분의 효력 유무 또는 존재 여부의 확인을 구할 법률상 이익이 있는 자가 청구할 수 있다.
③ 의무이행심판은 처분을 신청한 자로서 행정청의 거부처분 또는 부작위에 대하여 일정한 처분을 구할 법률상 이익이 있는 자가 청구할 수 있다. 2023 기출

(3) 선정대표자

행정심판법 제15조【선정대표자】 ① 여러 명의 청구인이 공동으로 심판청구를 할 때에는 청구인들 중에서 3명 이하의 선정대표자를 선정할 수 있다. 2023 기출
② 청구인들이 제1항에 따라 선정대표자를 선정하지 아니한 경우에 위원회는 필요하다고 인정하면 청구인들에게 선정대표자를 선정할 것을 권고할 수 있다.
③ 선정대표자는 다른 청구인들을 위하여 그 사건에 관한 모든 행위를 할 수 있다. 다만, 심판청구를 취하하려면 다른 청구인들의 동의를 받아야 하며, 이 경우 동의받은 사실을 서면으로 소명하여야 한다.
④ 선정대표자가 선정되면 다른 청구인들은 그 선정대표자를 통해서만 그 사건에 관한 행위를 할 수 있다.
⑤ 선정대표자를 선정한 청구인들은 필요하다고 인정하면 선정대표자를 해임하거나 변경할 수 있다. 이 경우 청구인들은 그 사실을 지체 없이 위원회에 서면으로 알려야 한다.

판례

당사자가 아닌 자를 선정대표자로 선정하였더라도 그 선정행위는 무효이다.
행정심판절차에서 청구인들이 당사자가 아닌 자를 선정대표자로 선정하였더라도 행정심판법 제11조에 위반되어 그 선정행위는 그 효력이 없다(대판 1991. 1. 25. 90누7791).

(4) 청구인의 지위승계

행정심판법 제16조【청구인의 지위 승계】 ① 청구인이 사망한 경우에는 상속인이나 그 밖에 법령에 따라 심판청구의 대상에 관계되는 권리나 이익을 승계한 자가 청구인의 지위를 승계한다.
② 법인인 청구인이 합병(合倂)에 따라 소멸하였을 때에는 합병 후 존속하는 법인이나 합병에 따라 설립된 법인이 청구인의 지위를 승계한다.
⑤ 심판청구의 대상과 관계되는 권리나 이익을 양수한 자는 위원회의 허가를 받아 청구인의 지위를 승계할 수 있다.
⑥ 위원회는 제5항의 지위 승계 신청을 받으면 기간을 정하여 당사자와 참가인에게 의견을 제출하도록 할 수 있으며, 당사자와 참가인이 그 기간에 의견을 제출하지 아니하면 의견이 없는 것으로 본다.

(5) 청구인 변경

청구인적격이 없는 자가 제기한 행정심판은 부적법한 것으로 흠결이 보정되지 않는다. 따라서 행정심판절차에서는 임의적인 청구인 변경이 원칙적으로 허용되지 않는다(대판 1999. 10. 8. 98두10073).

2. 피청구인

(1) 피청구인적격

행정심판법 제17조【피청구인의 적격 및 경정】 ① 행정심판은 처분을 한 행정청(의무이행심판의 경우에는 청구인의 신청을 받은 행정청)을 피청구인으로 하여 청구하여야 한다. 다만, 심판청구의 대상과 관계되는 권한이 다른 행정청에 승계된 경우에는 권한을 승계한 행정청을 피청구인으로 하여야 한다.

(2) 피청구인의 경정

행정심판법 제17조 【피청구인의 적격 및 경정】 ② 청구인이 피청구인을 잘못 지정한 경우에는 위원회는 직권으로 또는 당사자의 신청에 의하여 결정으로써 피청구인을 경정(更正)할 수 있다.
③ 위원회는 제2항에 따라 피청구인을 경정하는 결정을 하면 결정서 정본을 당사자(종전의 피청구인과 새로운 피청구인을 포함한다. 이하 제6항에서 같다)에게 송달하여야 한다.
④ 제2항에 따른 결정이 있으면 종전의 피청구인에 대한 심판청구는 취하되고 종전의 피청구인에 대한 행정심판이 청구된 때에 새로운 피청구인에 대한 행정심판이 청구된 것으로 본다.
⑤ 위원회는 행정심판이 청구된 후에 제1항 단서의 사유가 발생하면 직권으로 또는 당사자의 신청에 의하여 결정으로써 피청구인을 경정한다. 이 경우에는 제3항과 제4항을 준용한다.
⑥ 당사자는 제2항 또는 제5항에 따른 위원회의 결정에 대하여 결정서 정본을 받은 날부터 7일 이내에 위원회에 이의신청을 할 수 있다.

02 행정심판의 관계인

1. 참가인

(1) 행정심판참가

행정심판법 제20조 【심판참가】 ① 행정심판의 결과에 이해관계가 있는 제3자나 행정청은 해당 심판청구에 대한 제7조 제6항 또는 제8조 제7항에 따른 위원회나 소위원회의 의결이 있기 전까지 그 사건에 대하여 심판참가를 할 수 있다.
② 제1항에 따른 심판참가를 하려는 자는 참가의 취지와 이유를 적은 참가신청서를 위원회에 제출하여야 한다. 이 경우 당사자의 수만큼 참가신청서 부본을 함께 제출하여야 한다.
③ 위원회는 제2항에 따라 참가신청서를 받으면 참가신청서 부본을 당사자에게 송달하여야 한다.
④ 제3항의 경우 위원회는 기간을 정하여 당사자와 다른 참가인에게 제3자의 참가신청에 대한 의견을 제출하도록 할 수 있으며, 당사자와 다른 참가인이 그 기간에 의견을 제출하지 아니하면 의견이 없는 것으로 본다.
⑤ 위원회는 제2항에 따라 참가신청을 받으면 허가 여부를 결정하고, 지체 없이 신청인에게는 결정서 정본을, 당사자와 다른 참가인에게는 결정서 등본을 송달하여야 한다.
⑥ 신청인은 제5항에 따라 송달을 받은 날부터 7일 이내에 위원회에 이의신청을 할 수 있다.

(2) 심판참가요구

행정심판법 제21조 【심판참가의 요구】 ① 위원회는 필요하다고 인정하면 그 행정심판 결과에 이해관계가 있는 제3자나 행정청에 그 사건 심판에 참가할 것을 요구할 수 있다.
② 제1항의 요구를 받은 제3자나 행정청은 지체 없이 그 사건 심판에 참가할 것인지 여부를 위원회에 통지하여야 한다.

(3) 참가인의 지위

행정심판법 제22조 【참가인의 지위】 ① 참가인은 행정심판 절차에서 당사자가 할 수 있는 심판절차상의 행위를 할 수 있다.
② 이 법에 따라 당사자가 위원회에 서류를 제출할 때에는 참가인의 수만큼 부본을 제출하여야 하고, 위원회가 당사자에게 통지를 하거나 서류를 송달할 때에는 참가인에게도 통지하거나 송달하여야 한다.

2. 대리인(「행정심판법」 제18조)

(1) 청구인의 대리인

청구인은 법정대리인 외에 다음 각 호의 어느 하나에 해당하는 자를 대리인으로 선임할 수 있다.

① 청구인의 배우자, 청구인 또는 배우자의 사촌 이내의 혈족
② 청구인이 법인이거나 제14조에 따른 청구인 능력이 있는 법인이 아닌 사단 또는 재단인 경우 그 소속 임직원
③ 변호사
④ 다른 법률에 따라 심판청구를 대리할 수 있는 자
⑤ 그 밖에 위원회의 허가를 받은 자

(2) 피청구인의 대리인

피청구인은 하단의 어느 하나에 해당하는 자를 대리인으로 선임할 수 있다.

① 변호사
② 다른 법률에 따라 심판청구를 대리할 수 있는 자
③ 그 밖에 위원회의 허가를 받은 자
④ 소속직원

(3) 국선대리인

행정심판법 제18조의2 【국선대리인】 ① 청구인이 경제적 능력으로 인해 대리인을 선임할 수 없는 경우에는 위원회에 국선대리인을 선임하여 줄 것을 신청할 수 있다. 2023 기출
② 위원회는 제1항의 신청에 따른 국선대리인 선정 여부에 대한 결정을 하고, 지체 없이 청구인에게 그 결과를 통지하여야 한다. 이 경우 위원회는 심판청구가 명백히 부적법하거나 이유 없는 경우 또는 권리의 남용이라고 인정되는 경우에는 국선대리인을 선정하지 아니할 수 있다.

제6절 행정심판의 제기

01 행정심판의 청구기간

1. 심판청구기간

(1) 제척기간

행정심판법 제27조 【심판청구의 기간】 ① 행정심판은 처분이 있음을 알게 된 날부터 90일 이내에 청구하여야 한다. 2023 기출
② 청구인이 천재지변, 전쟁, 사변(事變), 그 밖의 불가항력으로 인하여 제1항에서 정한 기간에 심판청구를 할 수 없었을 때에는 그 사유가 소멸한 날부터 14일 이내에 행정심판을 청구할 수 있다. 다만, 국외에서 행정심판을 청구하는 경우에는 그 기간을 30일로 한다.

③ 행정심판은 처분이 있었던 날부터 180일이 지나면 청구하지 못한다. 다만, 정당한 사유가 있는 경우에는 그러하지 아니하다.
④ 제1항과 제2항의 기간은 불변기간(不變期間)으로 한다.
⑤ 행정청이 심판청구 기간을 제1항에 규정된 기간보다 긴 기간으로 잘못 알린 경우 그 잘못 알린 기간에 심판청구가 있으면 그 행정심판은 제1항에 규정된 기간에 청구된 것으로 본다. 2022 기출
⑥ 행정청이 심판청구 기간을 알리지 아니한 경우에는 제3항에 규정된 기간에 심판청구를 할 수 있다.
⑦ 제1항부터 제6항까지의 규정은 무효등확인심판청구와 부작위에 대한 의무이행심판청구에는 적용하지 아니한다.

(2) 처분이 있음을 안 날

처분이 있음을 안 날이란 당사자가 통지·공고 기타의 방법에 의하여 당해 처분이 있었다는 사실을 현실적으로 안 날을 의미하고 추상적으로 알 수 있었던 날이 아니다. 처분을 서면으로 하는 경우 그 서면이 상대방에게 도달한 날, 공시송달의 경우에는 서면이 도달한 것으로 간주되는 날을 뜻한다.

(3) 처분이 있은 날

처분이 있은 날이란 처분이 처분으로서 효력을 발생하는 날을 뜻한다.

판례

처분이 있음을 안 날의 의미

행정심판법 제18조 제1항 소정의 심판청구기간 기산점인 '처분이 있음을 안 날'이라 함은 당사자가 통지·공고 기타의 방법에 의하여 당해 처분이 있었다는 사실을 현실적으로 안 날을 의미하고, 추상적으로 알 수 있었던 날을 의미하는 것은 아니라 할 것이며, 다만 처분을 기재한 서류가 당사자의 주소에 송달되는 등으로 사회통념상 처분이 있음을 당사자가 알 수 있는 상태에 놓여진 때에는 반증이 없는 한 그 처분이 있음을 알았다고 추정할 수는 있다(대판 1995. 11. 24. 95누11535).

고시 또는 공고에 의한 처분의 경우(불특정 다수인) 2015 기출

통상 고시 또는 공고에 의하여 행정처분을 하는 경우에는 그 처분의 상대방이 불특정 다수인이고, 그 처분의 효력이 불특정 다수인에게 일률적으로 적용되는 것이므로, 그에 대한 행정심판 청구기간도 그 행정처분에 이해관계를 갖는 자가 고시 또는 공고가 있었다는 사실을 현실적으로 알았는지 여부에 관계없이 고시가 효력을 발생하는 날인 고시 또는 공고가 있은 후 5일이 경과한 날에 행정처분이 있음을 알았다고 보아야 한다(대판 2000. 9. 8. 99두11257).

고시 또는 공고에 의한 처분의 경우(특정인)

특정인에 대한 행정처분을 주소불명 등의 이유로 송달할 수 없어 관보·공보·게시판·일간신문 등에 공고한 경우에는, 공고가 효력을 발생하는 날에 상대방이 그 행정처분이 있음을 알았다고 볼 수는 없고, 상대방이 당해 처분이 있었다는 사실을 현실적으로 안 날에 그 처분이 있음을 알았다고 보아야 한다(대판 2006. 4. 28. 2005두14851).

2. 제3자효 행정행위의 심판청구기간의 특칙

이 규정은 통상 처분이 고지되는 처분의 상대방과는 달리 복효적 행정행위에서처럼 그것이 고지되지 않아 처분이 있음을 알지 못한 제3자의 보호에 특별한 의미가 있다. 이해관계 있는 제3자는 통상 처분이 있음을 알지 못하므로 특별한 사유가 없는 한 처분이 있은 날로부터 180일 이내 청구

할 수 있고, 기간 내 청구하지 못했다 하더라도 특별한 이유가 없는 한 정당한 사유가 있는 경우로 봐서 180일이 경과한 후에도 심판청구가 적법하다고 본다.

판례

제3자에 대한 특칙

행정처분의 직접 상대방이 아닌 제3자는 일반적으로 처분이 있는 것을 바로 알 수 없는 처지에 있으므로, 위와 같은 심판청구기간 내에 심판청구를 제기하지 아니하였다고 하더라도, 그 기간 내에 처분이 있은 것을 알았거나 쉽게 알 수 있었기 때문에 심판청구를 제기할 수 있었다고 볼 만한 특별한 사정이 없는 한, 위 법조항 본문의 적용을 배제할 "정당한 사유"가 있는 경우에 해당한다고 보아 위와 같은 심판청구기간이 경과한 뒤에도 심판청구를 제기할 수 있다(대판 1992. 7. 28. 91누12844).

제3자가 어떤 경위로든 행정처분이 있음을 알았거나 쉽게 알 수 있는 경우

그 제3자가 어떤 경위로든 행정처분이 있음을 알았거나 쉽게 알 수 있는 등 행정심판법 제18조 제1항 소정의 심판청구기간 내에 심판청구가 가능하였다는 사정이 있는 경우에는 그 때로부터 90일 이내에 행정심판을 청구하여야 한다(대판 1997. 9. 12. 96누14661).

02 심판청구의 방식

1. 서면주의

행정심판법 제28조 【심판청구의 방식】 ① 심판청구는 서면으로 하여야 한다.

2. 전자정보처리조직을 통한 심판청구

행정심판법 제52조 【전자정보처리조직을 통한 심판청구 등】 ① 이 법에 따른 행정심판 절차를 밟는 자는 심판청구서와 그 밖의 서류를 전자문서화하고 이를 정보통신망을 이용하여 위원회에서 지정·운영하는 전자정보처리조직(행정심판 절차에 필요한 전자문서를 작성·제출·송달할 수 있도록 하는 하드웨어, 소프트웨어, 데이터베이스, 네트워크, 보안요소 등을 결합하여 구축한 정보처리능력을 갖춘 전자적 장치를 말한다. 이하 같다)을 통하여 제출할 수 있다.
② 제1항에 따라 제출된 전자문서는 이 법에 따라 제출된 것으로 보며, 부본을 제출할 의무는 면제된다.
③ 제1항에 따라 제출된 전자문서는 그 문서를 제출한 사람이 정보통신망을 통하여 전자정보처리조직에서 제공하는 접수번호를 확인하였을 때에 전자정보처리조직에 기록된 내용으로 접수된 것으로 본다.
④ 전자정보처리조직을 통하여 접수된 심판청구의 경우 제27조에 따른 심판청구 기간을 계산할 때에는 제3항에 따른 접수가 되었을 때 행정심판이 청구된 것으로 본다.

판례

행정심판청구는 엄격한 형식을 요하지 않는 서면행위로 해석 2015 기출

행정심판법 제19조, 제23조의 규정 취지와 행정심판제도의 목적에 비추어 보면 행정소송의 전치요건인 행정심판청구는 엄격한 형식을 요하지 아니하는 서면행위로 해석되므로, 위법·부당한 행정처분으로 인하여 권리나 이익을 침해당한 자로부터 그 처분의 취소나 변경을 구하는 서면이 제출되었을 때에는 그 표제와 제출기관의 여하를 불문하고 이를 행정심판법 제18조 소정의 행정심판청구로 본다(대판 2000. 6. 9. 98두2621).

고충민원의 신청이 행정심판청구에 해당하는 것으로 볼 수는 없지만 고충처리의 신청서가 행정기관의 처분에 대한 시정을 구하는 취지임이 분명한 것으로 위원회가 이를 처분청에 송부한 경우 행정심판청구로 볼 수 있다.

1. 국민고충처리위원회에 대한 고충민원의 신청이 행정소송의 전치절차로서 요구되는 행정심판청구에 해당하는 것으로 볼 수는 없다.
2. 다만 국민고충처리위원회에 접수된 신청서가 행정기관의 처분에 대하여 시정을 구하는 취지임이 내용상 분명한 것으로서 국민고충처리위원회가 이를 당해 처분청 또는 그 재결청에 송부한 경우에 한하여 행정심판법 제17조 제2항, 제7항의 규정에 의하여 그 신청서가 국민고충처리위원회에 접수된 때에 행정심판청구가 제기된 것으로 볼 수 있다(대판 1995. 9. 29. 95누5332).

03 심판청구의 제출절차

1. 제출기관

행정심판법 제23조 【심판청구서의 제출】 ① 행정심판을 청구하려는 자는 제28조에 따라 심판청구서를 작성하여 피청구인이나 위원회에 제출하여야 한다. 이 경우 피청구인의 수만큼 심판청구서 부본을 함께 제출하여야 한다.
② 행정청이 제58조에 따른 고지를 하지 아니하거나 잘못 고지하여 청구인이 심판청구서를 다른 행정기관에 제출한 경우에는 그 행정기관은 그 심판청구서를 지체 없이 정당한 권한이 있는 피청구인에게 보내야 한다.
③ 제2항에 따라 심판청구서를 보낸 행정기관은 지체 없이 그 사실을 청구인에게 알려야 한다.
④ 제27조에 따른 심판청구 기간을 계산할 때에는 제1항에 따른 피청구인이나 위원회 또는 제2항에 따른 행정기관에 심판청구서가 제출되었을 때에 행정심판이 청구된 것으로 본다.

2. 행정청의 처리

(1) 청구내용의 인용

심판청구서를 받은 피청구인은 그 심판청구가 이유 있다고 인정하면 심판청구의 취지에 따라 직권으로 처분을 취소·변경하거나 확인을 하거나 신청에 따른 처분을 할 수 있다. 이 경우 서면으로 청구인에게 알려야 한다(「행정심판법」 제25조 제1항). 피청구인은 직권취소 등을 하였을 때에는 청구인이 심판청구를 취하한 경우가 아니면 심판청구서·답변서를 보낼 때 직권취소 등의 사실을 증명하는 서류를 위원회에 함께 제출하여야 한다(「행정심판법」 제25조 제2항).

(2) 행정심판위원회에 송부

① **위원회에의 송부**: 피청구인이 심판청구서를 접수하거나 송부받으면 10일 이내에 심판청구서와 답변서를 위원회에 보내야 한다. 다만, 청구인이 심판청구를 취하한 경우에는 그러하지 아니하다(「행정심판법」 제24조 제1항). 피청구인이 심판청구서를 보낼 때에는 심판청구서에 위원회가 표시되지 아니하였거나 잘못 표시된 경우에도 정당한 권한이 있는 위원회에 보내야 한다(「행정심판법」 제24조 제5항).

② **제3자 심판청구에 대한 상대방에 대한 통지**: 피청구인은 처분의 상대방이 아닌 제3자가 심판청구를 한 경우에는 지체 없이 처분의 상대방에게 그 사실을 알려야 한다. 이 경우 심판청구서 사본을 함께 송달하여야 한다(「행정심판법」 제24조 제4항).

3. 행정심판위원회의 처리

(1) 피청구인에 대한 심판청구서 부본 송달

위원회는 심판청구서를 받으면 지체 없이 피청구인에게 심판청구서 부본을 보내야 한다(「행정심판법」 제26조 제1항).

(2) 청구인에 대한 답변서 송달

위원회는 피청구인으로부터 답변서가 제출되면 답변서 부본을 청구인에게 송달하여야 한다(「행정심판법」 제26조 제2항).

4. 심판청구의 변경

(1) 의의

행정심판청구 후 청구인이 당초 청구한 행정심판사항에 대해 별도의 새로운 심판청구를 제기함이 없이 청구의 취지나 청구이유를 변경하는 것을 말한다(예 취소심판을 무효확인심판으로 변경하는 경우, 위법한 처분을 부당한 처분으로 변경하는 경우).

(2) 청구의 변경

행정심판법 제29조【청구의 변경】 ① 청구인은 청구의 기초에 변경이 없는 범위에서 청구의 취지나 이유를 변경할 수 있다.

(3) 처분변경으로 인한 청구의 변경

행정심판법 제29조【청구의 변경】 ② 행정심판이 청구된 후에 피청구인이 새로운 처분을 하거나 심판청구의 대상인 처분을 변경한 경우에는 청구인은 새로운 처분이나 변경된 처분에 맞추어 청구의 취지나 이유를 변경할 수 있다.

(4) 청구변경의 절차

행정심판법 제29조【청구의 변경】 ③ 제1항 또는 제2항에 따른 청구의 변경은 서면으로 신청하여야 한다. 이 경우 피청구인과 참가인의 수만큼 청구변경신청서 부본을 함께 제출하여야 한다.
④ 위원회는 제3항에 따른 청구변경신청서 부본을 피청구인과 참가인에게 송달하여야 한다.
⑤ 제4항의 경우 위원회는 기간을 정하여 피청구인과 참가인에게 청구변경 신청에 대한 의견을 제출하도록 할 수 있으며, 피청구인과 참가인이 그 기간에 의견을 제출하지 아니하면 의견이 없는 것으로 본다.

(5) 청구변경의 결정

> **행정심판법 제29조【청구의 변경】** ⑥ 위원회는 제1항 또는 제2항의 청구변경 신청에 대하여 허가할 것인지 여부를 결정하고, 지체 없이 신청인에게는 결정서 정본을, 당사자 및 참가인에게는 결정서 등본을 송달하여야 한다.
> ⑦ 신청인은 제6항에 따라 송달을 받은 날부터 7일 이내에 위원회에 이의신청을 할 수 있다.

(6) 청구변경의 효력

> **행정심판법 제29조【청구의 변경】** ⑧ 청구의 변경결정이 있으면 처음 행정심판이 청구되었을 때부터 변경된 청구의 취지나 이유로 행정심판이 청구된 것으로 본다.

제7절 행정심판청구의 효과

01 행정심판위원회에 대한 효과

행정심판이 청구된 경우 행정심판위원회는 이를 심리·재결할 의무를 진다.

02 처분에 대한 효과

1. 집행부정지원칙

> **행정심판법 제30조【집행정지】** ① 심판청구는 처분의 효력이나 그 집행 또는 절차의 속행(續行)에 영향을 주지 아니한다.

2. 예외적 집행정지

(1) 집행정지결정의 요건

> **행정심판법 제30조【집행정지】** ② 위원회는 처분, 처분의 집행 또는 절차의 속행 때문에 중대한 손해가 생기는 것을 예방할 필요성이 긴급하다고 인정할 때에는 직권으로 또는 당사자의 신청에 의하여 처분의 효력, 처분의 집행 또는 절차의 속행의 전부 또는 일부의 정지(이하 "집행정지"라 한다)를 결정할 수 있다. 다만, 처분의 효력정지는 처분의 집행 또는 절차의 속행을 정지함으로써 그 목적을 달성할 수 있을 때에는 허용되지 아니한다.
> ③ 집행정지는 공공복리에 중대한 영향을 미칠 우려가 있을 때에는 허용되지 아니한다.

(2) 집행정지결정의 취소

> **행정심판법 제30조【집행정지】** ④ 위원회는 집행정지를 결정한 후에 집행정지가 공공복리에 중대한 영향을 미치거나 그 정지사유가 없어진 경우에는 직권으로 또는 당사자의 신청에 의하여 집행정지 결정을 취소할 수 있다.

(3) **집행정지결정의 효력**

① **형성력**: 효력정지결정에 의해 처분의 전부 또는 일부 처분의 효력이 정지되는 효력이 발생한다. 이를 정지결정의 형성력이라 한다.

② **대인적 효력**: 정지결정은 당사자인 청구인, 피청구인 및 관계행정청뿐만 아니라 제3자에게도 효력이 있다.

③ **시간적 효력**: 집행정지결정의 주문에 정하여진 시기까지 그 효력은 정지한다. 다만, 결정주문에 정함이 없는 때에는 재결이 확정될 때까지 정지한다. 이 때문에 집행정지결정의 효력은 장래에 향하여 발생한다.

3. 임시처분 2017 · 2020 기출

(1) **의의**

> **행정심판법 제31조 【임시처분】** ① 위원회는 처분 또는 부작위가 위법 · 부당하다고 상당히 의심되는 경우로서 처분 또는 부작위 때문에 당사자가 받을 우려가 있는 중대한 불이익이나 당사자에게 생길 급박한 위험을 막기 위하여 임시지위를 정하여야 할 필요가 있는 경우에는 직권으로 또는 당사자의 신청에 의하여 임시처분을 결정할 수 있다.

(2) **집행정지와 관계** 2021 기출

> **행정심판법 제31조 【임시처분】** ③ 제1항에 따른 임시처분은 제30조 제2항에 따른 집행정지로 목적을 달성할 수 있는 경우에는 허용되지 아니한다.

제8절 행정심판의 심리

01 심리의 내용과 범위

1. 의의

행정심판의 심리란 재결의 기초가 되는 사실 및 법률관계를 명백히 하기 위하여 당사자 및 관계인의 주장과 반박을 듣고 증거 기타 자료를 수집 · 조사하는 절차를 말한다.

2. 내용

(1) **요건심리**

① **의의**: 요건심리는 당해 심판청구가 적법한 심판청구요건을 갖추었는지를 형식적으로 심리하는 것이다.

② **불비된 요건의 보정**

> **행정심판법**
> **제32조 【보정】** ① 위원회는 심판청구가 적법하지 아니하나 보정(補正)할 수 있다고 인정하면 기간을 정하여 청구인에게 보정할 것을 요구할 수 있다. 다만, 경미한 사항은 직권으로 보정할 수 있다.

> **제32조의2【보정할 수 없는 심판청구의 각하】** 위원회는 심판청구서에 타인을 비방하거나 모욕하는 내용 등이 기재되어 청구 내용을 특정할 수 없고 그 흠을 보정할 수 없다고 인정되는 경우에는 제32조 제1항에 따른 보정요구 없이 그 심판청구를 각하할 수 있다.

(2) 본안심리

심판청구요건이 적법하게 갖추어진 경우 당해 심판청구의 내용에 관하여 판단한다. 본안심리의 결과 심판청구가 이유 있는 경우 인용하고, 그렇지 않은 경우 기각한다. 요건심리와 본안심리는 항상 시간적으로 전·후관계에 있는 것은 아니다. 본안심리 중에도 심판청구의 형식적 요건에 흠이 발견되면 언제든 각하한다.

판례

행정처분의 위법·부당 여부는 원칙적으로 처분 시를 기준으로 판단

행정심판에 있어서 행정처분의 위법·부당 여부는 원칙적으로 처분시를 기준으로 판단하여야 할 것이나, 재결청은 처분 당시 존재하였거나 행정청에 제출되었던 자료뿐만 아니라, 재결 당시까지 제출된 모든 자료를 종합하여 처분 당시 존재하였던 객관적 사실을 확정하고 그 사실에 기초하여 처분의 위법·부당 여부를 판단할 수 있다(대판 2001. 7. 27. 99두5092).

3. 범위

(1) 불고불리 및 불이익변경금지

> **행정심판법 제47조【재결의 범위】** ① 위원회는 심판청구의 대상이 되는 처분 또는 부작위 외의 사항에 대하여는 재결하지 못한다.
> ② 위원회는 심판청구의 대상이 되는 처분보다 청구인에게 불리한 재결을 하지 못한다.

(2) 법률문제·사실문제

행정심판의 심리는 법률문제와 사실문제까지 심리할 수 있다. 법률문제는 처분의 적법·위법의 문제뿐만 아니라 당·부당의 문제까지 심리한다.

(3) 재량문제

행정소송은 공익판단의 대상인 당·부당의 문제까지 심리하는 것이 아니므로 재량행위에 대해 일탈·남용의 위법이 있는지를 심리하지만, 행정심판은 재량권 발동의 당·부당의 문제까지 심리할 수 있다.

02 심리의 절차

1. 심리의 기본원칙

(1) 대심주의

「행정심판법」은 서로 대등한 입장에서 공격·방어방법을 제출할 수 있게 하고, 행정심판위원회가 제3자적 입장에서 심리를 진행하도록 하는 대심주의(당사자주의적 구조)를 채택하고 있다.

(2) 처분권주의

행정심판은 청구인의 심판청구에 의해 행정심판이 개시되고, 심판대상과 범위가 당사자에 의해 결정되며, 심판절차의 종료도 청구인이 결정할 수 있도록 하여 처분권주의에 입각해 있다. 다만, 청구기간의 제한, 청구인낙의 불인정 등 공익적 견지에서 처분권주의가 많은 제한을 받는다.

(3) 직권심리주의 2013 기출

행정심판법
제39조【직권심리】 위원회는 필요하면 당사자가 주장하지 아니한 사실에 대하여도 심리할 수 있다.

제36조【증거조사】 ① 위원회는 사건을 심리하기 위하여 필요하면 직권으로 또는 당사자의 신청에 의하여 다음 각 호의 방법에 따라 증거조사를 할 수 있다.

(4) 구술 · 서면심리주의

행정심판법 제40조【심리의 방식】 ① 행정심판의 심리는 구술심리나 서면심리로 한다. 다만, 당사자가 구술심리를 신청한 경우에는 서면심리만으로 결정할 수 있다고 인정되는 경우 외에는 구술심리를 하여야 한다.
② 위원회는 제1항 단서에 따라 구술심리 신청을 받으면 그 허가 여부를 결정하여 신청인에게 알려야 한다.

(5) 비공개주의

심리의 공개 여부에 관한 명문의 규정은 없으나 직권심리주의 · 서면심리주의 등을 채택한 「행정심판법」의 전체적인 구조로 보아 비공개주의를 원칙으로 하되, 필요한 경우 위원회의 결정으로 심리를 공개할 수 있다고 보는 견해가 다수설이다.

2. 위원회의 자료제출요구 등

행정심판법 제35조【자료의 제출 요구 등】 ① 위원회는 사건 심리에 필요하면 관계 행정기관이 보관 중인 관련 문서, 장부, 그 밖에 필요한 자료를 제출할 것을 요구할 수 있다.
② 위원회는 필요하다고 인정하면 사건과 관련된 법령을 주관하는 행정기관이나 그 밖의 관계 행정기관의 장 또는 그 소속 공무원에게 위원회 회의에 참석하여 의견을 진술할 것을 요구하거나 의견서를 제출할 것을 요구할 수 있다.
③ 관계 행정기관의 장은 특별한 사정이 없으면 제1항과 제2항에 따른 위원회의 요구에 따라야 한다.
④ 중앙행정심판위원회에서 심리 · 재결하는 심판청구의 경우 소관 중앙행정기관의 장은 의견서를 제출하거나 위원회에 출석하여 의견을 진술할 수 있다.

3. 절차의 병합 · 분리

위원회는 필요하면 관련되는 심판청구를 병합하여 심리하거나 병합된 관련 청구를 분리하여 심리할 수 있다(「행정심판법」 제37조).

4. 심판청구 등의 취하

(1) 심판청구의 취하

청구인은 심판청구에 대하여 의결이 있을 때까지 서면으로 심판청구를 취하할 수 있다(「행정심판법」 제42조 제1항).

(2) 심판참가의 취하

참가인은 심판청구에 대하여 의결이 있을 때까지 서면으로 참가신청을 취하할 수 있다(「행정심판법」 제42조 제2항).

제9절 행정심판의 재결

01 의의

재결은 심판청구사건에 대한 행정심판위원회의 종국적 판단으로서의 의사표시를 뜻하며 이는 행정법상의 다툼에 대해 유권적 판정을 내리는 준사법적 행위인 동시에 확인적 행정행위로서의 성질을 가진다.

02 재결의 절차

1. 재결기간

행정심판법 제45조 【재결 기간】 ① 재결은 제23조에 따라 피청구인 또는 위원회가 심판청구서를 받은 날부터 60일 이내에 하여야 한다. 다만, 부득이한 사정이 있는 경우에는 위원장이 직권으로 30일을 연장할 수 있다.
② 위원장은 제1항 단서에 따라 재결 기간을 연장할 경우에는 재결 기간이 끝나기 7일 전까지 당사자에게 알려야 한다.

2. 재결의 방식

행정심판법 제46조 【재결의 방식】 ① 재결은 서면으로 한다. 2023 기출

3. 재결의 범위

행정심판법 제47조 【재결의 범위】 ① 위원회는 심판청구의 대상이 되는 처분 또는 부작위 외의 사항에 대하여는 재결하지 못한다.
② 위원회는 심판청구의 대상이 되는 처분보다 청구인에게 불리한 재결을 하지 못한다. 2023 기출

4. 재결의 효력발생

행정심판법 제48조 【재결의 송달과 효력 발생】 ① 위원회는 지체 없이 당사자에게 재결서의 정본을 송달하여야 한다. 이 경우 중앙행정심판위원회는 재결 결과를 소관 중앙행정기관의 장에게도 알려야 한다.
② 재결은 청구인에게 제1항 전단에 따라 송달되었을 때에 그 효력이 생긴다. 2023 기출
③ 위원회는 재결서의 등본을 지체 없이 참가인에게 송달하여야 한다.
④ 처분의 상대방이 아닌 제3자가 심판청구를 한 경우 위원회는 재결서의 등본을 지체 없이 피청구인을 거쳐 처분의 상대방에게 송달하여야 한다.

03 재결의 종류 2023 기출

1. 재결의 구분

행정심판법 제43조 【재결의 구분】 ① 위원회는 심판청구가 적법하지 아니하면 그 심판청구를 각하(却下)한다. 2023 기출
② 위원회는 심판청구가 이유가 없다고 인정하면 그 심판청구를 기각(棄却)한다.
③ 위원회는 취소심판의 청구가 이유가 있다고 인정하면 처분을 취소 또는 다른 처분으로 변경하거나 처분을 다른 처분으로 변경할 것을 피청구인에게 명한다. 2019 기출
④ 위원회는 무효등확인심판의 청구가 이유가 있다고 인정하면 처분의 효력 유무 또는 처분의 존재 여부를 확인한다.
⑤ 위원회는 의무이행심판의 청구가 이유가 있다고 인정하면 지체 없이 신청에 따른 처분을 하거나 처분을 할 것을 피청구인에게 명한다.

2. 사정재결 2013 · 2020 · 2023 기출

행정심판법 제44조 【사정재결】 ① 위원회는 심판청구가 이유가 있다고 인정하는 경우에도 이를 인용(認容)하는 것이 공공복리에 크게 위배된다고 인정하면 그 심판청구를 기각하는 재결을 할 수 있다. 이 경우 위원회는 재결의 주문(主文)에서 그 처분 또는 부작위가 위법하거나 부당하다는 것을 구체적으로 밝혀야 한다.
② 위원회는 제1항에 따른 재결을 할 때에는 청구인에 대하여 상당한 구제방법을 취하거나 상당한 구제방법을 취할 것을 피청구인에게 명할 수 있다.
③ 제1항과 제2항은 무효등확인심판에는 적용하지 아니한다.

3. 조정제도

행정심판법 제43조의2 【조정】 ① 위원회는 당사자의 권리 및 권한의 범위에서 당사자의 동의를 받아 심판청구의 신속하고 공정한 해결을 위하여 조정을 할 수 있다. 다만, 그 조정이 공공복리에 적합하지 아니하거나 해당 처분의 성질에 반하는 경우에는 그러하지 아니하다.
② 위원회는 제1항의 조정을 함에 있어서 심판청구된 사건의 법적 · 사실적 상태와 당사자 및 이해관계자의 이익 등 모든 사정을 참작하고, 조정의 이유와 취지를 설명하여야 한다.

> ③ 조정은 당사자가 합의한 사항을 조정서에 기재한 후 당사자가 서명 또는 날인하고 위원회가 이를 확인함으로써 성립한다.
> ④ 제3항에 따른 조정에 대하여는 제48조부터 제50조까지, 제50조의2, 제51조의 규정을 준용한다.

04 재결의 효력

1. 형성력 2015 기출

(1) 의의

기존의 법률관계에 변동을 가져오는 효력을 뜻한다. 처분을 취소하는 내용의 재결이 있으면, 처분의 효력은 처분청의 별도의 행위를 기다릴 것 없이 처분 시에 소급하여 소멸되고, 변경재결에 의하여 원래의 처분이 취소되고 이를 대신하는 별도의 처분이 이루어진 뒤에도 새로운 처분의 효력을 즉시 발생하게 되는 것은 모두 재결의 형성력의 효과이다.

판례

원처분에 대한 형성적 취소재결이 확정된 경우 처분청의 원처분에 대한 취소처분은 항고소송의 대상이 되지 않는다.

원처분에 대한 형성적 취소재결이 확정된 경우 처분청의 원처분은 자동적으로 소멸하고 원처분에 대한 취소처분은 확인적 의미밖에 없으므로 항고소송의 대상이 되지 않는다(대판 1998. 4. 24. 97누17131).

(2) 인정범위

형성력은 '재결청이 직접 처분을 취소 · 변경하는 재결'이나 '신청에 따른 처분을 하는 재결'에만 인정되며, '무효확인재결'이나 '처분청에 처분의 취소를 명하는 재결', '처분청에 일정한 처분을 할 것을 명하는 재결'에는 형성력이 인정되지 않는다.

2. 대세효

재결의 형성력은 당사자뿐만 아니라 제3자에게도 미치며, 이를 대세적 효력이라 한다.

3. 기속력 2015 기출

(1) 의의

재결의 기속력은 피청구인인 행정청이나 관계행정청으로 하여금 재결의 취지에 따라 행동할 의무를 발생시키는 효력을 뜻한다.

> **행정심판법 제49조 【재결의 기속력 등】** ① 심판청구를 인용하는 재결은 피청구인과 그 밖의 관계 행정청을 기속(羈束)한다.

(2) 내용

① **반복금지의무(부작위의무)**: 청구인용재결이 있게 되면 관계행정청은 당해 재결의 내용에 모순되는 내용의 동일한 처분을 동일한 사실관계하에서 반복할 수 없다. 재결에 적시된 위법사유를 시정 · 보완한 처분이라면 재결의 기속력에 저촉되지 아니한다.

판례

재결에 적시된 위법사유를 시정 · 보완한 처분은 재결의 기속력에 반하지 않는다.
택지초과소유부담금 부과처분을 취소하는 재결이 있는 경우 당해 처분청은 재결의 취지에 반하지 아니하는 한, 즉 당초 처분과 동일한 사정 아래에서 동일한 내용의 처분을 반복하는 것이 아닌 이상, 그 재결에 적시된 위법사유를 시정 · 보완하여 정당한 부담금을 산출한 다음 새로이 부담금을 부과할 수 있는 것이고, 이러한 새로운 부과처분은 재결의 기속력에 저촉되지 아니한다(대판 1997. 2. 25. 96누14784).

② 재처분의무(적극적 의무)

행정심판법 제49조【재결의 기속력 등】 ② 재결에 의하여 취소되거나 무효 또는 부존재로 확인되는 처분이 당사자의 신청을 거부하는 것을 내용으로 하는 경우에는 그 처분을 한 행정청은 재결의 취지에 따라 다시 이전의 신청에 대한 처분을 하여야 한다.
③ 당사자의 신청을 거부하거나 부작위로 방치한 처분의 이행을 명하는 재결이 있으면 행정청은 지체 없이 이전의 신청에 대하여 재결의 취지에 따라 처분을 하여야 한다.
④ 신청에 따른 처분이 절차의 위법 또는 부당을 이유로 재결로써 취소된 경우에는 제2항을 준용한다.
⑤ 법령의 규정에 따라 공고하거나 고시한 처분이 재결로써 취소되거나 변경되면 처분을 한 행정청은 지체 없이 그 처분이 취소 또는 변경되었다는 것을 공고하거나 고시하여야 한다.
⑥ 법령의 규정에 따라 처분의 상대방 외의 이해관계인에게 통지된 처분이 재결로써 취소되거나 변경되면 처분을 한 행정청은 지체 없이 그 이해관계인에게 그 처분이 취소 또는 변경되었다는 것을 알려야 한다.

③ **위원회의 직접 처분**: 당사자의 신청을 거부하거나 부작위로 방치한 처분의 이행을 명하는 재결이 있는 경우 피청구인이 이행명령재결에 대해 재처분의무를 이행하지 않는 경우 위원회의 직접 처분이 인정된다. 취소심판의 인용재결의 경우 인정되지 않는다. 2024 기출

행정심판법 제50조【위원회의 직접 처분】 ① 위원회는 피청구인이 제49조 제3항에도 불구하고 처분을 하지 아니하는 경우에는 당사자가 신청하면 기간을 정하여 서면으로 시정을 명하고 그 기간에 이행하지 아니하면 직접 처분을 할 수 있다. 다만, 그 처분의 성질이나 그 밖의 불가피한 사유로 위원회가 직접 처분을 할 수 없는 경우에는 그러하지 아니하다.

④ 위원회의 간접강제 2018 기출

행정심판법 제50조의2【위원회의 간접강제】 ① 위원회는 피청구인이 제49조 제2항(제49조 제4항에서 준용하는 경우를 포함한다) 또는 제3항에 따른 처분을 하지 아니하면 청구인의 신청에 의하여 결정으로 상당한 기간을 정하고 피청구인이 그 기간 내에 이행하지 아니하는 경우에는 그 지연기간에 따라 일정한 배상을 하도록 명하거나 즉시 배상을 할 것을 명할 수 있다.
② 위원회는 사정의 변경이 있는 경우에는 당사자의 신청에 의하여 제1항에 따른 결정의 내용을 변경할 수 있다. 2024 기출
③ 위원회는 제1항 또는 제2항에 따른 결정을 하기 전에 신청 상대방의 의견을 들어야 한다.
④ 청구인은 제1항 또는 제2항에 따른 결정에 불복하는 경우 그 결정에 대하여 행정소송을 제기할 수 있다. 2024 기출

> ⑤ 제1항 또는 제2항에 따른 결정의 효력은 피청구인인 행정청이 소속된 국가·지방자치단체 또는 공공단체에 미치며, 결정서 정본은 제4항에 따른 소송제기와 관계없이 「민사집행법」에 따른 강제집행에 관하여는 집행권원과 같은 효력을 가진다. 이 경우 집행문은 위원장의 명에 따라 위원회가 소속된 행정청 소속 공무원이 부여한다.
> ⑥ 간접강제 결정에 기초한 강제집행에 관하여 이 법에 특별한 규정이 없는 사항에 대하여는 「민사집행법」의 규정을 준용한다. 다만, 「민사집행법」 제33조(집행문부여의 소), 제34조(집행문부여 등에 관한 이의신청), 제44조(청구에 관한 이의의 소) 및 제45조(집행문부여에 대한 이의의 소)에서 관할 법원은 피청구인의 소재지를 관할하는 행정법원으로 한다. 2024 기출

⑤ **결과제거의무(원상회복의무)**: 명문의 규정은 없으나, 처분의 취소재결 또는 무효확인재결이 있는 경우 행정청은 본래의 처분에 의해 발생한 상태를 제거할 의무를 진다. 예를 들면 압류처분이 취소재결된 경우 압류가 없는 상태로 원상회복을 시켜야 한다.

(3) 기속력의 범위

① **주관적 범위**: 인용재결의 기속력은 피청구인인 행정청과 그 밖의 관계행정청을 기속한다.
② **객관적 범위**: 재결의 주문 및 그 전제가 되는 요건사실의 인정과 효력의 판단에만 미치고, 이와 직접 관계없는 다른 처분에는 영향을 주지 않는다.
③ **시간적 범위**: 처분 시를 기준으로 동일한 처분인지 여부를 판단한다.

판례

재결의 객관적 범위
행정심판법 제37조에서 정하고 있는 행정심판청구에 대한 재결이 행정청과 그 밖의 관계 행정청을 기속하는 효력은 당해 처분에 관하여 재결주문 및 그 전제가 된 요건사실의 인정과 판단에만 미치고 이와 직접 관계가 없는 다른 처분에 대하여는 미치지 아니한다(대판 1998. 2. 27. 96누13972).

당해 행정청이 어떠한 처분을 하였다면 그 처분이 재결의 내용을 따르지 아니하였다고 하더라도 재결청이 직접 처분을 할 수는 없다.
행정심판법 제37조 제2항, 같은법 시행령 제27조의2 제1항의 규정에 따라 재결청이 직접 처분을 하기 위하여는 처분의 이행을 명하는 재결이 있었음에도 당해 행정청이 아무런 처분을 하지 아니하였어야 하므로, 당해 행정청이 어떠한 처분을 하였다면 그 처분이 재결의 내용에 따르지 아니하였다고 하더라도 재결청이 직접 처분을 할 수는 없다(대판 2002. 7. 23. 2000두9151).

4. 불가쟁력

행정심판의 재결은 다시 행정심판을 청구하지 못한다. 재결 자체에 고유한 위법이 있는 경우에 한하여 행정소송을 제기할 수 있다. 이 경우에도 제소기간이 경과하면 더 이상 다툴 수 없게 되는데 이때 불가쟁력이 발생한다.

5. 불가변력

재결도 일종의 준사법적 판단행위이므로 재결청 스스로도 이를 취소·변경할 수 없는 효력이 발생한다.

05 재결에 대한 불복 2013 기출

1. 재심판청구의 금지

행정심판법 제51조 【행정심판 재청구의 금지】 심판청구에 대한 재결이 있으면 그 재결 및 같은 처분 또는 부작위에 대하여 다시 행정심판을 청구할 수 없다.

2. 재결에 대한 행정소송

재결이 있는 경우 항고소송의 대상은 원처분을 대상으로 하나 재결 자체에 고유한 위법이 있음을 이유로 그 취소·변경을 구하거나 재결에 무효사유가 있음을 이유로 무효확인을 구하는 항고소송을 제기할 수 있다(원처분주의).

제10절 심판청구의 고지제도

01 고지제도의 의의

1. 의의

고지제도란 행정청이 처분을 함에 있어서 그 상대방에게 당해 처분에 대하여 행정심판을 제기할 경우 필요한 사항을 아울러 고지할 의무를 지우는 제도를 말한다. 이는 행정심판 제기의 기회를 실질적으로 보장하고 행정심판의 제기를 예상하여 처분에 신중을 기하게 됨으로써 결과적으로 행정의 적정화를 도모할 수 있게 한다.

2. 「행정심판법」상 서류의 송달

「행정심판법」상 서류의 송달에 관하여는 「민사소송법」 중 송달에 관한 규정을 준용한다.

02 고지의 성질

고지는 비권력적 사실행위로서 고지 자체로는 아무런 법적 효과도 발생하지 않는다. 때문에 행정심판의 고지를 하지 않았다 해도 당해 처분 자체의 효력에 아무 영향이 없고 이 자체가 취소쟁송의 대상이 되지 않는다. 「행정심판법」에는 행정청의 불고지·오고지에 대해서는 일정한 제재수단 또는 구제수단이 별도로 규정되어 있다.

판례

고지는 비권력적 사실행위이다.

고지는 비권력적 사실행위이므로 행정청이 고지의무를 이행하지 않아도 당해 처분 자체의 효력에는 아무런 영향을 미치지 않는다(대판 1987. 11. 24. 87누529).

03 고지의 종류 – 직권에 의한 고지와 신청에 의한 고지의 비교

> **행정심판법 제58조 【행정심판의 고지】** ① 행정청이 처분을 할 때에는 처분의 상대방에게 다음 각 호의 사항을 알려야 한다.
> 1. 해당 처분에 대하여 행정심판을 청구할 수 있는지
> 2. 행정심판을 청구하는 경우의 심판청구 절차 및 심판청구 기간
>
> ② 행정청은 이해관계인이 요구하면 다음 각 호의 사항을 지체 없이 알려 주어야 한다. 이 경우 서면으로 알려 줄 것을 요구받으면 서면으로 알려 주어야 한다.
> 1. 해당 처분이 행정심판의 대상이 되는 처분인지
> 2. 행정심판의 대상이 되는 경우 소관 위원회 및 심판청구 기간

04 불고지 · 오고지에 의한 효과

1. 불고지의 효과

(1) 경유절차에 대한 불고지

행정청이 고지를 하지 아니하여 청구인이 심판청구서를 타 행정기관에 제출한 때에는 당해 행정기관은 그 심판청구서를 지체 없이 정당한 권한 있는 행정청에 송부하고 그 사실을 청구인에게 통지하여야 한다(제23조 제2항 · 제3항). 이 경우 심판청구기간을 계산함에 있어서는 최초의 행정기관에 심판청구서가 제출된 때에 심판청구가 제기된 것으로 본다(「행정심판법」 제23조 제4항).

(2) 청구기간의 불고지 2021 기출

행정청이 청구기간을 고지하지 않은 때에는 처분이 있음을 알았는지 여부와 관련 없이 처분이 있은 날로부터 180일 이내에 제기하면 된다(「행정심판법」 제27조 제6항).

2. 오고지의 효과

(1) 경유절차의 오고지

불고지효과와 동일하다.

(2) 청구기간의 오고지

행정청이 고지한 심판청구기간이 착오로 소정의 기간보다 길게 된 때에는 그 고지된 청구기간 내에 심판청구가 있으면 적법한 기간 내에 이루어진 것으로 본다(「행정심판법」 제27조 제5항). 「행정심판법」상의 오고지 규정은 행정소송에 적용되지 않는다는 것이 판례이다.

판례

행정청으로부터 행정심판 제기기간에 관하여 법정심판 청구기간보다 긴 기간으로 잘못 통지받은 경우에 보호할 신뢰이익은 그 통지받은 기간 내에 행정심판을 제기한 경우에 한하는 것이지 행정소송을 제기한 경우에까지 확대된다고 할 수 없다.

1. 당사자가 행정처분시나 그 이후 행정청으로부터 행정심판 제기기간에 관하여 법정심판 청구기간보다 긴 기간으로 잘못 통지받아 행정소송법상 법정 제소기간을 도과하였다고 하더라도, 그것이 당사자가 책임질 수 없는 사유로 인한 것이라고 할 수는 없다(대판 2001. 5. 8. 2000두6916).
2. 불가쟁력이 발생하여 불복청구를 할 수 없었던 경우라면 그 이후에 행정청이 행정심판청구를 할 수 있다고 잘못 알렸다고 하더라도 행정심판 재결서 정본을 송달받은 날부터 다시 취소소송의 제소기간이 기산되는 것은 아니다(대판 2012. 9. 27. 2011두27247).

(3) 행정심판을 제기할 필요가 없다고 잘못 고지한 경우

필수적 행정심판전치주의가 적용되는 경우에 있어서도 행정심판절차를 거치지 않고 바로 행정소송을 제기할 수 있다(「행정소송법」 제18조 제3항 제4호).

Chapter 02

OX로 기초다지기

01 처분의 취소를 구하는 취지의 처분청에 대한 진정서 제출은 「행정심판법」 소정의 행정심판청구가 될 수 있다. ○ X

02 행정심판에 있어서 행정심판위원회는 재결 당시까지 제출된 모든 자료를 종합하여 행정처분의 위법·부당 여부를 판단할 수 있다. ○ X

03 「행정심판법」상 재결의 기속력은 당해 처분에 관하여 재결주문 및 그 전제가 된 요건사실의 인정과 판단뿐만 아니라 이와 직접 관계가 없는 다른 처분에 대하여도 미친다. ○ X

04 「행정심판법」 제27조의 심판기간은 무효등확인심판청구와 부작위에 대한 의무이행심판청구에 적용한다. ○ X

05 행정청이 심판청구기간을 긴 기간으로 잘못 알린 경우 잘못 알린 기간 내 심판청구가 있으면 적법한 제기로 본다. ○ X

06 의무이행심판에서 청구가 이유 있으면 신청에 따른 처분을 하거나 처분을 할 것을 피청구인에게 명하는 재결을 한다. ○ X

01 서면의 제목이 진정서 등으로 되어 있고, 행정심판청구서의 형식을 갖추고 있지 않더라도 그 내용이 처분의 시정을 구하는 취지인 경우 이를 행정심판청구로 인정하는 것이 판례이다.

02 형성적 재결은 취소재결과 처분변경재결이 있다. 취소재결의 경우 그 대상된 처분은 재결만으로 취소가 된다.

03 재결의 기속력은 당해 처분에 관하여 재결주문 및 그 전제가 된 요건사실의 인정과 판단에만 미치고 이와 직접 관계가 없는 간접적인 사실관계나 다른 처분에 대하여는 미치지 않는다(대판 2005. 12. 9. 2003두7705).

04 「행정심판법」 제27조의 심판청구기간에 관한 규정은 무효등확인심판청구와 부작위에 대한 의무이행심판청구에는 적용하지 아니한다(「행정심판법」 제27조 제7항).

05 행정청이 심판청구기간을 제1항의 규정에 의한 기간보다 긴 기간으로 잘못 알린 경우에 그 잘못 알린 기간 내에 심판청구가 있으면 그 심판청구는 제1항의 규정에 의한 기간 내에 제기된 것으로 본다(「행정심판법」 제27조 제5항).

06 위원회는 의무이행심판의 청구가 이유가 있다고 인정하면 지체 없이 신청에 따른 처분을 하거나 처분을 할 것을 피청구인에게 명한다(「행정심판법」 제43조 제5항).

Answer

01 ○ **02** ○ 03 X **04** X **05** ○ **06** ○

07 시 · 도지사의 처분에 대한 심판청구는 시 · 도지사 소속으로 두는 행정심판위원회에서 심리 · 재결한다. ○ ×

08 행정심판의 심리는 구술심리나 서면심리로 하고, 당사자가 구술심리를 신청한 경우에는 서면심리는 할 수 없다. ○ ×

09 항고소송에서의 처분사유의 추가 · 변경의 법리는 행정심판에 적용되지 않는다. ○ ×

10 행정심판위원회는 당사자의 동의가 없더라도 심판청구의 신속하고 공정한 해결을 위하여 조정을 할 수 있다. ○ ×

11 집행정지로 목적을 달성할 수 있는 경우에는 임시처분이 허용되지 않는다. ○ ×

12 행정심판위원회는 심판청구의 대상이 되는 처분보다 청구인에게 불리한 재결을 할 수 있다. ○ ×

13 무효등확인심판에도 사정재결이 허용된다. ○ ×

07 시 · 도지사의 처분에 대한 심판청구는 국민권익위원회 소속의 중앙행정심판위원회에서 심리 · 재결한다(「행정심판법」 제6조 제2항).
08 행정심판의 심리는 구술심리나 서면심리로 한다. 다만, 당사자가 구술심리를 신청한 경우에는 서면심리만으로 결정할 수 있다고 인정되는 경우 외에는 구술심리를 하여야 한다(「행정심판법」 제40조 제1항).
09 항고소송에서 처분사유의 추가 · 변경의 법리는 행정심판에도 동일하게 적용된다.
10 위원회는 당사자의 권리 및 권한의 범위에서 당사자의 동의를 받아 심판청구의 신속하고 공정한 해결을 위하여 조정을 할 수 있다(「행정심판법」 제43조의2 제1항).
11 임시처분은 제30조 제2항에 따른 집행정지로 목적을 달성할 수 있는 경우에는 허용되지 아니한다(「행정심판법」 제31조 제3항).
12 「행정심판법」 제47조 제2항(불이익금지)
13 무효등확인심판에는 사정재결이 허용되지 않는다(「행정심판법」 제44조 제3항).

Answer

07 × 08 × 09 × 10 × 11 ○ 12 × 13 ×

14 행정심판위원회는 필요하면 당사자가 주장하지 아니한 사실에 대하여도 심리할 수 있다. O X

15 시·도행정심판위원회의 재결에 불복하는 청구인은 중앙행정심판위원회에 행정심판을 재청구할 수 있다. O X

16 대통령의 처분에 대하여는 다른 법률에서 행정심판을 청구할 수 있도록 정한 경우 외에는 행정심판을 청구할 수 없다. O X

17 취소심판의 청구기간은 무효등확인심판청구에도 적용한다. O X

18 법인이 아닌 사단은 대표자나 관리인이 정하여져 있는 경우에도 그 사단의 이름으로 심판청구를 할 수 없다. O X

19 현행 「행정심판법」상 행정청의 처분에 대한 취소심판에 대해 취소명령재결도 인정된다. O X

20 「행정심판법」상 처분의 부존재확인심판은 허용되지 않는다. O X

14 「행정심판법」 제39조에서 직권심리를 인정하고 있다.

15 심판청구에 대한 재결이 있으면 그 재결 및 같은 처분 또는 부작위에 대하여 다시 행정심판을 청구할 수 없다(「행정심판법」 제51조).

16 대통령의 처분에 대하여는 다른 법률에서 행정심판을 청구할 수 있도록 정한 경우 외에는 행정심판을 청구할 수 없다(「행정심판법」 제3조 제2항).

17 취소심판의 청구기간은 무효등확인심판과 부작위에 대한 의무이행심판에는 적용되지 않는다(「행정심판법」 제27조 제7항).

18 법인이 아닌 사단 또는 재단으로서 대표자나 관리인이 정하여져 있는 경우에는 그 사단이나 재단의 이름으로 심판청구를 할 수 있다(「행정심판법」 제14조).

19 위원회는 취소심판의 청구가 이유가 있다고 인정하면 처분을 취소 또는 다른 처분으로 변경하거나 처분을 다른 처분으로 변경할 것을 피청구인에게 명한다(「행정심판법」 제43조 제3항). 취소명령재결은 인정되지 않는다.

20 무효등확인심판은 처분의 효력 유무 또는 존재·부존재의 확인을 구하는 심판이다. 처분의 부존재확인심판도 인정된다(「행정심판법」 제43조 제4항).

Answer

14 ○ 15 X 16 ○ 17 X 18 X 19 X 20 X

Chapter

03 행정소송

제1절 개설

01 의의

행정소송이란 행정법상의 법률관계에 관한 분쟁에 대하여 당사자의 소의 제기에 의해 이를 심리·판단하는 정식재판절차를 뜻한다.

02 행정소송의 한계

1. 사법의 본질에서 오는 한계

사법작용의 대상이 되는 법률적 쟁송은 '당사자 사이의 권리·의무에 관한 다툼(구체적 사건성)으로서, 법령의 적용에 의하여 해결(법적 해결 가능성)될 수 있는 분쟁'에 한정된다.

구체적 사건성	① 행정소송은 국민의 구체적인 권리·의무에 관한 쟁송이어야 함 ② 단순한 반사적 이익의 침해를 주장(×) ③ 추상적인 법령의 효력이나 해석을 구하는 소송(×) ④ 객관적 소송은 법률에 규정이 있는 경우 인정(열기주의) ⑤ 단순한 사실행위 소송대상(×)
법적 해결가능성	① 학술·기술적 논쟁 또는 예술성의 우열 등에 관한 다툼: 소송대상(×) ② 재량행위: 부당성 판단(×), 일탈·남용 여부만 판단 ③ 통치행위: 사법심사 제외 ④ 특별권력관계 내의 행위: 전통적 부정 → 오늘날 전면적 긍정

2. 권력분립상 한계(무명항고소송의 인정 여부)

법정항고소송	취소소송, 무효등확인소송, 부작위위법확인소송
무명항고소송	의무이행소송, 예방적 부작위청구소송, 적극적 형성판결을 구하는 소송 등은 일체 부정하는 것이 대법원 판례

판례

의무이행소송은 허용되지 않는다.

현행 행정소송법상 행정청으로 하여금 일정한 행정처분을 하도록 명하는 이행판결을 구하는 소송이나 법원으로 하여금 행정청이 일정한 행정처분을 행한 것과 같은 효과가 있는 행정처분을 직접 행하도록 하는 형성판결을 구하는 소송은 허용되지 아니한다(대판 1997. 9. 30. 97누3200).

예방적 부작위 청구소송은 허용되지 않는다. 2019 기출

1. 피고에 대하여 신축건물의 준공처분을 하여서는 아니된다는 내용의 부작위를 구하는 원고의 예비적 청구는 행정소송에서 허용되지 아니하는 것이므로 부적법하다(대판 1987. 3. 24. 86누182).
2. 행정소송법상 행정청이 일정한 처분을 하지 못하도록 그 부작위를 구하는 청구는 허용되지 않는 부적법한 소송이라 할 것이므로, 피고 국민건강보험공단은 이 사건고시를 적용하여 요양급여비용을 결정하여서는 아니된다는 내용의 원고들의 위 피고에 대한 이 사건 청구는 부적법하다 할 것이다(대판 2006. 5. 25. 2003두11988).

03 행정소송의 종류

1. 성질에 의한 분류

(1) 형성의 소

형성의 소는 기존의 행정법상 법률관계의 변동을 구하는 소송으로 취소소송이 이에 해당한다.

(2) 확인의 소

확인의 소는 권리 또는 법률관계의 존부의 확인을 구하는 소송이다. 무효등확인소송 · 부작위위법확인소송과 공법상 법률관계의 존부의 확인을 구하는 당사자소송이 이에 해당한다.

(3) 이행의 소

이행의 소는 이행청구권의 확정과 피고에 대한 이행명령을 구하는 소송으로서 의무이행소송이나 일정한 이행명령을 구하는 당사자소송이 이에 속한다.

2. 내용에 의한 분류 2015 기출

행정소송법

제3조【행정소송의 종류】 행정소송은 다음의 네가지로 구분한다. 2023 기출

1. 항고소송 : 행정청의 처분등이나 부작위에 대하여 제기하는 소송
2. 당사자소송 : 행정청의 처분등을 원인으로 하는 법률관계에 관한 소송 그 밖에 공법상의 법률관계에 관한 소송으로서 그 법률관계의 한쪽 당사자를 피고로 하는 소송
3. 민중소송 : 국가 또는 공공단체의 기관이 법률에 위반되는 행위를 한 때에 직접 자기의 법률상 이익과 관계없이 그 시정을 구하기 위하여 제기하는 소송
4. 기관소송 : 국가 또는 공공단체의 기관상호간에 있어서의 권한의 존부 또는 그 행사에 관한 다툼이 있을 때에 이에 대하여 제기하는 소송. 다만, 헌법재판소법 제2조의 규정에 의하여 헌법재판소의 관장사항으로 되는 소송은 제외한다.

제4조【항고소송】 항고소송은 다음과 같이 구분한다.

1. 취소소송 : 행정청의 위법한 처분등을 취소 또는 변경하는 소송
2. 무효등 확인소송 : 행정청의 처분등의 효력 유무 또는 존재여부를 확인하는 소송
3. 부작위위법확인소송 : 행정청의 부작위가 위법하다는 것을 확인하는 소송

제8조【법적용예】 ① 행정소송에 대하여는 다른 법률에 특별한 규정이 있는 경우를 제외하고는 이 법이 정하는 바에 의한다.

② 행정소송에 관하여 이 법에 특별한 규정이 없는 사항에 대하여는 법원조직법과 민사소송법 및 민사집행법의 규정을 준용한다.

(1) 항고소송

항고소송은 행정청의 처분 등이나 부작위에 대하여 제기하는 소송을 뜻한다.

(2) 당사자소송

① **의의**: 당사자소송은 행정청의 처분 등을 원인으로 하는 법률관계에 관한 소송 그 밖에 공법상의 법률관계에 관한 소송으로서 그 법률관계의 한쪽 당사자를 피고로 하는 소송을 뜻한다.

② **구별**: 항고소송이 행정청의 우월적 지위에서의 공권력의 행사·불행사를 직접 다투는 데 비해, 당사자소송은 대등한 지위의 권리주체가 다투는 소송이라는 점에서 민사소송과 같은 성질을 가진다. 다만 공법상 법률관계에 관한 것이라는 점에서 민사소송과 구별된다.

③ **종류**: 실질적 당사자소송(본래 의미의 당사자소송)과 형식적 당사자소송이 있다. 형식적 당사자소송은 실질적으로는 행정청의 처분을 다투면서 형식적으로는 그 법률관계의 일방 당사자를 피고로 하는 소송으로서 예를 들면 「토지보상법」상 토지소유자와 사업시행자 상호 간의 보상금증감청구소송이 이에 해당한다. 2019 기출

(3) 민중소송과 기관소송(객관적 소송)

양자는 모두 사인의 구체적인 권익침해와는 무관하게 행정법규의 적정한 적용을 확보하기 위한 객관적 소송으로서 법률의 명시적 규정이 있는 경우에 한해 인정된다.

제2절 항고소송

01 취소소송

1. 의의

취소소송이란 행정청의 위법한 처분 등을 취소·변경하는 소송을 뜻한다.

2. 성질

형성소송설, 확인소송설의 대립이 있으나 취소소송은 개인의 권익구제를 직접적인 목적으로 하는 주관적 소송이며, 유효한 처분 등의 효력을 소멸시키는 것으로 형성소송의 성질을 갖는다는 것이 통설·판례의 입장이다.

02 취소소송의 재판관할

1. 사물관할(합의부)

취소소송의 사물관할은 「법원조직법」 제7조 제3항에 의해 행정법원의 심판권은 판사 3인으로 구성된 합의부에서 한다.

2. 심급관할

행정법원 ⇨ 고등법원 ⇨ 대법원 3심제. 다만, 특허청의 심결에 대한 취소소송은 고등법원에 해당하는 특허법원과 대법원으로 연결되는 2심제를 채택하고 있다.

3. 토지관할

행정소송법 제9조【재판관할】 ① 취소소송의 제1심관할법원은 피고의 소재지를 관할하는 행정법원으로 한다.
② 제1항에도 불구하고 다음 각 호의 어느 하나에 해당하는 피고에 대하여 취소소송을 제기하는 경우에는 대법원소재지를 관할하는 행정법원에 제기할 수 있다.
1. 중앙행정기관, 중앙행정기관의 부속기관과 합의제행정기관 또는 그 장
2. 국가의 사무를 위임 또는 위탁받은 공공단체 또는 그 장

③ 토지의 수용 기타 부동산 또는 특정의 장소에 관계되는 처분등에 대한 취소소송은 그 부동산 또는 장소의 소재지를 관할하는 행정법원에 이를 제기할 수 있다.

4. 관할법원에의 이송

「민사소송법」 이송의 규정은 원고의 고의 또는 중대한 과실 없이 행정소송이 심급을 달리하는 법원에 잘못 제기된 경우에도 적용한다.

5. 관련청구소송의 이송 · 병합

(1) 「행정소송법」 제10조 – 관련청구소송의 이송 및 병합

행정소송법 제10조【관련청구소송의 이송 및 병합】 ① 취소소송과 다음 각호의 1에 해당하는 소송(이하 "關聯請求訴訟"이라 한다)이 각각 다른 법원에 계속되고 있는 경우에 관련청구소송이 계속된 법원이 상당하다고 인정하는 때에는 당사자의 신청 또는 직권에 의하여 이를 취소소송이 계속된 법원으로 이송할 수 있다.
1. 당해 처분등과 관련되는 손해배상 · 부당이득반환 · 원상회복등 청구소송
2. 당해 처분등과 관련되는 취소소송

② 취소소송에는 사실심의 변론종결시까지 관련청구소송을 병합하거나 피고외의 자를 상대로 한 관련청구소송을 취소소송이 계속된 법원에 병합하여 제기할 수 있다.

(2) 유형

① **객관적 병합**: 같은 원고가 같은 피고에 대하여 하나의 소송절차에서 수 개의 청구를 하는 경우를 말한다. 「행정소송법」은 관련청구인 이상 같은 종류의 소송절차뿐만 아니라 다른 종류의 소송절차에도 인정한다(예 행정소송과 민사소송 간에 객관적 병합). 또한 당사자소송의 취소소송에의 병합도 가능하다.

② **주관적 병합**: 원고 · 피고의 어느 일방 또는 쌍방측의 당사자가 다수인 경우를 뜻한다. 「행정소송법」 제15조는 공동소송으로서 주관적 병합을 인정하고 있다. 수인의 원고는 처음부터 공동원고로 관련청구를 병합하여 제기할 수 있고, 취소소송의 원고는 취소소송의 상대방 이외의 자를 상대로 한 관련청구소송을 취소소송과 병합하여 제기할 수 있다.

③ **원시적 병합 · 추가적 병합**: 취소소송 제기 당시부터 병합하여 제기하는 경우를 원시적 병합이라 하고, 추가적 병합이란 계속 중인 취소소송에 사후적으로 병합하는 것을 뜻한다.

④ **예비적 병합**: 서로 양립할 수 없는 여러 개의 청구에 대해 주위적 청구(주된 청구)가 허용되지 아니하거나 이유 없는 경우를 대비하여 예비적 청구(보조적 청구)를 병합하여 제기하는 형태의 소송을 말한다. 법원은 원고가 정한 순위에 구속되어 심판을 해야 하고, 제1차적 청구를 인용할 경우에는 제2차적 청구에 대한 심판을 하지 않는다.

⑤ **주관적 · 예비적 병합의 허용 여부**: 개정「민사소송법」제70조에서는 주관적 · 예비적 병합을 인정하고 있고 최근 판례도 이를 인정하고 있다.

판례

무효확인과 취소청구 사이에 선택적 청구로서의 병합이나 단순병합은 허용되지 아니한다. 2015 기출
행정처분에 대한 무효확인과 취소청구는 서로 양립할 수 없는 청구로서 주위적 · 예비적 청구로서만 병합이 가능하고 선택적 청구로서의 병합이나 단순병합은 허용되지 아니한다(대판 1999. 8. 20. 97누6889).

동일한 행정처분에 대해 무효확인의 소를 제기했다가 그 후 그 처분의 취소를 구하는 소를 추가적으로 병합한 경우, 주된 청구인 무효확인의 소가 적법한 제소기간 내에 제기되었다면 추가로 병합된 취소청구의 소도 적법하게 제기된 것으로 볼 수 있다.
동일한 행정처분에 대하여 무효확인의 소를 제기하였다가 그 후 그 처분의 취소를 구하는 소를 추가적으로 병합한 경우, 주된 청구인 무효확인의 소가 적법한 제소기간 내에 제기되었다면 추가로 병합된 취소청구의 소도 적법하게 제기된 것으로 봄이 상당하다(대판 2005. 12. 23. 2005두3554).

(3) 다른 소송에 준용

관련청구소송의 병합은 무효등확인소송, 부작위위법확인소송 및 당사자소송에 준용된다. 관련청구소송인 한 항고소송을 다른 항고소송에 이송 · 병합하는 것뿐만 아니라 당사자소송을 항고소송으로 이송 · 병합하는 것도 허용된다.

03 취소소송의 당사자

1. 당사자적격

소송에 있어 당사자가 될 수 있는 당사자능력은 자연인과 법인이 가지나, 법인격 없는 사단 · 재단도 대표자 또는 관리인이 있으면, 단체의 이름으로 당사자가 될 수 있다. 당사자적격이란 구체적 소송사건에서 당사자로서 소송을 수행하고, 본안판결을 받기에 적합한 자격을 말한다. 자연물인 동물은 당사자적격이 없다.

2. 원고적격

(1) 의의

행정소송법 제12조【원고적격】 취소소송은 처분등의 취소를 구할 법률상 이익이 있는 자가 제기할 수 있다. 처분등의 효과가 기간의 경과, 처분등의 집행 그 밖의 사유로 인하여 소멸된 뒤에도 그 처분등의 취소로 인하여 회복되는 법률상 이익이 있는 자의 경우에는 또한 같다.

판례

1. 국가가 지방자치단체의 장의 기관위임사무의 처리에 관하여 지방자치단체의 장을 상대로 취소소송을 제기하는 것은 허용되지 않는다(대판 2007. 9. 20. 2005두6935).
2. 행정심판위원회의 인용재결에 대해 처분청은 항고소송을 제기할 수 없다(대판 1998. 5. 8. 97누15432).
3. 국가기관도 행정처분의 상대방이 되는 경우 이를 다툴 원고적격이 인정된다(대판 2013. 7. 25. 2011두1214).

4. 「출입국관리법」상 체류자격변경불허가처분, 강제퇴거명령 등을 다투는 외국인에게는 해당 처분의 취소를 구할 법률상 이익이 인정된다(대판 2018. 5. 15. 2014두42506).
5. 재단법인인 수녀원은 수녀 등의 쾌적한 환경에서 생활할 수 있는 환경상 이익을 이유로 공유수면매립목적 변경 승인처분의 무효확인을 구할 법률상 이익이 인정되지 않는다(대판 2012. 6. 28. 2010두2005).
6. 법인의 주주는 당해 법인에 대한 행정처분에 관하여 그 처분의 취소를 구할 원고적격이 없는 것이 원칙이지만 주주의 지위를 보전할 구제방법이 없는 경우에는 주주도 그 처분에 관하여 직접적이고 구체적인 법률상 이해관계를 가진다고 보이므로 그 취소를 구할 원고적격이 있다(대판 2004. 12. 23. 2000두2648).
7. 원고가 처분이 위법하다는 점에 대한 판결을 받아 피고에 대한 손해배상청구소송에서 이를 원용할 수 있는 이익은 사실적·경제적 이익에 불과하여 소의 이익에 해당하지 않는다(대판 2002. 1. 11. 2000두2457).

---

(2) 법률상 이익의 의미

① 권리구제설, ② 법률상 보호이익구제설, ③ 보호가치 있는 이익구제설, ④ 적법성보장설의 대립이 있으나 다수설과 판례는 법률상 보호이익구제설의 입장을 취하고 있다.

3. 제3자의 법률상 이익

(1) 법률상 이익의 침해 또는 침해될 우려(개연성)

불이익처분의 상대방은 직접 법률상 이익의 침해를 받은 자로서 원고적격이 인정된다. 처분의 상대방이 아닌 제3자도 그 처분 등으로 인하여 법률상 보호되는 이익을 침해당한 경우 원고적격이 인정된다.

(2) 경업자소송

① **의의**: 경업자소송이란 행정청이 일정한 시장의 새로운 진입을 허용하는 신규 인·허가를 내줌으로써 그와 경쟁관계에 있는 기존업자에게 추가적인 경쟁을 부담시키는 경우 기존업자가 신규업자에 대한 인·허가 처분의 취소를 구하는 소송을 뜻한다.

② **원고적격의 인정 여부**: 영업허가에 있어서는 영업자 사이에 경쟁관계에 있더라도 기존업자가 그 허가로 받은 경제적 이익은 반사적 이익으로 보아 원고적격을 부정하나 특허기업에 있어서는 기존업자가 그 특허로 받은 이익은 법률상 이익이기 때문에 원고적격을 인정하는 것이 일반적이다. 다만, 허가업의 경우에도 거리제한 등 관련법규에 의해 보호되는 법률상 이익이 인정되는 경우도 있다.

③ **판례**: 선박운송사업면허처분, 「여객자동차 운수사업법」에 의한 노선연장인가처분, 광구설정처분 등은 강학상 특허에 해당한다고 보아 기존업자 또는 기존광업권자의 원고적격을 인정하였다. 그러나 공중목욕장영업허가처분, 석탄가공업허가처분은 강학상 허가에 해당한다고 보아 기존업자에게 원고적격을 인정하지 않았다.

(3) 경원자소송

① **의의**: 경원관계란 인·허가 등에 있어서 서로 법규상 또는 성질상 양립할 수 없는 출원(신청)을 제기한 자로서 일방에 대한 허가가 타방에 대한 불허가로 귀결될 수밖에 없는 관계를 의미한다.

② **원고적격 인정 여부**: 이러한 경우 각 경원자에 대한 인·허가 등이 배타적 관계에 있으므로 자신의 권리를 구제하기 위해서는 타인에 대한 인·허가 등을 취소할 법률상 이익을 갖는다고 보는 것이 일반적이다.

③ **판례**: 판례도 경원관계에 있는 경쟁업자들의 원고적격을 일반적으로 긍정한다.

(4) 인인소송과 원고적격

① **의의**: 인인소송 또는 이웃소송이란 특정주민에 대한 수익적 처분이 이웃하는 주민에게는 불이익하게 되는 경우 이로 인해 침해를 받는 인근주민이 그 침해를 다투는 소송을 말한다.

② **판례**: 연탄공장 건축허가처분, LPG충전소 설치허가처분에 대해서 인근주민들에게 원고적격을 인정하였다.

4. 협의의 소익

(1) 의의

재판은 현실적 구제를 목적으로 하는 것이므로 승소판결에 의해 원고의 권익구제가 불가능한 경우에는 소익이 인정되지 않는다. 처분의 취소를 구할 현실적 법률상 이익이 있는지 여부를 기준으로 판단된다.

> **행정소송법 제12조 【원고적격】** 취소소송은 처분등의 취소를 구할 법률상 이익이 있는 자가 제기할 수 있다. 처분등의 효과가 기간의 경과, 처분등의 집행 그 밖의 사유로 인하여 소멸된 뒤에도 그 처분등의 취소로 인하여 회복되는 법률상 이익이 있는 자의 경우에는 또한 같다.

(2) 원상회복이 불가능한 경우

건물의 철거명령에 대해 취소소송이 제기된 경우에도 당해 건물이 이미 철거되었다면 이미 그 복원은 불가능하므로, 협의의 소익은 없게 된다(대판 1992. 4. 24. 91누11131). 예외적으로 파면처분 후 당연퇴직된 경우 파면처분의 취소를 구할 소의 이익이 있는 것처럼 원상회복이 가능한 부분이 있다면 소의 이익이 인정된다.

판례

소음·진동배출시설에 대한 설치허가가 취소된 후 그 배출시설이 철거된 경우, 위 취소처분의 취소를 구할 소의 이익이 인정되지 않는다.

배출시설에 대한 설치허가가 취소된 후 그 배출시설이 어떠한 경위로든 철거되어 다시 복구 등을 통하여 배출시설을 가동할 수 없는 상태라면 이는 배출시설 설치허가의 대상이 되지 아니하므로 외형상 설치허가 취소행위가 잔존하고 있다고 하여도 특단의 사정이 없는 한 이제 와서 굳이 위 처분의 취소를 구할 법률상의 이익이 없다 할 것이므로, 그 취소를 구하는 소는 소의 이익이 없어 부적법하다고 할 것이다(대판 2002. 1. 11. 2000두2457).

(3) 처분의 효력이 소멸한 경우(기간의 경과) 2023 기출

예를 들어 영업정지기간 경과 후에는 영업정지처분취소소송을 제기할 법률상 이익이 없게 된다. 다만 처분 등의 효과가 기간의 경과 처분 등의 집행 그 밖의 사유로 인하여 소멸된 뒤에도 그 처분 등의 취소로 인하여 회복되는 법률상 이익이 있는 자의 경우에는 원고적격이 인정된다. 이러한 경우로는 ① 판결의 소급효에 의하여 당해 처분이 소급하여 취소됨으로써 원고의 이익이 구제될 수 있는 경우와 ② 당해 처분의 존재가 원고에게 장래에 불리하게 취급되는 경우 등이 있다.

판례

효력기간이 경과된 제재적 행정처분이 그 후 다른 제재적 행정처분의 가중요건이 되는 경우의 소의 이익

1. 행정처분의 전력이 장래에 불이익하게 취급되는 것으로 법에 규정되어 있어 법정의 가중요건으로 되어 있고, 이후 그 법정가중요건에 따라 새로운 제재적인 행정처분이 가해지고 있다면, … 선행행정처분의 잔존으로 인하여 법률상의 이익이 침해되고 있다고 볼만한 특별한 사정이 있는 경우에 해당한다(대판 1990. 10. 23. 90누3119). 당해 가중요건이 법률뿐만 아니라 대통령령으로 규정되어 있는 경우에도 마찬가지라 판시하였다(대판 1992. 2. 5. 98두13997).
2. 행정규칙이 정한 바에 따라 선행처분을 가중사유 또는 전제요건으로 하는 후행처분을 받을 우려가 현실적으로 존재하는 경우에는, 선행처분을 받은 상대방은 비록 그 처분에서 정한 제재기간이 경과하였다 하더라도 그 처분의 취소소송을 통하여 그러한 불이익을 제거할 권리보호의 필요성이 충분히 인정된다고 할 것이므로, 선행처분의 취소를 구할 법률상 이익이 있다고 보아야 한다(대판 2006. 6. 22. 2003두1684).

(4) 사정변경에 의해 이익침해가 해소된 경우

사법시험 1차 시험에 불합격한 후 새로 실시된 같은 시험에 합격한 경우 더 이상 불합격처분의 취소를 구할 법률상 이익은 없다고 본다(대판 2009. 9. 10. 2008두2675).

(5) 취소소송이 분쟁해결의 유효적절한 구제수단이라고 할 수 없는 경우

거부처분이 재결에서 취소된 경우 재결에 따른 후속처분이 아니라 그 재결의 취소를 구하는 것은 실효적이고 직접적인 권리구제수단이 될 수 없어 분쟁해결의 유효적절한 수단이라고 할 수 없으므로 법률상 이익이 없다(대판 2017. 10. 31. 2015두45045).

원상회복 가능성	소익 부정	① 위법한 처분을 취소한다고 하더라도 원상회복이 불가능한 경우 그 취소를 구할 소의 이익이 없다. ② 대집행이 완료된 경우 처분의 취소를 구할 법률상 이익이 없다. ③ 건축공사가 완료된 경우 건축허가에 대한 취소를 구할 소익이 없다. ④ 개발제한구역해제에서 누락된 토지소유자의 개발제한구역해제 취소를 구하는 것은 소익이 없다.
	소익 긍정	① 일반사면이 있은 후 파면처분의 취소소송을 제기할 수 있다(파면처분이 취소되는 경우 공무원 신분회복). ② 공장등록이 취소된 후 그 공장시설물이 철거되었다 하더라도 공장등록취소를 소송으로 다툴 소의 이익이 인정된다(등록된 공장은 지방이전 등에 혜택). ③ 공무원 징계처분 후 당연퇴직된 경우라도 파면처분의 취소를 구할 소익이 있다(징계처분 후 당연퇴직 시까지 신분회복에 따른 봉급 받을 권리 발생). ④ 지방의회의원에 대한 제명의결 취소소송 계속 중 임기가 만료된 경우에도 제명의결이 취소되는 경우 월정수당을 받을 권리가 있으므로 소익이 있다. ⑤ 한국방송공사 사장에 대한 해임처분의 취소소송의 계속 중 임기가 만료된 경우에도 해임처분 후 임기만료 시까지 봉급 등을 받을 권리가 회복되므로 소의 이익이 있다. ⑥ 대학입학고사 불합격처분의 취소를 구하는 소송계속 중 당해 연도의 입학시기가 지났더라도 불합격처분의 적법 여부를 다툴 소익이 있다(다음 연도 입학가능성). ⑦ 도시개발사업의 공사 등이 완료되고 원상회복이 불가능하더라도 도시계획결정처분 기타 도시개발사업실시계획인가처분의 취소를 구할 소의 이익이 있다(토지수용금평가 등의 재평가).

<table>
<tr><td rowspan="2">처분의 효력 소멸 후</td><td>소익 부정</td><td>① 행정처분의 기간의 경과로 효력이 소멸된 뒤에는 처분의 취소를 구할 법률상 이익이 없다.
② 토석채취허가가 이미 실효된 경우 원칙적 토석채취허가취소의 취소를 구할 소익이 없다.
③ 공익근무요원 소집해제신청을 거부당한 자가 계속하여 공익근무요원으로 복무한 후 복무기간 만료를 이유로 소집해제처분을 받은 후에 소집해제신청거부처분을 다툴 수 없다.
④ 공익근무요원 소집처분의 근거가 된 보충역편입처분이 취소 또는 철회되어 그 효력이 소멸한 이상 종전 보충역편입처분 및 공익근무요원 소집처분의 취소를 구할 소익이 없다.
⑤ 상등병에서 병장으로의 진급요건을 갖춘 자에 대하여 진급처분을 행하지 아니한 상태에서 예비역편입처분을 갖춘 자의 진급처분을 다툴 소의 이익이 없다.
⑥ 현역병입영대상자로 병역처분을 받은 자가 그 취소소송 중 모병에 응하여 현역병으로 자진입대한 경우 현역병대상처분을 다툴 소의 이익이 없다.
⑦ 허가신청의 반려처분의 취소를 구하는 소의 계속 중 반려처분을 직권취소하고 위 신청을 재반려하는 경우 당초 반려처분의 취소를 구할 소익이 없다.
⑧ 행정청이 공무원에 대하여 새로운 직위해제 사유에 기한 직위해제처분을 한 경우 그 이전 직위해제처분의 취소를 구할 소의 이익이 없다.</td></tr>
<tr><td>소익 긍정</td><td>① 효력기간이 경과된 제재적 행정처분이 그 후 다른 제재적 행정처분의 가중요건이 되는 경우 소의 이익이 있다(가중요건이 법률이나 대통령령, 시행규칙, 행정규칙 등에 규정되어 가중처벌의 위험성이 현실적으로 존재하는 경우).
② 유효기간이 경과된 뒤 중앙노동위원회의 중재재심결정 중 임금인상 부분의 취소를 구할 소의 이익이 있다(인상된 임금의 지급을 막을 이익).</td></tr>
<tr><td rowspan="2">기타</td><td>소익 부정</td><td>① 사법시험 제1차 시험 불합격처분 이후에 새로이 실시된 사법시험 제1차 시험에 합격한 자가 그 불합격처분의 취소를 구할 법률상 이익이 없다.
② 치과의사국가시험 불합격처분 이후 새로 실시된 국가시험에 합격한 자가 불합격처분의 취소를 구할 소의 이익이 없다.
③ 재학 중인 대학생들이 전공이 다른 교수임용으로 인한 학습권 침해를 이유로 소송을 제기할 소의 이익이 없다.
④ 「주택법」상 입주자는 건축물의 하자를 이유로 그 건축물에 대한 사용검사처분의 취소를 구할 법률상 이익이 없다(사용검사처분을 취소하면 사용 불가). 2023 기출</td></tr>
<tr><td>소익 긍정</td><td>고등학교 퇴학처분 후 검정고시에 합격하였다 해도 퇴학처분의 취소를 다툴 이익이 있다(정규고등학교 졸업자와 검정고시로 인한 합격자 간에 사회적 평가가 다름).</td></tr>
</table>

5. 피고적격

피고는 처분 등을 행한 행정청이 된다. 예외적으로 처분을 행한 행정청이 아니면서 피고적격을 갖는 경우도 있다.

행정소송법 제13조 【피고적격】 ① 취소소송은 다른 법률에 특별한 규정이 없는 한 그 처분등을 행한 행정청을 피고로 한다. 다만, 처분등이 있은 뒤에 그 처분등에 관계되는 권한이 다른 행정청에 승계된 때에는 이를 승계한 행정청을 피고로 한다. 2019 기출
② 제1항의 규정에 의한 행정청이 없게 된 때에는 그 처분등에 관한 사무가 귀속되는 국가 또는 공공단체를 피고로 한다.

(1) 피고적격 정리

원칙	① 처분을 행한 행정청(처분을 한 명의의 행정청) ② 처분청과 통지자가 다른 경우 처분청이 피고 2022 기출
권한의 위임	① 권한의 위임: 수임청 ② 내부위임: 위임청 명의로 처분→ 위임청이 피고, 수임청 명의로 한 경우 → 수임청이 피고
권한의 대리	① 대리관계를 표시한 경우: 피대리관청이 피고 ② 대리관계를 표시하지 않은 경우: 대리관청이 피고
지방의회·지방자치단체장	① 처분조례: 공포권자인 지방자치단체장이 피고(교육에 관한 조례는 교육감) ② 의원징계의결, 의장불신임의결: 지방의회가 피고 2020 기출
대통령 처분	① 국민에 대한 처분: 대통령이 피고(서훈취소처분) ② 공무원에 대한 징계: 해당 공무원의 소속장관이 피고
권한의 승계	① 권한의 승계: 승계한 행정청이 피고 ② 행정청의 폐지: 그 처분 등에 관한 사무가 귀속되는 국가 또는 공공단체가 피고
합의제관청	① 원칙: 합의제관청이 피고[위원장(×)] ② 예외: 중앙노동위원회의 처분은 중앙노동위원회위원장이 피고

판례

1. 성업공사가 체납압류된 재산을 공매하는 것은 세무서장의 공매권한 위임에 의한 것으로 보아야 할 것이므로, 성업공사가 한 그 공매처분에 대한 취소 등의 항고소송을 제기함에 있어서는 수임청으로서 실제로 공매를 행한 성업공사를 피고로 하여야 하고, 위임청인 세무서장은 피고적격이 없다(대판 1997. 2. 28. 96누1757).
2. 내부위임의 경우에는 수임관청이 그 위임된 바에 따라 위임관청의 이름으로 권한을 행사하였다면 그 처분청은 위임관청이므로 그 처분의 취소나 무효확인을 구하는 소송의 피고는 위임관청으로 삼아야 한다(대판 1991. 10. 8. 91누520).
3. 권한있는 상급행정청으로부터 내부위임을 받은 데 불과한 하급행정청이 권한 없이 행정처분을 한 경우에도 실제로 그 처분을 행한 하급행정청을 피고로 할 것이지 그 상급행정청을 피고로 할 것은 아니다(대판 1989. 11. 14. 89누4765).

(2) 피고의 경정

행정소송법 제14조 【피고경정】 ① 원고가 피고를 잘못 지정한 때에는 법원은 원고의 신청에 의하여 결정으로써 피고의 경정을 허가할 수 있다.
② 법원은 제1항의 규정에 의한 결정의 정본을 새로운 피고에게 송달하여야 한다.
③ 제1항의 규정에 의한 신청을 각하하는 결정에 대하여는 즉시항고할 수 있다.
④ 제1항의 규정에 의한 결정이 있은 때에는 새로운 피고에 대한 소송은 처음에 소를 제기한 때에 제기된 것으로 본다.
⑤ 제1항의 규정에 의한 결정이 있은 때에는 종전의 피고에 대한 소송은 취하된 것으로 본다.
⑥ 취소소송이 제기된 후에 제13조 제1항 단서 또는 제13조 제2항에 해당하는 사유가 생긴 때에는 법원은 당사자의 신청 또는 직권에 의하여 피고를 경정한다. 이 경우에는 제4항 및 제5항의 규정을 준용한다.

6. 공동소송

행정소송법 제15조 【공동소송】 수인의 청구 또는 수인에 대한 청구가 처분등의 취소청구와 관련되는 청구인 경우에 한하여 그 수인은 공동소송인이 될 수 있다.

7. 소송참가 2018 기출

(1) 의의

소송참가란 소송 외의 제3자가 자신의 법률상의 지위를 보호하기 위하여 계속 중인 타인 간의 소송에 참가하는 것을 말한다. 「행정소송법」은 제3자의 소송참가와 행정청의 소송참가를 규정하고 있다.

(2) 제3자의 소송참가

① **소송참가의 요건**: 법원은 소송의 결과에 따라 권리 또는 이익의 침해를 받을 제3자가 있는 경우에는, 당사자 또는 제3자의 신청 또는 직권에 의하여 결정으로써 제3자를 소송에 참가시킬 수 있다(제16조 제1항).

② **참가인의 지위**

㉠ **피참가인의 행위와 모순되는 행위 허용**: 제3자는 공동소송적 보조참가인의 지위에 있다고 보아 피참가인의 소송행위와 저촉되는 행위도 가능하지만, 소송당사자는 아니므로 소송물을 처분하는 행위는 할 수 없다고 본다.

㉡ **피참가인에게 불리한 행위금지**: 참가인은 피참가인에 대해 보조참가인이므로 피참가인에게 불이익한 행위는 할 수 없다.

③ **판결의 효력**: 소송참가인으로서 지위를 취득한 제3자는 실제 소송에 참가하여 소송행위를 하였는지 여부를 불문하고 판결의 효력을 받는다. 참가인이 된 제3자는 판결확정 후 「행정소송법」 제31조에 의한 재심을 청구할 수 없다.

(3) 행정청의 소송참가

당해 행정청은 보조참가인의 지위에 선다. 따라서 참가인인 행정청은 소송에 관하여 공격·방어·이의·상소 기타의 소송행위를 할 수 있으나 처분행정청의 소송행위와 저촉되는 행위는 할 수 없다고 본다. 제3자의 소송참가와 구별되는 부분이다.

04 취소소송의 제기

1. 취소소송의 대상 – 행정청의 위법한 처분 또는 재결

(1) 의의

처분이라 함은 행정청이 행하는 구체적 사실에 관한 법집행으로서의 공권력의 행사 또는 그 거부와 그 밖에 이에 준하는 행정작용을 말한다. 이러한 처분의 개념을 행정행위의 개념과 동일시할 것인지에 대해서는 일원설과 이원설이 대립하나 이원설이 다수설이다.

행정소송법
제19조 【취소소송의 대상】 취소소송은 처분등을 대상으로 한다. 다만, 재결취소소송의 경우에는 재결 자체에 고유한 위법이 있음을 이유로 하는 경우에 한한다.
제2조 【정의】 ① 이 법에서 사용하는 용어의 정의는 다음과 같다.
1. "처분등"이라 함은 행정청이 행하는 구체적 사실에 관한 법집행으로서의 공권력의 행사 또는 그 거부와 그 밖에 이에 준하는 행정작용(이하 "처분"이라 한다) 및 행정심판에 대한 재결을 말한다.

(2) 행정청의 공권력 행사 2017 기출

행정청이란 국가 또는 지방자치단체의 의사를 결정·표시할 수 있는 권한을 가진 행정기관으로서 조직법상의 행정청의 개념보다 넓은 실질적·기능적 의미의 행정청을 말한다. 행정기관뿐만 아니라 입법기관, 사법기관도 포함되며, 행정권한의 위임·위탁을 받은 보조기관, 지방자치단체의 장, 지방의회 그리고 공법인과 공무수탁사인도 포함된다.

판례

한국마사회의 조교사 및 기수면허부여 또는 취소는 항고소송의 대상이 아니다.
한국마사회가 조교사 또는 기수의 면허를 부여하거나 취소하는 것은 국가 기타 행정기관으로부터 위탁받은 행정권한의 행사가 아니라 일반 사법상의 법률관계에서 이루어지는 단체 내부에서의 징계 내지 제재처분이다(대판 2008. 1. 31. 2005두8269).

(3) 행정청의 법적 행위 2013 기출

① 처분은 국민의 구체적인 권리·의무에 직접적 변동을 초래하는 행위여야 한다. 따라서 행정기관 내부의 행위나 행정규칙은 처분이 아니다.
② 사실행위의 경우 권력적 사실행위에 대해서는 처분성을 인정하는 것이 통설·판례이지만 비권력적 사실행위에 대해서는 처분성을 인정하지 않는 것이 판례이다.

판례

1. 공정거래위원회의 고발조치는 사직 당국에 대하여 형벌권 행사를 요구하는 행정기관 상호간의 행위에 불과하여 항고소송의 대상이 되는 행정처분이라 할 수 없으며, 더욱이 공정거래위원회의 고발 의결은 행정청 내부의 의사결정에 불과할 뿐 최종적인 처분은 아닌 것이므로 이 역시 항고소송의 대상이 되는 행정처분이 되지 못한다(대판 1995. 5. 12. 94누13794).

2. 혁신도시입지 후보선정은 지역주민의 권리의무에 직접 영향을 미치지 않으므로 항소소송의 대상되는 처분으로 볼 수 없다(대판 2007. 11. 15. 2007두10198).
3. 교육부장관이 대학에서 추천한 복수의 총장 후보자들 전부 또는 일부를 임용제청에서 제외하는 행위는 제외된 후보자들에 대한 불이익처분으로서 항고소송의 대상이 되는 처분에 해당한다(대판 2018. 6. 15. 2016두57564).
4. 시험승진후보자명부에서의 삭제행위는 결국 그 명부에 등재된 자에 대한 승진 여부를 결정하기 위한 행정청 내부의 준비과정에 불과하고, 그 자체가 어떠한 권리나 의무를 설정하거나 법률상 이익에 직접적인 변동을 초래하는 별도의 행정처분이 된다고 할 수 없다(대판 1997. 11. 14. 97누7325). 2022 기출
5. 교육공무원법상 승진후보자 명부에 의한 승진심사 방식으로 행해지는 승진임용에서 승진후보자 명부에 포함되어 있던 후보자를 승진임용인사발령에서 제외하는 행위는 불이익처분으로서 항고소송의 대상인 처분에 해당한다(대판 2018. 3. 27. 2015두47492).
6. 각 군 참모총장이 '군인 명예전역수당 지급대상자 결정절차'에서 국방부장관에게 수당지급대상자를 추천하거나 신청자 중 일부를 추천하지 않는 행위는 행정기관 상호 간의 내부적인 의사결정과정의 하나에 불과하므로 항고소송의 대상되는 처분에 해당하지 않는다(대판 2009. 12. 10. 2009두14231).

PART 05

(4) 거부처분의 성립요건 2021 기출

거부처분의 대상적격이 인정되기 위해서는 ① 공권력 행사에 대한 신청이 있을 것, ② 거부로 인해 법률관계에 어떤 영향을 미칠 것, ③ 법규상 또는 조리상의 신청권이 있을 것을 요건으로 한다.

판례

거부처분의 대상적격 2022 기출

국민의 적극적 행위신청에 대하여 행정청이 그 신청에 따른 행위를 하지 않겠다고 거부한 행위가 항고소송의 대상이 되는 행정처분에 해당하는 것이라고 하려면, 그 신청한 행위가 공권력의 행사 또는 이에 준하는 행정작용이어야 하고 그 거부행위가 신청인의 법률관계에 어떤 변동을 일으키는 것이어야 하며, 그 국민에게 그 행위발동을 요구할 법규상 또는 조리상의 신청권이 있어야만 한다(대판 1998. 7. 10. 96누14036).

거부처분의 전제요건인 신청권의 존부는 일반 국민에게 그러한 신청권을 인정하고 있는가를 살펴 추상적으로 결정된다.

거부처분의 처분성을 인정하기 위한 전제요건이 되는 신청권의 존부는 구체적 사건에서 신청인이 누구인가를 고려하지 않고 관계 법규의 해석에 의하여 일반 국민에게 그러한 신청권을 인정하고 있는가를 살펴 추상적으로 결정되는 것이고, 신청인이 그 신청에 따른 단순한 응답을 받을 권리를 넘어서 신청의 인용이라는 만족적 결과를 얻을 권리를 의미하는 것은 아니다. 따라서 국민이 어떤 신청을 한 경우에 그 신청의 근거가 된 조항의 해석상 행정발동에 대한 개인의 신청권을 인정하고 있다고 보여지면 그 거부행위는 항고소송의 대상이 되는 처분으로 보아야 할 것이고, 구체적으로 그 신청이 인용될 수 있는가 하는 점은 본안에서 판단하여야 할 사항인 것이다(대판 1996. 6. 11. 95누12460).

처분성 인정 여부에 대한 판례

1. 지방자치단체장이 국유 잡종재산을 대부하여 달라는 신청을 거부한 것은 항고소송의 대상이 되는 행정처분이 아니므로 행정소송으로 그 취소를 구할 수 없다(대판 1998. 9. 22. 98두7602).
2. 임용기간이 만료된 조교수에 대한 재임용 거부취지의 임용기간만료의 통지는 대학교원의 법률관계에 영향을 주는 것으로 항고소송의 대상이 된다(대판 2004. 4. 22. 2000두7735).
3. 건축계획심의반려처분은 건축허가신청에 중대한 지장이 초래되는 점에서 권리의무나 법률관계에 직접 영향을 미치는 행위라 할 것이다(대판 2007. 10. 11. 2007두1316).

(5) 변경처분

① **감액처분**: 감액되고 남은 당초 처분이 항고소송의 대상이 된다.

② **증액처분**: 당초의 처분은 증액처분에 흡수되어 소멸되므로 증액처분이 항고소송의 대상이 된다.

판례

1. 증액경정처분이 있는 경우, 당초 신고나 결정은 증액경정처분에 흡수되므로 증액경정처분만이 항고소송의 대상이 된다(대판 2009. 5. 14. 2006두17390).
2. 증액경정처분이 있는 경우 당초처분은 증액경정처분에 흡수되어 소멸하고, 소멸한 당초처분의 절차적 하자는 존속하는 증액경정처분에 승계되지 아니한다(대판 2010. 6. 24. 2007두16493).

③ **적극적 변경처분**

㉠ **당초 처분을 전부 변경하는 경우**: 당초 처분은 효력을 상실하므로 변경처분을 대상으로 항고소송을 제기하여야 하고 제소기간도 변경처분 시를 기준으로 한다.

㉡ **당초 처분을 일부 변경하는 경우**: 선행처분이 소멸한다고 할 수 없고, 이 경우 선행처분과 후행변경처분을 별도로 다툴 수 있다.

판례

기존의 행정처분을 변경하는 내용의 행정처분이 뒤따르는 경우 항고소송의 대상이 된다.

기존의 행정처분을 변경하는 내용의 행정처분이 뒤따르는 경우, 후속처분이 종전처분을 완전히 대체하는 것이거나 주요 부분을 실질적으로 변경하는 내용인 경우에는 특별한 사정이 없는 한 종전처분은 효력을 상실하고 후속처분만이 항고소송의 대상이 되지만, 후속처분의 내용이 종전처분의 유효를 전제로 내용 중 일부만을 추가·철회·변경하는 것이고 추가·철회·변경된 부분이 내용과 성질상 나머지 부분과 불가분적인 것이 아닌 경우에는, 후속처분에도 불구하고 종전처분이 여전히 항고소송의 대상이 된다(대판 2015. 11. 19. 2015두295).

2. 재결취소소송

(1) 문제의 소재

행정소송법

제19조【취소소송의 대상】 취소소송은 처분등을 대상으로 한다. 다만, 재결취소소송의 경우에는 재결 자체에 고유한 위법이 있음을 이유로 하는 경우에 한한다.

제2조【정의】 ① 이 법에서 사용하는 용어의 정의는 다음과 같다. 2023 기출

1. "처분등"이라 함은 행정청이 행하는 구체적 사실에 관한 법집행으로서의 공권력의 행사 또는 그 거부와 그 밖에 이에 준하는 행정작용(이하 "처분"이라 한다) 및 행정심판에 대한 재결을 말한다.

「행정심판법」상의 재결뿐만 아니라 개별법상의 재결도 포함된다(원처분주의 원칙, 재결주의의 예외).

(2) 원처분주의와 재결주의

① **원처분주의**: 원처분주의란 원처분과 재결에 대하여 항고소송의 대상으로서 다같이 소송을 제기할 수 있는 제도를 뜻한다. 이 경우 원처분의 위법은 원처분에 대한 항고소송에서만 주장할 수 있고, 재결에 대한 위법은 재결의 고유한 위법에 대한 항고소송에서만 주장할 수 있다.

판례

토지수용위원회의 수용재결에 대해 이의신청을 거친 경우 이의신청에 대한 재결 자체에 고유한 위법이 없다면 수용재결을 취소소송의 대상으로 하여야 한다.

수용재결에 불복하여 취소소송을 제기하는 때에는 이의신청을 거친 경우에도 수용재결을 한 중앙토지수용위원회 또는 지방토지수용위원회를 피고로 하여 수용재결의 취소를 구하여야 하고, 다만 이의신청에 대한 재결 자체에 고유한 위법이 있음을 이유로 하는 경우에는 그 이의재결을 한 중앙토지수용위원회를 피고로 하여 이의재결의 취소를 구할 수 있다고 보아야 한다(대판 2010. 1. 28. 2008두1504).

② **재결주의**: 재결에 대해서만 항고소송의 대상으로 하는 제도를 뜻한다. 이 경우 재결 자체의 위법뿐만 아니라 원처분의 위법도 재결을 다투면서 소송에서 주장할 수 있다.

③ **현행 「행정소송법」(원처분주의)**: 「행정소송법」 제19조는 "취소소송은 처분을 대상으로 한다. 다만, 재결취소소송의 경우에는 재결 자체에 고유한 위법이 있음을 이유로 하는 경우에 한한다."고 규정하여 원처분주의를 택하고 있다. 이 때문에 취소소송의 대상은 행정청의 원처분과 재결 모두가 되지만, 재결이 취소소송의 대상이 되는 것은 재결 자체에 고유한 위법을 이유로 한 경우에 한한다.

④ **개별법상 문제되는 경우**

㉠ 감사원의 회계관계직원에 대한 변상판정에 대해 회계직원은 재심의를 청구할 수 있고 감사원의 재심의 판정에 대해서는 감사원을 당사자로 하여 행정소송을 제기할 수 있다(「감사원법」 제40조). 판례는 감사원의 변상판정처분에 대해서는 행정소송을 제기할 수 없고 재결에 해당하는 재심의 판정에 대해서만 감사원을 피고로 행정소송을 제기할 수 있다고 본다(대판 1984. 4. 10. 84누91).

㉡ 노동위원회의 처분에 대해 행정소송을 제기하는 경우 중앙노동위원회의 재심판정을 대상으로 중앙노동위원회위원장을 피고로 행정소송을 제기하여야 한다(「노동위원회법」 제27조 제1항).

㉢ 특허출원에 대한 불복은 특허심판원에 심판청구를 한 후 소송을 제기할 수 있고 특허심판원의 심결을 소송대상으로 하여 소를 제기하여야 한다(「특허법」 제186조, 제187조).

㉣ 중앙토지수용위원회의 이의재결에 대한 불복은 원처분주의라는 것이 판례이다.

㉤ 교원징계재심위원회의 결정에 대한 불복은 원처분주의라는 것이 판례이다.

판례

교원에 대한 징계처분에 대해 교원이 다투는 경우

1. <u>우선 국·공립학교 교원에 대한 징계처분의 경우</u>에는 원 징계처분 자체가 행정처분이므로 그에 대하여 위원회에 소청심사를 청구하고 위원회의 결정이 있은 후 그에 불복하는 행정소송이 제기되더라도 그 심판대상은 교육감 등에 의한 원 징계처분이 되는 것이 원칙이다. 다만 위원회의 심사절차에 위법사유가 있다는 등 고유의 위법이 있는 경우에 한하여 위원회의 결정이 소송에서의 심판대상이 된다.

2. 사립학교 교원에 대한 징계처분의 경우에는 학교법인 등의 징계처분은 행정처분성이 없는 것이고 그에 대한 소청심사청구에 따라 위원회가 한 결정이 행정처분이고 교원이나 학교법인 등은 그 결정에 대하여 행정소송으로 다투는 구조가 되므로, 행정소송에서의 심판대상은 학교법인 등의 원 징계처분이 아니라 위원회의 결정이 되고, 따라서 피고도 행정청인 위원회가 되는 것이며, 법원이 위원회의 결정을 취소한 판결이 확정된다고 하더라도 위원회가 다시 그 소청심사청구사건을 재심사하게 될 뿐 학교법인 등이 곧바로 위 판결의 취지에 따라 재징계 등을 하여야 할 의무를 부담하는 것은 아니다(대판 2013. 7. 25. 2012두12297).

(3) 재결 자체의 고유한 위법

① **의의**: 재결 자체의 고유한 위법이란 재결도 하나의 행정처분으로 주체・절차・내용・형식에 위법이 있음을 의미한다.

② **구체적 검토**

㉠ **주체**: 권한이 없는 기관에 의한 재결이나 행정심판위원회의 구성원에 결격사유가 있는 경우 또는 정족수에 하자가 있는 것 등을 들 수 있다.

㉡ **절차**: 구두에 의한 의견진술이 규정된 경우 의견진술의 기회를 부여하도록 되어 있는 경우 이를 지키지 않은 경우나 행정심판위원회의 의결을 거치지 않은 재결이 있는 경우 등을 들 수 있다.

㉢ **형식**: 「행정심판법」 제46조 제2항 소정의 재결서에 기재해야 할 사항이 누락된 경우, 서면에 의하지 않은 재결 등을 들 수 있다.

㉣ **내용**: 내용상 위법의 경우 이에 포함되지 않는다는 견해도 있으나 다수설과 판례는 재결 자체의 고유한 위법에 내용상의 위법도 포함된다고 본다.

③ **내용상 위법**

㉠ **각하재결**: 행정심판청구가 부적법하지 않음에도 부적법각하하거나 반대로 부적법각하하여야 함에도 그 청구를 인용한 경우 재결 자체의 고유한 위법이 있어 재결에 대한 취소소송이 가능하다고 본다.

㉡ **기각재결**: 원처분이 정당하다고 본 기각재결에 대해서는 원칙적으로 재결 자체의 내용상 위법을 인정할 수 없어 항고소송의 대상이 되지 않는다. 다만, 심판청구의 대상이 되지 아니한 사항에 대한 재결이나 원처분보다 청구인에게 불리한 재결은 재결 고유의 하자가 있으므로 취소소송제기가 가능하다고 볼 것이다.

㉢ **인용재결**: 행정심판청구인은 인용재결에 대해 불복할 이유가 없을 것이나 다음의 경우 재결 자체의 고유한 위법이 있을 수 있다.

ⓐ **제3자효 행정행위에 대한 인용재결**: 제3자효를 발생하는 행정행위에 있어서 인용재결로 불이익을 입은 자는 그 인용재결을 다툴 필요가 있다. 이에 대해서는 제3자에 대해서는 실질적으로 인용재결이 최초의 처분으로서의 성질을 갖는 것이므로 인용재결의 취소를 구하는 소송을 제기할 수 있다는 견해도 있다.

판례

제3자효 행정처분의 인용재결을 다투는 것은 재결 자체의 고유한 위법에 해당한다.

이른바 복효적 행정행위, 특히 제3자효를 수반하는 행정행위에 대한 행정심판청구에 있어서 그 청구를 인용하는 내용의 재결로 인하여 비로소 권리이익을 침해받게 되는 자는 그 인용재결에 대하여 다툴 필요가 있고, 그 인용재결은 원처분과 내용을 달리하는 것이므로 그 인용재결의 취소를 구하는 것은 원처분에는 없는 재결에 고유한 하자를 주장하는 셈이어서 당연히 항고소송의 대상이 된다(대판 2001. 5. 29. 99두10292).

ⓑ 형성재결: 형성재결에 의해 행정청의 별도의 처분이 없이 재결의 형성력으로 처분의 효력이 소멸되는 경우 재결 자체를 항고소송의 대상으로 해야 한다.

판례

형성재결로 인해 새로운 권리침해가 있는 경우 재결 자체의 고유한 위법에 해당한다.

당해 사안에서와 같이 원처분의 상대방이 아닌 제3자가 행정심판을 청구하여 재결청이 원처분을 취소하는 형성재결을 한 경우에 그 원처분의 상대방은 그 재결에 대하여 항고소송을 제기할 수밖에 없고, 이 경우 재결은 원처분과 내용을 달리하는 것이어서 재결의 취소를 구하는 것은 원처분에 없는 재결 고유의 위법을 주장하는 것이 된다(대판 1998. 4. 24. 97누17131).

ⓒ 이행재결(명령재결): 처분청에게 처분의 취소 또는 변경을 명하는 이행재결의 경우 재결에 따른 행정청의 처분이 있게 되므로 이행재결과 처분 중 어느 것이 항고소송의 대상이 되는지 문제된다. 판례는 이행재결과 행정청의 처분 모두가 독자적인 항고소송의 대상이 된다는 입장이다.

판례

이행명령재결의 경우 명령재결과 이에 따른 행정청의 처분 모두가 소송대상이 된다.

행정심판법 제37조 제1항의 규정에 의하면 재결은 행정청을 기속하는 효력을 가지므로 재결청이 취소심판의 청구가 이유있다고 인정하여 처분청에게 처분의 취소를 명하면 처분청으로서는 그 재결의 취지에 따라 처분을 취소하여야 하지만, 그렇다고 하여 그 재결의 취지에 따른 취소처분이 위법할 경우 그 취소처분의 상대방이 이를 항고소송으로 다툴 수 없는 것은 아니다(대판 1993. 9. 28. 92누15093).

ⓓ 일부인용재결과 수정재결: 일부인용재결이나 수정재결에 대해서는 재결에 의하여 일부 취소되고 남은 처분이나 수정된 원처분에 대하여 취소소송을 제기하는 것이 원칙이라 본다.

판례

수정재결은 수정된 원처분을 소송대상으로 한다.

징계혐의자에 대한 감봉 1월의 징계처분을 견책으로 변경한 소청결정 중 그를 견책에 처한 조치는 재량권의 남용 또는 일탈로서 위법하다는 사유는 소청결정 자체에 고유한 위법을 주장하는 것으로 볼 수 없어 소청결정의 취소사유가 될 수 없다(대판 1993. 8. 24. 93누5673).

3. 금전급부 등에 관한 소송

(1) 행정청의 결정에 의해 권리가 구체적으로 확정되는 경우

판례는 행정청의 지급결정 거부에 대해 항고소송을 제기하여 다투어야 한다는 입장이다. 이 경우 당사자소송을 인정하지 않는다.

판례

1. 급부를 받을 권리가 법령의 규정에 의하여 직접 발생하는 것이 아니라 급부를 받으려고 하는 자의 신청에 따라 관할 행정청이 지급결정을 함으로써 구체적인 권리가 발생하는 경우, 구체적인 권리가 발생하지 않은 상태에서 곧바로 행정청이 속한 국가나 지방자치단체 등을 상대로 한 당사자소송이나 민사소송으로 급부의 지급을 소구하는 것은 허용되지 않는다(대판 2020. 10. 15. 2020다222382).
2. '민주화운동관련자 명예회복 및 보상 심의위원회'의 보상금 등의 지급 대상자에 관한 심의・결정을 받아야만 비로소 보상금 등의 지급 대상자로 확정될 수 있다. 따라서 '민주화운동관련자 명예회복 및 보상 등에 관한 법률'에 따른 보상금 등의 지급을 구하는 소송의 형태는 당사자소송이 아닌 위원회의 결정을 대상으로 취소소송을 제기하여야 한다(대판 2008. 4. 17. 2005두16185).
3. 공무원연금법령상 급여를 받으려고 하는 자는 우선 관계 법령에 따라 공무원연금공단에 급여지급을 신청하여 공무원연금공단이 이를 거부하거나 일부 금액만 인정하는 급여지급결정을 하는 경우 그 결정을 대상으로 항고소송을 제기하는 등으로 구체적 권리를 인정받아야 하고, 구체적인 권리가 발생하지 않은 상태에서 곧바로 공무원연금공단을 상대로 한 당사자소송으로 권리의 확인이나 급여의 지급을 소구하는 것은 허용되지 아니한다. 이러한 법리는 구체적인 급여수급권의 전제가 되는 지위의 확인을 구하는 경우에도 마찬가지로 적용된다(대판 2017. 2. 9. 2014두43264).

(2) 법령에 의해서 직접 발생하고 그 권리의 존부 및 범위가 확정되는 경우

판례는 금전급부청구권이 공권이면 당사자소송, 사권이면 민사소송을 제기하여야 한다는 입장이다.

판례

1. 법령의 개정에 따른 국방부장관의 퇴역연금액 감액조치에 대하여 이의가 있는 퇴역연금수급권자는 항고소송을 제기하는 방법으로 감액조치의 효력을 다툴 것이 아니라 직접 국가를 상대로 정당한 퇴역연금액과 결정, 통지된 퇴역연금액과의 차액의 지급을 구하는 공법상 당사자소송을 제기하는 방법으로 다툴 수 있다(대판 2003. 9. 5. 2002두3522).
2. 「광주민주화운동 관련자 보상 등에 관한 법률」의 규정상 보상심의위원회의 결정은 취소소송의 대상이 되는 행정처분이라고 볼 수 없고, 같은 법에 의해서 관련자 및 유족들이 갖게 되는 보상 등에 관한 권리는 공법상 권리로서 당사자소송에 의한다(대판 1992. 12. 24. 92누3335).

05 취소소송의 청구형식 및 제기기간

1. 취소소송의 청구형식

소장의 서면형식에 의해 관할법원에 제기한다.

2. 취소소송의 제기기간

행정소송법 제20조 【제소기간】 ① 취소소송은 처분등이 있음을 안 날부터 90일 이내에 제기하여야 한다. 다만, 제18조 제1항 단서에 규정한 경우와 그 밖에 행정심판청구를 할 수 있는 경우 또는 행정청이 행정심판청구를 할 수 있다고 잘못 알린 경우에 행정심판청구가 있은 때의 기간은 재결서의 정본을 송달받은 날부터 기산한다.
② 취소소송은 처분등이 있은 날부터 1년(제1항 단서의 경우는 재결이 있은 날부터 1년)을 경과하면 이를 제기하지 못한다. 다만, 정당한 사유가 있는 때에는 그러하지 아니하다.
③ 제1항의 규정에 의한 기간은 불변기간으로 한다.

제소기간	① 처분이 있음을 안 날로부터 90일 이내, 처분이 있었던 날로부터 1년 이내(정당한 사유가 있으면 기간경과 후 제소 가능) ② 행정심판을 거친 경우 안 날 = 재결서 정본을 송달받은 날, 있었던 날 = 재결이 있었던 날
적용제외	① 무효등확인소송은 제소기간의 적용이 없다. ② 부작위위법확인소송은 심판을 거치지 않은 경우 제소기간의 적용이 없지만, 의무이행심판을 거친 경우 제소기간이 적용된다.
'안 날'의 의미	① 처분이 있었다는 것을 현실적으로 안 날 ② 고시 또는 공고에 의한 경우 ㉠ 불특정 다수인 대상: 고시가 효력을 발생하는 날 ㉡ 특정인 대상: 처분이 있었다는 것을 현실적으로 안 날

판례

1. 행정제재처분을 한 후 그 처분을 유리하게 변경하는 처분을 한 경우 소송의 대상은 변경된 내용의 당초 처분이 되고 제소기간의 준수 여부도 변경된 내용의 당초 처분을 기준으로 판단한다(대판 2007. 4. 27. 2004두9302).
2. 납세자의 이의신청에 의한 재조사결정에 따른 행정소송의 제소기간은 이의신청인 등이 후속 처분의 통지를 받은 날부터 기산된다(대판 2014. 7. 24. 2011두14227).

06 행정심판전치주의

1. 임의적 전치주의 원칙(행정심판과의 관계)

행정소송법 제18조 【행정심판과의 관계】 ① 취소소송은 법령의 규정에 의하여 당해 처분에 대한 행정심판을 제기할 수 있는 경우에도 이를 거치지 아니하고 제기할 수 있다. 다만, 다른 법률에 당해 처분에 대한 행정심판의 재결을 거치지 아니하면 취소소송을 제기할 수 없다는 규정이 있는 때에는 그러하지 아니하다.

「행정소송법」 제18조 제1항에서는 원칙적으로 임의적 행정심판전치주의와 예외적으로 필수적 행정심판전치주의를 채택하였다. 본 규정은 부작위위법확인소송에 준용하고 있다. 무효등확인소송과 당사자소송의 경우 행정심판절차를 거치지 않고 소를 제기할 수 있다.

2. 개별법상 필수적 행정심판전치주의

(1) 국세 · 관세의 경우

「국세기본법」과 「관세법」에서는 심사청구 또는 심판청구 중 1가지는 필수적으로 거치고 행정소송을 제기하도록 하고 있다.

(2) 공무원 징계처분 등

「국가공무원법」과 「지방공무원법」에서는 소청심사청구를 필수적으로 거치고 행정소송을 제기할 수 있도록 하고 있다.

(3) 교원의 징계처분 등

「교원의 지위 향상 및 교육활동 보호를 위한 특별법」에서는 교원소청심사위원회에 소청심사 ⇨ 행정소송의 단계를 거치도록 규정하고 있다.

(4) 노동위원회의 결정

「노동위원회법」과 「노동조합 및 노동관계조정법」에서는 중앙노동위원회에 재심신청 ⇨ 행정소송의 단계를 거치도록 규정하고 있다.

(5) 운전면허의 취소 · 정지처분 등

「도로교통법」에서는 행정심판 ⇨ 행정소송을 거치도록 규정하고 있다.

3. 「행정소송법」상 필수적 심판전치의 예외

(1) 행정심판의 재결을 거칠 필요가 없는 경우

행정소송법 제18조 【행정심판과의 관계】 ② 제1항 단서의 경우에도 다음 각호의 1에 해당하는 사유가 있는 때에는 행정심판의 재결을 거치지 아니하고 취소소송을 제기할 수 있다.

1. 행정심판청구가 있은 날로부터 60일이 지나도 재결이 없는 때
2. 처분의 집행 또는 절차의 속행으로 생길 중대한 손해를 예방하여야 할 긴급한 필요가 있는 때
3. 법령의 규정에 의한 행정심판기관이 의결 또는 재결을 하지 못할 사유가 있는 때
4. 그 밖의 정당한 사유가 있는 때

(2) 행정심판을 제기할 필요가 없는 경우

행정소송법 제18조 【행정심판과의 관계】 ③ 제1항 단서의 경우에 다음 각호의 1에 해당하는 사유가 있는 때에는 행정심판을 제기함이 없이 취소소송을 제기할 수 있다.

1. 동종사건에 관하여 이미 행정심판의 기각재결이 있은 때
2. 서로 내용상 관련되는 처분 또는 같은 목적을 위하여 단계적으로 진행되는 처분중 어느 하나가 이미 행정심판의 재결을 거친 때
3. 행정청이 사실심의 변론종결후 소송의 대상인 처분을 변경하여 당해 변경된 처분에 관하여 소를 제기하는 때
4. 처분을 행한 행정청이 행정심판을 거칠 필요가 없다고 잘못 알린 때

4. 행정심판전치주의 충족에 대한 판단시기

행정심판을 거쳐야 하는 것이 법률에 규정된 경우 이는 취소소송의 제기요건으로 법원의 직권조사사항이다. 행정심판의 전치요건은 사실심변론종결 시까지 거치면 족하다.

판례

소송요건의 흠은 사실심변론종결 전까지 하자치유가 인정된다.

행정심판을 거치지 않고 소를 제기하였으나 그 뒤 사실심변론 종결 전까지 행정심판전치의 요건을 갖추었다면 흠이 치유된다(대판 1987. 4. 28. 86누29).

행정심판전치요건은 적법한 행정심판이 청구되어야 충족된다.

1. 부적법한 행정심판청구가 있었음에도 재결청이 과오로 본안에 대하여 재결한 때에도 행정심판을 거친 것으로 볼 수 없다(대판 1991. 6. 25. 90누8091).
2. 적법한 심판청구를 재결청이 잘못 각하한 경우에는 행정심판전치의 요건을 충족한 것으로 보아야 한다(대판 1990. 10. 12. 90누2383).

07 소의 변경

1. 소의 종류의 변경

(1) 의의

원고가 취소소송을 제기한 후 당사자소송이나 취소소송 외의 항고소송으로 변경하고자 한다거나 그 반대로 소를 변경하고자 하는 것을 소의 종류의 변경이라 한다.

행정소송법 제21조【소의 변경】 ① 법원은 취소소송을 당해 처분등에 관계되는 사무가 귀속하는 국가 또는 공공단체에 대한 당사자소송 또는 취소소송외의 항고소송으로 변경하는 것이 상당하다고 인정할 때에는 청구의 기초에 변경이 없는 한 사실심의 변론종결시까지 원고의 신청에 의하여 결정으로써 소의 변경을 허가할 수 있다.
② 제1항의 규정에 의한 허가를 하는 경우 피고를 달리하게 될 때에는 법원은 새로이 피고로 될 자의 의견을 들어야 한다.
③ 제1항의 규정에 의한 허가결정에 대하여는 즉시항고할 수 있다.
④ 제1항의 규정에 의한 허가결정에 대하여는 제14조 제2항·제4항 및 제5항의 규정을 준용한다.

(2) 요건

① 취소소송이 계속되고 있을 것
② 사실심변론종결 시까지 원고의 신청이 있을 것
③ 청구의 기초에 변경이 없을 것
④ 법원의 허가결정이 있을 것

(3) 효과

소의 변경이 있는 때에는 종전의 소는 취하되고 새로운 소송은 처음에 소를 제기한 때에 제기된 것으로 본다.

2. 처분변경으로 인한 소의 변경

행정청이 소송 계속 중에 소송의 대상인 처분을 변경한 경우 원고가 변경된 처분으로 소송에 대한 청구취지 또는 원인의 변경을 요구하는 것을 처분변경으로 인한 소의 변경이라 한다. 무효확인소송에는 준용되지만 부작위위법확인소송의 경우 준용규정이 없고 판례는 부작위위법확인소송에서는 처분변경으로 인한 소의 변경을 인정하지 않는 입장이다.

행정소송법 제22조 【처분변경으로 인한 소의 변경】 ① 법원은 행정청이 소송의 대상인 처분을 소가 제기된 후 변경한 때에는 원고의 신청에 의하여 결정으로써 청구의 취지 또는 원인의 변경을 허가할 수 있다.
② 제1항의 규정에 의한 신청은 처분의 변경이 있음을 안 날로부터 60일 이내에 하여야 한다.
③ 제1항의 규정에 의하여 변경되는 청구는 제18조 제1항 단서의 규정에 의한 요건을 갖춘 것으로 본다.

08 처분사유의 추가 · 변경

1. 의의

취소소송의 계속 중에 계쟁처분의 사유를 추가하거나 처분사유로서 잘못 제시된 사실상 · 법률상의 이유를 다른 것으로 대체하거나 추가하는 것을 뜻한다. 처분사유의 추가 · 변경을 인정할 것인지에 대해 견해대립이 있다. 이는 취소소송의 소송물을 어떻게 볼 것인지에 따라 결론을 달리한다.

2. 판례

판례는 제한적 긍정설의 입장에 따라 처분이유의 기초가 되는 사실의 동일성을 해치지 아니하는 범위에서만 처분사유의 추가 · 변경이 허용된다고 본다.

판례

처분사유의 추가 · 변경은 기본적 사실관계의 동일성이 인정되는 범위 내에서 인정

행정처분의 취소를 구하는 항고소송에 있어서는 실질적 법치주의와 행정처분의 상대방인 국민에 대한 신뢰보호라는 견지에서 처분청은 당초 처분의 근거로 삼은 사유와 기본적 사실관계가 동일성이 있다고 인정되는 한도 내에서만 다른 사유를 추가하거나 변경할 수 있을 뿐, 기본적 사실관계와 동일성이 인정되지 않는 별개의 사실을 들어 처분사유로 주장함은 허용되지 아니하고, 여기서 기본적 사실관계의 동일성 유무는 처분사유를 법률적으로 평가하기 이전의 구체적인 사실에 착안하여 그 기초가 되는 사회적 사실관계가 기본적인 점에서 동일한지 여부에 따라 결정된다(대판 2001. 9. 28. 2000두8684).

기본적 사실관계의 동일성이 인정되는 경우

1. 준농림지역에서의 행위제한이라는 사유와 자연경관 및 생태계의 교란, 국토 및 자연의 유지와 환경보전 등 중대한 공익상의 필요라는 사유(대판 2004. 11. 26. 2004두4482)
2. 처분청이 처분당시에 적시한 구체적 사실을 변경하지 아니하는 범위에서 단지 그 처분의 근거법령만을 추가변경하는 것(대판 1988. 1. 19. 87누603)
3. 허가기준에 맞지 않아 허가신청을 반려한다는 사유와 이격거리 기준위배를 반려사유로 주장하는 것(대판 1989. 7. 25. 88누11926)
4. 법위반 사유로 명의이용금지 위반의 기본적 사실관계는 변경하지 아니한 채 그 효력이 유지되고 있는 그 법률상 근거를 적법하게 변경한 경우(대판 2005. 3. 10. 2002두9285)
5. 담합을 주도하거나 담합하여 입찰을 방해하였다는 것과 특정인의 낙찰을 위하여 담합한 자라는 사실(대판 2008. 2. 28. 2007두13791)

기본적 사실관계의 동일성이 부정되는 경우

1. 설치예정지로부터 80미터에 위치한 전주 이씨 제각 소유주의 동의가 없다는 이유와 충전소설치예정지역 인근도로가 낭떠러지에 접한 S자 커브의 언덕길로 되어 있어서 교통사고로 인한 충전소폭발의 위험이 있다는 사유(대판 1992. 5. 8. 91누13274)
2. 온천으로서의 이용가치, 기존의 도시계획 및 공공사업에의 지장 여부 등을 고려하여 온천발견신고수리를 거부한 것과 규정온도가 미달되어 온천에 해당하지 않는다는 사유(대판 1992. 11. 24. 92누3052)
3. 관할 군부대장의 동의를 얻지 못하였다는 당초의 불허가 이유와 소송에서 위 토지가 탄약창에 근접한 지점에 있어 공익적 측면에서 불허한다는 사유(대판 1991. 11. 8. 91누70)
4. 정보공개거부사유로 정보공개법률 제7조 제1항 제4호 및 제6호의 사유와 추가된 제5호의 사유(대판 2003. 12. 11. 2001두8827)
5. 정당한 이유 없이 계약을 이행하지 않은 사실과 관계 공무원에게 뇌물을 준 사실(대판 1999. 3. 9. 98두18565)
6. 무자료 주류판매 및 위장거래 금액이 부가가치세 과세기간별 총 주류판매액의 100분의 20 이상에 해당한다는 이유와 무면허판매업자에게 주류를 판매한 때 해당한다는 사실(대판 1996. 9. 6. 96누7427)
7. 당초의 처분사유인 중기취득세의 체납과 그 후 추가된 처분사유인 자동차세의 체납이라는 사실(대판 1989. 6. 27. 88누6160)

09 취소소송 제기의 효과

1. 주관적 효과(법원에 대한 효과)

취소소송이 제기되면 절차법적으로 소송 계속의 효과가 발생한다. 소송 계속의 효과로서 중요한 것으로는 중복제소가 금지되고, 소송참가의 기회가 생기며 관련청구의 이송·병합이 인정되고 처분 등의 집행정지결정이 가능하게 된다.

2. 객관적 효과(처분에 대한 효과)

취소소송이 제기되더라도 원칙적으로 집행부정지원칙을 채택하고 있으므로 집행정지는 가구제로서 의미를 지니게 된다. 종래에는 집행부정지원칙을 공정력의 필연적 결과로 이해했으나 현재는 입법정책적 고려의 소산으로 본다.

> **행정소송법 제23조【집행정지】** ① 취소소송의 제기는 처분등의 효력이나 그 집행 또는 절차의 속행에 영향을 주지 아니한다.

10 가구제

1. 의의

① 행정소송은 판결의 확정 시까지 장시간이 소요된다. 이에 따라 본안소송의 계속을 전제로 판결의 확정 시까지 잠정적으로 원고의 권리를 보전할 필요성이 있는데 이를 위한 제도가 가구제이다.

② 현행 「행정소송법」은 가구제로서 집행정지만을 규정하고 있고, 「행정심판법」상 임시처분의 규정은 없다. 2019 기출

2. 집행정지제도 2019 기출

행정소송법
제23조【집행정지】 ② 취소소송이 제기된 경우에 처분등이나 그 집행 또는 절차의 속행으로 인하여 생길 회복하기 어려운 손해를 예방하기 위하여 긴급한 필요가 있다고 인정할 때에는 본안이 계속되고 있는 법원은 당사자의 신청 또는 직권에 의하여 처분등의 효력이나 그 집행 또는 절차의 속행의 전부 또는 일부의 정지(이하 "집행정지"라 한다)를 결정할 수 있다. 다만, 처분의 효력정지는 처분등의 집행 또는 절차의 속행을 정지함으로써 목적을 달성할 수 있는 경우에는 허용되지 아니한다.
③ 집행정지는 공공복리에 중대한 영향을 미칠 우려가 있을 때에는 허용되지 아니한다.
④ 제2항의 규정에 의한 집행정지의 결정을 신청함에 있어서는 그 이유에 대한 소명이 있어야 한다.
⑤ 제2항의 규정에 의한 집행정지의 결정 또는 기각의 결정에 대하여는 즉시항고할 수 있다. 이 경우 집행정지의 결정에 대한 즉시항고에는 결정의 집행을 정지하는 효력이 없다.
⑥ 제30조 제1항의 규정은 제2항의 규정에 의한 집행정지의 결정에 이를 준용한다.

제24조【집행정지의 취소】 ① 집행정지의 결정이 확정된 후 집행정지가 공공복리에 중대한 영향을 미치거나 그 정지사유가 없어진 때에는 당사자의 신청 또는 직권에 의하여 결정으로써 집행정지의 결정을 취소할 수 있다.
② 제1항의 규정에 의한 집행정지결정의 취소결정과 이에 대한 불복의 경우에는 제23조 제4항 및 제5항의 규정을 준용한다.

(1) 의의

취소소송이 제기된 처분 등이나 그 집행 또는 절차의 속행으로 인하여 생길 회복하기 어려운 손해를 예방하기 위하여 긴급한 필요가 있다고 인정할 때 법원이 당사자의 신청 또는 직권에 의해 그 집행을 잠정적으로 정지하도록 결정하는 것을 뜻한다.

(2) 집행정지결정의 요건

① 개요

적극적 요건	• 정지대상인 처분의 존재 • 적법한 본안소송의 계속 • 회복하기 어려운 손해발생의 우려 • 긴급한 필요성
소극적 요건	• 공공복리에 중대한 영향을 미칠 우려가 없을 것 • 원고청구가 이유 없음이 명백하지 않을 것

② **정지대상인 처분의 존재**: 집행정지의 대상은 처분의 효력, 집행 또는 절차의 속행이다. 따라서 처분 전이나, 부작위처분, 처분이 소멸된 후에는 그 대상이 없어 허용되지 않는다. 판례는 신청에 대한 거부처분의 취소소송에 있어서도 집행정지결정으로 인해 회복되는 원래의 상태가 의미가 없으므로 집행정지결정이 인정되지 않는다고 본다. 적극적 처분에 대한 무효확인소송에는 취소소송의 집행정지가 준용되지만, 부작위위법확인소송에는 인정되지 않는다. 2024 기출

판례

거부처분에 대한 효력의 정지를 구할 이익이 없다.

신청에 대한 거부처분의 효력을 정지하더라도 거부처분이 없었던 것과 같은 상태, 즉 거부처분이 있기 전의 신청시의 상태로 되돌아가는 데에 불과하고 행정청에게 신청에 따른 처분을 하여야 할 의무가 생기는 것이 아니므로, 거부처분의 효력정지는 그 거부처분으로 인하여 신청인에게 생길 손해를 방지하는 데 아무런 보탬이 되지 아니하여 그 효력정지를 구할 이익이 없다(대판 1995. 6. 21. 95두26).

③ **적법한 본안소송의 계속**: 민사소송과 달리 행정소송에서는 본안소송이 적법하게 법원에 계속되어 있을 것을 요한다. 판례는 집행정지의 요건에 집행정지사건 자체만으로 본안청구가 적법할 것임을 요한다고 본다. 제소기간을 경과한 소송이나, 소송요건의 흠결로 각하된 경우 집행정지의 신청을 위법한 것으로 만든다.

판례

집행정지사건 자체에 의하여도 신청인의 본안청구가 적법한 것이어야 한다.

행정처분의 효력정지나 집행정지를 구하는 신청사건에 있어서는 행정처분 자체의 적법 여부는 궁극적으로 본안재판에서 심리를 거쳐 판단할 성질의 것이므로 원칙적으로 판단할 것이 아니고, … 집행정지사건 자체에 의하여도 신청인의 본안청구가 적법한 것이어야 한다는 것을 집행정지의 요건에 포함시켜야 할 것이다(대판 1995. 2. 28. 94두36).

본안소송이 취하되어 소송이 계속하지 아니한 경우 집행정지결정의 효력도 실효된다.

집행정지결정을 하려면 이에 대한 본안소송이 법원에 제기되어 계속 중임을 요건으로 하는 것이므로 집행정지결정을 한 후에라도 본안소송이 취하되어 소송이 계속하지 아니한 것으로 되면 집행정지결정은 당연히 그 효력이 소멸되는 것이고 별도의 취소조치를 필요로 하는 것이 아니다(대판 1975. 11. 11. 75누97).

④ **회복하기 어려운 손해발생의 우려**: 회복하기 어려운 손해란 원상회복이 불가능하거나 또는 금전으로 보상할 수 없는 손해를 뜻한다.

판례

1. '회복하기 어려운 손해'라 함은 특별한 사정이 없는 한 금전으로 보상할 수 없는 손해로서 이는 금전보상이 불가능한 경우뿐만 아니라 금전보상으로는 사회관념상 행정처분을 받은 당사자가 참고 견딜 수 없거나 또는 참고 견디기가 현저히 곤란한 경우의 유형·무형의 손해를 일컫는다(대판 2004. 5. 17. 2004무6).
2. 기업의 손해가 회복하기 어려운 손해에 해당하기 위해서는 그 경제적 손실이나 기업 이미지 및 신용의 훼손으로 인하여 사업자의 자금사정이나 경영전반에 미치는 파급효과가 매우 중대하여 사업자체를 계속할 수 없거나 중대한 경영상의 위기를 맞게 될 것으로 보이는 등의 사정이 존재하여야 한다(대판 2003. 10. 9. 2003무23).
3. 유흥접객영업허가의 취소처분으로 5,000여만 원의 시설비를 회수하지 못하게 된다면 생계까지 위협받게 되는 결과가 초래된다는 사정은 회복하기 어려운 손해에 해당하지 않는다(대판 1991. 3. 2. 91두1).

⑤ **긴급한 필요성**: 회복하기 어려운 손해의 발생이 절박하여 손해를 회피하기 위하여 본안판결을 기다릴 여유가 없는 것을 말한다.

⑥ **집행정지로 인해 공공복리에 중대한 영향을 미칠 우려가 없을 것**: 집행정지에 대한 적극적 요건에 해당하는 경우에도 그것이 공공복리에 중대한 영향을 미칠 우려가 있을 때에는 허용되지 않는다. 이에 대한 입증책임은 행정청이 진다.

⑦ **본안에서 이유 없음이 명백하지 않을 것(판례상)**: 집행정지제도의 취지상 본안청구가 이유 없음이 명백한 경우에도 집행정지를 인정할 것인지 문제가 된다. 「행정소송법」은 집행정지의 요건으로 본안에 이유 없음이 명백하지 않을 것을 명문으로 규정하고 있지 않다. 이를 집행정지의 요건으로 볼 것인지에 대해서는 견해의 대립이 있다. 대법원은 집행정지의 요건으로 보고 있다.

판례

본안청구가 이유 없음이 명백하지 않아야 한다는 것도 집행정지의 요건에 포함시켜야 한다.
본안 소송에서 처분의 취소가능성이 없음에도 처분의 효력이나 집행의 정지를 인정한다는 것은 제도의 취지에 반하므로 효력정지나 집행정지사건 자체에 의하여도 신청인의 본안 청구가 이유없음이 명백하지 않아야 한다는 것도 효력정지나 집행정지의 요건에 포함시켜야 한다(대판 2004. 5. 17. 2004무6).

(3) 집행정지의 대상 2024 기출

처분의 효력, 그 집행, 후속절차가 대상이다. 효력정지는 집행절차와 후속절차의 정지로 목적을 달성할 수 있는 경우 인정되지 않는 보충적 정지의 대상이다. 처분의 효력정지신청을 구함에 있어서는 이를 구할 법률상 이익이 있어야 한다.

(4) 집행정지결정의 효력 2024 기출

집행정지결정은 그 내용에 따라 처분의 효력 · 처분의 집행 또는 절차의 속행의 전부 또는 일부를 정지시키는 효력을 발생하며, 이러한 정지결정에는 형성력과 기속력이 인정된다.

(5) 집행정지결정의 취소

집행정지의 결정이 확정된 후 집행정지가 공공복리에 중대한 영향을 미치거나 그 정지사유가 없어진 때에는 당사자의 신청 또는 직권에 의하여 결정으로써 집행정지의 결정을 취소할 수 있다(제24조 제1항).

(6) 집행정지결정의 불복 2024 기출

당사자는 법원의 집행정지의 결정 또는 기각의 결정, 집행정지 취소결정 등에 대하여는 즉시 항고할 수 있다. 이 경우 집행정지의 결정에 대한 즉시항고에는 결정의 집행을 정지하는 효력이 없다(제24조 제2항).

3. 가처분 2020 기출

(1) 의의

가처분이란 금전 이외의 급부를 목적으로 하는 청구권의 집행을 보전하거나 다툼이 있는 법률관계에 관하여 잠정적으로 임시의 지위를 정하는 것을 내용으로 하는 가구제제도이다.

(2) 인정 여부

「행정소송법」은 이에 대한 명문규정이 없기 때문에 이에 대해 인정설과 부정설의 대립이 있다. 판례는 이를 부정한다.

판례

1. 항고소송에서 「민사소송법」상의 가처분은 성질상 항고소송에 허용되지 않는다(대결 1959. 11. 20. 4292 행항2).
2. 당사자소송에 대해서는 항고소송의 집행정지가 준용되지 아니하므로 「행정소송법」 제8조 제2항에 따라 「민사집행법」상 가처분에 관한 규정이 준용되어야 한다(대판 2015. 8. 21. 2015무26).

11 취소소송의 심리

1. 의의

소송의 심리란 판결의 기초가 될 사실 또는 법률관계를 명백히 하기 위하여 당사자 및 관계인의 주장 등을 듣고 증거나 기타의 자료를 수집・조사하는 일련의 절차를 뜻한다. 행정소송은 이러한 절차를 당사자가 주도하는 당사자주의가 원칙이며 부분적으로 직권주의가 가미되어 있다.

2. 심리의 내용

(1) 요건심리

소송요건을 제대로 갖춘 적법한 소송의 제기인지를 심리하는 것으로 법원의 직권조사사항이다. 제소기간, 전심절차, 관할권, 원고의 적격, 대상의 적격, 소의 이익, 피고의 제대로 된 지정 여부 등이 대상이다. 부적법한 소의 제기의 경우 각하된다.

(2) 본안심리

적법한 요건의 소송제기인 경우 소의 실체적 내용을 심리하여 원고의 청구가 이유 있는지의 여부를 심사하는 것을 말한다. 원고의 청구가 이유 있으면 인용판결을, 이유 없으면 기각판결을 한다.

3. 심리의 범위

(1) 불고불리의 원칙과 그 예외

법원은 소송의 제기가 없으면 재판할 수 없고 재판을 하는 경우에도 당사자의 청구의 범위를 넘어 심리하거나 재판하지 못한다.

(2) 재량처분의 심리

재량처분도 항고소송의 대상이 되며 재량권의 일탈・남용이 있었는지를 심리하여야 한다.

(3) 법률문제와 사실문제

법원은 소송의 대상이 되는 처분의 법률문제・사실문제 모든 점에 걸쳐 심리하는 것이 원칙이다.

4. 심리의 원칙

(1) 일반원칙

① 공개심리주의
② 구술심리주의
③ 당사자주의
④ 변론주의
⑤ 변론주의의 예외로서 직권심리 및 법원의 행정심판기록 제출명령

(2) 직권심리 2019 기출

행정소송법 제26조【직권심리】 법원은 필요하다고 인정할 때에는 직권으로 증거조사를 할 수 있고, 당사자가 주장하지 아니한 사실에 대하여도 판단할 수 있다.

본 규정에 대해서는 변론주의에 대해 보충적 · 보완적이라는 것이 판례의 입장이다.

판례

소송기록상 현출되어 있는 사항에 관하여서만 직권으로 증거조사를 하고 이를 기초로 판단할 수 있다.
행정소송법 제26조가 규정하는 바는 행정소송의 특수성에서 연유하는 당사자주의, 변론주의에 대한 일부 예외규정일 뿐 법원이 아무런 제한 없이 당사자가 주장하지 아니한 사실을 판단할 수 있는 것은 아니고, 기록상 현출되어 있는 사항에 관하여서만 직권으로 증거조사를 하고 이를 기초로 하여 판단할 수 있을 따름이다(대판 1994. 4. 26. 92누17402).

(3) 행정심판기록 제출명령

행정소송법 제25조【행정심판기록의 제출명령】 ① 법원은 당사자의 신청이 있는 때에는 결정으로써 재결을 행한 행정청에 대하여 행정심판에 관한 기록의 제출을 명할 수 있다.
② 제1항의 규정에 의한 제출명령을 받은 행정청은 지체없이 당해 행정심판에 관한 기록을 법원에 제출하여야 한다.

5. 주장책임

(1) 의의

변론주의를 채택하는 소송에 있어서는 주요사실이 변론에서 주장되지 아니하면, 법원은 그 사실을 판결의 기초로 할 수 없다. 그 결과 소송당사자의 어느 한편이 패소의 위험 또는 불이익을 받게 되는데, 이러한 위험 또는 불이익을 면하기 위하여 당사자의 일방이 필요한 사실을 주장하여야 하는 책임을 주장책임이라 한다.

(2) 분배문제

입증책임 분배와 같다.

6. 입증책임

(1) 의의

입증책임이란 소송상의 일정한 사실의 존부가 확정되지 아니하는 경우에 불리한 법적판단을 받게 되는 일방 당사자의 위험 또는 불이익을 말한다. 따라서 입증책임의 소재, 즉 누가 그러한 위험 또는 불이익을 가지는가의 문제이다.

(2) 입증책임의 분배

입증책임 분배에 대하여 「행정소송법」에는 명문의 규정이 없다. 학설상으로는 원고책임설 · 피고책임설 · 행정소송독자분배설 등의 견해가 존재하나 「민사소송법」상의 분배원칙인 법률요건분배설이 다수설과 판례의 입장이다.

판례

행정소송의 입증책임은 민사소송의 일반원칙에 따라 당사자 간에 분배된다.

민사소송법의 규정이 준용되는 행정소송에 있어서 입증책임은 원칙적으로 민사소송의 일반원칙에 따라 당사자간에 분배되고 항고소송의 경우에는 그 특성에 따라 당해 처분의 적법을 주장하는 피고에게 그 적법사유에 대한 입증책임이 있다 할 것이다(대판 1984. 7. 24. 84누124).

12 취소소송의 판결

1. 인용판결 · 기각판결 · 각하판결

(1) 인용판결

원고의 청구가 이유가 있는 경우에 원고청구를 받아들이는 판결이다.

(2) 기각판결

원고의 청구가 이유 없는 경우에 원고청구를 받아들이지 않는 판결이다.

(3) 각하판결

소송요건을 구비하지 못한 경우 본안에 관한 판단을 하지 않고 소송절차를 종료하는 판결이다.

2. 일부취소판결의 인정 여부

(1) 일부취소판결이 인정되는 경우

금전부과처분에 대해 부과금액의 산정에 잘못이 있는 경우 당사자가 제출한 자료에 의해 정당한 부과금액을 산정할 수 있다면 정당한 부과금액을 초과하는 부분만 일부취소하여야 한다.

판례

1. 과세처분취소소송의 당사자가 사실심 변론종결시까지 객관적인 조세채무액을 뒷받침하는 자료를 제출한 경우 이에 의하여 정당한 세액이 산출되는 때에는 그 정당한 세액을 초과한 부분만 취소하여야 한다(대판 2000. 6. 13. 98두5811). 2022 기출
2. 처분청이 정당한 부과금액이 얼마인지 주장 · 증명하지 않고 있는 경우에도 법원이 정당한 부과금액을 산출할 의무까지 부담하는 것은 아니다(대판 2016. 7. 14. 2015두4167).

(2) 일부취소판결이 인정되지 않는 경우

행정청의 재량처분이 위법한 경우 법원은 원칙적 전부취소판결을 하여야 한다. 금전부과처분의 경우 당사자가 제출한 자료에 의해 적법하게 부과될 부과금액을 산출할 수 없는 때에는 금전부과처분의 일부취소판결이 인정되지 않는다.

판례

1. 개발부담금부과처분 취소소송에서 당사자가 제출한 자료에 의하여 적법하게 부과될 정당한 부과금액을 산출할 수 없는 경우에는 부과처분의 전부를 취소할 수밖에 없다(대판 2004. 7. 22. 2002두868).
2. 수개의 위반행위에 대하여 하나의 과징금납부명령을 하였으나 수개의 위반행위 중 일부의 위반행위만이 위법하지만, 소송상 그 일부의 위반행위를 기초로 한 과징금액을 산정할 수 있는 자료가 없는 경우에는 하나의 과징금납부명령 전부를 취소할 수밖에 없다(대판 2004. 10. 14. 2001두2881).

3. 사정판결 2017 · 2018 · 2022 기출

행정소송법 제28조 【사정판결】 ① 원고의 청구가 이유있다고 인정하는 경우에도 처분등을 취소하는 것이 현저히 공공복리에 적합하지 아니하다고 인정하는 때에는 법원은 원고의 청구를 기각할 수 있다. 이 경우 법원은 그 판결의 주문에서 그 처분등이 위법함을 명시하여야 한다.
② 법원이 제1항의 규정에 의한 판결을 함에 있어서는 미리 원고가 그로 인하여 입게 될 손해의 정도와 배상방법 그 밖의 사정을 조사하여야 한다.
③ 원고는 피고인 행정청이 속하는 국가 또는 공공단체를 상대로 손해배상, 제해시설의 설치 그 밖에 적당한 구제방법의 청구를 당해 취소소송등이 계속된 법원에 병합하여 제기할 수 있다.

(1) 다른 소송에 준용

무효등확인소송이나 부작위위법확인소송에서는 인정되지 않고 취소소송에서만 인정된다.

(2) 주장 · 입증책임

사정판결의 필요성은 피고인 행정청이 입증책임을 진다. 법원에 직권에 의한 사정판결도 가능하다는 것이 판례이다.

판례

직권에 의한 사정판결이 가능하다.

법원이 사정판결을 할 필요가 있다고 인정하는 때에는 당사자의 명백한 주장이 없는 경우에도 일건 기록에 나타난 사실을 기초로 하여 직권으로 사정판결을 할 수 있다(대판 1995. 7. 28. 95누4629).

(3) 판단의 기준시점

사정판결에서 처분의 위법성 여부는 처분 시를 기준으로, 사정판결의 필요성 여부는 판결 시를 기준으로 한다.

(4) 사정판결의 효과 2017 기출

① **청구의 기각 및 처분의 위법성 인정**: 사정판결은 청구기각판결이므로 원고의 청구는 배척되나 판결의 주문에 처분 등이 위법함을 명시하여야 한다(제28조 제1항). 처분의 위법성을 이유로 하여 손해배상청구가 가능하다.

② **소송비용의 피고부담**: 소송비용은 패소자가 지게 된다. 사정판결로 원고의 청구가 배척되지만 일반적인 소송비용부담의 경우와는 달리 승소한 피고가 부담하게 된다.

③ **구제방법의 병합청구**: 원고는 피고인 행정청이 속하는 국가 또는 공공단체를 상대로 손해배상, 재해시설의 설치 그 밖에 적당한 구제방법의 청구를 당해 취소소송이 계속된 법원에 병합하여 제기할 수 있다(제28조 제3항).

13 판결의 효력

1. 자박력(선고법원에 대한 효력)

법원이 판결을 선고하면, 선고법원 자신도 그 내용을 취소·변경할 수 없는 구속을 받는다. 불가변력이라고도 한다.

2. 형식적 확정력(당사자에 대한 효력)

판결에 대하여 불복이 있으면 그 취소·변경을 위하여 상소하여야 한다. 따라서 상소기간이 경과하거나 당사자가 상소를 포기하는 등 기타의 사유로 상소할 수 없게 된 상태를 판결의 형식적 확정력이라 한다. 불가쟁력이라고도 한다.

3. 기판력(실질적 확정력)

(1) 의의

행정소송의 대상인 소송물에 관한 법원의 판단이 내려져서 이 판단이 형식적 확정력(확정판결)을 갖게 된 경우에는, 후소법원은 동일한 소송물에 있어서 종전의 판단에 모순·저촉되는 판단을 할 수 없으며, 소송의 당사자 및 그의 승계인들도 그에 반하는 주장이 허용되지 않는 것을 기판력이라 한다.

(2) 범위

① **주관적 범위**: 기판력은 당해 소송의 당사자 및 당사자와 동일시할 수 있는 자에게만 미치고, 제3자에게는 미치지 않는다. 판결의 기판력은 피고인 처분행정청이 속하는 국가나 공공단체에도 미친다.

② **객관적 범위**: 기판력은 판결의 주문에 포함된 소송물에 관한 판단에 대해서만 발생하므로 판결이유 중에서 판단된 사실인정, 선결적 법률관계, 항변 등에는 미치지 않는다.

판례

확정판결에 적시된 위법사유를 보완하여 행한 새로운 처분은 기판력에 저촉되지 않는다.
행정처분에 위법이 있어 행정처분을 취소하는 판결이 확정된 경우 그 확정판결의 기판력은 거기에 적시된 위법사유에 한하여 미치는 것이므로, 행정관청이 그 확정판결에 적시된 위법사유를 보완하여 행한 새로운 행정처분은 확정판결에 의하여 취소된 종전의 처분과는 별개의 처분으로서 확정판결의 기판력에 저촉된다고 할 수 없다(대판 2002. 5. 31. 2000두4408).

기판력은 판결의 주문에 미치고 판결이유에 설시된 그 전제가 된 법률관계의 존부에까지 미치는 것은 아니다.
확정판결의 기판력은 그 판결의 주문에 포함된 것, 즉 소송물로 주장된 법률관계의 존부에 관한 판단의 결로 그 자체에만 미치는 것이고 판결이유에서 설시된 그 전제가 되는 법률관계의 존부까지 미치는 것은 아니다(대판 1999. 10. 12. 98다32441).

③ **시간적 범위**: 기판력은 사실심변론종결 시를 표준으로 하여 발생한다. 당사자는 사실심변론종결 시까지 소송자료를 제출할 수 있고, 종국판결도 그때까지 발생한 자료를 기초로 하여 행하는 것이므로 그 시점을 기점으로 기판력이 발생하게 된다.

(3) 기판력에 저촉된 행정처분의 효력

판례

확정판결의 기판력에 저촉된 행정처분은 그 하자가 명백하고 중대하여 무효이다.
어떠한 행정처분에 위법한 하자가 있다는 이유로 그 취소를 소구한 행정소송에서 그 행정처분을 취소하는 판결이 선고되어 확정된 경우에 처분행정청이 그 행정소송의 사실심변론종결 이전의 사유를 내세워 다시 확정판결에 저촉되는 행정처분을 하는 것은 확정판결의 기판력에 저촉되어 허용될 수 없고 이와 같은 행정처분은 그 하자가 명백하고 중대한 경우에 해당되어 당연무효이다(대판 1992. 12. 8. 92누6891).

행정처분취소청구를 기각하는 판결이 확정된 경우 원고가 다시 이를 무효라 하여 그 무효확인을 소구할 수 없다.
행정처분취소청구를 기각하는 판결이 확정되면 그 처분이 적법하다는 점에 관하여 기판력이 생기고 그 소의 원고뿐만 아니라 관계 행정기관도 이에 기속된다 할 것이므로 면직처분이 위법하지 아니하다는 점이 판결에서 확정된 이상 원고가 다시 이를 무효라 하여 그 무효확인을 소구할 수는 없다(대판 1992. 12. 8. 92누6891).

4. 기속력(행정기관에 대한 효력)

행정소송법 제30조【취소판결등의 기속력】 ① 처분등을 취소하는 확정판결은 그 사건에 관하여 당사자인 행정청과 그 밖의 관계행정청을 기속한다.
② 판결에 의하여 취소되는 처분이 당사자의 신청을 거부하는 것을 내용으로 하는 경우에는 그 처분을 행한 행정청은 판결의 취지에 따라 다시 이전의 신청에 대한 처분을 하여야 한다.
③ 제2항의 규정은 신청에 따른 처분이 절차의 위법을 이유로 취소되는 경우에 준용한다.

(1) 의의

기속력이란 소송당사자인 행정청과 그 밖의 관계행정청이 판결의 내용에 따라 행동해야 하는 실체법상의 의무를 발생시키는 효력을 뜻하며, 구속력이라고도 한다. 이러한 기속력은 인용판결에 대해서만 인정되므로 설령 취소소송의 기각판결이 있은 후에도 처분청은 당해 처분을 직권으로 취소가 가능하다.

(2) 성질

① 다수설은 기판력은 후소에 있어서 법원의 판단을 기속하는 소송법적인 효력을 가질 뿐, 실체적으로 행정청에게 판결의 취지에 따른 의무를 부과하는 것은 아니지만 기속력은 행정청에 대해 판결의 취지대로 따를 의무를 부과하는 것으로 구별되므로 기판력과 다른 특수한 효력이라고 본다.

② 판례는 기판력과 기속력을 구별하지 않고 사용하고 있다.

(3) 내용

① **반복금지효**: 취소소송의 인용판결이 확정되면 행정청은 동일한 사실관계 아래에서 동일한 당사자에 대하여 종전과 동일한 내용의 처분 등을 반복할 수 없다. 기속력에 반하는 행정처분은 당연무효이다(판례).

② **재처분의무**

㉠ 의의: 신청을 요하는 처분에 대한 행정청의 거부처분이 판결에 의해 취소되는 경우 행정청이 판결의 취지에 따라 다시 처분할 의무를 부담하는 것을 뜻한다. 행정청은 반드시 원고가 신청한 내용으로 재처분을 하여야 하는 것은 아니므로 당초의 거부처분과 다른 사유로 다시 거부할 수 있다.

㉡ 절차규정 위반: 거부처분이 절차상 위법을 이유로 취소된 경우라면 행정청은 적법한 절차를 거쳐 처분을 하여야 할 의무를 지지만, 적법한 절차를 거친다면 다시 거부처분을 하는 것도 가능하다.

판례

행정청은 확정판결의 취지에 따라 절차, 방법의 위법사유를 보완하여 다시 종전의 신청에 대한 거부처분을 할 수 있다.

그 취소사유가 행정처분의 절차, 방법의 위법으로 인한 것이라면 그 처분 행정청은 그 확정판결의 취지에 따라 그 위법사유를 보완하여 다시 종전의 신청에 대한 거부처분을 할 수 있고, 그러한 처분도 위 조항에 규정된 재처분에 해당한다(대판 2005. 1. 14. 2003두13045).

㉢ 실체법상 위법을 이유로 취소된 경우: 거부처분이 실체상 위법을 이유로 취소된 경우, 기속행위인 경우 행정청은 원고가 신청한 내용대로 인용하는 처분을 하여야 할 의무를 지며, 재량행위인 경우 재량이 "0"으로 수축되는 경우를 제외하고 반드시 인용처분을 하여야 할 의무를 지는 것은 아니다.

판례

1. 취소소송에서 소송의 대상이 된 거부처분을 실체법상의 위법사유에 기하여 취소하는 판결이 확정된 경우에는 당해 거부처분을 한 행정청은 원칙적으로 신청을 인용하는 처분을 하여야 하고, 사실심변론 종결 이전의 사유를 내세워 다시 거부처분을 하는 것은 확정판결의 기속력에 저촉되어 허용되지 아니한다(대판 2001. 3. 23. 99두5238).
2. 행정처분의 적법 여부는 그 행정처분이 행하여진 때의 법령과 사실을 기준으로 하여 판단하는 것이므로 거부처분 후에 법령이 개정·시행된 경우에는 개정된 법령 및 허가기준을 새로운 사유로 들어 다시 이전의 신청에 대한 거부처분을 할 수 있으며 그러한 처분도 행정소송법 제30조 제2항에 규정된 재처분에 해당된다(대판 1998. 1. 7. 97두22).

③ **원상회복의무(결과제거의무)**: 예를 들어 공무원에 대한 파면처분이 취소되면 행정청은 공무원에 대해 복직시켜야 할 의무를 진다.

(4) **기속력의 범위**

① **주관적 범위**: 기속력은 당사자인 행정청뿐만 아니라 그 밖의 취소된 처분 등과 관련된 모든 관계행정청에도 미친다.

② **객관적 범위**: 판결의 주문 및 그 전제된 요건사실의 인정과 효력의 판단에만 미친다.

③ **시간적 범위**: 기속력은 처분 당시까지의 위법사유에 대해서만 미치므로 처분 이후에 발생한 새로운 법령 및 사실상태의 변동을 이유로 동일한 내용의 처분을 다시 하는 것은 기속력에 반하지 않는다.

판례

사실심변론종결 이후에 발생한 새로운 사유로 다시 거부처분을 하는 것은 기속력에 반하지 않는다.
행정소송법 제30조 제2항의 규정에 의하면 행정청의 거부처분을 취소하는 판결이 확정된 경우에는 그 처분을 행한 행정청이 판결의 취지에 따라 이전의 신청에 대하여 재처분할 의무가 있으나, 이때 확정판결의 당사자인 처분 행정청은 그 행정소송의 사실심 변론종결 이후 발생한 새로운 사유를 내세워 다시 이전의 신청에 대한 거부처분을 할 수 있고 그러한 처분도 위 조항에 규정된 재처분에 해당된다(대판 1997. 2. 4. 96두70).

5. 형성력(제3자에 대한 효력)

(1) **의의**

판결의 형성력이란 판결이 확정되면 판결의 내용에 따라 기존의 법률관계에 변동을 가져오는 효력을 말한다. 취소판결이 확정되면, 처분 등의 효력은 처분청의 별도의 행위를 기다릴 것 없이 처분 시에 소급하여 그 효력이 소멸되어 처분이 없었던 것과 같은 상태로 된다. 취소판결의 제3자효를 규정한 「행정소송법」 제29조 제1항은 이를 전제로 한 것이다.

(2) 형성력의 범위(대세효)

행정소송법 제29조【취소판결등의 효력】 ① 처분등을 취소하는 확정판결은 제3자에 대하여도 효력이 있다. 2019 · 2023 기출

② 제1항의 규정은 제23조의 규정에 의한 집행정지의 결정 또는 제24조의 규정에 의한 그 집행정지결정의 취소결정에 준용한다.

형성력이 제3자에게 미치는 결과 소송에 참가하지 않았던 제3자의 보호를 위해 제3자의 소송참가, 제3자의 재심청구제도가 인정된다.

판례

확정판결의 제3자효의 의미

행정처분을 취소하는 확정판결이 제3자에 대하여도 효력이 있다고 하더라도 일반적으로 판결의 효력은 주문에 포함한 것에 한하여 미치는 것이니 그 취소판결 자체의 효력으로써 그 행정처분을 기초로 하여 새로 형성된 제3자의 권리까지 당연히 그 행정처분 전의 상태로 환원되는 것이라고는 할 수 없고, 단지 취소판결의 존재와 취소판결에 의하여 형성되는 법률관계를 소송당사자가 아니었던 제3자라 할지라도 이를 용인하지 않으면 아니된다는 것을 의미하는 것에 불과하다 할 것이다(대판 1986. 8. 19. 83다카2022).

6. 간접강제(행정기관에 대한 효력) 2020 기출

행정소송법 제34조【거부처분취소판결의 간접강제】 ① 행정청이 제30조 제2항의 규정에 의한 처분을 하지 아니하는 때에는 제1심수소법원은 당사자의 신청에 의하여 결정으로써 상당한 기간을 정하고 행정청이 그 기간내에 이행하지 아니하는 때에는 그 지연기간에 따라 일정한 배상을 할 것을 명하거나 즉시 손해배상을 할 것을 명할 수 있다.

판례

재처분이 당연무효인 경우 간접강제신청이 허용된다.

거부처분에 대한 취소의 확정판결이 있음에도 행정청이 아무런 재처분을 하지 아니하거나, 재처분을 하였다 하더라도 그것이 종전 거부처분에 대한 취소의 확정판결의 기속력에 반하는 등으로 당연무효라면 이는 아무런 재처분을 하지 아니한 때와 마찬가지라 할 것이므로 이러한 경우에는 행정소송법 제30조 제2항, 제34조 제1항 등에 의한 간접강제신청에 필요한 요건을 갖춘 것으로 보아야 한다(대판 2002. 12. 11. 2002무22).

무효등확인소송에는 간접강제가 허용되지 않는다. 2020 기출

행정소송법 제38조 제1항이 무효확인판결에 관하여 취소판결에 관한 규정을 준용함에 있어서 같은 법 제30조 제2항을 준용한다고 규정하면서도 같은 법 제34조는 이를 준용한다는 규정을 두지 않고 있으므로, 행정처분에 대하여 무효확인판결이 내려진 경우에는 그 행정처분이 거부처분인 경우에도 행정청에 판결의 취지에 따른 재처분의무가 인정될 뿐 그에 대하여 간접강제까지 허용되는 것은 아니라고 할 것이다(대결 1998. 12. 24. 98무37).

간접강제결정에서 정한 의무이행기한이 경과한 후에라도 확정판결의 취지에 따른 재처분의 이행이 있으면 더 이상 배상금을 추심하는 것은 허용되지 않는다.

행정소송법 제34조 소정의 간접강제결정에 기한 배상금은 거부처분취소판결이 확정된 경우 그 처분을 행한 행정청으로 하여금 확정판결의 취지에 따른 재처분의무의 이행을 확실히 담보하기 위한 것으로서, … 이는 확정판결의 취지에 따른 재처분의 지연에 대한 제재나 손해배상이 아니고 재처분의 이행에 관한 심리적 강제수단에 불과한 것으로 보아야 하므로, 특별한 사정이 없는 한 간접강제결정에서 정한 의무이행기한이 경과한 후에라도 확정판결의 취지에 따른 재처분의 이행이 있으면 배상금을 추심함으로써 심리적 강제를 꾀할 목적이 상실되어 처분상대방이 더 이상 배상금을 추심하는 것은 허용되지 않는다(대판 2004. 1. 15. 2002두2444).

7. 기타

(1) 명령 · 규칙의 위헌 · 위법판결의 공고

행정소송법 제6조【명령 · 규칙의 위헌판결등 공고】 ① 행정소송에 대한 대법원판결에 의하여 명령 · 규칙이 헌법 또는 법률에 위반된다는 것이 확정된 경우에는 대법원은 지체없이 그 사유를 행정안전부장관에게 통보하여야 한다.
② 제1항의 규정에 의한 통보를 받은 행정안전부장관은 지체없이 이를 관보에 게재하여야 한다.

(2) 제3자의 재심청구 2018 기출

행정소송법 제31조【제3자에 의한 재심청구】 ① 처분등을 취소하는 판결에 의하여 권리 또는 이익의 침해를 받은 제3자는 자기에게 책임없는 사유로 소송에 참가하지 못함으로써 판결의 결과에 영향을 미칠 공격 또는 방어방법을 제출하지 못한 때에는 이를 이유로 확정된 종국판결에 대하여 재심의 청구를 할 수 있다.
② 제1항의 규정에 의한 청구는 확정판결이 있음을 안 날로부터 30일 이내, 판결이 확정된 날로부터 1년 이내에 제기하여야 한다.
③ 제2항의 규정에 의한 기간은 불변기간으로 한다.

14 무효등확인소송

1. 개설

(1) 의의

무효등확인소송이란 행정청의 처분 등의 효력 유무 또는 존재 여부를 확인하는 소송을 말한다. 무효확인소송 · 유효확인소송 · 실효확인소송 · 존재확인소송 · 부존재확인소송 등이 있다.

(2) 성질

무효등확인소송의 성질에 관하여는 종래 당사자소송설 · 항고소송설 · 준항고소송설로 나뉘어 있었으나 「행정소송법」은 항고소송의 일종으로 규정하고 있다.

(3) 적용법규

무효등확인소송은 취소소송에 관한 행정법상 규정이 대부분 준용된다. 그러나 ① 예외적 행정심판전치주의, ② 제소기간, ③ 재량처분의 취소, ④ 사정판결, ⑤ 거부처분의 취소에 대한 간접강제에 관한 규정은 준용되지 않는다.

2. 재판관할

취소소송과 마찬가지로 피고행정청의 소재지를 관할하는 행정법원에 제1심관할권이 있다.

3. 당사자

(1) 원고적격 2023 기출

무효등확인소송은 처분 등의 효력 유무 또는 존재 여부의 확인을 구할 법률상 이익이 있는 자가 제기할 수 있다.

(2) 확인의 이익(확인소송의 보충성) 불요

법률상 이익의 의미에 대해서 「민사소송법」상의 확인의 소에서 요구되는 확인의 이익도 요하는지 문제된다. 판례는 항고소송의 성질상 취소소송과 동일하게 법률상 이익이 있는 경우 원고적격이 인정된다고 하여 즉시확정의 이익이나 보충적 이익은 필요하지 않다는 입장이다.

판례

| 변경 전 판례 |

과세처분에 따라 부과세액을 납부한 경우 그 과세처분의 무효확인을 구할 법률상 이익이 없다.

민사소송에 의한 부당이득반환청구의 소로써 직접 그 위법상태의 제거를 구할 수 있는 길이 열려 있는 이상 위와 같은 과세처분의 무효확인의 소는 분쟁해결에 직접적이고도 유효적절한 해결방법이라 할 수 없어 확인을 구할 법률상 이익이 없다(대판 1991. 9. 10. 91누3840).

| 변경 후 판례 |

무효확인의 소에서 보충적 소익으로서 즉시확정의 이익은 불요하다.

행정처분의 근거 법률에 의하여 보호되는 직접적이고 구체적인 이익이 있는 경우에는 행정소송법 제35조에 규정된 '무효확인을 구할 법률상 이익'이 있다고 볼 수 있으며, 이와 별도로 무효확인을 구할 필요가 있는지 여부에 관한 무효확인소송의 보충성이 요구되는 것은 아니다. 이와 다른 취지로 판시한 종전 대법원판결들은 이 판결의 견해에 배치되는 범위내에서 변경한다(대판 2008. 3. 20. 2007두6342).

(3) 피고적격

취소소송과 같이 처분청을 피고로 한다.

(4) 기타

공동소송, 제3자의 소송참가, 행정청의 소송참가 등 취소소송의 당사자에 관한 규정들이 준용되고 있다.

4. 소의 제기

(1) 단기제소기간의 배제

취소소송과 달리 무효등확인소송은 소제기기간의 제한이 없다.

(2) 집행부정지원칙의 준용

취소소송과 같이 무효등확인소송에도 집행부정지원칙이 적용된다. 집행정지결정도 또한 같다.

(3) 관련청구의 이송·병합 및 소의 변경

취소소송의 관련청구의 이송·병합 및 소의 변경이 무효등확인소송에도 준용된다.

5. 심리

(1) 변론주의

취소소송과 마찬가지로 처분권주의와 변론주의가 인정된다.

(2) 직권증거조사주의

행정심판기록 제출명령제도나 직권탐지주의 · 직권조사주의가 무효등확인소송에도 적용된다.

(3) 입증책임

다수설은 법률요건분배설에 따라 권한발생근거에 대해서는 피고가 입증책임을 지고 효력발생을 저지하는 무효사유에 대해서는 원고가 입증을 진다고 본다. 판례는 무효는 법률상 예외에 속하고 무효원인인 중대 · 명백한 위법은 예외실체규정의 요건사실의 성질을 가지는 것이므로 그 입증책임은 원칙적으로 원고에게 있다고 보고 있다.

6. 판결

① 위법판단의 기준시는 취소소송과 마찬가지로 처분시설이 통설 · 판례이다.
② 취소판결의 효력 및 기속력에 관한 규정이 준용된다(반복금지 및 재처분의무).
③ 무효등확인판결은 성질상 형성력을 갖지 아니하고, 취소소송의 간접강제가 준용되지 않는다.
④ 취소소송에 있어서의 사정판결의 규정은 적용될 여지가 없다.
⑤ 제3자의 소송참가 및 재심청구에 관한 규정도 준용되고 있다.
⑥ 무효등확인판결의 기판력은 처분 등의 효력 유무와 존부에만 미칠 뿐이다.

15 부작위위법확인소송

1. 개요

(1) 의의

행정청이 당사자의 신청에 대하여 상당한 기간 내에 일정한 처분을 하여야 할 법률상 의무가 있음에도 불구하고 이를 하지 아니하는 경우 그 위법확인을 구하는 소송이다.

(2) 소송의 대상

처분에 대한 부작위의 위법성의 확인이 소송대상이다.

(3) 적용법규

취소소송의 대부분의 규정이 준용되고 있으나 부작위위법확인소송은 적극적인 처분이 없기 때문에 ① 적극적인 처분의 존재를 전제로 한 제소기간 제한, ② 처분변경으로 인한 소의 변경, ③ 집행부정지원칙, ④ 사정판결 등의 규정이 준용되지 않는다.

2. 부작위의 관념

(1) 당사자의 신청이 있을 것

신청은 법적으로 그 대상인 행위의 발급을 구할 수 있는 경우에 한정된다. ① 법률에 명시적 규정이 있는 경우뿐만 아니라, ② 헌법이나 관계 법령상 특정인에게 신청권이 있는 것으로 해석되는 경우도 포함된다.

판례

부작위위법확인소송은 법규상 또는 조리상 신청권 있는 자의 신청을 요건으로 한다.

부작위위법확인소송은 처분의 신청을 한 자로서 부작위가 위법하다는 확인을 구할 법률상의 이익이 있는 자만이 제기 할 수 있는 것이므로, 당사자가 행정청에 대하여 어떠한 행정처분을 하여 줄 것을 요청할 수 있는 법규상 또는 조리상의 권리를 갖고 있지 아니하거나 부작위의 위법확인을 구할 법률상의 이익이 없는 경우에는 항고소송의 대상이 되는 위법한 부작위가 있다고 볼 수 없거나 원고적격이 없어 그 부작위위법확인의 소는 부적법하다(대판 2000. 2. 25. 99두11455).

(2) 처분을 하여야 할 법률상 의무의 존재

부작위는 행정청이 어떠한 처분을 하여야 할 법률상 의무가 있음에도 행정청이 처분을 하지 않는 경우 성립한다. 판례는 행정입법은 여기서 말하는 처분에 해당하지 않는다고 본다.

(3) 처분을 하지 않았을 것

거부처분이나 간주거부는 부작위가 아니므로 제외된다.

판례

입법부작위가 부작위위법확인소송의 대상이 되는지 여부

추상적인 법령에 관하여 제정의 여부 등은 그 자체로서 국민의 구체적인 권리의무에 직접적 변동을 초래하는 것이 아니어서 그 소송의 대상이 될 수 없다(대판 1992. 5. 8. 91누11261).

(4) 상당한 기간이 지났을 것

부작위의 위법은 상당기간이 경과하도록 아무런 처분이 없는 경우 인정된다.

3. 행정심판전치

취소소송과 마찬가지로 예외적 행정심판전치주의가 적용된다. 개별법에 의해 예외적 행정심판을 거치는 경우 당사자는 의무이행심판을 거친 후 소송으로서 부작위위법확인소송을 제기하게 된다.

4. 제소기간

부작위위법확인소송에도 취소소송의 제소기간에 대한 제한이 명문으로 준용된다. 그러나 부작위위법확인소송에는 처분이 없다는 점에서 이에 대한 해석이 문제된다. 판례는 원칙적으로 제소기간의 제한을 받지 않으나 처분에 대해 행정심판 등 전심절차를 거친 경우에 준용되는 것으로 보고 있다.

판례

부작위위법확인소송은 원칙적으로 제소기간의 제한이 없으나 심판전치를 거친 경우 적용된다.

부작위위법확인의 소는 부작위상태가 계속되는 한 그 위법의 확인을 구할 이익이 있다고 보아야 하므로 원칙적으로 제소기간의 제한을 받지 않는다. 그러나 행정소송법 제38조 제2항이 제소기간을 규정한 같은 법 제20조를 부작위위법확인소송에 준용하고 있는 점에 비추어 보면, 행정심판 등 전심절차를 거친 경우에는 행정소송법 제20조가 정한 제소기간 내에 부작위위법확인의 소를 제기하여야 한다(대판 2009. 7. 23. 2008두10560).

5. 심리

(1) 심리권의 범위

법원이 절차적 심리 외에 신청의 실체적 내용의 당부도 심리할 수 있는지에 대해 견해대립이 있다.

① **소극설(절차적 심리설)**: 부작위위법확인소송의 본질은 의무이행소송과는 달리 행정청의 부작위가 위법한 것임을 확인하는 소송으로서 법원의 심판대상은 부작위의 위법성이므로 행정청이 행하여야 할 실체적 처분의 내용까지 심리판단할 수 없다고 보는 견해이다(다수설・판례).

② **적극설(실체적 심리설)**: 법원은 신청에 따른 처분청의 작위의무까지도 심리할 수 있다는 견해이다.

판례

절차적 심리설에 입각한 판례

행정소송법 제4조 제3호에 규정된 부작위위법확인의 소는 행정청이 당사자의 법규상 또는 조리상의 권리에 기한 신청에 대하여 상당한 기간 내에 그 신청을 인용하는 적극적 처분 또는 각하하거나 기각하는 등의 소극적 처분을 하여야 할 법률상의 응답의무가 있음에도 불구하고 이를 하지 아니하는 경우에 그 부작위가 위법하다는 것을 확인함으로써 행정청의 응답을 신속하게 하여 부작위 또는 무응답이라고 하는 소극적인 위법상태를 제거하는 것을 목적으로 하는 것이고, 나아가 당해 판결의 구속력에 의하여 행정청에게 처분 등을 하게 하고, 다시 당해 처분 등에 대하여 불복이 있는 때에는 그 처분 등을 다투게 함으로써 최종적으로 국민의 권리・이익을 보호하려는 제도이다(대판 1992. 7. 28. 91누7361).

(2) 입증책임

부작위위법확인소송에서 일정한 처분의 신청을 한 자만이 원고적격을 가지므로 그 신청한 것에 대한 입증책임은 원고에게 있다. 행정청이 상당한 기간의 경과를 정당화할 만한 특별한 사유에 대한 입증책임은 피고인 행정청이 진다.

6. 판결

(1) 위법판단의 기준시

취소소송에는 처분시설이 통설・판례이나, 부작위위법확인소송에서는 처분이 존재하지 아니하므로 판결시를 기준으로 위법 여부를 판단하여야 할 것이다.

(2) 사정판결

부작위위법확인소송에는 사정판결에 관한 「행정소송법」 제28조가 준용되지 않는다.

(3) 판결의 효력

제3자효, 기속력, 간접강제 등이 준용된다. 그러나 부작위의 위법만을 확인하는 것이므로 형성력은 생기지 않는다. 기속력의 범위에 대해서 절차적 심리설은 부작위위법확인판결에 대해 행정청이 거부하는 경우 기속력에 반하지 않으나 실체적 심리설은 거부처분이 기속력에 반할 수도 있다는 입장이다.

제3절 당사자소송

01 개요

1. 의의

행정청의 처분 등을 원인으로 하는 법률관계에 관한 소송, 그 밖에 법률상의 법률관계에 관한 소송으로서 그 법률관계의 일방당사자를 피고로 하는 소송이다(제3조 제2호).

행정소송법

제3조 【행정소송의 종류】 행정소송은 다음의 네가지로 구분한다.

2. 당사자소송 : 행정청의 처분등을 원인으로 하는 법률관계에 관한 소송 그 밖에 공법상의 법률관계에 관한 소송으로서 그 법률관계의 한쪽 당사자를 피고로 하는 소송

제39조 【피고적격】 당사자소송은 국가·공공단체 그 밖의 권리주체를 피고로 한다.

제40조 【재판관할】 제9조의 규정은 당사자소송의 경우에 준용한다. 다만, 국가 또는 공공단체가 피고인 경우에는 관계행정청의 소재지를 피고의 소재지로 본다.

제41조 【제소기간】 당사자소송에 관하여 법령에 제소기간이 정하여져 있는 때에는 그 기간은 불변기간으로 한다.

제42조 【소의 변경】 제21조의 규정은 당사자소송을 항고소송으로 변경하는 경우에 준용한다.

제43조 【가집행선고의 제한】 국가를 상대로 하는 당사자소송의 경우에는 가집행선고를 할 수 없다. → 헌재 위헌결정

제44조 【준용규정】 ① 제14조 내지 제17조, 제22조, 제25조, 제26조, 제30조 제1항, 제32조 및 제33조의 규정은 당사자소송의 경우에 준용한다.

② 제10조의 규정은 당사자소송과 관련청구소송이 각각 다른 법원에 계속되고 있는 경우의 이송과 이들 소송의 병합의 경우에 준용한다.

2. 다른 소송과의 구별

(1) 항고소송

당사자소송은 일반적으로 대등한 당사자 간의 소송이라는 점에서 처분 등을 통해 표현된 행정청의 우월적 지위를 전제로 한 항고소송과 구별된다. 항고소송은 행정청의 공권력 행사(처분)를 직접 소송물로 하고 행정청을 피고로 하는 데 비하여 당사자소송은 행정청에 의한 공권력의 행사·불행사의 결과로 생긴 법률관계를 포함하여 그 밖의 공법상의 법률관계에 관한 대등한 당사자 사이의 법률상의 분쟁을 해결하기 위한 소송이다.

(2) 민사소송

민사소송은 사법상의 법률관계를 대상으로 하지만 당사자소송은 공법상의 법률관계를 대상으로 한다.

02 종류

1. 실질적 당사자소송

(1) 의의

본래 의미의 당사자소송으로 대등한 당사자 사이의 공법상의 법률관계에 관한 소송을 뜻한다.

(2) 내용

① **처분 등을 원인으로 하는 법률관계에 관한 소송**: ㉠ 처분 등의 무효·취소를 전제로 그 결과로 성립하는 공법상 부당이득반환청구소송(조세과오납반환청구소송), ㉡ 적법 또는 위법한 처분을 원인으로 성립하는 행정상 손실보상청구소송이나 손해배상청구소송 또는 결과제거청구소송을 들 수 있다. 실무상 민사소송으로 해결하고 있다.

② **기타 공법상의 법률관계에 관한 소송** 2014 기출: 공법상의 지위·신분 등의 확인소송(공무원의 지위확인소송), 공법상의 금전지급청구소송(공무원의 보수·연금의 지급청구), 공법상 계약에 관한 소송 등을 들 수 있다.

판례

당사자소송을 인정한 판례

1. 법령의 개정에 따른 국방부장관의 퇴역연금금액 감액조치(대판 2003. 9. 5. 2002두3522)
2. 구 공무원연금법령의 개정 등으로 퇴직연금 중 일부 금액의 지급이 정지된 경우 공무원연금관리공단이 퇴직연금 중 일부금액에 대한 지급거부의 의사표시(대판 2004. 7. 8. 2004두244)
3. 지방자치단체가 보조금 지급결정을 하면서 일정 기한 내에 보조금을 반환하도록 하는 교부조건을 부가한 사안에서 보조사업자에 대한 지방자치단체의 보조금반환청구소송(대판 2011. 6. 9. 2011다2951)
4. 납세의무자에 대한 국가의 부가가치세환급세액 지급의무에 대응하는 국가에 대한 납세의무자의 부가가치세 환급세액 지급청구소송(대판 2013. 3. 21. 2011다95564)
5. 지방소방공무원이 자신이 소속된 지방자치단체를 상대로 초과근무수당의 지급을 구하는 소송(대판 2013. 3. 28. 2012다102629)
6. 「광주민주화운동관련자 보상 등에 관한 법률」상의 보상에 관한 권리(대판 1992. 12. 24. 92누3335)
7. 「공익사업을 위한 토지등 취득 및 보상에 관한 법률」상 각종 권리(주거이전비청구권, 농업손실보상청구권, 사업폐지 등에 대한 보상청구권)(대판 2012. 10. 11. 2010다23210)

8. 구 「석탄산업법」상의 석탄가격안정지원금 지급청구의 소(대판 1997. 5. 30. 95다28960)
9. TV방송수신료 통합징수권한 부존재확인소송(대판 2008. 7. 24. 2007다25261)
10. 구 「도시재개발법」에 의한 재개발조합에 대해 조합원 자격확인을 구하는 소송(대판 1999. 2. 5. 97누14606)
11. 도시 및 주거환경정비법상의 주택재건축정비사업조합을 상대로 관리처분계획안에 대한 조합총회결의의 효력을 다투는 소송은 행정소송법상 당사자소송(대판 2009. 9. 17. 2007다2428) 2016 기출
12. 기타 공법상 신분관계에 관한 공법상 계약의 효력을 다투는 소송

---

2. 형식적 당사자소송

(1) 의의

실질적으로는 행정청의 처분 등을 다투는 소송이면서 항고소송에서와 같이 행정청을 피고로 하지 않고, 당해 처분 등을 원인으로 하는 법률관계의 한쪽 당사자를 피고로 하여 제기하는 소송을 뜻한다[예 토지수용위원회의 보상금액결정에 대한 이의재결에 대하여 불복이 있는 경우, 재결취소소송을 제기하지 않고 곧바로 상대방 당사자(기업자)를 피고로 하여 보상금액의 증감을 청구하는 경우].

(2) 필요성

형식적 당사자소송을 인정하는 것은 행정청을 배제하고 실질적인 이해관계자만을 소송당사자로 함으로써, 신속한 권리구제를 도모하고 소송절차를 최소화하는 데 있다.

(3) 인정 여부

현행 「행정소송법」을 근거로 형식적 당사자소송을 일반적으로 인정할 것인지에 대해서는 긍정설과 부정설이 대립하고 있으나, 형식적 당사자소송은 개별법상의 명시적 근거가 필요하므로 부정설이 다수설이다.

(4) 입법례

「공익사업을 위한 토지 등의 취득 및 보상에 관한 법률」상의 손실보상금증감청구소송이 대표적이며, 「특허법」상의 보상금 또는 대가에 대한 소송 등도 형식적 당사자소송에 속한다.

03 당사자소송의 제기요건

1. 재판의 관할

제1심 관할은 항고소송의 경우와 마찬가지로 피고의 소재지를 관할하는 행정법원이 된다. 다만, 국가 또는 공공단체가 피고인 경우에는 관계 행정청의 소재지를 피고의 소재지로 본다(「행정소송법」 제40조).

2. 당사자

(1) 원고적격

「행정소송법」은 공법상 당사자소송에 대하여 원고적격이나 소의 이익에 관한 규정을 두고 있지 않으므로 당사자소송의 소의 이익에 관해서는 「민사소송법」이 준용된다(「행정소송법」 제8조 제2항).

판례

당사자소송이 확인소송인 경우 항고소송의 무효확인소송과 달리 확인의 이익이 있어야 한다.

1. 확인의 소에는 권리보호요건으로서 확인의 이익이 있어야 하고, 확인의 이익은 확인판결을 받는 것이 원고의 권리 또는 법률상의 지위에 현존하는 불안·위험을 제거하는 가장 유효적절한 수단일 때에 인정된다(대판 2018. 3. 15. 2016다275679).
2. 과거의 법률관계라 할지라도 현재의 권리 또는 법률상 지위에 영향을 미치고 있고 현재의 권리 또는 법률상 지위에 대한 위험이나 불안을 제거하기 위하여 그 법률관계에 관한 확인판결을 받는 것이 유효적절한 수단이라고 인정될 때에는 확인의 이익이 있다(대판 2021. 4. 29. 2016두39856).
3. 지방자치단체와 채용계약에 의하여 채용된 계약직공무원이 그 계약기간 만료 이전에 채용계약 해지 등의 불이익을 받은 후 그 계약기간이 만료된 경우, 채용계약 해지의사표시의 무효확인을 구할 소의 이익이 없다(대판 2002. 11. 26. 2002두1496).
4. 「도시 및 주거환경정비법」상 주택재건축정비사업조합이 같은 법 제48조에 따라 수립한 관리처분계획에 대하여 관할 행정청의 인가·고시가 있은 후에, 관리처분계획안에 대한 총회결의의 무효확인을 구할 확인의 이익이 없다(대판 2012. 3. 29. 2010두7765).

(2) **피고적격** 2014 기출

당사자소송에서는 행정청이 피고가 되는 취소소송과 달리, 국가 또는 공공단체 그 밖의 권리주체가 피고가 된다(제39조). 그 밖의 권리주체에는 공무수탁사인이 있다.

3. 취소소송의 준용규정 2014 기출

(1) **준용되는 규정**

주로 소송의 신속한 처리나 실체적 진실의 발견, 재판의 적정을 기하기 위한 규정들이 준용된다. 그리고 관련청구의 이송·병합, 피고경정, 공동소송, 소의 변경, 직권심사주의 등이 준용된다.

(2) **준용되지 않는 규정**

제소기간·원고적격·피고적격·행정심판전치주의·사정판결·집행부정지원칙·집행정지 등은 준용되지 아니한다.

판례

당사자소송에 대하여는 집행정지가 준용되지 않으므로 「민사집행법」상 가처분에 관한 규정이 준용되어야 한다.

당사자소송에 대하여는 행정소송법 제23조 제2항의 집행정지에 관한 규정이 준용되지 아니하므로, 이를 본안으로 하는 가처분에 대하여는 행정소송법 제8조 제2항에 따라 민사집행법상 가처분에 관한 규정이 준용되어야 한다(대판 2015. 8. 21. 2015무26).

4. 가집행선고의 제한

「행정소송법」 제43조는 국가를 상대로 하는 당사자소송의 경우 가집행선고를 할 수 없도록 하고 있다. 이에 대해 헌법재판소는 평등원칙에 위반되어 위헌으로 결정하였다.

판례

공법상 당사자소송에서 재산권의 청구를 인용하는 판결을 하는 경우 가집행선고를 할 수 있다.
행정소송법 제8조 제2항에 의하면 행정소송에도 민사소송법의 규정이 일반적으로 준용되므로 법원으로서는 공법상 당사자소송에서 재산권의 청구를 인용하는 판결을 하는 경우 가집행선고를 할 수 있다(대판 2011. 11. 28. 99두3416).

국가가 당사자소송의 피고인 경우 가집행의 선고를 제한하는 것은 평등의 원칙에 위반된다.
국가가 당사자소송의 피고인 경우 가집행의 선고를 제한하여, 국가가 아닌 공공단체 그 밖의 권리주체가 피고인 경우에 비하여 합리적인 이유 없이 차별하고 있으므로 평등원칙에 반한다(헌재 2022. 2. 24. 2020헌가12).

제4절 객관적 소송

01 의의

항고소송이나 당사자소송이 개인의 권리구제와 행정운영의 적정을 목적으로 하는 것과 달리 객관적 소송은 행정의 적법성 보장이나 공공이익의 일반적 보호를 목적으로 하는 소송이다.

02 종류

1. 민중소송

(1) 의의

국가 또는 공공단체의 기관이 행정법규에 위반되는 행위를 한 때에 일반선거인·일반주민 등이 직접적인 자기의 법률상 이익과 무관하게 선거인 또는 주민의 지위에서 그 시정을 구하기 위하여 제기하는 소송이다. 법률적 쟁송이 아니므로 이를 제기함에는 법률에서 규정이 있어야 한다.

(2) 종류

① **「공직선거법」상 민중소송**: 대통령선거·국회의원선거에 관한 소송(「공직선거법」 제222조)과 지방의회의원·지방자치단체장의 선거에 관한 소송(동법 제219조 제1항, 제222조 제2항)이 있다.

② **「국민투표법」상 민중소송**: 국민투표의 효력에 관하여 이의가 있는 투표인은 투표인 10만 인 이상의 찬성을 얻어 중앙선거관리위원회 위원장을 피고로 하여 투표일로부터 20일 이내에 대법원에 제소할 수 있다(「국민투표법」 제92조).

③ **「지방자치법」상 주민소송**: 공금의 지출에 관한 사항 등을 감사청구한 주민은 그 감사청구한 사항과 관련이 있는 위법한 행위나 업무를 게을리한 사실에 대하여 해당 지방자치단체의 장을 상대방으로 하여 소송을 제기할 수 있다(「지방자치법」 제22조 제1항).

2. 기관소송

(1) 의의

기관소송이란 국가나 공공단체의 기관 상호 간에 권한의 존부 또는 그 행사에 관한 다툼이 있을 때에 제기하는 소송을 뜻한다(「행정소송법」 제3조 제4호). 다만, 「헌법재판소법」 제2조의 규정에 의하여 헌법재판소의 관장사항으로 되는 소송은 제외한다.

(2) 종류

① **「지방자치법」상 기관소송**: 「지방자치법」 제120조 제3항의 지방자치단체장이 지방의회의 재의결된 사항이 법령에 위반된다고 인정되는 경우 대법원에 제소하는 소송 등은 기관소송에 속한다.

② **「지방교육자치에 관한 법률」상의 기관소송**: 「지방교육자치에 관한 법률」 제28조 제5항 또는 제6항의 교육감이나 교육부장관의 시·도의회의 재의결에 대해 대법원에 제기하는 소송은 기관소송에 속한다.

03 준용규정

행정소송법 제46조 【준용규정】 ① 민중소송 또는 기관소송으로써 처분등의 취소를 구하는 소송에는 그 성질에 반하지 아니하는 한 취소소송에 관한 규정을 준용한다.
② 민중소송 또는 기관소송으로써 처분등의 효력 유무 또는 존재 여부나 부작위의 위법의 확인을 구하는 소송에는 그 성질에 반하지 아니하는 한 각각 무효등 확인소송 또는 부작위위법확인소송에 관한 규정을 준용한다.
③ 민중소송 또는 기관소송으로서 제1항 및 제2항에 규정된 소송외의 소송에는 그 성질에 반하지 아니하는 한 당사자소송에 관한 규정을 준용한다.

Chapter

03 OX로 기초다지기

01 「행정소송법」상 항고소송의 종류로는 취소소송, 무효등확인소송, 의무이행소송이 있다. O X

02 취소소송은 처분 등의 취소를 구할 정당한 이익이 있는 자가 제기할 수 있다. O X

03 「독점규제 및 공정거래에 관한 법률」에 의한 공정거래위원회의 고발조치는 항고소송의 대상되는 처분에 해당한다. O X

04 지적공부 소관청의 지목변경신청 반려행위는 항고소송의 대상되는 처분에 해당한다. O X

05 지방의회의장에 대한 지방의회의 불신임의결은 항고소송의 대상되는 처분에 해당한다. O X

06 과세관청의 「부가가치세법」상 사업자등록의 직권말소행위는 항고소송의 대상되는 처분이라는 것이 판례이다. O X

01 「행정소송법」상 항고소송의 종류로는 취소소송, 무효등확인소송, 부작위위법확인소송이 있다(「행정소송법」 제4조).

02 취소소송은 처분 등의 취소를 구할 법률상 이익이 있는 자가 제기할 수 있다(「행정소송법」 제12조).

03 공정거래위원회의 고발조치는 사직 당국에 대하여 형벌권 행사를 요구하는 행정기관 상호 간의 행위에 불과하여 항고소송의 대상이 되는 행정처분이라 할 수 없다(대판 1995. 5. 12. 94누13794).

04 지목은 토지소유권의 행사에 직접적 영향을 미치는 것으로 지목변경신청 반려행위는 항고소송의 대상이 된다는 것이 판례이다.

05 지방의회의장에 대한 지방의회의 불신임의결은 지방의회의장에 대한 권한을 박탈하는 직접적 원인이 되는 것으로서 항고소송의 대상되는 처분이라는 것이 판례이다.

06 사업자등록의 말소 또한 폐업사실의 기재일 뿐 그에 의하여 사업자로서의 지위에 변동을 가져오는 것이 아니라는 점에서 과세관청의 사업자등록 직권말소행위는 불복의 대상이 되는 행정처분으로 볼 수가 없다(대판 2000. 12. 22. 99두6903).

Answer

01 X 02 X 03 X 04 O 05 O 06 X

07 어업권면허에 선행하는 우선순위결정은 항고소송의 대상되는 처분에 해당한다는 것이 판례이다. ○×

08 「농지법」상 이행강제금 부과처분은 항고소송의 대상되는 처분에 해당한다. ○×

09 두밀분교를 폐교하는 경기도의 조례는 항고소송의 대상되는 처분에 해당한다는 것이 판례이다. ○×

10 처분이 있은 뒤에 그 처분에 관계되는 권한이 다른 행정청에 승계된 때에는 이를 승계한 행정청을 피고로 한다. ○×

11 공정거래위원회의 처분에 대한 항고소송의 피고는 공정거래위원회가 된다. ○×

12 조례에 대한 무효확인소송의 경우 해당 지방의회의 의장이 피고가 된다. ○×

07 어업권면허에 선행하는 우선순위결정은 행정청이 우선권자로 결정된 자의 신청이 있으면 어업권면허처분을 하겠다는 것을 약속하는 행위로서 강학상 확약에 불과하고 항고소송의 대상되는 처분성이 인정되지 않는다(대판 1995. 1. 20. 94누6529).

08 「농지법」 제62조 제1항에 따른 이행강제금 부과처분에 불복하는 경우에는 비송사건절차법에 따른 재판절차가 적용되어야 하고, 행정소송법상 항고소송의 대상은 될 수 없다(대판 2019. 4. 11. 2018두42955).

09 두밀분교폐지조례는 집행행위의 개입 없이도 그 자체로서 직접 국민의 구체적인 권리·의무나 법적 이익에 영향을 미치는 등의 법률상 효과를 발생하므로 항고소송의 대상이 되는 행정처분에 해당한다(대판 1996. 9. 20. 95누8003).

10 「행정소송법」 제13조 제1항

11 합의제 행정관청(위원회)이 처분을 한 경우에는 합의제 행정관청 자체가 피고가 된다. 따라서 공정거래위원회가 피고가 된다. 예외적으로 「노동위원회법」에서는 중앙노동위원회의 재심은 중앙노동위원장을 피고로 제기하도록 하고 있다.

12 처분적 조례가 항고소송의 대상이 되는 경우에는 조례의 공포권자인 지방자치단체의 장을 피고로 한다는 것이 판례이다(대판 1996. 9. 20. 95누8003).

Answer

07 × **08** × **09** ○ **10** ○ **11** ○ **12** ×

13 집행정지의 결정 또는 기각의 결정에 대하여는 즉시항고할 수 없다. O X

14 취소소송의 제기는 처분 등의 효력이나 그 집행 또는 절차의 속행에 영향을 준다. O X

15 처분의 효력정지는 처분 등의 집행 또는 절차의 속행을 정지함으로써 목적을 달성할 수 있는 경우에는 허용되지 않는다. O X

16 취소소송에서는 「민사집행법」상의 가처분이 인정되지 않는다. O X

17 취소소송상 집행정지의 신청은 적법한 본안소송이 계속 중일 것을 요한다. O X

18 무효확인소송에서는 사정판결을 할 수 없다. O X

19 사정판결 시 법원은 그 판결의 주문에서 그 처분 등이 위법함을 명시하여야 한다. O X

20 당사자의 주장이 없더라도 법원은 직권으로 사정판결을 할 수 있다. O X

13 집행정지의 결정 또는 기각의 결정에 대하여는 즉시항고할 수 있다(「행정소송법」 제23조 제5항).
14 취소소송의 제기는 처분 등의 효력이나 그 집행 또는 절차의 속행에 영향을 주지 아니한다(「행정소송법」 제23조 제1항).
15 「행정소송법」 제23조 제2항
16 취소소송에 「민사소송법」상 가처분을 인정할 수 있는지에 대해 판례는 부정하고 있다.
17 취소소송의 집행정지는 적법한 본안이 계속 중일 것을 요건으로 한다(「행정소송법」 제23조 제2항).
18 사정판결은 취소소송에서만 인정되고 무효확인소송과 부작위위법확인소송에는 인정되지 않는다.
19 사정판결 시 법원은 그 판결의 주문에서 그 처분 등이 위법함을 명시하여야 한다(「행정소송법」 제28조 제1항).
20 항고소송에는 법원의 직권심리가 예외적으로 인정되므로 당사자의 주장이 없더라도 법원은 직권으로 사정판결을 할 수 있다는 것이 판례이다(대판 1992. 2. 14. 90누9032).

Answer

13 X 14 X 15 O 16 O 17 O 18 O 19 O 20 O

21 사정판결은 기각판결이므로 소송비용은 원고가 부담한다. ○ ×

22 과세처분취소소송에서 적법하게 부과될 정당한 세액이 산출되더라도 법원은 정당한 세액을 초과하는 부분만 취소할 수는 없고 전부를 취소하여야 한다. ○ ×

23 행정처분이 판결에 의해 취소된 경우, 취소된 처분의 사유와 기본적 사실관계에서 동일성이 인정되지 않는 다른 사유를 들어 새로이 처분을 하는 것은 기속력에 반하지 않는다. ○ ×

24 취소소송의 간접강제는 무효등확인소송에도 준용된다. ○ ×

25 국가에 대한 납세의무자의 부가가치세 환급세액 지급청구소송은 항고소송에 해당한다는 것이 판례이다. ○ ×

26 「도시 및 주거환경정비법」상 관리처분계획에 대한 행정청의 인가·고시 후 관리처분계획안에 대한 조합총회결의의 효력을 당사자소송으로 다툴 수 있다. ○ ×

21 사정판결은 원고청구를 기각하는 것이지만 행정청의 처분은 위법한 것으로 확정되는 것이므로 소송비용은 피고측이 부담하도록 하여야 한다(「행정소송법」 제32조).

22 과세처분취소소송에서 적법하게 부과될 정당한 세액을 산출할 수 있는 경우에는 법원은 정당한 세액을 초과하는 부분만 취소할 수는 있다(대판 2001. 6. 12. 99두8930).

23 취소된 처분의 사유와 기본적 사실관계에서 동일성이 인정되지 않는 다른 사유를 들어 새로이 처분을 하는 것은 판결에서 밝힌 사유와 다른 사유이므로 기속력에 반하지 않는다.

24 거부처분에 대한 취소판결의 이행을 확보하기 위한 간접강제결정의 준용규정이 무효등확인소송에는 없다. 판례는 준용규정이 없다는 점을 근거로 거부처분에 대한 무효확인판결에 대해서는 간접강제를 인정하지 않는다.

25 공법상 법률관계에 관한 당사자소송이라는 것이 판례이다.

26 관리처분계획에 대한 행정청의 인가·고시 후에는 관리처분계획을 항고소송으로 다투고 조합총회결의의 효력을 당사자소송으로 다툴 소의 이익이 없다는 것이 판례이다.

Answer

21 × 22 × 23 ○ 24 × 25 × 26 ×

27 「공익사업을 위한 토지 등의 취득 및 보상에 관한 법률」상의 보상금증액청구소송과 보상금감액청구소송은 형식적 당사자소송에 해당한다. ○ X

28 당사자소송에는 행정청의 소송참가가 허용되지 않는다. ○ X

29 당사자소송의 피고는 원칙적으로 처분을 행한 행정청이 된다. ○ X

30 당사자소송의 제소기간에 대해서는 취소소송의 제소기간에 관한 규정이 준용된다. ○ X

PART 05

27 「공익사업을 위한 토지 등의 취득 및 보상에 관한 법률」상 형식적 당사자소송으로 규정되어 있다.
28 당사자소송에 취소소송에서 행정청의 소송참가에 관한 규정이 준용된다(「행정소송법」 제44조 제1항).
29 당사자소송은 국가·공공단체 그 밖의 권리주체를 피고로 한다(「행정소송법」 제39조).
30 당사자소송에는 취소소송의 제소기간에 관한 규정이 준용되지 않는다. 당사자소송에 관하여 법령에 제소기간이 정하여져 있는 때에는 그 기간은 불변기간으로 한다(「행정소송법」 제41조).

Answer

27 ○ 28 X 29 X 30 X

행정사

임병주 행정법

행정법 각론

행정사

임병주 행정법

PART

01

행정조직법

Chapter 01

개관

제1절 행정조직

01 행정조직의 구성

1. 행정조직 법정주의 2013 기출

행정조직에 관한 사항은 기본적으로 법률로 정하여야 한다. 정부조직에 관한 세부적인 사항에 관하여는 법률에서 구체적 범위를 정하여 명령에 위임할 수 있다.

> **헌법 제96조** 행정각부의 설치 · 조직과 직무범위는 법률로 정한다. 2023 기출
>
> **정부조직법**
>
> **제2조 【중앙행정기관의 설치와 조직 등】** ① 중앙행정기관의 설치와 직무범위는 법률로 정한다.
>
> **제3조 【특별지방행정기관의 설치】** ① 중앙행정기관에는 소관사무를 수행하기 위하여 필요한 때에는 특히 법률로 정한 경우를 제외하고는 대통령령으로 정하는 바에 따라 지방행정기관을 둘 수 있다.
>
> **제4조 【부속기관의 설치】** 행정기관에는 그 소관사무의 범위에서 필요한 때에는 대통령령으로 정하는 바에 따라 시험연구기관 · 교육훈련기관 · 문화기관 · 의료기관 · 제조기관 및 자문기관 등을 둘 수 있다. 2013 기출
>
> **제5조 【합의제행정기관의 설치】** 행정기관에는 그 소관사무의 일부를 독립하여 수행할 필요가 있는 때에는 법률로 정하는 바에 따라 행정위원회 등 합의제행정기관을 둘 수 있다. 2013 기출
>
> **제9조 【예산조치와의 병행】** 행정기관 또는 소속기관을 설치하거나 공무원의 정원을 증원할 때에는 반드시 예산상의 조치가 병행되어야 한다. 2023 기출

2. 행정조직의 유형

중앙집권형과 지방분권형	중앙집권형은 권력을 중앙에 집중시키는 조직형태이고, 지방분권형은 권력을 지방에 분산시키는 조직형태이다.
권력통합형과 권력분산형	행정권을 대통령 등과 같은 하나의 상급기관에만 귀속시키는지 아니면 여러 행정기관에 분산하는지에 관한 구분이다. 권력분산형이 일반적이다.
관치행정형과 자치행정형	행정권의 주체가 국가에 있는가 아니면 자치단체에 있는가에 따른 구분이다.
직접민주형과 간접민주형	행정의 운영을 직접 국민(또는 주민)의 의사에 따라서 하는지 아니면 국민의 대표자를 통하여 하는지에 의한 구별이다. 오늘날은 간접민주형을 원칙으로 직접민주형을 보충하고 있다.
독임형과 합의형	행정업무를 단독공무원의 책임하에 두는가 아니면 복수공무원의 합의(각종 위원회)에 의하는가에 따른 구별이다.

3. 행정조직의 특질

행정조직의 통일성과 계층성	행정목적의 통일적 수행을 위하여 행정조직은 원칙적으로 상하행정기관 사이에 명령과 복종에 의하여 규율되는 통일적이고 계층체계적인 형태를 갖는다.
행정조직의 독임성과 책임의 명확성	행정은 사무의 신속한 처리와 책임의 명확성을 위해 독임형조직을 원칙으로 하고, 때에 따라 신중성과 공정성이 특히 요청되는 경우에는 합의형을 채택한다.
직업공무원제	현대행정의 복잡화·전문화·기술화에 대응하기 위해 직업공무원제를 원칙으로 한다.
행정조직의 민주성	민주성의 원리는 능률성의 원리와 배치되기도 하나, 양자를 조화시키는 것이 현대행정의 과제이다.

02 행정기관의 의의와 종류

1. 행정기관의 의의

광의의 행정기관은 행정주체의 행정사무를 담당하는 기관을 말하고, 협의의 행정기관은 일정한 범위 내의 행정사무에 관하여 행정주체의 의사를 결정·표시하는 기관을 말한다.

2. 행정기관의 개념적 특징

독립성	행정기관은 행정주체의 기관이지만 조직상으로 독립되어 있다. 기관의 구성원인 공무원이 변동되더라도 기관으로서 한 행위에는 영향이 없게 된다.
권한의 특정	행정기관은 특정한 권한을 갖는다. 그 권한은 그 기관이 속하는 행정주체를 위한 것이므로 기관의 행위에 의한 권리·의무도 행정주체에게 귀속된다.
비인격성	행정기관은 권한은 있지만 권리를 가지고 있는 것은 아니며, 법률효과의 직접적 귀속주체도 아니므로 독자적인 인격을 갖지 못한다.

3. 행정기관의 종류

행정(관)청	행정주체를 위하여 그 의사를 결정하고, 국민(주민)에 대해 이를 표시하는 권한을 가진 행정기관(예 각부장관, 지방자치단체장, 공정거래위원회 등)
보조기관	행정청에 소속되어 의사 또는 판단의 결정이나 표시를 보조함을 임무로 하는 기관(예 차관, 실장, 국장, 과장 등)
보좌기관	보조기관 가운데 특히 정책의 기획, 계획의 입안 및 연구·조사 등을 통해 참모적 기능을 담당하는 기관(예 차관보, 담당관 등)
자문기관	행정청의 자문에 응하여 또는 자발적으로 행정청의 의사결정에 참고가 될 의사를 제공하는 행정기관(예 국가안전보장회의, 민주평화통일자문회의, 정보공개심의회)
집행기관	행정청의 명을 받아 실력행사를 통하여 국가의사를 강제적으로 실현시키는 행정기관(예 경찰공무원, 세무공무원 등)

의결기관	행정에 관한 의사를 결정할 수 있는 권한을 가지는 합의제 행정기관. 의사결정권만 있고 외부에 표시권이 없다는 점에서 행정청과 구별된다(예 징계위원회, 지방의회, 교육위원회 등). 2022 기출
감사기관	행정기관의 사무처리나 회계를 감시·검사하는 기관(예 감사원)
공기업기관·영조물기관	공기업의 경영(예 체신관서) 또는 영조물의 관리를 임무로 하는 기관(예 국립병원, 국립대학 등)
부속기관	정부조직에 있어서 행정권의 직접적인 행사를 임무로 하는 기관에 부속하여 그 기관을 지원하는 기관(예 자문기관, 시험연구기관, 교육훈련기관, 문화기관, 의료기관, 휴양기관 등)

제2절 권한행사

01 행정권한

1. 권한 설정의 원칙

행정권한법정주의, 명확성의 원칙, 권한불변경의 원칙이 있다.

2. 권한의 의의

행정청의 권한이란 행정청이 행정주체를 대표하여 의사를 결정하고 외부에 표시할 수 있는 범위를 말한다.

02 권한의 대리

1. 의의

행정관청의 권한의 전부 또는 일부를 다른 행정기관이 대신하여 행사하고 그 행위가 피대리관청의 행위로서 법적 효과를 발생하는 것을 말한다.

2. 구별개념

대표	대표자의 행위는 바로 대표되는 국가 또는 지방자치단체의 행위가 되나 대리행위는 아니다.
위임	위임이란 행정청(위임청)이 그 권한의 일부를 다른 행정기관(수임청)에 이양하는 것으로 위임청의 당해 권한이 소멸된다는 점에서 그러한 권한의 소멸 없이 단지 권한을 대신 행사하는 데 그치는 대리와 구별된다. 2024 기출
내부위임	행정청이 그 보조기관 또는 하급기관에 대해 소관사무를 처리하도록 하면서 그 업무에 관한 대외적 권한행사는 원래 행정청의 명의로 하는 경우를 말한다. 위임은 보통 권한이 이전되나 내부위임은 권한의 이전이 없고, 대리는 이를 외부에 표시하나 내부위임은 대외적으로 그 내용을 표시하지 않는다는 점에서 차이가 있다.

3. 대리의 종류

(1) 임의대리

① **의의**: 피대리관청의 대리권부여라는 수권행위에 의해 대리관계가 발생하는 경우를 임의대리라 한다.

② **법적 근거**: 명문의 규정이 없는 경우에도 허용되는지에 대해서는 견해가 나뉜다. 다수설은 권한의 이전이 없다는 것을 근거로 법적 근거를 필요로 하지 않는다고 본다.

③ **대리권의 범위**: 수권행위에 정해진 범위가 대리권의 범위가 된다. 임의대리의 수권에는 ㉠ 권한의 일부에 대해서만 가능하고 권한 전부에 대한 대리는 허용되지 않는다는 점, ㉡ 법령에서 반드시 특정 기관만이 하도록 규정한 행위는 수권의 대상이 되지 않는다는 점 등의 한계가 있다.

④ **대리행위의 효과**: 대리관청의 행위는 피대리관청(행정청)의 행위로 귀속된다. 권한을 넘은 대리행위의 경우 「민법」상 표현대리 규정이 유추적용될 수 있다.

⑤ **대리관청과 피대리관청의 관계**: 대리관청은 피대리관청의 권한을 자기의 책임하에 자기의 이름으로 행사하게 된다. 피대리관청은 대리관청을 지휘·감독하는 권한을 가지며, 대리관청의 행위에 대하여 책임을 부담한다.

⑥ **복대리**: 임의대리는 피대리관청과 대리관청 간의 신뢰관계에 기초하여 성립하는 것이므로 복대리[3]가 원칙적으로 허용되지 않는다.

⑦ **대리권 종료**: 수권행위의 철회, 수권행위에서 정한 기한의 경과, 조건의 성취 등으로 종료한다.

(2) 법정대리

① **의의**: 법령의 규정에 의하여 일정한 사실의 발생에 따라 당연히 또는 일정한 자의 지정에 의해 성립하는 대리를 뜻한다.

② **종류**

㉠ **협의의 법정대리**: 법정사실이 발생하면 당연히 대리관계가 발생하는 대리이다.

㉡ **지정대리**: 법정사실의 발생 시 일정한 자가 대리자를 지정함으로써 대리관계가 발생한다. 지정대리는 피대리관청의 지위에 있는 자가 일시 유고 시에 행해지는 것이 보통이다. 공석인 경우 그 대리자를 지정하는 것을 서리라 한다. 서리를 지정대리로 봄이 일반적이다. 2022 기출

③ **대리권의 범위**: 대리관청의 행위는 당연히 피대리관청의 행위로서 효과가 발생한다. 협의의 법정대리와 지정대리 모두 대리권은 피대리관청의 권한의 전부에 미친다.

④ **지휘·감독**: 대리관청은 피대리관청의 권한을 자기의 책임하에 행사한다. 그러나 피대리관청은 대리관청의 선임·지휘·감독에 책임을 지지 않는다는 점에서 임의대리와 다르다.

⑤ **복대리**: 법정대리에는 복대리가 가능하다고 본다.

⑥ **대리권의 소멸**: 대리권을 발생하게 한 법정사유의 소멸에 의해 소멸한다.

---

3 권한의 대리를 받은 대리관청이 그 대리권의 행사를 다른 자로 하여금 대리하게 하는 것

03 권한의 위임 2013 기출

1. 의의

행정관청이 그 권한의 일부를 다른 행정기관에 이전하여 그 수임기관이 자기의 명의와 책임 아래 권한을 행사하는 것을 말한다. 소속 하급행정청에 대한 위임은 위임청의 일방적 위임행위에 의하여 성립하고, 수임기관의 동의를 요하지 않는다.

2. 법적 근거 2017 · 2022 · 2023 기출

권한의 위임은 법령에 규정된 권한의 법적 귀속을 변경하는 것이므로 반드시 위임을 허용하는 법적 근거가 있어야 한다. 판례는 「정부조직법」 제6조 제1항 및 「행정권한의 위임 및 위탁에 관한 규정」 제3조, 제4조는 권한의 위임 또는 재위임의 일반적 근거가 될 수 있다고 본다.

정부조직법 제6조 【권한의 위임 또는 위탁】 ① 행정기관은 법령으로 정하는 바에 따라 그 소관사무의 일부를 보조기관 또는 하급행정기관에 위임하거나 다른 행정기관 · 지방자치단체 또는 그 기관에 위탁 또는 위임할 수 있다. 이 경우 위임 또는 위탁을 받은 기관은 특히 필요한 경우에는 법령으로 정하는 바에 따라 위임 또는 위탁을 받은 사무의 일부를 보조기관 또는 하급행정기관에 재위임할 수 있다. 2023 · 2024 기출
② 보조기관은 제1항에 따라 위임받은 사항에 대하여는 그 범위에서 행정기관으로서 그 사무를 수행한다.
③ 행정기관은 법령으로 정하는 바에 따라 그 소관사무 중 조사 · 검사 · 검정 · 관리 업무 등 국민의 권리 · 의무와 직접 관계되지 아니하는 사무를 지방자치단체가 아닌 법인 · 단체 또는 그 기관이나 개인에게 위탁할 수 있다.

3. 구별개념 2017 기출

내부위임 2018 기출	• 내부위임은 행정청의 내부적 사무처리의 편의를 도모하기 위하여 그 보조기관 또는 하급행정청으로 하여금 그 권한을 '사실상' 행하게 하는 것을 말한다. 수임자는 위임관청의 명의로 권한을 행사하여야 한다. • 내부위임은 법률의 근거가 없이도 가능하나 위임은 법률의 근거를 요한다. 2023 기출
위임전결	행정청 내의 의사결정권을 보조기관에 위임하여 당해 보조기관의 결재로써 행정청의 내부적인 의사결정이 확정되도록 하는 것을 위임전결이라 한다. 행정청의 권한이전이 없다는 점에서 내부위임과 같다.
대결	행정관청 내부에서 그 구성원의 일시 부재 시에 보조기관이 대신 결재하는 것을 대결이라 한다. 대결은 일시적으로 행해진다는 점에서 내부위임 · 전결과 구별된다.
권한이양	권한의 이양은 법률상 권한 자체가 확정적으로 다른 기관에 이전된다는 점에서, 권한행사의 권한과 의무가 수임기관에 이전되는 권한의 위임과 구별된다. 권한의 위임은 잠정적이고 언제나 회수할 수 있지만 권한의 이양은 수권규범의 변경을 통하여 이루어지므로 수권규범의 변경이 없는 한 권한의 회수는 불가능하다.

판례

1. 내부위임을 받은 자가 자기의 이름으로 한 처분은 권한 없는 자에 의하여 행하여진 위법무효의 처분이지만 항고소송의 피고는 실제 처분을 행한 하급기관을 피고로 한다(대판 1995. 11. 28. 94누6475). 2024 기출
2. 전결규정에 위반하여 원래의 전결권자 아닌 보조기관 등이 처분권자인 행정관청의 이름으로 행정처분을 한 경우 무효의 처분이라고는 할 수 없다(대판 1998. 2. 27. 97누1105).

4. 위임의 방식

권한의 위임은 직접 법령으로 정하거나, 법령에 근거한 위임관청의 의사결정으로 행하여진다.

판례

1. 기관위임사무는 조례에 의하여 재위임할 수는 없고 지방자치단체의 장이 제정한 규칙이 정하는 바에 따라 재위임하는 것만이 가능하다(대판 1995. 7. 11. 94누4615). 2022 · 2024 기출
2. 법령상 지방자치단체장의 규칙으로 위임하여야 함에도 조례로 한 위법한 위임에 따라 행해진 수임기관의 처분은 중대한 하자이지만 처분 당시 명백한 것은 아니므로 취소사유에 해당한다(대판 1995. 7. 11. 94누4615).
3. 자치사무로서 조례로 위임하여야 할 것을 지방자치단체장의 규칙으로 위임한 경우 그 규칙은 무효이나 이에 근거하여 행한 처분은 당연무효는 아니다(대판 1997. 6. 19. 95누8669).

5. 위임의 한계

권한의 위임은 위임청의 권한의 일부에 한하여 인정되며 권한의 전부 또는 위임청의 존립근거를 위태롭게 하는 주요부분의 위임은 인정되지 않는다. 권한의 재위임도 마찬가지이다. 2020 · 2021 기출

6. 권한위임의 효과

(1) 권한의 이전

권한이 위임된 경우 위임청은 당해 위임사항을 처리할 수 있는 권한을 잃게 되고, 그 사항은 수임기관의 권한으로 된다.

(2) 지휘 · 감독권

위임 및 위탁기관은 수임 및 수탁기관의 수임 및 수탁사무 처리에 대하여 지휘 · 감독하고, 그 처리가 위법하거나 부당하다고 인정될 때에는 이를 취소하거나 정지시킬 수 있다(「행정권한의 위임 및 위탁에 관한 규정」 제6조).

(3) 사전승인 등의 제한 2021 · 2024 기출

수임 및 수탁사무의 처리에 관하여 위임 및 위탁기관은 수임 및 수탁기관에 대하여 사전승인을 받거나 협의를 할 것을 요구할 수 없다(「행정권한의 위임 및 위탁에 관한 규정」 제7조).

(4) 항고소송의 피고 2022 기출

권한의 위임의 경우 수임청이 피고가 된다. 내부위임의 경우 위임청 이름으로 처분한 경우 위임청이 피고가 되나, 수임기관이 자기의 이름으로 처분을 한 경우 수임기관이 피고가 된다.

7. 비용부담

원칙적으로 수임사무의 처리에 드는 비용은 위임기관이 부담한다.

8. 위임의 종료

위임은 위임의 해제 또는 종기의 도래 등에 의해 종료되고, 당해 권한은 다시 위임청의 권한으로 된다.

제3절 행정관청 상호 간의 관계

01 상하행정청 간의 관계

1. 감시

상급관청이 감독권 행사의 기초로서 하급관청의 사무처리상황을 파악하기 위해 보고를 받거나, 서류장부를 검사하는 등 사무감사를 행하는 것을 말한다.

2. 훈령

(1) 의의 2022 기출

하급행정청의 권한행사를 일반적으로 지휘하기 위하여 상급행정청이 감독권의 당연한 작용으로써 사전에 발하는 명령을 말한다. 상급행정청의 하급행정청에 대한 명령이라는 점에서 상관의 부하직원에 대한 직무상의 명령인 직무명령과 구별된다.

(2) 성질

훈령은 행정조직 내부에 발하는 행정규칙으로, 원칙상 그 법규성이 인정되지 않는다. 따라서 수명기관이 이를 위반하더라도 당해 위반행위가 위법이 되는 것은 아니나 징계사유는 될 수 있다. 2022 기출

(3) 훈령의 종류

협의의 훈령, 지시, 예규, 일일명령

(4) 훈령의 요건

형식적 요건	① 훈령권이 있는 상급관청이 ② 하급관청의 권한에 속하는 사항으로 ③ 하급관청의 직무상 권한행사가 독립적으로 보장되고 있지 않은 사항에 대하여 발하여야 한다.
실질적 요건	내용이 적법·타당하고 실현가능하며 명백하여야 한다.

(5) 하자 있는 훈령

형식적 요건에 대해서는 하급기관이 심사권을 가진다고 본다. 실질적 요건에 대해서는 중대·명백한 하자로 무효인 경우에 복종의무가 없지만 그 외의 경우에는 복종의무가 있다고 보고 있다.

(6) 훈령의 경합

상호 모순되는 훈령이 경합되는 때에는 ① 하급행정기관은 주관상급관청의 훈령을 따라야 하고, ② 주관상급관청이 서로 상하관계에 있는 때에는 직근상급관청의 훈령을 따라야 한다는 것이 다수설이다.

3. 인가·승인

하급관청의 일정한 권한행사에 대해 미리 상급관청의 동의나 승인을 받게 하는 것을 말한다. 예방적 감독수단에 해당하며 행정기관 상호 간의 내부행위로서 항고소송의 대상되는 처분에 해당하지 않는다. 2019 기출

4. 취소 · 정지 2022 기출

상급행정청은 법적 근거가 없는 경우에도 지휘 · 감독권에 기해 하급행정청의 위법 · 부당한 행위를 취소 또는 정지할 수 있는가에 관하여 견해대립이 있다. 사후적 감독수단에 속한다.

> **정부조직법 제11조【대통령의 행정감독권】** ② 대통령은 국무총리와 중앙행정기관의 장의 명령이나 처분이 위법 또는 부당하다고 인정하면 이를 중지 또는 취소할 수 있다.
>
> **행정권한의 위임 및 위탁에 관한 규정 제6조【지휘 · 감독】** 위임 및 위탁기관은 수임 및 수탁기관의 수임 및 수탁사무 처리에 대하여 지휘 · 감독하고, 그 처리가 위법하거나 부당하다고 인정될 때에는 이를 취소하거나 정지시킬 수 있다.

5. 주관쟁의 결정 2022 기출

상급행정청은 하급행정청 상호 간에 권한에 관한 다툼이 있는 경우 권한 있는 기관을 결정할 권한을 갖는다. 행정 각부 간의 권한의 획정은 국무회의심의를 거쳐 대통령이 결정한다(「헌법」 제89조 제10호).

> **행정절차법 제6조【관할】** ② 행정청의 관할이 분명하지 아니한 경우에는 해당 행정청을 공통으로 감독하는 상급 행정청이 그 관할을 결정하며, 공통으로 감독하는 상급 행정청이 없는 경우에는 각 상급 행정청이 협의하여 그 관할을 결정한다.

6. 대집행

상급행정청이 하급행정청의 권한을 대집행하기 위해서는 별도의 법적 근거가 있어야 한다(「지방자치법」 제189조 제2항 등).

02 대등행정청 간의 관계

1. 권한의 상호존중

대등관청 사이에서는 서로 다른 관청의 권한을 존중하고 협력하여야 한다. 행정관청이 그 권한 내의 행위를 한 경우 그 하자가 중대 · 명백하여 무효이지 않은 이상, 공정력이 있으므로 다른 행정청은 그에 구속된다.

2. 상호협력관계

(1) 협의

① **의의**: 행정업무가 여러 행정청의 권한과 관련된 경우 주무행정청이 업무처리에 대한 결정권을 가지고 관계행정청은 협의권을 갖게 된다.

② **협의의 구속력**: 관계기관의 협의의견은 원칙적 주무행정청을 구속하지 않지만, 법령상 협의로 규정되어 있다 하더라도 해석상 동의라고 보아야 하는 경우에 그 협의의견은 실질적으로 동의 의견으로서 법적 구속력을 가진다는 것이 판례이다(대판 1995. 3. 10. 94누12739).

③ **협의절차의 하자**: 법령에 규정된 협의를 거치지 않은 처분에 대해 판례는 원칙적 취소사유로 보고 있다.

⑵ **동의**

① **의의**: 행정업무가 여러 행정청의 권한과 관련된 경우 주무행정청이 업무처리에 대해 관계행정청의 동의를 받아야 하는 경우가 있다.

② **동의의 구속력**: 주무행정청은 관계행정청의 동의 또는 부동의의견에 구속된다.

③ **동의절차의 하자**: 동의를 받아야 함에도 동의 없이 한 처분은 무권한의 처분으로 원칙상 무효라는 것이 다수설적 견해이다.

④ **동의절차에 대한 쟁송**: 관계행정청의 부동의 자체는 행정기관 간의 행위로서 항고소송의 대상이 되는 처분에 해당하지 않는다.

3. 사무위탁 · 촉탁

대등관청 사이에 있어 하나의 관청에 직무상 필요한 사무가 다른 행정청의 관할에 속하는 경우 그 행정청에 사무처리를 위탁하는 것을 말한다.

4. 행정응원

대등한 행정관청의 일방이 다른 관청의 요청에 의해 또는 자발적으로, 그 다른 행정관청의 권한행사에 협력하는 것을 말한다.

Chapter 01

OX로 기초다지기

01 법령에 따라 행정권한을 위탁받은 사인은 행정청이 될 수 없다. ○ X

02 지방자치단체는 소관 사무의 일부를 독립하여 수행할 필요가 있으면 법령이나 그 지방자치단체의 조례로 정하는 바에 따라 합의제행정기관을 설치할 수 있다. ○ X

03 현행 「헌법」은 행정조직법정주의를 채택하고 있다. ○ X

04 보조기관도 행정청으로부터 위임된 권한을 행사하는 경우에는 그 한도에서 행정청의 지위를 가진다. ○ X

05 각종 징계위원회나 지방의회와 같은 부속기관의 설치에는 법령의 근거를 요하지 않는다. ○ X

06 훈령이란 상급관청이 하급관청의 권한행사를 지휘하기 위해 발하는 명령이다. ○ X

07 징계위원회 같은 의결기관으로서의 위원회는 의결권은 물론이고 정해진 의사를 대외적으로 표시할 권한을 갖는다. ○ X

01 법령에 따라 행정권한을 위탁받은 사인은 그 권한범위 내에서 자기 이름으로 권한을 외부로 표시하는 행정청이 될 수 있다.

02 「지방자치법」 제129조 제1항

03 행정각부의 설치·조직과 직무범위는 법률로 정한다(「헌법」 제96조).

04 보조기관도 행정청으로부터 위임된 권한을 행사하는 경우에는 그 한도에서 행정청에 해당한다.

05 부속기관은 법률이 정한 경우를 제외하고 대통령령으로 설치할 수 있도록 하고 있다(「정부조직법」 제2조, 제3조).

06 상급관청이 하급관청의 권한행사를 지휘·감독하기 위해 발하는 명령을 훈령이라 한다.

07 의결기관은 행정주체의 의사를 결정하는 권한만을 가지고 이를 외부에 표시할 권한은 가지지 못한다.

Answer

01 X **02** ○ **03** ○ **04** ○ **05** X **06** ○ **07** X

08 임의대리에서 대리관청이 대리관계를 밝히고 처분을 한 경우 피대리관청이 처분청으로서 항고소송의 피고가 된다. O X

09 법정대리는 특별한 규정이 없는 한 피대리관청의 권한 전부에 미친다. O X

10 권한의 내부위임은 법률의 근거가 없어도 가능하다. O X

11 권한의 일부에 대한 위임뿐만 아니라 권한 전부의 위임도 가능하다. O X

12 권한을 위임받은 기관은 특히 필요한 경우에는 법령으로 정하는 바에 따라 위임받은 사무의 일부를 하급행정기관에게 재위임할 수 있다. O X

13 기관위임사무는 법령에 별도의 위임이 없는 한 조례의 규율대상이 되지 않는다. O X

14 행정권한의 내부위임에도 불구하고 수임기관이 자기의 이름으로 처분을 한 경우 항고소송의 피고는 처분의 권한 있는 위임기관이 된다. O X

15 수임사무의 처리에 관하여 위임기관은 수임기관에 대하여 사전승인을 받거나 협의를 할 것을 요구할 수 있다. O X

08 대리관계를 외부에 밝힌 경우 피대리관청이, 대리관계를 밝히지 않은 경우 대리관청이 피고가 된다.
09 법정대리는 특별한 규정이 없는 한 피대리관청의 권한의 전부에 미친다.
10 내부위임은 권한이 이전되지 않으므로 법적 근거가 없더라도 가능하다.
11 권한의 전부 위임이나 위임청의 존립근거를 무력화하는 주요부분의 위임은 인정되지 않는다.
12 「정부조직법」 제6조 제1항
13 기관위임사무는 지방자치단체의 사무가 아니라 지방자치단체장의 권한이므로 법령에 별도의 규정이 없는 한 조례의 규율대상이 되지 않는다.
14 행정권한의 내부위임은 위임관청명의로 처분을 해야 하나 수임기관이 권한 없이 그의 명의로 한 처분은 실제 처분을 행한 수임기관이 항고소송의 피고가 된다.
15 수임사무의 처리에 관하여 위임기관은 수임기관에 대하여 사전승인을 받거나 협의를 할 것을 요구할 수 없다(「행정권한의 위임 및 위탁에 관한 규정」 제7조).

Answer

08 O 09 O 10 O 11 X 12 O 13 O 14 X 15 X

Chapter 02

자치행정법

제1절 자치행정조직

01 공공단체

1. 의의

국가 밑에서 그 자체의 고유한 존립목적을 가지고 법인격이 부여된 단체로서 공행정주체의 지위를 가지는 단체를 공공단체라 한다.

2. 공공단체의 종류 2020 기출

구분	내용
지방자치단체	• 특별시, 광역시, 특별자치시, 특별자치도, 시, 군, 구 • 제주특별자치도에는 지방자치단체인 시와 군을 두지 아니한다.
공공조합	국가로부터 부여된 목적을 수행하기 위한 자치권이 부여된 공법상의 사단법인을 뜻한다(예 농업협동조합, 대한변호사협회, 상공회의소 등).
영조물법인	공행정목적의 계속적 수행을 위한 인적·물적 종합시설인 영조물에 법인격이 부여된 것을 말한다(예 각종 공사, 특수은행, 각종 공단 등).
공법상 재단법인	국가나 지방자치단체가 출연한 재산을 관리하기 위하여 설립된 법인으로 재산의 결합체인 점에서 영조물법인과 구별된다(예 학술진흥재단, 한국과학기술재단 등).

02 지방자치단체

1. 지방자치단체의 법적 지위

① 지방자치단체는 국가와 독립된 법인으로서 권리의무의 주체가 된다.

② 지방자치단체는 소송의 당사자로서 지방자치단체가 처분의 상대방인 경우 항고소송의 원고적격이 인정된다.

③ 기본권의 주체성이 인정되지 않으므로 헌법소원제기권을 인정하지 않는 것이 헌법재판소의 입장이다.

2. 지방자치단체 상호 간의 협력

(1) 사무의 위탁

지방자치단체나 그 장은 소관 사무의 일부를 다른 지방자치단체나 그 장에게 위탁하여 처리하게 할 수 있다(「지방자치법」 제117조 제2항).

(2) 행정협의회

지방자치법 제169조 【행정협의회의 구성】 ① 지방자치단체는 2개 이상의 지방자치단체에 관련된 사무의 일부를 공동으로 처리하기 위하여 관계 지방자치단체 간의 행정협의회(이하 "협의회"라 한다)를 구성할 수 있다. 이 경우 지방자치단체의 장은 시·도가 구성원이면 행정안전부장관과 관계 중앙행정기관의 장에게, 시·군 또는 자치구가 구성원이면 시·도지사에게 이를 보고하여야 한다.
② 지방자치단체는 협의회를 구성하려면 관계 지방자치단체 간의 협의에 따라 규약을 정하여 관계 지방의회에 각각 보고한 다음 고시하여야 한다.
③ 행정안전부장관이나 시·도지사는 공익상 필요하면 관계 지방자치단체에 대하여 협의회를 구성하도록 권고할 수 있다.

(3) 지방자치단체의 장 등의 협의체

지방자치법 제182조 【지방자치단체의 장 등의 협의체】 ① 지방자치단체의 장이나 지방의회의 의장은 상호 간의 교류와 협력을 증진하고, 공동의 문제를 협의하기 위하여 다음 각 호의 구분에 따라 각각 전국적 협의체를 설립할 수 있다.
1. 시·도지사
2. 시·도의회의 의장
3. 시장·군수 및 자치구의 구청장
4. 시·군 및 자치구의회의 의장

② 제1항 각 호의 전국적 협의체는 그들 모두가 참가하는 지방자치단체 연합체를 설립할 수 있다.

(4) 지방자치단체조합

지방자치법 제176조 【지방자치단체조합의 설립】 ① 2개 이상의 지방자치단체가 하나 또는 둘 이상의 사무를 공동으로 처리할 필요가 있을 때에는 규약을 정하여 지방의회의 의결을 거쳐 시·도는 행정안전부장관의 승인, 시·군 및 자치구는 시·도지사의 승인을 받아 지방자치단체조합을 설립할 수 있다. 다만, 지방자치단체조합의 구성원인 시·군 및 자치구가 2개 이상의 시·도에 걸쳐 있는 지방자치단체조합은 행정안전부장관의 승인을 받아야 한다.
② 지방자치단체조합은 법인으로 한다.

3. 지방자치단체 상호 간의 분쟁해결

(1) 지방자치단체분쟁조정위원회

지방자치법 제166조 【지방자치단체중앙분쟁조정위원회 등의 설치와 구성 등】 ① 제165조 제1항에 따른 분쟁의 조정과 제173조 제1항에 따른 협의사항의 조정에 필요한 사항을 심의·의결하기 위하여 행정안전부에 지방자치단체중앙분쟁조정위원회(이하 "중앙분쟁조정위원회"라 한다)를, 시·도에 지방자치단체지방분쟁조정위원회(이하 "지방분쟁조정위원회"라 한다)를 둔다.

(2) 행정안전부장관 또는 시·도지사의 조정

> **지방자치법 제165조【지방자치단체 상호 간의 분쟁조정】** ① 지방자치단체 상호 간 또는 지방자치단체의 장 상호 간에 사무를 처리할 때 의견이 달라 다툼(이하 "분쟁"이라 한다)이 생기면 다른 법률에 특별한 규정이 없으면 행정안전부장관이나 시·도지사가 당사자의 신청을 받아 조정할 수 있다. 다만, 그 분쟁이 공익을 현저히 해쳐 조속한 조정이 필요하다고 인정되면 당사자의 신청이 없어도 직권으로 조정할 수 있다.
> ③ 행정안전부장관이나 시·도지사가 제1항의 분쟁을 조정하려는 경우에는 관계 중앙행정기관의 장과의 협의를 거쳐 제166조에 따른 지방자치단체중앙분쟁조정위원회나 지방자치단체지방분쟁조정위원회의 의결에 따라 조정을 결정하여야 한다.

(3) 권한쟁의심판

> **헌법재판소법 제61조【청구 사유】** ① 국가기관 상호간, 국가기관과 지방자치단체 간 및 지방자치단체 상호 간에 권한의 유무 또는 범위에 관하여 다툼이 있을 때에는 해당 국가기관 또는 지방자치단체는 헌법재판소에 권한쟁의심판을 청구할 수 있다.

제2절 지방자치법

01 지방자치단체의 구역

1. 매립지 등의 구역획정

① 「공유수면법」에 따른 매립지와 「공간정보관리법」상의 지적공부에 등록이 누락되어 있는 토지가 속할 지방자치단체는 행정안전부장관이 결정한다(「지방자치법」 제5조 제4항).

② 행정안전부장관의 결정에 이의가 있으면 지방자치단체장은 그 결과를 통보받은 날부터 15일 이내에 대법원에 소송을 제기할 수 있다(「지방자치법」 제5조 제9항).

판례

1. 행정안전부장관이 매립지가 속할 지방자치단체를 결정할 때 관계 지방의회의 의견청취 절차를 반드시 거칠 필요는 없다(대결 2013. 11. 14. 2010추73).
2. 공유수면이 매립에 의하여 육지화된 이상 더는 해상경계선만을 기준으로 관할 결정을 할 것은 아니다(대결 2013. 11. 14. 2010추73).

2. 지방자치단체의 구역변경

(1) 유형

① **폐치·분합**: 지방자치단체의 신설 또는 폐지의 결과가 발생한다.

분할	하나의 지방자치단체를 둘 이상의 지방자치단체로 나누는 것
분립	하나의 지방자치단체의 일부 구역을 나누어 새로운 지방자치단체를 설립하는 것
신설합병	둘 이상의 지방자치단체를 합하여 하나의 지방자치단체를 만드는 것
흡수합병	하나의 지방자치단체를 다른 지방자치단체에 흡수시키는 것

② **경계변경**: 지방자치단체의 존폐와 관계없이 단지 그 경계의 변경만 발생한다.

(2) 지방자치단체의 명칭과 구역(「지방자치법」 제5조 제1항 · 제2항 · 제3항)

① 지방자치단체의 명칭과 구역을 바꾸거나 지방자치단체를 폐지하거나 설치하거나 나누거나 합칠 때에는 법률로 정한다. 다만, 지방자치단체의 관할구역 경계변경과 한자 명칭의 변경은 대통령령으로 정한다.

② 지방자치단체를 폐지하거나 설치하거나 나누거나 합칠 때 또는 그 명칭이나 구역을 변경할 때에는 지방의회의 의견을 들어야 한다. 다만, 「주민투표법」 제8조에 따라 주민투표를 한 경우에는 그러하지 아니하다.

(3) 지방자치단체의 경계변경에 대한 조정(「지방자치법」 제6조 제1항 · 제2항) 2023 기출

① 지방자치단체의 장은 관할 구역과 생활권과의 불일치 등으로 인하여 주민생활에 불편이 큰 경우 등 대통령령으로 정하는 사유가 있는 경우에는 행정안전부장관에게 경계변경이 필요한 지역 등을 명시하여 경계변경에 대한 조정을 신청할 수 있다. 이 경우 지방자치단체의 장은 지방의회 재적의원 과반수의 출석과 출석의원 3분의 2 이상의 동의를 받아야 한다.

② 관계 중앙행정기관의 장 또는 둘 이상의 지방자치단체에 걸친 개발사업 등의 시행자는 대통령령으로 정하는 바에 따라 관계 지방자치단체의 장에게 제1항에 따른 경계변경에 대한 조정을 신청하여 줄 것을 요구할 수 있다.

(4) 자치구가 아닌 행정구역의 명칭과 구역(「지방자치법」 제7조 제1항)

자치구가 아닌 구와 읍 · 면 · 동의 명칭과 구역은 종전과 같이 하고, 이를 폐지하거나 설치하거나 나누거나 합칠 때에는 행정안전부장관의 승인을 받아 그 지방자치단체의 조례로 정한다. 다만, 명칭과 구역의 변경은 그 지방자치단체의 조례로 정하고, 그 결과를 특별시장 · 광역시장 · 도지사에게 보고하여야 한다.

(5) 구역변경의 효과

지방자치단체의 구역을 변경하거나 지방자치단체를 폐지하거나 설치하거나 나누거나 합칠 때에는 새로 그 지역을 관할하게 된 지방자치단체가 그 사무와 재산을 승계한다.

판례

1. 승계되는 사무와 재산에서 기관위임된 국가사무는 제외된다(대판 1991. 10. 22. 91다5594).
2. 승계되는 재산이라 함은 현금 이외의 모든 재산적 가치가 있는 물건 및 권리만을 말하는 것으로서 채무는 포함되지 않는다(대판 1993. 2. 26. 92다45292).
3. 새로운 지방자치단체가 설치되는 흡수합병 내지 합체의 경우에는 채무도 새로운 지방자치단체가 승계한다(대판 1995. 12. 8. 95다36053).

(6) 주민의 헌법소원

지방자치단체의 폐치 · 분합에 관한 것은 기본권과도 관련이 있어 주민은 헌법소원을 제기할 수 있다(헌재 1994. 12. 29. 94헌마201).

02 지방자치단체의 주민

1. 주민의 의의

지방자치단체의 구역 안에 주소를 가진 자는 그 지방자치단체의 주민이 된다. 「주민등록법」에서는 공법관계의 주소는 주민등록지로 하고 있으므로 주민등록지가 주소가 되는 것이 원칙이다.

2. 주민의 권리

(1) 공공시설이용권 2016 기출

주민은 법령으로 정하는 바에 따라 지방자치단체의 재산과 공공시설을 이용할 권리와 그 지방자치단체로부터 균등하게 행정의 혜택을 받을 권리를 가진다(「지방자치법」 제17조 제2항). 이 권리는 구체적 권리로 볼 수 없다는 것이 판례이다.

(2) 참정권

① **선거권**: 지방자치단체의 의회의원 및 장의 선거권을 가지는 자에게 있다.

18세 이상으로 선거인명부작성기준일 기준 아래 해당	
30일 이상 거주할 목적	해당 지방자치단체의 관할 구역에 주민등록이 되어 있는 사람
재외국민	주민등록표에 3개월 이상 계속하여 올라 있고 해당 지방자치단체의 관할구역에 주민등록이 되어 있는 사람
외국인	영주의 체류자격 취득일 후 3년이 경과, 해당 지방자치단체의 외국인등록대장에 올라 있는 사람

② **피선거권**: 선거일 현재 계속하여 60일 이상 해당 지방자치단체의 관할구역에 주민등록이 되어 있는 주민으로서 18세 이상의 국민은 그 지방의회의원 및 지방자치단체의 장의 피선거권이 있다(「공직선거법」 제16조 제3항).

(3) 주민투표권

① **법률상 권리**: 주민투표권은 법률이 보장하는 권리일 뿐 헌법이 보장하는 기본권 또는 헌법상 제도적으로 보장되는 주관적 공권으로 볼 수 없다(헌재 2005. 12. 22. 2004헌마530).

② **주민투표권자**

18세 이상 주민 중 투표인명부 작성기준일 기준 아래 해당(단, 「공직선거법」상 선거권이 없는 사람 제외)	
30일 이상 거주할 목적	그 지방자치단체의 관할 구역에 주민등록이 되어 있는 사람
외국인	대한민국에 계속 거주할 수 있는 자격(체류자격변경허가 또는 체류기간연장허가를 통하여 계속 거주할 수 있는 경우를 포함한다)을 갖춘 외국인
※ 연령은 투표일 현재를 기준	

③ **주민투표의 대상**: 주민에게 과도한 부담을 주거나 중대한 영향을 미치는 지방자치단체의 주요 결정사항은 주민투표에 부칠 수 있다(「주민투표법」 제7조 제1항).

참고

주민투표 대상 제외사항(「주민투표법」 제7조 제2항)

1. 법령에 위반되거나 재판 중인 사항
2. 국가 또는 다른 지방자치단체의 권한 또는 사무에 속하는 사항
3. 지방자치단체의 예산·회계·계약 및 재산관리에 관한 사항과 지방세·사용료·수수료·분담금 등 각종 공과금의 부과 또는 감면에 관한 사항
4. 행정기구의 설치·변경에 관한 사항과 공무원의 인사·정원 등 신분과 보수에 관한 사항
5. 다른 법률에 의하여 주민대표가 직접 의사결정주체로서 참여할 수 있는 공공시설의 설치에 관한 사항. 다만, 제9조 제5항의 규정에 의하여 지방의회가 주민투표의 실시를 청구하는 경우에는 그러하지 아니하다.
6. 동일한 사항(그 사항과 취지가 동일한 경우를 포함한다)에 대하여 주민투표가 실시된 후 2년이 경과되지 아니한 사항 등은 이를 주민투표에 부칠 수 없다.

④ **주민투표의 실시요건(「주민투표법」 제9조)**

18세 이상의 주민의 청구	주민투표청구권자 총수의 20분의 1 이상 5분의 1 이하의 범위 안에서 지방자치단체의 조례로 정하는 수 이상의 서명
지방의회	재적의원 과반수의 출석과 출석의원 3분의 2 이상의 찬성
지방자치단체의 장	그 지방의회 재적의원 과반수의 출석과 출석의원 과반수의 동의
※ 그 지방자치단체의 장에게 청구	

⑤ **주민투표 결과의 확정**

확정	주민투표권자 총수의 4분의 1 이상의 투표와 유효투표수 과반수의 득표
미달 또는 동수인 경우	찬성과 반대 양자를 모두 수용하지 아니하거나, 양자택일의 대상이 되는 사항 모두를 선택하지 아니하기로 확정

⑥ **불복절차**: ㉠ 주민투표의 효력에 이의가 있는 주민투표권자는 주민투표권자 총수의 100분의 1 이상의 서명으로 주민투표결과가 공표된 날부터 14일 이내에 관할 선거관리위원회 위원장을 피소청인으로 하여 시·도선거관리위원회나 중앙선거관리위원회에 소청할 수 있다. ㉡ 소청결정에 대한 불복은 결정서를 받은 날로부터 10일 이내에 시·도의 경우 대법원에, 시·군·구의 경우 관할 고등법원에 소를 제기할 수 있다.

(4) **청원권**

주민은 지방의회에 대해 지방의회의원의 소개를 받아 청원할 수 있다.

(5) **조례의 제정·개폐청구권(「주민조례발안에 관한 법률」)**

① **청구권자**

18세 이상으로 선거인명부작성기준일 기준 아래 해당	
30일 이상 거주할 목적	해당 지방자치단체의 관할 구역에 주민등록이 되어 있는 사람
외국인	영주(永住)할 수 있는 체류자격 취득일 후 3년이 지난 외국인으로서 해당 지방자치단체의 외국인등록대장에 올라 있는 사람

② **청구의 상대방**: 해당 지방자치단체의 의회에 청구할 수 있다[지방자치단체장(×)].

③ **청구대상**: 조례의 제정・개정・폐지가 모두 포함된다.

참고

주민조례청구 대상에서 제외되는 사항(「주민조례발안에 관한 법률」 제4조)

1. 법령을 위반하는 사항
2. 지방세・사용료・수수료・부담금을 부과・징수 또는 감면하는 사항
3. 행정기구를 설치하거나 변경하는 사항
4. 공공시설의 설치를 반대하는 사항

---

(6) 규칙의 제정・개폐 의견제출권(「지방자치법」 제20조)

① **의견제출권**: 주민은 제29조에 따른 규칙(권리・의무와 직접 관련되는 사항으로 한정한다)의 제정, 개정 또는 폐지와 관련된 의견을 해당 지방자치단체의 장에게 제출할 수 있다.

② **의견제출의 상대방**: 해당 지방자치단체의 장에게 제출할 수 있다[지방의회(×)].

③ **의견제출에 대한 통보**: 지방자치단체의 장은 제출된 의견에 대하여 의견이 제출된 날부터 30일 이내에 검토 결과를 그 의견을 제출한 주민에게 통보하여야 한다.

(7) 감사청구권(「지방자치법」 제21조)

① **청구권자**: 18세 이상인 주민 일정 수의 연대서명에 의한다. 「공직선거법」 제18조에 따른 선거권이 없는 사람은 제외된다.

② **감사청구대상**: 그 지방자치단체와 그 장의 권한에 속하는 사무의 처리가 법령에 위반되거나 공익을 현저히 해친다고 인정되면 감사를 청구할 수 있다(자치사무・단체위임사무・기관위임사무 모두 포함).

참고

감사청구 제외사항(「지방자치법」 제21조 제2항)

1. 수사나 재판에 관여하게 되는 사항
2. 개인의 사생활을 침해할 우려가 있는 사항
3. 다른 기관에서 감사하였거나 감사 중인 사항. 다만, 다른 기관에서 감사한 사항이라도 새로운 사항이 발견되거나 중요 사항이 감사에서 누락된 경우와 주민소송의 대상이 되는 경우에는 그러하지 아니하다.
4. 동일한 사항에 대하여 주민소송이 진행 중이거나 그 판결이 확정된 사항

---

③ **감사청구의 제한**: 감사청구는 사무처리가 있었던 날이나 끝난 날부터 3년이 지나면 제기할 수 없다.

④ **감사청구의 상대방**: 시・도에서는 주무부장관에게, 시・군 및 자치구에서는 시・도지사에게 청구할 수 있다.

⑤ **감사청구의 처리**: 주무부장관이나 시・도지사는 감사청구를 수리한 날부터 60일 이내에 감사청구된 사항에 대하여 감사를 끝내야 하며, 감사결과를 청구인의 대표자와 해당 지방자치단체의 장에게 서면으로 알리고, 공표하여야 한다.

(8) 주민소송(「지방자치법」 제22조) 2014 · 2021 · 2022 기출

① **민중소송**: 주민소송은 지방자치단체의 위법한 재무회계행위를 시정하고자 하는 공익목적을 가지고 제기하는 민중소송이며, 구체적인 법률상 이익의 침해가 없어도 제기하고 적법성 통제를 목적으로 하는 객관적 소송에 해당한다.

② **원고적격**: 감사청구한 주민만 소송을 제기할 수 있다. 1명이 청구하는 것도 가능하다.

③ **소송대상**: 주민감사청구 중 공금의 지출에 관한 사항, 재산의 취득 · 관리 · 처분에 관한 사항, 해당 지방자치단체를 당사자로 하는 매매 · 임차 · 도급 계약이나 그 밖의 계약의 체결 · 이행에 관한 사항 또는 지방세 · 사용료 · 수수료 · 과태료 등 공금의 부과 · 징수를 게을리한 사항을 대상으로 한다.

판례

1. 주민소송의 대상으로서 '공금의 지출에 관한 사항'이란 지출원인행위 즉, 지방자치단체의 지출원인이 되는 계약 그 밖의 행위로서 당해 행위에 의하여 지방자치단체가 지출의무를 부담하는 예산집행의 최초 행위와 그에 따른 지급명령 및 지출 등에 한정된다(대판 2011. 12. 22. 2009두14309).
2. 특별한 사정이 없는 한 이러한 지출원인행위 등에 선행하여 그러한 지출원인행위를 수반하게 하는 당해 지방자치단체의 장 및 직원, 지방의회 의원의 결정 등과 같은 행위는 포함되지 않는다(대판 2011. 12. 22. 2009두14309).
3. 재무회계와 관련이 없는 행위는 그것이 지방자치단체의 재정에 어떤 영향을 미친다고 하더라도, 주민소송의 대상이 되는 '재산의 관리 · 처분에 관한 사항' 또는 '공금의 부과 · 징수를 게을리한 사항'에 해당하지 않는다(대판 2015. 9. 10. 2013두16746).
4. 이행강제금의 부과 · 징수를 게을리한 행위는 주민소송의 대상이 되는 공금의 부과 · 징수를 게을리한 사항에 해당한다(대판 2015. 9. 10. 2013두16746).
5. 점용허가가 도로 등의 본래 기능 및 목적과 무관하게 그 사용가치를 실현 · 활용하기 위한 것으로 평가되는 경우, 주민소송의 대상이 되는 재산의 관리 · 처분에 해당한다(대판 2016. 5. 27. 2014두8490).
6. 지방의회의원에게 지급할 의정활동비 등의 지급기준을 정한 조례는 공금의 지출에 관한 사항에 해당한다(대판 2014. 2. 27. 2011두7489).

---

④ **소송의 형태**

㉠ **중지소송**: 해당 행위를 계속하면 회복하기 곤란한 손해를 발생시킬 우려가 있는 경우에 그 행위의 전부나 일부를 중지할 것을 요구하는 소송

㉡ **처분소송**: 행정처분인 해당 행위의 취소 또는 변경을 요구하거나 그 행위의 효력 유무 또는 존재 여부의 확인을 요구하는 소송

㉢ **위법확인소송**: 게을리한 사실의 위법 확인을 요구하는 소송

㉣ **손해배상 · 부당이득반환청구소송**: 해당 지방자치단체의 장 및 직원, 지방의회의원, 해당 행위와 관련이 있는 상대방에게 손해배상청구 또는 부당이득반환청구를 할 것을 요구하는 소송

⑤ **주민소송의 상대방**: 해당 지방자치단체의 장을 피고로 소송을 제기한다.

⑥ **소 제기기간**: 감사결과의 통지를 받은 날 등 각 불복사유가 발생한 날로부터 90일 이내에 제기하여야 한다.

⑦ **제소제한**: 주민소송이 계속 중인 때에는 다른 주민은 동일한 사항에 대하여 별도의 소송을 제기할 수 없다.

⑧ **소송중단**: 소송의 계속 중에 소송을 제기한 주민이 사망하거나 주민의 자격을 잃으면 소송절차는 중단된다. 소송대리인이 있는 경우에도 또한 같다.

⑨ **청구포기의 제한**: 당사자는 법원의 허가를 받지 아니하고는 소의 취하, 소송의 화해 또는 청구의 포기를 할 수 없다.

(9) 주민소환권(「주민소환에 관한 법률」) 2017 · 2020 기출

① **의의**: 주민은 그 지방자치단체장 및 지방의회의원을 소환할 권리를 가진다. 다만 비례대표 지방의회의원은 제외된다.

② **사유**: 주민소환 사유는 별도의 제한이 없다. 헌법재판소는 주민소환 사유에 아무런 제한을 두지 않은 것은 소환대상자의 공무담임권을 침해하지 않는 것으로 본다.

③ **주민소환투표권자**

19세 이상	
주민등록	당해 지방자치단체 관할구역에 주민등록이 되어 있는 자(「공직선거법」상 선거권이 없는 자를 제외)
외국인	영주(永住)할 수 있는 체류자격 취득일 후 3년이 지난 외국인으로서 해당 지방자치단체의 외국인등록대장에 올라 있는 사람

④ **주민소환투표 청구**: 「주민소환에 관한 법률」상 일정 수 이상의 서명으로 그 소환사유를 서면에 구체적으로 명시하여 관할선거관리위원회에 주민소환투표의 실시를 청구할 수 있다.

⑤ **청구금지**: 아래의 경우 청구할 수 없다.
㉠ 선출직 지방공직자의 임기개시일부터 1년이 경과하지 아니한 때
㉡ 선출직 지방공직자의 임기만료일부터 1년 미만일 때
㉢ 해당 선출직 지방공직자에 대한 주민소환투표를 실시한 날부터 1년 이내인 때

⑥ **주민소환투표의 확정**

확정	주민투표권자 총수의 3분의 1 이상의 투표와 유효투표수 과반수의 득표
미달	개표를 하지 아니한다.

⑦ **확정의 효력**: 주민소환투표대상자는 관할 선거관리위원회가 주민소환투표안을 공고한 때부터 주민소환투표결과를 공표할 때까지 그 권한행사가 정지되며, 주민소환이 확정된 때에는 주민소환투표대상자는 그 결과가 공표된 시점부터 그 직을 상실한다. 그 직을 상실한 자는 그로 인하여 실시하는 해당 보궐선거에 후보자로 등록할 수 없다.

⑧ **주민소환투표 효력에 대한 불복**: 주민소환투표 결과가 공표된 날부터 14일 이내에 특별시·광역시·도선거관리위원회나 중앙선거관리위원회에 소청할 수 있으며, 소청결과에 불복이 있는 경우 10일 이내에 시·군·구에서는 고등법원에, 시·도에서는 대법원에 소를 제기할 수 있다.

3. 주민의 의무

주민은 법령으로 정하는 바에 따라 소속 지방자치단체의 비용을 분담하여야 하는 의무를 진다. 그 외 일정시설에 대한 이용강제의무가 부과되기도 한다.

03 지방자치단체의 사무 2015 기출

1. 자치사무

자치단체의 본래적 사무로서 지방자치단체는 국가 또는 다른 자치단체의 전권에 속하는 사무를 제외하고는 그 지방주민의 복리에 관한 공공사무를 포괄적으로 처리할 수 있다.

2. 위임사무

구분	자치사무	단체위임사무	기관위임사무
사무처리 효과	해당 지방자치단체에 귀속	국가 등에 귀속	국가 등에 귀속
조례제정가능성	가능	가능	불가(예외 인정)
지방의회 관여	가능	가능	불가
경비부담	지방자치단체	위임자	위임자
감독범위	합법성	합법성 + 합목적성	합법성 + 합목적성

3. 시 · 도와 시 · 군 · 구 간의 사무배분기준

지방자치법 제14조【지방자치단체의 종류별 사무배분기준】 ① 제13조에 따른 지방자치단체의 사무를 지방자치단체의 종류별로 배분하는 기준은 다음 각 호와 같다. 다만, 제13조 제2항 제1호의 사무는 각 지방자치단체에 공통된 사무로 한다.

1. 시 · 도
   가. 행정처리 결과가 2개 이상의 시 · 군 및 자치구에 미치는 광역적 사무
   나. 시 · 도 단위로 동일한 기준에 따라 처리되어야 할 성질의 사무
   다. 지역적 특성을 살리면서 시 · 도 단위로 통일성을 유지할 필요가 있는 사무
   라. 국가와 시 · 군 및 자치구 사이의 연락 · 조정 등의 사무
   마. 시 · 군 및 자치구가 독자적으로 처리하기 어려운 사무
   바. 2개 이상의 시 · 군 및 자치구가 공동으로 설치하는 것이 적당하다고 인정되는 규모의 시설을 설치하고 관리하는 사무
2. 시 · 군 및 자치구 제1호에서 시 · 도가 처리하는 것으로 되어 있는 사무를 제외한 사무. 다만, 인구 50만 이상의 시에 대해서는 도가 처리하는 사무의 일부를 직접 처리하게 할 수 있다.

③ 시 · 도와 시 · 군 및 자치구는 사무를 처리할 때 서로 겹치지 아니하도록 하여야 하며, 사무가 서로 겹치면 시 · 군 및 자치구에서 먼저 처리한다. 2019 기출

판례

자치사무라는 판례

1. 호적사무는 국가의 사무로서 국가의 기관위임에 의하여 수행되는 사무가 아니고 지방자치단체의 사무(대판 1995. 3. 28. 94다45654) 2019 기출
2. 인천국제공항고속도로를 이용하는 지역주민에게 통행료를 지원하는 내용의 사무(대판 2008. 6. 12. 2007추42)
3. 수업료, 입학금의 지원에 관한 사무(대판 2013. 4. 11. 2012추22)
4. 공공요금 일부지원사무(대판 2016. 5. 12. 2013추531)
5. 세 자녀 이상 세대 양육비 등 지원에 관한 사무(대판 2006. 10. 12. 2006추38)
6. 각종 학교법인의 임시이사선임에 관한 교육감의 권한행사(대판 2020. 9. 3. 2019두58650)

국가사무라는 판례

1. 국가하천에 관한 사무는 지방자치단체가 비용 일부를 부담한다고 해서 국가사무의 성격이 자치사무로 바뀌는 것은 아니다(대판 2020. 12. 30. 2020두37406).
2. 교원의 지위에 관한 사항(대판 2014. 2. 27. 2012추145)

04 지방자치단체의 권한

1. 자치입법권 2018 기출

(1) 의의

지방자치단체는 법령의 범위 안에서 자치에 관한 규정을 제정할 수 있다. 자치법규로는 조례와 규칙, 교육자치법규로는 교육규칙이 있다.

(2) 조례 2013 · 2015 기출

① **제정사항**

㉠ **조례제정권**: 지방자치단체는 법령의 범위 안에서 그 권한에 속하는 모든 사무에 관하여 조례를 제정할 수 있다.

㉡ **기관위임사무**: 기관위임사무는 원칙적으로 조례제정사항에서 제외되지만, 법령의 위임이 있는 경우 예외적으로 제정될 수 있다. 2019 기출

㉢ **지방자치단체장의 전속적 권한**: 자치사무나 단체위임사무라도 법령에 의해 지방자치단체장의 전속적 권한으로 정한 사항은 조례로 정할 수 없고, 그러한 조례는 무효이다.

판례

1. 민간위탁적격자심사위원회 위원의 정수 및 위원의 구성비를 어떻게 정할 것인지는 해당 지방의회가 조례로써 정할 수 있는 입법재량에 속하는 문제이다(대판 2012. 11. 29. 2011추87).
2. 주민들의 행정처분에 대한 행정심판청구를 지원하는 전제로서 당해 행정처분의 정당성 여부를 지방의회에서 판단하도록 규정하고 있다면 이는 법률에 규정이 없는 새로운 견제장치를 만드는 것이 되어 효력이 없다(대판 1997. 3. 11. 96추60).

② **법령의 근거**: 조례는 원칙적으로 법령의 범위 안에서 자주적으로 제정할 수 있는 것이므로 법령의 위임이 있어야만 하는 것은 아니지만, 주민의 권리 · 의무에 관한 사항이거나 벌칙에 관한 사항은 법률의 위임을 요한다.

판례

국가사무가 지방자치단체의 장에게 위임되거나 상위 지방자치단체의 사무가 하위 지방자치단체의 장에게 위임된 기관위임사무에 관한 사항은 원칙적으로 조례의 제정범위에 속하지 않는다(대판 2017. 12. 5. 2016추5162).

③ **조례제정권의 한계**

㉠ 법령에 위반되는 조례는 무효이다.

판례

이미 법률이 존재하는 사항에 대해 조례로 정할 수 있는 경우

조례가 규율하는 특정사항에 관하여 그것을 규율하는 국가의 법령이 이미 존재하는 경우에도 조례가 법령과 별도의 목적에 기하여 규율함을 의도하는 것으로서 그 적용에 의하여 법령의 규정이 의도하는 목적과 효과를 전혀 저해하는 바가 없는 때, 또는 양자가 동일한 목적에서 출발한 것이라고 할지라도 국가의 법령이 반드시 그 규정에 의하여 전국에 걸쳐 일률적으로 동일한 내용을 규율하려는 취지가 아니고 각 지방자치단체가 그 지방의 실정에 맞게 별도로 규율하는 것을 용인하는 취지라고 해석되는 때에는 그 조례가 국가의 법령에 위반되는 것은 아니다(대판 1997. 4. 25. 96추244).

㉡ 조례로써 조례위반행위에 대해 1천만 원 이하의 과태료를 정할 수 있다.

④ **조례에 대한 통제**

㉠ 지방자치단체장에 의한 통제

단체장의 재의 요구	① 조례안이 지방의회에서 의결되면 지방의회의 의장은 의결된 날부터 5일 이내에 그 지방자치단체의 장에게 이송 ② 지방자치단체의 장은 조례안을 이송받으면 20일 이내에 공포 ③ 지방자치단체의 장은 이송받은 조례안에 대하여 이의가 있으면 20일 이내에 이유를 붙여 지방의회로 환부(還付)하고, 재의(再議)를 요구[일부재의(×), 수정재의(×)] ④ 지방의회는 재의 요구를 받으면 조례안을 재의에 부치고 재적의원 과반수의 출석과 출석의원 3분의 2 이상의 찬성으로 전(前)과 같은 의결을 하면 그 조례안은 조례로서 확정

판례

재의결 내용 전부가 아니라 일부만 위법한 경우에도 대법원은 의결 전부의 효력을 부인하여야 한다(대판 2017. 12. 5. 2016추5162).

㉡ **감독청에 의한 통제(「지방자치법」 제192조)**: 지방의회의 의결이 법령에 위반되거나 공익을 현저히 해친다고 판단되면 시·도에 대하여는 주무부장관이, 시·군 및 자치구에 대하여는 시·도지사가 재의를 요구하게 할 수 있다.

㉢ **법원에 의한 통제**: 조례에 근거한 처분에 대해 소가 제기되어 조례가 재판의 전제가 된 경우에는 법원이 재판하는 구체적 규범통제가 인정된다. 다만, 조례가 집행행위의 개입 없이도 그 자체로서 직접 국민의 구체적인 권리의무나 법적 이익에 영향을 미치는 처분조례인 경우 항고소송의 대상이 된다. 이 경우 피고는 단체장이 된다.

㉣ **헌법소원**: 조례가 그 자체로 기본권을 침해하는 경우 조례 자체에 대하여 헌법소원을 제기할 수 있다는 것이 헌법재판소의 입장이다.

(3) 규칙

규칙은 지방자치단체의 장이 법령 또는 조례가 위임한 범위 안에서 그 권한에 속하는 사무에 관하여 제정하는 규범이다.

2. 자치조직권

① 자치구가 아닌 구와 읍·면·동을 폐지하거나 설치하거나 나누거나 합칠 때에는 행정안전부장관의 승인을 받아 그 지방자치단체의 조례로 정한다(「지방자치법」 제7조 제1항).
② 리의 명칭과 구역을 변경하거나 리를 폐지하거나 설치하거나 나누거나 합칠 때에는 그 지방자치단체의 조례로 정한다(「지방자치법」 제7조 제2항).
③ 지방자치단체는 그 보조기관·소속행정기관·하부행정기관에 대한 자주조직권을 갖는다.

3. 자치행정권

지방자치단체가 자기의 독자적 사무를 원칙적으로 중앙정부의 간섭을 받지 않고 자주적으로 처리할 수 있는 권한을 말한다.

4. 자치재정권

지방자치단체는 그 자치사무와 위임사무의 처리를 위한 경비의 지출의무가 있으므로 그 경비를 충당하기 위하여 필요한 세입을 확보하고 지출을 관리하는 권한을 가진다.

05 지방자치단체의 기관

1. 지방의회 2015 기출

(1) 지방의회의 법적 지위

주민의 직접·비밀·보통·평등선거로 선출된 일정 수의 의원으로 구성되는 주민의 대표기관이다.

(2) 지방의회의 권한

지방의회는 ① 의결권, ② 행정사무에 대한 감사·조사권, ③ 각종 자율권, ④ 단체장 또는 공무원에 대한 출석·답변요구권, ⑤ 서류제출요구권, ⑥ 지방자치단체장의 선결처분에 대한 승인권, ⑦ 청원수리·의결권 등을 갖는다. 2024 기출

판례

1. 지방의회에 의한 지방의회 의장의 불신임결의는 의장으로서의 권한을 박탈하는 행정처분의 일종으로서 항고소송의 대상이 된다(대판 1994. 10. 11. 94두23).
2. 지방의회의 의원징계의결은 그로 인해 의원의 권리에 직접 법률효과를 미치는 행정처분의 일종으로서 행정소송의 대상이 된다(대판 1993. 11. 26. 93누7341).

(3) 지방의회의원의 권한과 의무

① **권한**: 지방의회의원의 임기는 4년으로 ㉠ 의정활동비 · 여비 외에 직무활동에 대한 월정수당을 받을 권리, ㉡ 당해 지방의회의 기관의 선거권과 피선거권, ㉢ 의안발의 · 발언 · 투표 등 의사에 참여할 권리를 갖는다.

② **의무**: 일정한 직책을 겸직할 수 없고 당해 지방자치단체 및 공공단체와 영리를 목적으로 하는 거래를 할 수 없으며 직무수행상 공공이익의 우선의무, 성실의무, 청렴의무, 품위유지의무, 지위남용금지의무 등을 진다.

2. 지방자치단체의 장

(1) 단체장의 지위

지방자치단체의 장은 집행기관의 장으로서, 당해 자치단체의 사무를 일반적으로 관장 · 집행하고, 당해 자치단체를 통할 · 대표한다. 단체장이 기관위임사무를 수행하는 한도에서는 국가의 하급행정기관의 지위에 선다. 지방자치단체의 장의 임기는 4년으로 하며, 지방자치단체의 장의 계속 재임은 3기에 한한다.

(2) 단체장의 권한

① **일반적 권한**: 지방자치단체의 대표권, 사무관리집행권, 규칙제정권, 직원의 임면 · 지휘감독권, 하급행정기관에 대한 행정감독권, 직속기관이나 소속행정기관 설치권 등의 권한이 있다.

② **지방의회에 대한 권한**: 임시회 소집요구권, 의회출석 · 진술권, 의안발의권, 조례공포권, 지방의회 의결에 대한 재의요구권, 지방의회 재의결에 대한 대법원에의 제소권, 선결처분권 등이 있다.

③ **선결처분권**

> **지방자치법 제122조【지방자치단체의 장의 선결처분】** ① 지방자치단체의 장은 지방의회가 지방의회의원이 구속되는 등의 사유로 제73조에 따른 의결정족수에 미달될 때와 지방의회의 의결사항 중 주민의 생명과 재산 보호를 위하여 긴급하게 필요한 사항으로서 지방의회를 소집할 시간적 여유가 없거나 지방의회에서 의결이 지체되어 의결되지 아니할 때에는 선결처분(先決處分)을 할 수 있다.
> ② 제1항에 따른 선결처분은 지체 없이 지방의회에 보고하여 승인을 받아야 한다.
> ③ 지방의회에서 제2항의 승인을 받지 못하면 그 선결처분은 그때부터 효력을 상실한다.
> ④ 지방자치단체의 장은 제2항이나 제3항에 관한 사항을 지체 없이 공고하여야 한다.

3. 지방자치단체의 장의 재의 요구

구분	내용
단체장의 재의 요구 (「지방자치법」 제120조)	① 지방자치단체의 장은 지방의회의 의결이 월권이거나 법령에 위반되거나 공익을 현저히 해친다고 인정되면 그 의결사항을 이송받은 날부터 20일 이내에 이유를 붙여 재의를 요구 ② 지방의회가 재의한 결과 재적의원 과반수의 출석과 출석의원 3분의 2 이상의 찬성으로 전과 같은 의결을 하면 그 의결사항은 확정 ③ 지방자치단체의 장은 재의결된 사항이 법령에 위반된다고 인정되면 대법원에 소를 제기(재의결된 날로부터 20일 이내)

예산상 집행 불가능한 의결 (「지방자치법」 제121조)	① 지방자치단체의 장은 지방의회의 의결이 예산상 집행할 수 없는 경비를 포함하고 있다고 인정되면 그 의결사항을 이송받은 날부터 20일 이내에 이유를 붙여 재의를 요구 ② 지방의회가 다음 각 호의 어느 하나에 해당하는 경비를 줄이는 의결을 할 때에도 재의를 요구 1. 법령에 따라 지방자치단체에서 의무적으로 부담하여야 할 경비 2. 비상재해로 인한 시설의 응급 복구를 위하여 필요한 경비 ③ 지방의회가 재의한 결과 재적의원 과반수의 출석과 출석의원 3분의 2 이상의 찬성으로 전과 같은 의결을 하면 그 의결사항은 확정

06 지방자치단체에 대한 국가의 관여

1. 입법적 관여

지방자치단체의 조직과 운영에 관한 기본적 사항은 법률로 정하고 있다.

2. 사법적 관여

넓은 의미로는 행정심판에 의한 통제와 행정소송에 의한 통제 및 헌법재판소에 의한 통제 방식이 있고, 법원에 의한 통제로는 항고소송, 당사자소송, 선거소송 및 기관소송 등이 있다.

3. 행정적 관여

(1) 감독기관

① 지방자치단체나 그 장이 위임받아 처리하는 국가사무에 관하여 시・도에서는 주무부장관, 시・군 및 자치구에서는 1차로 시・도지사, 2차로 주무부장관의 지도・감독을 받는다(「지방자치법」 제185조 제1항).

② 시・군 및 자치구나 그 장이 위임받아 처리하는 시・도의 사무에 관하여는 시・도지사의 지도・감독을 받는다(「지방자치법」 제185조 제2항).

(2) 지방의회 의결의 재의 요구와 제소

감독청 재의 요구 (「지방자치법」 제192조)	① 지방의회의 의결이 법령에 위반되거나 공익을 현저히 해친다고 판단되면 시・도에 대해서는 주무부장관이, 시・군 및 자치구에 대해서는 시・도지사가 해당 지방자치단체의 장에게 재의를 요구하게 할 수 있다. ② 시・군 및 자치구의회의 의결이 법령에 위반된다고 판단됨에도 불구하고 시・도지사가 제1항에 따라 재의를 요구하게 하지 아니한 경우 주무부장관이 직접 시장・군수 및 자치구의 구청장에게 재의를 요구하게 할 수 있다. ③ 재의 요구 지시를 받은 지방자치단체의 장은 의결사항을 이송받은 날부터 20일 이내에 지방의회에 이유를 붙여 재의를 요구하여야 한다. ④ 지방의회가 재의한 결과 재적의원 과반수의 출석과 출석의원 3분의 2 이상의 찬성으로 전과 같은 의결을 하면 그 의결사항은 확정된다. ⑤ 지방자치단체의 장은 재의결된 사항이 법령에 위반된다고 인정되면 재의결된 날로부터 20일 이내에 대법원에 소를 제기할 수 있다(집행정지결정 신청 가능). ⑥ 해당 지방자치단체의 장이 제소하지 않는 경우 감독청이 제소를 지시하거나 직접 제소할 수 있다(집행정지결정 신청 가능).

(3) 위법 · 부당한 명령 · 처분의 시정명령과 취소 · 정지

감독청 시정명령 및 취소 · 정지 (「지방자치법」 제188조)	① 지방자치단체의 사무에 관한 지방자치단체의 장의 명령이나 처분이 법령에 위반되거나 현저히 부당하여 공익을 해친다고 인정되면 시 · 도에 대해서는 주무부장관이, 시 · 군 및 자치구에 대해서는 시 · 도지사가 기간을 정하여 서면으로 시정할 것을 명하고, 그 기간에 이행하지 아니하면 이를 취소하거나 정지할 수 있다. ② 주무부장관은 지방자치단체의 사무에 관한 시장 · 군수 및 자치구의 구청장의 명령이나 처분이 법령에 위반되거나 현저히 부당하여 공익을 해침에도 불구하고 시 · 도지사가 시정명령을 하지 아니하면 시 · 도지사에게 기간을 정하여 시정명령을 하도록 명할 수 있다. ③ 주무부장관은 시 · 도지사가 시정명령을 하지 아니하면 직접 시장 · 군수 및 자치구의 구청장에게 기간을 정하여 서면으로 시정할 것을 명하고, 그 기간에 이행하지 아니하면 주무부장관이 시장 · 군수 및 자치구의 구청장의 명령이나 처분을 취소하거나 정지할 수 있다. ④ 주무부장관은 시 · 도지사가 시장 · 군수 및 자치구의 구청장에게 시정명령을 하였으나 이를 이행하지 아니한 데 따른 취소 · 정지를 하지 아니하는 경우에는 시 · 도지사에게 기간을 정하여 시장 · 군수 및 자치구의 구청장의 명령이나 처분을 취소하거나 정지할 것을 명하고, 그 기간에 이행하지 아니하면 주무부장관이 이를 직접 취소하거나 정지할 수 있다. ⑤ 자치사무에 관한 명령이나 처분에 대한 주무부장관 또는 시 · 도지사의 시정명령, 취소 또는 정지는 법령을 위반한 것에 한정한다. ⑥ 지방자치단체의 장은 자치사무에 관한 명령이나 처분의 취소 또는 정지에 대하여 이의가 있으면 그 취소처분 또는 정지처분을 통보받은 날부터 15일 이내에 대법원에 소를 제기할 수 있다.

① **시정명령 대상**: 자치사무와 단체위임사무를 대상으로 하고 기관위임사무는 포함되지 않는다는 것이 판례이다. 지방자치단체의 장의 '명령'은 지방자치단체장의 '규칙'을, 장의 처분은 항고소송의 대상되는 처분보다 넓은 개념으로 보는 것이 판례이다.

② **시정범위**: 시정명령이나 취소 또는 정지는 자치사무의 경우 위법한 경우에 한하고, 단체위임사무는 위법뿐만 아니라 부당(합목적성의 결여)한 경우도 포함된다.

③ **소송대상**

㉠ 자치사무에 관한 취소 또는 정지처분에 한하여 지방자치단체의 장이 대법원에 제소할 수 있고, 단체위임사무에 관한 취소 또는 정지처분은 취소소송을 인정하고 있지 않고 있다.

㉡ 판례는 시정명령은 명문의 규정이 없으므로 대법원에 소를 제기하는 것을 허용하지 않는다(기관소송은 법률에 규정이 있는 경우에 한하므로).

(4) 직무이행명령

감독청 직무이행명령 (「지방자치법」 제189조)	① 지방자치단체의 장이 법령에 따라 그 의무에 속하는 국가위임사무나 시·도위임사무의 관리와 집행을 명백히 게을리하고 있다고 인정되면 시·도에 대해서는 주무부장관이, 시·군 및 자치구에 대해서는 시·도지사가 기간을 정하여 서면으로 이행할 사항을 명령할 수 있다. ② 주무부장관이나 시·도지사는 해당 지방자치단체의 장이 이행명령을 이행하지 아니하면 그 지방자치단체의 비용부담으로 대집행 또는 행정상·재정상 필요한 조치(이하 이 조에서 "대집행등"이라 한다)를 할 수 있다. 이 경우 행정대집행에 관하여는 「행정대집행법」을 준용한다. ③ 주무부장관은 시장·군수 및 자치구의 구청장이 법령에 따라 그 의무에 속하는 국가위임사무의 관리와 집행을 명백히 게을리하고 있다고 인정됨에도 불구하고 시·도지사가 이행명령을 하지 아니하는 경우 시·도지사에게 기간을 정하여 이행명령을 하도록 명할 수 있다. ④ 주무부장관은 시·도지사가 이행명령을 하지 아니하면 직접 시장·군수 및 자치구의 구청장에게 기간을 정하여 이행명령을 하고, 그 기간에 이행하지 아니하면 주무부장관이 직접 대집행등을 할 수 있다. ⑤ 주무부장관은 시·도지사가 시장·군수 및 자치구의 구청장에게 이행명령을 하였으나 이를 이행하지 아니한 데 따른 대집행등을 하지 아니하는 경우에는 시·도지사에게 기간을 정하여 대집행등을 하도록 명하고, 그 기간에 대집행등을 하지 아니하면 주무부장관이 직접 대집행등을 할 수 있다. ⑥ 지방자치단체의 장은 이행명령에 이의가 있으면 이행명령서를 접수한 날부터 15일 이내에 대법원에 소를 제기할 수 있다(집행정지 신청 가능).

판례

직무이행명령에서 국가위임사무란 교육감 등에 위임된 국가사무, 즉 기관위임 국가사무를 뜻한다고 보는 것이 타당하다(대판 2013. 6. 27. 2009추206).

Chapter 02

OX로 기초다지기

01 주민투표권은 「헌법」이 보장하는 참정권이라 할 수 있다. ○✕

02 주민이 지방의회 본회의의 안건 심의 중 방청인으로서 안건에 관하여 발언하는 것은 선거제도를 통한 대표제 원리에 위반되지 않는다. ○✕

03 「주민소환에 관한 법률」은 주민소환사유를 제한하고 있지 않다. ○✕

04 비례대표 지방의회의원은 주민소환의 대상자가 된다. ○✕

05 감사청구한 주민이라면 1인이라도 「지방자치법」상 주민소송을 제기할 수 있다. ○✕

01 주민투표권은 법률규정에 의해 인정되는 권리라는 것이 헌법재판소의 입장이다.

02 법적으로 아무런 책임을 지지 아니하는 주민이 본회의 또는 위원회의 안건 심의 중 안건에 관하여 발언한다는 것은 선거제도를 통한 대표제원리에 정면으로 위반하는 것으로서 허용될 수 없다(대판 1993. 2. 26. 92추109).

03 주민은 그 지방자치단체의 장 및 지방의회의원(비례대표 지방의회의원은 제외한다)을 소환할 권리를 가진다(「지방자치법」 제25조 제1항).

04 비례대표 지방의회의원은 주민소환의 대상에서 제외된다.

05 주민감사청구한 주민이 주민소송의 원고가 된다. 감사청구한 주민이라면 주민 1명에 의한 주민소송도 가능하다(「지방자치법」 제22조 제1항).

Answer

01 ✕ 02 ✕ 03 ○ 04 ✕ 05 ○

06 지방의회의원에게 손해배상청구를 할 것을 요구하는 주민소송은 인정되지 않는다. O X

07 주민소송의 대상이 되는 위법한 행위나 해태사실은 감사청구한 사항과 동일할 필요는 없고 관련성이 있으면 된다. O X

08 주민소송이 진행 중이라도 다른 주민은 같은 사항에 대하여 별도의 소송을 제기할 수 있다. O X

09 개별 법령에서 조례로 정하도록 위임한 경우 기관위임사무에 대해서도 조례를 정할 수 있다. O X

10 지방자치단체의 장은 조례안에 대하여 이의가 있는 경우 조례안의 일부에 대하여 또는 조례안을 수정하여 지방의회에 재의를 요구할 수 있다. O X

06 주민소송으로는 해당 행위를 계속하면 회복하기 어려운 손해를 발생시킬 우려가 있는 경우에 그 행위의 전부나 일부를 중지할 것을 요구하는 소송도 가능하다(「지방자치법」 제22조 제2항 제1호).

07 주민소송의 대상은 주민감사를 청구한 사항과 관련이 있는 것으로 충분하고, 주민감사를 청구한 사항과 반드시 동일할 필요는 없다(대판 2020. 7. 29. 2017두63467).

08 주민소송이 진행 중이라도 다른 주민은 같은 사항에 대하여 별도의 소송을 제기할 수 없다(「지방자치법」 제22조 제5항).

09 기관위임사무는 원칙적 조례로 규율할 수 없지만 개별 법령에서 기관위임사무를 조례로 규율하도록 위임한 경우 조례로 정할 수 있다.

10 지방자치단체의 장은 조례안의 일부에 대하여 또는 조례안을 수정하여 재의를 요구할 수 없다(「지방자치법」 제32조 제3항).

Answer

06 X 07 O 08 X 09 O 10 X

Chapter 03

공무원법

제1절 공무원관계의 발생 · 변경 · 소멸

01 개설

경력직 공무원 (직업공무원)	일반직 공무원	기술 · 연구 또는 행정 일반에 대한 업무를 담당하는 공무원
	특정직 공무원 2023 기출	법관, 검사, 외무공무원, 경찰공무원, 소방공무원, 교육공무원, 군인, 군무원, 헌법재판소 헌법연구관, 국가정보원의 직원과 특수 분야의 업무를 담당하는 공무원으로서 다른 법률에서 특정직공무원으로 지정하는 공무원
특수경력직 공무원	정무직 공무원	• 선거로 취임하거나 임명할 때 국회의 동의가 필요한 공무원 • 고도의 정책결정 업무를 담당하거나 이러한 업무를 보조하는 공무원으로서 법률이나 대통령령(대통령비서실 및 국가안보실의 조직에 관한 대통령령만 해당한다)에서 정무직으로 지정하는 공무원
	별정직 공무원	비서관 · 비서 등 보좌업무 등을 수행하거나 특정한 업무 수행을 위하여 법령에서 별정직으로 지정하는 공무원

02 공무원관계의 발생 · 변경 · 소멸

1. 임명(임용)의 의의 및 법적 성격

국가 또는 지방자치단체가 사인과 포괄적 권리 · 의무를 내용으로 하는 공법상 근무관계를 설정하는 행위이다. 쌍방적 행정행위가 다수설이며 상대방의 동의를 결한 임명행위는 무효이다. 임명행위에 대해서는 항고소송의 대상이 된다.

2. 임명의 요건

(1) 능력요건(소극적 요건)

공무원이 되기 위해서는 「국가공무원법」상의 결격사유에 해당하지 않아야 한다. 외국인도 공무원으로 임용할 수 있지만, 대한민국의 국적이 없는 자는 외무공무원이 될 수 없다.

> **국가공무원법 제33조 【결격사유】** 다음 각 호의 어느 하나에 해당하는 자는 공무원으로 임용될 수 없다.
> 1. 피성년후견인
> 2. 파산선고를 받고 복권되지 아니한 자
> 3. 금고 이상의 실형을 선고받고 그 집행이 종료되거나 집행을 받지 아니하기로 확정된 후 5년이 지나지 아니한 자
> 4. 금고 이상의 형을 선고받고 그 집행유예 기간이 끝난 날부터 2년이 지나지 아니한 자

5. 금고 이상의 형의 선고유예를 받은 경우에 그 선고유예 기간 중에 있는 자
6. 법원의 판결 또는 다른 법률에 따라 자격이 상실되거나 정지된 자
6의2. 공무원으로 재직기간 중 직무와 관련하여 「형법」 제355조 및 제356조에 규정된 죄를 범한 자로서 300만원 이상의 벌금형을 선고받고 그 형이 확정된 후 2년이 지나지 아니한 자
6의3. 「성폭력범죄의 처벌 등에 관한 특례법」 제2조에 규정된 죄를 범한 사람으로서 100만원 이상의 벌금형을 선고받고 그 형이 확정된 후 3년이 지나지 아니한 사람
6의4. 미성년자에 대한 다음 각 목의 어느 하나에 해당하는 죄를 저질러 파면・해임되거나 형 또는 치료감호를 선고받아 그 형 또는 치료감호가 확정된 사람(집행유예를 선고받은 후 그 집행유예기간이 경과한 사람을 포함한다)
가. 「성폭력범죄의 처벌 등에 관한 특례법」 제2조에 따른 성폭력범죄
나. 「아동・청소년의 성보호에 관한 법률」 제2조 제2호에 따른 아동・청소년대상 성범죄
7. 징계로 파면처분을 받은 때부터 5년이 지나지 아니한 자
8. 징계로 해임처분을 받은 때부터 3년이 지나지 아니한 자

(2) 성적요건(적극적 요건)

경력직 공무원은 소극적 요건 외에 시험성적, 근무성적, 기타 능력의 실증에 의해 적극적 자격요건을 갖추어야 한다.

(3) 요건흠결의 효력 2014 기출

능력요건이 결여된 자에 대한 임용은 당연무효이나, 성적요건이 결여된 자에 대한 임용은 취소할 수 있는 행위가 된다. 임용결격자가 공무원으로 임용되어 사실상 근무하였다 하더라도 공무원으로서의 신분은 처음부터 없었던 것이므로 「공무원연금법」이나 「근로기준법」 소정의 퇴직금청구를 할 수 없다. 다만 임용요건이 결여된 공무원이 행한 행위 자체는 사실상 공무원이론에 의하여 유효한 것이 되는 경우도 있다.

(4) 차별금지 2023 기출

국가기관의 장은 소속 공무원을 임용할 때 합리적인 이유 없이 성별, 종교 또는 사회적 신분 등을 이유로 차별해서는 아니 된다(「국가공무원법」 제26조의6).

3. 임명의 효력발생시기

공무원은 임용장이나 임용통지서에 적힌 날짜에 임용된 것으로 보며, 임용일자를 소급해서는 아니 된다(「공무원임용령」 제6조 제1항).

판례

1. 공무원임용결격사유가 있는지의 여부는 채용후보자 명부에 등록한 때가 아닌 임용 당시에 시행되던 법률을 기준으로 하여 판단하여야 한다(대판 1987. 4. 14. 86누459). 2022 기출
2. 임용당시 공무원임용결격사유가 있었다면 비록 국가의 과실에 의하여 임용결격자임을 밝혀내지 못하였다 하더라도 그 임용행위는 당연무효로 보아야 한다(대판 1987. 4. 14. 86누459). 2022・2024 기출
3. 국가가 공무원임용결격사유가 있는 자에 대하여 공무원 임용행위를 취소하는 것은 당사자에게 원래의 임용행위가 당초부터 당연무효이었음을 통지하여 확인시켜 주는 행위에 지나지 아니하는 것이므로 신뢰의 원칙이 적용될 수 없고 취소권은 시효로 소멸하지 않는다(대판 1987. 4. 14. 86누459). 2022 기출

4. 지방소방사시보 발령을 취소한다고만 기재되어 있는 인사발령통지서에 정규공무원인 지방소방사 임용행위까지 취소한다는 취지가 포함되어 있다고 볼 수 없다(대판 2005. 7. 28. 2003두469).
5. 임용 결격자가 공무원으로 임용되어 사실상 근무하여 왔다거나 임용행위의 하자로 임용이 취소되어 소급적으로 공무원의 지위를 상실한 자는 공무원연금법 소정의 퇴직급여 등을 청구할 수 없다(대판 2003. 5. 16. 2001다61012). 2024 기출
6. 당연퇴직사유에 해당되어 공무원으로서의 신분을 상실한 자가 그 이후 사실상 공무원으로 계속 근무하여 왔다고 하더라도 당연퇴직 후의 사실상의 근무기간은 공무원연금법상의 재직기간에 합산될 수 없다(대판 2003. 5. 16. 2001다61012).

4. 공무원관계의 변경 2016 기출

종류		내용
승진		동일한 직렬 안에서 하위직급에서 상위직급으로 임용되는 것
전직 등	전직	직렬을 달리하는 임명. 전직시험을 거쳐야 한다.
	전보	같은 직급 내에서의 보직변경
	전입	서로 다른 기관 소속 공무원을 임용하는 것. 시험을 거쳐야 한다.
휴직		공무원의 신분은 보유하나 직무에 종사하지 못하는 것. 직권휴직과 의원휴직이 있다.
직위해제		공무원에게 직무수행을 계속하게 할 수 없는 사유가 발생한 경우, 공무원의 신분은 보유하나 보직을 해제하여 직무담당을 하지 못하게 하는 것
강임		같은 직렬 내에서 하위직급에 임명하거나 하위직급이 없어 다른 직렬의 하위직급으로 임명하는 것
복직		휴직, 직위해제 중에 있는 공무원을 본래의 직위에 복귀시키는 것
징계		파면(소멸), 해임(소멸), 강등, 정직, 감봉, 견책

(1) 승진

승진은 공무원의 법적 지위에 변경을 가져오는 것으로 항고소송의 대상되는 처분성이 인정된다.

판례

1. 4급 공무원이 당해 지방자치단체 인사위원회의 심의를 거쳐 3급 승진대상자로 결정되고 임용권자가 그 사실을 대내외에 공표까지 하였다면, 그 공무원은 승진임용에 관한 법률상 이익을 가진 자로서 임용권자에 대하여 3급 승진임용 신청을 할 조리상의 권리가 있다(대판 2008. 4. 10. 2007두18611).
2. 교육공무원법상 승진후보자 명부에 의한 승진심사 방식으로 행해지는 승진임용에서 승진후보자 명부에 포함되어 있던 후보자를 승진임용인사발령에서 제외하는 행위가 항고소송의 대상인 처분에 해당한다(대판 2018. 3. 27. 2015두47492).
3. 시험승진후보자명부에서의 삭제행위는 결국 그 명부에 등재된 자에 대한 승진 여부를 결정하기 위한 행정청 내부의 준비과정에 불과하고, 그 자체가 어떠한 권리나 의무를 설정하거나 법률상 이익에 직접적인 변동을 초래하는 별도의 행정처분이 된다고 할 수 없다(대판 1997. 11. 14. 97누7325).

(2) 직위해제 2014 기출

① 직위해제는 잠정적인 조치로서의 보직의 해제를 의미하므로 징벌적 제재로서의 징계와는 성질이 다르다. 2022 기출

② 직위해제처분 후 파면처분을 한 경우 직위해제처분은 효력을 상실한다.

③ 직위해제 중인 자에 대해 동일한 사유로 다시 직권면직 또는 징계처분을 하여도 일사부재리의 원칙에 위반되지 않는다. 2024 기출

④ 직위해제처분과 직권면직처분 사이에는 하자의 승계가 부정된다.

⑤ 직위해제처분은 재량행위이다.

⑥ 「국가공무원법」상 직위해제처분은 「행정절차법」상 당해 행정작용의 성질상 행정절차를 거치기 곤란하거나 불필요하다고 인정되는 사항 또는 행정절차에 준하는 절차를 거친 사항에 해당하므로, 처분의 사전통지 및 의견청취 등에 관한 「행정절차법」의 규정이 별도로 적용되지 않는다(대판 2014. 5. 16. 2012두26180). 2024 기출

5. 공무원관계의 소멸

공무원관계의 소멸 원인에는 당연퇴직과 면직이 있다.

(1) 당연퇴직

① **의의**: 임용권자의 의사와 관계없이 법이 정한 일정한 사유의 발생으로 당연히 공무원관계가 소멸되는 것을 말한다. 당연퇴직의 인사발령은 항고소송의 대상되는 처분에 해당하지 않는다. 2024 기출

② **사유**

㉠ 공무원임용결격사유의 하나에 해당한 때. 다만 「국가공무원법」 제33조 제2호는 파산선고를 받은 사람으로서 「채무자 회생 및 파산에 관한 법률」에 따라 신청기한 내에 면책신청을 하지 아니하였거나 면책불허가 결정 또는 면책 취소가 확정된 경우만 해당하고, 제33조 제5호는 「형법」 제129조부터 제132조까지, 「성폭력범죄의 처벌 등에 관한 특례법」 제2조, 「아동·청소년의 성보호에 관한 법률」 제2조 제2호 및 직무와 관련하여 「형법」 제355조 또는 제356조에 규정된 죄를 범한 사람으로서 금고 이상의 형의 선고유예를 받은 경우만 해당한다.

㉡ 공무원의 임기만료

㉢ 공무원의 사망

㉣ 공무원이 정년에 달한 때

③ **퇴직발령**: 퇴직발령은 퇴직된 사실을 알리는 관념의 통지에 불과하다.

(2) 면직

면직이란 특별한 행위로 인해 공무원관계가 소멸되는 것으로 의원면직과 강제면직이 있다. 강제면직은 징계면직과 직권면직으로 나누어진다.

① **의원면직**: 공무원 자신의 사의표시에 의한 공무원관계의 소멸행위로, 공무원의 사의표명 후 면직처분이 있어야 효력이 발생한다. 공무원이 한 사직의 의사표시는 수리되기 전까지는 철회할 수 있다.

② **강제면직**

㉠ **징계면직**: 파면과 해임이 이에 해당한다.

㉡ **직권면직**: 징계면직과 다른 공무원법상 직권면직 사유에 해당할 때 일방적으로 행해지는 면직이 직권면직이다.

6. 불이익처분에 대한 구제

(1) 처분사유설명서

공무원에 대하여 징계처분 등을 할 때나 강임·휴직·직위해제 또는 면직처분을 할 때에는 그 처분권자 또는 처분제청권자는 처분사유를 적은 설명서를 교부하여야 한다. 다만, 본인의 원(願)에 따른 강임·휴직 또는 면직처분은 그러하지 아니하다(「국가공무원법」 제75조).

(2) 고충심사청구

공무원은 누구나 인사·조직·처우 등 각종 직무 조건과 그 밖에 신상 문제에 대하여 인사 상담이나 고충심사를 청구할 수 있으며, 이를 이유로 불이익한 처분이나 대우를 받지 아니한다(「국가공무원법」 제76조의2).

(3) 소청

① **의의**: 공무원의 징계처분이나 기타 본인의 의사에 반한 불리한 처분을 받은 공무원이 그 처분에 불복하는 경우에 관할 소청심사위원회에 불복을 신청하는 것을 말한다.

② **소청사항**: 징계처분만이 아니라 강임·휴직·직위해제 또는 면직처분, 기타 불리한 처분을 대상으로 한다.

③ **소청심사기관**

㉠ 소청심사기관인 소청심사위원회가 심사한다. 소청심사위원회는 합의제 행정청이다.

㉡ 행정기관 소속 공무원의 소청에 대해서는 국무총리 소속의 인사혁신처에 소청심사위원회를 두며, 기타 각 소속 공무원의 소청에 대해서는 국회사무처, 법원행정처, 헌법재판소사무처 및 중앙선거관리위원회사무처에 각각 해당 소청심사위원회를 둔다.

(4) 소청절차

① **심사청구**: 처분사유 설명서를 받은 공무원이 그 처분에 불복할 때에는 그 설명서를 받은 날부터, 그 외 공무원이 본인의 의사에 반한 불리한 처분을 받았을 때에는 그 처분이 있은 것을 안 날부터 각각 30일 이내에 소청심사위원회에 이에 대한 심사를 청구할 수 있다.

② **소청심사**: 소청심사위원회는 직권조사할 수 있고, 불이익변경금지의 원칙이 적용된다(「국가공무원법」 제14조 제8항). 소청심사 시에는 반드시 진술의 기회를 주어야 하며 이 절차를 거치지 않은 결정은 무효이다(「국가공무원법」 제13조 제2항).

(5) 결정

① 소청 사건의 결정은 재적 위원 3분의 2 이상의 출석과 출석 위원 과반수의 합의에 따르되, 의견이 나뉠 경우에는 출석 위원 과반수에 이를 때까지 소청인에게 가장 불리한 의견에 차례로 유리한 의견을 더하여 그중 가장 유리한 의견을 합의된 의견으로 본다(「국가공무원법」 제14조 제1항).

② 파면・해임・강등 또는 정직에 해당하는 징계처분을 취소 또는 변경하려는 경우와 효력 유무 또는 존재 여부에 대한 확인을 하려는 경우에는 재적 위원 3분의 2 이상의 출석과 출석 위원 3분의 2 이상의 합의가 있어야 한다. 이 경우 구체적인 결정의 내용은 출석 위원 과반수의 합의에 따르되, 의견이 나뉘어 출석 위원 과반수의 합의에 이르지 못하였을 때에는 과반수에 이를 때까지 소청인에게 가장 불리한 의견에 차례로 유리한 의견을 더하여 그중 가장 유리한 의견을 합의된 의견으로 본다(「국가공무원법」 제14조 제2항).

(6) **행정소송** 2020 기출

징계처분, 그 밖에 본인의 의사에 반한 불리한 처분이나 부작위에 관한 행정소송을 제기하기 위해서는 소청심사위원회의 심사・결정을 거쳐야만 하며, 거치지 아니하면 행정소송을 제기할 수 없다(필수적 행정심판전치주의). 행정소송을 제기할 때에는 대통령의 처분 또는 부작위의 경우에는 소속장관을, 중앙선거관리위원회위원장의 처분 또는 부작위의 경우에는 중앙선거관리위원회사무총장을 각각 피고로 한다(「국가공무원법」 제16조).

제2절 공무원관계의 권리・의무

01 공무원의 권리와 의무

1. 권리

공무원의 신분과 지위의 특수성상 공무원에 대해서는 일반 국민에 비해 보다 넓고 강한 기본권 제한이 가능하다. 2023 기출

신분상 권리	① 신분보유권・직위보유권(1급 공무원, 시보 임용 중인 공무원, 특수경력직 공무원은 신분보장이 인정되지 않음), ② 직무집행권・직명사용권・제복착용권, ③ 고충심사청구권, ④ 직장협의회설립・운영권, ⑤ 노동조합설립・운영권 등
재산상 권리	① 보수청구권, ② 연금청구권, ③ 실비변상청구권

판례

1. 공무원이 국가를 상대로 실질이 보수에 해당하는 금원의 지급을 구하려면 공무원의 '근무조건 법정주의'에 따라 국가공무원법령 등 공무원의 보수에 관한 법률에 그 지급근거가 되는 명시적 규정이 존재하여야 하고, 나아가 해당 보수 항목이 국가예산에도 계상되어 있어야만 한다(대판 2018. 2. 28. 2017두64606). 2019 기출
2. 공무원연금은 기여금 납부를 통해 공무원 자신도 재원의 형성에 일부 기여한다는 점에서 후불임금의 성격도 가지고 있다. 그러므로 공무원연금법상 연금수급권은 사회적 기본권의 하나인 사회보장수급권의 성격과 재산권의 성격을 아울러 지니고 있다(헌재 2016. 3. 31. 2015헌바18). 2019 기출

2. 「국가공무원법」상 공무원의 의무

(1) 일반적 의무

선서의무	공무원은 취임할 때에 소속 기관장 앞에서 선서하여야 한다.
성실의무	모든 공무원은 성실히 직무를 수행하여야 한다. 2023 기출
품위유지의무	• 공무원은 직무의 내외를 불문하고 그 품위가 손상되는 행위를 하여서는 아니 된다. • 국가공무원으로 임용되기 전의 행위라도 이로 인하여 임용 후의 공무원의 체면 또는 위신을 손상하게 된 경우에는 품위유지의무의 위반이 된다.
청렴의무	공무원은 직무와 관련하여 직접적이든 간접적이든 사례, 증여 또는 향응을 주거나 받을 수 없다.

(2) 직무상 의무

① **법령준수의무**: 공무원은 법령을 준수할 의무를 진다.

② **복종의무** 2014 · 2023 기출

㉠ 의의: 공무원은 직무를 수행할 때 소속 상관의 직무상 명령에 복종하여야 한다.

㉡ 한계: 위법한 직무명령에 대한 복종의무와 관련하여 형식적 요건이 결여된 경우 복종을 거부할 수 있다. 하지만 실질적 요건에 대해서는 위법이 명백한 직무명령일 경우 복종의무가 없고, 명백하지 않은 경우 복종의무가 있다.

③ **직무전념의무**

㉠ **직장이탈금지의무**: 공무원은 소속 상관의 허가 또는 정당한 사유가 없으면 직장을 이탈하지 못한다. 연가신청에 대한 허가가 있기 전에 근무지를 이탈한 행위(대판 1996. 6. 14. 96누2521), 사직원이 수리되기 전 출근하지 아니한 경우(대판 1991. 11. 22. 91누3666) 등은 직장이탈금지의무 위반이 된다.

㉡ **영리업무 및 겸직의 금지**: 공무원은 공무 외에 영리를 목적으로 하는 업무에 종사하지 못하며 소속 기관장의 허가 없이 다른 직무를 겸할 수 없다(「국가공무원법」 제64조 제1항).

(3) 종교중립의 의무(「국가공무원법」 제59조의2)

① 공무원은 종교에 따른 차별 없이 직무를 수행하여야 한다.

② 공무원은 소속 상관이 제1항에 위배되는 직무상 명령을 한 경우에는 이에 따르지 아니할 수 있다.

(4) 친절 · 공정의무

공무원은 국민 전체의 봉사자로서 친절하고 공정하게 직무를 수행하여야 한다(「국가공무원법」 제59조).

(5) 비밀엄수의무

공무원은 재직 중은 물론 퇴직 후에도 직무상 알게 된 비밀을 엄수하여야 한다(「국가공무원법」 제60조). 비밀은 행정기관이 비밀이라고 형식적으로 정한 것에 따를 것이 아니라 실질적으로 비밀로서 보호할 가치가 있는지를 기준으로 한다(대판 1996. 10. 11. 94누7171).

(6) 영예의 제한

공무원이 외국 정부로부터 영예나 증여를 받을 경우에는 대통령의 허가를 받아야 한다(「국가공무원법」 제62조).

(7) 정치운동의 금지

① 공무원은 정당이나 그 밖의 정치단체의 결성에 관여하거나 이에 가입할 수 없다(「국가공무원법」 제65조 제1항).

② 공무원은 선거에서 특정 정당 또는 특정인을 지지 또는 반대하기 위한 다음의 행위를 하여서는 아니 된다(제65조 제2항).

③ 공무원은 다른 공무원에게 제1항과 제2항에 위배되는 행위를 하도록 요구하거나, 정치적 행위에 대한 보상 또는 보복으로서 이익 또는 불이익을 약속하여서는 아니 된다(제65조 제3항).

(8) 집단행위의 금지

공무원은 노동운동이나 그 밖에 공무 외의 일을 위한 집단행위를 하여서는 아니 된다. 다만, 사실상 노무에 종사하는 공무원은 예외로 한다(「국가공무원법」 제66조). 공무 외의 일을 위한 집단 행위는 단체의 결성단계에는 이르지 아니한 상태에서의 행위를 말한다.

02 공무원의 책임

1. 공무원법상 책임

(1) 징계책임

① **징계원인**

㉠ 공무원의 고의·과실에 관계없이 성립하며, 감독의무를 해태한 감독자도 책임을 진다.

㉡ 임용 전 행위도 예외적으로 징계사유로 삼을 수 있다.

② **징계의 종류** 2021 기출

구분	내용	
파면	신분박탈·연금제한	5년간 임용결격
해임	신분박탈·연금지급	3년간 임용결격
강등	직급 1계급 강등, 3월간 직무정지, 보수 전액 감액	승진 및 승급제한
정직	1월 이상~3월 이하 직무정지, 보수 전액 감액	승진 및 승급제한
감봉	1월 이상~3월 이하 보수 1/3 감액	승진 및 승급제한
견책	훈계, 회개	승진 및 승급제한

③ **징계권자**: 징계권은 원칙적 징계위원회가 설치된 소속 기관장이 징계처분권자이다. 파면과 해임은 임용권자나 임용권을 위임한 상급 감독기관의 장이 징계처분권자이다. 징계는 징계위원회의 의결을 거쳐야 한다.

④ **징계절차** 2017 기출

㉠ **징계의결 요구**: 징계권자는 징계사유에 해당하는지 여부에 관하여 판단할 재량이 있지만 공무원이 징계사유에 해당하는 것이 명백할 때에는 징계의결을 반드시 요구하여야 한다(대판 2007. 7. 12. 2006도1390). 징계의결 등의 요구는 징계 등의 사유가 발생한 날부터 3년(금품 및 향응 수수, 공금의 횡령·유용의 경우에는 5년)이 지나면 하지 못한다.

㉡ **징계위원회의 의결**: 중징계의 경우 특별한 사유가 없는 한 징계혐의자를 출석시켜 진술기회를 부여하여야 한다.

㉢ **징계절차의 중단**: ⓐ 감사원에서 조사 중인 사건에 대하여는 조사개시 통보를 받은 날부터 징계의결의 요구나 그 밖의 징계절차를 진행하지 못한다. ⓑ 검찰·경찰 그 밖의 수사기관에서 수사 중인 사건에 대하여는 수사개시 통보를 받은 날부터 징계의결의 요구나 그 밖의 징계절차를 진행하지 아니할 수 있다.

㉣ **집행**: 징계의결서를 받은 날로부터 15일 이내에 징계처분사유설명서를 교부하여 이를 집행하여야 한다.

판례

형사재판과 징계처분의 관계

1. 같은 사건으로 무죄판결을 받았다고 하더라도 징계사유의 인정에는 영향이 없다(대판 1967. 2. 7. 66누168).
2. 징계처분 후 징계사유에 대한 형사사건에서 무죄가 확정된 경우 징계처분이 당연무효는 아니다(대판 1994. 1. 11. 93누14752).
3. 징계사유와 동일한 피의사실에 대하여 공소제기되어 공판이 계속 중이라도 징계절차를 진행하지 못하는 것은 아니다(대판 1980. 3. 25. 79누375).

⑤ **징계에 대한 구제** 2021 기출

㉠ **소청**: 징계처분에 대한 소청은 처분사유설명서를 받은 날부터 30일 이내에 청구하여야 한다. 소청사항의 심사는 소청심사위원회가 한다. 소청인의 진술권은 보장되며 진술기회를 주지 않은 결정은 무효이다. 소청심사위원회의 결정은 처분행정청을 기속한다.

㉡ **행정소송**: 소청심사위원회의 결정에 대해서는 항고소송을 제기할 수 있다. 소청심사위원회의 결정에 고유한 위법이 있다면 위원회의 결정을 소송대상으로 할 수 있지만, 고유한 위법이 없다면 원징계처분을 소송대상으로 하여야 한다. 행정소송은 소청심사위원회의 심사·결정을 거치지 아니하면 제기할 수 없다.

㉢ **재징계의결 요구**: 징계처분권자는 소청심사위원회 또는 법원에서 징계처분 등의 무효 또는 취소의 결정이나 판결을 받은 경우에는 다시 징계의결 또는 징계부가금 부과의결을 요구하여야 한다.

(2) 변상책임

① **「국가배상법」에 의한 변상책임**: 「국가배상법」상 국가가 손해를 배상한 경우, 공무원에게 고의·중과실이 있거나 그 손해의 원인에 대한 책임이 있을 때 국가는 공무원에게 구상할 수 있다.

② **회계관계직원 등의 변상책임**: 「회계관계직원 등의 책임에 관한 법률」 등에 의해 변상책임이 있다.

2. 형사상 책임

형사법상 공무원의 책임이란 공무원의 행정법상의 의무위반행위가 동시에 형법 등의 형사법에 위반하는 범죄가 되어, 공무원이 이 범죄에 대하여 부담하는 책임을 말한다. 광의로 형사법상 책임에는 형사법에 위반한 경우뿐만 아니라 행정형벌이 따르는 행정법규에 위반한 경우에 부담하는 책임까지 포함한다.

3. 민사상 책임

공무원의 직무상 불법행위로 국가나 지방자치단체가 배상책임을 질 때에, 공무원의 고의·중과실에 의한 경우 공무원 개인의 책임도 인정되나 그 외의 경우 민사상의 불법행위책임까지도 부담하지 않는다는 것이 판례이다.

Chapter 03

OX로 기초다지기

01 공무원임용에 결격사유가 있는지의 여부는 임용 당시에 시행되던 법률을 기준으로 판단하여야 한다. ○ ×

02 공무원임용결격사유가 있는 자를 공무원에 임명하는 행위는 당연무효이다. ○ ×

03 직위해제는 「국가공무원법」상 징계에 해당한다. ○ ×

04 공무원은 소속 상관이 종교중립에 위배되는 직무상 명령을 한 경우에는 따르지 아니할 수 있다. ○ ×

05 「국가공무원법」상 임용결격사유는 모두 당연퇴직사유에 해당된다. ○ ×

01 공무원관계설정시점 및 공무원임용결격사유가 있는지 여부는 채용후보자 명부에 등록한 때가 아니라 임용 당시에 시행되던 법률을 기준으로 판단해야 한다(대판 1987. 4. 14. 86누459).

02 임용결격자에 대한 공무원의 임용은 비록 국가가 과실에 의해 임용결격자임을 밝혀내지 못하였더라도 당연무효이다(대판 2005. 7. 28. 2003두469).

03 직위해제는 잠정적 처분으로 징계처분이 아니다(대판 1983. 10. 25. 83누184).

04 「국가공무원법」 제59조의2 제2항

05 「국가공무원법」 제33조의 결격사유 중 일정한 경우는 당연퇴직사유가 제한적으로 인정된다(「국가공무원법」 제69조). 임용결격사유가 모두 당연퇴직사유에 해당하는 것은 아니다.

Answer

01 ○ 02 ○ 03 × 04 ○ 05 ×

06 「지방공무원법」상 정규공무원 임용행위와 시보임용행위는 별도의 임용행위이므로 그 요건과 효력은 개별적으로 판단해야 한다. O X

07 직위해제처분이 있은 후 동일한 사유에 대해 다시 해임처분이 있다면 일사부재리의 법리에 어긋난다. O X

08 징계의 종류로서 파면과 해임은 둘 다 공무원 신분을 박탈시키며 공직취임 제한기간이 동일하다는 점에 있어서는 차이가 없다. O X

09 공무원은 소속 기관장의 허가를 받으면 영리업무에 종사할 수 있고, 겸직도 가능하다. O X

10 「국가공무원법」상 공무원의 성실의무는 경우에 따라 근무시간 외에 근무지 밖에까지 미칠 수 있다. O X

06 시보임용행위와 정규공무원 임용행위는 별개이므로 시보임용행위를 취소한다는 취지의 문언에 정규임용행위를 취소한다는 내용까지 포함되어 있다고 볼 수 없다(대판 2005. 7. 28. 2003두469).

07 직위해제는 징계와 그 목적·성질 등이 다른 별개의 독립한 처분이므로 동일한 사유에 대해 직위해제 후 해임을 했다고 해서 일사부재리원칙에 위배되는 것은 아니다(대판 1983. 10. 25. 83누184).

08 파면처분을 받은 때부터 5년이 지나지 아니한 자, 해임처분을 받은 때부터 3년이 지나지 아니한 자는 공무원으로 임용될 수 없다(「국가공무원법」 제33조 제7호·제8호).

09 공무원은 공무 이외의 영리를 목적으로 하는 업무에 종사하지 못하며, 소속기관장의 허가 없이 다른 직무를 겸하지 못한다(「국가공무원법」 제64조, 「지방공무원법」 제56조).

10 「국가공무원법」상 공무원의 성실의무는 경우에 따라 근무시간 외에 근무지 밖에까지 미칠 수 있다(대판 1997. 2. 11. 96누2125).

Answer

06 ○ 07 X 08 X 09 X 10 ○

행정사
임병주 행정법

PART

02

개별행정작용법

Chapter 01

경찰작용법

제1절 경찰의 개념과 조직

01 경찰의 개념

1. 형식적 의미의 경찰

실정법상 보통경찰기관의 권한으로 되어 있는 모든 작용을 형식적 의미의 경찰이라 한다. 실질적 의미의 경찰 외에 범죄수사로서의 사법경찰이 포함되어 있다.

2. 실질적 의미의 경찰

사회공공의 안녕질서를 유지하기 위하여 개인에게 명령・강제하는 작용을 실질적 의미의 경찰이라 한다. 실질적 의미의 경찰을 행정경찰이라고도 한다. 보안경찰과 협의의 행정경찰로 구분된다.

(1) 보안경찰

보통경찰기관이 수행하는 행정경찰과 같이 다른 종류의 행정작용에 부수하지 아니하고 독립적으로 행하여지는 행정경찰을 보안경찰이라 한다(예 교통경찰, 정보경찰, 소방경찰, 해양경찰, 풍속경찰 등).

(2) 협의의 행정경찰

다른 행정작용을 수행하는 행정기관에 의해 부수적으로 수행되는 행정경찰을 말한다(예 위생경찰, 건축경찰, 철도경찰 등).

3. 국가경찰과 자치경찰

(1) 조직법상 구별

① **구별**: 조직법상 국가에 속해 있는 경찰을 국가경찰이라 하고, 지방자치단체에 속한 경찰을 자치경찰이라 한다.

② **현행법상 자치경찰**: 현행 「국가경찰과 자치경찰의 조직 및 운영에 관한 법률」은 조직법상 자치경찰집행조직은 별도로 설치하지 않고 자치경찰사무를 국가경찰조직인 시・도경찰청과 경찰서장 및 경찰공무원이 수행하는 것으로 규정하고 있다.

③ **경찰위원회**: 국가경찰위원회와 시・도경찰위원회를 두어 일정한 사항에 대해 심의・의결하도록 하고 있다.

(2) 작용법상 구별

작용법상으로 국가경찰사무를 수행하는 경찰을 국가경찰이라 하고, 자치경찰사무를 수행하는 경찰을 자치경찰이라 한다.

국가경찰과 자치경찰의 조직 및 운영에 관한 법률(약칭 : 경찰법) 제4조 【경찰의 사무】 ① 경찰의 사무는 다음 각 호와 같이 구분한다.

1. 국가경찰사무 : 제3조에서 정한 경찰의 임무를 수행하기 위한 사무. 다만, 제2호의 자치경찰사무는 제외한다.
2. 자치경찰사무 : 제3조에서 정한 경찰의 임무 범위에서 관할 지역의 생활안전 · 교통 · 경비 · 수사 등에 관한 다음 각 목의 사무

02 경찰기관의 종류

1. 보통경찰기관

보통경찰기관이란 경찰작용을 주된 업무로 수행하는 행정기관을 말한다. 행정관청인 보통경찰관청, 의결 및 협의기관인 경찰위원회, 집행기관인 경찰집행관이 있다.

보통경찰관청	경찰청장, 지방경찰청장, 경찰서장 등
경찰위원회	① 국가경찰위원회와 시 · 도경찰위원회가 있다. ② 경찰행정의 중요사항에 대해 심의 · 의결한다.
집행기관	① 경찰공무원이 집행기관이다. ② 경찰공무원이 사법경찰에 관한 사무를 수행하는 경우 사법경찰관리라고 한다.

2. 협의의 행정경찰기관

협의의 행정경찰기관이란 협의의 행정경찰을 수행하는 행정기관을 말한다.

협의의 행정경찰관청	① 협의의 행정경찰을 담당하는 중앙행정기관장 ② 지방자치단체의 장에게 기관위임된 사무의 경우 당해 지방자치단체의 장
협의의 행정경찰집행기관	협의의 행정경찰관청의 집행권한이 있는 소속 공무원

제2절 경찰권의 근거와 한계

01 경찰권의 근거

1. 법률유보의 원칙

경찰은 전형적인 침해행정이므로 행정의 법률적합성의 원칙에 따라 법률의 근거가 있어야 한다. 이와 관련하여 일반조항 내지는 개괄조항이 수권규범으로 허용되는지가 문제된다.

2. 경찰법상 개별적 수권조항(표준조치)

(1) 일반경찰법상 개별적 수권조항

① **의의** : 표준조치란 경찰법상 전형적인 경찰권행사들을 유형화한 것으로, 일반경찰법상의 개별수권에 의한 경찰권을 말한다. 「경찰관 직무집행법」 제3조 이하의 규정방식이 이에 해당한다.

② **유형**: ㉠ 불심검문, ㉡ 보호조치 및 긴급구호, ㉢ 위험발생방지조치, ㉣ 범죄의 예방과 제지, ㉤ 위험방지를 위한 출입 및 검색, ㉥ 사실의 확인, ㉦ 경찰장비 · 장구 · 무기의 사용 등이 표준조치의 예이다.

(2) 불심검문 및 임의동행(「경찰관 직무집행법」 제3조)

구분		내용
불심검문 2016 · 2017 기출		① 수상한 행동이나 그 밖의 주위 사정을 합리적으로 판단하여 볼 때 어떠한 죄를 범하였거나 범하려 하고 있다고 의심할 만한 상당한 이유가 있는 사람 ② 이미 행하여진 범죄나 행하여지려고 하는 범죄행위에 관한 사실을 안다고 인정되는 사람
흉기소지 조사		질문 시 흉기소지 조사 가능 2024 기출
임의동행 2017 기출	**대상**	불심검문의 대상자를 정지시킨 장소에서 질문을 하는 것이 그 사람에게 불리하거나 교통에 방해가 된다고 인정될 때
	방법	가까운 경찰서 · 지구대 · 파출소 또는 출장소로 동행요구 동행요구 거절 가능[강제성(×)] 2024 기출
	통지의무	① 동행한 사람의 가족이나 친지 등에게 동행한 경찰관의 신분, 동행 장소, 동행 목적과 이유를 통지 ② 변호인의 도움을 받을 권리 고지
	제한	① 6시간을 초과하여 경찰관서에 머물게 할 수 없음(상대방은 6시간 전이라도 퇴거 가능) ② 형사소송법에 따르지 아니하고는 신체를 구속당하지 아니하며, 그 의사에 반하여 답변을 강요당하지 아니함 2024 기출

(3) 보호조치(「경찰관 직무집행법」 제4조)

구분		내용
대상자 2018 기출		① 정신착란을 일으키거나 술에 취하여 자신 또는 다른 사람의 생명 · 신체 · 재산에 위해를 끼칠 우려가 있는 사람 ② 자살을 시도하는 사람 ③ 미아, 병자, 부상자 등으로서 적당한 보호자가 없으며 응급구호가 필요하다고 인정되는 사람(본인이 구호를 거절하는 경우는 제외)
작용의 내용	**보호조치**	① 보건의료기관이나 공공구호기관에 긴급구호를 요청 ② 경찰관서에 보호하는 등 적절한 조치[24시간 초과(×)]
	요청거부 금지	긴급구호를 요청받은 보건의료기관이나 공공구호기관은 정당한 이유 없이 긴급구호를 거절할 수 없음
	물건영치	구호대상자가 휴대하고 있는 무기 · 흉기 등 위험을 일으킬 수 있는 것으로 인정되는 물건을 경찰관서에 임시로 영치(領置)[10일 초과(×)] 2018 기출
	가족 등에 통지 등	① 구호대상자의 가족, 친지 또는 그 밖의 연고자에게 통지 ② 연고자가 발견되지 아니할 때에는 구호대상자를 적당한 공공보건의료기관이나 공공구호기관에 즉시 인계

	경찰관의 보고	① 경찰관은 구호대상자를 공공보건의료기관이나 공공구호기관에 인계하였을 때에는 즉시 그 사실을 소속 경찰서장이나 해양경찰서장에게 보고 ② 보고를 받은 소속 경찰서장이나 해양경찰서장은 구호대상자를 인계한 사실을 지체 없이 해당 공공보건의료기관 또는 공공구호기관의 장 및 그 감독행정청에 통보

(4) 위험 발생의 방지 등(「경찰관 직무집행법」 제5조)

사유	사람의 생명 또는 신체에 위해를 끼치거나 재산에 중대한 손해를 끼칠 우려가 있는 천재(天災), 사변(事變), 인공구조물의 파손이나 붕괴, 교통사고, 위험물의 폭발, 위험한 동물 등의 출현, 극도의 혼잡, 그 밖의 위험한 사태가 있을 때 2024 기출	
작용의 내용	방지조치	① 그 장소에 모인 사람, 사물(事物)의 관리자, 그 밖의 관계인에게 필요한 경고 ② 매우 긴급한 경우에는 위해를 입을 우려가 있는 사람을 필요한 한도에서 억류하거나 피난시키는 것 ③ 그 장소에 있는 사람, 사물의 관리자, 그 밖의 관계인에게 위해를 방지하기 위하여 필요하다고 인정되는 조치
	보고	① 경찰관은 방지조치를 하였을 때에는 지체 없이 그 사실을 소속 경찰관서의 장에게 보고 ② 보고를 받은 경찰관서의 장은 관계 기관의 협조를 구하는 등 적절한 조치
대간첩 작전 시 통제	경찰관서의 장은 대간첩 작전의 수행이나 소요(騷擾) 사태의 진압을 위하여 필요하다고 인정되는 상당한 이유가 있을 때에는 대간첩 작전지역이나 경찰관서ㆍ무기고 등 국가중요시설에 대한 접근 또는 통행을 제한ㆍ금지	

(5) 범죄의 예방과 제지(「경찰관 직무집행법」 제6조)

범죄 예방	범죄행위가 목전(目前)에 행하여지려고 하고 있다고 인정될 때에는 이를 예방하기 위하여 관계인에게 필요한 경고
범죄 제지	그 행위로 인하여 사람의 생명ㆍ신체에 위해를 끼치거나 재산에 중대한 손해를 끼칠 우려가 있는 긴급한 경우에는 그 행위를 제지

(6) 위험방지를 위한 출입(「경찰관 직무집행법」 제7조)

사유	위험한 사태가 발생하여 사람의 생명ㆍ신체 또는 재산에 대한 위해가 임박한 때
출입	다른 사람의 토지ㆍ건물ㆍ배 또는 차에 출입
출입요구	① 흥행장, 여관, 음식점, 역, 그 밖에 많은 사람이 출입하는 장소 ② 관리자 등은 해당 장소의 영업시간이나 해당 장소가 일반인에게 공개된 시간에 그 장소에 출입하겠다고 요구하면 정당한 이유 없이 그 요구를 거절할 수 없음
검색	대간첩 작전 수행에 필요할 때 검색
증표제시 등	① 경찰관은 필요한 장소에 출입할 때에는 그 신분을 표시하는 증표를 제시 ② 함부로 관리자 등이 하는 정당한 업무를 방해해서는 아니 됨

(7) 사실의 확인 등(「경찰관 직무집행법」 제8조)

<table>
<tr><td>사유</td><td colspan="2">① 경찰관서의 장
② 직무수행에 필요하다고 인정되는 상당한 이유가 있을 때</td></tr>
<tr><td>조회</td><td colspan="2">① 국가기관이나 공사(公私) 단체 등에 직무수행에 관련된 사실을 조회 가능
② 긴급한 경우에는 소속 경찰관으로 하여금 현장에 나가 해당 기관 또는 단체의 장의 협조를 받아 그 사실을 확인</td></tr>
<tr><td rowspan="2">출석요구</td><td>사유</td><td>① 미아를 인수할 보호자 확인
② 유실물을 인수할 권리자 확인
③ 사고로 인한 사상자(死傷者) 확인
④ 행정처분을 위한 교통사고 조사에 필요한 사실 확인</td></tr>
<tr><td>절차</td><td>관계인에게 출석하여야 하는 사유 · 일시 및 장소를 명확히 적은 출석 요구서 발송하고 출석요구</td></tr>
</table>

(8) 정보의 수집 등(「경찰관 직무집행법」 제8조의2)

<table>
<tr><td>사유</td><td>① 경찰관
② 범죄 · 재난 · 공공갈등 등 공공안녕에 대한 위험의 예방과 대응을 위해</td></tr>
<tr><td>방법</td><td>정보의 수집 · 작성 · 배포와 이에 수반되는 사실의 확인</td></tr>
</table>

(9) 경찰장비의 사용 등(「경찰관 직무집행법」 제10조)

<table>
<tr><td>사유</td><td colspan="2">① 경찰관
② 직무수행 중
③ 사람의 생명이나 신체에 위해를 끼칠 수 있는 경찰장비(위해성 경찰장비)를 사용할 때에는 필요한 안전교육과 안전검사를 받은 후 사용</td></tr>
<tr><td>경찰장비</td><td colspan="2">무기, 경찰장구, 경찰착용기록장치, 최루제와 그 발사장치, 살수차, 감식기구, 해안 감시기구, 통신기기, 차량 · 선박 · 항공기 등 경찰이 직무를 수행할 때 필요한 장치와 기구</td></tr>
<tr><td rowspan="2">한계</td><td>개조 등 금지</td><td>경찰장비를 함부로 개조하거나 경찰장비에 임의의 장비를 부착하여 일반적인 사용법과 달리 사용함으로써 다른 사람의 생명 · 신체에 위해를 끼쳐서는 아니 된다.</td></tr>
<tr><td>비례원칙</td><td>위해성 경찰장비는 필요한 최소한도에서 사용</td></tr>
<tr><td>안전성 검사</td><td colspan="2">① 경찰청장
② 위해성 경찰장비를 새로 도입하려는 경우에는 안전성 검사를 실시하여 그 안전성 검사의 결과보고서를 국회 소관 상임위원회에 제출
③ 안전성 검사에는 외부 전문가를 참여시켜야 함</td></tr>
</table>

(10) 경찰장구의 사용(「경찰관 직무집행법」 제10조의2)

사유	① 현행범이나 사형·무기 또는 장기 3년 이상의 징역이나 금고에 해당하는 죄를 범한 범인의 체포 또는 도주 방지 ② 자신이나 다른 사람의 생명·신체의 방어 및 보호 ③ 공무집행에 대한 항거(抗拒) 제지
경찰장구 2016 기출	경찰관이 휴대하여 범인 검거와 범죄 진압 등의 직무수행에 사용하는 수갑, 포승(捕繩), 경찰봉, 방패 등
한계	필요하다고 인정되는 상당한 이유가 있을 때, 필요한 한도에서 사용

(11) 분사기 등의 사용(「경찰관 직무집행법」 제10조의3)

사유	① 범인의 체포 또는 범인의 도주 방지 ② 불법집회·시위로 인한 자신이나 다른 사람의 생명·신체와 재산 및 공공시설 안전에 대한 현저한 위해의 발생 억제
분사기와 최루탄	① 분사기: 사람의 활동을 일시적으로 곤란하게 하는 최루(催淚) 또는 질식 등을 유발하는 작용제를 분사할 수 있는 기기 ② 최루탄
한계	부득이한 경우에는 현장책임자가 판단하여 필요한 최소한의 범위

(12) 무기 등의 사용(「경찰관 직무집행법」 제10조의4)

사유	범인의 체포, 범인의 도주 방지, 자신이나 다른 사람의 생명·신체의 방어 및 보호, 공무집행에 대한 항거의 제지	
사용	무기사용	사람의 생명이나 신체에 위해를 끼칠 수 있도록 제작된 권총·소총·도검 등
	공용화기	대간첩·대테러 작전 등 국가안전에 관련되는 작전을 수행할 때
위해발생의 정당화	정당방위 등	무기 등 사용이 정당방위와 긴급피난에 해당할 때
	항거·도주	① 사형·무기 또는 장기 3년 이상의 징역이나 금고에 해당하는 죄를 범하였거나 의심할 충분한 이유가 있는 자 ② 체포·구속영장과 압수·수색영장을 집행하는 과정에서 경찰관의 직무집행에 항거하거나 도주 ③ 사람을 도주시키려고 경찰관에게 항거할 때 ④ 범인이나 소요를 일으킨 사람이 무기·흉기 등 위험한 물건을 지니고 경찰관으로부터 3회 이상 물건을 버리라는 명령이나 항복하라는 명령을 받고도 따르지 아니하면서 계속 항거
	대간첩 작전	무장간첩이 항복하라는 경찰관의 명령을 받고도 따르지 아니할 때

(13) 특별경찰법상 개별적 수권 규정

「도로교통법」·「선박법」 등 교통상 안전 및 질서유지를 위한 법령, 「식품위생법」·「공중위생법」 등 영업경찰법령, 「의료법」 등 보건관계법령 등 특별행정법의 모든 영역에서 경찰권을 개별적으로 수권하고 있다.

3. 손실보상

경찰관 직무집행법 제11조의2【손실보상】 ① 국가는 경찰관의 적법한 직무집행으로 인하여 다음 각 호의 어느 하나에 해당하는 손실을 입은 자에 대하여 정당한 보상을 하여야 한다. 2016 기출

1. 손실발생의 원인에 대하여 책임이 없는 자가 생명·신체 또는 재산상의 손실을 입은 경우(손실발생의 원인에 대하여 책임이 없는 자가 경찰관의 직무집행에 자발적으로 협조하거나 물건을 제공하여 생명·신체 또는 재산상의 손실을 입은 경우를 포함한다)
2. 손실발생의 원인에 대하여 책임이 있는 자가 자신의 책임에 상응하는 정도를 초과하는 생명·신체 또는 재산상의 손실을 입은 경우 2024 기출

② 제1항에 따른 보상을 청구할 수 있는 권리는 손실이 있음을 안 날부터 3년, 손실이 발생한 날부터 5년간 행사하지 아니하면 시효의 완성으로 소멸한다.

4. 개괄조항(일반조항)에 의한 일반적 수권

(1) 의의

개괄적 수권조항이란 경찰권 발동을 위한 개별적 수권규정이 규율하지 못하는 예외적인 위험발생 사태를 대비하여 이를 위한 보충적 근거법규로서 마련된 일반적이고 포괄적인 내용의 수권조항을 말한다. 사회발전에 따른 다양한 위험을 하나의 조항으로 완전히 규정할 수 없는 입법현실 때문에 필요성이 인정된다.

(2) 현행법상 개괄조항의 인정 여부

「경찰관 직무집행법」 제2조는 경찰의 직무범위를 규정하면서 제7호에서 '기타 공공의 안녕과 질서'를 규정하고 있다. 이를 개괄조항으로 인정한 판례가 있다.

(3) 일반조항에 의한 경찰권 발동의 요건

① **공공의 안녕·질서에 대한 위해의 존재**

㉠ 공공의 안녕: 국가의 법질서와 공공시설 및 개인의 생명·신체·재산·자유·명예 등에 대해 어떠한 침해가 없는 상태를 말한다.

㉡ 공공의 질서: 통상적인 사회·윤리개념상 그 준수가 사회에서 공동생활을 위해 불가결한 것으로 인정되는 불문규범의 총체를 말한다.

㉢ 위해의 존재: 위해란 위험과 장해를 포함하는 말이다. 외관상으로 공공의 안녕과 질서에 대한 위해의 발생이 있는 경우이므로 이를 제거 또는 예방하기 위해 발동된 경찰권의 행사는 적법한 것으로 판단할 수 있다.

② **위해를 예방하거나 제거할 필요**: 위해를 예방하거나 제거할 필요를 판단하는 부분에 있어서는 재량권이 인정된다.

02 경찰권의 한계

1. 법규상의 한계

경찰법규는 경찰권의 수권근거인 동시에 경찰권의 한계가 된다. 법령이 정하는 범위를 벗어나는 경찰권의 행사는 위법하다.

2. 일반원칙상의 한계 2015 기출

구분		내용
경찰소극의 원칙		① 사회공공의 안녕 · 질서에 대한 위해의 방지 · 제거라는 소극적 목적을 위해서만 발동 ② 공공복리라는 적극적 목적을 위해서는 발동 불가
경찰공공의 원칙		① 사생활불가침의 원칙, 사주소불가침의 원칙, 민사관계불가침의 원칙 ② 사적 생활의 한계를 넘어 사회질서유지나 공공의 안전에 중대한 위해가 발생되는 경우에는 경찰권 발동 가능
경찰책임의 원칙 2019 · 2022 기출	**행위책임**	① 자신의 행위 또는 자신의 보호 · 감독하에 있는 자의 행위로 인하여 공공의 안녕과 질서에 대한 위해 발생 ② 고의 · 과실 불문 ③ 성년인가 미성년인가 불문 ④ 책임의 승계 부정
	상태책임	① 물건 · 동물로부터 위해 발생 ② 소유자 외에 현실적인 지배권을 가지고 있는 자에게 그 부담이 귀속 ③ 책임의 승계 긍정
	혼합책임	① 위해가 다수인의 행위 또는 다수인이 지배하는 물건의 상태에 기인 ② 행위책임과 상태책임의 중복에 기인 ③ 가장 신속하고 효과적으로 제거할 수 있는 사람에 대하여 경찰권 발동
	경찰긴급권 2019 기출	① 경찰책임자 외의 제3자에게 경찰권 발동 ② 긴급한 위해, 경찰 스스로는 위해의 제거가 불가능할 것
경찰비례의 원칙		최소침해의 원칙
경찰평등의 원칙		상대방의 성별 · 종교 · 사회적 신분 · 인종 등을 이유로 불합리한 차별 금지

Chapter

01 OX로 기초다지기

01 물건으로 인한 위험이나 장해로부터 발생하는 경찰책임을 상태책임이라고 한다. ○ ×

02 행위책임은 공법적 책임이므로 고의나 과실을 요한다. ○ ×

03 사법상 법인은 경찰책임을 부담하지 아니한다. ○ ×

04 외국인도 경찰책임을 부담한다. ○ ×

05 경찰위험에 책임이 없는 제3자에게 경찰권을 발동하려면 경찰긴급상태의 요건을 갖추어야 한다. ○ ×

01 물건으로 인한 위험이나 장해로부터 발생하는 경찰책임을 상태책임이라 한다.
02 행위책임은 행위자의 고의나 과실을 요하지 않으며 객관적인 위해의 발생만으로 경찰권 발동의 대상이 된다.
03 사법상 법인도 경찰책임을 부담한다.
04 경찰책임은 국적과 상관없으므로 외국인도 경찰책임을 부담한다.
05 경찰상의 위해 방지나 장애 제거를 위해 당해 위해나 장애 발생에 관계없는 제3자에 대해 예외적으로 경찰권을 발동하는 것을 경찰긴급권이라 한다. 직접적인 경찰책임자에 대해 경찰권을 발동할 수 없는 급박한 위해 상태가 있는 경우 가능하다.

Answer

01 ○ 02 × 03 × 04 ○ 05 ○

06 경찰장구란 경찰관이 휴대하는 범인 검거와 범죄 진압 등의 직무수행에 사용하는 수갑, 포승, 경찰봉, 방패 등을 말한다. O X

07 경찰관이 불심검문 과정에서 경찰서에 동행할 것을 요구한 경우, 동행을 요구받은 사람은 이를 거절할 수 없다. O X

08 경찰관은 불심검문과 관련하여 동행요구에 응해 경찰서로 동행한 사람을 6시간을 초과하여 경찰관서에 머물게 할 수 없다. O X

09 외국 정부기관 및 국제기구와의 국제협력은 경찰관의 직무에 해당한다. O X

10 경찰관은 대테러 작전 등 국가안전에 관련되는 작전을 수행할 때에는 개인화기 외에 공용화기를 사용할 수 있다. O X

06 「경찰관 직무집행법」 제10조의2 제2항
07 임의동행을 요구받은 사람은 그 요구를 거절할 수 있다(「경찰관 직무집행법」 제3조 제2항).
08 「경찰관 직무집행법」 제3조 제6항
09 「경찰관 직무집행법」 제2조 제6호
10 「경찰관 직무집행법」 제10조의2 제2항

Answer

06 ○ **07** X **08** ○ **09** ○ **10** ○

Chapter

02 공물작용법

제1절 공물의 개념과 분류

01 공물의 개념적 징표

1. 공물은 '직접적' 공공목적에 쓰이는 물건이다.

직접 공공목적에 제공된다는 점에서 일반재산과 같은 재정재산은 제외된다.

2. 공물은 '공공목적'에 제공된 물건이다.

공공목적이라 함은 일반공중의 사용을 위해 제공된 것과 행정주체의 고유한 사무를 위해 제공된 것도 포함된다.

3. 공물은 '행정주체'에 의해 제공된 물건이다.

사실상 공공목적에 제공된 물건이라도 그에 대한 처분권이 전적으로 사인에게 있다면 이는 공물이 아니다. 그러나 행정주체가 반드시 소유권을 가져야만 공물로 성립할 수 있는 것은 아니다. 따라서 사유물이라도 공물이 될 수 있다.

4. 공물은 '개개의 유체물과 관리할 수 있는 무체물 및 집합물 · 공공시설'이다.

공물은 기본적으로 물적 개념이므로 공적 목적에 제공된 인적 · 물적 시설의 종합체인 영조물과는 구별된다. 전통적인 견해는 유체물에만 한정했지만 최근에는 무체물을 포함하는 견해가 유력하다.

02 공물의 분류 2014 · 2022 기출

구분	종류	내용
목적에 의한 분류	공공용물	일반공중의 사용에 제공된 공물(예 도로 · 하천 · 공원 등)
	공용물	직접 행정주체 자신의 사용에 제공된 공물(예 관공서 청사)
	보존공물	공공목적을 위하여 그 물건의 보존이 강제되는 공물(예 「문화재 보호법」상 문화재, 「산림법」상 보안림)
소유권자에 따른 분류	국유공물	국가가 소유권자인 공물
	공유공물	지방자치단체가 소유권자인 공물
	사유공물	사인이 소유권자인 공물
소유주체와 관리주체의 일치 여부	자유공물	공물의 귀속주체와 관리주체가 일치하는 공물
	타유공물	공물의 관리주체와 공물의 귀속주체가 다른 공물

공물의 성립과정의 차이	자연공물	자연 상태로 공적 목적에 제공되는 공물(예 하천, 해안, 해변, 갯벌)
	인공공물	인공을 가하여 공적 목적에 제공되는 공물(예 도로, 공원 등)
물건의 성질에 따른 분류	부동산 공물	공물이 부동산인 경우(예 관공서 청사)
	동산공물	공물이 동산인 경우(예 경찰견, 국립도서관의 도서 등)
규율법률의 존재 여부	법정공물	법률에 의해 규율되고 있는 공물
	법정 외 공물	공물관계법률에 의해 규율되고 있지 않는 공물
예정공물	장래 공물이 될 것이 예정되어 있는 공물. 공물이 아니므로 공물법의 적용대상이 되지 않지만 공물법의 일부를 준용하는 경우가 많다(예 공원예정지 등).	

03 국유재산의 종류 2017 기출

국유재산법 제6조 【국유재산의 구분과 종류】 ① 국유재산은 그 용도에 따라 행정재산과 일반재산으로 구분한다.
② 행정재산의 종류는 다음 각 호와 같다. 2023 기출
1. 공용재산 : 국가가 직접 사무용·사업용 또는 공무원의 주거용(직무 수행을 위하여 필요한 경우로서 대통령령으로 정하는 경우로 한정한다)으로 사용하거나 대통령령으로 정하는 기한까지 사용하기로 결정한 재산
2. 공공용재산 : 국가가 직접 공공용으로 사용하거나 대통령령으로 정하는 기한까지 사용하기로 결정한 재산
3. 기업용재산 : 정부기업이 직접 사무용·사업용 또는 그 기업에 종사하는 직원의 주거용(직무 수행을 위하여 필요한 경우로서 대통령령으로 정하는 경우로 한정한다)으로 사용하거나 대통령령으로 정하는 기한까지 사용하기로 결정한 재산
4. 보존용재산 : 법령이나 그 밖의 필요에 따라 국가가 보존하는 재산

③ "일반재산"이란 행정재산 외의 모든 국유재산을 말한다.

참고

「국유재산법」에서 사용하는 용어의 뜻(「국유재산법」 제2조) 2018 기출

1. "국유재산"이란 국가의 부담, 기부채납이나 법령 또는 조약에 따라 국가 소유로 된 제5조 제1항 각 호의 재산을 말한다.
2. "기부채납"이란 국가 외의 자가 제5조 제1항 각 호에 해당하는 재산의 소유권을 무상으로 국가에 이전하여 국가가 이를 취득하는 것을 말한다.
3. "관리"란 국유재산의 취득·운용과 유지·보존을 위한 모든 행위를 말한다.
4. "처분"이란 매각, 교환, 양여, 신탁, 현물출자 등의 방법으로 국유재산의 소유권이 국가 외의 자에게 이전되는 것을 말한다.
5. "관리전환"이란 일반회계와 특별회계·기금 간 또는 서로 다른 특별회계·기금 간에 국유재산의 관리권을 넘기는 것을 말한다.
6. "정부출자기업체"란 정부가 출자하였거나 출자할 기업체로서 대통령령으로 정하는 기업체를 말한다.
7. "사용허가"란 행정재산을 국가 외의 자가 일정 기간 유상이나 무상으로 사용·수익할 수 있도록 허용하는 것을 말한다.
8. "대부계약"이란 일반재산을 국가 외의 자가 일정 기간 유상이나 무상으로 사용·수익할 수 있도록 체결하는 계약을 말한다.

9. "변상금"이란 사용허가나 대부계약 없이 국유재산을 사용・수익하거나 점유한 자(사용허가나 대부계약 기간이 끝난 후 다시 사용허가나 대부계약 없이 국유재산을 계속 사용・수익하거나 점유한 자를 포함한다. 이하 "무단점유자"라 한다)에게 부과하는 금액을 말한다. 2024 기출
10. "총괄청"이란 기획재정부장관을 말한다.
11. "중앙관서의 장등"이란 「국가재정법」 제6조에 따른 중앙관서의 장(이하 "중앙관서의 장"이라 한다)과 제42조 제1항에 따라 일반재산의 관리・처분에 관한 사무를 위임・위탁받은 자를 말한다.

---

04 공물의 법률적 특색

1. 소유권 등 사권의 대상

공물이 소유권 등 사권의 대상이 될 수 있다는 것이 일반적 견해이다. 공물의 특성상 개별법에 의해 사권의 행사가 제한된다.

2. 공물에 대한 사권행사의 제한(불융통성) 2015・2019・2020 기출

(1) 공물의 사적 거래의 제한

공물은 통상 법률에 의해 사적 거래가 전적으로 금지 또는 일부 제한된다. 이러한 특성을 공물의 불융통성이라 한다. 행정재산은 처분을 하지 못하므로 이를 처분하기 위해서는 용도폐지를 하여 일반재산으로 전환한 후 처분하여야 한다.

> **국유재산법 제27조 【처분의 제한】** ① 행정재산은 처분하지 못한다. 다만, 다음 각 호의 어느 하나에 해당하는 경우에는 교환하거나 양여할 수 있다.
> 1. 공유(公有) 또는 사유재산과 교환하여 그 교환받은 재산을 행정재산으로 관리하려는 경우
> 2. 대통령령으로 정하는 행정재산을 직접 공용이나 공공용으로 사용하려는 지방자치단체에 양여하는 경우

(2) 공물에 대한 사권 설정 제한

공물의 사적 거래는 허용하되 사용・수익이 제한되는 경우가 있고, 공물의 사적 거래를 제한하면서 사용・수익을 제한하는 경우도 있다.

> **국유재산법 제11조 【사권 설정의 제한】** ② 국유재산에는 사권을 설정하지 못한다. 다만, 일반재산에 대하여 대통령령으로 정하는 경우에는 그러하지 아니하다.

3. 공물에 대한 강제집행의 제한 2019 기출

국유공물은 사권을 설정하지 못하므로 「민사집행법」에 의한 강제집행이 될 수 없다. 사유공물만 강제집행의 대상이 된다.

4. 공물의 취득시효 제한 2019・2021 기출

실정법상 공물의 시효취득을 인정할 것인가에 대한 명문의 규정은 없다. 다만, 「국유재산법」과 「공유재산 및 물품관리법」은 행정재산의 시효취득을 명문으로 금지시키고 있다. 현행법상 공물의 시효취득은 사유공물에 대해서 인정할 것인지가 문제된다.

제2절 공물의 성립과 사용 · 관리

01 공물의 성립과 소멸

1. 공물의 성립 2017 기출

(1) 공공용물의 성립

① **자연공물**: 자연공물은 자연적 상태에 의해 당연히 공물로서의 성질을 가지는 것으로, 그 성립에 있어 행정주체의 특별한 의사표시를 요하지 않는다는 것이 통설과 판례이다.

② **인공공물**

㉠ 형체적 요건으로는 당해 물건이 일반공중의 이용목적에 제공될 수 있는 구조를 갖추어야 한다.

㉡ 의사적 요건으로는 공용개시가 있어야 한다.

(2) 공용물의 성립

공용물은 일반공중의 사용에 제공되는 것은 아니므로, 행정주체가 사실상 사용할 수 있는 형태적 요소만 갖추면 공물로서 성립하고 의사적 행위로서 공용지정은 필요 없다는 것이 통설이다.

(3) 보존공물

보존공물도 공물로서의 형태적 요소와 법적 행위인 공용지정을 통하여 성립하게 된다.

2. 공물의 소멸

(1) 공공용물의 소멸 2015 기출

① **자연공물**: 자연공물은 자연적 상태의 멸실에 의해 당연히 공물로서 성질을 상실하며 별도의 공용폐지를 요하지 않는다는 것이 학설이나, 판례는 공용폐지가 있어야 한다는 입장이다.

판례

공유수면인 갯벌은 자연의 상태 그대로 공공용에 제공될 수 있는 실체를 갖추고 있는 이른바 자연공물로서 간척에 의하여 사실상 갯벌로서의 성질을 상실하였더라도 당시 시행되던 국유재산법령에 의한 용도폐지를 하지 않은 이상 당연히 잡종재산으로 된다고는 할 수 없다(대판 1995. 11. 14. 94다42877).

② **인공공물**

㉠ 인공공물은 공용폐지행위에 의하여 소멸한다.

㉡ 공공용물의 형체적 요소가 멸실된 경우 법령상 특별한 규정이 없는 한 명시적 또는 묵시적 공용폐지의 의사표시가 있어야 한다는 것이 다수설이다.

③ **취득시효**: 공용폐지가 되지 않은 행정재산은 사법상 거래의 대상이 되지 않는다. 공용폐지 전 행정재산은 사법상 거래의 대상이 될 수 없으므로 시효취득이 인정되지 않는다.

(2) 공용물의 소멸

공용물은 사실상 그 사용을 폐지하거나 공용물의 형체적 요소의 멸실로 소멸하는 것이고 별도의 공용폐지를 요하지 않는다는 것이 다수설이다. 그러나 판례는 공용폐지의 행위가 있어야 한다는 입장이다.

(3) 보존공물

보존공물은 행정주체의 지정해제행위에 의해 공물로서의 성질을 상실한다. 형체적 요건의 멸실로 보존공물이 소멸하는지에 대해서는 지정해제행위까지 요한다고 보는 견해와 요하지 않는다는 견해의 대립이 있다.

02 공물의 관리와 공물경찰

1. 의의

(1) 공물관리

공물관리란 공물관리권에 기해 행정주체가 공물의 존립을 유지하고 당해 물건을 공적 목적에 공용함으로써 공물의 목적을 달성하기 위하여 행하는 일체의 작용을 말한다.

(2) 공물경찰

공물경찰이란 경찰권의 주체가 일반경찰권에 근거하여 공물의 사용과 관련해서 발생하는 사회공공의 안녕·질서에 대한 위해를 예방·제거하기 위하여 행하는 작용을 말한다.

2. 공물관리와 공물경찰의 구별

구분	공물관리	공물경찰
목적	적극적 공물 본래의 목적 달성	소극적 공물사용관계상 질서유지
권력적 기초	공물관리권	일반경찰권
발동범위	공물의 계속적 독점적 사용권 설정	일시적 허가
강제수단	사용관계에서 배제	행정벌 또는 강제집행

3. 공물관리와 공물경찰의 관계

현실적으로는 도로관리청의 차량통행금지와 경찰서장의 도로통행금지·제한과 같이 서로 경합적으로 행사되는 경우도 있다.

03 공물의 사용관계 2014 기출

1. 일반사용

공물을 그 본래의 목적과 용도대로 자유로이 사용하는 것을 일반사용이라 한다.

(1) 공공용물의 일반사용

① **일반주민의 일반사용**: 일반주민은 공물의 그 본래의 용도대로 타인의 공동이용을 방해하지 아니하는 한도에서 자유로이 사용할 수 있음에 그친다. 일반사용의 경우에는 원칙적 사용료를 부과하지 않는다. 2024 기출

② **인접주민의 고양된 일반사용**: 도로나 하천이 일반주민의 이용과 달리 생활상 도구로 밀접하게 관련된 사람인 인접주민에 대해서는 일반인의 일반사용권을 넘어선 고양된 일반사용권이

인정된다고 보고 있다. 이를 고양된 일반사용권이라 한다. 공물의 인접주민이라도 구체적으로 공물을 사용하지 않고 있는 경우 고양된 일반사용권이 인정되지 않는다. 일반주민에게는 도로 등의 용도폐지를 다툴 법률상 이익이 없지만, 인접주민에게는 용도폐지를 다툴 법률상 이익이 있다는 것이 판례이다. 2024 기출

③ **일반사용의 법적 성질**: ㉠ 종래 통설은 일반사용권을 반사적 이익으로 봤으나 현재는 법률상 이익이라는 것이 다수설이다. ㉡ 다만, 공물의 자유사용권은 본질적으로는 그 자유사용의 침해를 배제하는 데 그치는 소극적 권리이며 이 권리에 기해 도로의 용도변경·폐지를 구할 수는 없다고 본다.

(2) 공용물의 일반사용

행정주체가 직접 사용하는 것이 공용물이므로 그 본래의 목적을 방해하지 아니하는 범위 내에서 예외적으로 그 일반사용이 허용된다.

2. 공물의 허가사용과 특허사용 2015 기출

(1) 의의

① **허가사용**: 공물의 일반사용이 사회공공의 안녕·질서에 장해를 미칠 우려가 있는 때에, 공공의 질서유지 차원에서 일반적으로 사용을 금지한 후 그 금지를 해제하여 사용을 허용하는 것을 허가사용이라 한다.

② **공물의 특허사용**: 공물관리권에 의하여 일반인에게는 허용되지 않는 특별한 공물사용의 권리를 특정인에 대하여 설정하여 주는 것을 공물의 특허라 하고 이에 의한 사용이 특허사용이다. 도로점용허가 등을 예로 들 수 있다.

(2) 허가사용

① **성질**: 공물의 자유사용에 대한 일반적 제한·금지의 해제이며 기속행위이다.

② **형태**: 공물관리권에 의한 허가사용과 공물경찰권에 의한 허가사용으로 나눌 수 있다.

③ **내용**: 성질상 일시적 사용에 국한되고, 공물의 계속적 점용을 내용으로 하는 것은 공물사용의 특허로 봐야 한다.

④ **사용허가와 부담**: 일반적으로 상대방에게 사용료지급의무 등을 내용으로 부담을 부가함이 일반적이다.

⑤ **공용물의 허가사용**: 공용물도 그 목적을 방해하지 않는 범위 내에서 예외적으로 그 사용이 허가되는 경우가 있다.

(3) 특허사용

① **성질**: 일반인에게 인정되지 않는 권리를 설정하는 설권행위이며 재량행위이다. 행정재산의 사용·수익허가가 대표적이다(예 하천부지에 대한 점용허가).

② **공물사용권의 법적 성질**: 공권성, 채권성[배타적 지배권(물권)은 아님], 재산권성이 인정된다. 하천부지의 점용허가를 받은 사람은 그 하천부지를 권원 없이 점유·사용하는 자에 대하여 직접 부당이득의 반환을 구할 수 있다.

③ **기간**: 행정재산의 사용허가기간은 5년 이내로 한다. 허가기간이 끝난 재산에 대하여 대통령령으로 정하는 경우를 제외하고는 5년을 초과하지 아니하는 범위에서 종전의 사용허가를 갱신할 수 있다.

3. 관습법상 특별사용

지역적 관행에 의하여 성립한 공물사용권에 의한 공물사용을 관습법상 사용이라 한다. 판례상 용수권이나 입어권에 관해 인정되고 있다. 관습법상의 특별사용도 권리로서의 성질을 가진다.

4. 사법상 계약에 의한 사용

공물사용이 사법상 계약에 의해 인정될 것인가에 대해서 판례는 이를 부정하고 있다.

5. 행정재산의 목적 외 사용 2013 기출

(1) 의의

행정재산은 일반재산과 달리 이를 대부·매각·교환·양여 또는 신탁을 할 수 없는 것이 원칙이나, 예외적으로 그 용도 또는 목적에 장애가 되지 않는 범위 내에서 행정재산에 대해 사용 또는 수익을 허가할 수 있다. 이를 행정재산의 목적 외 사용이라 한다(예 관공서건물의 일부에서의 매점허가).

(2) 법적 성질

사법관계라는 견해도 있지만 판례는 행정재산의 목적 외 사용·수익에 대한 허가는 강학상 특허에 해당한다고 하여 이를 공법관계로 보고 있다.

판례

1. 국유재산의 관리청이 행정재산의 사용·수익을 허가한 다음 그 사용·수익하는 자에 대하여 하는 사용료 부과는 순전히 사경제주체로서 행하는 사법상의 이행청구라 할 수 없고, 이는 관리청이 공권력을 가진 우월적 지위에서 행한 것으로서 항고소송의 대상이 되는 행정처분이라 할 것이다(대판 1996. 2. 13. 95누11023). 2019 기출
2. 한국공항공단이 그 행정재산의 관리청으로부터 국유재산관리사무의 위임을 받거나 국유재산관리의 위탁을 받지 않은 이상, 한국공항공단이 무상사용허가를 받은 행정재산에 대하여 하는 전대행위는 통상의 사인 간의 임대차와 다를 바가 없고, 그 임대차계약이 임차인의 사용승인신청과 임대인의 사용승인의 형식으로 이루어졌다고 하여 달리 볼 것은 아니다(대판 2004. 1. 15. 2001다12638).

(3) 사용·수익자의 의무

① 목적에 장애되는 행위의 금지, ② 대여금지, ③ 사용료 납부의무, ④ 원상반환의무

(4) 허가기간 2021 기출

행정재산의 사용허가기간은 5년 이내이다. 허가기간이 끝난 재산에 대하여는 5년을 초과하지 않는 범위에서 갱신할 수 있으나, 수의방법으로 사용허가를 할 수 있는 경우가 아니면 1회만 갱신할 수 있다.

6. 변상금부과처분

(1) 변상금부과의 대상

중앙관서의 장 등은 국유재산의 무단점유자에 대해 그 재산에 대한 사용료나 대부료의 100분의 120에 상당하는 변상금을 징수한다. 국유재산의 무단점유에 대한 변상금은 무단점유를 하게 된 경우, 무단점유지의 용도 및 해당 무단점유자의 경제적 사정 등을 고려하여 5년의 범위에서 징수를 미루거나 나누어 내게 할 수 있다(「국유재산법」 제72조 제1항 · 제2항).

(2) 변상금부과처분의 성질

변상금부과처분은 항고소송의 대상이 되는 처분에 해당한다. 변상금을 징수할 것인가는 처분청의 재량이 허용되지 않는 기속행위이다. 2019 기출

Chapter 02

OX로 기초다지기

01 행정재산의 사용허가기간은 원칙상 5년 이내로 한다. ○ X

02 일반재산은 민법상 시효취득의 대상이 되지 아니한다. ○ X

03 행정재산에는 사권을 설정하지 못한다. ○ X

04 중앙관서의 장은 사용허가한 행정재산을 국가가 직접 공용으로 사용하기 위하여 필요하게 된 경우에 사용허가를 철회할 수 없다. ○ X

05 공공용물은 직접 행정주체 자신의 사용에 제공된 공물을 말한다. ○ X

01 「국유재산법」 제35조 제1항

02 일반재산은 시효취득의 대상이 되고 시효취득을 부정하는 것은 평등원칙에 위반된다. 공물인 행정재산은 시효취득의 대상이 되지 않는다.

03 국유재산에는 사권을 설정하지 못한다. 다만, 일반재산에 대하여 대통령령으로 정하는 경우에는 그러하지 아니하다(「국유재산법」 제11조 제2항).

04 중앙관서의 장은 사용허가한 행정재산을 국가가 직접 공용으로 사용하기 위하여 필요하게 된 경우에는 사용허가를 철회할 수 있다(「국유재산법」 제36조 제2항).

05 직접 행정주체 자신의 사용에 제공된 공물은 공용물이라 한다. 공공용물은 일반공중의 사용에 제공된 재산을 뜻한다.

Answer

01 ○ 02 X 03 ○ 04 X 05 X

06 공물의 관리주체와 공물의 귀속주체가 다른 공물을 타유공물(自有公物)이라고 한다. ○ X

07 도로의 지하는 「도로법」상의 도로점용의 대상이 아니다. ○ X

08 국유공물은 「민사집행법」에 의한 강제집행의 대상이 될 수 있다. ○ X

09 도로부지에는 저당권을 설정할 수 있다. ○ X

10 구체적으로 공물을 사용하지 않고 있는 이상 그 공물의 인접주민이라는 사정만으로는 공물에 대한 고양된 일반사용권이 인정될 수 없다. ○ X

06 공물의 관리주체와 공물의 귀속주체가 다른 공물을 타유공물(他有公物)이라고 한다. 공물의 관리주체와 공물의 귀속주체가 일치하는 공물을 자유공물(自有公物)이라 한다.

07 「도로법」 제40조에 규정된 도로의 점용이라 함은 일반공중의 교통에 공용되는 도로에 대하여 이러한 일반사용과는 별도로 도로의 지표뿐만 아니라 그 지하나 지상 공간의 특정 부분을 유형적, 고정적으로 특정한 목적을 위하여 사용하는 이른바 특별사용을 뜻하는 것이다(대판 1998. 9. 22. 96누7342). 지하도 도로점용의 대상이 된다.

08 국유재산에는 사권을 설정하지 못하므로(「국유재산법」 제11조 제2항) 국유공물은 강제집행의 대상이 될 수 없다.

09 도로를 구성하는 부지, 옹벽, 그 밖의 시설물에 대해서는 사권(私權)을 행사할 수 없다. 다만, 소유권을 이전하거나 저당권을 설정하는 경우에는 사권을 행사할 수 있다(「도로법」 제4조).

10 구체적으로 공물을 사용하지 않고 있는 이상 그 공물의 인접주민이라는 사정만으로는 공물에 대한 고양된 일반사용권이 인정될 수 없다(대판 2006. 12. 22. 2004다68311 · 68328).

Answer

06 ○ 07 X 08 X 09 ○ 10 ○

Chapter 03

공용부담법

제1절 공용부담의 종류

공용부담이란 일정한 공공복리를 적극적으로 증진하기 위하여 개인에게 부과되는 공법상의 경제적 부담을 말한다. 2015 기출

01 인적 공용부담

공익사업의 수요를 충족시키기 위하여 특정인에게 작위·부작위 또는 급부의무를 과하는 것을 인적 공용부담이라 한다. 특정인에 대한 부담이라는 점에서 물적 공용부담과 다르다.

1. 부과방법에 따른 분류

구분	내용
개별부담	각 개인에게 개별적으로 부과하는 부담
연합부담	개인의 총합체에 공동으로 부과하는 부담

2. 부담근거에 따른 분류

구분	내용
일반부담	일반 국민에 대해 능력에 따라 부과하는 부담
특별부담	① 특정한 공익사업과 특별한 관계에 있는 자에 대해 부과하는 부담 ② '수익자부담', '원인자부담', '손상자부담' 등
우발부담	우연히 당해 사업의 수요를 충족시킬 지위에 있는 자에 대해 부과하는 부담(노역·물품)

3. 내용에 따른 분류

구분	내용
부담금	특정 공익사업과 특별한 이해관계에 있는 자에 대하여 그 사업에 필요한 경비의 전부 또는 일부를 부담시키기 위해 과하는 공법상 금전급부의무
부역·현품	특정 공익사업의 수요를 충족시키기 위하여 노역 또는 물품과 금전과의 선택적 급부의무를 내용으로 하는 것. 노역과 금전과의 선택적 급부를 부역이라 함
노역·물품	특정한 공익사업을 위하여 필요한 노역 또는 물품 그 자체를 급부할 의무. 금전과의 선택적 급부가 불가
시설부담	공익사업과 특별한 관계에 있는 사람 또는 우발적으로 그 수요를 충족시킬 수 있는 지위에 있는 사람에게 과하여지는 공사 기타 일정한 시설을 할 공법상 의무
부작위부담	특정 공익사업을 위하여 일정한 부작위의무를 과하는 인적 공용부담

02 물적 공용부담

특정한 재산권에 일정한 제한 또는 침해를 가하는 것을 물적 공용부담이라 한다.

1. 공용제한

특정한 공익사업 기타 복리행정상의 목적을 위해, 또는 물건의 효용을 보존하기 위해 특정한 재산권에 가해지는 공법상의 제한을 뜻한다.

2. 공용수용

(1) 의의

공익사업을 위하여 법률에 근거하여 타인의 토지 등의 재산권을 강제적으로 취득하는 것을 공용수용이라 하며, 이를 공용징수라고도 한다.

(2) 목적물

특정한 재산권이 대상이 된다.

(3) 주체

공용수용의 주체는, 곧 당해 공익사업의 주체이다. 따라서 이 주체는 국가나 공공단체 또는 사인일 수도 있다.

(4) 손실보상

수용의 상대방은 특별한 침해에 해당하므로 손실보상을 하여야 한다.

3. 공용환지

(1) 의의

토지의 이용가치를 증진시키기 위하여 특정 토지에 관한 소유권 등 기타의 권리를 강제적으로 교환 · 분합하는 것을 공용환지라 한다.

(2) 환지계획

도시개발사업이 완료된 경우에 행할 환지처분의 계획을 뜻한다.

(3) 환지예정지 지정

도시개발공사가 완료되기까지 상당한 시일이 걸리므로 도시개발사업이 완료되기 전이라도 환지처분이 있는 것과 같은 상태를 형성할 필요에서 환지예정지 지정을 한다. 환지예정지 지정행위는 항고소송의 대상이 되나 환지처분이 있게 되면 그 효력이 소멸된다.

(4) 환지처분

종전의 토지에 대해 소유권을 가진 자에게 종전의 토지에 갈음하여 환지계획에서 정해진 토지를 할당하여, 종국적으로 이를 귀속시키는 처분으로 형성적 행정행위에 속한다.

판례

1. 환지계획과는 별도의 내용을 가진 환지처분은 있을 수 없는 것이므로 환지계획에 의하지 아니하고 환지계획에도 없는 사항을 내용으로 하는 환지처분은 효력을 발생할 수 없다(대판 1993. 5. 27. 92다14878).
2. 환지처분 중 일부 토지에 관하여 환지도 지정하지 아니하고 또 정산금도 지급하지 아니한 위법이 있다 하여도 이를 이유로 민법상의 불법행위로 인한 손해배상을 구할 수 있으므로 그 환지확정처분의 일부에 대하여 취소를 구할 법률상 이익은 없다(대판 1985. 4. 23. 84누446).

4. 공용환권

(1) 의의

토지의 효용을 증진하기 위하여 일정한 지구 내의 토지의 구획·형질을 변경하여 권리자의 의사를 불문하고 종전의 토지·건축물에 관한 권리를 토지정리 후에 새로 건축된 건축물 및 토지에 관한 권리로 강제로 변환시키는 토지의 입체적 변환방식을 말한다.

(2) 환권계획

환권계획이란 정비사업의 완료 후에 행할 환권처분의 계획을 말하며 환권처분의 내용은 환권계획으로 정하여진다. 법상으로 관리처분계획이라 한다.

제2절 공용수용과 환매

01 공용수용의 절차

1. 사업인정 2018 기출

(1) 의의

특정 사업이 공용수용을 할 수 있는 공익사업에 해당함을 인정하여 사업시행자에게 일정 절차의 이행을 조건으로 하여 특정한 재산권의 수용권을 설정하여 주는 행위를 말한다.

(2) 법적 성질

판례는 사업인정에 의해 사업시행자와 토지소유자 사이에 구체적인 권리·의무관계가 형성되므로 행정행위의 성질을 가지며, 사업인정에 의해 수용권이 부여된다는 점에서 설권적 처분으로 본다. 2024 기출

(3) 사업인정권자

원칙적으로는 국토교통부장관이나 그 밖의 자에게 인정되는 경우도 있다.

(4) 사업인정의 고시

국토교통부장관이 사업인정을 할 때에는 이를 관보에 고시한다. 고시는 사업인정의 효력발생요건으로, 고시일로부터 효력이 발생한다. 2024 기출

(5) 사업인정의 실효

① **재결신청기간 경과**: 사업시행자가 사업인정의 고시일부터 1년 이내에 토지수용위원회에 대한 재결을 신청하지 아니할 때에는 그 기간만료일의 다음 날부터 사업인정은 효력을 상실한다.

② **사업의 폐지 · 변경**: 사업인정의 고시 후 그 사업의 전부 또는 일부를 폐지 · 변경함으로써 토지수용의 필요가 없게 된 경우에는 시 · 도지사는 사업시행자의 신고 또는 직권으로 이를 고시하여야 하며, 그 고시일부터 사업인정은 그 전부 또는 일부가 효력을 상실한다.

2. 토지 · 물건의 조서작성

조서의 작성은 원칙적으로 토지소유자 및 관계인을 입회시켜 그 서명날인을 받아야 한다.

3. 협의

(1) 의의

사업인정고시가 있은 후 사업시행자는 그 토지에 관하여 권리를 취득하거나 소멸시키기 위하여 토지소유자 및 관계인과 협의하여야 한다. 협의는 필수적 절차이며 협의를 거치지 않고 재결을 신청할 수 없다.

(2) 성질

공법상 계약설과 사법상 계약설이 있다. 판례는 협의취득의 법적 성질에 대해 사법상 계약으로 본다.

(3) 효과

협의가 성립하면 공용수용절차는 종결되고 수용의 효과가 발생한다. 사업시행자는 수용의 시기까지 보상금을 지급 또는 공탁하고, 피수용자는 그 시기까지 토지 · 물건을 기업자에게 인도 또는 이전함으로써 사업시행자는 목적물에 관한 권리를 취득하고 피수용자는 그 권리를 상실한다.

4. 재결

(1) 의의

재결은 협의의 불성립 또는 협의 불능 시에 행하여지는 공용수용의 종국적 절차로서 사업시행자에게 부여된 수용권의 구체적 내용을 결정하고 그 실행을 완성시키는 형성적 행정행위이다.

(2) 재결기관

토지수용위원회이다.

(3) 재결신청 및 청구

① **재결의 신청**: 사업시행자는 사업인정의 고시가 있은 날로부터 1년 이내에 재결을 신청할 수 있다.

② **재결신청의 청구**: 재결신청은 사업시행자만이 할 수 있으며, 토지소유자 및 관계인에게는 사업시행자에게 재결신청을 조속히 하도록 청구할 수 있다.

(4) 재결의 효과

재결이 있으면 공용수용절차는 일정한 조건 아래 수용의 효과가 발생한다.

(5) **재결에 대한 불복** 2014 기출

중앙토지수용위원회에 이의신청을 할 수 있고 이의신청의 재결에 대해 불복이 있는 경우 행정소송을 제기할 수 있다. 행정소송을 제기하는 경우 보상액 증감만을 다투는 소송은 형식적 당사자소송을 인정하고 있다. 수용재결에 대한 행정소송의 제기는 사업의 진행 및 토지의 수용 또는 사용을 정지시키지 아니한다(「공익사업을 위한 토지 등의 취득 및 보상에 관한 법률」 제88조).

02 환매권

1. 의의 2015 기출

환매권이란 공용수용의 목적물이 당해 공익사업에 불필요하게 되었을 때, 원래의 피수용자가 일정한 요건하에 다시 그것을 매수하여 소유권을 회복할 수 있는 권리를 뜻한다.

2. 성질

공권설과 사권설의 대립이 있다. 판례는 사권으로 본다.

판례

환매권은 사권이다.

징발재산정리에 관한 특별조치법 제20조 소정의 환매권은 일종의 형성권으로서 그 존속기간은 제척기간으로 보아야 할 것이며, 위 환매권은 재판상이든 재판 외이든 그 기간 내에 행사하면 이로써 매매의 효력이 생기고, 위 매매는 같은 조 제1항에 적힌 환매권자와 국가 간의 사법상의 매매라 할 것이다(대판 1992. 4. 24. 92다4673).

3. 환매권자

환매권을 가지는 자는 협의취득일 또는 수용 당시에 당해 토지의 소유자 또는 그 포괄승계인이다. 따라서 지상권자나 기타 소유권자가 아닌 권리자는 환매권이 없으며 이 권리는 양도될 수 없다. 환매권은 수용의 등기가 되어 있을 때 제3자에게 대항할 수 있다.

4. 목적물

토지 소유권이 목적물이다. 토지에 관한 소유권 이외의 권리 및 토지 이외의 물건은 환매의 대상이 되지 않는다.

5. 환매사유와 행사기간

공익사업을 위한 토지 등의 취득 및 보상에 관한 법률 제91조 【환매권】 ① 공익사업의 폐지·변경 또는 그 밖의 사유로 취득한 토지의 전부 또는 일부가 필요 없게 된 경우 토지의 협의취득일 또는 수용의 개시일(이하 이 조에서 "취득일"이라 한다) 당시의 토지소유자 또는 그 포괄승계인(이하 "환매권자"라 한다)은 다음 각 호의 구분에 따른 날부터 10년 이내에 그 토지에 대하여 받은 보상금에 상당하는 금액을 사업시행자에게 지급하고 그 토지를 환매할 수 있다.

1. 사업의 폐지·변경으로 취득한 토지의 전부 또는 일부가 필요 없게 된 경우: 관계 법률에 따라 사업이 폐지·변경된 날 또는 제24조에 따른 사업의 폐지·변경 고시가 있는 날
2. 그 밖의 사유로 취득한 토지의 전부 또는 일부가 필요 없게 된 경우: 사업완료일

② 취득일부터 5년 이내에 취득한 토지의 전부를 해당 사업에 이용하지 아니하였을 때에는 제1항을 준용한다. 이 경우 환매권은 취득일부터 6년 이내에 행사하여야 한다.

6. 환매대금

환매가격은 원칙적으로 토지 및 토지에 관한 물건 이외의 권리에 대해 지급한 보상금에 상당한 금액을 말한다.

7. 통지의무

사업시행자는 환매할 토지가 생겼을 때에는 지체 없이 이를 환매권자에게 통지하여야 하며, 다만 사업시행자가 과실 없이 환매권자를 알 수 없을 때에는 공고해야 한다.

8. 환매권 소멸

환매권은 통지받은 날 또는 공고의 날로부터 6월을 경과함으로써 소멸한다.

Chapter 03

OX로 기초다지기

01 공용수용은 당사자와의 협력을 기반으로 하기 때문에 최소침해의 원칙이 적용되지 않는다. ○ ×

02 공용부담이라 함은 일정한 공공복리를 적극적으로 증진하기 위하여 개인에게 부과되는 공법상의 경제적 부담을 말한다. ○ ×

03 판례는 공익사업을 위한 토지 등의 취득 및 보상에 관한 법령에 의한 협의취득을 사법상의 법률행위로 본다. ○ ×

04 공용수용에 있어서 사업인정고시가 된 후 권리의 변동이 있을 때에는 그 권리를 승계한 자가 보상금 또는 공탁금을 받는다. ○ ×

05 헌법재판소는 환매권을 「헌법」상의 재산권 보장으로부터 도출되는 것으로 보고 있다. ○ ×

01 공용수용은 공익사업을 위하여 타인의 특정한 재산권을 법률의 힘에 의하여 강제적으로 취득하는 것이므로 수용할 목적물의 범위는 원칙적으로 사업을 위하여 필요한 최소한도에 그쳐야 한다(대판 2005. 11. 10. 2003두7507).

02 공용부담이라 함은 공익사업자가 일정한 공공복리를 적극적으로 증진하기 위하여 개인에게 부과되는 공법상의 경제적 부담을 말한다.

03 판례는 공익사업을 위해 이루어지는 공익사업자와 토지소유자·이해관계인 간의 협의취득의 법적 성질을 사법상 매매로 보고 있다.

04 이 법에 따라 이행한 절차와 그 밖의 행위는 사업시행자, 토지소유자 및 관계인의 승계인에게도 그 효력이 미친다(「공익사업을 위한 토지 등의 취득 및 보상에 관한 법률」 제5조 제2항).

05 수용된 토지 등이 공공사업에 필요 없게 되었을 경우에는 피수용자가 그 토지 등의 소유권을 회복할 수 있는 권리, 즉 환매권은 헌법이 보장하는 재산권에 포함된다(헌재 2005. 5. 26. 2004헌가10).

Answer

01 × 02 ○ 03 ○ 04 ○ 05 ○

06 사업인정처분이 당연무효이면 그것이 유효함을 전제로 이루어진 수용재결도 무효이다. O X

07 수용재결에 대한 이의신청은 행정소송을 하기 위한 필수적인 전심절차이다. O X

08 수용재결에 대한 취소소송의 제기는 사업의 진행 및 토지의 수용 또는 사용을 정지시키지 아니한다. O X

09 토지소유자가 보상금증액청구소송을 제기할 경우 사업시행자를 피고로 하여야 한다. O X

10 보상금증감청구소송의 제기기간은 이의신청을 거친 경우 이의신청에 대한 재결서를 받은 날부터 60일 이내이다. O X

06 사업인정처분이 당연무효인 경우 그것이 유효함을 전제로 이루어진 수용재결도 무효이다(대판 2017. 7. 11. 2016두35144).

07 지방토지수용위원회와 중앙토지수용위원회의 재결에 이의가 있는 자는 중앙토지수용위원회에 이의를 신청할 수 있다(「공익사업을 위한 토지 등의 취득 및 보상에 관한 법률」 제83조 제1항 · 제2항). 중앙토지수용위원회에 한 이의신청은 임의적 전심절차이다.

08 제83조에 따른 이의의 신청이나 제85조에 따른 행정소송의 제기는 사업의 진행 및 토지의 수용 또는 사용을 정지시키지 아니한다(「공익사업을 위한 토지 등의 취득 및 보상에 관한 법률」 제88조).

09 제1항에 따라 제기하려는 행정소송이 보상금의 증감(增減)에 관한 소송인 경우 그 소송을 제기하는 자가 토지소유자 또는 관계인일 때에는 사업시행자를, 사업시행자일 때에는 토지소유자 또는 관계인을 각각 피고로 한다(「공익사업을 위한 토지 등의 취득 및 보상에 관한 법률」 제85조 제2항).

10 사업시행자, 토지소유자 또는 관계인은 제34조에 따른 재결에 불복할 때에는 재결서를 받은 날부터 90일 이내에, 이의신청을 거쳤을 때에는 이의신청에 대한 재결서를 받은 날부터 60일 이내에 각각 행정소송을 제기할 수 있다(「공익사업을 위한 토지 등의 취득 및 보상에 관한 법률」 제85조 제1항).

Answer

06 ○ 07 X 08 ○ 09 ○ 10 ○

Chapter 04

규제행정법

제1절 토지에 대한 규제

01 「국토의 계획 및 이용에 관한 법률」상 용도구분

1. 용도지역

용도지역은 도시·군관리계획으로 결정하며, 서로 중복되어 지정될 수 없다는 점에서 용도지구와 다르다.

도시지역	주거지역, 상업지역, 공업지역, 녹지지역
관리지역	보전관리지역, 생산관리지역, 계획관리지역
농림지역	도시지역에 속하지 아니하는 「농지법」에 따른 농업진흥지역 또는 「산지관리법」에 따른 보전산지 등으로서 농림업을 진흥시키고 산림을 보전하기 위하여 필요한 지역
자연환경보전지역	자연환경·수자원·해안·생태계·상수원 및 문화재의 보전과 수산자원의 보호·육성 등을 위하여 필요한 지역

2. 용도지구

(1) 의의

용도지구는 용도지역의 기능을 보완하는 의미를 가지는 것으로 용도지역 위에 지정되지만, 용도지역과 달리 도시계획구역 전체에 대하여 지정되어야 하는 것은 아니며, 동일 지역에 2개 이상의 용도지구가 중복 지정될 수 있다.

(2) 종류

경관지구, 미관지구, 고도지구, 방화지구, 방재지구, 보존지구, 시설보호지구, 취락지구, 개발진흥지구, 특정용도제한지구, 그 밖에 대통령령으로 정하는 지구

3. 용도구역

개발제한구역, 도시자연공원구역, 시가화조정구역, 수산자원보호구역

02 토지거래허가제

1. 의의

토지의 투기적 거래를 막기 위해 토지거래계약을 체결하고자 하는 자는 시장・군수 또는 구청장의 허가를 받도록 하는 제도를 말한다.

2. 토지거래허가제의 법적 성질

(1) 강학상 인가

학설의 대립이 있지만 강학상 인가의 성질을 가진다는 것이 판례이다. 따라서 거래계약 후라도 허가 전에는 거래계약의 효력이 유동적 무효상태가 된다.

(2) 기속행위

토지거래는 자유이고 토지거래허가 거부는 토지거래에 대한 중대한 기본권을 제한하는 것이므로 토지거래허가는 기속행위로 보아야 한다는 것이 판례이다.

3. 무허가토지거래계약의 효력

판례

1. 토지의 소유권 등 권리를 이전 또는 설정하는 내용의 거래계약은 관할 관청의 허가를 받아야만 그 효력이 발생하고 허가를 받기 전에는 물권적 효력은 물론 채권적 효력도 발생하지 아니하여 무효이다(대판 1991. 12. 24. 90다12243).
2. 일단 허가를 받으면 그 계약은 소급하여 유효한 계약이 되고 이와 달리 불허가가 된 때에는 무효로 확정되므로 허가를 받기까지는 유동적 무효의 상태에 있다고 보는 것이 타당하다(대판 1991. 12. 24. 90다12243).
3. 허가받을 것을 전제로 한 거래계약은 허가받기 전의 상태에서는 거래계약의 채권적 효력도 전혀 발생하지 않으므로 권리의 이전 또는 설정에 관한 어떠한 내용의 이행청구도 할 수 없으나 일단 허가를 받으면 그 계약은 소급해서 유효화되므로 허가 후에 새로이 거래계약을 체결할 필요는 없다(대판 1991. 12. 24. 90다12243).

4. 형사처벌

부동산 거래신고 등에 관한 법률 제26조【벌칙】 ③ 제11조 제1항에 따른 허가 또는 변경허가를 받지 아니하고 토지거래계약을 체결하거나, 속임수나 그 밖의 부정한 방법으로 토지거래계약 허가를 받은 자는 2년 이하의 징역 또는 계약 체결 당시의 개별공시지가에 따른 해당 토지가격의 100분의 30에 해당하는 금액 이하의 벌금에 처한다.

5. 불허가처분에 대한 불복

(1) 이의신청

1개월 이내에 이의신청을 할 수 있고 이의신청에 불복하는 경우 행정소송을 제기할 수 있다. 이의신청은 필요적 전치절차는 아니다.

(2) 매수청구권

허가신청에 대해 불허가처분을 받은 자는 불허가처분의 통지를 받은 날부터 1개월 이내에 시장·군수 또는 구청장에게 당해 토지에 관한 권리의 매수를 청구할 수 있다. 시장 등은 국가 공공기관 또는 공공단체 중에서 매수할 자를 지정하여 예산의 범위에서 공시지가를 기준으로 하여 해당 토지를 매수하게 하여야 한다. 매수는 예산범위 내에서 이루어진다.

03 부동산 가격공시제도

1. 의의

부동산의 적정가격을 국가가 공시하여 지가의 비정상적인 상승과 부동산의 왜곡된 이용현상으로 인한 분배의 불평등현상의 심화를 방지하기 위한 제도이다.

2. 종류

(1) 표준지공시지가 2016 기출

① **의의**: 「부동산 가격공시에 관한 법률」에 따라 국토교통부장관이 조사·평가하여 공시한 표준지의 단위면적당 가격을 말한다.

② **성질**: 판례는 표준지공시지가결정의 처분성을 인정하여 항고소송의 대상이 된다고 본다.

판례

지가공시 및 토지 등의 평가에 관한 법률 제4조 제1항에 의하여 표준지로 선정되어 공시지가가 공시된 토지의 공시지가에 대하여 불복을 하기 위하여는 같은 법 제8조 제1항 소정의 이의절차를 거쳐 처분청인 건설부장관을 피고로 하여 위 공시지가 결정의 취소를 구하는 행정소송을 제기하여야 한다(대판 1994. 3. 8. 93누10828).

③ **효과**: 표준지공시지가는 ㉠ 토지시장의 지가정보를 제공하고, ㉡ 일반적인 토지거래의 지표가 되며, ㉢ 국가·지방자치단체 등의 기관이 그 업무와 관련하여 지가를 선정하거나 감정평가업자가 개별적으로 토지를 감정평가하는 경우에 그 기준이 된다.

(2) 개별공시지가

① **의의**: 시장·군수·구청장이 결정·고시하는 개별토지의 단위면적당 가격을 개별공시지가라고 한다.

② **성질**: 판례는 개별공시지가결정을 항고소송의 대상이 되는 처분으로 본다. 개별공시지가에 대한 이의신청은 행정심판의 성질을 갖지 않는다.

판례

시장·군수 또는 구청장의 개별토지가격결정은 관계법령에 의한 토지초과이득세, 택지초과소유부담금 또는 개발부담금 산정의 기준이 되어 국민의 권리나 의무 또는 법률상 이익에 직접적으로 관계되는 것으로서 행정소송법 제2조 제1항 제1호 소정의 행정청이 행하는 구체적 사실에 관한 법집행으로서의 공권력 행사이므로 항고소송의 대상이 되는 행정처분에 해당한다(대판 1994. 2. 8. 93누111).

③ **산정기준**: 시장 · 군수 또는 구청장이 개별공시지가를 결정 · 공시하는 경우에는 당해 토지와 유사한 이용가치를 지닌다고 인정되는 하나 또는 둘 이상의 표준지의 공시지가를 기준으로 토지가격비준표를 사용하여 지가를 산정하되, 당해 토지의 가격과 표준지공시지가가 균형을 유지하도록 하여야 한다.

④ **검증**: 시장 · 군수 또는 구청장은 개별공시지가를 결정 · 공시하기 위하여 개별토지의 가격을 산정한 때에는 그 타당성에 대하여 감정평가업자의 검증을 받고 토지소유자 그 밖의 이해관계인의 의견을 들어야 한다. 다만, 시장 · 군수 또는 구청장은 감정평가업자의 검증이 필요 없다고 인정되는 때에는 지가의 변동상황 등 대통령령이 정하는 바에 따라 감정평가업자의 검증을 생략할 수 있다.

⑤ **효과**: 개별공시지가가 이후의 부담금 등의 가격산정을 위한 기준이 되고, 조세 등의 산정기초가 되는 경우가 있다.

제2절 환경행정

01 환경행정의 기본원칙

원칙	내용
사전배려의 원칙	미래예측적이고 형성적인 계획의 책정에 의해 행정주체가 환경보호적으로 행동하고 그 결정과정에 있어 최대한 환경영향을 고려해야 한다는 원칙
존속보장의 원칙	환경보호의 목표를 현상의 유지 · 보호에 두는 것
원인자책임의 원칙	자기의 영향권 내에 있는 자의 행위 또는 물건의 상태로 인해 환경오염의 원인을 제공한 자는 환경오염의 방지 · 제거 또는 손실보상책임을 져야 한다는 원칙
공동부담의 원칙	원인자에게 비용을 부담시키는 것만으로 환경보전에 비효율적인 경우 국가 또는 공공단체가 비용을 부담해야 한다는 원칙이다. 원인자책임의 원칙이 우선 적용되고, 공동부담의 원칙은 보충적으로 적용된다.
협력의 원칙	국가는 개인과 기업을 비롯한 다른 환경주체와 협동하여야 한다는 원칙
지속가능한 개발의 원칙	개발을 함에 있어서 환경을 고려하여 환경적으로 건전한 개발을 해야 한다는 원칙이다. 개발과 환경의 조화를 기본원리로 한다.
수익자부담의 원칙	환경개선으로 이익을 보는 자는 그 개선비용을 분담하여야 한다는 원칙
정보공개 및 참여의 원칙	환경정보의 공개와 환경행정에 대한 주민의 참여로 국민 내지 주민의 협력을 증대시키기 위해 요청된다.

02 환경영향평가

1. 의의

환경에 미치는 영향이 큰 사업에 대한 계획을 수립 · 시행함에 있어서 당해 사업이 자연환경, 생활환경, 사회 · 경제환경에 미치는 영향을 미리 예측 · 평가하여 이에 대한 대책을 강구하는 것을 말한다.

2. 절차

(1) 환경영향평가서의 제출

① **주체**: 환경영향평가 대상사업을 하고자 하는 사업자가 평가서의 작성주체이다. 스스로 작성할 수도 있고, 영향평가대행자로 하여금 대행하게 할 수도 있다.

② **대상사업**: 환경에 중대한 영향을 미치는 대규모 개발사업으로 「환경영향평가법」에 한정적으로 열거되어 있다.

③ **의견수렴**: 사업자는 평가서를 작성함에 있어서 설명회 또는 공청회 등을 개최하여 대상사업으로 인한 영향을 받게 되는 지역 안의 주민의 의견을 듣고 이를 평가서의 내용에 포함시켜야 한다.

④ **평가서제출**: 사업자는 사업계획 등에 대한 승인 등을 받기 전에 승인기관의 장에게 평가서를 제출하여야 한다.

(2) 환경부장관과 협의

승인기관장 등은 환경영향평가 대상사업에 대한 승인 등을 하거나 환경영향평가 대상사업을 확정하기 전에 환경부장관에게 협의를 요청하여야 한다. 이 경우 승인기관의 장은 환경영향평가서에 대한 의견을 첨부할 수 있다(「환경영향평가법」 제27조).

(3) 사업계획승인과 환경부장관의 협의내용의 반영

① 승인기관의 장은 사업계획 등에 대하여 승인 등을 하려면 협의내용이 사업계획 등에 반영되었는지를 확인하여야 한다. 이 경우 협의내용이 사업계획 등에 반영되지 아니한 경우에는 이를 반영하게 하여야 한다(「환경영향평가법」 제30조).

② 환경부장관과의 협의를 거친 이상 환경부장관의 환경영향평가에 대한 의견에 반하는 처분을 하였다고 하여 그 처분이 위법하다고 할 수 없다는 것이 판례이다(대판 2001. 7. 27. 99두2970).

03 환경영향평가의 하자와 사업계획승인처분의 효력

판례

1. 환경영향평가법상 환경영향평가를 실시하여야 할 사업에 대하여 환경영향평가를 거치지 아니하였음에도 승인 등 처분을 한 경우 이러한 행정처분의 하자는 법규의 중요한 부분을 위반한 중대한 것이고 객관적으로도 명백한 것이라고 하지 않을 수 없어, 이와 같은 행정처분은 당연무효이다(대판 2006. 6. 30. 2005두14363).
2. 환경영향평가를 거쳤다면 그 환경영향평가의 내용이 다소 부실하다 하더라도, 그 부실의 정도가 환경영향평가제도를 둔 입법 취지를 달성할 수 없을 정도이어서 환경영향평가를 하지 아니한 것과 다를 바 없는 정도의 것이 아닌 이상, 그 부실은 당해 승인 등 처분에 재량권 일탈·남용의 위법이 있는지 여부를 판단하는 하나의 요소로 됨에 그칠 뿐, 그 부실로 인하여 당연히 당해 승인 등 처분이 위법하게 되는 것이 아니다(대판 2006. 3. 16. 2006두330)

Chapter

04 OX로 기초다지기

01 「국토의 계획 및 이용에 관한 법률」상 용도지역은 도시지역, 관리지역, 농림지역, 자연환경보전지역의 4가지로 구분된다. ○ ×

02 토지거래허가구역 내의 토지를 허가받지 않고 매매가 이루어진 경우 허가받을 것을 전제로 한 거래계약일 경우 절대적 무효사유로 본다. ○ ×

03 개별공시지가에 이의가 있는 자는 개별공시지가의 결정·공시일부터 30일 이내에 서면으로 시장·군수 또는 구청장에게 이의를 신청할 수 있다. ○ ×

04 표준공시지가의 결정은 항고소송의 대상인 처분으로 볼 수 없다. ○ ×

05 환경영향평가서는 관할 행정청이 이를 작성하여야 하며 기술인력·시설 및 장비를 갖추어 작성하여야 한다. ○ ×

01 「국토의 계획 및 이용에 관한 법률」 제6조

02 허가 전 상태에서의 거래행위는 무효이나 이후 허가를 받으면 확정적 유효가 되고 허가가 불허된 경우 확정적 무효가 되는 유동적 무효의 상태에 있게 된다.

03 「부동산 가격공시에 관한 법률」 제11조 제1항

04 표준지공시지가 결정이 위법한 경우에는 그 자체를 행정소송의 대상이 되는 행정처분으로 보아 그 위법 여부를 다툴 수 있다(대판 2008. 8. 21. 2007두13845).

05 환경영향평가서는 환경영향평가 대상사업을 하고자 하는 사업자가 작성하여야 한다(「환경영향평가법」 제27조 제2항). 다만 환경영향평가업의 등록을 한 자에게 그 작성을 대행하게 할 수 있다(「환경영향평가법」 제53조 제1항).

Answer

01 ○ 02 × 03 ○ 04 × 05 ×

Chapter

05 재무행정법

제1절 재무행정의 기본내용

01 재정법의 기본원칙

1. 재정의회주의

(1) 조세법률주의

조세의 부과·징수는 반드시 의회가 제정한 법률이 정하는 바에 의해야 한다.

(2) 영구세주의

조세는 법률의 형식으로 국회의 의결이 있으면 다시 국회에 부의하지 않고 부과·징수할 수 있다.

(3) 의회예산심의·확정주의

예산을 국회로 하여금 심의하게 한다.

(4) 의회결산심의주의

「헌법」은 예산의 집행결과인 결산에 대하여도 감사원의 결산검사보고에 따른 국회심사권을 인정하고 있다.

2. 엄정관리주의

국가나 지방자치단체의 재산은 국민 또는 주민 전체의 재산이므로 그 재산이 멸실·훼손되지 않도록 엄정하게 관리하여야 한다는 원칙이다.

3. 예산 2023 기출

(1) 기채금지원칙

국가나 지방자치단체의 세출은 부득이한 경우 국회의 의결 또는 지방의회의 의결이 있는 경우를 제외하고는 원칙적으로 국채 또는 차입금을 그 재원으로 하여서는 안 된다.

(2) 감채원칙

매 회계연도에 있어서 세입·세출결산상의 잉여금이 있을 때에는 세출예산에 구애되지 않고 국채의 원리금과 차입금을 우선적으로 상환할 수 있다.

(3) 예산총계주의

한 회계연도의 모든 수입을 세입으로 하고, 모든 지출을 세출로 한다(「국가재정법」 제17조 제1항).

(4) 예산의 구성

예산은 예산총칙·세입세출예산·계속비·명시이월비 및 국고채무부담행위를 총칭한다(「국가재정법」 제19조).

(5) 예비비와 계속비

① 정부는 예측할 수 없는 예산 외의 지출 또는 예산초과지출에 충당하기 위하여 일반회계 예산 총액의 100분의 1 이내의 금액을 예비비로 세입세출예산에 계상할 수 있다. 다만, 예산총칙 등에 따라 미리 사용목적을 지정해 놓은 예비비는 본문에도 불구하고 별도로 세입세출예산에 계상할 수 있다(「국가재정법」 제22조 제1항).

② 완성에 수년이 필요한 공사나 제조 및 연구개발사업은 그 경비의 총액과 연부액(年賦額)을 정하여 미리 국회의 의결을 얻은 범위 안에서 수년도에 걸쳐서 지출할 수 있다(「국가재정법」 제23조 제1항).

02 재정행정의 내용

1. 재정하명

행정주체가 재정목적을 위하여 국민에 대하여 일정한 작위·부작위, 수인, 급부를 명하는 행정행위를 말한다.

2. 재정허가

재정목적을 위해 부과되어 있는 일반적 금지를 해제하는 행위를 말한다.

3. 재정면제

재정목적을 위해 가하여진 작위 또는 지급의무를 특정한 경우에 해제시키는 행위로서, 의무의 해제라는 점에서는 재정허가와 같으나 해제되는 의무의 내용이 다르다.

4. 재정강제

(1) 재정상 강제집행

재정상 의무를 이행하지 않는 경우 의무불이행자의 재산에 직접 실력을 행사하여 의무이행상태를 만드는 것을 말한다. 강제징수가 대표적이다.

(2) 재정상 즉시강제

의무를 명할 시간적 여유가 없거나, 그 성질상 의무를 명하여서는 목적을 달성하기 어려운 경우 의무를 명하지 아니하고 직접 실력을 행사하여 목적을 달성하는 것을 말한다.

5. 재정벌

재정범에 대해 가하는 벌로서 주로 재산형을 가하는 경우가 보통이나 자유형을 병과할 수도 있다.

제2절 조세행정의 기본원칙

01 조세행정

1. 조세의 개념

국가 또는 지방자치단체가 그 경비에 충당할 수입을 취득하기 위해 법률에 기하여 일방적으로 부과·징수하는 무상의 금전부담을 말한다.

2. 구별개념

(1) 부담금

부담금은 특정한 공익사업과 관련이 있는 자에게 부담시키는 금전급부의무라는 점에서 일반적인 경비에 충당하기 위한 조세와 구별된다.

(2) 사용료

사용료는 국가나 지방자치단체의 특별한 급부에 대한 반대급부라는 점에서 무상의 금전부담인 조세와 구별된다.

3. 조세법의 기본원칙

(1) 조세법률주의

① **의의**: 조세의 종목과 세율만이 아니라 납세의무자·과세물건·과세표준 등 과세요건이 모두 법률로 규정되어야 한다는 「헌법」상의 원칙이다. 조세법률주의의 예외로서 ㉠ 조례에 의한 경우, ㉡ 조약에 특별한 규정이 있는 경우 관세에서의 특례를 들 수 있다.

② **명확성의 원칙**: 과세권의 발동을 위해서는, 국민의 예측가능성을 확보하기 위해 과세의 요건과 절차 등을 미리 법률로 명확하게 정해 놓아야 한다는 원칙이다.

③ **소급과세금지의 원칙**: 조세법규는 소급하여 적용될 수 없으며 이미 조세를 납부할 의무가 성립한 소득이나 거래에 대해 신법을 적용할 수 없다는 원칙이다.

④ **유추해석금지의 원칙**: 조세법률주의의 원칙상 과세요건이나 비과세요건 또는 조세감면요건을 막론하고 조세법규의 해석은 특별한 사정이 없는 한 법문대로 해석해야 하고 합리적 이유 없는 확장해석이나 유추해석은 허용되지 않는다.

(2) 조세평등의 원칙

모든 국민이 능력에 따라 균등하게 조세를 부담해야 한다는 원칙이다.

(3) 실질과세의 원칙

과세물건의 명목상의 귀속여하에 관계없이 사실상으로 과세물건이 귀속된 자를 납세의무자로 하여 조세를 부과하여야 한다는 원칙으로 명목과세원칙의 반대 개념이다.

(4) 근거과세의 원칙

납세의무자가 세법에 따라 장부를 갖추어 기록하고 있는 경우에는 해당 국세의 과세표준의 조사와 결정은 그 비치·기장한 장부와 이에 관계되는 증거자료에 의해야 한다는 것을 의미한다. 인정과세의 반대 개념이다.

(5) 신의성실의 원칙

납세자가 그 의무를 이행할 때는 신의에 따라 성실하게 하여야 하고, 세무공무원이 그 직무를 수행할 때에도 또한 같다.

(6) 신뢰보호의 원칙

세법의 해석이나 국세행정의 관행이 일반적으로 납세자에게 받아들여진 후에는 그 해석이나 관행에 의한 행위 또는 계산은 정당한 것으로 보며, 새로운 해석이나 관행에 의하여 소급하여 과세하지 아니한다(「국세기본법」 제18조 제3항).

(7) 조세비례의 원칙

조세의 강제징수와 관련하여 필요 이상으로 위법하게 행사되어서는 안 된다는 원칙이다.

02 불복구제방법

1. 과세전적부심사

세무조사결과에 대한 서면통지, 과세예고통지를 받은 자는 그 통지를 받은 날로부터 30일 이내에 통지를 한 세무서장이나 지방국세청장에게 통지내용의 적법성에 관한 심사를 청구할 수 있다(「국세기본법」 제81조의15).

2. 행정쟁송

(1) 행정심판

조세부과·징수에 관한 행정심판은 「국세기본법」, 「관세법」, 「지방세기본법」이 적용되고 「행정심판법」이 적용되지 않는다. 이의신청은 임의적이나, 심사청구 또는 심판청구 중 한 가지는 거친 후 항고소송을 제기할 수 있다. 심사청구나 심판청구는 필수적 전치절차이다.

(2) 감사원에 대한 심사청구

국세·관세·지방세의 부과처분에 대해서 감사원에 심사청구를 할 수 있다. 감사원의 심사청구를 거친 처분에 대하여는 조세심판전치주의에 대한 예외를 인정하여 심사청구에 대한 감사원의 결정통지를 받은 날로부터 90일 이내에 처분청을 피고로 항고소송을 제기할 수 있다(「감사원법」 제46조의2).

(3) 행정소송(행정심판전치주의)

조세에 대한 행정소송은 심사청구 또는 심판청구와 그에 대한 결정을 거치지 아니하면 이를 제기할 수 없다. 동일한 처분에 대해서는 심사청구와 심판청구를 중복하여 제기할 수 없다.

(4) 과오납반환청구소송

다수설은 당사자소송을 제기해야 한다고 보지만, 판례는 민사소송에 의하고 있다.

Chapter

05 OX로 기초다지기

01 납세의무자의 국세환급금결정신청에 대한 세무서장의 환급거부결정은 취소소송의 대상이 된다. O X

02 납세의무의 확정은 이미 발생되어 있는 조세채권을 확정하는 것이므로 그 법적 성질은 확인행위이다. O X

03 「관세법」상 신고납세방식의 조세에 있어서 과세관청이 납세의무자의 신고에 따라 세액을 수령하는 것은 사실행위에 불과할 뿐 이를 부과처분으로 볼 수는 없다. O X

04 이미 존재와 범위가 확정되어 있는 과오납부액은 납세자가 부당이득의 반환을 구하는 민사소송으로 환급을 청구할 수 있다. O X

05 「국세기본법」상 심사청구를 거친 후에도 심판청구를 제기할 수 있다. O X

01 국세환급금결정이나 이 결정을 구하는 신청에 대한 환급거부결정은 납세의무자가 갖는 환급청구권의 존부나 범위에 구체적이고 직접적인 영향을 미치는 처분이 아니어서 항고소송의 대상이 되는 처분이라고 볼 수 없다(대판 2009. 11. 26. 2007두4018).

02 납세의무의 확정은 이미 발생되어 있는 조세채권을 확정하는 것이므로 그 성질은 준법률행위적 행정행위 중 확인행위에 해당한다.

03 이와 같은 신고납세방식의 조세에 있어서 과세관청이 납세의무자의 신고에 따라 세액을 수령하는 것은 사실행위에 불과할 뿐 이를 부과처분으로 볼 수는 없다(대판 1997. 7. 22. 96누8321).

04 이미 존재와 범위가 확정되어 있는 과오납부액은 납세자가 부당이득의 반환을 구하는 민사소송으로 환급을 청구할 수 있다(대판 2015. 8. 27. 2013다212639).

05 행정소송제기 전에 국세청장에 대한 심사청구 또는 조세심판원에 대한 심판청구 중 하나를 거치고 행정소송을 제기하여야 한다(「국세기본법」 제55조 제1항 · 제2항 · 제9항, 제56조 제2항).

Answer

01 X 02 O 03 O 04 O 05 X

MEMO

2025 박문각 행정사 1차

임병주 행정법 기본서

초판인쇄 | 2024. 9. 5. **초판발행** | 2024. 9. 10. **편저자** | 임병주

발행인 | 박 용 **발행처** | (주)박문각출판 **등록** | 2015년 4월 29일 제2019-000137호

주소 | 06654 서울시 서초구 효령로 283 서경 B/D 4층 **팩스** | (02)584-2927

전화 | 교재 문의 (02)6466-7202

저자와의
협의하에
인지생략

이 책의 무단 전재 또는 복제 행위는 저작권법 제136조에 의거, 5년 이하의 징역 또는 5,000만원 이하의 벌금에 처하거나 이를 병과할 수 있습니다.

정가 35,000원

ISBN 979-11-7262-185-8